實驗與類實驗設計 ——因果擴論

楊孟麗　譯

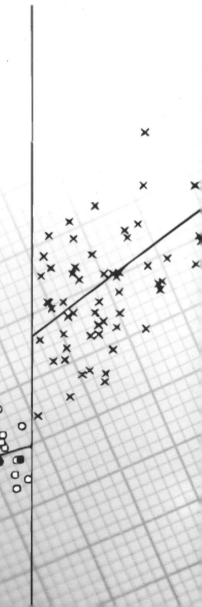

EXPERIMENTAL AND QUASI-EXPERIMENTAL DESIGNS FOR GENERALIZED CAUSAL INFERENCE

William R. Shadish
Thomas D. Cook
Donald T. Campbell

First published by Houghton Mifflin Company, Boston, Massachusetts, United States of America.
Experimental and Quasi-Experimental Designs for Generalized Causal Inference, copyright © 2002 by Houghton Mifflin Company. All rights reserved.
Complex Chinese Edition Copyright © 2007 by Psychological Publishing Co., Ltd.

目　次

4 缺少控制組或缺少結果變項的前測之類實驗設計 123

5 使用控制組與前測的類實驗設計 162

6　類實驗：打斷的時間序列設計　205

7　迴歸不連續設計 248

8 隨機化實驗：其邏輯、設計，及有利於作隨機化實驗的條件 293

9 實務問題一：倫理、招募研究對象，及隨機分派 333

14 審慎評估我們的假定 539

因果論與實驗 540

效度 547

類實驗 572

隨機化實驗 577

（正文旁數碼係原文書頁碼，供索引檢索之用）

本書之參考文獻、人名索引附於隨書贈送之光碟中

作者簡介

薛狄戌（William R. Shadish）博士於 1978 年獲得普渡大學臨床心理學博士學位，副修統計與評量。1978 到 1981 年間在西北大學的「方法與評量研究」作博士後研究。現任加州大學摩西德分校（University of California, Merced）社會科學與人文藝術學院教授。寫作本書時，他是在孟斐斯大學任教。曾獲得多個獎項，其中跟研究有關的，包括兩次由美國婚姻與家庭治療學會所頒發的「傑出研究出版獎」，及美國評量學會的「Paul F. Lazarsfeld 評量理論獎」，及由政策科學研究會所頒發的「坎伯爾創新方法學獎」。研究興趣是實驗與類實驗設計、計畫評量，及後設分析。

庫克（Thomas D. Cook）博士於 1967 年獲得史丹佛大學通訊研究博士學位。自 1968 年起即在西北大學任教，現為該校社會學、心理學、教育與社會政策研究所教授。他曾獲得許多研究相關的獎項，其中包括評量研究學會的「Myrdal 科學獎」，政策科學研究會的「坎伯爾創新方法學獎」，美國心理學會第五部（Division 5）的「傑出科學家獎」。研究興趣包括社會心理學、社會科學研究方法、評量研究、教育，及人類發展的社會科學。主要的興趣在於以社會科學的分法推論因果關係，並以此用於探討教育及社區健康的評量研究方面的議題。

坎伯爾（Donald T. Campbell）博士生於 1916 年，在本書的編寫過程中，也就是 1996 年 5 月過世。坎伯爾博士於 1947 年獲得加州大學博克萊分校的心理學博士。曾任教多所大學，包括芝加哥大學、西北大學及李海（Lehigh）大學。坎伯爾博士也出過許多論文，得過許多獎項，重要的包括美國心理學會的「傑出科學貢獻獎」、美國教育研究學會的「教育研究傑出貢獻獎」。一生的主要研究興趣在於探討各種知識裡的偏誤與偏見。他強調，設計一項好的研究計畫，必須精練地使用各種方法，因為每一種方法都有它自己獨特但可以測量的缺失。

譯者簡介

❧楊孟麗❧

學歷

國立臺灣師範大學英語系畢業、美國密西根州立大學教育心理學碩士
與博士，主修研究方法，副修教育測量

經歷

國、高中英語教師及大專應用英語系與教育學程教師

現任

中央研究院人文社會科學研究中心調查研究專題中心副研究員

作者序

　　認為找出因與果之間的可靠關係是非常重要的人，及想要以實驗方法來找這項關係的人，本書是為他們寫的。這類因果關係在人類世界中非常重要。找到正確因果關係之後的回報會是很高的，而錯誤關係付出的代價也很高。受教育年數增加是否使未來的生活較快樂，或是否使一生的收入較高，對於那些必須決定是不是要留在學校久一點的人來說，是重要的資訊，而且，政策決定者也可用以決定要給教育機構多少經費。在醫學界，從人類生存的最早時代開始，因果關係已經在幫人類找出哪些方法可以有效治病。在藥學界，久遠以前的占卜和人們從經驗所得到的反省，發展出許多有用的治療法，但其他有關有藥效的植物及祭神的方式當然是錯誤多於正確的，而且造成了很多不必要的死亡。找到這類因果聯繫的用處，是大家都很清楚的，因此，包括一般人類有關的事物，尤其是科學界，作了很多努力想找出正確的因果關係。

　　然而，歷史也教我們，那些「因」很少是永遠一樣的，並非在任何條件下，任何人種，或任何時代的因都相同。所有的因果論述都免不了有附帶條件。因此，雖然外來的威脅常促使團體內的人團結，但並非永遠如此。例如，在 1492 年，格拉那達（Granada）的國王只能眼睜睜地看著他的摩爾人裔（阿拉伯族裔信奉回教者）的臣民離開格拉那達，向北非的祖先老家出發，因為他不願意跟當時駐守在附近的西班牙天主教國王們的眾多軍隊打仗。在這個例子裡，來自天主教西班牙人的威脅沒有使回教西班牙人的社會更團結，反而使他們瓦解。某些因果假設會比其他的假設更需要有但書。很明顯，盡可能清楚這些但書及找出比較具有一致穩定性的因果關係，是有很大的好處。例如，阿斯匹靈是很神奇的，因為它能減緩許多種不同疾病的症狀，包括感冒、大腸癌及心血管疾病；不論海拔多高，不論

是溫暖或寒冷的氣候，不論是以藥丸或藥水的方式，不論是大人或小孩，它都有效；而且，它對於許多種胃潰瘍以外的不適症狀也有效。而其他的藥物能使用的範圍就小多了，例如，只能減緩一種癌症症狀，而且只能用

在體力到達某種程度的病人身上，只有當嚴格遵守劑量的控制，或只有在還沒產生抗體排拒藥物時，才會有效。雖然一般人使用因果語言的情況很浮泛，但找出因果關連的適用限制在哪裡是最重要的。

　　本書有兩個主要的目的，這兩個目的呼應了我們想找出因果關連及瞭解它們的廣泛性的動機。第一個是說明如何在特定的研究計畫裡，改善檢定因果假設的方法。要達到這項目的，我們用的是取自實驗理論的結構設計特色，而非統計模型的方法。最近以觀察資料作因果推論的統計發展（例如，Holland, 1986; Rosenbaum, 1995a; Rubin, 1986）已經有非常大的進步。然而，從我們為田野實驗作諮詢的經驗來看，這些發展在某些讀者之間已經造成了不符實際的預期，以為這些新的統計方法〔像是以傾向分數（propensity score）作配對或分層、選擇偏誤的模型，或隱藏偏誤的敏感度分析〕，本身就足夠得到正確的因果推論。雖然這些統計調整，在有了好的實驗設計特色以後，有時是必要的，也常會是有用的；但如果沒有這些特色，它們很可能效果不好。有密切注意這些新發展的經濟學家或統計學家，幾乎沒有人強調這類設計特色的重要性——但我們很高興發現，最近有學者比較強調這些設計特色，例如，在黑克曼、愛其木拉與陶德（Heckman, Ichimura, & Todd, 1997）討論一般的測量架構及控制的論文裡，溫序與摩根（Winship & Morgan, 1999）在說明多個前測與後測的用處時，及羅森朋（Rosenbaum, 1999b）在討論觀察資料裡有多種設計選擇的重要性時，都有強調研究設計特色的重要性。我們以這本書為這些統計方法作補充，希望強調：在設計特色與統計的互動裡，設計才是影響因果推論正確性的最重要因素（Shadish & Cook, 1999）！

　　本書的第二個目的是說明如何改進因果命題的擴論。雖然正式的抽樣步驟是最能保證擴論的方法，這些抽樣方法很少被用來作因果命題的擴論。因此，我們轉而利用以科學為基礎的因果擴論的理論，來改進因果擴論。這個理論反映了各領域的科學家在研究工作中用來作擴論的原則，像是以動物模擬人類疾病、判斷某一個標本是否屬於一個比較大範圍的類別、從文獻探討中找出一個大致的趨勢，及判斷流行病學的研究是否支持二手菸與癌症之間的關係。我們希望，所得到的結果，是比抽樣理論更為實用的因果擴論的理論，但也同時將抽樣理論涵蓋入內，將它視為我們這項理論的一個特例。

　　這本書同時也是繼坎伯爾與史坦利（Campbell & Stanley, 1963）及庫克與坎伯爾（Cook & Campbell, 1979）之後的一本書。然而，它跟它們又有幾個重要的不同之處。最明顯的差異是，這本書新增了一個強調的重點：因果連結的擴論。雖然本書的前驅明顯認知到這類擴論的重要性，甚至提出了「外部效度」的詞，但它們的重點多放在檢視某項單一研究裡所檢定的因果關係是否合理可信。研究外部效度的方法則在本書占了相當多的篇幅；先前兩本書則花了相當多的篇幅討論內部效度。

　　第二個差異是，科學的哲學最近對於我們所接受的科學邏輯裡最重要的幾項支柱提出質疑，尤其是客觀是否可能的問題，及以推演與歸納這兩種方法獲得知識是多麼容易犯錯。以「後設科學」（meta-science）（有系統的研究科學的歷史、社會學、心理學及哲學）所得到的許多描述性質的結果也發現，科學實務常常偏離當代所認定的科學邏輯。科學是由人類所研究、由科學家所集體驗證的；而這些人都有他自己認知上的興趣及經濟上的利益，而需要作某些定義、為某些事辯護及倡導某些方法。因此，本書比先前兩本書更進一步，先假定科學的廣泛不可靠的性質（panfallibility）；也就是，這本書先假定：社會科學家所使用的方法完全且不可避免地缺乏某些知識。然而我們並不因此放棄，我們也不認為這就表示「怎樣的解釋都合理」。知識的不可靠性並不代表它完全沒價值（也就是：如果不完美，就沒價值），也不代表強烈的方法相對論（不論是作什麼分析，沒有任何一個方法比其他方法都好）。相反的，我們相信，有些因果推論的敘述比其他的敘述更具品質保證，且從邏輯與從事科學實驗的經驗來看，有些作為探討因果關係的方法通常（但非一定）比其他的好，但如果是探討別的，就不一定。

　　第三個差異是我們強調的是設計元素，而非設計，尤其當我們討論的實驗研究是沒有作隨機分派，就讓研究對象進入各組時，更強調設計元素。最常跟因果研究連在一起的科學方法是實驗，本書的焦點就是各式各樣的實驗。實驗指的是一種有系統的研究，故意將某個可能的因加以變化後，檢視其所造成的果。實驗需要：(1)實驗對待有大小強弱不一；(2)施以實驗對待後測量結果；(3)至少觀察一個單位；及(4)以某個機制來推論，如果沒有實驗對待，結果應該會是怎麼樣。也就是所謂的「反事實推論」（counterfactual inference），我們利用反事實推論來推論實驗對待產生了

某個效果，如果沒有實驗對待，就不會出現這個效果。我們將看到，實驗有許多其他的結構特徵，其中大部分可用來提高這種反事實推論的品質。但儘管實驗在自然科學、數理統計、醫學、心理學、教育，及勞動經濟中 都獲得普遍使用，實驗卻不是唯一能宣稱可以將因果結論合理化的研究法。社會學、政治學、人類發展學中，許多相關性研究及經濟學的某些旁枝，都依賴因果想法來發展理論，他們使用的是實驗的結構或實驗的正式語言卻不自知。然而我們認為，所有非實驗的方法都可以分析出它們所包含或不包含的結構設計元素，這樣作，可以澄清它們在推論因果時的長處與弱點。我們將描述實驗特有的結構元素，並說明如何將它們合併成為以前沒人用過的實驗設計；且我們相信，從結構設計元素的觀點來思考，將比從有限的一系列的設計來思考，會更有用處。這類的設計是本書前驅（Campbell & Stanley, 1963; Cook & Campbell, 1979）最重要的一部分。我們則將焦點放在設計元素，希望幫助讀者獲得一套足可靈活運用的工具，使得其中有些元素可用來改善幾乎任何領域的因果關係研究。

　　第四個差異是，本書不像庫克與坎伯爾（Cook & Campbell, 1979）一書，並沒有討論那麼多的資料統計分析。我們沒有將整章都貢獻給統計細節，而只以幾個簡短的段落或偶爾在一章的附錄裡談論資料分析，談論的也比較是在觀念的層次，很少用到方程式，而且常都放在註腳裡；我們希望這就足以澄清一些最根本的議題，並列出更詳細的參考書籍文獻。這種改變，部分是出自現實的考量。二十年前，像時間序列或非同等控制組的這類統計方法，幾乎找不到能讓大部分人都看得懂的說明，因此那時需要仔細說明這些東西。然而，時至今日，這類方法的說明非常普遍，而且無論是哪一層次的複雜程度都有，因此，我們最好將空間留給有關設計與擴論的發展。然而，我們減少了統計的份量，也反映出我們認為以設計來解決因果擴論的問題，比以統計方法佳，理由則前面都已說過。

　　第五個差異是，本書有非常深入的討論隨機化實驗，共花三章討論它們的邏輯與設計，及執行時會面對的實際問題及解決方法。尤其是後者，過去幾十年來，對於許多問題，像是實驗對待執行不佳及如何預防，還有分析樣本流失、確保分派過程的公正，及比較能考量到某些倫理與法律議題的實驗等等這些問題，在近幾十年都發展了許多新的解決方法。這些新發展能改善隨機化實驗的實際面；有些也可用來改善非隨機化實驗。

　　第六個差異是，本書將坎伯爾幾年來最為人所熟知的成就，也就是效度的種類，作了一些概念上的修改。這些改變大部分都很小，因為我們仍然保留了四種效度的分野（內部效度、統計結論效度、建構效度及外部效度），也將重點放在如何從實際的因果推論找出合理的效度威脅。但我們從幾方面作了一些改變。例如，在統計結論效度裡，我們努力顯現對效果強度的敏感性，而不是統計顯著性。我們對於擴論（外部效度與建構效度的擴論）的思考，則反映克倫巴（例如，Cronbach, 1982）對因果擴論問題的想法。我們也稍微修改了效度威脅的內容。雖然這許多改變可能只有跟我們一樣是實驗方法學的理論家才會感興趣，但我們也希望其中有些（例如，更加強調效果的強度）會對實驗的實務有影響。

　　雖然有這些改變，本書還是跟兩本前驅一樣，強調田野實驗，也強調人類在非實驗室情境裡的行為（但本書許多地方所談的也適用於實驗室的實驗）。在學校、企業、診所、醫院、福利機構及家庭等這些情境裡，研究者所能擁有的控制絕非完美，通常只是作客而不能作主，必須磋商而不能下令，且通常必須妥協而無法事事如願。有些妥協的結果比其他的妥協引來更多令人煩惱的事。尤其，田野實驗者不願放棄對於測量、選擇，及實驗對待時程的控制，尤其是對實驗對待分派的控制；因為若完全由實驗對象自我選擇進入各種不同的實驗組，因果推論會非常難作定論。然而，很明顯的，這樣的控制通常是需要協商的，而不是單方就可作的決定。

　　就像所有的書一樣，如果沒有很多人幫我將我們的想法行諸文字，本書是不可能完成的；我們非常感謝他們。將原始資料提供給我們製成圖表的同事包括 Xavier Ballart（圖6.4）、Dick Berk（7.5）、Robert Gebotys（6.2）、Janet Hankin（6.3）、Lynn McClannahan（6.14）、Dick McCleary（6.1, 6.10）、Jack McKillip（6.13）、Steve Mellor（7.3）、Mel Mark（7.3）及 Clara Riba（6.4）。其他有人幫忙讀我們的草稿並作評論，有人提供例子給我們，有人刺激我們對關鍵問題作更多的思考，這些人包括 Mary Battle、Joseph Cappelleri、Laura Dreuth、Peter Grant（及其學生）、John Hetherington、Paul Holland、Karen Kirkhart、Dan Lewis、Ken Lichstein、Sue Marcus、Mel Mark、Dick McCleary、Jack McKillip、David Murray、Jennifer Owens、Dave Rindskopf、Virgil Sheets、William Trochim、Alan Vaux、Steve West（及其學生）、Chris Winship。我們特別提出 Laura Leviton、Scott Maxwell 及 Chip Reichardt，因為他們作了非常詳細而有幫助的評論。然而，由於這本書已經陸續寫了十年，我們對於那些對這本書有貢獻有影響的人的記憶，毫無疑問，一定不是很清楚，因此如果不小心漏了任何人的名字，我們在這裡道歉。

我們要向支持本書準備工作的幾個機構致謝。威廉·薛狄戌部分是由西北大學的「政策研究中心」（Institute of Policy Research）所給予的年休假獎勵、「傑畝司麥金卡陀基金會」（James McKeen Cattell Foundation）的補助年休假獎勵、曼菲斯大學的「專業發展派任獎勵」（Professional Development Assignment Award），及「應用心理研究中心」（Center for Applied Psychological Research）與曼菲斯大學的心理系支持。湯瑪斯·庫克則部分由史丹佛大學的「行為科學高等研究機構」（Institute for Advanced Study in Behavioral Science），及柏林的「麥克司伯藍克人類發展機構」（Max Planck Institute for Humam Development）所支持。

最後，我們想向本書的第三作者，唐納·湯瑪斯·坎伯爾所作的貢獻致謝。坎伯爾於 1996 年 5 月過世，當時本書正寫到一半。要明確說出他的貢獻，卻不容易。很明顯的，他的貢獻遠超過他在本書實際的寫作，因為他的想法對於學生及同事的影響是如此的深而廣。他是整個田野實驗與類實驗傳統的立基者，這項傳統跟他如此密切相連，我們跟其他人甚至稱這項傳統為坎伯爾派（Campbellian）。本書許多最重要的概念，像是內部效度與外部效度、對效度的威脅及其邏輯，以及類實驗，都是源自於他且由他發展出來的。他的許多其他想法，包括知識建構的不可靠（「我們是阿米巴原蟲的表兄弟，我們所得自上天的直接啟發和它的，都毫無差別。這樣，我們怎麼能很確定自己所知是對的？」），科學進展的速度不規律，而且常是偶然的發展而獲得重大突破的性質〔「集體全知科學的魚鱗模型」（The fish-scale model of collective omniscience）〕；及有關科學事業的社會性質〔「搭載著科學知識的社會系統工具之部落模型」（A tribal model of the social system vehicle carrying scientific knowledge）〕，都變成了我們思考的一部分，整本書也隱隱透露著這樣的思考。我們得自坎伯爾的，不論是從同事或學生的觀點來看，毫無疑問都遠比我們所認知到的還多。

坎伯爾（例如，他 1988 年的著作）很喜歡一位哲學家及數學家昆因（W. V. Quine）所用的比喻：科學家就像必須在海上修理一艘正在腐爛的

xx

xix

船的水手，他們相信絕大部分的木頭都還是堪用的，只要換掉比較脆弱的木板。他們現在認為還好的木材，有一天也會被替換掉。要換掉的木材相對於認為還堪用的木材之間的比例，必須都要很小。坎伯爾以這個比喻來說明科學界廣泛的信任所扮演的角色，及科學界缺乏真正穩固基礎的困境。所以，從這個比喻的含意而言，下面四行黑尼（Seamus Heaney, 1991）的詩 "The Settle Bed"，不但能確切抓住坎伯爾對於昆因的比喻之喜愛，也能抓住坎伯爾自己對科學的其中一條船的貢獻：

> 而這就是「一項遺產」
> （And now this is 'an inheritance'）
> 直挺挺的，大略的，釘在那裡不能移動
> （Upright, rudimentary, unshiftably planked）
> 那是很久以前的事了，但是將能讓它向前
> （In the long ago, yet willable forward）
> 一次一次又一次。[1]
> （Again and again and again.）

　　而對於比較喜歡簡單隨和風格的讀者，我們以 Woody Guthrie 在 *Another Man's Done Gone* 這首歌裡所寫的一句話來作結尾。這是他預期自己的死亡時所寫的：「我不知道，我也許往下去，往上去，或往任何地方去，但我覺得我會繼續這樣的塗塗寫寫。」（I don't know, I may go down or up or anywhere, but I feel like this scribbling might stay.）我們希望這本書讓唐（坎伯爾）對於田野實驗的重要貢獻繼續活在未來的世代。

威廉 R. 薛迪戌
於田納西州曼菲斯

湯瑪斯 D. 庫克
於伊利諾州伊凡司頓

xxi

1　錄自 Seamus Heaney 所著 *Opened Ground: Selected Poems 1966-1998* 中的 "The Settle Bed"。Seamus Heaney 1998 年版權所有。獲得 Farrar, Straus and Giroux, LLC 的同意翻印。

1 實驗與因果擴論

001

Experiment　名詞：*1.* a.一種在完全掌控的情境下進行的測試，目的是要顯現一項已知的真理，顯現一項假設的效度，或觀察之前沒有測試過的事物之效用。b.進行這種測試的過程。*2.* 一種創新的行為或步驟：「*民主制度只是政府機制的一種實驗*」（*Democracy is only an experiment in government*）（*William Ralph Inge*）。

Cause　名詞：*1.* a.某個效果、結果或後果的製造者。b.必須為某項行為或結果負責的人、事件或情況。動詞：*1.* 是（某項事物的）原因或理由；導致。*2.* 藉由威權或力量使（事物）發生或強迫（事物）發生。

許多歷史學家與哲學家而言，十六、七世紀的學者對實驗的愈益重視，也就是現代科學從它的根源——自然哲學派——冒出新芽的時刻（Hacking, 1983）。德瑞克（Drake, 1981）認為，伽利略（Galileo）1612 年的論文 *Bodies That Stay Atop Water, or Move in It* 裡，首次在研究中帶進現代實驗科學的精神；但也有人認為，更早的吉爾伯特（William Gilbert）在 1600 年的研究論文 *On the Loadstone and Magnetic Bodies*，及達文西（Leonardo da Vinci, 1452-1519）的各種探討，就已經有實驗的精神；甚至也有人認為，西元前五世紀的哲學家恩佩德可理（Empedocles）在利用各種實證方式來反駁帕曼納狄斯（Parmenides）時，就已經具備了實驗精神（Jones, 1969a, 1969b）。從日常生活的角度而言，自有歷史的最早時刻，人類就一直實驗著各種不同方法，像是嘗試新的食譜或嘗試生營火的

不同方法，都是生活中很自然就會做的實驗。

002　　　然而，十七世紀的科學革命，與當時常使用觀察法的自然哲學派，在三方面已經分道揚鑣。第一，前者愈來愈常使用觀察法來修正理論中的錯誤。整個歷史過程中，自然哲學派的學者常使用觀察法於理論*中*；他們會找出能支持自己理論的觀察結果，來贏得哲學論述。但是，他們主要的目標還是只從「第一原則」（first principles）〔也就是大家都知道的真理為出發點，不論這個真理是人類天性或神意，例如，亞里斯多德的自然哲學派（Aristotelian natural philosophy）中的四項基本要素：火、水、土與氣〕導出理論，觀察法只是用以達成這項目標。根據一些說法，這種將理論視為第一，證據次要的作法，在十七世紀時惡化了：「亞里斯多德派訴諸經驗的原則，到了十七世紀變質了，思考推理變成是仰賴偶爾突發的經驗例子（casual example），而駁倒對手的方法則是指出明顯的特例，且這些特例並沒有經過審慎的研究。」（Drake, 1981, p. xxi）當十七世紀的學者開始利用觀察法來*改正*理論與宗教的第一原則中的錯誤時，就跟當時的宗教或哲學權威有了衝突；伽利略認為地球繞著太陽轉的理論所引發的事件，就是一個例子。冒著這種險，當時的實驗科學還是傾向於觀察，而不再緊抓著教條，著實令人敬佩。伽利略死時，系統觀察法已經是科學根深柢固的最重要特色，到現今也是如此（Harré, 1981）。

　　　第二，十七世紀以前，即使是訴諸經驗，也只是被動的觀察已經在運作的系統，而非特意改變系統的某一部分之後再去觀察其狀況。經過十七世紀的科學革命，**實驗**（experiment）這個字（以**黑體字**標示的詞彙，在詞彙表中有定義）開始意味著：先特意採取一項行動，接著再對其後發生的現象作有系統的觀察。就像哈金（Hacking, 1983）談論培根（Francis Bacon）時所說：「他教我們不但要觀察自然狀態下的大自然，也要求我們必須『扭轉獅子的尾巴』，也就是操弄我們的世界，才能瞭解它的秘密。」（p. 149）雖然被動的觀察也能揭露世界的許多面向，但主動的操弄才能發現世界的一些規則與可能性（Greenwood, 1989）。舉一個通俗的例子，不銹鋼並不是自然產生，必須經過人的操弄才能存在。實驗的科學正是在觀察操弄後的結果。

　　　第三，早期的實驗者瞭解到，將可能限制或誤導觀察結果的額外影響因素（extraneous influences）加以控制，是很重要的。因此，望遠鏡的倍

數作得很高才能看得遠、看得清楚，顯微鏡的鏡片也愈來愈精準，而科學家建的實驗室也能利用牆壁擋住無線電波，避免可能的干擾，並利用（最後發展到無菌的）試管防止塵埃或細菌沾染。起初，這些控制的方法（controls）是用於天文學、化學及物理學這些最先發展的科學。但當科學家開始將實驗用於公共衛生及教育等領域時，由於這些領域的額外影響因素比較難控制（例如，Lind, 1753），他們發覺用於自然科學實驗室的防制方法，在這些新領域中的效果不佳。因此，他們發展了新的方法來對付額外影響因素，像是**隨機分派**（random assignment）（Fisher, 1925），增加一個非隨機分派（nonrandomized）的**控制組**（control group）（Coover & Angell, 1907）。隨著這些情境與主題下的理論與觀察經驗累積愈多，愈多的**偏誤**（bias）來源也被找出來，而更多的新方法也發展出來解決這些偏誤（Dehue, 2000）。

003

　　時至今日，所有實驗共同的主要特色仍然是特意變化某一事物的程度，以便瞭解另一項事物接著會出現怎樣的狀況——也就是找出事先認定的「因」所產生的「效果」。即使是實驗的門外漢也作實驗，譬如若運動多了，我們會量血壓觀察其變化；吃得較少了，會看看體重是否減少；看了一本自我管理的書，也會觀察自己行為是否有改變。然而，*科學實驗法已經發展出愈益專精的內容、語言及工具，包括社會科學中田野實驗的實作，而後者就是本書的焦點。*本章就開始探討這些事項，包括：(1)討論實驗所測試的因果論（causation）的性質；(2)說明社會實驗的專門用語〔例如，隨機化的實驗（randomized experiments）、類實驗（quasi-experiments）〕；(3)也概略介紹如何擴論個別實驗所獲得的因果關連（generalize）的問題；最後，並(4)簡要點出實驗在探討科學的性質的文獻中所占的地位。

實驗與因果論

　　要好好討論實驗，就必須有一套語彙來談因果論（causation），並理解該語彙所隱含的主要概念。

定義因、果及因果關係

大多數的人在日常生活中，就可以直覺到一些事物間的因果關係。例如，一輛車撞上你的車，是車子受到傷害的**因**（cause）；你花多少時間唸書，是你考試成績的一個因；一個朋友到底吃了多少東西，也種下了他體重的因。你也許還可以指出更複雜的因果關係，例如，成績不好令人洩氣，因此接下來唸書的時間減少了，致使成績更糟。在這個例子裡，同樣的變項（成績不好）既是因也是果，而且兩個變項（成績不好及沒唸書）之間**互為因果關係**（reciprocal relationship），兩者都互相影響彼此。

即使大家在直覺上對這種因果關係頗為熟悉，但好幾世紀以來，哲學家都無法給予因與果一個精確的定義[1]。這實在是因為，像*因*與*果*這兩個詞的定義，一部分會受彼此影響，另一方面也因兩者間所存在的因果關係而有不同。因此，十七世紀的哲學家洛克（John Locke）說：「會產生任何想法的事物，不論是簡單或複雜，我們都稱為*因*，而被生產出來的，就稱為*果*。」（1975, p. 324）又說：「*因*就是會使任何其他東西產生的事物，不管該事物是簡單的*想法*、物質或狀態；而任何東西，只要是起源於其他的事物，就是*果*。」（p. 325）之後的哲學家們為這三個關鍵的概念──因、果及因果關係──做出了更有用的定義，較為具體，且更能闡明實驗是如何運作。我們在這裡不會說哪一種定義才是正確或真的，畢竟幾百年來的哲學家都無法明確指出哪一個才是最好的；但我們相信，這些定義可以幫我們對於探索事物的因所使用的科學作法，有更清晰的理解。

因

假設現在有一場森林火災。它的因是什麼？引起火災的可能性有很多，例如，從汽車丟出來的火柴、被閃電打到，或是悶燒的營火。但它們沒有一個是必要條件，因為可能當時根本沒有火柴也會有火災；這些可能性裡，

---

[1] 我們的分析裡所謂的因果論，反映的是一般人所使用的意義，而非哲學家們所討論的因，後者比較詳盡。想瞭解比較詳細定義的讀者，可以參考本章參考文獻部分所列的著作，包括庫克和坎伯爾（Cook & Campbell, 1979）。

也沒有任何一個可構成火災的充分條件。畢竟，火柴的熱度要持續得夠久才能引發燃燒；火柴必須接觸可燃物質（像乾燥的葉子）；燃燒必須要有氧氣；天氣也必須夠乾燥，葉子才夠乾，火柴才不致被雨水打溼。因此，即使這些條件裡，有些通常可被視為理所當然，像氧氣的存在；但儘管沒有火柴就不會有這場火災，火柴也只是引起火災的條件之一。因此，一根點燃的火柴是馬齊（Mackie, 1974）所稱的 inus 條件（inus condition），也就是「*非必要但充分的條件中，不充分但非多餘的部分*」（an *insufficient* but *non-redundant* part of an *unnecessary* but *sufficient* condition）（p. 62，原文就有斜體字）。火柴是不充分的，因為沒有其他的條件存在時，它不可能引起火災。只有當它在引發火災上的功用跟其他所有的因素（如氧氣及乾燥的葉子）完全不同時，火柴才是非多餘的；畢竟，如果有人同時想以打火機引起火災，我們就很難判定是火柴還是打火機引發火災。火柴跟所有其他條件同時存在時，就是引燃火災的充分條件之一；但因為還有其他的條件組合也足以構成火災，所以這個條件不是必要的。

　　研究領域裡，inus 條件的例子，如一項治療癌症的新藥方。1990 年代末期，波士頓一支由福克曼（Judah Folkman）博士所帶領的研究團隊宣稱，一種名為 Endostatin 的新藥，可藉由限制對腫瘤的血量供應，縮減腫瘤的大小（Folkman, 1996）。但該研究領域中其他具有聲望的研究者，即使使用從福克曼博士的研究室直接寄來的 Endostatin，也無法獲得跟他們一樣的結果。最後科學家們直接到福克曼的研究室學習怎樣生產、轉載、保存及處理該藥劑，及學習怎樣找到人體正確的部位，將它以正確的角度施打到正確的深度，終於獲得了跟福克曼一樣的結果。一位觀察者將這些需要特別學習的過程稱為「握在手裡」（in-our-hands）的現象，意思是：「甚至連我們自己都不知道哪些細節是真正重要的，因此你可能要花點時間才能把它作出來。」（Rowe, 1999, p. 732）Endostatin 是個 inus 條件，它本身是個非充分的因，必須要配合許多其他的條件才能使它發揮效力，但連原始的研究者（福克曼）都不太瞭解為什麼要有這些條件。

　　嚴格來講，大多數的「因」都是 inus 條件。要使一個「果」產生，通常必須有許多因素共同存在，但我們很少能真的列出所有這些因素，也摸不清它們之間的關係。本書中討論的因果關係不用決定論的觀點（deter-ministic），只說它會增加「果」發生的機率，上述的情形是原因之一

（Eells, 1991; Holland, 1994）。這種情形也說明了為什麼一項因果關係會在某些情況下出現，但並不是在任何時間、地點或人群都會出現，也不是只要其他的實驗對待與結果多少跟所研究的實驗對待與結果有關連的，就會出現。所有因果關係的是否出現，都會受情境的影響，只是程度不一。因此，是否可以把實驗結果擴論（generalization），一直都是值得討論的議題。這是本書之所以一再回到擴論的議題之故。

果

利用**反事實**模型（counterfactual model），我們可以比較清楚「果」是什麼。反事實模型最早可以追溯至十八世紀的哲學家休姆（David Hume）（Lewis, 1973, p. 556）。所謂反事實，就是與事實相反。一項實驗裡，我們觀察的是，那些接受了實驗對待（treatment）的人*真的*發生了什麼變化。反事實模型就是要瞭解，如果這些人在同樣的時間沒有接受實驗待遇，*應該會怎麼樣*。而所謂的「**果**」（effect），就是實際發生的情況與應該會發生的情況之間的差異。

我們無法實際觀察到反事實的情形。舉苯丙酮尿症（phenylketonuria, PKU）為例。PKU跟基因遺傳有關，是一種代謝方面的疾病；有這種疾病的人，除非出生幾週之內就展開治療，否則會智能障礙。這種病是因為身體缺乏一種預防苯丙胺酸（phenylalanine）累積的酵素，苯丙胺酸是有毒物質，會傷害神經系統。如果及早施以專為苯丙胺酸設計的限制飲食，且持續控制，就可以防止智能障礙的產生。在這個例子，我們可以說「因」是基因的缺陷，也可說是酵素的失常，或飲食的問題；每一種說法都意味著一種不同的反事實的概念。例如，假使我們說，專為苯丙胺酸設計的限制飲食，使有這種問題的嬰兒因為苯丙酮尿症導致的智能障礙發生率降低，那麼，反事實的推論就是：如果這些嬰兒沒有接受飲食控制的狀況下，任何本來會發生的情形。推導基因缺陷或酵素失常的反事實狀況，也是利用相同的邏輯。但同一位嬰兒不可能*同時*接受飲食控制又*同時*沒有接受飲食控制，也不可能*同時*有基因缺陷或酵素失常，又*同時*沒有這些問題。

因此，探究原因的研究裡，一項最主要的工作就是，創造出跟這些實際沒發生的反事實狀態相近的情境。例如，假設不幫有苯丙酮尿症的嬰兒控制飲食是符合研究倫理的，那我們就可以將有控制飲食的病嬰和沒控制

飲食的病嬰加以比較，當然這兩組嬰兒在其他條件上都力求相同（例如，同種族、同性別、年齡、家庭社經背景，及健康狀態）。或者，如果符合倫理，我們也可以讓前三個月都沒控制飲食的病嬰，跟他們在第四個月開始控制飲食時的狀況相比較。但這兩者都不是真正的反事實。在第一種情況裡，兩組嬰兒是不同的人；在第二種情況裡，雖然是同一個人，但過了幾個月了，除了飲食控制以外，嬰兒本身也發生了很多變化（包括前三個月時，因為苯丙酮尿症而造成的永久性傷害）。因此，實驗設計的兩個主要工作就是，創造一些能用以做反事實推論的資料來源（儘管這些來源一定都不夠完美），以及瞭解這些來源與實際的實驗對待組之間的差異。

　　這種反事實的推理思考，根本上是屬於質化的，因為即使是實驗研究中的因果推論，根本上都是質化的精神（Campbell, 1975; Shadish, 1995a; Shadish & Cook, 1999），但這些論點已經被統計學家化成一個特別的模型，有人稱為「魯賓的因果模型」（Rubin's Causal Model）（Holland, 1986; Rubin, 1974, 1977, 1978, 1976）。本書不是討論統計，因此不打算詳細描述這個模型〔West、Biesanz 和 Pitts（2000）有詳細的描述，並討論它與坎伯爾傳統（Campbell tradition）之間的關係〕。魯賓的因果模型最主要是分析實驗中的「因」，它的基本前提也與本書的一致[2]。魯賓的模型已廣泛使用於各種領域的因果推論，例如，在公共衛生及醫學研究中的**個案控制研究**（case-control studies）（Holland & Rubin, 1988）、社會學中的路徑分析（Holland, 1986），及羅德（Lord, 1967）引入心理學的一項矛盾敘述（paradox）中 （Holland & Rubin, 1983）；魯賓的模型也產生了許多新的統計分析方法，本書將會介紹這些方法。魯賓的模型還很新，對它的批評也才剛開始出現（例如，Dawid, 2000; Pearl, 2000），但它很明顯是個很概括的模型，有多明顯或不明顯的意涵。要探索因果關係的研究者或學生，都必須瞭解這個模型及其他人對它的評斷。

因果關係

　　我們怎樣可以知道「因」和「果」之間是有關連的？十九世紀的哲學家米爾（John Stuart Mill）經典的分析認為，如果符合以下的條件，因果關

---

[2] 但魯賓的模型不是在談本書要討論的因果擴論。

係就存在：(1)「因」發生於「果」之前；(2)「因」與「果」之間是有關連的；(3)除了「因」之外，我們找不到任何其他合理的原因可以解釋「果」之發生。這三種特質跟實驗的特質很像：(1)我們操弄一項事先認定的「因」，接著觀察之後發生的情況；(2)我們檢視「因」的變化是否與「果」的變化相關；(3)在實驗期間，我們利用各種不同的方法來減少其他因素對「果」產生影響的可能，並用別的方法來探索那些無法排除的因素發生了影響的合理性（本書大部分都是在討論作這件事的方法）。因此，實驗很適合用來研究因果關係，沒有任何一個其他的科學方法能像實驗這樣吻合因果關係的特徵。米爾的分析也指出了其他方法的弱點。例如，在許多相關性研究裡，無法得知哪一個變項先發生，因此要強調兩者間有因果關係是很危險的。如果能瞭解**因果關係的邏輯**（logic of causal relationships），也掌握住其中主要詞彙（像「因」與「果」）的定義，研究者就比較有能力批評因果關係的研究。

007

因果論、相關及混淆變項

研究領域一句廣為人知的金玉良言是：「相關並不能證明因果關係。」這是因為在相關研究中，我們不知道哪個變項先發生，也不知道「果」之發生是否有其他的解釋。例如，假定教育與收入有相關，那麼是應該先有高收入才能付得起教育費？還是得先有良好的教育才能找到收入不錯的工作？這兩種情形都可能存在，因此兩種可能性都需要探討。但除非學者們完成了探討的工作並做了評估，否則只說兩者間有**相關**（correlation），並不能指出哪一個變項先發生，也無法排除可能解釋兩變項間關係的其他說法，像教育與收入就是一個例子。這兩者的關係還可能根本無關因果，而是起因於第三個變項〔常稱為**混淆變項**（confound）〕，例如智能或家庭社經地位，都會影響到教育程度與收入。例如，如果智力高導致求學和工作都很順利，那麼智力高的人，教育程度和收入會有相關，但這不是因為教育影響了收入（或反之），而是因為兩者都是被智能所影響。因此，實驗研究的一項主要工作，就是找出某個研究領域裡常會出現的混淆變項，並找出處理混淆變項的各種方法之優缺點。

可操弄與不可操弄的因

　　就大多數人對實驗的直覺瞭解而言，「我們就來看看，叫領救助金的人都去找份工作，會有怎樣的結果吧」，這句話是合理的；但如果說，「我們就來看看，我把這個成年男人變成三歲女孩會怎樣吧」，卻完全不對勁。科學實驗的研究也是如此。實驗只能探索可以操弄的變項所產生的果，像藥的劑量、救濟金的金額、心理治療的種類或時間多寡，或班級的學生數，這些都是可以*操弄的*。不可操弄的事件（例如星球的爆炸）、屬性（像人的年齡、他們原本的基因物質，或生理的性別），都不可能是實驗中的「因」，因為我們沒辦法特地讓它們有所變化後再觀察會發生什麼情況。因此，大部分的科學家和哲學家都認為，要瞭解不可操弄之因所造成的影響，難多了。

　　要說清楚的是，我們並不是在說*所有*的「因」都必須是可操弄的——只有*實驗裡*的「因」必須是可操弄的。許多變項雖然的確是「因」，卻不是直接可以操弄的，就像醫學界已經很確定，PKU是基因缺陷所造成的，但人卻不能直接操弄這種缺陷。我們可以操弄生物的過程，使得有缺陷的基因無法發揮其功用，藉以在非實驗的研究或實驗研究裡間接探討這項「因」，就像之前 PKU 的例子裡，利用控制飲食來阻止基因走完它的過程。無法操弄的基因及可操弄的飲食，兩者都可視為「因」——兩者都跟PKU引起的智能障礙有共變關係，兩者都發生於智能障礙之前；也能探索基因或飲食對於認知功能的影響，是否有其他的合理解釋。然而，探討可操弄的飲食之所以為「因」，相較於將不可操弄的基因問題視為因，有兩個優點。第一，飲食是解決問題的直接行動，基因不是；第二，本書之後會講到，利用隨機分派（random assignment）等方法研究可操弄的「因」，所得到的反事實推論之資料來源，品質較高。若我們比較有（不可操弄的）基因缺陷的人，和沒有基因缺陷的人時，後者可能在很多其他方面都跟前者不同，而不只是基因方面；這時若作反事實推論，就很難推斷基因有缺陷的人，如果基因沒有缺陷的話，應該會是怎樣的狀況。

　　然而，不可操弄的「因」還是必須利用各種可能的方法加以研究，因為這些不可操弄的「因」最後將會幫我們找到可操弄的「因」，來改善手

邊的問題。PKU的例子就說明了這點。醫學研究者並不是一開始就讓智能障礙的孩子嘗試各種不同的飲食，馬上就發現該如何治療PKU。他們先發現了因PKU而智能障礙的小孩，都同樣有一些不可操弄的生物特徵，他們的苯丙胺酸比一般正常高，而且都有跟苯丙胺酸相關的代謝與基因相關的問題。這些發現明白地指出了一條可能的改善之道，也指出哪些途徑是沒有用的，科學家們因而得以實驗他們認為實際有效的治療方法。因此，飲食控制法是一連串研究下的結果，這些研究有不同的立即目的、不同的形式，也不同程度地降低了不確定性，有些屬於實驗，有些則否。

再者，對於不可操弄的因，有時也可以做**類因實驗**（analogue experiment），在這種實驗裡，所操弄的「因」是跟實際想瞭解的「因」很類似的事物。例如，我們不能改變種族，但可以利用化學物品改變自願參與者的膚色——雖然他們還是不同於一輩子每一天、隨時隨地都是黑人的真正黑人。同樣的，過去的事件雖然不可操弄，但有時可視為一種**自然實驗**（natural experiment），甚至還可視為有經過隨機分派的實驗，像1970越戰時代的抽籤徵兵制度（draft lottery）就曾被用以檢視各種後續的結果（例如，Angrist, Imbens, & Rubin, 1996a; Notz, Staw, & Cook, 1971）。

雖然拿可操弄的因加以實驗，比較容易發現這些因的作用，但實驗絕
009 不是探討因的完美方法。有時實驗會修改一些測試的情境，使這些情境與想擴論出去的實際情境有差距。而且，即使瞭解了可操弄的因所產生的果，也無益於瞭解這些果是為何及如何產生的；實驗也無法回答真實世界的其他許多重要的問題——例如，哪些問題值得問、找一個治療方法的需求多強烈、某個因在社會分布的情形如何、實際治療時是否忠於原理論，及該賦予研究結果怎樣的價值等等。

再說，在實驗中，我們是先操弄某個因，之後才觀察其所產生的果；但在一些其他的研究裡，我們先看到果，例如愛滋病，之後才尋求它的因，不論該因是否可操弄。史克力文（Scriven, 1976）把這種搜尋工作比喻為偵探工作：一件罪案發生了（例如搶劫），偵探發現該案的證據顯示了某種模式（例如，搶犯戴一頂棒球帽，穿著一件很特別的夾克，並使用某種槍），就開始搜尋這種操作方法〔他們所謂的**慣用手法**（modus operandi, m. o.）〕的罪犯。若有罪犯的m.o.符合證據所顯示的模式，該罪犯就變成了嫌疑犯，開始對他展開調查。流行病學家用的是一種類似的方法，稱為

「個案控制設計」（case-control design）（Ahlbom & Norell, 1990）。當他們發現某個社群的健康有狀況（例如，腦瘤發生率增大），而且其他社群沒有這種問題時，就開始想辦法找出相關的因（例如，使用手機的機會增加）。實驗並不能為社會科學家們所有的問題都找到答案，甚至也不能為所有的因果問題找到答案。

因果描述與因果解釋

　　實驗研究的獨特優點，就在於能將結果歸因於特意讓它有所變化的實驗對待，我們稱之為**因果描述**（causal description）。相對的，實驗研究比較不能澄清因果關係的機制，也無法明訂因果關係會發生的情境條件──我們稱之為**因果解釋**（causal explanation）。例如，大部分的小孩很快就學會「按一下電燈開關」的動作和「房間變亮了」兩者間的因果關係，但很少有小孩（甚至大人也是）能完整解釋燈會亮的*原因*。要理解燈會亮的原因，必須先將「實驗對待」（按電燈開關）解構為「與因果關係相關的特色」（例如，關閉絕緣的電路）及「非必要的特色」（例如，開關是用手動還是利用感應器）兩部分；再將結果以相同方式劃分為兩類（可能是白熱燈或日光燈，但不論燈具是掛在牆上還是嵌在牆壁裡燈都會亮）。要能完整的解釋，他們必須能講出「與因果關係相關部分的因」，是如何經由一連串中介過程而影響「與因果關係相關部分的果」（例如，電流流經電路，光子被激發）[3]。很明顯的，使燈亮起來的因是一堆複雜的因素。因此，對那些將「事物的因」與「絕無閃失，一定會產生該事物的所有變項」畫等號的哲學家（Beauchamp, 1974）而言，只有當所有相關的事物都釐清以後，才能談因。對他們來說，沒有因果解釋就沒有因果描述。但是，不論這種立場在哲學上有什麼優點，如果要求現今的社會科學達成如此完全的因果解釋，是不合實際的。

　　當按開關電燈卻不亮，換燈泡（另一種容易學的操弄手法）也不亮時，

010

3　但物理學家所提供的解釋可能跟這裡的電匠版的解釋不同，物理學家可能會講到次粒子（subparticles）的行為。兩者間的差異也說明了所謂「解釋」的意義，其實是很複雜的；而且當分析的層次跳到另一個層次時，解釋立刻就變得頗複雜。

因果解釋的實際重要性就完全顯現出來了。用以解釋關係的知識，讓我們知道該怎麼解決問題──例如，檢查出是短路，就換保險絲。又譬如，我們想讓一個沒有燈的地方變得很明亮，而且也有這種知識，這時就能很清楚，在這個因果關係中，哪些重點是製造亮光所必要的，哪些東西是無關重要的。我們的知識可能告訴我們說：一定要有電源，但來源可能有幾種型式，例如電池、發電機、風車或太陽能設備；另外，還一定要有一個開關的機制能關閉電路，但這個機制也有很多種可能的型式，包括讓兩條沒有包塑膠片的電線相接觸，或甚至利用感應器，只要有人走進房間，感應器就觸動開關。因此，因果解釋是擴論因果描述的重要道路，因為前者告訴我們，因果關係裡的哪些特色是最重要的，必須移轉到其他類似的狀況去。

因果解釋的這種好處，說明了它之所以在各種科學中占了優先位置與威望的原因，也說明了為什麼一旦新發現了一項重要的因果關係，大股的基礎科學研究立刻投注在解釋其中的原因及機制上。通常這些研究包括將「因」分解成跟「果」有關的幾個部分，也將「果」分解成跟「因」有關的幾個部分，再找出這些「因」是經過怎樣的程序影響而發生這些「果」。

這些例子也顯示，描述性的因果論相對於解釋性質的因果論，非常像**摩爾式的**（molar）因果論〔molar 是摩爾（mole，量的單位）的形容詞〕及**分子式的**（molecular）因果論 [4]。描述性的因果論通常關心的是摩爾式的實驗處理與摩爾式的結果，兩者間單純的關係；所謂「摩爾式」，這裡指的是含有各種不同部分的包裹。例如，我們可能發現心理治療能降低憂鬱，這是摩爾式的治療與摩爾式的結果之間，描述性的因果關係。但是心理治療包括許多部分：口語上的互動、產生**安慰劑**（placebo-generating）
011 的方式、場地特色、時間限制，及治療費。同樣的，許多憂鬱症量表測量的項目，包括生理、認知及情感方面的憂鬱。解釋性質的因果論將這些摩爾式的因與果分解成分子式的各部分；例如，這樣才能知道，原來治療過程中的口語互動及安慰劑兩者，都能改善憂鬱症認知方面的症狀，醫療費卻不能，但醫療費也是摩爾式治療的一部分。

---

4 所謂摩爾式，我們指的是將某項事物整體來看，而非一部分一部分的觀察。這是引用物理學中的詞彙做比喻，在物理學中，「摩爾」談的可能是一團物質的性質或移動，跟構成這些物質的分子或原子之性質或移動是不同的。

　　如果實驗法比較不能提供大家所珍視的解釋性質的因果知識，為什麼它還是在科學界（尤其是基本的社會科學）占了核心的地位？尤其理論和解釋常是社會科學的「通行貨幣」。答案是：描述性的因果論與解釋性的因果論之間的界線，在科學實作裡比較不像抽象的討論那樣明顯。首先，許多因果解釋包含了一連串具有連鎖反應特性的描述性因果事件，而實驗能幫忙測試每個環節的因果關係。第二，實驗能幫忙區辨不同的解釋理論的效度，像是它能測試這些理論所提出的不同中介連結。第三，有些實驗是測試在不同的情況下〔這些情境稱為**調節（moderator）變項**，因在該情境下產生果〕，某個描述性的因果關係的強弱或方向是否改變。第四，有些實驗對解釋性的環節〔**中介（mediator）變項**〕中，另作質化或量化的觀察，以便為描述性因果論找出解釋原因。

　　實驗也在應用社會科學領域受到高度重視，因為在這些領域裡，為社會問題找到實際的解決方法，跟找出這些方法為什麼可以解決問題的原因，兩者一樣重要，或甚至更重要。畢竟，要找出實際的解決方法，並不一定都需要知道原因。盧溫庭（Lewontin, 1997）評論「人類基因體計畫」（Human Genome Project）的目的時，就持這種看法。「人類基因體計畫」是個耗資數兆美元的合作研究計畫，目的是要畫出人類的基因體地圖，希望最後能為各種疾病找出基因方面的因；而盧溫庭對於這項使命的某些方面表示懷疑：

　　　　這裡面的重點在於解釋與介入之間的差別。許多身體的問題可以用「生物體無法製造正常的蛋白質」來*解釋*，而之所以無法製造蛋白質，則是基因突變的結果。介入則是要求在適當的細胞裡適當的地點，及適當的時刻，供應適量的正常蛋白質，或者找到另一種方法來讓細胞能正常運作；更麻煩的是，還可能必須要在關鍵時刻把不正常的蛋白質跟細胞隔離。但是，知道了有問題的基因的 DNA 序列，並不能完成以上任何一個目標。（Lewontin, 1997, p. 29）

　　即使理論進步了，也無法立即得知如何作實際的應用。相反的，要知道如何應用於實務，常得再等上幾十年持續不斷的研究，這些研究也包括

簡單的描述性的因果關係。這一點可以用先前提過的 Endostatin 抗癌藥來說明。科學家們知道,這種藥的功效是切斷腫瘤的血液供應;但是要能用這種藥來治療老鼠的癌症,就必須從正確的位置、角度和深度來施藥,而一般對於藥劑功效所做的科學解釋常不包括這些細節。

012

　　最後,實驗裡的因果描述和因果解釋,保持著微妙的平衡。實驗最能做到的,是讓因果描述更精確,但比較無法解釋因果關係。但大多數的實驗經過巧妙的設計,還是能提供比現有的解釋更好的因果解釋。再者,由於是專注於因果描述,實驗常探討的是摩爾式的因,但這種摩爾式因跟「果」的關係比較弱,而分子式的中介過程跟「果」的關係比較強;尤其是那些在整個因果解釋鏈中比較後面,較為接近「果」的中介過程,與「果」的關係最強。然而,很多的因果描述還是值得相信與使用,可用來作為打造重要政策與理論的基石。像「學校不再實施種族隔離政策之後,許多白人就搬離了該社區」、「外來威脅會使內部團結一致」、「心理治療能改善心理衛生」,及「特殊的飲食減少了因PKU引起的智能障礙發生率」,這些因果描述都是值得相信的,對立法者、從事實務工作者,及科學家也都有用處。

現代對於實驗研究的描述

　　描述現代實驗法的字眼中(見表 1.1),有些是特有的、有明確的定義,使用的方法也很一致;而有些的意義卻含糊不清,也沒有一致的使用法。所有實驗的共同特徵是控制實驗對待(雖然控制也可能有多種型態)。莫斯德樂(Mosteller, 1990, p. 225)這樣寫著:「作實驗研究時,研究者控制著實驗對待的使用」,而亞仁寇、哈拉利、哈理森及林(Yaremko, Harari, Harrison, & Lynn, 1986, p. 72)寫著:「研究者操弄一個或一個以上的自變項,觀察它們對於一個或一個以上的依變項的影響。」然而,這許多年以來,由於歷史與不同科學領域的需要,各種不同的實驗法因應而生(Winston, 1990; Winston & Blais, 1996)。

➤ 表 1.1　實驗研究法相關的語彙

> **實驗研究法：**在這種研究裡，特意引進介入措施，以便觀察其效果。
> **隨機化實驗：**這種實驗裡，以隨機的步驟，如丟銅板或使用亂數表，將研究對象分派去接受實驗對待，或分派去另一種情境。
> **類實驗：**這種實驗裡，研究對象並不是隨機被分派到各組去。
> **自然實驗：**這其實不是真正的實驗，因為其中的因通常不是人可以操弄的；這種研究是將自然發生的事件，像是大地震，與比較組相比。
> **相關性研究：**通常與「非實驗研究」或觀察研究同義；這種研究純粹只觀察不同變項間的關係之大小與方向。

隨機化實驗

013

　　各種實驗法中，描述得最清楚的就是**隨機化實驗**（randomized experiment）。一般都認為這種方法是雷諾費雪（Sir Ronald Fisher, 1925, 1926）首先想到的。它最早用於農業，但後來被廣泛應用到其他領域，因為它可控制住其他外在的變異來源，不需要將實驗室真的孤立起來。這種實驗研究法的特徵很明顯且重要──研究者把要比較的各種實驗對待（包括完全沒有任何處理也算一種）分派給**單位**（units）[5] 時，是以隨機的方式，例如丟銅板或利用亂數表。如果這種方法施行正確，那麼隨機分派所形成的各組之平均值，在機率上會很相似[6]。因此，各組最後在研究結果上的任何差異，就可能是由於不同的實驗對待而致，而不是研究開始前各組就已經有差異所致。再者，當實驗符合某些前提假定時，這種研究法所估算的實驗對待效量（effect size），就擁有一些良好的統計特性，而且能算出在某個機率下，真正的效量是落在怎樣的信賴區間（confidence interval）內。這些特質受到非常高度的重視，因此在醫學研究領域，隨機化實驗常被稱

5　單位可以是人、動物、時段、機構，或甚至任何其他的事物。通常在田野實驗裡，單位是人或一群人，像是教室或工作場所內的一群人。再者，稍微一想就知道，所謂「將單位隨機分派到不同的實驗對待」，跟「將實驗對待隨機分派給單位」的意思一樣，因此這兩種說法常被互換使用。

6　「*在機率上*」這個詞很關鍵，我們在第 8 章會解釋得更仔細些。

為治療結果研究的黃金標準[7]。

另一種實驗研究法跟隨機化實驗密切相關,但含意比較模糊而且用法比較不一致的詞,是「真實驗」(true experiment)。有些作者把它與「隨機化實驗」視作同義詞(Rosenthal & Rosnow, 1991),有些作者則把它定義得比較廣泛;任何研究只要其中的**自變項**(independent variable)是經過特意操弄的(Yaremko et al., 1986),**依變項**(dependent variable)也有評估時,就視為「真實驗」。由於它的意義不明,而且「真」這個形容詞似乎暗示著只有一種實驗法是對的,我們將完全不使用這個詞。

類實驗

我們將在本書討論很多有關**「類實驗」**(quasi-experiment)的內容。類實驗這個名稱是因坎伯爾及史坦利(Campbell & Stanley, 1963)而廣為大家所使用,用以統稱某一特定類別的研究設計[8]。類實驗與其他實驗研究法的目的相同──測試因果描述的假設,在許多其他架構上的細節也很相似,像是常出現的控制組(control groups)和前測(pretest)等方法,以便對「沒有實驗對待的情況下會有怎樣的結果」這種反事實的狀況作推論。但是,根據定義,類實驗就是沒作隨機分派。分派到哪一個實驗對待情境是經由**自我選擇**(self-selection),也就是研究對象自己選擇一種實驗對待;或由行政者來**選擇**(selection),像是老師、官員、立法人員、治療師、醫師或其他人,來決定哪一個人該接受哪一種實驗對待。但是,使用類實驗的研究者可能還是得以操控很多事情,例如,選擇該用哪些量表、何時施測、該怎樣執行非隨機分派、該使用哪些種類的**比較組**(comparison

014

------

7 雖然「*隨機化實驗*」這個詞,在許多領域及本書中的使用法都是一致的,但統計學家有時使用一個跟它密切相關的詞「*隨機實驗*」(*random experiment*),但使用法不同,後者所指的實驗是無法很確定預測其結果的實驗。

8 坎伯爾起初用「妥協設計」(compromise designs)來稱呼,但很快就改變稱呼。羅森朋(Rosenbaum, 1995a)及 Cochran(1965)則用「**觀察研究**」(observational studies),但我們想避免用這個用法,因為很多人用它來指涉相關性研究或非實驗研究。Greenberg 和 Shroder(1997)把隨機將團體(例如社區)分派到不同情境的研究稱為「*類實驗*」,但我們認為這應該稱為「隨機化團體的實驗」(group-randomized experiments)(Murray, 1998)。

group）來跟實驗組作對照，及實驗對待的實施時程該如何設計等，都可能由研究者操控。坎伯爾及史坦利就這樣說：

> 在許多自然的情境裡，即使研究者無法完全掌控實驗刺激的時程安排（例如，*什麼時候開始讓哪些研究對象接受實驗對待，及隨機分派的動作*），還是可以在蒐集資料的過程中加入一些類似實驗研究的設計（例如，測量*什麼人*及*什麼時候*作測量）。整體而言，這種情況可以統稱為類實驗設計。（Campbell & Stanley, 1963, p. 34）

在類實驗中，因是可以操弄的，而且也發生在果之前。但類實驗設計的特性所能給予反事實推論的支持，通常比較薄弱。例如，類實驗中的控制組，除了所接受的實驗對待跟實驗組不同之外，在其他許多方面（非隨機）也可能不同；後者這些有系統的差異，也許可以合理解釋觀察結果，而不只是因的影響。因此，研究者必須擔心該怎樣排除這些可能性，為實驗對待的效益找出較有效的估計。相反的，如果有隨機分派，研究者就不必為這些其他的原因解釋擔心這麼多；如果能正確施行隨機分派，這些干擾因素大部分在實驗一開始，就比較不可能構成研究結果的其他解釋原因。

在類實驗中，研究者必須一條條列出各種可能的解釋原因，判斷哪些真的很可能發生，再用邏輯、設計及測量工具，來評估目前哪一項有可能解釋所觀察到的效益。困難的是，事前絕不可能想得到所有可能的解釋原因，有些是因為研究情境的特殊性才造成的。而要排除這些實驗對待以外的解釋原因，也會因研究性質及原因內容而需要各種不同的方法。例如，假設現在有兩組兒童可以作為研究對象，但他們並不是經過隨機分派的。一組是自願的**實驗對待組**（treatment group），接受新的閱讀課程；另一組是非自願的控制組，沒有這種閱讀課程。如果實驗組最後的閱讀能力真的比較好，是因為該閱讀課程呢？還是因為實驗組的孩子在實驗展開之前的認知能力，就已經發展得比較快（隨機化實驗中，兩組成熟的速率在機率上來說是相等的）？要評估後面這一項解釋的可能性，研究者可以加上數次前測（pretest），以瞭解實驗對待前的成熟趨勢，再拿這個趨勢跟實驗對待結束後的趨勢相比。

015

另一種可能的解釋原因是，非隨機形成的控制組，可能比較多是來自貧窮的家庭，家裡有的書比較少，或父母比較少讀書給他們聽（在隨機化實驗裡，這樣的兒童在兩組的比例應該類似）。要評估這種解釋原因的可能性，研究者可以測量兒童家中圖書的數量、父母在家唸書給兒童聽的時間長短，及去圖書館的次數等。如此一來，研究者就能知道實驗組和控制組在這些變項上是否有差異，而差異的方向是否跟前述另一種解釋所暗示的方向相同。很明顯的，隨著其他可能解釋原因的數量增加，類實驗的設計就變得愈複雜，需要事先設想的問題愈多——尤其我們永遠沒法確定自己是否把所有可能的其他解釋原因都想齊了。類實驗研究者所做的努力，有點像是企圖包紮一個傷口；如果一開始有作隨機分派，這個傷口就不會這麼嚴重。

把其他可能的解釋原因排除的這種動作，跟波普（Popper, 1959）宣導的抓錯（falsificationist）邏輯有密切關係。波普認為，只利用有限的觀察資料（例如，我所看過的天鵝都是白的）所得到的結論（例如，所有的天鵝都是白的），很難確定這樣的結論是對的，畢竟以後觀察到的資料可能會改變（例如，有一天我也許看到一隻黑天鵝）。因此，要**確認（confirmation）**結論無誤，邏輯上而言是很難的。相反的，如果觀察到的事例與結論不符（例如，一隻黑天鵝），波普認為這樣就足夠證明「所有的天鵝都是白的」的結論是錯的。因此，波普鼓勵科學家，當他們想作結論時，要努力想辦法證明該結論是錯的，而不是只想找一些跟結論一致的例證。能夠經得起這種**抓錯（falsification）**考驗的結論，就能被保留在科學書籍或期刊中，被視為合理的結論，除非哪一天有更好的證據把它推翻。類實驗的研究過程可說是一個抓錯的過程，因為研究者不但需要找出一個因果關係，還需要想出許多其他可能證明這個因果關係其實不存在的原因，再一一檢視這些理由是否成立。

然而，這種抓錯卻永遠不能像波普所希望的那樣篤定。昆恩（Kuhn, 1962）指出，所謂抓錯，建立在兩個假定（assumption）上，但這兩個假定的真假卻永遠無法徹底測試。第一個假定是：因果關係能宣告得完美精確，但事實上絕不會有這種情形發生。因果關係的宣告和測試這項因果宣告，兩者所含的特質裡，有太多都還有爭議的空間；例如，哪一項結果是我們感興趣的？這項結果如何測量？實驗對待的情況如何？誰需要實驗對待？

及研究者在測試因果關係時必須決定的其他許多事項。結果,當因果關係
被證明為錯時,提出這項因果關係的理論者常會修改該理論的一部分。例
如,他們可能會說,在某些新條件(之前沒有這項條件)成立的狀況下,
他們的理論才是對的;而這些新條件就是由先前證明該理論為錯的明顯事
例推導而來。第二,抓錯需要有效的測量工具,能百分之百反映正在測試
的理論。但是,大多數的哲學家仍然認為,所有的觀察都有理論在引導
(theory-laden),而非純粹的觀察。要觀察什麼或甚至會觀察到什麼,會
受設計測試方法的人對於理論的科學理解所影響,也受實驗研究者本身一
些科學以外的想望,或文化裡有的假定與瞭解影響。如果測量工具不能獨
立於理論之外,怎能作超然的理論測試?因果關係的測試也是如此。如果
不能做到公正且獨立於各種理論的觀察,也不可能確切知道哪項測試否定
了一項因果關係,或者哪項測試肯定了某項因果關係的存在。

016

　　儘管如此,「可能還是有錯」的抓錯觀念(fallibilist version of falsific-
ation)還是值得建立的。這種想法認為,因果假設的研究,即使無法完全
掌握所有的相關條件,還是能增進我們對於該項關係的大致趨勢;也認為
即使我們必須不斷重新修正原有的假設,以符合後來的發現或理解,因果
關係的研究還是很有用的。畢竟,這些修正通常幅度很小,很少有完全推
翻之前的關係趨向,走向完全相反方向的例子。這種「可能還有錯」的抓
錯觀念(fallibilist falsification)也假定:世上沒有完全中立於理論之外
(theory-neutral)的觀察,但如果一項**建構**(construct)的各種理論概念,
已經使用了各種不同的測量工具,在不同的時間作過觀察,那麼這些觀察
就接近「像事實」(factlike)的狀態。這種「可能還有錯的」抓錯觀念也
假定:觀察結果飽含了多種的理論,而不只是因果關係所要探討的那個理
論而已,但不同的實作操弄程序所含的理論不會完全一樣。因此,即使每
次觀察時都加入了不同的理論,但某項觀察結果還是不斷重複出現時,那
麼,這項觀察結果雖然不能完全被認為是中立於理論與想望之外,還是被
認定具有「像事實」的特殊地位。總而言之,「可能還有錯的抓錯」不僅
止於檢驗觀察結果是否與預測不符,它也在探討與判斷所檢定之因果假設
的附帶假定(ancillary assumption)的價值,及探索判斷各種測量因與果的
工具所隱含的理論、觀點、情境,及時代等之間的異質性,與因果關係裡
的條件。

　　要排除因果關係中所有*可能的*其他解釋原因，是不可能做到的，也不是很好而必須做的；只要專注在排除那些看來*合理的*解釋即可。這樣做的目的，一來是讓事情不致過於複雜而沒完沒了，因為所有可能的其他解釋是無窮盡的。再者，也是因為認知到，許多可能的其他解釋原因，實際並無有力的實證或實驗結果支持，因此不值得特別花心思。然而，有時候「缺乏支持」也會騙人。例如，胃潰瘍的原因，長久以來被認為是生活方式（緊張壓力）及胃酸分泌過多等原因所致。很少有科學家曾認真地想過潰瘍是由病原（例如病毒、細菌）所引起，因為一般都假定大量的胃酸會殺死所有的生物。但是，1982 年時，澳洲的研究者馬歇爾（Barry Marshall）與沃倫（Robin Warren）在潰瘍病人的胃裡發現一種螺旋狀的細菌，後來命名為 *Helicobacter pylori*（*H. pylori*）。因為這項發現，之前認為可能但不合理的解釋原因變成合理了。到了 1994 年時，美國國家健康機構的一項共識發展學術研討會（National Institutes of Health Consensus Development Conference）宣布，*H. pylori* 是大部分胃液引起的潰瘍的主要原因。因此，是否把其他解釋原因視為合理，不僅要看它在邏輯上是否合理，還要看社會的共識、共同的經驗，及實證資料。

017

　　由於這些因素因情境而有不同，因此，各研究領域發展出它們自己一套不成文的規則，知道哪些另種（alternative）解釋原因非常重要，必須加以控制，甚至還發展出自己的方法來作這些控制。例如，早期的心理學界就是發明了有作前測的控制組，來控制下列這個另種原因解釋：「由於前測提供練習機會，因此，即使沒有接受實驗對待，最後的表現也可能因為有了前測而顯得比較好。」（Coover & Angell, 1907）因此，專注在另種解釋原因的合理性是一把雙刃的劍：它縮減了類實驗中必須考慮的另種解釋原因的範圍，但萬一原本看似不合理的另種解釋原因，日後突然變成很可能的原因時，那麼，之前利用這種方法所獲得的因果結論就變得不堪一擊。

自然實驗

　　自然實驗（natural experiment）這個詞描述的是，一項措施或處理與比較組之間，自然發生的對照（Fagan, 1990; Meyer, 1995; Zeisel, 1973）。自然實驗裡的措施或處理常不可能加以操弄，就像研究者在加州大地震之後，

研究該次地震是否造成房地產價格下跌（Brunette, 1995; Murdoch, Singh, & Thayer, 1993）。但關於地震所造成的影響，其合理的因果推論很容易作，而且也容易站得住腳；因為大地震是發生在觀察房地產價格之前，也很容易看出地震是否與房地產價格的變動有關。並且，觀察同一地區在地震之前的價格，或研究那些類似但沒有發生地震的地區，看它的價格變動如何，都可以作為反事實推論有用的資料來源。如果發生地震的地區，其房地產價格在地震之後馬上掉下來，而沒有發生地震地區的價格沒變，那麼除了地震之外，很難再找出另一個可以解釋價格下跌的原因。

自然實驗最近在經濟學受到高度矚目。1990 年代之前，經濟學家非常有自信，認為利用統計方法來調整實驗組和控制組之間原先的不同等（nonequivalence），就能獲得有效的因果推論。但兩項研究職業訓練效益的大型研究卻顯示，這些統計調整後的效益估計值，與隨機化實驗所獲得的估計值相去甚遠，而且前者會因所使用的統計模型間的細微差異而變動不定（Fraker & Maynard, 1987; LaLonde, 1986）。因此，在尋找更好的方法時，許多經濟學家發現了自然實驗這種方法，例如，當大批從古巴監獄放出來的犯人被允許來到美國時，經濟學家研究這些人對於邁阿密就業市場的影響（Card, 1990）。這些經濟學研究假定，犯人被釋放（或地震的時點）跟一些通常會影響失業率（或房地產價格）的演變過程無關。稍後我們會探討這項假定的效度——研究者當然喜歡這項假定。

非實驗的研究設計

018

相關性設計（correlational design）、被動觀察的設計（passive observational design）及非實驗設計（nonexperimental design）這些詞所指的研究設計，都有測量事先假定的「因」和「果」，但缺乏實驗研究的其他架構特徵。這些研究設計沒有隨機分派，也沒有前測和控制組等，一些研究者可用來作反事實推論的**設計元素**（design elements）。這些研究設計是靠著額外測量「因」之外的其他解釋原因，之後再利用統計的方法將它們控制住。在那些只向研究對象蒐集一次資料的橫斷式（cross-sectional）研究中，研究者可能連「因」是否發生在「果」之前都不能確定。除非之前的研究已經知道了有哪些合理的另種解釋原因，除非這些合理的解釋原因可

被有效測量，且除非統計模型能為這些可能的原因解釋做恰當的調整，否則拿這些橫斷式的研究來作因果推論，會因為缺乏實驗的設計特質而產生許多問題。然而，在研究的真實世界中，這些「除非」很難達成，因此很多審查者都懷疑，這種橫斷式研究在大多數的情況下，是否能拿來支持有力的因果推論。

實驗研究與因果連結的擴論

實驗的優點在於能闡明因果推論，而它的弱點則是：別人會質疑這種因果關係能擴論到什麼程度。我們希望本書的別出特色之一，就在於把焦點放在「擴論」這個重點上。這裡我們先簡略介紹本書其他章節將討論的幾個議題。

大多數的實驗都是非常局限的，卻希望其結論能涵蓋得寬廣

大多數的實驗都非常局限（localized）且特定（particularistic），常幾乎都只在很有限的幾種環境（通常只有一種）裡進行，實驗處理也只是該處理的一種版本而已，而不是從所有可能的版本取樣。通常實驗都會作幾種測量，但絕不是所有可能的測量，而每一種測量背後的假定又跟其他測量的假定不同。每一個實驗幾乎都是用便利樣本，而非能實際反應母群情況的樣本；而且，都不可避免地在某個很快就變成歷史的時間點執行。

然而，閱讀實驗研究結果的讀者很少會在意一個已經發生過的，而且非常局限、特殊的研究裡到底發生了什麼事，只想瞭解他們感興趣的理論建構之結果或比較大的政策的結果。理論學家常會希望將實驗結果與理論連結，因為後者在概念上的應用範圍很廣；但要連接兩者就必須在語言學層面把這些**建構**（constructs）擴論，而不是僅止於那些用來代表「建構」的**操作**（operations）層面。這些理論學家幾乎都想要把理論擴論到更多人或更多的情境，而不只局限於此單一實驗所使用的人或情境。的確，一

019

項理論的價值，通常取決於該理論所能涵蓋的景象有多廣。同樣的，制訂政策的人也會想知道，某項因果關係是否在許多種環境下（從機率而言）都還存在，才能決定是否要在這些環境執行某項政策；這也需要將實驗結論擴展到原本的實驗情境之外。的確，所有的人類應該都很珍惜因擴論而滋長的觀感與認知上的穩定性吧。否則，整個世界可能會像是嗡嗡作響的一團混亂，每一件事都是單一事件，沒有先例可循，而必須不斷地作認知處理，這會遠超過我們有限的能力所能負擔。

　　把擴論視作一個問題，並不是說「愈能作廣泛應用的結果就愈好」（Greenwood, 1989）。例如，使用分子加速器發現新物質的物理學家，可能沒預期到，將這些物質介紹給世界是很好的。同樣的，社會科學家有時只想證明某項影響效果可能存在，想瞭解它發生的機制，卻沒想到該項效果也能在其他情境產生。例如，某項改變態度的研究包括企圖說服的溝通方法，而該研究發生了「黑馬效應」（sleeper effect）時，就意味著「態度沒有立即改變，但一段時間之後卻明顯改變了」。但後來發現，會產生這種效果的情境頗為有限，除了說預測這種效應的理論（及許多其他類似的理論）可能沒有錯以外，不太可能有任何其他的用處或意義（Cook, Gruder, Hennigan, & Flay, 1979）。擴論潛力有限的實驗，其價值也可能跟可廣泛擴論的實驗一樣可貴。

　　然而，實驗所提供的非常局限且有限的因果知識，和研究想獲得的較廣泛的因果理論，兩者之間似乎存在著衝突矛盾。克倫巴及其同僚（Cronbach et al., 1980; Cronbach, 1982）對於這一點的討論最有力，我們對於**因果擴論**（causal generalization）的思考也有很多是來自於他們的論述。克倫巴認為，每一個實驗都是由四項事物所組成：接受到正被比較的多種經驗的*單位*（units）、*實驗對待*（treatments）本身、對研究對象所作的*觀察*（observations），及研究進行的*情境*（settings）。把這四項事物的第一個英文字母合併，就成了*utos*，克倫巴把*utos*定義為「用以蒐集資料的例子」（instances on which data are collected）（Cronbach, 1982, p. 78），指的是一項實驗所實際取樣到的單位、實驗對待、測量工具及情境。接著，他定義了擴論的兩個問題：⑴擴論到「跟研究問題有關的領域」〔"domain about which (the) question is asked"〕（p. 79），他稱此為 *UTOS*；及⑵擴論到那些並沒有直接觀察到的「單位、實驗對待、變項及情境」（"units, treatments, variables, and settings not directly observed"）（p. 83），他稱此為 *UTOS*[9]。

020　　以下大致介紹我們因果擴論的理論，第 11 到 13 章會說明得更仔細。這項因果擴論的理論，融合了克倫巴的思考，與我們從自己先前的研究所產生的相關想法（Cook, 1990, 1991; Cook & Campbell, 1979），因此這裡所提出的理論又跟它的兩個前身有些不同。我們的理論跟克倫巴的觀念有兩個不同點。第一，我們採用他對於實驗的描述，也就是，在這本書裡都將實驗描述成由四項要素所組成：單位、實驗對待、觀察及情境[10]；但我們把「*單位*」替換成「人」，因為大部分的田野實驗都是以人為研究對象。我們也常以「*結果*」來代替「*觀察*」，因為因果關係裡，「觀察」占了「結果」的核心位置。第二，我們理解，研究者常對這四項要素的兩種擴論感到興趣，而這兩種擴論的靈感，雖然是取自於克倫巴所定義的兩種擴論，但這裡講的卻跟他的不完全一樣。我們分別稱這兩個為「**建構效度（construct validity）的擴論**」（關於研究操作所代表的「建構」之推論）及「**外部效度（external validity）的擴論**」（關於因果關係在不同的人、情境、實驗對待及測量等條件下，是否仍然存在的推論）。

建構效度：從代表的層面看因果擴論

　　因果擴論第一個要問的問題是：怎樣從蒐集到資料的那些特定的單位、實驗對待、觀察及情境，跨越到這些例子所代表的比較抽象的建構？這些建構所用的文字幾乎一定都比一項實驗所取樣的例子抽象許多，裡面所使用的名稱可能跟實驗的某些個別要素有關（例如，測量結果的測驗，應該

---

9 為了教學的目的，我們在此大幅簡化克倫巴的論述。例如，克倫巴只用大寫的 *S*，而不用小寫的 *s*，因此他用的是 *utoS* 而非 *utos*。他也為 *UTOS* 和 *UTOS* 下了各種（有時不很一致）的定義。還有，他所謂的「擴論」，意義沒有像我們這裡的這麼廣泛。

10 我們偶爾會像坎伯爾（Campbell, 1957）及庫克和坎伯爾（Cook & Campbell, 1979）一樣，把時間也看作實驗的另一個特徵，因為時間可能橫跨過實驗的其他因素而不受其他因素的影響。克倫巴的符號系統中沒有包括時間，而是直接把時間與實驗對待結合（例如，安排實驗對待的時間）、與觀察結合（例如，什麼時候要作測量），或與情境結合（例如，實驗發生的歷史情境）。

說是智力測驗還是成就測驗較適合？），也可能是跟實驗要素間的關係（包括因果關係）之性質有關，例如，要說治療癌症的藥物是屬於「對細胞有毒的」（cytotoxic）一類，還是「讓細胞停滯生長的」（cytostatic）一類，就看該藥物是直接殺死腫瘤細胞，還是藉著改變腫瘤所在的環境來控制其生長。我們來談一談佛廷與齊羅克（Fortin & Kirouac, 1976）作的隨機化實驗。其實驗對待是由幾位護士進行一項簡短的教育課程，也就是為一些兩、三星期後要在一所蒙特利醫院作腹部或胸部開刀手術的病人，作醫院導覽，簡單介紹有關手術的幾件事。手術後，測量了十種結果，像是一項日常起居活動的量表，及麻醉劑止痛的使用量。現在把這項研究拿來跟它可能想要的目標建構相比對——病人輔導（目標中的因）是否能提升開刀病人（單位的目標母群）在醫院（情境的目標範圍）的復原成效（目標中的果）。基礎研究領域也有一個例子，該領域常會問到一個問題，也就是：實驗中實際的操弄和測量，是否真的能代表理論中的因，測量到理論中的果？要宣告某項實證結果對理論的挑戰是無效的，一個方法就是讓人相信，該實證研究所蒐集的資料不能真正代表理論所定義的概念。

021

　　實證結果常逼著研究者改變他們當初對於該研究範圍的理解。有時經過這樣的重新整理概念之後，研究者會縮小結果的推論範圍。因此，像佛廷與齊羅克（Fortin & Kirouac, 1976）的研究裡，如果其中關於手術部分的說明有助於術後復原，而醫院導覽沒有幫助，那麼原先的「因」——病患教育——就可能需要重新明定為「『告知訊息』型的病患教育」。反之，有時資料也會讓研究者洞察到，所測試的理論建構與類別，還可以定義得比計畫開始時更廣泛一些。因此，分析病患教育的人員如果有點創意，可能會聯想到，該項實驗治療可說是增進「自認掌控狀況的能力」的介入措施（interventions）裡的其中一類，而術後復原可看作「個人適應」的一種。讀該研究報告的人甚至可以繼續加入自己的詮釋，認為「自認掌控狀況的能力」是「自我效能」這項更廣泛的概念中的特例。研究者原先所想要代表的概念類別、如何實際執行實驗、研究結果，及之後的詮釋這四項，常會隨著時間的發展而逐漸產生微妙的交互作用；這種作用可能會改變研究者自己對於實驗的實際狀況在建構概念上原來的想法，就像讀者的回饋也會改變他的想法一樣。但是不論重新建構後的概念是什麼，因果擴論的第一個問題永遠都一樣：我們怎樣才能夠從一項實驗的幾個例子及資料模

式裡，擴論到它們所代表的建構？

外部效度：從推衍的角度看因果擴論

擴論的第二個問題是，必須推論：是否在各種不同的人、情境、實驗對待及結果下，某項因果關係還是存在？例如，現在有一篇實驗研究的報告，記載的是一項在 1980 年代幼稚園「啟蒙計畫」（Head Start），對於孟斐斯（Memphis）的非裔貧童在一年級閱讀測驗分數的影響。看了這篇報告，也許有人就想知道，如果現在有一個計畫，它為孩童設計的認知發展與社會發展的目標，跟「啟蒙計畫」有部分重疊，並且明天就要開始執行；那麼，這個計畫是否能提高達拉斯的墨西哥裔貧童的數學測驗成績？

這個例子再次提醒我們，所謂擴論，並非「較寬廣的應用」。在此，擴論是指從一個城市到另一個，從一種研究對象到另一種，但並沒有事先預設達拉斯比孟斐斯寬廣，也沒有預設墨西哥裔孩童比非裔孩童的人口更多。當然，有些擴論的確是由窄向寬擴論。例如，實驗對象若能從全國的母群**隨機抽樣**（randomly sample）而來，那麼研究者就能將研究結果從實驗樣本，擴論（從機率上而言）到母群中其他沒有被抽樣到的個體。的確，這是想要作**隨機選擇**（random selection）的理由。同樣的，當政策制訂者在考慮是否讓「啟蒙計畫」在全國施行時，他們的興趣就不是在孟斐斯。他們比較有興趣的是：就美國全體而言，這個計畫的平均表現會是如何？因為即使 1990 年代曾經努力要把該計畫對兒童及父母的教育與方法予以標準化，但每一個地方的計畫內容仍然不同。另一方面，擴論也可能是由寬向窄擴論。克倫巴（Cronbach, 1982）舉的例子是一項研究公私立小學學生表現差異的實驗。這時，個別的家長關心的是，哪一種學校對自己的小孩比較好，而不是對整體小孩比較好。不論是從寬而窄、從窄而寬，或對大約相同層級的群體單位擴論，這些有關外部效度的例子都有一個共同的特徵——它們都在推論，因果關係在不同的人、情境、實驗處理及結果之下，能繼續存在的程度。

022

作因果擴論的方法

不論因果擴論的議題是怎樣架構的,第一眼看去,實驗似乎都不是很有用。一項實驗幾乎無可避免地,只能用有限的幾套操作來代表單位、實驗處理、結果與情境。但是,如此高度的限制並不是實驗獨有;個案研究、監測表現的系統、在購物中心隨意找路人填行銷問卷等等,這些研究方式也都有高度限制的特徵(Shadish, 1995b)。但即使問卷是由具有全國代表性的樣本來填,結果也只能適用於該國的母群,對於該國以外的其他人士都不適用。再者,受訪者的回答也可能受訪問地點的影響(門階、起居室或工作場所)、受訪問時段的影響、受問題陳述方式的影響,也可能受訪員種族、年齡、性別組合的影響。雖然難以作到毫無問題的因果擴論的,不只實驗而已,但這不表示擴論的問題就比較不重要。那麼,究竟是哪些條件能讓人相信,實驗能在「僅抽取到某些特別的樣本」與「將建構的推論擴大到不同的人、情境、實驗處理及結果」兩者之間取得平衡?

抽樣與因果擴論

023

要能讓實驗結果和擴論兩者緊密契合,最常被推薦的方法就是使用正式的機率抽樣法,抽取實驗單位、實驗對待、觀察結果或情境(Rossi, Wright, & Anderson, 1983)。這種方法假定我們事先明確定義了每一種實驗元素的母群,且知道從這些母群抽樣時的機率是多少。事實上,這就需要隨機選取各種元素的例子;這跟「隨機分派」不同,本章稍後會說明。隨機選取是說隨機從母群中挑選例子,以這些例子來代表該母群;而隨機分派是將單位隨機分派到不同的實驗對待組。

非實驗的因果研究常用隨機樣本。大型的縱貫調查,例如收入動態長期調查(Panel Study of Income Dynamics)或美國國家長期調查(National Longitudinal Survey),是用代表美國的全體人口,或者某些年齡層的人口,再利用測量時間的差距及統計方法來控制住群體間的差異,將可能的因與果之間的關係連接起來。這些方法都是希望能使結果跟隨機化實驗效果相近。然而,能從一個廣大的母群隨機選取樣本,再使用隨機分派的研究,屬於非常少數(見第 12 章的例子)。能作隨機取樣的類實驗研究,也

是很少。這類的實驗研究都需要非常大的資源及後勤補給，而這些都很難取得。因此，許多研究者寧願仰賴不使用統計且沒有明確定義的方式（an implicit set of nonstatistical heuristics）來解決擴論的問題；本書就是希望能將這些方法講得更明白有系統一些。

隨機選取實驗處理、結果或情境的機會，比隨機選取人的機會更少。想想看實驗中所觀察的結果變項，是隨機取樣的機會有多少？我們知道，古典測驗理論中，領域範圍取樣的模式（domain sampling model）中假定，用來測量某個建構的題項，是從該範圍內所有可能的題項中隨機抽樣而得。然而，實際的實驗研究裡，在建立測量工具時，很少有研究者會隨機抽取樣本題，也很少有人在選擇實驗處理和情境時會這樣做。例如，許多情境（場所）可能都不願意被選為樣本，即使願意被當作樣本，也幾乎都會拒絕被隨機分派到任一個實驗處理組。至於實驗對待，通常沒有人能列得出所有可能的實驗對待；最明顯的例子是：某些領域的實驗對待是不斷有新發現，迅速發展的，像愛滋病研究的領域就是如此。因此，大致而言，隨機抽樣當然很好，但是很少能作得到。

然而，正規的抽樣方法並不是唯一的選擇，兩種比較不正式的立意抽樣（purposive sampling）有時滿有用的：特意取一些異質性高的例子作為樣本，及特意取一些典型的例子作為樣本。雖然樣本不是依照隨機選取方式而得來，前者的目的是要特意找各種不同的例子，藉以反映幾個重要面向的多樣性。後者的目的，則是要詳細暸解最希望擴論到的人、實驗對待、觀察及情境的種類，並至少為每一類選擇一個最典型的例子來代表。雖然這些立意抽樣的方法比正式的機率抽樣實際，但它們背後沒有統計邏輯在支撐，因此不具有正式的擴論說服力，但卻可能是所有抽樣方法中最常用來協助作擴論的方法。本書的一項工作是要仔細說明這些方法，並討論如何能更常使用這些方法。

024

然而，不論是哪一種抽樣方法都不足以解決上述的兩種擴論問題。作正規的機率抽樣，必須先明確定義目標母群，之後再從中抽樣，但對某些擴論目標來說，母群的確很難定義，像實驗對待的擴論目標即是。要立意選取異質性高的例子，對實驗的四個元素而言，可行性都不同；例如，要找不同的測量方法，可能比找不同的情境容易。如果知道目標母群的眾數（mode）、中數（median）或平均數（mean），就能立意抽取典型的例

子；但找典型例子的立意抽樣，就難以擴論到比較寬廣的範圍。再者，正如克倫巴指出的，對於實驗的因果擴論的挑戰，大多是實驗作完了*以後*才出現的。只有當原來的研究裡樣本的異質性夠高，可供再重新分析資料，以觀察被質疑的擴論範圍內，因果關係是否的確存在，這時抽樣才會跟這類的情況有關。但是，單一個實驗很少能夠特意包含這麼多的變異性來源，而且，這樣做幾乎都一定會與實驗的其他目標相牴觸。而正規的抽樣方法對於因果擴論的問題，所能提供的解決方法也很有限。要訂出擴論因果關係的理論，還必須增添一些工具。

以科學實務為基礎的因果擴論理論

　　有在作實驗的科學家慣常在研究中作因果擴論，而且作研究時幾乎都不會作正規的機率抽樣。本書提出一項以科學實務為基礎的因果擴論的理論（Matt, Cook, & Shadish, 2000）。雖然這項理論原本是以建構效度與外部效度的文獻為基礎而發展出來的（Cook, 1990, 1991），但我們發現，這些想法普遍出現在各種關於科學擴論的文獻裡（例如，Abelson, 1995; Campbell & Fiske, 1959; Cronbach & Meehl, 1955; Davis, 1994; Locke, 1986; Medin, 1989; Messick, 1989, 1995; Rubins, 1994; Willner, 1991; Wilson, Hayward, Tunis, Bass, & Guyatt, 1995）。第 11 到 13 章會更仔細討論這項理論；但簡要而言，這項理論是說，科學家應利用五個密切相關的原則在作因果擴論：

1. *表面的相似*。他們評估研究的操弄及擴論目標的原型特色（prototypical characteristics）兩者之間的表面相似點。
2. *排除不相干的點*。他們找出無關的事物，所謂無關是說這些事物不影響擴論。
3. *區辨*。他們找出實驗與目標母群之間，會限制擴論的差異之處。
4. *插代（interpolation）與外推（extrapolation）*。對於那些沒抽樣到的數值，如果這些數值是在抽樣到的例子所形成的範圍之內，他們就根據結果予以預測而添補之；如果這些數值是在範圍之外，他們就依據結果探討外推法所得到的數值，但這項添補工作困難許多。
5. *因果解釋*。他們提出理論以解釋因、果及中介過程的模式，並測試該理論，因為這些是轉移一項因果關係的基本要項。

025

本書想說明，科學家是如何利用這五項原則來擴論因果關係。有時候，擴論談的是關於用以描述因果關係的抽象建構；這時候，這五項原則就類似於建構效度的研究文獻〔例如，建構的內容、聚合效度（convergent validity）、區辨效度（discriminant validity），及建構對理論基礎之需求〕，也類似認知科學，及研究「人怎樣決定自己所碰到的事物是屬於哪一種類別」的哲學（例如，有關事物的原型特性、表象相似及深層相似性這三項，在我們決定事物應該屬於哪一種類別時，所扮演的角色）。但也有的時候，擴論討論的是：因果關係是否廣泛存在於不同的人、情境、實驗對待及結果等條件之下，或只存在於某些條件下；這時，我們也發現，科學理論與實務中有跟這五項原則類似的，例如，研究劑量反應關係的研究（屬於插代與外推的形式），或要將動物的研究結果擴論到人類時，是訴諸解釋性的機制的作法（屬於因果解釋的形式），就跟這五個原則類似。

科學家們幾乎在研究的任何階段都會使用這五項原則。例如，當他們讀到一篇研究時想到：「如果把研究裡的某些細節稍微改一改，不知道在自己實驗室行不行得通？」就是在思考這篇研究和自己想作的東西之間的同異。他們在構思這項新研究時，會知道自己想用來研究的例子，是否符合自己所好奇的建構之原型特質；設計研究時，他們會認定某些變異是跟研究主題無關，而其他變異則是關鍵的差異，可能會影響到因果關係，甚至改變原建構的性質。他們會測量一些關鍵的理論機制，以澄清實驗對待是如何產生效果的。在分析資料的階段，他們就測試所有這些假設，並根據資料顯示的實際實驗狀況來調整該建構的描述。而他們在論文的導論部分則設法說服讀者，讓讀者相信，他們的研究是跟某些建構有密切關係，結論部分有時也會針對研究結果怎樣可以推衍到不同的單位、實驗處理、結果及情境，作一些臆測。

再者，作實驗的科學家不只對讀到或正在從事的單一研究作以上這些事，對許多種研究也都會這樣作。他們幾乎隨時都在想著怎樣讓自己的研究參與更寬廣的討論對話，包括所測量的建構，及那些可能限制住擴論範圍或解釋因果關係的變項；而方法就是，在文章的導論中，納入這些能跟比較寬廣的文獻相連的點。他們在文獻探討的部分，則使用上述的五個原則，藉以推論文獻探討部分可支持的各種擴論。

我們在整本書裡，尤其是第 11 到 13 章，會更詳細介紹這項以科學實

務為基礎的因果擴論的理論，及它所暗示的科學實務。採用這種以科學實務為基礎的因果擴論理論，並不表示就拒絕使用機率抽樣。相反的，我們強力建議，如果能做到，必須盡量使用機率抽樣；也建議，如果無法做到隨機選取，則作立意抽樣，以幫助作擴論。但我們也會說明，抽樣只是科學家用來作因果擴論的方法之一；除此之外，他們也必須使用實際的邏輯推演、各種不同的統計方法，及抽樣設計以外的其他設計特色。

實驗研究（experiments）與後設科學（metascience）

　　有時候實驗研究在哲學界引起很廣泛的辯論。在此我們簡短摘要這些辯論的幾個重點，再討論這些辯論對實驗的意涵。然而，就某種層面來說，這些辯論對於實驗實務而言，沒有什麼重要性。實驗和人類一樣老了，在人類開始以哲學思考企圖瞭解因果論與擴論之前的幾千年，就已經有實驗了。即使在過去這四百年的科學實驗，我們還可以看到一些實驗的概念與方法一直維持不變，而哲學上對於實驗的各種思考卻是來來去去。就如哈金（Hacking, 1983）所言，「實驗是有生命的」（p. 150）。它是科學界用來發現描述性因果關係的工具中最厲害的一項，而且也真的成就不凡，因此，它在科學界的地位應該可以永遠保住；現代的科學家如果要用實驗法，毋須訴諸哲學對實驗的精巧思考，就可以直接使用。

　　儘管如此，對於這些哲學辯論有點理解，還是對科學家有幫助。例如，本章先前所區分的摩爾式的因果論與分子式的因果論之間的差別、描述性質的因與解釋性質的因之間的差異，及機率性質的因果推論與決定論性質的因果推論之間的差別，都能幫助哲學家與科學家理解實驗的目的與結果（例如，Bunge, 1959; Eells, 1991; Hart & Honore, 1985; Humphreys, 1989; Mackie, 1974; Salmon, 1984, 1989; Sobel, 1993; P. A. White, 1990）。在此我們專注於一些不同的、也比較廣的，對科學本身的評論；這些評論不但從哲學的角度來看科學，也從歷史、社會學及心理學來看科學（見 Bechtel, 1988; H. I. Brown, 1977; Oldroyd, 1986 大致的回顧）。這些作品中，有些明

027 顯是針對實驗的性質而來，希望能為它找到合理的角色（例如， Bhaskar, 1975; Campbell, 1982, 1988; Danziger, 1990; S. Drake, 1981; Gergen, 1973; Gholson, Shadish, Neimeyer, & Houts, 1989; Gooding, Pinch, & Schaffer, 1989b; Greenwood, 1989; Hacking, 1983; Latour, 1987; Latour & Woolgar, 1979; Morawski, 1988; Orne, 1962; R. Rosenthal, 1966; Shadish & Fuller, 1994; Shapin, 1994）。這些評論幫助科學家瞭解到實驗在科學與社會裡的一些限制。

昆恩派的評論

昆恩（Kuhn, 1962）把科學革命看作是一個個不同且不太相容的各種典範（paradigms），突然地相互繼承，而且在這個過程中，所謂科學知識的逐漸累積是夢話。漢森、波藍尼、波普、突爾明、菲儒賣及關（Hanson, 1958; Polanyi, 1958; Popper, 1959; Toulmin, 1961; Feyerabend, 1975; Quine, 1951, 1969）加重了批判的力道，部分原因是他們指出，邏輯的實證主義（logical positivism）企圖以重新建構一種成功的科學（像物理學）來建立科學的哲學，是一個天大的錯誤。這些批評都否認科學知識有任何紮實的基礎（因此，延伸出去，實驗不能提供紮實的因果知識）。邏輯的實證主義者利用敘述性質的邏輯（predicate logic），把所有的理論都緊緊地跟「不帶理論的」（theory-free）觀察綁在一起，目的在為知識打造紮實的基礎，再根據這基礎繼續累積知識；但這種方式漏掉了那些不能跟觀察緊緊綁在一起的重要科學概念，而且這種方式沒有覺悟到：所有的觀察都充滿了理論，包括實質內容上的理論與方法上的理論，所以不可能作「不帶理論的」測試[11]。

「觀察不可能中立於任何理論之外」〔常被稱為 Quine-Duhem 論述（Quine-Duhem thesis）〕，這一點意味著，任何單一的檢定結果都不可避

---

[11] 但 Holton（1986）提醒我們，不要將實證主義者對實證資料的依賴過分誇大：「即使是實證主義之父孔德（Auguste Comte）也這樣寫過……如果沒有一個理論將所觀察到的景象連接到某個原則，『就不但不能把零星觀察到的事物合併，導出任何有用的結論；我們甚至都記不得這些事物，而且大部分的狀況是，我們的眼睛根本無法察覺這些景象』。」（p. 32）同樣的，Uebel（1992）的分析邏輯的實證主義辯論的歷史資料，發現實證主義重要人物（像 Carnap）的論點，跟一般的刻板印象很不一樣。

免的模糊。例如，也許因為結果測量裡所包含的原始理論的假定是錯的，或者因為研究對於「劑量必須多高才有效」這一點，所做的假定是錯的，這些都會使結果引起爭議。有些假定很小，容易被發現，也可改正，例如，電壓表呈現的值是錯的，因為電阻來源比電壓表高出許多（Wilson, 1952）。但有些假定則事關重大，跟整個理論有關，而且沒有了這些假定，理論的其他部分就沒有意義了（例如，在伽利略時代之前的天文學，都假定地球是宇宙的中心）。由於任何一項科學檢定都含有非常多的假定，研究者很容易就能挑出幾個缺點，甚至能提出新的假定（Mitroff & Fitzgerald, 1977）。從這個角度看，理論就沒有它的原創者所以為的那麼容易可以測試。如果理論是黏土作的，而不是花崗石作的，怎麼能測試呢？

028

　　這項評論對於單一的研究也許是對的，但對於大型的研究計畫，這種評論也許不盡然對，我們稍後再說明原因。但即使是大型的研究計畫，如果偏誤持續存在而沒被發覺，關於因的推論及擴論就可能有錯誤。因此，沒有一項實驗的結果是百分百確定的，科學以外的（extrascientific）信念及個人的好惡，也總是能影響科學信念中的許多自主判斷（discretionary judgments）。

現代社會心理學的評論

　　屬於社會建構主義（social constructivism）、知識相對論（epistemological relativism）和 strong program 的社會學者（例如，Barnes, 1974; Bloor, 1976; Collins, 1981; Knorr-Cetina, 1981; Latour & Woolgar, 1979; Mulkay, 1979），都發現科學領域裡，有科學以外的過程在作祟。他們的實證研究發現，科學家常不能遵照一些公認是好科學必須做到的規範而行（例如，客觀、中立、訊息共享）；這些研究也發現，是否被報導稱為科學知識的，一方面受社會與心理的力量所影響，另一方面也受社會中及科學圈內的經濟與政治力量的議題所影響，但這些都很少在出版的研究報告裡談及。這些社會學家中，最極端的人甚至將*所有的*科學知識都歸因於這些科學以外的過程，認定「自然的世界在科學知識的打造上，扮演很小的角色，或者根本不存在」（Collins, 1981, p. 3）。

　　可林斯（Collins）並不否認本體的現實主義（*ontological realism*），也

就是真實的物體的確存在於世界上，但他否認知識的（科學的）現實主義〔epistemological (scientific) realism〕，後者認為不論外在世界實際存在什麼，都可能限制我們的科學理論。例如，如果原子真的存在，它們會影響我們的科學理論嗎？如果我們的理論認為有原子的存在，這項理論是在描述一個大致和我們的描述相同的真正實體嗎？像可林斯這樣的知識的相對論主義者（epistemological relativist），對於這兩題的答案都是否定的，因為他們相信，科學界最重要的影響力還是社會、心理、經濟與政治方面的力量，而且這些力量可能還是影響科學理論的唯一力量。除了社會學界一小部分的人會認同這種觀點之外，並沒有很多人同意這樣的觀點，但對於「科學研究直接為我們揭露自然之秘」這種天真的假定〔我們稱這種假設為天真的現實主義（naïve realism）〕，這種觀點是有用的抗衡（counter-weight）。所有研究的結果，包括實驗結果，從開始構思到最後的結果報告，都深深受這些科學以外的力量影響。

科學與信賴

029　　科學家的標準形象是懷疑論者，只相信自己親自驗證過的結果。事實上，十七世紀的科學革命就宣稱，信賴，尤其是對權威與教條的信賴，恰恰跟好的科學相反。每一種權威式的說法、每一項教條，都應接受檢驗，而科學的工作就是作這種檢驗。

　　這種形象不是很正確。任何一項單一的科學研究就是依靠信賴而行的活動（Pinch, 1986; Shapin, 1994）。研究者在測試一項新的假設時，他們信賴絕大部分已經發展出來的方法、發現及概念，而且也使用這些方法、發現或概念。例如，統計理論與方法通常都被無條件的信賴與使用，沒有再經過研究者個別的親自確認，測量工具也是。任何一項研究裡，信賴與懷疑的比例大概是 99%的信賴和 1%的懷疑，而不是倒過來。即使作一輩子大型研究的科學家，他所信賴的事項遠比他懷疑過的多。的確，就我們對於科學的心理學所知而言，要一位科學家完全徹底地懷疑一切事物，大概是不可能的（Gholson et al., 1989; Shadish & Fuller, 1994）。最後，懷疑論也不能正確地形容過去的科學革命。雪賓（Shapin, 1994）發現，十七世紀英國「像紳士一般的信賴」，在實驗科學的奠定過程中扮演了核心的角色。

科學還是充滿信賴，即使它高喊著懷疑論這個詞彙。

對實驗的意涵

　　這些評論最重要的結果是，讓我們更加了悟科學知識的曖昧不明。實驗不是一扇乾淨的玻璃窗，能讓我們直接看清萬物的本質。相反的，實驗產生了假設性質的、後來可能會被發現是錯誤的知識，這些知識受情境的影響，也充滿了許多沒有明說的理論假定；所以，實驗結果一部分是相對於這些假定與情境，且可能隨著新假定與新狀況而變。從這方面而言，所有的科學家都是知識的建構主義者（epistemological constructivist）及知識的相對論者。差異在於他們是強烈的相對論者，還是溫和的相對論者。強烈的相對論者跟可林斯的看法一致，都認為影響科學理論的，只有科學以外的因素而已。溫和的相對論者則認為，本體的世界、意識型態、利益、價值觀、希望和想望等這些的世界，都在科學知識的建構中扮演某種角色。大部分作研究的科學家，包括我們自己，大概都會稱自己為本體的現實主義者及溫和的知識相對論者 [12]。如果實驗真能為我們揭露什麼，也是經過一面非常模糊不清的玻璃窗（Campbell, 1988）。

　　這種對實驗的天真想法的抗衡是非常急迫需要的。就在三十年前而已，實驗在科學的中心位置，可能比今日更被視為理所當然。例如，坎伯爾與史坦利（Campbell & Stanley, 1963）這樣描述他們自己：030

> 　　全心支持實驗：將它視作唯一能解決教育實務爭議的方法，
> 唯一能驗證教育進步的方法，唯一能建立一個不因一時的新鮮潮
> 流而摒棄舊有智慧，而能累積智慧與新知的傳統之道。（p. 2）

　　誠然如哈金（Hacking, 1983）所指出：「『實驗的方法』以前只是『科學方法』的另一種名稱」（p. 149）；而那時實驗比較是為哲學的基本議題

---

[12] 如果本書有足夠的空間，我們就能將這裡的討論延伸到許多其他跟實驗有關的哲學議題，像是實驗在發現的角色與它在確認的角色兩者之間的同異，「實驗是繫於一些特定的哲學，像是邏輯的實證主義及實用主義」這種不正確的說法，及這類討論中各種常見的錯誤（例如，Campbell, 1982, 1988; Cook, 1991; Cook & Campbell, 1986; Shadish, 1995a）。

孕育例子的肥沃土地,而不是論戰的一個來源。

今天實驗則不是如此。我們現在比較能瞭解,實驗絕對是人類的一項努力;就像人類其他的努力一樣,即使有規畫良好的程序來控制它一些已知的限制,人類所有的缺點都還是會影響它。當然,其中有些限制是所有的科學都共有的。例如,科學家常只會特別注意到與自己想要的假設相符的結果,而忽略與假設矛盾的證據;他們慣常犯一些判斷認知上的錯誤,消化大量訊息的能力也有限。他們會受到同儕壓力的影響,接受既定的教條;在跟學生、研究對象及其他科學家之間的關係上,他們也會受到自己所扮演的社會角色的壓力。他們的工作動機一部分是因為社會與經濟的獎賞(遺憾的是,有時他們太看重這方面而做出欺騙的行為),在工作上也有一般人的心理需求及不理性。其他限制對實驗則有獨特的影響。例如,若實驗的因果發現就像許多比較弱的類實驗一樣,因果關係並不明顯,實驗者可能依據跟正統的邏輯或方法根本無關的一些研究特色,而作成因果關係或因果擴論;研究者也可能因為精力不足,或需要盡快完成案子,或偏向於只接受與自己預期的假設相符的證據,而沒有徹底探討所有可能的解釋原因。每一項實驗都是一種社會情境,裡面有各種角色(例如,研究對象、研究者及助理)與各種社會預期(例如,「大家應該提供真實訊息」的預期),但有一種獨特性(例如,「研究者並不一定都講實話」);這些角色與預期有時可能因為任一方誤解或蓄意不理另一方提供的訊息,而出現問題。幸好,正規的訓練可以幫忙克服其中一些問題,因此這些限制並非不能克服的(Lehman, Lempert, & Nisbett, 1988)。儘管如此,科學的研究結果及科學所研究的世界,這兩者之間的關係並非單純,也不能完全地信賴。

這些心理與社會的分析,使得實驗作為科學最重要的展示品的光芒減弱了一些。實驗可能有自己的生命,但已不再是展示台上的生命。雖然在許多情況下,實驗還是比較被人偏好的方法,但科學家已經不再認為它是解決因果爭議的*唯一*方法;同樣的,科學家也不再相信實驗方法在研究室裡所展現的威力,能輕易地轉移應用到實際的情境中。經過了幾件跟科學有關的知名重要事件〔像車諾比核災所造成的悲慘結果;辛普森(O.J. Simpson)殺妻案審理過程中,DNA檢定確定程度的爭議;及幾十年來花費了大筆經費的知名計畫,對於大多數的癌症仍然束手無策〕之後,一般大眾

現在比較瞭解科學的限制。

　　但我們不應該以這些批評完全否定科學的價值。那些批評「不受理論影響的測試」（theory-free tests）的人，似乎在暗示每一項實驗的結果都會如實驗者所望；但事實上，這跟研究者的經驗恰恰完全相反，後者覺得實驗令他們挫折失望，因為他們所鍾愛的理論竟不能獲得實驗的證實。實驗室的結果也許不會為自己說話，但它們也不會只為實驗者的想望說話。實驗研究者對於「頑固的事實」（stubborn facts）的信念，我們認為非常值得珍視；這些頑固的事實的壽命，比起那些我們想用來解釋這些事實卻起伏不定的理論的壽命還長。因此，不論是在牛頓或愛因斯坦的理論架構下，許多關於重力的基本結果都是都相同的；而除非下一個理論能解釋清楚自由落體大部分「像事實的」頑固發現，否則難以成為繼愛因斯坦之後的另一個理論架構。這個世界也許沒有純粹的事實，但有些觀察結果明顯可以當作事實來看。

　　有一些科學理論〔包括漢森、波藍尼、昆恩及菲儒賁（Hanson、Polanyi、Kuhn、Feyerabend）〕誇大了理論在科學的角色，以至於實驗證據看似幾乎不重要。但沒有正式理論的引導下作的探索性實驗，及一些跟原本的實驗研究動機不甚相關的意外發現，卻不斷變成科學長足進步的來源。實驗提供了許多頑固、可靠，而且可以重複做出相同答案的結果，這些結果最後變成了理論的主題。實驗物理學家認為，實驗室的資料幫忙讓理論物理學家保持誠實，因此實驗在科學界是不可或缺的。當然，這些頑固的事實常包括了許多被視為當然的事前假定，及對該領域核心理論的信賴；當然，這些頑固的事實有時也會被證明為錯，被重新詮釋為實驗本身產生的假象，或者完全只靠著一項當紅的理論來解釋，而一旦該理論被取代，這些事實也消失了。但絕大部分的事實基礎都不是如此，絕大部分的事實基礎即使經過了滿長的時間都還算是穩定可靠。

沒有實驗或「因」的世界？

　　借用一下麥金泰（MacIntyre, 1981）的思考實驗：假設歷史及哲學所留下的任何紀錄都被清理得乾乾淨淨，我們得自己重新建構對世界的理解。在這重建的過程中，我們會重新創造出「可以操弄的因」這樣的概念嗎？答案應該是肯定的，主要是因為這種「可信賴的被操弄的事物」（dependable manipulanda）的想法，對於我們存活繁榮的能力具有實際的用處。我們會重新發明實驗這種方法，來探討這類的因嗎？答案還是肯定的，因為人類一直都會想盡辦法更瞭解，這些可操弄的因到底是透過什麼機制來造成果的。他們會逐漸修改作實驗的方法，所以，有一天還是會再次面對反事實推論的問題、「因」必須發生於「果」之前的問題、其他可能的原因解釋的問題，及所有我們在這一章討論過的因果關係所有其他特徵的問題。發展到最後，可能還是會有實驗或跟它很像的概念。本書在這改善實驗的過程中再踏出另一步，我們要談如何改善複雜的田野情境中得到的結果，包括如何改善因果推論的品質，及改善我們將這些推論擴論到建構、到不同的人、不同的情境，及不同的實驗對待與結果的能力。

032

2 統計結論效度與內部效度

Valid　形容詞：*1.* 有根據的，允當的：有根據的反駁
　　（a valid objection）。*2.* 產生想要的效果的，靈驗
　　的：有效的方法（valid methods）。*3.* 有法律效力
　　的；有效或有約束力的：法律上有效的頭銜（a valid
　　title）。*4.* 邏輯學。a. 含有的前提是可利用邏輯得到
　　結論的：有效的論述（a valid argument）。b. 從一項
　　前提正確推論或歸納出來的：有效的結論（a valid
　　conclusion）。
Topology　名詞：*1.* 有系統地將各種有相同特徵的類別
　　作歸類的研究。*2.* 關於類型的理論或學說，像是聖
　　經研究中的理論。
Threat　名詞：*1.* 將痛苦、傷害、邪惡或責罰加諸（他
　　人）的意圖表現。*2.* 指出即將到來的危險或傷害。
　　3. 被視為可能構成危險的事物；威脅。

　　　　早年心理學有一項著名的研究，是一匹名為「聰明漢斯」的馬，牠
似乎能解數學題，還會以跺腳來傳達答案。一位名為風斯特（Oskar Pfungst）的心理學家，仔細觀察聰明漢斯的表現後，認為牠只是在依照
研究者隱隱傳達出來的期望，而決定什麼時候開始跺腳、什麼時候停止
（Pfungst, 1911）。簡單而言，風斯特質疑「漢斯會解數學題」這個最初推
論的**效度**（validity）。所有的科學及所有的實驗是否成功，都要看它們是
否能作有效的推論。本章就來討論效度的理論，因為它是本書用以擴論因
果的方法之基礎。我們先討論效度在理論上及在社會科學實務中被賦予的
意義，再介紹效度的分類，談效度的種類及**對效度的威脅**（threats to val-

034　idity）這兩個孿生概念。這一章和下一章會詳盡說明這些效度的種類及對它們的威脅。

効度

　　我們以「*效度*」（*validity*）這個詞來指涉一項推論大略的真實性（the approximate truth of an inference）[1]。當我們說某項推論是有效的，就是在判斷，相關證據可支持推論為真或正確的程度。通常，證據不但來自實證發現，也來自於這些發現與其他知識來源（包括過去的發現與理論）之間的一致性。評估效度一定都是作可能有錯的人類判斷。我們永遠無法確定單一實驗的所有推論都是真確的，甚至也無法確定其他的推論是否都被蓋棺論定為錯；這就是為什麼對效度的判斷並非絕對的，「有效」可能有多個程度。因此，本書使用「*有效*」、「*無效*」、「*真*」、「*假*」這些字眼時，要記得它們確切的意義是，必須在前面加上「大約是」或「目前暫時是」；為了要讓文章風格流暢，我們常省略掉這兩個修飾語。

　　效度是推論的性質之一，而*非*研究設計或方法的性質，因為相同的設計可能在不同的情況下產生程度或多或少的效度推論。例如，使用隨機化的實驗並不保證能對描述性的因果關係之存在做出有效的推論。畢竟，不同的樣本流失率可能會使隨機分派失去意義與功效。**統計檢力**（power）也許太低，無法檢驗出因的效果；也許使用了不正確的統計方法；**抽樣誤差**（sampling error）甚至可能讓我們將果的方向估計錯誤。因此，我們也許有時為了方便會說「隨機化的實驗有內部效度」，但這句話卻是錯的。同樣的，科學的*任何*其他方法──從個案研究到隨機樣本調查──也都有這些問題；沒有任何一種方法能保證推論一定有效。

　　承上所言，因為研究方法跟任何一種效度之間都沒有一對一的關係，

1　這裡我們或許也能用*知識宣告*（*knowledge claim*）或*主張*（*proposition*）來替代*推論*（*inference*）；前者指的是「推論之具體可觀察到的呈現」（observable embodiments of inferences）。這些用語，每一種的含意都有一些差異，但我們在此將它們混用。

因此，使用一種方法有可能會同時影響到不止一種效度。最熟悉的例子就是決定使用隨機化實驗，這種實驗法會使內部效度較佳，但對外部效度卻有傷害。還有很多其他的例子，像是增大研究對象之間的異質性將有助於外部效度，但降低了統計結論效度；又像是將實驗處理標準化，會讓實驗對待的建構效度清楚明確，但另一方面因為實際的情境很少有這種標準化，標準化的作法就降低了外部效度。這是實際行動的特性：我們對實驗設計的選擇會對效度產生多種影響，而且這些影響也不一定都是我們所預期的。換另一種說法，一個問題的任何一種解決方法常會製造出新問題；這種情況不是只有科學才有，人類的行動都有這種問題（Sarason, 1978）。

035

但是，在我們的理論中，效度跟「真實」（truth）這個概念還是緊密相連。哲學裡，關於真實，傳統上有三種理論最重要（Schmitt, 1995）。**相應理論**（correspondence theory）認為，一項知識宣告（knowledge claim）如果與真實世界的狀況相呼應，就是真實的；例如，如果我們往窗外看去，外面在下雨，「下雨了」這項敘述就是真實的。**連貫理論**（coherence theory）認為，如果某項知識屬於一套連貫的表述，這項知識就是真實的；例如，「吸食大麻會致癌」：(1)如果抽大麻對那些跟人類非常相近的動物所產生的影響，跟這句話是一致的；(2)如果癌症是由於其他形式的吸食所引起；(3)如果癌症發生的原因包括一些由於吸食大麻而產生的物質；而且(4)如果吸食大麻引發的生理機制，跟因吸食菸草而致癌的生理機制相同，則這句話就是真實的。**實用主義**（pragmatism）認為，如果相信一項知識為真，是有用處的，那麼這項知識就是真實的；例如，如果推論出電子這種東西，能把一些較難以理解的觀察現象解釋清楚，甚至能作預測，我們會說：「有電子這種東西存在。」要讓這句話是真實的，電子不需要真的存在；而是因為假定它們的存在使我們的知識有條理，而且依循它們在理論上會產生的行為，為我們提供了實際的效用[2]。

....

2 第四個理論，**緊縮理論**（deflationism）〔有時稱為「真實的多餘理論」或「真實的最小主義者理論」（redundancy or minimalist theory of truth）；Horowich, 1990〕則不認為真實必須與真實世界相呼應、有連貫性或有用。相反的，這項理論認為，「真實」這個詞只是微不足道的一個語言工具，「用以對一些過於冗長或複雜累贅的陳述表示同意」（Schmitt, 1995, p. 128）。例如，我們會直接說：「歐幾里得的幾何學是真實的。」而不是對該幾何學下的每一項公理逐條表示同意；而「歐幾里得的幾何學是真實的」這句話

不幸的是，哲學家之間對於這三個理論究竟哪一個才是正確的，沒有一致的共識，並且對於每一項都能提出有力的批評。幸運的是，我們可以截長補短，把它們合而為一，視為能完整描述科學家用來建構與修訂新知識，及讓新的知識宣告顯得合理的*實際策略*，而不必只認定其中一個是唯一*正確的定義*。相應理論幾乎只要是在蒐集資料來評估新的知識宣告與真實世界的契合程度時，科學家都明顯會考量到的。科學家也會判斷新的知識宣告與目前已確立的理論及過去的發現之間的連貫性。因此，愛森哈特與豪伊（Eisenhart & Howe, 1992）認為，個案研究的結論必須與現有的理論、跟研究主題相關的知識及實務知識都具有連貫性，才能構成有效的結論；如果有任何的新知識宣告明顯牴觸一般認為確定穩固的知識，科學家都一貫投以懷疑的眼光（Cook et al., 1979）。實用主義派的學者拉圖（Latour, 1987）認為，科學家能說服別人去使用的事物，才是能夠被接受為真實的事物，因為只有經過實際使用，新知識宣告才具有流通的價值，實際的成果才能累積。這樣的看法也在密西樂（Mishler, 1990）的論點中表露無遺。密西樂強調，質化方法之效度決定於其「『功用的標準』（a functional criterion），也就是未來的研究是否依賴這項研究發現」（p. 419）；而在最近的統計與哲學的辯論中，卡瑟拉與須瓦茲（Casella & Schwartz, 2000, p. 427）的回應：「為了科學的進步，實際表現比僵硬地固守哲學原則更有價值。」也明顯看出這個觀點。

我們的效度理論也同樣使用了這三種關於真實的理論，因為我們相信，所有關於效度的理論若要實用，都必須使用這三種關於真實的理論。我們的理論很明顯訴諸實證證據與抽象推論之間的相應程度；也重視推論與相關的理論及發現之間的連貫性；而由於我們強調，必須排除實務科學家認為會使知識宣告顯得不確定的其他可能解釋因素（即使這些威脅在邏輯上只是所有可能的解釋因素的一部分），因為這樣做有很重要的功效，因此我們的理論也有實用主義的影子。所以我們的理論綜合了各種進行研究的策略，而避免單單遵守一種追求真實的方法，因為這些方法每一種都有其無法顧及的層面。相應理論的問題在於，用以跟新的知識宣告相比對的資料本身，就是背負著理論的（theory laden），因此無法對新知識宣告作無

036

所代表的也正是這些數學公理。

理論負擔的（theory-free）檢驗（Kuhn, 1962）。連貫理論的要害是：事物間的連貫性高，並不一定就代表它們跟這世界有確定的關係。例如，聰明的騙子編的故事，連貫性都非常高，但在某些關鍵點卻是假的或錯的。實用主義的弱點則在於：許多信念也許以某些標準而言是真實的，但卻沒什麼用處；像是知道遙遠的一顆星球內某一個小區域的確切溫度，能有什麼用呢？因為哲學家們對於哪一種關於真實的理論是最好的，意見尚且不一致，實務科學家們也毋須一定要選出一個理論來探討因果推論及其擴論的效度。

社會與心理因素也深深影響科學界所認為的真實（Bloor, 1997; Latour, 1987; Pinch, 1986; Shapin, 1994）。伽利略在當時的宗教法庭所受的苦難，及我們在第 1 章提到的發現胃潰瘍的原因的那段歷史，都是明顯的例子。但遵循雪賓（Shapin, 1994）對於評量性質的真實理論和社會性質的真實理論之間的區分，我們：

> 想維持……真實、知識與事實（facts）之間寬鬆的等式，並且支持比較寬廣的真實的定義所包含的實務價值與正當性；這種比較寬廣的定義承認，所謂的「真實」有它自己的社會歷史的故事。（Shapin, 1994, p. 4）

正如布魯爾（Bloor, 1997）所指出，科學並非一場全有或全無的遊戲，科學界中社會的影響力和認知評量的影響力也不是互相貶抑；相反的，這兩種影響力是互補的。評量性理論處理的，是那些影響我們應該接受某事項為真實的因素，而我們的效度理論希望在因果推論與擴論的領域擔任評量的角色。社會性理論談的則是，影響我們*實際*接受某事項為真實的外在因素，包括我們是怎樣變得相信事物間的因果關係這件事也是（Heider, 1994）。因此，關於真實的社會性理論可能是基於對事物的洞察、基於心理學的發現，或基於社會、政治及經濟環境的特徵（例如，Cordray, 1986）。雖然有關真實的社會性理論不是本書的主要議題，但我們在幾個地方還是會討論到。然而，所謂「真實」很明顯是一個社會建構，其決定因素不止於評量性理論內的相應、連貫及實用主義。但我們相信，「真實」也*的確*部分受到這些理論的影響；本書談得最徹底的，也是這一部分。

037

效度的類型

　　我們先簡短敘述效度類別的演變歷史，讓讀者知道目前的類別是怎樣發展來的。坎伯爾（Campbell, 1957）第一個將**內部效度**（internal validity）定義為「這項實驗中所檢測的刺激，真的在這個例子裡造成明顯差異嗎？」的問題（p. 297），而將**外部效度**（external validity）定義為「這種影響效果可以擴論到怎樣的母群、情境及變項中？」的問題（p. 297）[3]。坎伯爾與史坦利（Campbell & Stanley, 1963）的概念也緊緊跟隨著這種定義。他們所謂的內部效度指的是「實驗對待是否在這項實驗的例子中造成差異」的推論（Campbell & Stanley, 1963, p. 5）；外部效度則是問「這項影響效果可以擴論到什麼樣的母群、情境、實驗對待變項，及測量變項」（Campbell & Stanley, 1963, p. 5）[4]。

　　庫克與坎伯爾（Cook & Campbell, 1979）把這種分類再細分為四項相關的種類：**統計結論效度**（statistical conclusion validity）、內部效度、**建構效度**（construct validity），及外部效度。統計結論效度指的是，使用適合的統計法來推論研究者所認定的依變項與自變項之間是否有共變（covary）。內部效度指的是，兩者的共變是否由於因果關係而產生。而建構

---

[3] 坎伯爾（Campbell, 1986）認為，這樣的區辨，一部分是因為 1950 年代強調費雪式的（Fisherian）隨機化的實驗而來，因為強調這種實驗，使得當時的研究者錯以為隨機分派能解決對效度的所有威脅。坎伯爾說，提出外部效度這種概念，目的就是要讓研究者注意到那些隨機分派無法解決的威脅，因此，「委婉地說，內部效度的威脅，起初是那些的確可以利用隨機分派解決的威脅。」（p. 68）雖然這句話並非完全百分之百正確，因為樣本流失也是坎伯爾所列的內部效度威脅之一，而樣本流失卻不能以隨機分派來控制；但這句話還是說明了當時要區別內部效度和外部效度的原因想法。

[4] 外部效度有時會跟生態效度（ecological validity）混淆不清，而後者有許多不同的使用方式（例如，Bronfenbrenner, 1979; Brunswick, 1943, 1956）。但生態效度的原本意義，並不是效度的一種，而是一種研究方法，強調的是實驗的對象與情境樣本，要能反映將來要應用實驗結果的環境之生態（但 Bronfenbrenner 所瞭解的意義又稍有不同；1979, p. 29）。內部效度與外部效度之間的區隔，有時也會和實驗室與田野之間的區隔混淆。雖然第二種區隔的確引發了坎伯爾（Campbell, 1957）在這方面的思考，但兩者在邏輯上是完全無關的。原則上，田野實驗所獲得的因果推論可以有很高的內部效度，而且我們也可以反問，田野實驗的發現是否可以擴論到實驗室的情境中。

➤ 表 2.1 四種效度

> 統計結論效度：對於實驗對待與結果之間的相關（共變）所作的推論
> 　　之效度。
> 內部效度：對於「甲（事先認定的實驗對待）和乙（事先認定的果）
> 　　之間所觀察到的共變，是否反映被操弄及測量的甲到乙兩變項間
> 　　的因果關係」這項問題所作的推論之效度。
> 建構效度：對於代表樣本細節（sampling particulars）的較高層建構所
> 　　作的推論之效度。
> 外部效度：對於「因果關係在不同的人、情境、實驗對待變項及測量
> 　　變項下，是否都能維持不變」這項問題所作的推論之效度。

效度和外部效度兩者，都跟擴論有關；建構效度指的是，從操作（opera-tions）到建構的擴論時（特別強調「因」的建構與「果」的建構），會提出的問題；而外部效度則指研究中人、情境與時間的樣本，到這些樣本的母群及到不同的母群的擴論時，會提出的問題。

038

　　本書中，統計結論效度與內部效度的定義，基本上沿用庫克與坎伯爾（Cook & Campbell, 1979）的定義而沒有更動，只是將前者的定義稍微延伸，也將效量（effect size）在實驗中所扮演的角色納入考量。但是，我們修正建構效度與外部效度的定義，將克倫巴（Cronbach, 1982）的觀點納入，也就是將兩種因果擴論〔操作的代表性與實際結果的外推（extrapolation）〕都同樣使用於研究中所有的要素（單位、實驗對待、觀察及情境等；見表 2.1）。因此，建構效度在此定義為：研究實際觀察的人、情境，及因與果的操作等，可被推論到它們所代表的建構之程度。外部效度在此的定義則是：在各種不同的人、情境、實驗對待變項及測量變項下，因果關係的推論是否能維持的效度。

　　庫克與坎伯爾（1979）將建構效度限定在抽象建構之推論[5]，也就是實際研究到的實驗對待與實際的觀察結果所代表的抽象建構；我們在這裡把人與情境也納入建構效度的定義範圍。在庫克與坎伯爾（1979）的書中，

---

5 然而，庫克與坎伯爾（1979）也明確指出，對其他研究特徵（例如，人與情境）的建構作推論的可能性：「在以下的討論中，我們將限定自己只討論所認定的因與果的建構效

039

外部效度只推論因果關係如何能擴論到不同的人和情境的母群；這裡則把實驗對待和觀察結果也納入外部效度的考量，將他們的外部效度定義擴大到包括實驗對待和觀察結果。庫克和坎伯爾的書特別為了因與果的議題而創造建構效度這個名詞，是有它實用的價值的，因為這個名詞關心的焦點是因果關係的中心議題：因和果該如何從理論上顯示它們的特色。但這樣的凸顯方式有時卻被詮釋為在暗示說，指出單位與情境的母群的特徵，是瑣碎不重要的。因為指出單位與情境母群的特徵並非瑣細不重要的事，所以建構效度也應該討論這兩項。同樣的，我們也不應該將外部擴論限定在對人及情境的擴論，因為將因與果稍作變化──通常是很細微的差異，但有時差異也可以很大──之後，再評估它們之間的因果關係是否依舊存在，是有其價值的。我們在第 3 章會提供這些推論的例子。

　　我們要討論這四種經過稍微修改的效度，主要還是基於實用的理由；因為這四種效度與許多研究者在詮釋因果研究時，所面對的四個大問題相呼應：(1)我所認定的因果之間的共變量有多大，是否可信穩定？(2)該項共變是否導因於兩者之間的因果關係？或者，如果沒有實驗對待，同樣的共變是否可能仍然存在？(3)實驗所用的人、情境、實驗對待及觀察，它們背後所代表的大致建構是哪些？(4)在這項小小的研究裡發現的因果關係，在不同的人、實驗對待、觀察及情境下，可擴論的程度有多少？雖然這些問題常彼此密切相關，但還是值得分別討論，因為從這些問題所獲得的推論常獨立出現，而且也因為我們用以作出這四種推論的思考，在一些很重要的方面非常不一樣。然而，讀者必須牢牢記住：「瞭解效度的類型，對於……研究設計的幫助很大，但這絕不能替代對研究的嚴謹分析，也不能取代邏輯。」（Mark, 1986, p. 63）

度，因為這兩者在實驗中扮演了非常關鍵的角色，實驗就是要來測試因果關係。但我們必須明白指出，建構效度考量的並不只限於『因』與『果』的建構；研究的每一方面都必須將樣本以更廣泛可以擴論的名稱去命名，包括人的樣本、情境的樣本，及測量或操弄的樣本。」（p. 59）

對效度的威脅

　　所謂對效度的威脅，指的是作共變、因果、建構，或因果關係的推論，或推論因果關係在不同的人、情境、實驗對待及結果中，是否仍存在時，可能部分有錯或全盤大錯的各項原因。我們在本章描述對統計結論的威脅及對內部效度的威脅；下一章再描述對建構效度及外部效度的威脅。我們對每一種效度所提出的威脅，一部分是經過概念推演而產生，另一部分則是在實證研究的過程找到的。例如，在概念推演過程方面，許多對內部效度的威脅，是跟作描述性質的因果關係推論（第 1 章有簡單介紹）時的思考推理性質有關。而在實證發現的推演過程方面，坎伯爾（Campbell, 1957）經由評論分析過去的實驗發現了許多的威脅，這些威脅大多在理論上是無足為奇，非常可能發生的。實證發現的威脅，可能、應該、也的確隨著時代的轉換而變，因為經驗會告訴我們，有哪些以前發生過的威脅已經不會再發生，但有哪些新的威脅出現。因此，我們在對統計結論效度的威脅中加入了一項，稱為「不正確的效量估算法」（Inaccurate Effect Size Estimation），藉以反映現今的社會學家除了作一般的統計顯著檢測之外，也強調估算因果效益的大小。反過來說，雖然我們所描述的每一種威脅的確都在實驗中發生，但是每一種威脅在不同的狀況下發生的機會卻不相同。列出各種對效度的威脅只是一種參考提醒；這些威脅並不是鐫刻在石頭上永恆不變的，而且，每一種威脅在社會科學各種研究領域中的重要性也不盡相同。

040

　　這些威脅有一項很重要的功能：它們讓實驗者能預期自己從實驗所作的推論會遭遇怎樣的批判，因此實驗者可預先就把這些威脅排除[6]。要排除這些威脅，我們主要倡導的方法，是利用設計控制來使研究最後可能發生

---

[6] Reichardt（2000）認為：應該說是「將效度的威脅納入考量」，而不是「排除效度的威脅」，因為後者意味著可以有一個定論，但不論實務上或理論上都很少能做到這個地步。我們同意他的說法。說「排除」威脅，有點「所有的威脅全都存在，否則就全都不存在」的意味，但很多情況下，威脅是程度的大小，而非絕對的有或無。但另一方面，Reichardt 也認為，「排除」這個字眼，在威脅這方面的文獻裡使用已久，因此，為了文體風格之故，我們可以繼續使用。我們也同意他這一點，在此繼續使用。

的威脅之數量和合理性（plausibility）減到最低。這本書主要就是在談如何作這種研究，尤其是利用設計控制的方法，而不是利用統計的調整控制來作這樣的研究。統計的調整在經濟學談因果推論時很強調，但在統計學本身卻較不強調，因為統計學比較喜歡用實驗設計控制的方式，跟我們一樣。隨機分派就是良好的設計控制的一個明顯例子。本書將描述一些通常會強化因果推論品質的實驗設計要素，因為這些要素可排除掉較多個其他可能解釋因果關係的因素。第 8 章會說明，將研究對象隨機分派到實驗組或比較組的方式，何時及如何能增強因果推論；但如果無法做到隨機分派或隨機分派失敗時，還是有其他的設計控制方法可用，第 4 到 7 章就介紹這些方法。

　　然而，有時因為無法應用設計控制的邏輯（例如，有些對建構效度的威脅，像建構本身意義不夠明確，就無法以設計控制來排除），或因為實務的限制而無法使用設計控制，許多對效度的威脅並不能以設計控制的方法排除。在這些情況下，合適的作法是，找出威脅並探索這項威脅在研究的角色及其影響力。這麼做時，有三個關鍵問題：(1)這項威脅在我的研究裡可能會在怎樣的情況下發生？(2)有沒有證據顯示這項威脅很合理（plausible），而不只是可能（possible）？(3)這項威脅的影響方向，跟所觀察到的實驗對待效益方向相同，所以可能會部分解釋或完全解釋所觀察到的發現嗎？例如，假設你的類實驗研究，是觀察聯邦政府的福利救濟計畫「女人、嬰兒與兒童」（Women, Infants, and Children, WIC），是否能改善符合條件的低收入婦女懷孕生產的過程，你的對照組是條件不符合而無法獲得救濟的婦女。但現在有一位審查者認為，「歷史」（在實驗對待期間同時發生的其他事件，而且這些事件也可能會跟實驗對待一樣，造成相同的結果）對你研究的內部效度構成威脅。這時，我們首先就必須知道「歷史」的威脅在這項研究中，指的是什麼？例如，是否有其他的社會計畫？符合WIC條件的婦女是否也符合這些社會計畫的條件？稍微想一想就發現，食物券計畫（food stamps program）可能就是個威脅。第二，我們必須瞭解是否有證據顯示（或至少根據過去的發現與背景知識作個合理的判斷），領食物券的人之中，符合WIC條件的婦女，是否比不符WIC條件的婦女多。如果答案為否，那麼這項歷史的威脅即使有可能存在，但很可能不甚合理。然而，實際的社會背景則是：WIC的篩選條件和食物券的篩選條件類似，

因此這項威脅是很合理的。第三，如果這項威脅很合理，我們就必須對於「食物券對於懷孕結果的影響，是否與 WIC 的效果類似？」這項問題加以瞭解。如果不是，那麼這項歷史的威脅就無法解釋所觀察到的效果，因此歷史無法威脅這項因果推論的效度。這方面的實際情形是：這項威脅可能是真實的，因為有了食物券，婦女的營養會改善，也會改善懷孕的結果。本書中所使用的例子中，我們都會強調這三個關於威脅的關鍵問題。

　　之前的例子是研究作完之後，審查者所發現的一項威脅。由於每位研究者都很難看出自己作品的問題，這種事後的批評可能是找到研究威脅的最普遍來源。然而，如果研究者在研究開始之前就預料到這些威脅，會比較好。如果研究者事前預料到了，但無法以設計控制來預防，這時最好的辦法就是直接測量這項威脅，以瞭解它是否真的在研究中發揮作用；如果真的有發揮作用，再以統計分析的方式來檢查它是否可合理解釋所觀察到的因果關係。不論是作量化或質化的觀察，我們都誠心推薦這種直接評估可能威脅的作法。這麼做下來，有時會發現，某項可能的威脅事實上並沒有發揮作用，或者發現該項威脅的影響方向，跟所觀察到的效益相反，所以不能解釋實驗對待所發生的效益（例如，Gastwirth, Krieger, & Rosenbaum, 1994）。但我們對於「將這種直接測量到的威脅，用於聲稱可以排除威脅的統計分析中」的作法，持謹慎的態度；有關這種謹慎態度的原因，我們在接下來的幾章再說明，但這些原因跟需要全盤瞭解威脅如何運作，及需要準確無誤地測量威脅這兩者有關。正因為常無法全盤瞭解威脅的運作，我們通常比較喜歡利用設計控制的方法，而比較不喜歡用統計控制；但實際上大多數的研究都將兩者混合使用。我們還是希望研究者能多作一些設計控制，因此本書有非常多實際可用的設計要素，這些要素在真實世界的各種情況下，能幫助研究者作出更好的因果推論，減少統計調整的需求。

　　在作這些努力的同時，實驗者必須記得，「排除對效度的威脅」這種行為是抓錯主義者在作的事，因此第 1 章大略列出的所有對抓錯主義的批評，都適用於此。例如，要排除實驗裡合理的威脅，必須先清楚有哪些威脅是有關的。但是，研究者本身對於方法學與研究主題的瞭解程度，及他經由相關的經驗所獲得的背景知識之多寡，都會影響到他可能預期得到的威脅。要知道合理的威脅有哪些，也要看是否有一個廣為眾人所接受的「合理性」理論（theory of "plausibility"）存在，有了這個理論，大家才知道那

些可能發生的威脅裡，哪些在某個情況下是合理的威脅；沒有這種理論，大多數的研究者只能依靠自己非常容易出錯的判斷（Mark, 1986; Rindskopf, 2000）。最後，要排除合理的威脅，也必須要能無偏誤地測量這些威脅，不受觀察者本身的理論、想望、期望、希望，或隸屬的派別所影響。因此，排除效度威脅的過程，正是我們在第 1 章所講的，可能會出錯的抓錯主義的例證。

042

統計結論效度

統計結論效度（statistical conclusion validity）考慮的是，跟因果推論裡的共變成分有關的兩個統計推論[7]：(1)研究者所認為的「因」與「果」之間是否有共變；及(2)它們之間的共變多強。這第一種推論的情形有：我們的結論可能是，兩者有共變，但實際卻沒有〔**第一類型錯誤（Type I error）**〕；或者認為兩者沒有共變，但實際卻有共變〔**第二類型錯誤（Type II error）**〕。第二種推論的情形是：我們可能高估或低估共變的強度，進而錯估這項強度所反映的對於估計值的信心。雖然共變的質化分析不但合理且很重要，本章的討論只限於古典統計概念中的共變及其強度[8]。我們先簡要描述共變統計值的性質，再討論對這兩種推論的各種威脅。

---

7 我們把共變和相關混用；相關是共變經過標準化。但是，兩者之間的差別也許在別的討論是很重要的，例如，當我們在第 12 章以模型來模擬解釋過程時，兩者的差別就有意義。

8 質化研究者常根據其觀察而作共變的推論，例如，當他們說兩事物之間似乎有關聯時，即是如此。這些推論也有效度的威脅。心理學關於變異量判斷裡所含的偏誤之理論，也許可用來說明這個（例如，Crocker, 1981; Faust, 1984），臨床心理學中的「錯覺相關」偏誤（"illusory correlation" bias）也是（Chapman & Chapman, 1969）。但我們並不很清楚對質化共變推論的威脅；我們所知道的一些也被嚴厲批判過（例如，Gigerenzer, 1996），因為這些威脅似乎大多是因個人在第一時間的反應而產生。我們最好還是把對質化共變推論的威脅留給質化研究者研究；他們比我們更熟悉質化研究的領域，因此比我們更適合討論這些威脅。

報告統計檢定共變的結果

最常用來探討因果是否共變的方法是**虛無假設顯著檢定**（null hypothesis significance testing, NHST）。譬如，實驗者以 t 檢定比較實驗組與比較組兩者的後測（posttest）平均值時，**「虛無假設」**（null hypothesis）就是「這兩組樣本所來自的兩個母群之間，平均值的差異是零」[9]。檢定這種假設時，都伴隨著一項關於機率的敘述：即使是兩組的母群之間沒有差異，像觀察值一樣大小（或更大）的差異值也可能碰巧出現（例如，$p = .036$）。費雪（Fisher, 1926, p. 504）是第一個建議作這種檢測的人，但不幸的是，後人遵循這種傳統的同時，卻變成習慣把檢定結果作二分法——如果 $p < .05$ 就是達到統計顯著，否則就不顯著。由於不顯著意味著因與果之間沒有共變——這種結論有可能是錯的，並可能造成嚴重後果——所以統計結論效度的威脅，一部分也是關於：當研究者說他的 NHST 沒有發現顯著效果時，為什麼可能是錯的。

043

這種 NHST 的問題在幾十年前就已經被注意到了（Meehl, 1967, 1978; Rozeboom, 1960），近幾年辯論卻比較激烈（Abelson, 1997; Cohen, 1994; Estes, 1997; Frick, 1996; Harlow, Mulaik, & Steiger, 1997; Harris, 1997; Hunter, 1977; Nickerson, 2000; Scarr, 1997; Schmidt, 1996; Shrout, 1997; Thompson, 1993）。有些人甚至想以其他的方法完全取代 NHST（Hunter, 1997; Schmidt, 1996）。這些辯論不在本書的討論範圍之內，但基本上可被歸納成兩個重點：(1)科學家一直誤解 NHST，以為 p 代表該虛無假設為真的機會，或認為 p 代表實驗結果會重複出現的機會（Greenwald, Gonzalez, Harris, & Guthrie, 1996）；及(2) NHST 不能告訴我們效量的大小。事實上，的確有一些科學家錯以為不顯著意味著零效果，但實際上通常這些**效量**（effect size）不是零（例如，Lipsey & Wilson, 1993）。

---

9 庫恩（Cohen, 1994）建議，稱這種「零差異」的假設為「零」假設（"nil" hypothesis），藉以強調：「零差異」假設，並非唯一要否定的可能的假設。稍後我們會討論其他可能的虛無假設。傳統上，虛無假設的相反被稱為**「替代假設」**（alternative hypothesis），例如，兩組的差異不是零。

這是為什麼大部分參與這場統計顯著檢定論戰的學者，比較喜歡以信賴區間環繞效量的觀念報告效量，甚至擁護 NHST 的學者也認為，在描述實驗結果時，NHST 的重要性應該調得稍微輕一點；但很少人認為應該完全不用 NHST（例如，Howard, Maxwell, & Fleming, 2000; Kirk, 1996）；NHST 能讓我們瞭解，偶然巧合（chance）在研究發現裡所扮演的角色（Krantz, 1999; Nickerson, 2000）。因此，我們比較喜歡看到研究報告以 95%信賴區間報告效量估計值，接著報告 NHST 犯第一類型錯誤的機率水準[10]。任何一項專注於比較兩種情況（例如實驗對待組及控制組）的研究都作得到這些事；羅森梭與魯賓（Rosenthal & Rubin, 1994）有為多種情況的比較研究設計一些方法。

效量和 95%信賴區間所包含的訊息，是傳統 NHST 能提供的所有訊息，但前兩者注意的重心在於共變的強度及效量估計值的精確性；例如，「『在 95%的信賴區間裡，效量估計值的範圍是 6±2』，比『在 95%的信賴區間裡，效量估計值的範圍是 6±5』較為精確」（Frick, 1996, p. 383）。信

044

賴區間也能讓讀者分辨兩種狀況：是檢力低，而致信賴區間寬？還是效量本身小但精確？這兩種情況所含的意義頗為不同。報告效量和信賴區間，即使在與大眾溝通時會變得比較複雜，卻能減少目前許多人對於那看似精確的點估計值（point estimate）的依賴，而以比較能反映不確定、比較實際的區間值取代。因此，「收入每年平均增加 1,000 美元」這句話，如能加上「可能的結果是，每年平均增加的金額範圍從 400 到 1,600 元」。

以古典的方法詮釋，第一類型錯誤確實的機率水準告訴我們的是：如果母群是如虛無假設所言，我們只因偶然巧合，就能獲得目前實驗結果的機率（Cohen, 1994）。從這一點來看，NHST 對於實驗結果是否出自巧合，提供了一些訊息————也許不是頂有趣的假設，但是為讀者提供這種訊息卻

[10] 美國心理學會的統計推論工作小組（American Psychological Association's Task Force on Statistical Inference）結論認為：「很難想像出一個情況是報告二分法的接受─拒絕之決定，會比報告實際的 p 值或信賴區間更好。……報告 p 值時，也要報告效量估計值。……任何跟主要結果有關的效量都要提供區間估計值。」（Wilkinson and the Task Force on Statistical Inference, 1999, p. 599）庫恩（Cohen, 1994）建議報告「信賴曲線」（"confidence curves"）（Birnbaum, 1961）；從 50％到 100％的信賴區間都涵蓋在這個曲線裡，這樣就不必限定只能選出一個信賴區間；已經有電腦軟體可以畫出這些曲線（Borenstein, Cohen, & Rothstein，出版中）。

已經成了習慣。另一種比較有趣的詮釋是（Frick, 1996; Harris, 1997; Tukey, 1991）：該項機率水準能告訴我們，在下列三者之間抉擇時，有多少把握：(1)「果」的方向在母群是正號（甲種處理比乙種處理佳）；(2)「果」是負號（乙種處理比甲種處理佳）；(3)「果」的正負號不確定。p 值愈小，我們對於母群中「果」的正負號所下的結論，愈不可能錯；而如果 $p > .05$（或者信賴區間裡有包括零，也是同樣意思），我們對於「果」的正負號就難以下結論。

不論如何，不管你比較喜歡 NHST p 值的哪一種詮釋，每一種都不贊成「有影響」或「沒影響」這種過於簡單的結論。我們相信，雖然沒有什麼新方法會是十全十美[11]，但傳統的 NHST 在社會科學界所扮演的角色會愈來愈小。就像艾伯森（Abelson）最近說：

> 不論再怎樣將虛無假設檢定作其他的變化或修改，都不要再把統計分析看作一種神聖化的過程。我們在不確定的汪洋中載沉載浮，被抽樣及測量誤差的洪流衝擊。世界上沒有任何客觀的程序能避免由人作判斷，也沒有任何的程序能保證正確地詮釋結果。（1997, p. 13）

---

[11] 除了 NHST 及報告信賴區間與效量之外，另一種作法（說得更精確一點，應該是補充作法）是貝氏統計方法（Bayesian statistics）（Etzioni & Kadane, 1995; Howard et al., 2000）。貝氏統計法不是單純地接受或拒絕虛無假設，而是持續地利用新的研究發現來更新已有的知識，其作法有兩個：一個是利用先前已有的知識來為將進行的研究預測結果〔稱為「先前機率」（prior probability）〕，另一個則是將實驗所得的結果加入先前已經利用貝氏統計法分析過的研究結果中，得到最新的結果。後者的概念非常近似我們在第 13 章將談到的「隨機效益後設分析步驟」（random effects meta-analytic procedures）（Hedges, 1998）。近年來貝氏統計法才受到重視，之前很少人用，一部分原因是，大家不清楚該怎樣取得「先前機率」；另一部分原因則是，貝氏統計法必須作大量計算，而很少有電腦程式使用這種方法。後面一項阻礙由於威力強大的電腦不斷出現而迅速消失中，也發展出了可用的軟體（Thomas, Spiegelhalter, & Gilks, 1992），而研究者正開始以有用的方法來解決前一項問題（Howard et al., 2000）。我們預期未來幾十年使用貝氏統計法的研究者會愈來愈多；但隨著使用逐漸頻繁，相信將來會發現一些我們這裡沒有的威脅。

045 ➤ 表 2.2　對統計結論效度的威脅：為什麼兩變項間的共變推論可能
　　　　　是不正確的

---

1. 統計檢力低：實驗的檢力不足，可能因而錯認為實驗對待與結果兩
   者之間的相關不顯著。
2. 統計檢定法的假定與資料不符：實際資料與統計檢測的假定不符，
   可能因而高估或低估果的大小及顯著性。
3. 撈捕與錯誤率的問題：為了找到顯著相關而作許多檢定，卻沒有相
   對以檢定個數修訂每項檢定的錯誤率，可能因此而膨脹了統計顯著
   性。
4. 測量的信度不足：測量誤差使兩變項間的關係變弱；但如果是三個
   或以上的變項間的關係，則可能使這些變項間的關係變強或變弱。
5. 變項數值範圍的限制：變項數值的範圍減小，常會使該變項與另一
   變項的相關減弱。
6. 實驗對待執行的一致性不足：如果應該以標準化程序執行的實驗對
   待，對有些研究對象卻沒有完全做到時，這些研究對象所顯現出來
   的效益可能比較低。
7. 實驗場景的外來變異：實驗場景的某些特色可能會增大誤差，使得
   效果較難被偵測出來。
8. 單位的異質性：同一組內的結果變項，如果變異性增加，則誤差變
   異數會增大，也使得因果關係較難被偵測出來。
9. 效量估計不正確：有些統計方法會有系統地低估或高估效量。

對統計結論效度的威脅

　　表 2.2 列出對統計結論效度的威脅，也就是：可能讓研究者對於有關
兩變項間的共變之存在與大小，作出錯誤推論的原因。

統計檢力低

　　檢力指的是，檢定方法發現母群的變項之間有關係的能力，傳統上檢
力被定義為，當虛無假設是錯的時候，統計檢定法能夠拒絕虛無假設的機

率（Cohen, 1988; Lipsey, 1990; Maxwell & Delaney, 1990）。若一項研究的
檢力低，效量估計值會比較不精確（信賴區間比較寬），且傳統的 NHST
可能會誤認為因果之間沒有共變。如果我們知道或能估計出樣本大小、第
一類型錯誤的機率、第二類型錯誤的機率，及效量，就可以利用簡單的電
腦軟體計算檢力（Borenstein & Cohen, 1988; Dennis, Lennox, & Foss, 1997;
Hintze, 1996; Thomas & Krebs, 1997）。社會科學研究的實務中，第一類型
錯誤的機率通常設定在 $\alpha = .05$，但有時使用不同的數值更具意義（Makuch
& Simon, 1978），例如，測試一項新的藥劑是否有害的副作用時，就應該　046
將第一類型錯誤的機率調高一些（例如，$\alpha = .20$）。將第二類型錯誤的機
率（β）設為 .20 的作法也很常見，而這時檢力就是 $1 - \beta = .80$。目標效量的
推定，常是從實務上認為重要的效量值，或從理論上認為有意義的效量值
推論出（Cohen, 1996; Lipsey, 1990），而計算效量要用的標準差則常是從
過去的研究擷取，或參考預試（pilot study）結果。如果發覺檢力太低，無
法偵測出所設定的效量，可以採取一些步驟來增強檢力。由於在實際的實
驗設計中，檢力非常重要，我們在表 2.3 列出許多影響檢力的因素，本書
將討論這些因素，並討論這些方法是否易於使用、如何應用、哪些情況不
能用，及它們的缺點等。

　　根據回顧以往文獻所得到的判斷，低檢力常在實驗研究發生。例如，　047
卡茲町與貝司（Kazdin & Bass, 1989）發現，大部分比較兩種實驗對待效果
的心理治療研究，檢力都非常低（另參見 Freiman, Chalmers, Smith, &
Kuebler, 1978; Lipsey, 1990; Sedlmeier & Gigerenzer, 1989）。因此在個別的
小型研究中，檢力低常是誤以為實驗對待無效益的主要原因；但如果實際
的效益就小時，常無法以表 2.3 裡的方法來增加足夠的檢力。這是近年來　048
持續呼籲要整併多項研究的一個原因（見第 13 章），目的就是讓效果小的
研究作檢定時更具檢力。

統計檢定法的假定與資料不符

　　如果統計檢定法的假定與實際資料不符時，關於共變的推論就可能不
正確。有些假定即使與資料不符，所造成的問題也不大。例如，如果兩組
的樣本數都夠大，人數也大約相同，且研究者只擔心第一類型錯誤時，雙
尾 t 檢定的結果不會因為資料違反「常態分布」這項假定，而產生嚴重的

046 ➤ 表 2.3 增強檢力的方法

方法	評論
使用配對、分層及比對成組	1. 用來配對（matching）、分層（stratifying）或比對成組（blocking）的變項，一定要與結果有相關（Maxwell, 1993）；或使用一個預定要作次分析（subanalyses）的變項。 2. 單位個數不多時，若再作配對，檢力可能會降低（Gail et al., 1996）。
測量共變項並以之修正	1. 測量一些與結果變項相關的共變項，並將它們納入統計分析，以作一些調整（Maxwell, 1993）。 2. 權衡增加共變項與加大樣本兩者之間的花費與檢力之得失（Allison, 1995; Allison et al., 1997）。 3. 選擇的共變項之間要盡量不類似而多餘（McClelland, 2000）。 4. 利用共變數來分析那些用以作配對、分層及分組配對的變項。
用比較大的樣本	1. 如果接受實驗對待的研究對象人數是固定的，就增加控制組的人數。 2. 如果預算是固定的而實驗對待組的花費比控制組高，則計算該如何分配資源，才能得到最高的檢力（Orr, 1999）。 3. 如果整體樣本數是固定的，而且必須將同一群體內的樣本分派到同一組內，則增大群體個數，而減少群體內的人數。
讓每一格裡的樣本數都相同	1. 格內的人數不同，對檢力的影響不大，但如果人數比超過 2:1，影響就大了（Pocock, 1983）。 2. 對於某些果而言，每格的樣本數不一反而可能有較強的檢力（McClelland, 1997）。

（接下頁）

047

▶ 表 2.3　增強檢力的方法（續）

方法	評論
改善測量方法	1. 增加測量工具的信度或使用潛在變項模型。 2. 除去對於變項數值範圍不必要的限制（例如，少將連續變項轉化成二分變項）。 3. 將較多的資源分配到後測的測量，而非前測（Maxwell, 1994）。 4. 多加幾波測量（Maxwell, 1998）。 5. 避免天花板或地板效應。
增加實驗對待的強度	1. 加大不同組之間劑量的差異。 2. 避免讓實驗對待散播到別組。 3. 確定實驗對待的傳送、接收與堅守都保持一致穩定。
增加實驗對待的變異性	1. 增加所測試的實驗對待的層級（McClelland, 2000）。 2. 在某些情況下，加大實驗對待的極高或極低層級的樣本數（McClelland, 1997）。
利用研究對象內的設計（within-participant design）	1. 較不易使用於實驗室以外的情境。 2. 會受疲倦、練習及污染的影響。
利用同質性高的研究對象來接受實驗對待	1. 可能損及可擴論性。
減低情境中不相干事物的隨機干擾	1. 可能使某些種類的可擴論性受損。
使用具有良好檢力的統計檢定，並確定資料都有符合檢定的假定	1. 資料若不符合檢定的假定，有時會使檢定看似有較強的檢力（例如，把相依的單位視為彼此獨立），因此必須瞭解假定與檢力之間的關係。 2. 將資料轉換成常態分布，可以增加檢力，卻不致太影響第一類型錯誤率（McClelland, 2000）。 3. 考慮其他的統計方法（例如，Wilcox, 1996）。

影響（robust）（Judd, McClelland, & Culhane, 1995；但如果擔心的是第二類型錯誤時，請見 Wilcox, 1995）。但如果資料性質違反其他的假定，後果就較為嚴重。例如，如果資料的觀察值之間並非互相獨立的，關於共變的推論就很可能是錯的——譬如同班同學之間，可能比隨機選取的學生之間更有相關；接受同一醫師診療的病人之間，或在同一工作場所工作的人之間，可能也比隨機選取的人之間較為相似 [12]。這種威脅經常發生，違反了「誤差值之間是獨立分布的」（independently distributed errors）的假定，且可能使標準誤的估算產生嚴重偏誤，但實際的影響輕重，則因實驗的設計及觀察值之間相依（dependence）的種類而定（Judd et al., 1995）。**巢居**（nested）在幾個大團體中的許多個別單位，是這種問題最常見的狀況（例如，同在某些學校的兒童獲得同一種實驗對待，而同在其他學校的兒童又都接受另一種實驗對待），這會造成第一類型錯誤的機會大幅增加：即使實驗對待無效益，研究者還是常會發現實驗對待有「顯著」效果。幸好近年來已經發展出許多統計方法及軟體來補救這種問題（Bryk & Raudenbush, 1992; Bryk, Raudenbush, & Congdon, 1996; DeLeeuw & Kreft, 1986; Goldstein, 1987）。

撈捕與錯誤率的問題

如果我們在 NHST 的情況下，在資料中撈捕「顯著」結果，或純粹只是循著資料所暗示的情況來作檢定，或多個研究者重複分析相同的資料（Denton, 1985）時，所得到的關於共變的推論就可能是錯的。只作一個檢定時，犯第一類型錯誤的機會是 $\alpha = .05$，但作一連串檢定時的錯誤率就不同了，而且錯誤率隨著檢定的個數而增多。如果現在作了三個檢定，且將每一個檢定的第一類型錯誤的機率都設在 $\alpha = .05$，則實際alpha（亦即三個檢定犯第一類型錯誤的整體機率）是 .143；作二十個檢定，錯誤率就是 .642；五十個檢定錯誤率變成 .923（Maxwell & Delaney, 1990）。尤其當研究者只報告一部分結果時（例如只報告有顯著的），研究結論就有誤導之嫌。

最簡單的修正方法，就是使用非常保守的「邦法洛尼修正法」（Bon-

---

[12] 以前把違反這種假定稱為「分析單位」（unit of analysis）的問題；我們會在第 8 章把這個問題講得很詳細。

ferroni correction），該法是：將目標中的整體第一種類型錯誤的機率（例如 $\alpha = .05$），除以要作的檢定個數，所得到的數值就是每一個檢定所允許的錯誤率〔稱為「邦法洛尼修訂後的錯誤率」（Bonferroni-corrected α）〕，而不是 .05。這種作法使確保一長串檢定的錯誤率總和不超過所宣稱的 $\alpha = .05$。其他修正方法還有用於變異數分析（analysis of variance, ANOVA）之後的多項比較追蹤檢定（multiple comparison follow-up tests）（頗為保守），或者如果要檢定多個依變項，則使用多變項變異數分析（multivariate ANOVA, MANOVA）（Maxwell & Delaney, 1990）。有些批評 NHST 的學者不贊同使用這類的修正方法，認為我們已經傾向於忽略小效量了，這種保守的修正法會使這種情形更容易發生；他們認為，如果能報告效量、信賴區間及確實的 p 值，就能將強調重點從顯著—不顯著這種兩分法的決定，轉移到對於效量的大小及方向的信賴程度。其他評論者則認為，如果能報告所有統計檢定的結果，讀者們可自行檢視判斷哪些是假顯著（spuriously significant）（Greenwald et al., 1996）。但由於期刊所提供的版面有限，不可能報告所有的結果，而且作者也常會只報告那些他們認為有趣的結果。因此在大多數的研究裡，撈捕顯著檢定的作法，還是常會讓研究者對於變項間的關連有過多的信心。

測量的信度不足

　　如果兩個變項中的其中一個有測量信度不足的問題，則共變的結論有可能是錯的（Nunnally & Bernstein, 1994）。**信度不足**（unreliability）一定會使兩變項間的相關減低。但如果是三個或更多個變項間的關係時，則較難預測信度不足會造成怎樣的影響。麥斯威爾與狄藍尼（Maxwell & Delaney, 1990）的研究顯示，共變數分析裡，如果一個共變項（covariate）的信度不足時，可能發生的情形是：即使實驗對待是零效益，也會讓分析結果顯得實驗對待有效益；或者實驗對待的確有效益，又會讓分析結果顯得實驗對待的效益為零。同樣的，羅國薩（Rogosa, 1980）的研究也顯示，信度不足對於某些相關性研究設計的影響，會因變項間的關係模式及每個變項不同的**信度**（reliability）而有異；因此不論實驗對待是否的確有效益，分析的結論都不一定是有效益或無效益。在那些必須評估某項發展的改變速率、加速度，或其他特色的縱貫（longitudinal）研究中，還有特殊的信度

議題需要考量（Willett, 1988）。因此，每一種測量都必須評估其信度並報告之。改善信度不足的方法，包括增加測量的次數（例如，多加一些題項，或找較多人評分）、改善測量的品質（例如，比較好的題項，或讓評分者接受更好的訓練）、利用特殊的生長曲線分析方法（Willett, 1988），及利用**潛在變項**（latent variable）這類的分析方法，來從多個觀察值中將真實分數（true score）與誤差變異數（error variance）分離（Bentler, 1995）。

變項數值的範圍限制

有時變項裡可能出現的數值範圍很小；例如，實驗研究裡，要比較的兩種實驗對待非常類似，或者結果只有兩種數值，或有「地板效應」或「天花板效應」。這種限制也降低了檢力，並使兩變項間的關係減弱。自變項數值範圍的限制，可利用一些方法來減少，例如，研究完全不同劑量的實驗對待，或甚至對照全劑量的實驗對待與無實驗對待。這種作法在研究最初的階段尤其具有價值，因為這時很重要的一步是，要檢驗在最佳狀況下是否能產生最大的效果。若所有的研究對象在依變項的得分都集結在最低分或其附近，則依變項是受到**地板效應**（floor effect）的限制，例如，一群在社會上隨機抽樣而來的人，若接受病理的憂鬱症量表測試，那麼絕大部分的人的分數都會集結在最低分附近；而如果幾乎所有的受試者在依變項的得分都集結在最高分或其附近，則依變項是受到**天花板效應**（ceiling effect）的限制，例如，一項研究若只針對最資優的學生，就會發生這種情形。另外，如果原本測量的結果是一個連續（continuous）變項，若將它轉換成只有兩種類別（或三種類別等等），這時數值範圍又被限制了，常看到的例子是：研究者以體重的中位數把樣本分為「體重輕」與「體重重」兩組。一般而言，要盡量避免這樣的劃分[13]。若能預試測量工具及選樣過程，能幫忙發現這種範圍限制的問題，如果有合適的樣本來測試題項〔這種樣本稱為「校準樣本」（calibration sample）〕，可利用項目反應理論（item response theory）的分析來修正這種問題（Hambleton, Swaminathan,

---

[13] 但麥斯威爾和狄藍尼（Maxwell & Delaney, 1990）的研究卻顯示，如果把兩個連續的自變項都變成只有兩個種類的自變項，用於因素 ANOVA 的研究設計（factorial ANOVA design）中，有時也能增加檢力（也增加第一種錯誤類型的機率）。

& Rogers, 1991; Lord, 1980）。

實驗對待執行的一致性不足

實驗對待的執行，不論在任何場地或是對同一場地內的任何人，都應該一致；如果不一致時，共變的結論就會受到影響（Boruch & Gomez, 1977; Cook, Habib, Phillips, Settersten, Shagle, & Degirmencioglu, 1999; Lipsey, 1990）。這種威脅在田野實驗非常普遍，因為田野實驗對於實驗對待的操控，比在實驗室困難。若缺乏標準化的執行步驟，一般認為會減低效量，而需要利用其他能增加檢力的設計特徵，例如增大樣本數。然而，有些作者留意到，執行上的變化，可能實際上是為了配合研究對象而作的調整，以增進實驗對待的效益（Scott & Sechrest, 1989; Sechrest, West, Phillips, Redner, & Yeaton, 1979; Yeaton & Sechrest, 1981）。再者，如果所希望推論的實驗對待本身，就會因單位而有很大的差異，實驗對待沒有標準化就不是個問題。的確，在真實世界進行的一些介入措施，本質上就無法做到標準化。因此，像「全方位兒童發展計畫」（Comprehensive Child Development Program）（Goodson, Layzer, St. Pierre, Bernstein, & Lopez, 2000）及「早期啟蒙計畫」（Early Head Start）（Kisker & Love, 1999）這兩項研究裡，貧窮家庭的父母與其年幼子女，會因他們需求的性質而獲得不同的輔導配套。因此，研究者可能要設計不同組合的職業訓練、正規教育、親職訓練、諮商或臨時的住所等，使得每個家庭所獲得的實驗對待差異很大。然而，在所有這些情況下，必須測量配套裡的每一個項目，評估每一個項目跟各個目標結果之間的關係。因為這項議題非常重要，我們在第 10 與 12 章，會再討論如何改善、測量及分析那些能協助降低這項威脅的實驗對待執行方式。　051

實驗場景的外來變異

如果實驗場景特徵上的一些差異增大了誤差，則共變的結論也會不正確。可能的例子有：讓人分心的噪音、空調系統的問題造成溫度變動，或會計或行政上的政策措施常常改變，使得實驗研究者必須分心處理。一項解決之道是想辦法控制這些因素，或選擇一些實驗步驟，讓研究對象專心於實驗對待，或使周遭環境變得不那麼容易吸引研究對象的注意。但在許多田野情境裡，這些方法不可能完全作得到；這時候就需要去測量這些無

法降低的外來變異來源，之後再把它們納入統計分析中。實驗若能很早就作品質上的監控，就能找出有哪些變項需要考慮。

單位（研究對象）的異質性

同一組內的研究對象之間，在結果變項的異質性（heterogeneity）愈高，則該變項（及任何其他相關的變項）的標準差就愈大。如果所有其他的情形都相同，則組內異質性較高的研究，會使得實驗對待與結果之間的共變關係變得較模糊。如果研究對象的特性跟因果關係產生了交互作用，而研究者沒有發現並加以控制，誤差也會增加，就像某種心理治療方法對幾種類型的憂鬱症比較有效，其他的心理治療法則沒有這麼好的效果。除非能測量到這些特性，並用於統計分析中，否則這些**交互作用**（interaction）就會被視為誤差，而模糊了共變的關係。一個解決方法是找出跟主要的結果變項相關的特質，並且將抽樣範圍集中在這些特質上同質性高的人。然而，這種選樣本的方式又降低了研究的外部效度，並且，如果沒有小心地監控，也可能造成變項數值範圍受限制的問題。有時還能有更好的解決方法，那就是測量研究對象的相關特質，再將這些變項用來**比對成群**（blocking），或作為共變項。還有，研究對象內的設計也可用以解決這種問題，但這種設計能產生多少優點，則因前測與後測之間的相關高低而異。

效量估計不正確

「果」的大小若測得不準確，共變數估計值就可能不正確。例如，即使一項分布裡的極端偏離值（outlier），只要使得整個分布稍微偏離了常態分布，也可能大幅減小效量（Wilcox, 1995）。威爾寇克斯（Wilcox，出版中）為這種資料設計了幾種估算效量的方法（包括Minitab的電腦程式），但這些方法跟一般標準的統計法不太相符。而且，拿一個為連續變項所設計的效量測量方式（例如，相關係數或標準化後的平均值差異統計值）來分析二分法（dichotomous）的結果變項，通常會低估效量；在這種二分的結果變項的情況下，**勝算比**（odds ratio）通常是比較好的選擇（Fleiss, 1981, p. 60）。一般常見的統計檢定中也常隱含有效量估計值，例如，若以一般的 t 檢定來檢定一個二分的結果變項時，t 檢定事實上就是在使用標準

化後的平均值差異統計值，而且檢力會較低。由於愈來愈多研究者會報告效量及信賴區間，一定會發現愈來愈多造成效量估算不正確的原因。

接受虛無假設會產生的問題

　　雖然我們希望能說服研究者，即使無法拒絕虛無假定，也不要說成是「無效益」，但在有些情況下，研究者還是必須考慮作這種結論。其中一種情況就是，研究者真正有興趣的假設是「無效益」的假設；例如，假設一項新治療法和一般的標準療法一樣、或假設沒有發生令人害怕的副作用（Makuch & Simon, 1978）、或假設超感官知覺的實驗沒有效益（Rosenthal, 1986）、或假設「如果銅板沒有被動過手腳，第一次丟銅板的結果跟第二次丟的結果，兩者之間沒有關連」（Frick, 1996）。另一種情況是，研究者作的一連串實驗，結果都「非常危險」，無法看出實驗對待的效果，使得研究者不知是否該繼續探究實驗對待的效益。第三種情況是，分析者想證明，各組之間在各種對效度的威脅上沒有差異，像是為了要觀察是否有**選擇偏誤**（selection bias），而觀察兩組在實驗前測的結果是否同等（equivalent）（Yeaton & Sechrest, 1986）。這些情況的每一種，都必須檢測是否獲得的共變確定不為零。但是，卻很難證明一項共變的確是零，因為由檢力的理論可知，即使效果非常小，若把樣本加大，使測量更具信度，實驗處理作得更好，或有更精確的統計方法，就可能讓效量明顯與零區隔。從這裡得到的箴言是：我們沒辦法證明虛無假設是對的（Frick, 1995）。

　　為了要處理這類的情況，第一件要作的事就是盡量提高檢力，以避免作「危險邊緣」的結論。表 2.3 列出許多可以提高檢力的方法，但這些方法的可行性會因實驗設計的不同而有程度差別，有些則可能因為與實驗的其他目的相牴觸而不可行。然而，以表 2.3 這些檢力的標準來檢討研究設計，常會讓研究者理解到，是否值得以更具檢力的設計來作新的實驗，或實際是否作得到。

　　第二件要作的事是則是，特別留神找出值得繼續探討的結果效量，例如，可接受的最大傷害、在實務上有差別的最小效量（Fowler, 1985; Prentice & Miller, 1992; Rouanet, 1996; Serlin & Lapsley, 1993）。艾群飛爾特（Aschenfelter, 1978）研究人力訓練課程對於日後收入的影響，他估計，若收入

053 增加 200 美元,就能宣稱該課程成功了。他可以接著用檢力分析來估算,樣本要多大才能偵測到這個效果。然而,明訂這樣的效量,是一種政治行為,因為這樣就訂出了一個參照標準,如果有新的課程,也能依據這項標準來評量。因此,即使某項新計畫有一些效果,但如果沒有達到預定的效量,該項新計畫就不會被採信。因此,教育計畫的管理者學會了要說「我們希望能增進成就」,而不會說「我們希望每教一年,就能獲得兩年的成就」。然而,即使這類因素讓人不願意訂出一個可以接受的最小效量,但如果能報告實驗處理效益的絕對強度,讀者就能自行推論,該效量是否太小,在實務上沒什麼用處,或者效量雖不顯著但很大,值得以更具檢力的分析進一步研究。

第三,如果假設是關於兩項實驗對待間的同等性(equivalency),生物統計學家已經發展出同等性檢定方法,可用以取代傳統的 NHST。這些方法檢測的是,即使兩組的差異不為零,但如果兩種實驗對待之間的差異落在某個區間範圍之內,研究者還是可據以判斷該差異在實務上可視為兩者事實上是同等(Erbland, Deupree, & Niewoehner, 1999; Rogers, Howard, & Vessey, 1993; Westlake, 1988)。

第四種選擇是,利用類實驗分析來決定,在某些重要的條件情況裡,是否找到比較大的效益;例如,對於實驗對待反應特別明顯的某些類別的研究對象,或自然發生了比一般實驗所看到的劑量變化更大。詮釋這些結果時必須謹慎,因為它們可能只是恰巧發生而已,而且人常自我選擇進入某一種實驗對待組。然而,如果精巧成熟的類實驗分析,都不能看出實驗對待與結果之間有一點點值得繼續探討的共變,那麼分析者就更能確定,實驗對待的效益太小,不值得繼續追查。

內部效度

內部效度(*internal validity*)這個詞,我們指的是:關於「甲乙兩變項經過操弄和測量後所觀察到的共變,是否能反映從甲到乙的因果關係」這

項推論。要支持這種推論，研究者必須確定：甲出現的時間點在乙之前、甲跟乙有共變（已經在統計結論效度中討論過），而且找不到其他原因可以合理解釋兩者間的關係。第一項問題在實驗研究很容易就解決，因為作實驗時對甲的操弄就是在測量乙之前。但非實驗研究裡因果順序是個大問題，尤其是橫斷式研究（cross-sectional）。

　　雖然*內部效度*這個詞已經在社會科學界廣為使用，有些用法跟坎伯爾（Campbell, 1957）第一次提出時的概念不同。內部效度跟「可再製性」（reproducibility）（Cronbach, 1982）無關，跟對目標母群的推論也無關（Kleinbaum, Kupper, & Morgenstern, 1982），跟測量效度無關（Menard, 1991），也跟「研究者所測量的，跟他以為自己在測量的，兩者是否一樣」這個問題無關（Goetz & LeCompte, 1984）。要減少這些誤解，坎伯爾（1984）建議將內部效度重新命名為**研究本身摩爾式的因果效度**（local molar causal validity）；這個新名字本身的確能把它所關切的問題說清楚，但實在太長了，我們不用它，繼續使用舊名（內部效度）比較容易記，而且已經廣為大眾所接受。

054

　　*研究本身摩爾式的因果效度*的「*因果*」兩字強調，內部效度是討論因果推論，不是社會科學家作的其他方面的推論。「*研究本身*」（*local*）則強調，因果結論僅限於本次研究中的實驗對待、結果、時間、情境及人。「*摩爾式*」則認知到，實驗所測試的實驗對待，實際上包含了許多項目在內，很複雜，但卻只把它們都當作實驗對待情境裡的一個整體來看待及測試。例如，心理治療包含在不同階段、因不同目的而作的不同的語言介入措施；也有一些非語言的暗示，其中有些是一般人互動會用的，有些則是只有屬於治療師與個案關係時才用到。還有明顯高掛的治療師文憑、裝潢得像醫學專業一樣的辦公室、私人或保險公司付給治療師的費用，及心理治療室的環境等（這些只是心理治療這整套包裹的一小部分），這些都是讓人感受到專業的安慰劑。接受心理治療的個案所接受到的，是這整個摩爾式的包裹以及其他，而不單是研究者有興趣研究的那個部分。因此，從實驗所作的因果推論，事實上是推論被分派到整個摩爾式包裹所產生的影響。當然，實驗可以，而且也應該，把這種摩爾式包裹分解成各個小分子，將每一個小分子個別檢測或互相比較；但即使這些分子式的部分本身也像個包裹一樣，包含了許多更細的項目。把內部效度想成「研究本身摩爾式

的因果效度」，它是關於「在實驗的特殊情境、特殊的時間架構及所取樣的單位中，一項複雜而且是多變項的實驗對待包裹，是否造成某變項（依據它的測量結果來看）發生變化」這項問題。

對內部效度的威脅

哲學界最廣為接受的因果分析，應該是馬齊（Mackie, 1974）的分析，他說：「通常我們藉由消除其他可能的因，來從果而推論因（inus 條件）。」（p. 67）對內部效度的威脅，就是這些「其他可能的因」——也就是那些會令人想到甲乙之間的關係並非因果關係的理由；那些會令人想到即使因沒有發生，也會發生果的理由；及那些同樣會使果發生的其他原因。我們在表 2.4 分別列出這些威脅，但事實上這些威脅並不一定完全各自獨立。

055 ➤ 表 2.4　對內部效度的威脅：兩變項間有因果關係的推論為什麼可能不正確

> 1. 時間的先後次序模糊：如果不清楚哪個變項先出現，將無法確定何者為因，何者為果。
> 2. 選擇：各組的研究對象在可能影響到果的特質上，明顯不同。
> 3. 歷史：跟實驗對待同時發生的事件，可能影響所觀察到的果。
> 4. 成熟：隨著時間而自然發生的變化，可能跟實驗對待的影響混淆。
> 5. 迴歸的假象：單位被分派到某一組的原因，是他們在變項的得分特別高（或低）時，他們在其他變項的得分通常比較不會那麼高（或低），這時可能跟實驗對待的結果相混淆。
> 6. 樣本流失：研究對象在實驗中途或作測量時不再出現，如果這種情形在各組的程度不同，就可能產生假的實驗對待效益。
> 7. 測驗：經歷過一次測驗，可能影響下次再接受這項測驗時的成績，這個情形可能與實驗對待的效果混淆不清。
> 8. 測量工具的使用：測量工具的性質隨著時間或情況而改變，而這可能跟測驗對待的效果混淆不清。
> 9. 內部效度威脅之間的相加效應與交互作用效應：一項威脅的影響，可能和另一項威脅的影響有相加的關係，也可能因另一項威脅的程度大小而異。

表 2.4 中的威脅可謂非常普遍，任何描述性質的摩爾式因果推論都可能受到　054
這些威脅，不論該推論是由實驗、相關性研究、觀察研究，或個案研究產
生的。效度終究不是任何一種方法的特質；效度是人們所作的知識宣告的
一個特質（Shadish, 1995b）——而這裡的宣告則是關於因果知識。

時間的先後次序模糊　055

　　因必須發生在果之前，但有時我們無法確定甲是否發生在乙之前或反
之，尤其是相關性研究中更是如此。但即使是相關性研究，其中一種方向
的因果關係有時還是會明顯不合理（例如，暖氣燃料消耗量的增加，不會
導致戶外溫度的降低）。而且，有些相關性研究是縱貫性的，資料蒐集的
時間點不止一次。這種資料在分析時，就能把那些比果更早蒐集到的資料
當作是可能的因。然而，甲在乙之前發生，不能因此就認定是甲導致乙的
發生；還必須符合其他因果關係的條件才行。

　　有些因果關係是雙向的（互為因果的）〔bidirectional (reciprocal)〕，例
如，犯罪行為使人入獄，後者又引發更多犯罪行為，再因此而入獄；或者
學生在學校的優秀表現，使得他有高自我效能（self-efficacy），後者再引
導他表現得更優秀。本書大多是談實驗研究中的單向因果關係；實驗研究
正是為這種單向的因果關係而設計的，因為我們在實驗研究中很清楚，在
一項因素被測量之前，是哪一項因素被特意操弄了。然而，不同的實驗也
許可以先檢定是否甲導致乙，另一項實驗再看乙是否導致甲。因此，雖然
簡單的實驗研究不能測試變項間是否互為因果，但並不是所有的實驗研究
都不能測試變項間是否互為因果。我們在第 12 章會簡短討論檢定變項間是
否互為因果的方法。

選擇　056

　　有時候，實驗一開始時，實驗組與對照組的平均情況就已經有差異，
待實驗結束研究者想把結果歸因於實驗對待時，可能發現這項差異也能解
釋兩組在結果上的差異。假使現在有一項補救課程，實驗對待組的兒童是
父母自願讓他們去的，而對照組的兒童則不是父母自願的。自願的父母可
能比較會唸書給自己的孩子聽，家裡的書本比較多，或者在其他可能影響
到子女成就的方面，跟非自願的父母不同。因此，也許即使沒有補救課程，

實驗對待組的兒童也會有較佳的成績[14]。若能作好隨機分派,在定義上(definitionally)就能消除這種選擇所產生的偏誤,因為隨機形成的兩組,只有碰巧才會有差異。當然,如果隨機分派作不好,會產生選擇偏誤,但即使作好了隨機分派,可是兩組樣本後來的流失率不同,也會產生選擇偏誤。由於類實驗研究就定義而言,就是利用實驗的結構屬性但無隨機分派,因此一般認為類實驗研究中充斥著選擇偏誤。選擇偏誤的最重要特徵是,母群的差異與實驗對待的效果混淆在一起。本書很多地方都會談選擇的問題,包括研究對象的自我選擇進入某種實驗對待,或行政人員特別挑選某些人進入某種實驗對待組。

歷史

歷史指的是在實驗對待開始到後測結束的這段時間之內發生的所有事件,且這些事件的特徵是,即使沒有實驗對待,這些事件可能也會導致所觀察到的果。本章之前曾討論過一個歷史威脅的例子,也就是在評量福利救濟計畫是否會改善婦女懷孕的結果,而領取食物券,則是其中的歷史威脅(Shadish & Reis, 1984)。實驗室裡的研究,歷史的威脅可以控制住,因為可以讓實驗對象跟外界的事件隔絕(例如,安靜的實驗室),或者可以找一些不容易受外界影響的變項作為依變項(例如,學習一些無意義的音節)。然而實驗室的與外隔絕,在田野研究中卻很難做到──我們不能也不會讓懷孕的婦女不領食物券,或阻止她們接受任何可能使懷孕生產結果更佳的事件。然而,即使是田野研究,還是可以把歷史威脅的合理性降低;例如,從大約同一地區抽取兩組樣本,並讓兩組在同一時間接受測試(也就是,不要讓兩組接受測試的時間差很多,像是所有控制組的人都先測試完了,再測試實驗組的人,就不是好方法;Murray, 1998)。

057

成熟

大型研究計畫中的研究對象,即使沒有接受任何實驗對待,在整個過程中還是經歷了很多自然的變化,例如,長大了一些、比較餓了、學比較

---

[14] 雖然談選擇問題的情境,常是具有兩個組的設計,但在單組實驗設計中,如果組裡的成員隨時間而改變,則選擇偏誤還是可能發生。

聰明了、比較強壯了，或比較有經驗了。如果這些改變會產生像實驗對待的影響，就威脅到研究的內部效度。例如，要研究像「啟蒙計畫」這類的彌補教育計畫的功效，所碰到的一個問題是，正常的認知發展就會讓兒童的認知能力隨著時間而逐漸提高，然而，提高兒童的認知能力正是「啟蒙計畫」的目的。即使研究期間短，這樣的過程還是會構成問題，例如，口語學習的實驗研究中，很快就可能發生疲倦的情形，使得表現變差。如果研究的是社區層次或更高層次，成熟就包括社會上的趨勢（Rossi & Freeman, 1989），也就是社區裡的逐漸變化可能會影響到「果」。例如，如果當地經濟恰巧在成長，則即使輔導就業的計畫實際並沒有特定的效果，就業率還是會揚升。成熟的威脅常可以藉由幾種方法降低：讓每一組的年齡都大致一樣、使每組的成熟狀態也相近，及讓研究對象都來自相同的地區，那麼地方發展趨勢的影響就不會有差異（Murray, 1998）。

迴歸的假象

　　有時研究對象被分在實驗組，是因為他們在某項測量的分數很高（或很低）。這種情形常在類實驗研究發生，類實驗研究裡的實驗對待通常不是施給那些有特殊才能的人（將他們跟在這方面才能較低的人作比較），就是給有特殊需要的人（將他們跟在這方面需求較低的人作比較）。這些得分特別高或特別低的人，在其他測量（包括再測）的得分，通常會比較沒有這麼極端（Campbell & Kenny, 1999）。例如，在班上第一次測驗中得分最高的人，不太可能在第二次測驗也得最高分；而極端沮喪時來接受心理治療的人，即使心理治療沒什麼效果，以後再來時通常也比較沒這麼沮喪。這種現象常稱為「向平均值迴歸」（regression to the mean）〔Campbell & Stanley, 1963; Furby, 1973; Lord, 1963; Galton, 1886，稱之為「向平庸迴歸」（regression toward mediocrity）〕，但容易被誤以為是實驗對待的效果。典型的例子是，一些人由於在前測的分數特別極端，因此被選入實驗對待組，但這些人的後測分數常沒有那麼極端。然而，從時間上來看，有時迴歸方向也會「向後」。也就是說，如果研究對象是因為在後測表現特出而獲選，他們在前測的分數常沒那麼突出；同時測量也會有這種現象：在一項後測表現突出的人，通常在另一項相關的後測的表現不那麼突出。一般的原則是，*每當研究對象之所以被選中（或自己選擇進入）是因為他*

們的分數比平均值高或低時，就必須仔細探索這項威脅的合理性。

058　　「向平均值迴歸」發生的原因是，測量工具之間並非完美相關（Campbell & Kenny, 1999; Nesselroade, Stigler, & Baltes, 1980; Rogosa, 1988）。**隨機測量誤差（random measurement error）**是這種非完美相關的原因之一。測驗理論假定每一種測量都有一個真實分數（true score）反映受測者真實的程度，像憂鬱或工作能力，*加上*在測量的平均值周圍呈常態且隨機分布的隨機誤差。任何狀況下，高分常是有較多正的隨機誤差把分數往上推，而低分則常是有較多負的隨機誤差把分數往下拉。同樣的測量之後再作一次，或同一時間作其他測量，隨機誤差都比較不會這樣極端，因此所觀察到的得分（同樣的真實分數加上比較不極端的隨機誤差）不會這麼極端。因此，使用信度較高的測量工具，可減低迴歸假象發生的可能性。

　　然而，信度很高並不能預防迴歸的問題，因為大部分的變項之間本來就不是完美相關，因此即使測量完全無誤差，變項間也還是非完美相關（Campbell & Kenny, 1999）。例如，身高和體重幾乎都能完全無誤地測量，但幾乎在所有的樣本裡，最高的人不一定都是最重的，最輕的人也不一定都是最矮的。這種情形也是向平均值迴歸。即使同樣的變項在兩個不同的時間點，都能完全無誤地測量，但還是會有一些真實的力量在其中一個時間點使某個分數變成特別極端，但這些力量不太可能長期持續。例如，測量成人的重量常很少有誤差；但是第一次參加減重班的成人，可能有這樣的誤差。這些人常因為長途出差時大吃大喝，加上婚姻問題的壓力，造成體重飆升；但即使減重班的課程其實沒有效果，他們的體重也會因為這些因素漸漸消散，而迴歸到比較輕一些。請注意：這些例子裡，都有一個會讓迴歸假象發生的主要線索——被選擇（或自己選擇）的原因都是分數特別高或特別低，像是在第一次測驗得最高分的人、在最沮喪的時候參加心理治療的人、最高的人，或體重創新高的人。

　　研究者應該怎麼作，才能檢查出有統計迴歸的假象或減少其發生的機會？如果研究本身必須選出得分特別高（或低）的人，最好的解決方式，就是找到很多得分特別高（或低）的人，再從中作隨機分派到不同的組。這樣就能解開迴歸與接受實驗對待之間的糾葛不清，讓迴歸的假象在每一組發生的機會或程度都相同。相對的，最糟的情況是：研究對象是因為他們在某個信度不佳的測量工具表現特別高（或低），而被分派到某一組去；

之後再拿這一組的最後表現，跟另一個以不同方式選取的組相比。這很可能使得兩組受到迴歸假象的影響程度迥異，而讓人誤以為是實驗對待的效果（Campbell & Erlebacher, 1970）。在這種情況下，由於觀察標準化後的分數（standardized score）（而不是看原始分數），最容易看出迴歸的問題，所以，應該使用標準化後的分數來作迴歸診斷的檢定（diagnostic test）〔例如，果登擠壓圖（Galton squeeze diagram）；Campbell & Kenny, 1999〕。研究者也應該提高用來選取研究對象的測量工具之信度，提高信度的方法則有：增加測量工具的題項數、在不同的時間點多作幾次測量之後再求平均數，或以多個變項放入多變項的函數，將得出的結果作為選取標準，而非僅以一個變項決定之。另一個方法則是在三個或以上的時間點作測量；例如，依據第一個時間點的測量結果來分派組別，作完第二次測量才作實驗對待；然後觀察第二次和第三次測量之間的改變，而不是看第一次和第三次之間的改變（Nesselroade et al., 1980）。

　　迴歸並非只是發生在量化分析裡。心理學家發現一般的認知也有，但稱為幻象（Fischhoff, 1975; Gilovich, 1991; G. Smith, 1997; Tversky & Kahne-man, 1974）。心理治療師很早以前就發現，個案來接受治療時都比平常還沮喪憂鬱，但通常一段時間後，即使沒有接受治療也會好轉。他們把這種情形稱為「病情自動減輕」，而不是統計上的迴歸，但事實上是同樣的現象。個案所測量到的進展，一部分是回到自己平時原本的狀況，因為促使他們來接受治療的事件（死亡、失業、離婚），變得不再那麼嚴重激烈。同樣的情況也發生那些在最嚴重的時候去接受治療的酗酒者，及那些在事情突然惡化時向外尋求專業協助的學校或機構。許多商業顧問就是靠著迴歸在賺錢，他們不會去接狀況一直不好但還是一直撐下去的企業案子，而是專注於接那些由於不明原因而最近突然情勢轉壞的企業。

樣本流失

　　樣本流失（attrition）〔有時也稱作實驗的**損耗**（experimental mortality）〕指的是實驗中的研究對象有時沒有完成結果的測量。如果各組最後被測量的人特質不同，這時即使沒有實驗對待，這些差異還是可能讓各組的結果之間顯得有差異。因此，假設現在一項隨機化的實驗，是比較「家庭治療」與「討論團體」對於嗑藥者的幫助有多大時，最不容易戒癮的嗑藥者，比

059

較可能從「討論團體」組中途退出，而比較少從「家庭治療」組中途退出。如果研究結果顯示，「家庭治療」的效果不如「討論團體」，可能只是反映了兩組樣本流失的比例不同，最不容易戒癮的嗑藥者還留在「家庭治療」組的緣故（Stanton & Shadish, 1997）。同樣的，一項研究讀書技巧的縱貫研究裡，最後有畢業的大四生只是當初大一新生的一部分而已，因此可能跟當初的母群是不一樣的，最後畢業的學生可能比較堅持、比較富裕，或成績比較好。這就產生了一個問題：大四生的學年總平均比大一新生的學年總平均高，是因為實驗對待的關係，還是因為當初成績不好的已經退學了？因此，樣本流失是選擇偏誤裡特殊的一種，它是在展開了實驗對待之後才發生的。但跟選擇偏誤不同的是，各組間不同的樣本流失型態不能以隨機分派來控制。

060　　測驗

有時候，參加了一次測驗之後，再參加相同的測驗時，成績會受第一次測驗的影響。練習、熟悉或其他形式的反應，都是其中可能的機制，卻可能被當作實驗對待的效果。例如，量體重可能使人想減肥，但如果沒有量體重，這些人可能就不會想減肥；又如參加字彙前測可能會讓人開始遇到單字就去查字典，因而在後測的表現較佳。另一方面，許多測量工具不會有這種反應的問題，像身高就不是那麼容易改變（其他例子見 Webb, Campbell, Schwartz, & Sechrest, 1996; 及 Webb, Campbell, Schwartz, Sechrest, & Grove, 1981）。有些方法，像是項目反應理論（item response theory, IRT），容許使用不同的測驗，因而減低了**測驗效應**（**testing effects**），這是因為 IRT 可以把不同的測驗放在同一量尺估算，獲得同等的能力估計值（Lord, 1980）。有時可用「所羅門四組設計」（Solomon Four Group Design）（Braver & Braver, 1988; Dukes, Ullman, & Stein, 1995; Solomon, 1949）來評估測驗效應；所羅門四組設計讓其中一些研究對象接受前測，其他人則不作前測，藉以觀察是否前測使得實驗對待的影響效果不同。實證研究發現，測驗效應非常普遍，必須注意（Willson & Putnam, 1982），但如果前後測之間的間隔時間長，測驗效應就比較低。

測量工具的使用

測量工具在一段時間之後可能會產生變化，使得實驗對待看似有效果，但其實並沒有產生影響。例如，按壓條上的彈簧久了比較鬆，這時就比較容易推，因而反應的時間顯得較長；道瓊工業平均數（Dow Jones Industrial Average）所包含的股票可能有所改變，因此新的指數比舊指數更加反映出高科技的狀況；而觀察員在前後測之間可能變得更有經驗，因此較後期的評分比較準確。測量工具使用的問題在兒童發展研究領域尤其普遍，因為在這個領域，測量單位或量表在不同的年齡階段可能有不同的意義（Shonkoff & Phillips, 2000）。測量工具的使用跟測驗不同，兩者的差異在於，前者是測量工具本身的改變，而後者是受測者的改變。測量工具的改變在縱貫研究設計中尤其重要，因為縱貫研究裡，測量的方法可能隨時間而改變（見第 6 章的圖 6.7），或者變項的意義也可能隨不同的人生階段而改變（Menard, 1991）[15]。卡寧漢（Cunningham, 1991）與侯恩（Horn, 1991）有討論探討這些改變的方法。研究者則必須避免在研究中途改換測量工具；但如果必須更換，則必須將新舊題項都保留（如果可能），以將其一納入另一個的量尺（Murray, 1998）。

061

內部效度威脅之間的相加效應與交互作用效應

效度的威脅並不一定是單獨發生作用，有可能是幾個同時作用。如果幾個威脅同時發生影響，則最後的淨偏誤（net bias）視每一項威脅本身的方向與力量，及它們合在一起之後的力量是相加的（additive），還是相乘的（交互作用）而定。社會科學的實務裡，我們很難估計這種淨偏誤的大小。我們認為，同時作用的效度威脅愈多、愈強，影響方向愈一致，愈可能發生不正確的因果推論。例如，當實驗一開始各組就不同等，且每一組成熟的速率不同時，就會有**選擇—成熟**的相加效應（**selection-maturation additive effect**）。一個例子是：成績愈好的學生愈可能獲得「成績優良國家獎學金」（National Merit Scholarships），且他們學業進步的速度也可能比較快。因此，原本的高成就及後來比較快的學業成長速度兩者，都使這

---

[15] 流行病學家有時稱測量工具的改變為「監守的偏誤」（surveillance bias）。

項獎學金的效果看起來非常高。同樣的，如果一開始各組程度就不同等，來自的情境也不同，因而經歷的歷史也不同，就會發生**選擇─歷史**的相加效應（selection-history additive effect）。如果不同等的各組，在測驗的平均值不同且分布也不同，像是某一組有「地板效應」或「天花板效應」，但另一組沒有，則會產生**選擇─測量工具的使用**的相加效應（selection-instrumentation additive effect）[16]。

估計隨機化實驗與類實驗中的內部效度

根據定義，隨機分派可消除選擇偏誤，各組之間只可能因碰巧而有差異；隨機分派也減低了其他內部效度威脅的合理性。由於各組是隨機形成，各組原先在成熟率的任何差異、在同時發生的歷史事件經歷上的差異，及在迴歸假象上的差異，都應該只是碰巧發生。而且，只要研究者在每一組作相同的測驗，各組經驗到的前測的效應及測量工具改變的效應應該相同，只可能有些許因巧合而產生的差異。因此作隨機分派，及在前測及測量工具的使用等這些方面，以完全一樣的方式對待每一組，會改善內部效度。

062　　　如果有作隨機分派，只有在兩種情況下，因果推論才會發生問題：第一種是各組的樣本流失情形不同，如此一來，各組在結果上的差異可能是不同的流失情形造成，而非實驗對待的不同。最近已經發展出一些統計方法來處理這個問題（例如，Angrist et al., 1996a），我們在第 10 章會加以介紹。第二種會發生問題的情況是，必須讓每一組所接受的測驗不一樣，像是由於測驗的花費太高或對受測者的**回答負擔**（response burden）太大，因此研究者決定，只讓實驗組接受前測，因為他們為了獲得有好處的實驗對待，會比較合作。研究者必須監控實驗，如各組樣本的流失情形不同，必須盡早發現，盡快想辦法讓它不再惡化下去，也要讓各組的測驗程序盡可能類似。

以類實驗作的因果推論比較模糊，因為各組間的差異比較可能是有系

---

[16] 庫克與坎伯爾（Cook & Campbell, 1979）先前稱此為交互作用的效應；但稱它們為相加效應比較正確。各種威脅之間也可能產生交互作用，包括三個以上的威脅之間的交互作用，但要舉這些威脅的例子卻太過複雜，在此也不需要。

統的，而不只是隨機發生的，因此研究者必須仰仗其他的方法來減少對內部效度的威脅。主要的方法則是修改研究設計的特色。例如，要減少迴歸的假象，如果不會嚴重影響研究問題，就不要將分數特別高（或低）的研究對象選為實驗對待組，也不要使用信度不足的測量工具。而如果能使實驗不受外界干擾，歷史威脅的合理性也會降低。樣本的流失則可使用第 10 章將詳細介紹的許多方法來降低。但這些設計特色並不一定都作得到，而且有時使用這些設計特色，會在不知覺之間改變了研究問題的性質。這就是為什麼隨機分派這麼令人欣羨。

　　另一個選擇是找出所有可能的威脅，再想辦法將這些威脅一個一個排除。要找出每一種威脅，都必須視個別研究的實際狀況而定，例如，在甲實驗可能發生的歷史威脅（例如，在 1970 年代推出彌補教育的實驗時，電視節目「芝麻街」也開始播出），在另一項研究可能就不是歷史威脅（例如，看「芝麻街」不可能會降低不想要的懷孕）。一旦發現某項威脅可能存在，就可利用量化測量的方法或質化觀察或訪問的方法加以評估。兩種方法都能讓研究者得以將威脅可能造成的偏誤與所觀察到的結果互相比較，看兩者的*方向*是否相同。如果兩者影響方向相同，威脅產生的偏誤就很可能存在，像之前的例子，可能是「芝麻街」在幫兒童提升閱讀能力，而非當時的彌補教育。如果影響方向不同，威脅也許不可能存在，就像研究發現，最健康的媽媽比較可能中途退出實驗對待，但實驗對待組還是表現得比控制組好。如果威脅是以量化的方法測量，就能以最先進的統計方法為這些威脅作調整，但這還是會有問題，因為研究者發現這些統計調整不是都很正確，而且也常無法確定所有對內部效度的威脅都找出來了。因此，一個個評估每一項內部效度的威脅的合理性，絕對比利用實驗設計，尤其是隨機分派及其他本書將介紹的設計要素，更費力且無法確定。

063

內部效度與統計結論效度之間的關係

　　這兩種效度之間關係密切，兩者主要都是跟研究的操作（而非這些操

作所反映的建構概念）有關，也跟實驗對待與結果之間的關係有關。統計結論效度討論的是評估統計共變時發生的差誤，而內部效度討論的是因果推理時的差誤。即使所有的統計分析都已經作得無可挑剔，因果推理上的錯誤還是可能導出錯誤的因果結論。因此，統計的共變並不能證明因果；反之，即使實驗研究作好隨機分派，統計的差錯仍然可能發生，而做出統計顯著方面的錯誤判斷及錯估效量。因此，在量化實驗裡，內部效度非常依賴統計結論的效度。

然而，不論實驗對待或實驗結果的想法是如何形成或如何測量，都不必一定是要量化的（Lwein, 1935; Lieberson, 1985; Mishler, 1990），有些學者甚至認為，以統計分析量化資料是有害的（例如，Skinner, 1961）。再者，基礎科學界有很多質化實驗的例子（例如，Drake, 1981; Hacking, 1983; Naylor, 1989; Schaffer, 1989），甚至在社會科學界也有一些質化實驗的例子。例如，雪力夫（Sherif）有名的研究「強盜山洞的實驗」（Robber's Cave Experiment）（Sherif, Harvey, White, Hood, & Sherif, 1961）幾乎都是質化的。在這項研究裡，參加夏令營的男孩被分成兩組，一組十一人。每一組都各自培養了組內的向心凝聚力，但研究者在兩組間製造衝突。最後，讓兩組一起完成相同的目標時，研究者利用介入措施協助兩組培養平等地位的合作關係，並互相接觸，最後降低了衝突。這項實驗裡許多資料都是質化的，包括常被引用的介入措施對於降低組間衝突的效益。在這些情況下，雖然還是必須評估該介入措施是否與結果有共變關係，但卻是質化的評量，而且內部效度不再直接依賴統計結論效度。

的確，在這樣的邏輯下，坎伯爾（Campbell, 1976）收回他以前認為「不能以個案研究來探討因果推論」的意見，因為因果推論的推理過程*就是質化的*，也因為所有推論因果所需要的邏輯原則，不但適用於量化研究，也適用於質化研究。史克力文（Scriven, 1976）也作了類似的論述。雖然他們兩位都明確認為，以個案研究所導出的因果推論，只有在很有限的條件下才可能為真（例如，能將因從其他的混淆變項獨立出來），但兩人都不認為因果推論必須有量化的實驗對待或結果。我們與他們意見相同。

3

建構效度與外部效度

Relationship　名詞：1.相關的情形或事實；連接或關 064
連。2.因血統或婚姻而連接；親戚。

Tradeoff 或 Trade-off　名詞：以某物交換另一物，尤其
是放棄某利益或優勢，以獲得另一項被認為更好的
事物：「資本主義的繁榮與經濟的保障之間的根本
取捨」（*a fundamental trade-off between capitalist
prosperity and economic security*）（David A. Stock-
man）。

Priority　名詞：1.在前，尤其是按照重要性或急迫性排
列的秩序。2. a.優先的權利。b.一種建立這種優先
權的權威評等。3.在時間點上比較前面或來得比較
早。4.值得，或已經被事先注意的事物。

我們在這一章繼續思考效度的問題，討論建構效度與外部效度，及
這兩種效度的威脅；最後並整體討論各種效度之間的關係，權衡
它們之間的得失，及哪一種效度必須優先考慮的問題。

建構效度

國家科學研究院（National Academy of Sciences）最近一篇關於幼兒發
展研究的報告，簡潔地抓住了建構效度（construct validity）的問題：

測量人類身高（或體重、肺功能等）時，大家對於所測量的
建構之意義，或測量的單位（例如，公分、公克、立方公分）幾
乎沒有疑義……。但測量心理方面的成長（例如，字彙、量的思
考、語文的記憶、手眼協調、自我規範等）卻比較多問題。對於
這些要評估的建構之定義，有比較多不同的意見。會發生這種情
形，一部分原因是，常常沒有自然的測量單位（也就是，不像測
量高度時能用英寸作單位）。（Shonkoff & Phillips, 2000, p. 82-83）

065

在這裡，我們看到了建構效度的雙生問題──瞭解建構之義，及評估
建構。本章我們將詳細說明，在我們將實驗裡的人、情境、實驗對待及結
果標出特色或測量時，這些問題是怎麼發生的。

科學家是利用單位、實驗對待、觀察及情境這四項要素的特定例子來
作實證研究，而他們之所以對這些特定的例子有興趣，只是因為這些例子
可被視為一般建構的測量。建構效度是從研究所用的樣本來推論樣本所代
表的較抽象的建構。例如，經濟學家對於所研究的人感興趣的，可能是失
業而處於弱勢的工人這個建構；但實驗所取樣的人，可能在實驗開始前六
個月才變成低收入，或者有領取救濟金或食物券。經濟學家希望建構和操
作（operations）之間能緊密相合，但有時兩者之間還是有差距；例如，研
究裡有一些技術非常好的工人，最近才失業，因此符合前項條件，被列入
樣本，但事實上，他們不是像研究者所想的那樣弱勢（Heckman, Ichimura,
& Todd, 1997）。類似的例子也可能出現於實驗對待、結果及情境。心理治
療師很少只會關心個案在「貝克憂鬱量表」（Beck Depression Inventory）
二十一個題項的回答情形；他們更想知道個案是否憂鬱。農經學家在摩洛
哥的阿特拉斯山（Atlas Mountains）的山腳研究耕種的方法時，他們是對
貧困國家乾燥地區的農業感興趣。而醫生研究癌症病人五年之內的死亡率
時，他們感興趣的是「存活」這個比較廣泛的概念。

正如同這些例子所顯示的，作研究不能不用建構。就像愛因斯坦曾說：
「思考時不假定一些類別及概念，就像在真空中呼吸一樣不可能。」
（Einstein, 1949, p. 673-674）建構效度很重要的原因還有三個。第一，建構
是我們用來將實驗裡使用的「操作」與相關理論連接的主要工具，也是將

操作跟那些要將結果應用於實務的語言社群（language communities）連結的主要工具。只要是實驗所用的建構有誤差，實驗結果就有誤導理論與實務的風險。第二，建構像是標籤一般，常隱約帶有社會、政治及經濟的觀點（Hopson, 2000），因此會影響觀感、設定辯論的架構，也會招來批評或聲援。例如，想一想在性騷擾或種族歧視訴訟時，原告與被告之間對於「有敵意的工作環境」這個詞南轅北轍的看法；他們對於這個建構的意義為何、如何測量，及是否適用於某種情況，意見出入都極大。第三，基本建構的創造及維護是所有科學的基本工作。基礎科學界的例子包括：「元素週期表的建立、水分子組成的確認、列出動植物的屬性與種類，及發現基因的結構」（Mark, 2000, p. 150）——但這類工作在社會科學界卻困難許多，我們接著討論原因。

066

建構的推論為什麼會是個問題

　　為事物命名，在所有的科學界都是一個關鍵問題，因為名字反映了該事物所屬的類別，而該類別本身就隱含了它跟其他概念、理論及用法等之間的關係。即使看似單純的標示工作亦是如此。例如，最近報紙一篇文章報導了太空人之間為了該怎樣稱呼十八個新發現的天體而發生的辯論（"Scientists Quibble," 2000）。發現這些物體的西班牙太空人稱它們為行星，但馬上被其他一些太空人批評。其中一個人說：「我想用『行星』這個詞是不恰當的。」主要的原因是，這十八個天體的一些特質（它們在太空中自由漂流，而且年紀只有五百萬歲），跟行星的原型（prototypical）特質不符（行星繞著一個星旋轉，且必須要好幾千萬年來形成）。批評者認為，這些天體應該稱為「褐色侏儒」（brown dwarfs）比較合適，也就是體積太大不能稱為行星，但又沒有大到足以承受星球的熱核過程（thermonuclear processes）。褐色侏儒自由地漂流而且年輕，就像那十八個物體。西班牙太空人則回應說，這十八個天體的體積太小不能稱為褐色侏儒，而且溫度不高，年紀不可能那麼輕。以上這些並不是科學家之間的拌嘴而已；如果這些天體真的是行星，那麼目前有關天體如何在星球周圍凝集而形成行星的理論就是錯的！這還只是一個簡單的例子，因為行星這個類別定義得非常廣泛，就像該篇文章所說：「像木星這種表面是濃厚氣體的大怪物

是行星,而冥王星這麼小而寒冷的也是行星。」田野實驗(本書主題)裡的建構效度,是個困難許多的問題。

建構效度的建立是由:⑴先將要研究的人、情境、實驗對待及結果等的建構都說明清楚;⑵小心選擇符合這些建構的例子;⑶評估例子與建構之間的符合程度,彼此間是否有落差;及⑷根據結果修正建構的描述。本章主要是要討論建構的說明,並討論幾種研究者常用以論斷例子不足以代表建構的方法。但事實上,我們整本書都討論跟建構效度有關的方法。例如,第 9 章有一節就是在說明,如何能確保想要找的研究對象真的存在,能夠被納入樣本及能夠被隨機分派到不同組去;第 10 章也有一節討論如何能確保實驗對待的概念被完整建構(conceptualized),並能照計畫執行與評估。

哲學及社會科學界有不少文獻是討論建構說明的問題(Lakoff, 1985; Medin, 1989; Rosch, 1978; Smith & Medin, 1981; Zadeh, 1987)。大概最常見的理論裡,每一個建構都有多種特色,有些特色比其他特色更重要,因此稱為原型(prototypical)特色。舉一個簡單的例子,「樹」的原型特色是:高的,木質的植物,有一個明顯的主幹,至少存活了三年(一種多年生植物)。然而,這些特質的每一個,套用在真實世界時,都有某種程度的模糊。例如,利用樹的高度和樹幹,可區分出樹與灌木的不同,因為後者常比較矮,而且多枝幹。但有些樹也有不只一枝主幹,而且也有樹比高的灌木(如杜鵑花)還矮。沒有任何一種特色是基本不可少的。因此,我們用一種**模式比對**(pattern-matching)的邏輯,來決定某事物是否充分符合某一類別的原型特色,及是否適合將之歸於該類別;尤其是其他類別也可能適用時,更需要使用這種邏輯來確定。

但這些只是表面的相似性。科學家們常比較關注深層的相似性,及一些外行人以為不重要的枝微末節,但在科學上其實是具有重要性的原型特色。例如,對外行人而言,落葉樹和長青樹之間的差別,肉眼就可以看出,但科學家卻比較喜歡將樹分成被子植物(會開花且將種子藏在子房裡的樹)和裸子植物〔不會開花但種子直接暴露在外(例如毬果)〕的樹。科學家重視這種區別,因為這澄清了樹繁殖的過程;這樣的區分方式,對於瞭解造林及樹木的存活而言,比外行人區分落葉樹和長青樹,更為關鍵。因此,要分辨事物的哪一項特色比較枝微末節,哪一項特色比較是原型的,是不

067

容易的。但研究者作研究時，不論是選研究對象、情境、測量工具或實驗對待的操弄步驟，都要作這種決定，有時是明顯的決定，有時則是隱含在其他選擇之中。

會難以決定哪些是原型特色，一部分是因為這會因為建構所使用的情境而定。例如，不是說科學家將樹分類的方法就是對的，一般外行人的分類法就是錯的。對一位在考慮是否要買一座有一大片林子的房屋的人來說，如果是落葉樹，每年秋天就要花很多錢來清落葉。麥德林（Medin, 1989）也舉了一個類似的例子，他問，把孩子、錢、相簿及寵物都放在同一個類別時，這類別該取什麼名字？這些東西通常不會共同成為某個建構的原型特色，但有一個情境就會——那就是決定該從失火現場先救什麼東西出來的時候。

要決定哪些特徵是原型的，也會因要作決定的語言社群而異。拉可夫（Lakoff, 1985）有一本書名聳動的書，《女人、火與危險物品》（*Women, Fire, and Dangerous Things*）。我們大概很少把女人、火及危險的事物放在同一個類別；這個書名引發我們去思考，這些東西有什麼共同點：女人像火，很危險嗎？還是女人和火都很危險？書名會引發猜測，部分原因就是因為我們的詞彙裡沒有一個很自然的類別可將三者一併涵蓋。從自然科學家的語言社群來看，火可能屬於跟氧化過程有關的一類，但女人不屬於這一類。而以古代哲學的語言社群來看，火可能跟氣、水與土共同屬於基本元素一類，但危險的東西不屬於這一類。但在澳洲原住民語言「弟爾柏」（Dyirbal）中，女人、火跟危險的東西都同屬於一個類別[1]。

068

社會科學界裡，要決定哪些特色是原型特色更是困難。部分原因是，很多的建構還不斷地被發現發展中，因此若對建構的原型特色有強烈共識，是例外，而非常態。只有些許微弱的共識時，例子與建構之間的落差，比有強烈共識時更大。還有一部分原因則是，社會科學家所處理的問題常是

---

[1] 要解釋它們為什麼同屬一類還頗複雜，拉可夫（1985）為瞭解釋這個就用了好幾頁。但基本上是這樣：該語言將字詞分為四類（就像法文將名詞分為陽性與陰性）：(1) Bayi：（人類的）男性、動物；(2) Balan：（人類的）女性、水、火、打鬥；(3) Balam：非肉類食物；(4) Bala：所有不屬於前三類者。月亮被視為太陽的丈夫，因此被看作男性，屬於第一類；因此太陽是女性，屬於第二類。火反映了與太陽相同範圍的經驗，因此也屬於第二類。因為火讓人聯想到危險，所以危險也屬於第二類。

抽象的概念，像是暴力、誘因、決定、計畫及意圖，這大致使得一些領域常用的分類理論——自然類別的理論（theory of natural kinds）——都無法使用。自然類別的理論認為，「自然」都在事物的接合處將這兩事物切割，因此我們沿著接合處，漸漸改進命名方式，也漸增對於事物的理解。所以，一棵樹的樹幹和樹枝有個別的名字，但樹的底下左端部分就沒有另外的名字。同樣的，我們也有小樹幹和葉子等詞，但小樹幹的底部或葉子連接枝幹的前三分之一部分，就沒有特別的名字。社會科學界的「接合處」（或其同義詞）卻少很多——例如，意圖的接合處會是什麼？攻擊性的接合處會是什麼？

由於有這些困難，所以永遠不可能在建構與操作之間建立一對一的關係。邏輯實證主義者錯以為能建立這種一對一的關係，在「定義的操作主義」（definitional operationalism）周邊再創造一個次理論。所謂「定義的操作主義」認為，某事物只是該事物的測量結果，因此每一種測量都能完美代表它所代表的建構。有很多原因使得「定義的操作主義」行不通（Bechtel, 1988; H. I. Brown, 1977）。我們在本章列出的對建構效度的威脅之中，就包括好幾種「定義的操作主義」。因此，建構的理論必須強調：(1)在同一項研究中及在不同的研究裡，都要將建構以不同的方式執行操作；(2)探測例子的多變項特性與目標建構的特性兩者之間，模式符合的程度；(3)由於建構及操作本身都是由社會建構的，因此說明該符合程度的品質的確值得辯論。要做到上述三件事，就必須詳細描述使用的例子，清楚說明目標建構之原型要素，及有效觀察例子、目標建構，及任何其他相關的建構之間的關係[2]。

069 抽樣細節的評估

能清楚說明建構，對於建構效度是最基本的，但這只作了一半；另一半是對於抽樣的細節善加評估，才能評估樣本與建構之間的符合程度。例

---

2 克倫巴和梅爾（Cronbach & Meehl, 1955）稱這一整套理論關係為「一張邏輯規則的網」（a nomological net）。我們則想避免用這個詞，因為 nomological 在字典的定義（nomological：物理與邏輯規則的科學）讓人想到「規則的關係」（lawful relationships），但這跟我們所瞭解的田野實驗不相容。

如，太空人之間為了是否要把那十八個新發現的天體稱為「行星」而發生的爭吵，就需要知道行星與褐色侏儒*兩者*的特質，*也*要測量這十八個天體在這些方面的特質——包括它們的物質成分、位置、軌道、輻射熱，及可能的年齡。因為行星有明確建立的原型特色，而且太空人之間也都能接受，因此評論者首先可能先針對這些測量的精確性，例如，臆測西班牙的太空人對這些天體的物質成分及輻射熱測量不準確。接著，其他太空人就會再重複測量，看是否能得到相同的結果，有些使用的方法跟之前的相同，有些則用別的方法。如果證明測量結果無誤，則「行星」這項建構的原型特色就必須修改，否則就得為這十八個天體另創一個類別。

　　如此注重測量，對建構效度的起源而言是根本的，也不令人意外（Cronbach & Meehl, 1955），因為建構效度正是因為擔心心理測驗的品質而產生的。美國心理學會（1954）的心理測驗委員會（American Psychological Association's Committee on Psychological Tests），當初就將「訂出測驗發行前必須先達到哪些品質」的工作，當作是自己的責任。他們的結論是：其中一項品質就是建構效度。例如，克倫巴與梅爾（Cronbach & Meehl, 1955）說，建構效度要探討的問題是：「什麼建構能解釋測驗表現的變異量？」（p. 282）也說建構效度包括「研究者要如何為自己對一項測驗所作的詮釋來辯護」（p. 284）。測量及建構是同一個建構效度的一體兩面。

　　當然，克倫巴與梅爾（1955）講的不是實驗。他們關心的是像測量智力、人格、教育成就，或病態心理這類的心理測驗；這些心理測驗在二次世界大戰後，由於臨床心理學專業的建立而繁盛。然而，這些心理測驗常在實驗裡使用，尤其是作為結果測量之用，像是評估教育介入計畫的效益之實驗。因此，評論某項實驗發現的評論者，很自然會質疑結果測量所測量之事物的建構效度究竟如何。庫克與坎伯爾（Cook & Campbell, 1979）在將建構效度納入 D. T.坎伯爾與史坦利（D. T. Campbell & Stanley, 1963）的效度種類時，就提到了這種用途；而且還把這種用途從結果延展到實驗對待，因為他們認為，正確認明實驗所使用的實驗對待之性質，也是一樣重要。本書中，我們再將這個用法延伸兩步，也探討人與情境的建構效度。當然，我們把實驗視為包含單位（人）、情境、實驗對待及結果的作法，一部分是有點憑自己的意思，或許也可以把時間看作每項實驗的另一個特色（我們以前偶爾也的確這麼做）；但增加這些並不會改變最重要的關鍵　　070

點。建構效度就是從評估研究使用的任何例子之後，從評估結果推論到這些例子所代表的較高層次的建構。

結果測量的建構效度之意義，大部分的研究者可能瞭解也能接受。但也許提供幾個例子來討論人、情境及實驗對待的建構效度，能幫助讀者瞭解這些方面的建構效度。我們所用的幾個最簡單、關於人的建構效度，不需要精密的測量步驟，例如，把人分為男與女時，通常只需要他們的自述（self-report）或直接觀察，不會造成紛爭。但許多其他用來賦予人各種特質的建構，大家的共識就比較弱，也比較多爭議。就拿北美洲各原住民後裔的種族身分來作例子。他們的稱呼已經改了幾次〔印地安人、美洲原住民（Native Americans）、先住民（First Peoples）〕，而研究者如何決定哪些人是屬於這些種族的人，方法則各有不同，從根據自述（例如，根據美國普查的基本表），到正式評估血液中某一族祖先的血液所占的百分比（例如，使用各種族的血液特徵）都有。同樣的，被視為患有精神病的人之間差異也很大，會因所據以作診斷的測量工具而不同，例如，有人是依據美國精神病學會（American Psychiatric Association）的《精神異常的診斷與統計手冊》（*Diagnostic and Statistical Manual of Mental Disorders*, 1994）為標準，或依據該手冊的前幾個版本，或依療養院所的診斷紀錄，也有人依據的是「明尼蘇達多階段人格量表-2」（Minnesota Multiphasic Personality Inventory-2）的精神分裂副量表（Schizophrenia subscale）（Hathaway & McKinley, 1989）。而像「弱勢」（disadvantaged）這種常見但是用很寬鬆的字眼（例如，本章先前提過的 Heckman et al., 1996 的例子），在不同研究裡會發現，有各種非常不同的人都包括在這個標籤之下，甚至在同一研究內也是。

關於情境的建構效度，也是從單純到複雜而爭議性高的都有。我們在研究中所探討的情境通常是便利樣本，通常被描述的方式會因研究者個人對該情境的經驗而不同，像是「心理系心理診療中心」；這樣的描述，對於情境的大小、財源、個案流動情形、工作人員，及所作過的診斷範圍等這些訊息，毫無幫助。事實上，這些診所的情形差別很大，從只由一位學校教授監督、幾位研究生看診的小中心，且個案只是幾個不必付費的大學生；到有很多全職的專業醫師駐院的規模龐大的中心，而且這些醫師看診的經歷極為豐富，診斷過各種的疾病。但情境通常以比較正式的方式來評估，像是以牧思（例如，Moos, 1997）所發展的情境環境測量工具來評估，

或以實證資料所理解的描述來評估，像是將療養院的特質作剖面分析（profile analysis），找出不同類型的療養院（例如，Shadish, Straw, McSweeny, Koller, & Bootzin, 1981）。

　　至於實驗對待，許多領域都有發展良好的傳統來評估該領域實驗對待的特色。像費司廷菊（例如，Festinger, 1953）所做的實驗室社會心理學實驗，是作認知失調的研究。他的研究先準備了詳細的實驗對待步驟，以確保實驗操作的確有認知失調的原型特色；再小心仔細地預演這些步驟，最後再檢查研究對象所觀察到的操作，是否反映研究者想要達成的建構。這些檢查測量讓我們能更加確信實驗對待的建構的確已經傳達出去。然而，在比較複雜的社會計畫，像心理治療及「全學校改革」（whole-school reform）中，這些很難做到。例如，在心理治療的實驗研究中，主要的實驗者通常只簡單給治療法一個名稱（例如，行為學派、系統派或心理分析學派），有時會加上一兩頁的說明，描述治療時作了些什麼，也有一些量化的測量，像是通常會有療程次數。能比較完整仔細的測量治療的內容者，是少數的例外（例如，Hill, O'Grady, & Elkin, 1992），而非常態；部分原因是測量的費用之故，另一部分的原因則是，大部分的治療法都缺乏眾所接受的測量方法。

　　用錯建構名稱常對於理論或實務有嚴重影響。例如，有些在智力測驗得分低的人會被冠上「智障」之類的名稱，但後來發現他們得分之所以低，是因為語言障礙或不熟悉測驗裡所包含的美國文化。然而，低分對於他們在學校分班的影響巨大，貼在身上的標籤也異常沉重。同樣地，有些心理治療研究者倡言要將某一小部分的研究對待稱為「經過實證驗證的心理治療法」（Chambless & Hollon, 1998; Kendall, 1998）；但這個詞對研究者、掌管預算者而言，是在暗示：其他的心理治療法沒有獲得實證的支持；而事實上，幾十年的心理治療實驗也肯定這些心理治療法的功效。如果描述一項實驗時用錯了建構的名稱，會使讀者將實驗結果誤用於其理論或實務中。事實上，這是質化研究者這麼強調要「厚實描寫」（thick description）研究例子（Emerson, 1981; Geertz, 1973; Ryle, 1971）的原因之一──這樣讀者才能倚賴自己「自然法則下的擴論」（naturalistic generalizations），而不是仰賴研究者給的標籤（Stake & Trumbull, 1982）。我們完全支持這項想法，至少在實驗研究的報導傳統範圍內，應該要盡量清楚描述所使用的

071

實驗對待;因此,我們也支持將質化研究的方法學加入實驗研究中,讓後者亦擁有前者的優點。

這些例子讓我們瞭解,要評估實驗的各細項,並不一定要使用正式的量表──當然如果能用這些量表,通常所提供的訊息會比較豐富。所謂的評估包括使用任何方法,只要這些方法能產生有關實驗各細項的資料。這些方法可能包括檔案紀錄,像精神病醫院的病人檔案,裡面有手寫的診斷與症狀的資料;或者像美國普查局的資料,裡面受訪者自己勾選所屬的族群。這些方法還包括質化的觀察,有時比較正式,像是由受過訓練的人類學家作的參與觀察(participant observation)或沒有固定問卷的訪談(unstructured interviews);但常只是研究團隊自己的觀察,例如,基於每天上下班開車的觀察,把情境描述為「貧窮的社區」。評估內容可能甚至包括一些用以理解操作性質的實驗操弄,像是比較實驗對待與安慰劑的效果,以瞭解實驗對待*其實*是安慰劑的程度多大。

當然,歷史上對於實驗中的人、實驗對待、觀察,及情境的建構效度的注意,並不那麼平均。除了一些對環境及文化所扮演的角色有興趣的研究者之外,研究情境是否能代表其背後的建構,可能一直都比較少人關心。同樣的,大部分的應用實驗研究裡,比較多的注意力是集中在結果的建構效度,因為,除非實驗者用的是該領域大多數研究者都覺得合理良好的測量工具,像是用來測量慣性犯罪、就業或學業成就的工具,否則如果結果測量沒有好的建構效度,該項研究可能被視為不重要。在基礎研究界,可能會比較注意因的建構效度,這樣才能使它與理論之間的聯繫堅強。這些對實驗的各元素不同的關注程度,一部分是因為各自有其功能,而且是經過不斷演化,為符合各研究領域的需求所形成的;但一部分也可能是意外形成的。果真如此,更加注意人與情境的建構效度,也許也會有益處。

以上分別討論了人、實驗對待、情境及結果的建構效度,但就像我們在第 1 章所提到的,研究元素之間的關係,也適於使用建構標籤來描述。將實驗對待與結果之間的因果關係予以一個標籤,也常是建構效度所關心的事,就像我們將一些癌症治療法,簡單地分為 cytotoxic 與 cytostatic 兩種,來指出該療法是直接殺死腫瘤細胞(cytotoxic)或以改變腫瘤生長環境的方式來延緩腫瘤的生長(cytostatic)。有些其他標籤則具有公認的意義,具有多種特徵;像是美國的 Medicare 這個詞,幾乎大家都知道它的特

徵有：介入措施（醫療照顧），及其所鎖定的人（老年人）。

對建構效度的威脅

對建構效度的威脅（表 3.1）考量的是，研究的操作與用以描述這些操作的建構之間是否吻合。有時候問題出在建構的說明，有時則是抽樣或測量的設計。研究的操作可能沒有把它所代表的建構裡所有的特質都納進來（建構代表性不足），或者它們包含外來建構的內容。以下所談的威脅，正是從這些比較概括的錯誤衍生而來，比較細而明確的威脅；這些威脅是研究或實驗常會犯的錯誤。其中前五種威脅很明顯適用於人、情境、實驗對待及結果的建構。剩下的威脅主要是跟結果及實驗對待的建構效度有關；這些大部分是我們從庫克與坎伯爾（Cook & Campbell, 1979）的表直接引用而來。我們其實可以列出許多對於人及情境的建構效度的威脅，例如，下一章的表 4.3 列出流行病學家在個案控制的研究中發現的效度的威脅。該表中，在「限訂及選取研究樣本」這個標題下的威脅，尤其跟人（也就是 2d、e、h、k、l、m、q、s、t、u、v）與情境（也就是 2a、b、c、j）的建構效度有關。為了讓表 3.1 不致過長，我們就不把它們加進來。概念上而言，這些偏誤都算是表 3.1 的前五種威脅；表 4.3 所列舉的明確例子，讓我們瞭解到跟健康相關的研究裡，描述人與情境時常會犯的錯誤。

074

▶ 表 3.1　建構效度的威脅：有關研究操作建構的推論為什麼可能是錯的？　073

1. **建構說明不夠清楚**：建構說明不夠清楚，可能導致操作與建構之間的關係之推論不正確。
2. **建構混淆**：操作常包括不只一種建構，而如果沒有描述所有的建構，可能會導致對建構的推論不夠完整。
3. **單一操作的偏誤**：建構的任何一個操作化，既不能完全代表該建構，也可能測量了不相干的建構，因此使推論變得複雜。
4. **單一方法的偏誤**：當建構的所有操作都使用同樣的方法（例如自述）時，該方法就含括在實際研究的建構裡。
5. **將建構與建構內的層級混淆**：為最能代表研究操作的建構作推論時，沒有說明實際只研究了建構的幾個層級，而沒有研究所有可能的層級。

（接下頁）

➢ 表 3.1 建構效度的威脅：有關研究操作建構的推論為什麼可能是錯的？（續）

---

6. 實驗對待而改變的因素結構：一項測量工具的結構可能因實驗對待而改變，但如果一直使用相同的評分方法，這種改變可能就看不見。

7. 反應式的（reactive）自述改變：自述可能會受研究對象想參與某一組的動機而影響，動機則會因為被分派到了某一組而改變。

8. 對實驗情況的反應：研究對象的反應，不只是反映出實驗對待的效果及測量方法，也反映出研究對象自己對於實驗情況的觀感，所以，這些觀感就成了真正測試到的實驗對待建構的一部分。

9. 實驗者的期待：研究者如果將自己的期待傳達給研究對象，這些期待就成了真正測試到的實驗對待建構的一部分。

10. 新奇與干擾的影響：研究對象通常對於新鮮有趣的事反應特佳，對於干擾到正常作息的事則反應特別不好；因此，這種反應必須算在實驗對待建構的描述之內。

11. 補償性質的平等化措施：當實驗組提供研究對象好的事物或服務時，行政者、職員或相關人員可能會對那些沒有得到實驗對待的人作補償性質的措施，提供其他的事物或服務；這樣的行為必須納入實驗對待的建構描述之中。

12. 補償性質的對抗：沒有接受到實驗對待的研究對象，可能會想要讓人知道他們也能作得跟那些接受實驗對待的人一樣好；這種補償性質的對抗也必須納入實驗對待的建構描述之中。

13. 含怨低落的情緒：實驗對待的研究對象如果沒有接受到想得到的，可能充滿怨怒或情緒低落，以至於反應特別負面；這種含怨恨的低落情緒必須納入實驗對待的建構描述之中。

14. 實驗對待的散布：研究對象可能接受到別組的實驗對待，這使得兩組的建構更不易描述。

---

074 建構說明不夠清楚

操作與建構不相符，可能是因為對研究中的建構所作的分析不足。例如，「攻擊」（aggression）的許多種定義裡，都必須包括蓄意傷害他人及有害的結果。這兩項要素區分開了下列三事件：(1)兩個男生在巷子轉角口相撞，其中一個被撞得一隻眼睛黑了一圈；(2)一個男孩為了要搶另一個男

生的糖〔工具性質的攻擊（instrumental aggression）〕，或為了要傷害另一位男孩〔非工具性質的攻擊（noninstrumental aggression）〕，把這位男生的眼睛打得多了一環黑圈；及(3)一個男生口頭威脅另一個男生說，如果不把糖給他，就讓他的眼睛多一環黑圈。如果蓄意及實際的傷害都是「攻擊」定義的一部分，則只有(2)算是「攻擊」的例子。如能將建構清楚精確說明，就能讓研究使用的例子依照說明所顯現的定義來規畫設計，而未來的讀者也能評斷建構的操作是否與建構本身相符。如果建構容許好幾種不同的定義，就必須看研究資源及看哪一項定義比較能被該領域所接受而決定。

　　不論原先的建構說明多麼小心，研究過後都一定要再次檢討建構的說明，因為有時結果本身會使得研究者必須重新修正建構的定義。例如，許多研究者比較過酒醉駕車必須入獄服刑的效果和其他比較輕，如罰金之類的處罰，所產生的嚇阻效果。當許多研究都發現，入獄服刑並沒有減少再犯的情況時，研究者開始懷疑，入獄服刑是否真的讓人覺得比較嚴重（例如，Martin, Annan, & Forst, 1993）。注意：研究發現的「沒效果」並不是這裡要討論的重點（「沒效果」是內部效度的問題），舉這個例子的目的是：是否能將這項發現說成是「比較輕罰和重罰（實驗對待）的效果」。

　　馬克（Mark, 2000）認為，研究者在說明建構意義時，常會犯四種錯誤：(1)建構的層級太過廣泛，例如，將一項研究裡的實驗對待稱為心理治療，但其實從該實驗對待的特色來看，應該稱為研究的心理治療（research psychotherapy）較為恰當（Weisz, Weiss, & Donenberg, 1992）；(2)建構的層級太過狹窄特定，例如，說是「療養院的精神病患不快樂的程度」，事實上可說是「*任何*貧窮環境下的精神病患不快樂的程度」（Shadish, Silber, Orwin, & Bootzin, 1985）；(3)可能用錯了建構，就像那些移民到美國，卻因為智力測驗分數低而被認定為智障者；而事實上，他們智力測驗的得分，代表的應該是對美國的語言文化不熟；(4)實驗操作事實上反映了兩種建構，但卻被描述為只反映一種建構，例如，有關結果的測量，都只說該測量工具是測量什麼特質，其實應該要說是用什麼方法來測量的（例如，自述的憂鬱情形）。從這些例子可以看出，每一種錯誤都在說明研究的四個元素（人、情境、實驗對待及結果）時發生。

075

建構混淆

　　實驗研究中的操作，很少是完全只代表它所想代表的建構，而不攙雜其他的建構。例如，本章之初有關「失業者」的例子。研究者所用的建構也許已經最能代表他所實際研究的人了——研究開始前，家庭收入就已經在貧窮線以下達六個月的人，或那些領取政府救濟金或食物券的人。然而，這些人很可能絕大部分也是非裔美人及種族偏見的犧牲者。後面這些特質並非原先的「失業者」這個建構的一部分，但在實際操作時，這些特質就跟「失業者」混淆在一起了。

單一操作的偏誤

　　許多研究裡，每一種建構只使用一種**操作化**（operationalization）。由於單一個操作不但無法完全代表該建構，也可能含有其他不屬於該建構的特色，因此，只使用一種操作的研究，其建構效度比較弱，而使用多種操作的研究，建構效度比較高。通常，使用多種測量工具來測量同一結果，花費並不高，而且社會科學領域也常這麼做；也可以測量不同類型的單位，有時還能在不同的時間點測量。但大多數實驗的介入措施，通常只能有一兩種操作方式，而且都在同一個情境；因為要在不同的地點作實驗，花費不貲，而且如果增加實驗對待的總數，樣本數可能需要變得很大（或者如果樣本數固定，則一組內的樣本數會太小）。然而，要減少單一操作的偏誤，除了將實驗對待作幾種不同的變化，別無他法。因此，如果現在有一項研究是觀察溝通者（communicator）專門技術（expertise）的效益，研究者也許利用三個假想的來源：知名大學來的一位傑出男教授、一個高聲望的研究中心來的一位傑出女科學家，及一位德國來的著名科學記者；就能觀察因不同的來源而產生的變異量，觀察不同的來源是否對於反應有不同的影響。如果有影響，則「溝通者專門技術是一個單一的建構」這項假定就必須重新考慮。但如果樣本的大小不容許個別分析這些變異來源，也可以將三種來源的資料合併；這時研究者就能觀察，是否不論這三種操作的異質性有多高，專門技術還是有其影響。

單一方法的偏誤

　　能以不只一種操作來代表建構固然很好，但如果所有的實驗對待都以同樣的方式呈現給研究對象，方法本身可能就會影響結果。同樣的，如果所有結果的測量，都是以相同的方法來記錄研究對象的反應；如果所有對於情境的描述都靠著面談一位經理；或者，如果所有的個人資料特質都是醫院的紀錄時，也同樣會發生單一方法的偏誤。因此，在前項假想的例子中，如果所有的研究對象都看到所有的專家寫的文稿，把實驗對待定名為「*以文字呈現的專家*」，會比較正確，藉以表明：如果研究對象有聽到或看到專家，研究者不能確定是否會得到相同的結果。同樣的，以態度量表來測量研究對象時，研究者也很少考慮到：(1)是否應該以紙筆以外的工具來記錄；及(2)量表是否該同時包含正向敘述與負向敘述。在第一種情況下，如果是生理測量或觀察者評分的結果可能不同，而在第二種情況下，如果所有的敘述都是同一方向，可能會產生回答的偏誤。

將建構與建構內的層級混淆

　　有時研究者很廣泛地對某建構作結論，卻沒有意識到，所使用的建構只有部分幾個層級，並沒有完全涵蓋到所有的層級，也沒有說明，如果使用不同層級作研究時，結果很可能不同（Cooper & Richardson, 1986）。例如，在比較實驗對待與控制組時，所施行的實驗對待也許層級非常低，而沒有看到任何的影響，因此該實驗的結論是「這項實驗對待沒有影響」；但這卻是錯誤的，應該是說「低層級的實驗對待沒有影響」。要避免這種威脅的一個方法是，使用數種層級的實驗對待。再者，如果是比較兩實驗對待，而兩者被操作化的方式不相等時，這種建構與建構內層級的混淆又更複雜。研究者可能結論「實驗對待甲比實驗對待乙的效果好」，但事實上，也許應該是「第一層級的甲種實驗對待比第零層級的乙種實驗對待效果好」。人、情境及結果也會發生類似的混淆；例如，研究所使用的人的特質範圍有限（如年齡限制）、情境特性的範圍也有限（例如只用公立學校），但在報告研究結果時卻沒有說明這些限制。

受實驗對待影響而改變的因素結構

先前討論內部效度時，我們提到，即使沒有實驗對待，也會因為測量
077　工具的改變而使結果看似有變化。然而，測量工具的改變有時也可能因為
實驗對待而發生，就像那些接受過某種教育訓練的人，學會了以不同的角
度來看待測驗，而沒有接受過該教育訓練的人，就不會以那種角度來看待
測驗。例如，沒有接受實驗對待的人，可能在對不同種族的態度測驗上，
都是以大約一致的基礎在回答，因此，測驗結果也顯示種族偏見這個唯一
的因素。而有接受實驗對待的人回答所反映的，可能是比較複雜的因素結
構（例如，「我不會以肢體騷擾或以口語貶低其他種族，但我現在瞭解到，
跟種族有關的笑話也是一種歧視，但我以前沒有意識到」）。在這裡，因
素的結構改變了，這本身也是實驗對待效果的一部分；但很少有研究者會
將各組間因素結構之差異，視為一種結果。把兩組在所有的題項得分都相
加的方式，是假定兩組可以這樣比較，但卻可能錯解了該建構的特性。

反應式的（reative）自述改變

艾肯與衛司特（Aiken & West, 1990）說明以自述觀察所可能隱藏的測
量相關問題：研究對象是否進入實驗對待組或對照組──甚至在接受實驗
對待之前──本身，就會影響到因素結構及其所自述的回答強弱。例如，
想進實驗組的人可能會讓自己看起來更迫切需要該實驗對待，或讓自己看
起來更具有進入實驗組的條件（這要看他們認為哪一種方法會讓自己進入
想進的那一組）。一旦分派完成，接受到實驗對待的人，前述動機可能就
消失，但沒有接受到實驗對待的人，這種動機則繼續維持。因此兩組在後
測的差異，不僅顯示症狀的變化，也反映出不同的動機，但研究者可能錯
把這些差異都當作症狀的改變而已。同樣的，布來克與葛雷斯（Bracht &
Glass, 1968）也發現，後測（而非前測）可能發生暗示作用（sensitization），
使得研究對象對於先前的實驗對待突然變得敏銳起來，而產生了某種回應；
且這種回應如果不是因為後測的暗示作用，就不會發生。挽救這種威脅的
方法包括使用外部測量（而不是自述），比較不受這種反應式行為影響
（Webb et al., 1966, 1981）；或使用一些能鼓勵研究對象作正確回答的技
巧，像是以一些看似生理測量的儀器（假的管線）監看研究對象，並告訴

研究對象，該儀器能查覺出他們是否有說出自己的實際狀況（假的）（Jones & Sigall, 1971; Roese & Jamieson, 1993）；或不要讓負責分派研究對象的人接觸到前測的分數；或利用明確的參照組或行為標準來為研究對象的回答基準點定位。

對實驗情況的反應

人類會主動詮釋他們所進入的情境，這包括了實驗對待的環境，因此，「摩爾式的實驗對待包裹」（molar treatment package）的意義包括了這些反應。這種反應有很多種形式[3]。羅森佳格（Rosenzweig, 1993）發現，研究對象可能會想猜出實驗者想要研究的是什麼，再提供後者想要的結果。歐恩（Orne, 1959, 1962, 1969）的研究顯示，實驗情境中的「需求特質」（demand characteristics），可能讓研究對象猜測到，實驗者預期他們會有怎樣的行為表現，因而使得研究對象想配合表現（例如，因為想幫忙研究者或出於對研究者的服從）。對實驗情境的反應，也包括實驗對待中某些不被認為是會產生效用的內容特質所發揮的安慰劑效益（placebo effects）（Shapiro & Shapiro, 1997; L. White, Tursky, & Schwartz, 1985）。例如，在藥品研究裡，僅只是給病人一顆藥這個動作，即使那顆藥只含糖，都會使病人病況改善。羅森伯（Rosenberg, 1969）的證據顯示，研究對象知道自己被專家評量，因此會表現得讓人覺得自己有能力而且很健康。

羅森梭與羅司諾（Rosenthal & Rosnow, 1991）建議了許多方法來減少這些問題，除了包括許多先前在「自述因反應而改變」的例中所討論的方式外，還有：(1)在實驗之外的情境測量依變項，讓後者比較不那麼明顯；(2)在很久以後才測量結果；(3)避免讓前測洩露出研究者預期的結果是什麼；(4)利用「所羅門四組設計」（Solomon Four-Group Design）來評估這種威脅是否存在；(5)減少實驗者與研究對象的互動，或予以標準化；(6)利用一些掩飾的步驟[4]，讓研究對象及實驗者都不知道研究假設；(7)如果還合乎倫

078

3　見羅司諾和羅森梭（Rosnow & Rosenthal, 1997）。他們對於這個威脅及下一個威脅的討論比這裡詳細許多；由這些威脅所引起的倫理議題的分析及**告知後同意**（informed consent），在他們的文章裡也有分析。

4　這些步驟以前稱為「蒙蔽」（blinding），與在雙盲設計（double-blind design）的盲字意義相同；但我們遵循美國心理學會的出版手冊所使用的名稱，稱之為掩飾（masking）而

理，可提供假的假設來欺瞞研究對象；(8)使用類控制的研究對象（quasi-control participants），將研究步驟告訴這一組的研究對象，再問他們會怎麼反應；(9)找一個不干涉實驗研究的方法，來滿足研究對象討好研究者的慾望；(10)將情境弄得比較沒有威脅感，以減低被評量的壓力，例如，向研究對象保證絕對匿名及保障其隱私。這些方法最多也只能解決此項威脅的部分問題，因為我們無從預防研究對象自己想出什麼樣的實驗對待相關的假設；而且在田野實驗裡，以上有些方法常常不可能做到、不實際或不符合研究的倫理規範。

實驗者的期待

羅森梭（Rosenthal, 1956）也提出了一類相似的問題：*實驗者的期待*也是摩爾式的實驗對待的包裹之一部分，而且也可能影響到結果。羅森梭在他「引發防衛機制實驗」的博士論文裡，首先注意到臨床心理學中的這項問題。他將這個想法在實驗室研究中大規模發展，尤其是在社會心理學上；但田野研究也發現有相同的問題。例如，在教育界，這類問題包括了有名的「畢馬龍（Pygmalion）效應」，也就是「教師對學生成就的期望變成了自我實現的預言（self-fulfilling prophecies）」（Rosenthal, 1973a, 1973b）。之前有關安慰劑效用的威脅，如果是因實驗者的期望而產生——例如，護士告訴病人這顆藥對他有幫助，但其實這顆藥是沒有任何功效的安慰劑——也是屬於這一類的威脅。羅森梭與羅司諾（1991）建議，要降低這類問題，有幾種方法：(1)多用幾個實驗者，尤其如果能操弄或研究這些實驗者的期望更佳；(2)觀察實驗者，觀看是否有讓人察覺到他的期望之行為出現，如果有，則想辦法降低該行為的出現；(3)使用掩飾的步驟，讓那些執行實驗對待的人不知道研究假設是什麼；(4)將實驗者與研究對象之間的接觸減低到最少；(5)利用控制組（例如，給予安慰劑的控制組）來評估這些問題是否存在。

新奇與干擾的影響

布來克與葛雷斯（Bracht & Glass, 1968）認為，當一項新事物或新方

非蒙蔽。

法出現時，會引發大家的騷動、精力及熱情，而這些都使結果更佳；尤其是如果之前都沒有新鮮事，更會如此[5]。但是，如果連續好幾年都出現新事物或新方法，這時再引進另一項新事物或新方法，可能就不會有這麼熱烈的歡迎，進而讓實驗對待看起來效果比較不佳。相反的，引進新事物也可能擾亂原來的步調，尤其如果這項新事物使得目前效果不錯的方法不能再繼續使用時，新事物就比較沒那麼有效。新奇與干擾都是摩爾式的實驗對待包裹的一部分。

補償性質的平等化措施

　　當實驗對待提供的物品或服務很好時，行政人員、職員或相關人員可能會抗拒其中明顯的不公平（Stevens, 1994）[6]。例如，修碼可（Schmacher）及其同僚（1994）報告了一個研究。該項研究比較了兩種照顧無家可歸且有藥物濫用問題的人的方法，一種是一般的方法，一種則是改善了照顧環境。提供服務的人認為這樣做不公平，所以提供了更好的服務給那些接受一般照顧法的人。因此，計畫中的對比就落空了。平等化措施也可能是將實驗對待組獲得的一部分好處移除，而非另提供一些福利給對照組。有一項研究是，地區檢察官辦公室的律師認為實驗對待對被告太有利了，因而拒絕請求跟被告談條件〔補償性質的剝奪（compensatory deprivation）〕（Wallace, 1987）。這種明顯的不公平，能說明為什麼有些行政者若認為自己機構裡的組成分子比較想接受某種實驗對待，就不願意作隨機分派。要評估這種威脅，跟行政者、職員及研究對象晤談，是最好的方法。

080

5　這種威脅的一個例子，常被稱為「霍桑效應」（Hawthorne effect），因為這項效應是在西電公司（Western Electric Company）的霍桑廠作研究時發現的（Roethlisberger & Dickson, 1939）。這項研究結果，初期被詮釋為「研究對象增加產能，是因為他們覺得自己受到關心注意，而不是因某個特別的實驗對待而致」。但這個詮釋後來受到質疑（例如，Adair, 1973; Bramel & Friend, 1981; Gillespie, 1988）。然而，「霍桑效應」這個詞應該還是會繼續被用來描述這種現象。

6　庫克和坎伯爾（Cook & Campbell, 1979）先前對於這項威脅及以下三項威脅（補償性質的對抗、含怨低落的情緒及實驗對待的散布）的討論，可能使有些讀者誤以為這些威脅只有作了隨機分派才會發生。剛好相反：任何研究裡只要有比較的過程，就有可能發生這些威脅，因為這時研究對象會注意到自己所可能接受到的和實際接受到的，兩者之間的落差。這種比較的過程也會在類實驗研究中發生，甚至並不限於研究裡（見 J. Z. Shapiro, 1984，「迴歸不連續設計」中的一個例子）。

補償性質的對抗

公開將研究對象分派到實驗組與對照組，可能會造成社會競爭（social competition），使得對照組想讓別人知道，他們即使享受不到實驗對待的好處，也能作得跟實驗組一樣好。沙爾茲基（Saretsky, 1972）稱此為「約翰‧亨利效應」（John Henry effect），之所以命名為約翰‧亨利是因為，約翰‧亨利是修鐵路的工人，負責以厚重的鋼鐵片將岩石鑽孔；當他聽到自己的成果要和蒸汽鑽孔機相比時，就拚命工作，最後果然獲勝，但也因過度勞累而死。沙爾茲基也講了一個教育實驗的例子，其中承攬實驗組的包商若成功了（包商所得的費用是依據學生的進步多寡而定），就會威脅到對照組老師的飯碗（可能被實驗組的包商搶走），因此對照組的老師可能表現得比平常好很多，來減少飯碗被搶走的可能。沙爾茲基（1972）、菲特曼（Fetterman, 1982）及沃樂與羅斯（Walther & Ross, 1982）還有其他的例子。質化的方法，像是沒有固定問卷的訪談（unstructured interview）及直接觀察，都能幫研究者察覺這類問題。沙爾茲基（1972）為了觀察是否有這類問題，將對照組班級目前的表現，與他們在實驗開始前幾年的表現相比較。

含怨低落的情緒

相反的，接受的實驗對待沒有那麼好，或根本沒有實驗對待的那一組，可能心懷不滿心情低落，以致在結果測量時改變他們的回答（Bishop & Hill, 1971; Hand & Slocum, 1972; J. Z. Shapiro, 1984; Walther & Ross, 1982）。菲特曼（Fetterman, 1982）描述了一個教育計畫的評量。該教育計畫是想讓失業的高中輟學生參加就業座談及獲得高中畢業證書的第二次機會。雖然這項計畫為了盡可能讓所有申請者都有機會，而只將四分之一的申請者分派入控制組，但被分派到控制組的人常深感洩氣。這些人很多都是對學業沒有自信，必須鼓起十足的勇氣來抓住這第二次的機會，而且這可能是他們最後的機會而不是第二次機會。含怨低落的情緒並不是都這麼嚴重，但從前項例子可看出它可能產生的倫理問題。當然，也不是所有研究對象的反應都完全一致。雷姆、哈特威及傑可（Lam, Hartwell, & Jekel, 1994）發現，沒有得到實驗對待的人之間，反應差異很大。最後，修碼可等人（Schumacher

et al., 1994）卻發現，含怨低落的情緒也可能出現在分派到比較好的實驗對
待那一組——這些人被分派到這一組時預期能接受到較好的服務，但接著
由於經費被砍，而且社區居民抗拒他們搬遷到該地，因此他們的美夢被打
碎。情緒反應的問題，不但可能是因其他組而產生，也可能因自己對未來
的希望而產生。

實驗對待的散布

有時某一組的研究對象接受到另一組全部或部分的實驗對待。例如，
在佛羅里達州的一項名為「以救濟換取工作」（Trade Welfare for Work）的
實驗研究中，對照組大約四分之一的人越界接受了實驗組提供的職業訓練
（D. Greenberg & Shroder, 1997）。雖然這些越界的人被研究者發現了，但
越界的研究對象通常是偷偷摸摸的，怕研究者會制止這種實驗對待的散布，
因此，研究者常不知情。當實驗組與對照組的距離很近，或可以互相溝通
聯絡時，這種情形最嚴重。例如，如果研究的是修改紐約的一項墮胎法的
影響，而麻薩諸州的研究對象是對照組；但如果麻薩諸州的人可以自由進
入紐約進行墮胎，該項法律的真實效果就會被模糊掉。如果兩組都是由同
一個人施行實驗對待，也可能發生散布的問題，就像有一個比較行為治療
與電療的研究裡，同樣的治療師會分別對兩組作不同的實驗對待，但有一
位心理治療師也在電療組大量使用行為治療法（Kazdin, 1992）。將各組間
的共同影響因素降到最低（例如，每一組用不同的治療師）及不讓各組的
研究對象有機會接觸（例如，利用地理位置的區隔），是預防散布的最好
方法。如果這些方法實際無法使用時，可以測量兩組實驗對待的施行情形，
如果兩組在實驗對待施行的測量上，差異很小或沒有差異，則實驗對待的
散布可能已經發生了（見第 10 章）。

建構效度、實驗前的剪裁，及實驗後的確定

對建構的評估及瞭解的過程是永遠作不完的。我們先前有關建構效度
的討論強調過，實驗開始之前，研究者必須很小心地：(1)想清楚該如何定
義建構；(2)將它們與相關的建構作區隔；及(3)決定建構的指標。或許可以
稱此為「想應用的領域」。接著我們也強調：(4)如果可能，或如果沒有一

個明顯最佳的指標時，應該利用多種操作來為建構作指標（例如，多種測量、多種操弄、多種情境及單位）。我們也指出：(5)必須確定這些多種的操作有反映多種方法，才能較為準確評估單一方法產生的混淆（例如，自述的偏誤）。

082

當資料已蒐集完畢，而且也作了大略初步的分析，這時也許因為原先的操作並沒有如計畫中那樣實施，或因為有證據顯示，其他的建構而非原本的建構，比較能代表研究真正的操作，因而研究者可能會重新考慮原先形成的建構被達成的程度（「所達到的應用領域」）。實驗過後再重新確定建構的某些內容，幾乎是不可避免的工作，尤其是大型研究計畫。想像現在有個實驗在比較較為可信的傳播者與較不可信的傳播者，也發現兩者在測量結果上有差異。如果有個傳播者可信度的測量工具，其評量結果一向穩定可信；但這項測量工具發現兩個傳播者的可信度都差不多，這時，由於可信度無法解釋觀察到的差異，研究者只好利用任何他能想到的法子來說明這種差異發生的原因。又假定我們為一項建構設計了五種操作，而某個操弄法會影響其中兩種操作，但不影響另外三種；而且這五種操作的測量都可信穩定。費爾得曼（R. Feldman, 1968）在波士頓、雅典及巴黎的研究，對於「合作」這項建構即有五種測量（研究一開始就想好的建構），要檢驗是本國人還是外國人獲得的合作較多？這五種測量方法是：指引路的方向；幫忙寄一封遺失的信；把有機會侵吞的錢財歸還原主；即使有機會可以少找零錢，還是奉上正確的零錢數；在計程車上跟乘客索取正當的費用。他蒐集的資料顯示，指引路的方向及幫忙寄一封遺失的信兩者跟實驗操弄之間的關係，與後三種可因欺騙而獲財利的測量跟操弄的關係，兩種關係是不相同的。這種結果迫使費爾得曼重新定義兩種「合作」（低花費的幫忙，相對於必須捨棄自己財利的幫忙）。然而，為建構設定假設的過程及檢定這些操作與建構的符合度的過程，不論是研究開始前或資料蒐集完畢後，過程都類似。

一旦研究結束，對於研究裡的建構是否具有代表性，常常有爭議，評議者會認為研究者所宣稱的建構的樣本或操作，與實際不符。由於建構效度包含社會共同創造及不斷重新*創造*研究操作的意義，很少有永久定案的建構，建構常不時被修訂。幸好，這些關於建構的內涵及測量建構的最佳方式的爭議，使得有關建構的推論能不斷精進，因為這些爭議激發出更多

的方法來成功測量及檢定建構；而且，不只是檢定同一定義下的類似操作而已，還能檢定同一建構的不同（但有些類似）定義。例如，對於「攻擊性」（aggression）這個建構是否應包含「想傷害的念頭」這樣的概念，不同語言社群的意見不同。只有當我們瞭解到，這個念頭是否存在，對於實際的結果幾乎沒有影響時，我們描述「攻擊性」這項建構時，才能安心地省略「想傷害的念頭」這個概念。因此，對於建構定義的不同意見，有很大的潛在用處。

外部效度

083

外部效度（external validity）討論的是，在不同的人、情境、實驗對待及結果測量下，某項因果關係是否還存在的推論。例如，一項名為「過渡性職業訓練示範」的實驗（Transitional Employment Training Demonstration），將十八至四十歲智能障礙的成人隨機分派到控制組及實驗對待組。控制組接受的是一般的服務，實驗對待組則接受工作訓練，並且有一份沒有接受政府補助而且可能變成永久性的工作（Greenberg & Shroder, 1997）。研究結果顯示，實驗對待組後來找工作的情形及收入都有改善，但研究者發現，這些效果的外部效度存在著嚴重的問題：例如，他們自己的資料顯示，智力較高的研究參與者改善幅度較大，智力不足 40 者幾乎沒有改善；而且發現不同實驗地區的成功率，因該地區要把研究對象引入哪一種職場，而有很大的差異。研究者也談到資料無法讓他們探討的其他外部效度的問題，例如，該計畫是在美國十二個地方試行，但沒有一個是在美國南部；而且，寄出了許多邀請參與計畫的函件，只有 5% 的人回覆表示願意參加，但這其中又有三分之二的人因資格條件（包括：沒有嚴重的情緒困擾問題，且必須能因實驗對待而受益）不符而無法參與。因此，比較嚴重的情緒困擾或非自願參加者是否也能受惠，還是個問題。再者，研究者也發現，因此而受益的研究對象本身，都比較具冒險性，願意離開比較安全、受庇護的傳統職業範圍，而邁向真實世界的職業；他們懷疑比較不具冒險性的智

能障礙成人是否也能有同樣的成就。

　　就像這個例子所顯示，外部效度的問題可以是關於因果關係：(1)在*實驗裡*，不同的人、情境、實驗對待及結果下，是否都能成立；及(2)*不在實驗*的不同人、情境、實驗對待及結果下，是否都能成立。擴論的目標可以有多項：

● **從窄而寬**：例如，從實驗裡的人、情境、實驗對待及結果，到比較大的母群；例如，立法者可能會問，在紐澤西、西雅圖及丹佛作的「收入維持」（income maintenance）實驗，如果真獲得採行而成為國家政策，它在這些地方的實驗結果，是否能擴論到美國母群？

● **從寬而窄**：從實驗樣本到更小的一群人、甚至一個人，例如，一位乳癌重症的病人會問，以她自己目前的病況及先前治療的情形而言，某項能增加存活機會的新治療法，能增加她的存活率嗎？

● **在同一層級**：從實驗所用的樣本到另一個大約同一層級的團體樣本。像是當某州州長考慮是否要實施新的福利制度改革時，他所根據的是，鄰近的一個州所做的實驗發現支持這項改革，而且那一州的面積大小也跟該州類似。

084

● **到類似或不同的種類**：以上三種情況，擴論的目標都可能與實驗樣本非常近似（例如，從西雅圖的男性工作申請者到全美國的男性工作申請者），或非常不同（例如，從紐澤西州的非裔男性到休士頓的墨西哥裔女性）。

● **隨機樣本到母群的成員**：若使用隨機樣本，則可將此隨機樣本的研究結果擴論到樣本所取自的母群之其他成員。

　　克倫巴及其同僚（Cronbach et al., 1980; Cronbach, 1982）認為，外部效度大部分的問題是關於實驗所沒有研究的人、情境、實驗對待及結果──因為這些問題只有在研究做完之後才會產生，因此已經無法將這些問題裡的例子納入研究。有些科學家不同意這種版本的外部效度的問題（除非有作隨機抽樣）；他們認為科學家應該負責的，只是回答自己所提出及所研究的問題；別人在研究作完之後才提出的關於實驗結果應用在不同情況下的問題，研究者沒有責任回答；除非重新分析一項已經作完的研究或再作一項新研究，才能回答這些尚未被研究的應用推論的問題，否則這些還沒

加以研究的應用方面的推論，並不是科學界的事。

　　在這方面的論爭，我們同意克倫巴的意見。從已經完成的研究推論出尚未研究的實務應用，對於科學與社會而言都是必要的。例如，在二十世紀的最後二十年之中，美國審計部（General Accounting Office）的「計畫評量及方法學部門」（Program Evaluation and Methodology Division）常根據他們對一些研究計畫的審查意見（這些計畫跟國會想作的實務應用只有部分類似），對國會的政策制訂進行建議（例如，Droitcour, 1997）。事實上，創造科學的本質，就是藉由不斷擴充理論與實驗，將它們推向一個未經檢驗，但科學家根據過去累積的知識，相信很可能會獲得豐盛收穫的領域（例如，McGuire, 1997）。通常，這種外推是合理的，因為外推是漸進地將以前的研究中某些特質加以變化，而不是一次將所有的特質改變，因此即使是延伸到尚未研究的領域，這些作為先導的研究也還合理可信。例如，也許有人會問，在私人公司推動的禁菸運動的效果，是否能擴論到政府單位？即使政府單位從未被研究過，但都是工作場所，實驗對待及觀察結果可能非常相似，而且研究對象通常也有相同的特質，像是抽菸者這樣的特點。雖然可能還是有人會問到「如果一次將一項研究的*所有*特質都改變，會有什麼結果？」這種外部效度的問題，但畢竟這在實務上屬於非常少數，我們甚至想不出一個例子。

　　另一方面，把外部效度的問題限定於目前尚未研究的例子也不對。坎伯爾與史坦利（Campbell & Stanley, 1963）提出外部效度的概念時，也沒也作這樣的分別：「這項效應可以擴論到怎樣的母群、情境、實驗對待變項及測量變項？」（p. 5）的確，他們提出外部效度理論的目的之一，就是要指出：「實驗還可以用非常多種方法作得更具外部效度」（p. 17）。例如，他們說：「如果在原本的實驗就可顯示，這個景象在很多種不同的狀況下都會成立」（p.19），則單一研究的外部效度就能提高；另外，「如果實驗的條件狀況和實務應用的狀況能夠達到最大的相似程度」（p. 18），單一研究的外部效度也能提高。這種盡量把實驗設計得能推導出「在外部而言，比較有效」的目標，並不是全新的概念。相反的，大多數的實驗研究都有檢定過：以不同的結果測量實驗對待的效應時，該效應是否仍能維持。許多研究也有報導實驗對待在不同群體的人產生的效應，但因為這時樣本被分成幾個更小的樣本，因此檢力降低了。而如果要檢定實驗對待稍微改變

後，效應是否還維持不變，只能在同時研究多種實驗對待的研究中進行；但科學文獻中這樣的檢定還是頗為常見（例如，Wampold et al., 1997）。至於因果關係在不同的情境中是否仍然存在，這樣的檢定也常在進行，例如，教育研究界（Raudenbush & Willms, 1995）及在多地進行的大型醫學與公共衛生的研究即是（Ioannidis et al., 1999）。

　　但很明顯，這種策略還是有它的限制。很少有研究者能事先預期到所有可能影響因果關係的狀況；即使真的能完全預期，要解決所有這些問題，實驗就必須包括所有可能範圍內的單位、觀察及情境。讓測量結果多樣化，通常能作得到；但如果在不同的地點作測試、或使用實驗對待多種的操作化、或依據研究對象之特質而分成多個樣本，分別作因果關係的檢定，每一種都會愈來愈困難；而且在一項研究裡想把這些都完成，不但昂貴到不可想像，必須準備的事項也異常複雜。即使某個研究的研究元素都含有極高的多樣性，但要找出各元素之間的交互作用，將會比找出實驗對待的主要效應更加艱難。雖然可以利用一些實驗設計來增進交互作用的檢力（例如，West, Aiken, & Todd, 1993），這些設計在實驗開始之前就必須執行；這使得實驗設計的使用跟研究完成之後才產生的外部效度問題，大多無關。再者，研究者常有很好的理由不將所有這些實驗元素多樣化——畢竟，情境與研究對象的外來變異（extraneous variation），對於統計結論效度是一個威脅。因此，如果預期會有交互作用，而讓樣本具高度多樣性時，整體的樣本數就必須增大，才能有足夠的檢力。這也很花錢，而這種錢也許可以用來改進其他的設計特質。在真實世界裡的資源有限，如果因預期到一些外部效度的問題而作某些研究設計，就會使得其他的研究設計無法實施，但後者卻可能更需要優先考慮。

　　有時候，當原先的研究含有相關的變項，但分析時沒有使用或沒有報告，這時原來的研究者或其他人〔如果是後者，常稱為**二手分析**（secondary analysis）；Kiecolt & Nathan, 1990〕可以重新分析該實驗資料，觀察因果關係是否因這個變項的變動而改變。例如，研究也許發現一項減重計畫以某個有男有女的樣本實驗時，的確有效益。後來也許有人想知道，如果將男女分開分析，該計畫是否仍有效益？如果可以拿到原始資料，而且如果資料的記錄與貯存方式可以作這項分析，就可以重新分析該項資料來回答這項問題。

　　然而，通常原始資料不可得，或者資料檔裡沒有所需要的變項。在這些情況下，將有關同一問題的所有出版過的研究結果，作整體的回顧，常是回答外部效度問題的好辦法。就像坎伯爾與史坦利（Campbell & Stanley, 1963）所言，我們通常「只能藉著一點一滴以嘗試錯誤的方法而得知，某項具有內部效度的發現可以擴論到什麼程度」（p. 19）；而這常常是經過多個研究——使用不同的人、情境、實驗對待及結果——的摸索才得出的結論。科學家以其整個研究生涯規畫研究來摸索出外部效度；這是非常耗時的過程，但他們在擴論方面的議題因而可以得到最大的控制。除了這種方法，科學家也結合其他科學家的研究，結合基礎與應用的研究，及結合實驗室與田野的實驗，像迪耶與弗萊西（Dwyer & Flesh-Janys, 1995）就是以這種方法探討越南的「橘劑」（Agent Orange，可作化學武器用的除草劑，因容器標誌為橘色而得名）的影響。最後，科學家也將探討同一問題的許多研究集合起來，作量化的回顧來探討外部效度。這種**後設分析**（meta-analysis）比分析第二手資料容易作到，因為作後設分析不需要原始資料。但是，後設分析也有它自己的問題，像是有一些研究報告的品質不佳，或報告中所作的統計分析有問題。本書第 13 章將討論所有這些方法。

對外部效度的威脅

　　要估計因果關係在不同的人、情境、實驗對待及結果測量下，是否仍能維持不變，在概念上類似交互作用的統計檢定。例如，假使教育的實驗對待及兒童的社會階層之間有交互作用，就不能說實驗對待的效益在每個社會階層都一樣。我們也知道實驗對待在不同的社會階層有不一樣的效益，因為顯著的交互作用顯示，不同的社會階層有不同的效量。因此，我們決定以因果關係跟：(1)單位；(2)實驗對待；(3)結果；及(4)情境的交互作用（包括該項關係的中介變項）（表 3.2），來列出對外部效度的威脅。

➤ 表 3.2　對外部效度的威脅：實驗結論在不同的人、情境、實驗對待及結果測量，仍然有效的推論，為什麼可能不對

> 1. **因果關係與單位的交互作用**：在某些種類的單位中發現的效果，若以其他種類的單位研究，可能就沒有這種效果。
> 2. **因果關係與實驗對待變異的交互作用**：實驗對待的某一種類有出現效果，但若將實驗對待作其他的變化、或與其他實驗對待合併、或只使用該對待的某部分時，可能就沒有這樣的效果。
> 3. **因果關係與結果的交互作用**：觀察某種結果所看到的效益，如果觀察其他結果，可能看不到同樣的效益。
> 4. **因果關係與情境的交互作用**：在某種情境所觀察到的效果，如果使用其他情境可能觀察不到。
> 5. **中介變項的效果因情況而異**：因果關係中某種情況裡的中介變項，在另一種情況可能沒有中介的作用。

　　但我們以「交互作用」這個字眼來為這些威脅命名時，並不將這些威脅限定在統計上的交互作用，交互作用背後的概念才是重要的；也就是，人、情境、實驗對待及結果測量不同時，因果關係是否改變，及如何改變。如果這個問題能以量化、統計檢定交互作用的方法回答，很好；但如果不能以統計的方式回答，尋找這些威脅的工作也不能就此停止。例如，討論是否能擴論到沒有研究過的人、情景、實驗對待及結果時，就不可能以統計方法來檢驗這些交互作用。即使如此，還是不能阻止研究者提出可能的交互作用的合理假設；他們有時根據專業經驗，有時根據相關的研究，以之來批判實驗結果的可擴論性，並以之來設計新的研究。我們也不應該作交互作用統計顯著的奴隸；不顯著的交互作用可能只是因為檢力低，對於實務可能還是很重要，值得進一步研究。相反的，顯著的交互作用也可能對實務或理論而言，都是枝微末節不重要。因此，交互作用要考慮的問題，不只是它們的統計顯著，還包括它們對於實務及理論的意義；不只是考慮它們在一份資料檔裡的表現，也要考慮它們對於未來在設計有關因果關係之限制的研究時，是否具有潛在的價值。

因果關係與單位的交互作用

　　因果關係在哪些單位能夠成立？例如，1980 年代，美國人一般相信，絕大多數的醫學研究都以白種男人為對象，甚至有人諷刺「甚至連實驗室的老鼠都是白色雄性」，因為最常使用的老鼠都是白色的，而為了提高同質性，都只用公鼠[7]。研究者開始擔心，實驗對待在白種男性看到的效果，也許用在女性就沒有同樣的效果？或用在其他種族也沒有同樣的效果？因此，美國國家健康局（National Institutes of Health, 1994）提出正式的首舉，以確定未來的研究必須規畫觀察這種因果關係與單位的交互作用（Hohmann & Parron, 1996）。然而，即使研究對象的確是要研究的目標（例如，非裔女性），但真正參與研究的人和沒有參與研究的人之間，在某些特質上可能有差異，例如，前者可能是自願者、好出風頭的人、老覺得自己有病的人、希望為科學盡力的人、需要現金的人、需要學分的人、亟需幫助的人，或閒著沒事作的人。例如，阿肯薩州的「工作計畫」（Work Program）實驗，特別挑選那些最容易找到工作的人參與實驗，但這種只挑最好的樣本使得實驗對待的效益估計值比較高，而若讓比較不容易找到工作的人參與研究，則實驗對待的效益估計值可能比較低（Greenberg & Shroder, 1997）。同樣的，如果單位是一個團體，像是學校，自願參與實驗的組織可能是最努力求進、最以自己為榮，或最有自信的。例如，坎伯爾（Campbell, 1956）的研究雖然是跟海軍研究室（Office of Naval Research）合作，卻無法找驅逐艦的官兵配合其研究，而必須使用士氣高的潛水艇官兵。我們能將這種研究結果擴論到士氣比較低的地方去嗎？

因果關係與實驗對待變異的交互作用

　　這種威脅是，因果關係的正負向或強弱會因同一實驗對待的些微變異

088

---

[7]　至於性別的問題，可能沒有一般想像的那麼普遍。Meinart、Gilpin、Unalp 和 Dawson（2000）探討了七百二十四篇，從 1966 到 1998 年間，在 *Annals of Internal Medicine*、*British Medical Journal*、*Journal of the American Medical Association*、*Lancet*，及 *New England Journal of Medicine* 發表的臨床實驗研究的論文。他們發現，在美國的期刊中，55.2 ％的臨床實驗有包括男性與女性，12.2 ％只有男性，11.2 ％只有女性，而 21.4 ％則沒有說明性別。所有期刊合計，總共有 355,624 位男性及 550,743 位女性參與這些臨床實驗。

而異。例如，如果同時有大額經費補助蓋新教室及聘請好老師時，降低班級人數的效果可能很不錯；但如果沒有這種經費補助，拆成的小班級必須在臨時的組合屋由經驗不足的老師上課時，降低班級人數的效果可能就很差。同樣的，由於大部分實驗對待的執行期間都有限；如果將實驗對待的執行期延長，研究對象對於該實驗對待的反應，可能會有不同。像是紐澤西州的「收入維持實驗」（Income Maintenance Experiment）研究，研究對象對於只保證三年有收入有意見而有一些反應。由於有人懷疑，如果實驗對待延續久一點，也許研究對象的反應會不同，因此後來西雅圖丹佛的「收入維持實驗」，向其中一些家庭作二十年的收入保證，比較像是永久的計畫（Orr, 1999）。同樣的，將實驗對待作小規模的測試時所發現的效果，可能跟將同一實驗對待作大規模施行時的效果很不一樣（Garfinkel, Manski, & Michalopoulos, 1992; Manski & Garfinkel, 1992）。例如，若某項社會介入的研究想改變社區的態度與常模（norms），就可能發生這樣的情形，因為要改變社區的態度或常模，必須大規模施行實驗對待才可能。在這些情形下，社會實驗的執行規模比政策預計要執行的規模小時，可能無法使社區改變。最後，若各種實驗對待一同執行，也可能發生這種威脅。藥效的交互作用是眾所熟悉的例子。某種藥劑如果單獨使用也許效果很好，但是如果與其他的藥劑一起使用，則可能致命（像威而剛與某些血壓的藥劑一起使用），或完全無效（例如，某些抗生素與乳製品產生的交互作用）。相反的，將幾種治療愛滋病的藥劑混合使用可能大幅降低死亡率，但這些藥劑單獨使用可能沒什麼效果。

089

因果關係與結果的交互作用

因果關係可以擴論到不同的結果嗎？例如，在癌症研究中，要問某個治療方式是否有效，要看所謂的結果，究竟是生活品質？存活超過五年且病灶沒有轉移？或只是活著？但通常外行人所瞭解的療效，只是最後一種。同樣的，當社會科學的研究結果呈現給不同的觀眾時，常會聽到「是，我同意，年輕人的職業訓練計畫，增加了年輕人一畢業後馬上獲得工作的可能性，但職業訓練計畫是否有改善年輕人適應工作的技巧，像守時或執行交代事項的能力之類的？」這類問題的答案，能使人對於訓練課程的整體影響有更全面的瞭解。有時實驗對待對於某項結果有正面影響，對第二項

結果沒有影響，但對第三項結果有負面影響。例如，紐澤西州的「收入維持實驗」發現，固定支付錢財給實驗對象的家庭，減少了這些家庭裡主婦的工作時數，不影響這些家庭是否買了自己的房子，也不影響它們購買大型家電設備的情形，卻增加了這些家庭中的青少年讀完高中的可能性（Kershaw & Fair, 1977; Watts & Rees, 1976）。幸運的是，結果測量只是實驗裡最容易作變化的部分。在設計研究之前，先去諮詢一下那些跟實驗**有切身關係的人**（stakeholder），最能夠讓研究設計者事前預期到研究設計在不同結果的擴論上，可能會有哪些問題。

因果關係與情境的交互作用

因果關係在哪些情境下仍然有效？例如，卡茲町（Kazdin, 1992）發現，同樣一個戒毒計畫，在郊區實施時，效果不錯，但到了市區卻沒有效果，可能是因為毒品在市區的情境比較容易取得。要回答這種問題，可以在不同的情境進行同一研究，再分析每一個情境的因果關係。但這常要花很多錢，因此很少研究真的有這麼做。然而，有時候一個很大的情境（例如大學）裡，會有多個小情境（不同的系所），這些小情境在一些跟結果相關的面向上可能自然有些差異，因此，可探討一些可擴論性的問題。多據點的大型研究也可探討這類的議題（Turpin & Sinacore, 1991），而且探討結果為什麼在各據點有差異的研究也愈益圓熟（Raudenbush & Willms, 1991）。

中介變項的效果因情況而異

因果解釋是第 1 章以科學實務為基礎的因果擴論理論的五項原則之一。我們在第 12 章還會更詳細討論這項原則，但在此我們想指出，解釋的一部分，是找出中介過程。研究因果的中介過程，就是找出要將效益轉移之前必須先發生的那個基本的過程。然而，即使找出了某個情況下的中介變項，但在另一個情況，該變項可能沒有中介的作用。例如，研究一項新的醫療保險方案在非營利醫院的效果時，可能會發現該方案降低了費用，因為它減少了中間經理者的人數。但這項結果也許不能擴論到以營利為目的的醫院，在這類醫院，即使費用真的降低了，也是因為降低了對病人的服務品質，而非降低中間經理者的人數。在這個例子裡，情況的改變是情境的改

變，但情況的改變也可能是研究對象的改變、實驗對待性質的改變，或結果變項的改變。這些因情況而異的中介效應也是交互作用──在這種情況下，是因果關係裡的中介變項跟情況中的不同特質產生交互作用。當找出這種中介變項，並在不同的情況作觀察後，可利用「多群體結構方程模型」（multigroup structural equation models）來檢定它們的一致性。

效量的穩定不變相對於因果方向的穩定不變

　　對外部效度的威脅，我們都把它們稱為交互作用。這些交互作用要多大才會威脅到擴論？效量只改變了一丁點，就算是無法擴論嗎？這些問題就統計而言是很重要的，因為檢力高的研究，即使調節變項（moderator）各層級之間的效量只稍微變化，就能偵測出顯著的差異；這些問題在哲學上來說也很重要，因為許多理論學家認為這世界本來就充滿了交互作用，因此，統計上的主要效應並不能完美精準地描繪這個世界（Mackie, 1974）。在實務上來說，這些問題也很重要，因為有些科學家認為複雜的統計交互作用才是常態，這些人包括教育研究界的克倫巴與史諾（Cronbach & Snow, 1977）、發展科學領域的馬革努森（Magnusson, 2000），及社會心理學界的馬檜爾（McGuire, 1984）。因此，如果所謂效益的「強固性」（robustness）是效量的穩定不變，則社會科學界的所有因果關係很少可以擴論。

　　然而，我們相信，擴論若以「因果方向的穩定不變」（也就是因果關係的符號，在調節變項的每一層級都相同）來理解，就已足夠恰當。有幾個原因：第一，觀察許多後設分析的因果關係之後，我們發現，至少在一些比較實驗對待與對照組的研究主題裡，即使效量差異很大，因果關係的正負號常會相同（例如，Shadish, 1992a）。第二，在社會政策方面，很難將立法或規定修改得符合某一地的特殊狀況，而必須將相同的計畫推動到整州或整個國家，避免造成對個別地區或群體的不公平。即使免不了因不同的地區或不同的人，或測量不同的結果變項，或不同的執行方式，而使得效量不一；但是，儘管不同的地區、不同的人、不同的結果，或不同的操作政策的方法，免不了會使效量的大小有差異，立法者還是希望計畫大致都能獲得正面的效果；他們怕的是會因為這些而使正負號改變。第三，有實質意義的理論通常是植基於穩定可預測的因果關係，而不只是新奇的

觀察，因為前者可避免為不穩定的景象編製理論——這是今日社會科學常見的不幸現象。第四，科學理論的本質，就是將複雜的現象作簡單的描述說明，而效量稍微的波動常跟基本理論的重點無關。由於把強固性定義為「效量的穩定不變」，就失去了所有這些優勢，因此我們較中意比較寬鬆的標準，以「因果正負號的穩定不變」為主，尤其在所謂應用研究的領域，更是以此較寬鬆的標準更佳。

然而，我們也不會完全摒棄「效量的穩定不變」，因為有時效量一點點的差異，在理論或實務上都可能有重大意義。這種情形的例子之一是，結果變項是一種傷害，像死亡。例如，如果在化學治療中加入一種抑制血管生成劑（angiogenesis inhibitor），只會讓攝護腺癌症病人多六個月的生命，但該藥品的價格低而且沒有明顯的副作用，那麼許多醫師與病人都會希望添加該項藥物，因為他們覺得即使只能多活一點時間也很可貴。這樣的判斷將個人對於效量的小差異、不同狀況下的花費、該添加藥品的益處，及可能的副作用等各事項的重視程度等等，都列入考量。因此，我們再重複一次，因果關係的外部效度不能僅以統計詞彙來考量。

隨機抽樣與外部效度

到目前為止，我們都沒有強調隨機抽樣對外部效度的重要性，主要是因為在實驗研究裡，非常難做到隨機抽樣。但如果真有機會可以做到隨機抽樣，我們強力推薦要這麼做，因為，就像隨機分派使得內部效度的推論比較單純，隨機抽樣也使外部效度的推論比較單純（假定像隨機分派一樣，幾乎沒有樣本流失的問題）。例如，若實驗者隨機抽取樣本之後，再將他們隨機分派到各組去，那麼隨機抽樣就能保證，在抽樣誤差的範圍之內，該樣本所觀察到的平均因果關係（average causal relationship），會跟下列兩種因果關係相同：(1)從同一母群抽出來，且同樣大小的任何其他隨機樣本所觀察到的平均因果關係；及(2)母群裡*所有*其他不在原始樣本裡的人身上所觀察到的平均因果關係。也就是說，隨機抽樣消除了因果關係跟同一母群裡，那些有或沒有參與實驗的人之間可能的交互作用。我們到第 11 章時會引述這種實驗的例子，但這種情形事實上很少發生。再者，如果研究者也有檢定實驗對待跟參與者的某個特質（例如性別）之間的交互作用，

隨機抽樣也能保證，各組的交互作用在前述(1)、(2)中所定義的人群也會相同——但因為切割成小樣本，檢力會降低。因此，雖然我們在第 1 和 11 章都認為，實驗研究想作隨機抽樣，在實務上很難作到，但隨機抽樣對外部效度的好處非常大，如果可以作到，一定要作。

092

這些好處也適用於隨機抽取情境。例如，普碼等人（Puma, Burstein, Merrell, & Silverstein, 1990）在他們評量「食物券就業與訓練計畫」（Food Stamp Employment and Training Program）裡，作了一項隨機化的實驗，隨機抽取一些食物券的機構。但隨機抽取情境比隨機抽取人還更少見。雖然情境的母群定義還算常見——例如，「啟蒙計畫中心」（Head Start Centers）、精神病院機構，或醫院——但很少真的從這些母群隨機抽樣，這可能是因為要能成功從這些母群作隨機抽樣，所需要的配合業務之費用非常高，且這是附加在多據點（multisites）作實驗所需要的高額費用之上。

最後，如能隨機抽樣實驗對待或結果，也同樣能獲得這些好處。但能把各種實驗對待（例如，Steiner & Gingrich, 2000）或結果〔例如，美國精神病學會（American Psychiatric Association），2000〕完整列出清單的，實在非常少數，可能也沒有人曾經爭取過從這些清單作隨機取樣。實驗對待很難列出清單是因為，任何一項實驗研究的動機，都是起源於對某項特別的實驗對待的效果有興趣；而很難為結果列出完整清單則是因為，大部分的研究者可能相信，利用下列這些經過精心設計的方法，比較能完成結果測量的多樣性。

立意抽樣與外部效度

在單一的實驗研究中，比較常刻意抽取異質性高的樣本，而比較少作隨機抽樣；也就是說，研究者特意挑選一些人、情境、實驗對待或結果，讓它們在某些跟因果關係有密切相關的變項上有很大的變異性。例如，如果我們有理由相信，某項效益會因性別而不同，那麼研究對象就必須特別將男與女含括。這對外部效度有兩個好處：最明顯的是，這樣作可以檢定因果關係與性別的交互作用，如果發現有交互作用，就是外部效度有限制的初步證據。然而，有時樣本實在太小，不能作有意義的交互作用檢定，而且，不管怎樣，還是會有很多調節變項是實驗者沒想到要檢驗的。在這

些情況下，異質性高的樣本還是有一個好處，就是讓研究者有機會顯示，*儘管*樣本異質性高，實驗對待的主要效益還是存在。當然，如果有隨機抽樣，主要效益的存在會更具說服力，因為隨機樣本使每一種可能的調節變項都具有高異質性；但特意讓樣本有高異質性是很實際的作法，彌補了它非隨機抽樣的缺點。

　　立意抽取高異質性的情境，也有這些好處，因此，在多據點研究中，常會讓研究有多樣性，例如，包括公私立學校，或包括非營利醫院及私人的醫院。立意抽樣異質性高的結果測量，在大部分田野實驗的領域中非常普遍，因此它對於效益的擴論性探索，大家都認為理所當然地認為非常有價值；但令人驚訝的是，幾乎沒有理論想解釋或預測這種的可變異性（例如，Shadish & Sweeney, 1991）。在個別實驗中立意抽取異質性高的實驗對待，可能跟隨機抽取實驗對待一樣，都不存在，原因也相同。然而，在大型計畫裡的各個子計畫，或由許多研究者所執行的個別計畫中，人、情境、實驗對待與結果的異質性通常很高；我們以科學實務為基礎的因果推論理論，之所以如此依賴多研究的研究方法（methods for multiple studies），這是原因之一。

093

更深入討論效度間的關係、取捨及優先順序

　　第 2 章結尾時，我們討論了內部效度與統計結論效度的關係。現在我們將討論延伸到各種效度之間的關係，及它們之間的優先順序與取捨。

建構效度與外部效度之間的關係

　　建構效度與外部效度之間有兩種關係：第一，兩者都是擴論，因此以科學實務為基礎的因果推論理論，可以提高這兩種效度（這項因果推論的理論在第 1 章有簡短描述，第 11 至 13 章將深入討論）。第二，若對研究中的各種建構有正確清楚的理解，這項知識對於外部效度的問題也有幫助，

尤其如果有發展完整的理論，能清楚描述這些建構之間的關係及其例子，又更好。例如，醫學就有發展完整的理論可將不同的治療法分類（例如，我們所稱的癌症化學治療藥劑的類別），也能藉由這些理論知道不同的療法如何影響病人（它們如何影響血液的檢定、病人是否可存活，及有哪些副作用）。因此，當一種新藥劑達到被稱作化學治療藥劑的標準時，我們在測試它之前，就能對於它許多可能的表現作預測（例如，我們說它可能造成掉頭髮、噁心，能延長癌症前期病人的生命，但對後期病人沒有幫助）。這些知識讓新實驗的設計較為順利，因為它們縮小了可能參與研究的病人與結果變項的範圍，也能夠較準確地將療效外推到研究範圍之外。但本書的田野實驗裡，大多數的研究主題都沒有這些發展完整的理論存在。在這些常見的情況下，關於建構效度的理解只能為外部效度提供一些薄弱的證據。我們在第 11 至 13 章將舉一些例子說明原因。

094

　　然而，建構與外部效度的不同點比它們的相同點更多。首先，它們的推論不同。建構效度的推論，根據定義，就是被應用於所使用的例子的*建構*。至於外部效度的擴論，其推論所關心的，是因果關係的效量或正負向是否因人、實驗對待、情境或結果而不同。舉例而言，也許對建構效度的質疑是：在醫療照護的研究中，我們把某個情境誤認為是私人醫院，但實際上應該稱為私人的非營利醫院，才能把它們跟那些不列入研究對象的營利醫院區隔。在提出這項質疑時，不需要提到因果關係的效量或正負向。

　　第二，討論外部效度的擴論時，不能不談研究中的因果關係，但談論建構效度時卻可以不談後者。這一點在為外部效度的威脅命名時最清楚，因為我們都稱這些威脅為「*因果關係與某些其他實際存在或可能存在的人、實驗對待、情境或結果的交互作用*」。例如，要談論有關跟人或情境等的交互作用這些外部效度的威脅時，就不能不提到因果關係。這並不是說這種交互作用不可能發生——例如，大家都知道，在州立精神病院裡被診斷為罹患各種精神疾病的人數，跟臨床心理學家的私人診所的門診所發現的各種精神病的人數差異頗大。我們甚至可以提出這些名稱的建構效度的問題（例如，「州立精神病院」這個名稱合適嗎？如果把它改成「州立精神病患長期照護機構」，是否比較能跟那些只照顧短期病患的州立機構相區隔？）。但由於上述這個交互作用並不包含任何的因果關係，因此跟外部效度無關。

　　當然，提出外部效度的問題時，我們會使用抽象的字眼。在真實的科學世界裡，沒有人會說：「我認為該因果關係適用於甲表中的單位，但不適用於乙表中的單位。」但可能會說：「我認為癌症的基因療法適用於低腫瘤負擔的病患，但不適用於高腫瘤負擔的病患。」但即使是後面這個句子使用了建構的名稱，也不代表外部效度跟建構效度相同，或甚至不表示外部效度因建構效度而異。內部效度在這方面的類似道理可以幫我們瞭解這些概念。真實的科學世界中，沒有人會去討論甲是否造成乙，而都是以建構來談論描述性質的因果關係，就像說「基因療法增加了存活五年的機會」。但我們在討論內部效度時，都是在說「甲是否導致乙」，而沒有利用建構的名稱，這是為了要強調這項事實：要驗證一項描述性質的因果推論（例如，因是否在果之前發生？是否可以排除其他可能的因？等等）所必須探討的邏輯問題，跟這些建構的名稱正確與否，兩者完全無關。外部效度也是一樣——要瞭解因果關係是否在不同的人、情境、實驗對待及結果測量時仍然適用時，所需要討論的邏輯問題，跟建構的命名所要討論的邏輯問題，兩者完全無關。

　　第三，外部效度和建構效度不同，即使我們弄錯了其中的一個，另一個還是可能對。例如，假設現在有幾套很清楚的建構：男相對於女、美國的都市相對於加拿大的都市，或自述式的測量相對於觀察者評分。在這些情況下，這些名稱的建構效度都沒有問題。再假設我們以其中的一個建構作了實驗，譬如，只用了自述式的測量。雖然我們知道自己沒有使用另一種建構，而且知道它的名稱（觀察者評分），但對於「以自述測量結果跟以觀察者評分，兩者所得到的因果效益是否相同」這個外部效度的問題，完全沒有幫助（除非有很強的理論可幫忙作這種預測，但這種情形屬極端少數）。反之亦同：即使我的兩套單位的名稱都是錯的，但如果我作的實驗包含了兩套單位，對於「實驗對待的效應在這兩種結果測量是否相同？」這個外部效度的問題，我還是能提供一些有用的回答。

　　最後，外部效度和建構效度各需要不同的方法來提高效度。建構效度需要靠清楚說明建構，及針對研究細節作良好的評估，才能判斷建構與研究細節之間是否相符。而外部效度則比較需要檢定因果關係中效量及正負向是否改變。當然，這些檢定必須靠一些評估才能完成，但統計結論效度及內部效度也要靠評估，兩者實際都需要評估的資料才能作。

095

內部效度與建構效度之間的關係

內部效度和建構效度都必須考量混淆變項。內部效度和建構效度的關係，以庫克與坎伯爾（Cook & Campbell, 1979）所列的四個對內部效度的威脅來描述，最能說清楚。這四個威脅在本書是歸類於對建構效度的威脅：含怨低落的情緒、補償性質的平等化措施、補償性質的對抗，及實驗對待的散布。到底這些威脅是屬於內部效度的還是建構效度的，就看它們是哪一種混淆變項。內部效度的混淆變項，是那些即使沒有實驗對待也會發生的力量，而且這些力量能造成部分或所有觀察到的結果。相對的，如果沒有實驗對待，這四個威脅就不可能發生；事實上，會發生四個威脅正是因為有了實驗對待，因此它們也是實驗對待情況的一部分（或者說得更精確一點，它們是實驗對待對照的一部分）。如果這些威脅不是實驗對待該有的概念架構之一部分，且因此沒有出現在實驗對待建構的描述中，就威脅到了建構效度。

096　取捨與優先順序

在前兩章裡，我們列出了一大串對因果擴論效度的威脅，可能讀者會懷疑，有任何實驗能完全避免掉這些威脅嗎？答案是，沒有。我們不能預期任何一個研究能同時解決這些威脅，主要原因就是本節所要討論的後勤補給及實務上的取捨。我們提出效度的威脅，是為了讓研究者意識到各項事務的優先順序與得失取捨，而非讓研究者懷疑不安，甚至絕望。有些威脅不論在普遍性或對推論品質的影響上，都比其他威脅更重要；研究經驗能幫忙研究者判斷，在某個情況下，哪些威脅比較普遍、比較重要。大型的研究計畫比較可能逐步處理大部分或所有的威脅。知識的成長，是靠著實驗或其他類型的研究日漸累積，而非偶發性的。但是，我們的意思並不是說單一的研究沒有用，也不是說每個單一研究的結果都一樣充滿不確定性。好的實驗研究不需要顧及所有的威脅，只要能處理該領域當時認為最嚴重的威脅即可。而有處理威脅並不是好實驗的唯一標記，例如，最好的實驗研究是因為檢定真正新穎有創意的想法，而對該領域有重要影響

（Eysenck & Eysenck, 1983; Harré, 1981）。

　　處在資源有限的世界中，單一研究的研究者常在各種效度之間作權衡取捨。例如，如果研究者為了要增進統計結論效度，而增加樣本數時，他也同時在減低那些可用來防止研究對象因實驗對待而流失的資源，也就是減少了可用來增進內部效度的資源。同樣的，隨機分派可以大幅增進內部效度，但願意讓研究者作隨機分派的機構，通常比那些不願作隨機分派只願意忍受被動測量的機構，較不具代表性，因此這時外部效度就減弱了。還有，為了要增進效益的建構效度，而將每一個效益的建構都作成幾種操作化，但這卻增加了研究對象的負擔，造成研究對象的流失；又或者，如果測量的經費是固定的，這時增加測量的次數就必須減少每一種測量的長度，而致降低每一種測量的信度。

　　因為有這些互相排擠的效應，因此規畫任何實驗時明白指出效度的優先順序，是非常重要的。應該避免在兩種效度之間作不必要的取捨；而作了必要的取捨之後，則必須估計其損失，並讓損失減低到最小。學者們之間對於取捨的選擇，意見不一，而克倫巴（Cronbach, 1982）則堅持，只要是適時且具代表性，即使不是很嚴謹的研究，也能得到合理且具外部效度的因果推論，而且即使是非實驗的研究亦然。另一方面，坎伯爾與波若啟（Campbell & Boruch, 1975）則堅持，實驗以外的其他研究方法所得到的因果推論都很有問題，因為後者的許多內部效度的威脅都無法檢驗，或者必須以人的決定來消除，而無法直接以研究設計或測量來排除。這就是最主要也最常被討論的權衡得失的例子——也就是內部效度與外部效度之間的取捨。

內部效度：是必要條件嗎？

097

　　發現到實驗的內部效度和外部效度常相衝突，坎伯爾和史坦利（Campbell & Stanley, 1963）說「*內部效度是必要條件（sine qua non）*」（p. 5）[8]。他們這句話使內部效度在一個世代的田野實驗占了優先的位置。最後，克倫巴表示不贊同這樣的優先順序，認為內部效度是「瑣碎不重要的、過去

8　*sine qua non* 是拉丁文，意思是「沒有這個就不」，用以描述某基本的或必須的事物。因此，這個詞將內部效度描述為必要的。

式、局部性的（local）」（1982, p. 137），而外部效度則比較重要，因為它是前瞻的，且問的是比較概括的問題。由於並非只有克倫巴一人關心效度原本的類別，我們在此討論內部效度及其他效度之間，尤其是外部效度的優先順序。

坎伯爾與史坦利（Campbell & Stanley, 1963）強調內部效度是實驗的必要條件這句話，是研究方法界最常被引述的話之一。這句話是出現在一本討論實驗與類實驗設計的書裡，而內文表示得很清楚，該句話只適用於實驗，不適用於其他類型的研究：

> 內部效度是基本的、最小的要求；如果沒有內部效度，任何實驗都無法詮釋。實驗對待在這個實驗裡真的有造成改變嗎？外部效度問的則是可擴論性的問題：這項效益可以擴論到哪些母群、情境、實驗對待變項及測量變項？儘管增進其中一種效度的實驗特質時，常使另一種效度變差，因此這兩種標準常互相衝突，但很明顯的，這兩者都很重要。一方面，內部效度是必要的，而另一方面，外部效度的問題，就像歸納推論的問題一樣，永遠不可能完全回答；因此，兩種效度都能提高的研究設計，很明顯是我們的理想。教學的研究領域尤其如此，因為把結果擴論到具明確性質的情境，是這領域的目標。（Campbell & Stanley, 1963, p. 5）

因此，坎伯爾與史坦利認為，內部效度對於探討因果假設的類實驗與實驗研究設計而言，是必要的，而不是針對一般的研究而言。再者，上段引文中的最後一句話幾乎一直都被忽略，但它說外部效度對教學研究而言，是個目標（desideratum）（目的、目標、要求）。這項宣示幾乎跟「內部效度是必要條件」這句話一樣強烈。

就如庫克與坎伯爾（Cook & Campbell, 1979）進一步澄清，必要條件這句話，在某種程度而言，是個重複的同義詞：

> 所有討論實驗研究法的書籍，都為內部效度的首要性提出一套循環式的理由。實驗研究的獨特目的，就是要比其他形式的研究，更能對因果假設作有力的檢定，因為其他研究法大多是為了

別的目的而發展出來的。例如，調查法是為了要描述母群的態度
及他們所自述的行為，而參與觀察法（participant observation meth-
od）的目的則是要描述正在發生的行為，並產生新的假設。由於
實驗研究法原本的獨特目的是跟因果有關，內部效度在實驗研究
裡就必須要有其特殊重要性，因為內部效度考量的是，對於「所
觀察到的兩變項間的關係，到底是否為因果關係」這件事有多少
把握？或者「兩變項間沒有關係，就表示『因』不存在」這件事
又有多少把握？（p. 84）

098

　　然而，即使作了以上這麼多的澄清，還是有很多讀者誤會我們對內部
效度的看法立場。為了不讓這種誤解產生，我們把我們的立場講清楚：*內
部效度並不是所有研究的必要條件；它的確在探討因果的研究中，尤其是
實驗研究，有特殊地位（但並非完美無缺），因為它鼓勵研究者對於因果
描述作批判思考*。在瞭解內部效度到底應該占優先順序的第幾位之前，必
須先考慮一些議題。以下我們就先來檢視這些議題。

描述性質的因果關係有優先權嗎？

　　只有當研究者自己很清楚知道，自己在許多可能的問題中，只對描述
性質的因果問題有興趣時，內部效度才可能有高優先權。這些可能的問題
也許包括：問題要如何呈現？實驗對待是針對什麼需求而設計？實驗對待
執行得好不好？怎樣測量某事物才最好？因果關係的中介過程應該是怎樣
的情形？該如何解釋結果發現？及該如何評估耗費與財務收益？實驗研究
很少能為這些問題提供有用的訊息；要獲得關於這些問題的答案，別的研
究法常比較有用。但即使因果描述是研究者的高優先考慮事項，這些其他
的問題可能也必須回答，而且必須在同樣的資源限制下找出答案。這時像
調查研究這種方法可能比較好，因為它的**波帶寬**（bandwidth）[9]較寬，即
使因果關係的問題也許回答得沒有實驗法好，但卻可回答比較多的問題

9　克倫巴的這項比喻是拿無線電廣播作比方，無線電廣播有分高**波帶寬**（high bandwidth）
　和高**保真度**（high fidelity, hi-fi），兩者之間各有優缺點。波帶寬指的是一種方法可以回
　答很多問題但答案比較不精確，而保真度則是指那些只能回答一個或幾個問題，但答案
　比較精確的方法。

（Cronbach, 1982）。究竟要以因果描述為優先，還是優先考慮其他的問題，則遠超過本書的討論範圍（Shadish, Cook, & Leviton, 1991）。本書事先預設研究者已經考慮過這種問題，決定要在實驗法的架構下進行研究，而本書正是在討論實驗研究法。

非實驗的方法能提供令人滿意的答案嗎？

即使已經確定描述性質的因果推論擁有高優先權，也不一定要用實驗法；描述性質的因果問題也可以用非實驗的方法來研究。這些方法包括社會學相關性的路徑分析（correlational path analysis）（例如，Wright, 1921, 1934）、流行病學的個案控制研究（case-control studies）（例如，Ahlbom & Norell, 1990），或其他像個案研究之類的質化方法（例如，Campbell, 1975）。是否要用這些方法來探討某個描述性質的因果問題，則決定於許多因素。這些因素一部分是反映研究領域的傳統，不論這些傳統之所以被建立的原因是好是壞。有些現象無法以實驗的操弄手法加以控制，而有些則因為不符研究倫理，或擔心一些景象會因操弄而變得不好，而不作操弄。有時研究者想瞭解的因還不是很明朗，因此，這時研究者的興趣還只是探索一些可能的因，而不是專注於一兩個因而已。有時候，所投入的實驗研究時間與資源還不夠，這可能因為預試工作不足，還不足以發展出既忠於理論又可實際執行的實驗對待；或因為實驗程序的某些重要部分，像是結果的測量工具，還沒有發展好；或因為外界急著要結果，等不及作完實驗。沒有作好完全準備就開始實驗，是研究界常犯的罪。

然而，非實驗的研究方法之性質，常使得內部效度無法獲得高優先權。原因是：實驗法比其他研究法較能符合因果推理的需求，尤其它能確保因在果之前發生，確保有可信的反事實推論的根據，及確保其他可能解釋結果的原因數量減少了。然而，非實驗研究法所使用的資料，常需要比實驗法的資料建構更具代表性，而且抽樣架構也需要比較寬廣，才能較具有外部代表性。因此，非實驗的研究法通常無法讓內部效度較高，但在提升建構效度和外部效度方面，則跟實驗法一樣好或更好。但是這些只是大致的情況，並非絕對的情形。有時候，非實驗法所產生的描述性質的因果推論，可能跟實驗產生的因果推論一樣可信；有些流行病學的研究即是如此。就像我們在第 2 章一開始就提到，效度是知識宣告（knowledge claims）的一

項屬性，而不是方法本身的屬性。知識宣告是否具有內部效度，要看它是否符合因果推理的要求，而不是看使用了什麼方法。即使實驗法通常在這方面比較好，但是沒有任何方法能保證它的因果推論一定具有內部效度，即使實驗法也不例外。

必要條件的強義與弱義

假設研究者已經想清楚了這些問題，最後決定要用實驗來研究某個描述性質的因果推論。那麼，這時說「內部效度是必要條件」有兩種意義。弱的意義是坎伯爾與史坦利（Campbell & Stanley, 1963）所講的「*內部效度是基本的最小要求，任何實驗如果沒有內部效度，就無法詮釋*」（p. 5）。也就是說，作實驗而不管內部效度，是很矛盾的。只有當研究者對於一個描述性質的因果問題有興趣時，作實驗才有意義；對這種因果問題有興趣，卻同時對該因果答案的效度沒有興趣，似乎很難說得過去。

實驗者在實驗的過程中，可以選擇給哪些效度多少的優先考量；而內部效度可能獲得優先考量時，必要條件的強義就發生了。不幸的是，由於我們實際上沒有一些讓眾人都能接受的工具來測量各種效度的量，要回答這個問題就變得很複雜，因此很難說每一種效度有多高。一種選擇是利用方法的指標，像是說「隨機化且流失率低的研究所得到的推論，內部效度比較高」。但這種指標無法測量其他探討因果關係的研究的內部效度。另一種選擇是依據所找出來但沒有排除的威脅之數量，作為測量工具。但這種測量工具在概念上的障礙就很嚇人；即使真的能為每一種效度都打造出這樣的測量工具，我們也想不出任何方法可以把這些測量結果都放在同一量尺上，讓它們可以互相比較，找出優先順序。

一項能作得到的選擇是，將每一種效度需要用到的資源數量作為它優先順序的間接指標。譬如，我們能把用以增強內部效度的資源，拿來增強其他的效度。例如，研究者可能將用來作隨機分派、測量選擇誤差，或用來減低流失的資源重新分配，用它們來：(1)研究更多的單位（以增進統計結論效度）；(2)在更多具有代表性的地點，拿現有的實驗對待作類實驗研究（以增進外部效度）；或(3)增進結果測量的品質（以增進建構效度）。這樣重新分配資源實際是降低了內部效度的優先性。

要如何分配資源，受許多變項的影響。其中一個是基礎研究相對於應

100

用研究的差異。基礎研究者對於建構效度有高度興趣，因為建構在作理論的建立與檢定中扮演了關鍵的角色。應用研究者則對外部效度較有興趣，因為外部效度關係到因果關係的知識是否能應用到實際的情境。例如，費司廷菊（Festinger, 1953）基礎社會心理學的實驗之所以有名，正是因為他們很小心地確保所操弄的變項的確是認知不調和（cognitive dissonance）。同樣的，在研究單位方面，皮亞傑發展學派的心理學家們常花費額外的資源，來評估兒童的發展是處於前操作階段（preoperational stage）或實體操作階段（concrete operational stage）。相對的，基礎研究對於情境的建構效度比較不關心，因為很少有理論會明確指定關鍵的目標情境。最後，基礎研究界對外部效度的興趣最低。許多基礎心理研究都是以大二學生作為樣本，因為學生是同質性高的大樣本，可以有較高的統計檢力。他們這麼做，是認為以這些學生所獲得的結果應該很普遍，因為這些結果探討的只是一般的心理過程，但這項假定常必須受實證檢定。然而，假定這些例子是發生在實驗研究的情況下，基礎研究者還是不可能會讓用於內部效度的資源低於某個最低可接受的程度。

相對的，許多應用實驗研究有不同的優先考量。應用實驗常是檢定某個問題是否能以某項介入措施而獲得減輕，因此許多讀者關心的是效益的建構效度。例如，想一想這方面的辯論：根據「消費者價格指數」（Consumer Price Index, CPI）所得到的生活費用變動（cost-of-living adjustment），哪一種最能正確反映生活費用的上升？或者，更基本的，CPI 是否應該被視為生活費用的一種測量？同樣的，心理治療學的研究者也辯論過，傳統治療結果的測量，是否正確反映治療個案所認知的「臨床上有顯著改善」（Jacobson, Follette, & Revenstorf, 1984）？應用研究界對於將結果合理擴論到該領域有興趣的特定外部效度目標，也非常戰戰兢兢。例如，衛茲、蔚斯與達能柏（Weisz, Weiss, & Donenberg, 1992）認為，大部分的心理治療實驗所使用的單位、實驗對待、觀察及情境，都離實際的臨床治療非常遙遠，以至於危害到外部效度的推論，無法正確推論心理治療在實際狀況下的效果如何。

從這些例子，我們可以很清楚瞭解，一項實驗研究中各項效度的優先順序如何，並非憑空決定。作這些決定時，必須考量相關研究文獻中的知識狀況。例如，在美國國家健康研究院的癌症研究中（Greenwald & Cullen,

1984），「階段模型」（phase model）裡，關於實驗對待的因果推論一直都是一個議題，但是在不同階段就有不同的效度要優先考量。開始時，為了要尋找可能有效的實驗對待，因此實驗設計比較不需要很嚴謹，也容許許多「假有效」（false positive）的實驗對待發生，才不會忽略任何一個可能有效的實驗對待。隨著知識逐漸累積，內部效度的優先順序逐漸提升，才能找出那些至少在某些理想狀況下的確有效的實驗對待〔也就是「效能研究」（efficacy studies）〕。到了研究的最後階段，外部效度就成為最優先的考量，這時尤其要探究在實際應用的條件狀況下，實驗對待的效果如何〔效力研究（effectiveness studies）〕。

　　這麼有系統的研究計畫比較不多。然而，我們也許可以把這四種效度看作是策劃大型實驗研究計畫時的一項大略的指南，研究者在它們之間重複來回，讓因果知識裡各方面的弱點一點一滴逐漸顯露，並加以補救。例如，許多研究者由注意到，兩個變項之間似乎有某種關係，而開始進行大型的研究計畫（例如，McGuire, 1997）。他們可能進一步研究這項關係的大小及可靠性（統計結論效度），接著再研究該項關係是否為因果關係（內部效度），接著把這項關係瞭解及描述得更清楚（建構效度），並找出該關係可適用的範圍界線（外部效度）。有時候，引發研究者好奇的景象已經有很好的外部效度；像是在各族群、不同的情境、不同的時代都發現的，抽菸與肺癌之間的共變，使得一項大型的研究計畫因而產生，以研究兩者之間是否為因果關係，瞭解兩者之間的關係有多強，並進一步解釋為什麼有這項關係。還有些時候，一些變項的建構效度已經有很多人在注意了，但其間的因果關係則是在突然之間吸引了大家的目光。例如，種族與智力兩者的建構效度一直都有很多人在研究，而 1990 年代突然爆發了兩者之間是否有因果關係的爭議（Devlin, 1997; Herrnstein & Murray, 1994）。大型的實驗研究計畫可能從各種不同的點出發，既有的知識可能對某些種類的推論有利，而需要去修補其他許多種類的知識之不足。在整個大型計畫的過程中，所有的效度都有高優先性；在計畫結束時，每一種效度都應該曾被優先考量過。

摘要

第 2 與 3 章闡明了效度的理論，這項理論是本書其他章節的驅力。效度的理論是非常實際的理論，植根於科學的哲學，也植根於實驗實務的需求與經驗，或更甚前者。第 2 章介紹了效度的種類，包括統計結論效度、內部效度、建構效度及外部效度；這些效度的概念保留了坎伯爾與史坦利（Campbell & Stanley, 1963）及庫克與坎伯爾（Cook & Campbell, 1979）的中心觀念，但把詞彙的意義稍微擴展了一些，使得擴論的邏輯能延伸到實驗的更多部分。除了一些很小的例外，之前兩本書中所列的效度的威脅在本書大致都沒變。

然而，我們到目前為止的討論都還很抽象，畢竟討論這種理論免不了多少會比較抽象。但是，如果要讓效度的理論維持以往的實用性，我們就必須說明如何用這個理論來設計及評論因果研究。下一章我們就開始作這些說明。我們從最單純的幾種類實驗研究設計開始，這類的設計研究者有時會用來探究因果關係；我們將說明如何利用對效度的威脅來分析每一種設計，並說明如何以各種不同的方式來改善研究設計，診斷這些威脅，及將這些威脅的合理性降低。接下去的每一章都會討論一類新的設計，每一類設計也都作類似的效度分析；這些設計包括：有比較組與前測的類實驗設計（quasi-experimental designs with comparison groups and pretests）、**打斷的時間序列設計**（interrupted time-series designs）、**迴歸不連續設計**（regression discontinuity designs），及隨機化設計（randomized designs）。在所有這些章節裡，主要但非唯一的焦點是內部效度。最後，談完了這些設計，我們再把重心轉移，討論一些能夠改善建構效度與外部效度的方法與設計。

4 缺少控制組或缺少結果變項的前測之類實驗設計

quasi　形容詞：跟某事物相像；相似：類似成功（a qua-si-success）。

從本章開始，我們都以一個簡短的例子作為起始，來說明要討論的設計。在 1966 年，加拿大安大略省開始一項大型計畫，篩選出有苯丙酮尿症（PKU）的嬰兒並加以治療，以避免因PKU而產生的智能障礙。該計畫完成後，一項評量顯示，四十四位有PKU的嬰兒沒有產生智能障礙的情形，只有三位PKU嬰兒有智能障礙的證據，而其中兩位沒有被該計畫篩檢出來（Webb et al., 1973）。計畫之前的統計數據顯示，以前因PKU而產生智能障礙的比例比較高。雖然這項計畫的研究方法頗為簡略，尤其缺乏一個沒有接受實驗對待的控制組[1]，但作者的結論是該計畫成功防止了因 PKU 而產生的智能障礙。接著，美國和加拿大廣為採用這類的大型計畫，而且到現在這種大型計畫還是被認為非常有效。這項研究既沒有控制組，也沒有隨機分派，是如何成就這樣清楚正確而有用的結論呢？這是本章的主題。

本章要描述的，是缺乏對照組或缺乏結果變項的前測觀察的類實驗設計。雖然這類研究設計很少能得到像PKU這個例子一樣清楚的結論，但有時還是可能做得到。更重要的是，研究者常有一些原因必須作這類的研究設計，像是他們必須投注比較多的資源在建構效度和外部效度，或者因補助金額、研究倫理或行政者等實務上必要的因素，使得他們必須這樣做，或還沒設計如何評估介入措施的效果之前，介入措施就已經在實施的情形

---

1 *控制組*（*control group*）這個詞通常指的是沒有接受實驗對待的組。比較常用的詞，*比較組*（*comparison group*）可以包括控制組及接受不同實驗對待的組。

下而產生的限制。的確。在這些情況下，有時候這類設計雖然可能使得因果推論較薄弱，但卻已經是*最好的*設計。所以，我們在本章將討論這類設計，並說明有哪些方法比較可能讓它們產生有效的描述性質的因果推論，但我們還要在本章指出三點。第一，這些設計在田野研究使用得頗為普遍；例如，最近一項對「同時開始識字大型計畫」（Even Start Literacy Program）作的審查（St. Pierre, Ricciuti, & Creps, 1998）發現，其中大部分的研究（76%）用的是「一組前測後測」的設計，而其餘的大多用一組無前測的設計。有時候，使用這些設計反映出研究者誤以為「即使這時描述性質的因果推論擁有最高的優先考量，像控制組或前測這類研究要素是不好或不需要的」這種錯誤的觀念。我們要說明這類設計讓內部效度付出的代價，藉以讓這種錯誤的觀念動搖；這樣一來，研究者在面對其他的優先考量時，可以選擇是否要讓內部效度付出代價。第二，我們用這些設計來闡述不同的效度威脅如何在實際的例子裡運作；因為學會如何審慎思考這些威脅，比學會一長串的設計名稱更重要。讀者在本章及後續的數章持續接觸這些威脅，以後在閱讀別人的研究報告或自己設計研究時，會比較容易察覺到這些威脅。最後，我們利用這些設計來介紹所有實驗設計都有的結構要素，研究者將以這些結構要素來打造適合他們自己的研究需求，並具有較高內部效度的設計；我們在之後幾章討論其他設計時，這些要素會被重複使用。

類實驗邏輯的簡短說明

　　本章的研究設計都是**類實驗**（quasi- experiments），也就是除了沒有做到將研究單位隨機分派到不同情境之外，其他無論在研究目的與結構屬性上都與隨機化實驗類似的實驗。類實驗已經被使用許多年了，林得（Lind, 1753）描述了一項比較六種治療壞血症的方法的類實驗研究；郭頓（Galton, 1872）描述一個類實驗方式的思考實驗（thought experiment），來觀察祈禱的效果，但從未實際執行。哈特曼（Hartmann, 1936）研究賓州選舉中，訴諸情緒的宣傳單與訴諸理性的宣傳單對於選舉的效果影響。他將收到訴

諸情緒的宣傳單的三個區域，與收到訴諸理性的宣傳單的四個區域，利用　105
區域大小、人口密度、各區大致的房地產價格、之前的投票型態及社經地
位來將它們配對。

　　任何類實驗所作的因果推論都必須符合所有因果關係的基本要求；也
就是，因要在果之前發生，因要與果共變，及其他可能解釋該因果關係的
理由都不合理。隨機化實驗與類實驗都有操弄實驗對待，使得它必得在果
之前發生。而所有實驗都很容易作到評估因果的共變，通常是統計分析的
階段作這項評估。而要符合第三項要求，隨機化實驗將各種其他可能解釋
因果關係的原因都隨機分派到各組，使這些可能的解釋原因變得不合理。
由於類實驗沒有作隨機分派，就必須仰賴其他的原則，才能讓其他的解釋
原因顯得不合理。我們強調三個密切相關的原則，來解決類實驗研究的這
項需求。

● 第一個原則是*找出對內部效度的可能合理威脅，並加以研究*。一旦找出
　來，就能探究這些威脅可能解釋實驗對待與結果之間的共變的機會有多
　高（Reichardt, 2000）。本章提供許多例子，說明如何利用先前幾章討論
　過的威脅來評論類實驗研究所得出的推論。

● 第二個原則是*由設計來控制的首要性*。在類實驗中增加設計要素（像是
　多幾個前測的觀察點，或多幾個控制組），可藉以防止某項威脅與實驗
　對待效益的混淆，或提供有關威脅是否合理的證據。不作設計來控制的
　另一個選擇，是利用統計來控制，在研究結束後，以統計調整的方式將
　結果估計值中混淆變項的影響移除。當然，設計的控制與統計法可以也
　必須一起使用；但我們鼓勵讀者盡可能事前使用設計控制，讓統計控制
　去處理那些作了研究控制之後所剩餘的、各組間較小的差異。

● 第三個用來降低類實驗研究裡其他可能合理的解釋原因的原則，是一致
　模式的配對（coherent pattern matching）。也就是，為因果假設作複雜的
　預測，如此一來，就不容易找到其他可能合理的解釋原因。本章的例子
　包括使用**非同等的依變項**（nonequivalent dependent variable）及使用
　預測的交互作用（predicted interactions）。要預測的模式愈複雜，其他可
　能合理的解釋原因愈不容易產生相同的模式，因此，實驗對待就愈可能
　有真正的效益。

這三個原則，沒有一個能像隨機分派一樣，輕易產生可信度高的因果推論或可用漂亮的統計方法；相反的，類實驗的因果推論邏輯，必須非常小心仔細地找出其他可能合理的解釋原因，並降低其可信度。

106 沒有控制組的設計

我們在這一節討論沒有控制組的設計（表 4.1）。唯有降低其他可能解釋實驗對待效果的原因之可信度，才能讓沒有控制組的設計得到強固的因果推論。有些設計在這方面的效果不好，有些則比較好。我們從前者開始，一直談到比較好的，藉以告訴讀者，怎樣才能做出好的設計，讓更多對內部效度的威脅顯得不可信。

➤ 表 4.1　沒有控制組的類實驗設計

一組只有後測設計
$\qquad X \qquad\qquad O_1$
一組只有後測設計，但有多種不同的後測
$\qquad X_1 \qquad\qquad \{O_{1A}\ O_{1B}\ ...\ O_{1N}\}$
一組前測後測設計
$O_1 \qquad\qquad X \qquad\qquad O_2$
一組前測後測設計，且使用兩個前測
$O_1 \qquad\qquad O_2 \qquad\qquad X \qquad\qquad O_3$
一組前測後測設計，且使用非同等依變項
$\{O_{1A},\ O_{1B}\}\ X \qquad\qquad \{O_{2A},\ O_{2B}\}$
移除實驗對待的設計
$O_1 \qquad X \qquad O_2 \qquad\qquad O_3 \qquad X \qquad O_4$
重複實驗對待的設計
$O_1 \qquad X \qquad O_2 \qquad X \qquad O_3 \qquad X \qquad O_4$

一組只有後測的設計（one-group posttest-only design）

這種設計在研究對象接受實驗對待之後，取得後測的觀察資料，但沒有控制組也沒有前測。這種設計以圖示是：

$$X \qquad O_1$$

其中 X 是實驗對待，而 O_1 是後測，從左往右排的順序代表時間上的順序。由於沒有前測，我們很難知道是否有任何的改變；而因為沒有一個沒有接受實驗對待的對照組，我們也很難知道，如果沒有實驗對待發生，情況會是如何。除了時間先後沒有模糊之外，所有對內部效度的威脅通常都適用於這一種設計。例如，歷史的威脅就幾乎一定會出現，因為其他的事件可能跟實驗對待同時發生，因而產生了所觀察到的效果。

107

然而，如果研究者事先就很瞭解依變項會如何產生影響，雖然這種情況很少見，但如有這種情形，那麼這種「一組只有後測的設計」也有優點。例如，美國一般高中生對於微積分的知識一向都很低，因此如果學生在修過一科微積分的課之後，以明顯不是碰運氣的分數通過了微積分考試，那麼這項結果就可能是該微積分課程影響所致；因為學生不可能在家裡、從朋友那裡、從電視上、休閒活動中，或甚至其他學業課程中，學得到多少微積分。但要獲得有效的描述性質的因果推論，效益必須夠大而明顯，而且必須知道有哪些其他可能的解釋原因，並且清楚知道這些原因不合理，或者研究者必須清楚知道，沒有其他任何的原因可能在研究的情境中發生作用（Campbell, 1975）。這些條件在社會科學界很難達到，因此這種單純的設計很少派得上用場。

以多種不同的後測來改善一組只有後測的設計

一組沒有前測的設計如果有跟理論連結，就可能比較容易詮釋；這種跟理論連結的情況有不同的名稱，有人稱為「模式配對」（pattern matching）（Campbell, 1966a; Trochim, 1985），也有人稱為「連貫性」（coherence）（Rosenbaum, 1995a）。我們以犯罪，像謀殺，來作類比。史克立文（Scriven, 1976）將辦案人員成功破案（謀殺者）的原因，歸於果（屍體）

的明顯性、能找到許多線索確定死因與死亡時間（許多後測），及能將這些線索與罪犯的慣用手法連結（可能的解釋原因），因為警方知道某些罪犯有獨特的犯罪手法，可能與犯罪現場的一些證據相同。如果慣用某種犯罪手法的不止一個人，那麼就可以探究這些嫌疑犯的不在場證明〔Abelson, 1995，稱之為簽名的方法（method of signatures）〕。

病理學家以這種類似偵探的手法，利用從屍體、現場及死亡時間所採集來的證據（資料模式），來研究一個人的死因。他們將蒐集到的資料模式與科學文獻裡區分各種疾病的描述比對，找出可能的死因。流行病學家的作法也類似。為了要瞭解愛滋病是如何流傳到美國，流行病學家利用得到的線索（開始時是在同性戀圈內有高發生率，居住在歐洲的非洲人之間也盛行，在赤道非洲的古巴軍區也有），目前為止追溯到該疾病的根源是一位加拿大航空的空中少爺，這位空中少爺是同性戀，在美國的性活動非常頻繁，去過古巴，而且在那裡曾結交一些在赤道非洲服過役的軍人；而這些軍人在那裡服役時，愛滋病已在當地盛行。

這些線索就是設計裡多項且獨特的後測：

$$X_1 \qquad \{O_{1A}\ O_{1B}\dots O_{1N}\}$$

108　　　其中$\{O_{1A}\ O_{1B}\dots O_{1N}\}$指的是作完實驗對待後，A 到 N 各種建構的測量，這些建構是已知的可能原因（也就是嫌疑犯）所留下的效果之模式（慣用手法）。這與只有一個後測$\{O_{1A}\}$的設計很不一樣，只有一個後測時就不能套用這種模式比對的邏輯。

然而，在這些例子裡，果都是已知，因都是未知而必須回溯找尋。但在大部分的類實驗裡，情形剛好相反：可能的因是已知（例如，一門新的微積分課程），但果是未知而必須向前找尋（例如，學生的成就將會如何）。在後面這種情況，模式比對的邏輯比較不受重視，因為「因」常是新的創造，完全不知道會有怎樣的「果」的模式。因此，在一個向前探索的設計下加上多種不同的後測，可能會增加第一類型錯誤的機會，這對研究結果的效度更危險，因為人類即使從一堆毫無意義的資料也常能找出模式加以詮釋（Fischhoff, 1975; Paulos, 1988; Wood, 1978）。*事前*就非常謹慎仔細地說明能支持一項因果關係的模式，是非常關鍵的；有時有些領域裡有發展完備的理論，就能做到事前仔細說明該模式。但即使有發展完備的

理論，這個模式必須是獨特唯一的，這一點很關鍵。如果病理學的教科書對於三種不同的疾病都說有類似的變化，我們就不能根據這些變化來區辨這些疾病。

一組前測後測的設計（one-group pretest-posttest design）

在先前的設計加上一個對於結果建構作的前測測量，就變成了一組前測後測的設計。一群的研究對象先接受一次的前測觀察（O_1），再施以實驗對待（X），然後再以同樣的測量工具作一次後測觀察（O_2），如下：

$$O_1 \qquad X \qquad O_2$$

加上前測，對於「如果沒有實驗對待，研究對象會有什麼變化」的反事實推論，提供了一點微弱的訊息。然而，因為 O_1 在 O_2 之前發生，兩者之間的差異可能是因為實驗對待之外的影響，如成熟或歷史等造成。例如，傑森、麥可依、布藍可及卓立克（Jason, McCoy, Blanco, & Zolik, 1981）研究一項減少芝加哥狗屎的運動的效果，該項運動將宣導刊物及「便便鏟」和塑膠袋分送到民宅，結果狗屎大為減少。如果我們可以假定其他的可能解釋原因都不可能真正發生（像是天氣變壞了，所以狗比較少上街；或者另一項為減少市區垃圾的運動也在同一時間發起；或者當地的犯罪率突然急遽上升，因此許多居民都留在家裡），則這項結果可以說是該項運動造成的影響。

這項設計在實行時可以用相同的單位，或使用不同的單位，但這兩個不同的單位都必須接受前測與後測。如果使用相同的單位，常稱為研究對象內的設計（within-participants design）[2]。杜卡特（Duckart, 1998）利用研

---

[2] 在這裡，研究對象內的因素是時間：每個單位在前後測的重複測量。在其他的研究對象內的設計裡，同一個對象可以經歷不只一種實驗對待。相對的，有多種實驗對待，且接受每一種實驗對待的單位都不同的設計，則常稱為研究對象間的設計（between-participants design）（S. E. Maxwell & Delaney, 1990）。研究對象內的設計因為能控制住組內各單位間的差異，因此可增加統計的檢力，也因此這種設計可以用少一點的單位來測試相同數量的實驗對待。然而，研究對象內的設計可能會造成疲倦效應（fatigue effects）、練習效應（practice effects）、轉帶效應（carryover effects）及次序效應（order effects）。

究對象內的設計來評估一項減少巴爾的摩市低收入戶住宅內鉛含量的計畫。該項大型計畫以教育及實際改變環境的方法來減少每戶鉛的來源。前測、介入措施一執行完畢（後測）及執行完畢後六個月（追蹤），每戶的多處地點都測量了鉛的含量。結果發現，前後測之間鉛的含量顯著降低，追蹤時的降低程度則比較不那麼明顯。由於在短時間之內，環境中的鉛含量是穩定不變的，因此即使有控制組，控制組的鉛含量也不可能自動降低；因此這項研究題目本身，比其他大多數的研究題目更適合使用這種一組前測後測的設計。

即使如此，杜卡特（1998）還是發現幾個對效度的威脅。關於內部效度，成熟的威脅可能影響前測到追蹤的結果，因為鉛塵量在冬天比在夏天低，而大部分的追蹤是在冬天作的。歷史也是一種威脅，因為巴爾的摩另一個機構同時也提供一些服務，這些服務可能影響到樣本中某些住家環境中的鉛含量。測驗也是一個威脅，因為將鉛含量的前測結果告知居民時，可能使他們比較努力清掃環境，如此一來，即使該項計畫沒有效果，鉛含量還是會降低。至於樣本的流失，大約三分之一的樣本在前測之後就不繼續參與該計畫，這些可能是最沒有意願或比較不合作的居民。統計結論效度可能因樣本小而減低，一些不顯著的檢定結果也可能是因為檢力較低，而因為每一區的實驗對待**執行**（implementation）方式的變化很大，可能也因此導致檢力又更低。又因為在家戶執行介入措施的和作結果測量的，是同一個人，而他們在測量時可能讓介入結果看起來比實際的效果還好。

這個例子教我們很多抓出因果推論中的效度威脅的邏輯。杜卡特（1998）作了兩項關鍵的事。第一，他讓讀者瞭解，這些威脅不僅是可能而已，而是合理可信；而他的方法是提供那些顯示某項威脅可能已經發生的資料，例如，過去的研究顯示冬天的鉛塵含量的確比夏天低。第二，他讓讀者瞭解這項威脅會產生的效應，是像他所推測的因的效應，例如，他發現介入措施結束之後的鉛含量較低，但這時也是冬天，因此，這些較低的鉛含量也可能是因為季節的影響。這兩個條件都必須存在，才能讓「該

110

為了不讓這些效應與實驗對待的效益混淆，研究對象內的設計裡，常讓每個單位隨機接受不同次序的實驗對待，或特意將次序予以**平衡對抗**（counterbalanced），也就是讓有些單位按某種次序接受實驗對待（例如先 A 而後 B），但讓其他的單位按另一種次序接受實驗對待（先 B 後 A），如此才能評估次序效應。

計畫造成了所觀察到的結果」這項推論變得比較薄弱。例如,假使過去的研究發現夏天的鉛塵含量比冬天低,這麼一來,就不能解釋該項計畫冬天的鉛塵含量較低的發現,也就不會威脅到內部效度。效度的威脅要合理可信,它所產生的效應大小必須跟所觀察到的結果大小類似;如果效應太小,就不能解釋所觀察到的很大的效應,也不能是與結果方向相反的效應(例如,所觀察到的是鉛塵含量降低,效度的威脅也必須能讓鉛塵含量降低,而非升高)。

　　然而,除非結果的測量非常明顯,而且前後測之間的時間差距很短,否則田野情境中的社會科學家很少能以簡單的前測後測設計建構出可信的因果知識。考慮使用這種設計的人,應該要考慮加入更多的設計元素。

利用兩個前測來改善一組前測後測的設計

　　在第一次前測之前再加一個前測,可以降低成熟與迴歸威脅的合理性:

$$O_1 \qquad O_2 \quad X \quad O_3$$

　　這兩個前測的功能,是要澄清從 O_2 到 O_3 中間,所估算的實驗對待效應可能存在的偏誤。例如,碼林、碼林、丕黎史達波、沙波葛及歐司第羅沙波葛(Marin, Marin, Perez-Stable, Sabogal, & Ostero-Sabogal, 1990)的研究檢定一項專為墨西哥裔設計的戒菸宣傳活動。第一次前測是在 1986 年秋天,第二次前測在 1987 年夏天,而後測是在 1988 年夏天。結果顯示宣傳活動(O_3)之後,人們在這方面的訊息程度遠超過宣傳活動開始之前(O_2),也遠超過從第一次前測(O_1)到第二次前測(O_2)之間的成熟趨向所能預期的。當然,如果實驗對待之前的成熟速度有非線性的改變,就必須以更多的前測才能發現。

利用一個非同等的依變項來改善一組前測後測的設計

　　加上了非同等的依變項之後的結果如下圖所示,其中 A 和 B 代表不同的測量,它們都是從同一組人在 1 和 2 兩個時間點所蒐集來的資料:

$$\{O_{1A}, O_{1B}\} \quad X \quad \{O_{2A}, O_{2B}\}$$

　　測量 A 和測量 B 都是評估類似的建構,但我們預期測量 A(結果)會

因為實驗對待而改變；而測量 B（也就是非同等的依變項）則不會，但測量 B 因為內部效度的威脅而產生的改變，會跟測量 A 相似[3]。例如，羅柏森與羅西特（Robertson & Rossiter, 1976）就用了一個非同等的依變項，來研究聖誕節市場銷售期間，兒童對於有作廣告的玩具之喜愛程度。他們的研究發現，11、12 月時有作廣告的玩具被喜愛的程度（結果），比沒作廣告的玩具（非同等的依變項）增加較多。這項設計降低了許多內部效度威脅的合理程度。例如，由於美國文化在聖誕節這段期間都常提到禮物與玩具，因此歷史是一個威脅。但這項威脅應該影響到對所有玩具的喜好，而不僅止於有作廣告的玩具。但如果在電視上打廣告的玩具，在廣播及報紙也打廣告，就有另一種歷史的威脅。這時誰能說是電視廣告造成的影響？又如果玩具廠商在這段期間是為銷路不好的玩具作廣告，統計迴歸會如何？

麥吉利與博得溫（McKillip & Baldwin, 1990）也用一個非同等的依變項設計。他們發現，媒體宣傳了經由性接觸傳染的疾病之後，大眾對於必須使用保險套的認知，比酗酒或規律作運動的認知增加得更多；而麥克尼、集力安、戌內爾與黎斯立（McNees, Gilliam, Schnelle, & Risley, 1979）則發現，點心攤對於洋芋片被偷所作的回應措施，會降低偷洋芋片的發生率，但不會降低偷冰淇淋、牛奶及三明治的發生率。這種設計的用途廣泛，且如果我們可以頗為確定，這兩個依變項受同樣環境影響，且影響程度也相同時，則其結果也能作因果詮釋。

移除實驗對待的設計（removed-treatment design）

這項設計在「一組前測後測設計」（O_1 與 O_2）中加入第三個後測（O_3），接著在作最後的測量（O_4）之前，先移除實驗對待（X）：

$$O_1 \quad X \quad O_2 \qquad O_3 \quad X \quad O_4$$

---

[3] 當羅森朋（Rosenbaum, 1995a, p. 137）說「當實驗對待組與對照組在結果上有某種規律的差異（systematic difference），且這種差異不應該會被實驗對待所影響時，這種差異就一定是一個隱藏的偏誤」，他正是在講類似的概念；但是，非同等依變項是特意選來讓它反映出某些特定的效度威脅；比起實驗對待應該不會影響到的其他結果，非同等依變項更能提供有關該特定威脅的訊息。

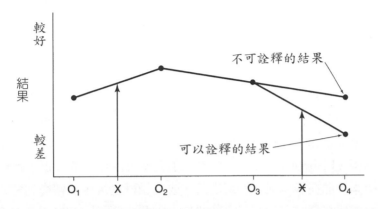

> **圖 4.1　移除實驗對待的設計所產生的，大致可以詮釋的結果**

　　其目的是要顯示，結果變項隨著實驗對待的存在與否而起落；要以別的原因解釋這種結果，只可能會是在同一時間也有相同起伏的效度威脅。從 O_1 到 O_2 之間，是實驗的一段，而從 O_3 到 O_4 的變化則是另一段；後面這一段所包含的假設恰與從 O_1 到 O_2 的假設相反。如果第一段的預測是從 O_1 到 O_2 有增加，那麼第二段的預測就應該是減少（或增加得較少）。當然，這樣的模式只有在實驗對待一旦被移除，其結果就消散的情況下才可能發生。即使從 O_2 到 O_3 只殘留一些實驗對待的效應，也會使從 O_3 到 O_4 的分析產生偏誤。因此，這種設計所產生的最能詮釋的結果，如圖 4.1。

112

　　統計結論效度是一個問題，因為結果的模式可能只因為一個極端偏離值（outlier）而大受影響。因此，最好要有大樣本及可靠的測量方法。再者，移除實驗對待有時可能不符合研究倫理，或可能引發實驗對象的挫折，連帶使得攻擊、滿意，或表現的測量受到影響，類似「含怨低落的情緒」與「補償性質的對抗」的作用。如果有這樣的情況，使用這種設計就不明智。

　　如果實驗對象不再接受實驗對待，而且他們中斷的原因是跟實驗對待本身無關時，就自然產生了這種設計。但這種情形很少發生，因此，當實驗對象自己選擇退出實驗對待時，就必須特別小心。我們以具體的例子來說明：假設現在要研究「進入一項新的工作角色對於態度的影響」。例如，某人的新工作是領班（X），他可能在 O_1 和 O_2 之間發展出偏向管理者的態度，但不喜歡跟經理接觸。到了 O_3 時，他變得比較沒有那麼偏向管理者

（Lieberman, 1956）。這個人也許辭職或從領班的位置被換下來，使得他從 O_3 到 O_4 對管理者的態度，比從 O_1 到 O_2 不那麼正面。如果有這個模式出現，研究者必須決定，從 O_3 到 O_4 的減少，是反映了工作職位的改變，還是在 O_3 之前就已經發生。如果從 O_3 到 O_4 的減少程度，跟從 O_2 到 O_3 的減少程度類似，則比較可能是後者的情況（見圖 4.1 中不可詮釋的結果）。如果從 O_3 到 O_4 的減少幅度，比從 O_2 到 O_3 的減少幅度明顯較大時，則比較可能是進入新的工作角色，使得這位新人採取比較偏向管理者的態度。

力伯曼（Lieberman, 1956）實際用了這個設計作研究，但是比較簡單一點的版本。他在樣本成為領班之前、成為領班之後，及轉換到別的工作之後，都予以測量——只有三波的測量。因此，O_1 到 O_2 之間的差異，跟 O_2 到 O_3 之間的差異，可能是因為：(1)工作角色的改變，因而影響了態度；或(2)從領班被降級，因而態度變得比較不偏向管理者。加上第四波的觀察則能幫忙評估這些可能性。

在這種設計（及許多其他設計）裡，每一波的觀察與下一波觀察之間的相隔時間必須相等，是很重要的；因為這可讓我們評估自發性的線性改變。如果從 O_3 到 O_4 的時間，比從 O_2 到 O_3 的時間長，那麼，比較 O_2 到 O_3 之間跟 O_3 到 O_4 之間的差異，就比較沒意義，因為如果是穩定的改變速率，可能會讓 O_3 到 O_4 的差異顯得比 O_2 到 O_3 之間的差異大。如果我們在每段時間內都有不受實驗對待影響（treatment-free）的變化速率估計值，就比較不需要一樣長度的相隔時間；但這類設計很少有這種估計值。

重複實驗對待的設計（repeated-treatment design）

有時能夠在施予實驗對待後，又將它移除，之後再重新施予一樣的實驗設計，這樣作的目的，是研究實驗對待與結果之間在這些時間內的共變情形：

$$O_1 \quad X \quad O_2 \quad X \quad O_3 \quad X \quad O_4$$

在這種設計裡，很少有威脅能解釋「實驗對待的施予及移除這一方面，跟結果方面相對應的改變，兩者之間的密切關係」。這種威脅必須跟實驗對待的施予及移除的時間相符合，而這通常不太可能發生。然而，如果實

驗對待的效應並非短暫就消失的，那麼，移除了實驗對待也難以將效應的方向扭轉回來；而且，如果到了 O_3 時，實驗對待已經造成了天花板效應，那麼即使再一次施予實驗對待也看不出它的效果。

這種設計所產生的最能詮釋的結果是：O_1 與 O_2 不同，O_2 與 O_3 不同，且兩種不同的方向相反，而 O_3 到 O_4 的差異跟 O_1 到 O_2 的差異類似，卻不像 O_2 到 O_3 的差異。包爾斯與安林（Powers & Anglin, 1993）曾將這種設計稍微修改，用以顯現美沙酮（methadone）對鎮靜劑（narcotic）使用的效應。當施予美沙酮時，鎮靜劑的使用急遽降低；將美沙酮移除時，鎮靜劑的使用又上升；再一次施予美沙酮時，鎮靜劑的使用又降低。這種設計也常被心理學界的行為學派研究者拿來使用（Barlow & Hersen, 1984）。我們猜，這種設計之所以如此常用，是因為它至少重複顯示一次（replication）實驗對待的效應，而且因為這種重複符合了品質研究的一項基本標準：可再複製（reproducibility）。

這項設計對內部效度的威脅則是週期性的成熟（cyclical maturation）。例如，如果 O_2 與 O_4 是在星期二早上記錄，O_1 與 O_3 是在星期五下午記錄，則生產量的差異可能是跟週一到週五之間在工作表現上的差異有關，而不是實驗對待的效應。研究者也必須檢查一下，是否有任何歷史事件恰巧與實驗對待的施予及移除模式相同。然而，大致而言，這種設計的內部效度不錯，尤其如果研究者能控制實驗對待的施予及移除，則內部效度更強。

但這種設計在外部效度和統計結論效度上可能很脆弱。例如，霍桑研究（Roethlisberger & Dickson, 1939）中的許多工作表現圖是女工的工作表現，有時只有六個人而已，而且她們對於實驗對待的反應差別很大，因此我們無法確定結果有多強固，可以不受抽樣誤差的影響。當然，這種設計可以使用較大的樣本及統計檢定；我們也鼓勵過讀者這樣作。

當研究對象發現到，實驗對待被施予之後移除了，之後又再施予時，這時因的建構效度就受到威脅；研究對象可能對這種情形產生一套他們自己的假設，並且受到這個假設的影響。當實驗對待在 O_2 與 O_3 之間被移除時，也可能有含怨低落的情緒的問題，O_3 的資料可能就被影響，而使得 O_3 到 O_4 之間因重新恢復實驗對待而出現的升高較難以詮釋。

因此，如果結果的效應是短暫的、實驗對待不會造成干擾、第一次施予實驗對待與再重新恢復的兩點之間相隔的時間能長一點，並且沒有什麼

時間上的週期會和實驗對待的施予及移除相混淆，就比較能使用這種設計。如果是頻繁地重新施予實驗對待，且施予的時間點是隨機的，這種設計就會更有效，因為這樣就形成了一項隨機化的實驗，其中，時間區塊（time blocks）就是被分派的單位（Edgington, 1987, 1992）。但並非所有的研究計畫都能符合這些條件。

以回顧式的前測施行重複的實驗對待設計

包爾斯與安林（Powers & Anglin, 1993）修改採用了這種設計，他們是讓過去曾經接受數次戒毒治療的海洛因吸食者回想評估美沙酮的效果。他們要求這些吸毒者回顧並寫下自己吸食及接受戒毒治療的歷史。從這些重新蒐集的資料發現，利用美沙酮治療期間，美沙酮降低了海洛因的用量，但非治療期間則沒有降低用量。不幸的是，回顧式的判斷，偏誤可能頗大（例如，Silka, 1989）。例如，比起以往的事情，人們常高估目前發生的不好的事情，而且，回顧式自述的結果常跟展望式的（prospective）自述結果不同（Widon, Weiler, & Cottler, 1999; G. S. Howard et al., 1979; G. S. Howard, Millham, Slaten, & O'Donnell, 1981）。影響回顧式前測的因素包括：所回想的內容是否易於被扭曲（例如，認知相對於行為）、多久以前發生的事、回顧所需要的條件之特質（例如，回答若包含違法行為，則極可能被扭曲）、所需要的訊息需要多詳細（常比較不能正確地回想詳細的事件），及回憶所引發的情緒（例如，回憶一個驚恐的事件；Babcock, 1998）。有時候，回顧式的前測可以用別的資料加以交互驗證。例如，包爾斯與安林（1993）把自述的治療日期以行政紀錄驗證。然而，在實驗設計的情境下，這些東西都難以用實證的方法得知，因此我們必須重複坎伯爾與史坦利（Campbell & Stanley, 1963）的意見：「既然知道有這些自我的因素會扭曲記憶與訪談的內容，這種資料（回顧式的前測資料）絕對不能是關鍵的。」（p. 66）回顧式的前測必須只能作為其他改善設計的補充資料，不可單獨使用，而且必須當作最後不得已的一種方法，非常小心地詮釋。

包爾斯與安林（1993）的研究也有樣本隨著時間而流失的問題，他們只能研究有回來接受實驗對待的吸毒者。因此，他們接受一次、兩次、三次及四次實驗對待的樣本數，一個比一個小。如果有些病人回來接受實驗對待是因為沒有繼續保持不吸毒，而其他沒有回來的人則是因為他們已經

完全脫離毒癮的控制，那麼，如果他們能追蹤到所有的樣本，則他們認為「美沙酮的效果只是暫時的」這項結論，可能就不成立。這是任何長時間追蹤同一樣本的縱貫研究都會發生的問題；那些沒有再被訪問的樣本，和那些有再度被訪問的樣本，兩群人之間可能有特性上的差異。

　　如果有一個獨立的控制組，這一節所討論的問題，有很多就能獲得較圓滿的解決。例如，在包爾斯與安林（1993）研究，如果加入一群沒有接受美沙酮治療的控制組，就可能澄清那些沒有接受治療的個案的回顧自述中，海洛因用量改變的次數與時間點；也可能澄清樣本流失產生的的影響。要澄清後者，可以用兩個控制組：要求其中一組要回到診所接受評量，那麼，這一組的流失率就可能跟有接受實驗對待的那一組相同；而另一組則積極地到他們所住的社區作追蹤，這樣流失的情形就不會發生。我們接著就討論這種控制組，暫時把討論限制在有控制組但沒有前測的類實驗。

有控制組但沒有前測的設計

　　可用來作反事實推論的一個經典的方法，就是加上一個沒有接受實驗對待的控制組，控制組成員的選擇則盡可能類似選擇實驗對待組的方法（D'Agostino & Kwan, 1995）。如果兩組不是經過隨機分派而形成，我們用虛線（-------）來分隔兩組，而這種方式形成的組之前都加上 *NR*（non-random assignment，非隨機分配）。表 4.2 列出有控制組但沒有結果變項的前測的類實驗。

116

> ➤ 表 4.2　使用控制組但沒有前測的類實驗設計

只有後測但有非同等組的設計

$$NR \qquad\qquad\qquad X \quad O_1$$

$$NR \qquad\qquad\qquad\qquad O_2$$

只有後測但使用一個獨立的前測樣本的設計

$$NR \qquad\qquad O_1 \mid X \quad O_2$$

$$NR \qquad\qquad O_1 \mid \quad O_2$$

只有後測但使用前測近似變項的設計

$$NR \qquad\qquad O_{A1} \; X \quad O_{B2}$$

$$NR \qquad\qquad O_{A1} \qquad O_{B2}$$

115
只有後測但有非同等組的設計

　　我們在這裡把「一組只有後測的設計」加上一個控制組。如果實驗對待在研究者還沒參與之前就開始了，以致無法取得前測，這時就能使用這
116
種設計。這樣的設計以圖表示是：

$$NR \quad X \quad O_1$$

$$NR \qquad O_2$$

　　例如，夏普與衛樂比（Sharpe & Wetherbee, 1980）比較密西西比州內，有從 WIC 計畫領營養補助的媽媽跟沒有領營養補助的媽媽。結果顯示，兩組之間在嬰兒的出生體重及死亡率上，都沒有顯著差異。但兩組原先可能在一些跟這兩個結果變項有關的特質上就有差異，例如，她們先前的營養狀況。這種在前測就可能有差異的情形，讓研究者很難將實驗對待的效應與選擇效應分離開來。

　　有時，研究者對於選擇這種比較不好的設計所給的一個理由是：前測可能使得研究對象變得敏感，因此影響到他們在後測的結果（Lana,

1969）。但如果比較多個實驗對待組，這時每一組都會產生測驗的效應，所以不影響內部效度；只有當各組的測驗效應不同時才會。這種情況很少，但還是曾發生過（Aiken & West, 1990）。要降低測驗的效應，可以使用測驗的複本（前測使用一個複本，後測使用另一個複本）；或利用項目反應理論（item response theory）把不同的測驗定位在同一個量尺上（Hambleton, Swaminathan, & Rogers, 1991）；或將前後測之間的時間拉長（Willson & Putnam, 1982）；或利用「所羅門四組設計」評估是否有測驗效應及其影響大小[4]；或利用一些比自述法更不會引起研究對象反應，也不造成干擾的測量方法（Webb, Campbell, Schwartz, & Sechrest, 1966; Webb, Campbell, Schwartz, Sechrest, & Grove, 1981）；或利用「假測謊機」（bogus pipeline）（Jones & Sigall, 1971）這類的技巧；或利用回顧式的前測；或利用明確的對照組或行為標準，將研究對象的回應找出一個明確的起始點（anchor responding）（Aiken & West, 1990）。因此，即使各組因前測而變敏感的程度不同會是個問題，但若因此而不用前測，之後想要檢討選擇偏誤時所須花費的代價，會比以上列出的方法大許多。

117

利用一個獨立的前測樣本來改善只有後測的設計

即使無法對同一樣本在實驗對待的前後蒐集前測資料，我們有時還是可以從一個隨機形成的*獨立*樣本蒐集前測的資料；所謂隨機形成的獨立樣本是指：從後測樣本的母群隨機抽取而來的一組人，但樣本間的人員可能有重複[5]。當前測的測量可能引起研究對象的注意與反應時，或當長期追蹤同樣的人花費太高或太難時，或當研究者希望研究整個社群，而該社群的人員會隨時間而變化時，這種樣本就很有用。這個設計的圖示如下，其中直的虛線表示不同時間點的樣本是獨立的：

$$NR \quad O_1 \mid X \quad O_2$$
$$\overline{}$$
$$NR \quad O_1 \mid \quad O_2$$

4　在這種設計裡，研究對象被隨機分派到兩個實驗對待組的其中一個，這兩組除了一個有前測，另一個沒有前測之外，其他都完全相同；因此可實證測量前測的效應。

5　在一些文獻裡，這些也稱為橫斷式的追蹤樣本（cross-sectional panels）。

這種設計常在流行病學、公共衛生、行銷及政治的民意調查中使用，而且比沒有前測的設計為佳。然而，如果獨立的前測樣本與後測樣本，不是隨機從相同的母群抽出，那麼這種設計所獲得的實驗對待效應估計值，就可能有許多的選擇偏誤。但即使隨機抽樣也不能完全避免選擇偏誤。第一，所謂隨機選擇使得前測與後測的樣本相等，只是在抽樣誤差的範圍之內，所以如果樣本小而異質性高時，就比較難讓兩個樣本相等。第二，不同波次的測量之間，母群的組成可能產生質性的變化，尤其當波與波之間相距的時間久遠時更是如此，而這些母群的變化可能會被誤以為是實驗對待的效應。還有，我們下一章所介紹的，「控制組有*相依的*前測樣本及後測樣本的設計」（control group designs with *dependent* pretest and posttest samples）可能有的內部效度的威脅，使用*獨立的*前測樣本與後測樣本時也會有相同的威脅。最後，由於每一波次測量的獨立樣本，不能作為它們自己的組內統計控制（within-group statistical controls），因此統計結論效度會比較弱。所以，只有非常需要獨立的各組時，或當相依的組產生的問題很嚴重時，才會推薦這種設計。如果必須使用這種設計，研究者必須特別注意樣本數的控制、如何執行抽樣，及利用穩定可信的測量工具以評估各組是否可相比（Feldman & McKinlay, 1994）。

118　利用前測的近似變項來改善只有後測的設計

另一種技巧是測量前測的近似變項──也就是在概念上跟後測有關連且有相關的變項。其圖示如下，其中 A 代表前測的近似變項，B 代表後測：

$$NR \quad O_{A1} \quad X \quad O_{B2}$$

$$NR \quad O_{A1} \qquad O_{B2}$$

近似變項最好在概念上與結果相關，而不只是可以獲得的測量，像是年齡、性別、社會階層或種族而已。例如，當評量一門為那些從來沒上過微積分的學生開的微積分課程時，作微積分的前測不會有多少變異量（因為每個人分數都很低）；這時測量前測的近似變項，像是數學資質或代數成就，會比較好。只要這些近似變項跟後測的相關夠高，近似變項就顯示控制組和實驗對待組在前測的差異有多大（選擇偏誤）；也顯示那些中途退出的研究對象跟那些留在組內或別組的人之間的差異有多大（流失偏

誤）。即使如此，這種指標的功效通常會比結果變項真正的前測弱。

利用配對或分層改善只有後測的設計

　　缺少前測，我們就不知道選擇偏誤有多大。研究者常會利用跟後測可能相關的變項來作配對或分層，以之形成實驗對待組及對照組，藉以減少這種偏誤。

　　定義　使用**配對**（matching）時，研究者將在配對變項得分相似的單位併成一組，再將同一組內的單位隨機分派到實驗對待組與對照組，因此，實驗對待組與對照組都有在配對變項得分很相近的單位[6]。例如，賴維、碼修、史第芬森、戴尼及修可（Levy, Matthews, Stephenson, Tenney, & Schucker, 1985）研究的是提供有關營養的訊息，對於超級市場中的貨品銷售及市場占有率的影響，且這些超級市場都是屬於同一連鎖店，有一套相同的管理程序。他們用了十家華盛頓州的超市作為實驗對待組，馬里蘭州的十家超市作為對照組，形成十對跨州的超市，每一對在店面的大小及社經特質上都極相近，因為這些變項能預測貨品銷售量與市場占有率。

　　雙胞胎研究是配對設計裡非常特殊的例子（例如，Ashenfelter & Krueger, 1994）。他們的預設前提是：雙胞胎彼此之間相似的程度，比像其他人的程度還高，尤其同卵雙胞胎彼此之間更像，因為他們的基因結構完全相同；同卵雙胞胎之間也比異卵雙胞胎之間更相像，因為後者只有部分的基因結構是相同的。再者，雙胞胎所受到的環境影響通常相同，例如，在相同的社經地位環境下，由相同的父母在相同的家庭撫養。這些基因及環境的相似性，使得利用雙胞胎作為配對的類實驗有非常大的優勢。

119

　　另一個密切相關的技巧是**分層**（stratifying）。分層是將單位分成一些同質的組，且每一組的人數比實驗裡的組數總和還多。一個例子是以性別作分層；很明顯的，在一大群男性中，不可能再找到比「男性」更適合的

---

6 有些作者認為配對和比對成群（blocking）有差別，以比對成群來表示實驗對待組與對照組的得分類似，而配對則指各組的得分完全相同。在兩種情況下所構成的組，每一組所包含的研究對象數，都跟實驗（實驗對待組及控制組）的組數一樣——例如，實驗有兩組時（如實驗對待組及控制組），則配成對的組有兩個研究對象，而如果實驗有三組時（像是兩種不同的實驗對待組及一個控制組），則配成對的組有三個研究對象。我們則將兩個詞（*配對*與*比對成群*）互換使用。

配對，因此，一個男性組裡的男性人數會比實驗對待組與對照組的組數總和還多很多。有時也可以利用連續變項來製造層（strata）。例如，把成就測驗的分數從中位數（median）分成兩邊，就成了兩大層。以分層所得到的群體之內的同質性，會比用配對得到的群體內同質性低，因為每一層之內，分數的變化較大。如果必須使用分層，則多幾層會比少幾層好；而五層通常就足夠移除使用配對所能移除的總變異量的90%（Cochran, 1968）。下一節裡，我們大部分是討論配對，但有關配對的情形通常也適用於分層。再者，我們即將討論的方法中，有一些像是最佳配對（optimal matching），會模糊掉配對與分層之間概念上的界線，但實務上的意涵應該還是很明顯。

配對的方法　配對的方法有各式各樣（Cochran, 1983; Cochran & Rubin, 1973; Costanza, 1995; Dehejia & Wahba, 1999; Gu & Rosenbaum, 1993; Heckman, Ichimura, & Todd, 1997; Henry & McMillan, 1993; Marsh, 1998; Rosenbaum, 1995a; H. Smith, 1997）。如果是確實的配對，同一配對組裡的單位必須有完全一樣的得分。然而，如果樣本太小，或兩組在配對變項上的分布不平均時，或如果變項的測量是使用很細密的刻度時，有些單位就找不到跟自己完全一樣得分的單位可以配對。彎腳規配對（caliper matching）中，同一配對組裡的單位，得分不需要完全相同，但彼此的距離必須是在某一個限定範圍之內（Cochran, 1965），然而測量這個範圍的方法卻有幾種不同的方式，像是最近的鄰居配對（nearest neighbor matching），或馬哈拉諾比斯距離配對（Mahalanobis distance matching）（Hill, Rubin, & Thomas, 2000; Rosenbaum, 1995a）。

有時控制組的單位比實驗對待組的單位多，因此如果研究者可以選擇多個控制（Henry & McMillan, 1993），就可能改善配對及增進統計檢力。例如，指標配對（index matching）就是在一個接受實驗對待的單位之特質程度的上下各一級，都找幾個控制組。群聚組配對（cluster group matching）使用群聚分析，將實驗對待組嵌入具有類似特質的控制組的單位所形成的群聚之中。基準組配對（benchmark group matching）所選擇的控制組的單位，是那些在某種多變項距離的測量（multivariate distance measure）上，與實驗對待組距離相近的單位。以電腦作的模擬研究則發現，群聚組配對和基準組配對兩種方法可能比指標配對的效果好（Henry & McMillan, 1993）。最後，在最佳配對（optimal matching）裡，每一個接受實驗對待

的單位可能有數個與之匹配的控制組的單位，且反之亦然（Bergstralh, Ko-
sanke, & Jocobsen, 1996; Rosenbaum, 1995a）。目前還沒有人把各種配對法
的優點與缺點、它們之間的比較，及它們與其他方法（像是共變數分析）
的比較[7]，作完整的整理。

　　配對的問題　　配對在類實驗研究裡一直都有爭議，因為這種設計一直
都有選擇偏誤存在的可能[8]。它最少有*配對條件不足*（*undermatching*）的風
險，也就是有些重要的預測結果變項沒有列入配對項目裡。例如，雖然賴
維等人（Levy et al., 1985）將商店依照兩個變項配對，但其他的變項，像
是商店的貨物動線（product line）及與其他商店的距離，也許更能精確區
辨商店之間的差異，或者也許這些變項跟結果變項有相關。如果他們還用
了其他的變項作配對，實驗對待組與控制組的商店之間的同等性就可能更
高。再者，因為配對時如果沒有使用某些變項，配對就不可能讓兩組間在
這些變項上同等（equivalent），因此，我們永遠不能百分百肯定已去除其
他的選擇偏誤。

　　然而，對於配對所抱持的懷疑，主要不是因為擔心有配對條件不足的
風險（畢竟，這還能讓結果較為靠近真正的答案），而是擔心配對的結果
比沒有配對所得到的結果，離真正的答案更遠。坎伯爾與厄爾巴克（Cam-
pbell & Erlebacher, 1970）說明一個很平常的配對如何會得到第二種結果。
他們舉的例子是，看西西瑞理等人（Cicirelli & Associates, 1969; Magidson,
2000）評量「啟蒙計畫」（Head Start）而來；在評量報告中，參加這項
計畫的兒童最後的表現看起來比配對的控制組還差。坎伯爾與厄爾巴克
（1970）說明，該項結果可能是配對所致，因為兩個母群在配對變項上如
果沒有完全重疊，用以跟「啟蒙計畫」配對的兒童，可能是來自母群分布
的某一端（例如，高的那一端），而「啟蒙計畫」的兒童則是來自較低的
那一端。如果這個變項測量有誤差，或跟結果變項的相關不完美，就會發
生統計迴歸的效應，而使得「啟蒙計畫」的結果看似較差。

　　馬許（Marsh, 1998）也有一個類似的例子，這是評估一項資優兒童訓

120

---

[7] 我們在下一章的附錄及討論隨機實驗的那幾章，談一些配對及共變數分析（ANCOVA）
　相對於彼此的優點。

[8] 這項討論大致適用於類實驗中的配對；隨機化實驗中，配對與隨機分派一併使用是非常
　有用的，本書之後會討論。

練計畫時所發生的例子；因為該項計畫的兒童是母群中表現較佳的一群，本來的表現就比能找到的配對還優秀。因此，只能從資優兒童群體分布比較低的那一端（比較多負的隨機誤差的那一端），及控制組母群分布比較高的那一端（比較多正的誤差的那一端），兩者重疊的部分，來為資優兒童找出配對。後測時，資優兒童的表現向上迴歸到他們的平均值，而控制組的表現則向下迴歸到他們的平均值。這所造成的偏誤，讓這項訓練計畫即使實際沒有效益，也會顯得似乎有效益。

121 　　*做好配對的原則*　　從這些例子所得到的主要教訓是，類實驗研究裡，如果是使用不穩定或不可靠的變項作配對變項，或原本就不同等的組在配對之後更加不類似時，配對的方法最沒有效益──而且可能有害而不是有幫助。有兩種方法可以克服這個困難。第一是在配對之前就在情境與研究問題容許的範圍之內，盡可能選出最相似的兩組。如果兩組在配對變項的分布有高度重疊，就不需要從分布的另一個極端挑，便可以找出許多配對。例如，如果控制組是由那些符合實驗對待組條件但太晚報名的人所組成，而不是由不符合實驗對待組條件者所組成，則不同等的各組分布之間可能有比較多重疊的部分。如果無法找到這種符合實驗對待組條件的對照組人選時，檢查兩組重疊部分可以幫助提醒研究者，配對之間有迴歸威脅的可能性。

　　第二種方法是使用穩定可靠的變項作為配對的變項。有些變項，像是性別與年齡，測量誤差很小，因此，*如果*它們跟結果變項有相關，就會是很好的配對變項。其他配對變項的信度，可以利用聚合多個變項的方法來提高──例如，將同一時間測量的許多前測變項組成一個複合變項〔例如，第 5 章描述的傾向分數法（propensity score approach）〕，將許多個人資料合成一個複合變項（例如，使用學校平均數，而非使用學生個人的資料），及將連續兩次或更多次的前測表現加以平均，而不使用只有一次的表現成績。後面這項步驟也幫研究者避免選到那些只在一次前測考得特別高（低）的人（這也可能造成統計的迴歸），因為隨著愈來愈多的觀察值被一起平均，隨機誤差常會互相抵銷。

　　例如，我們對於米爾撒、古德森、雀司及艮西（Millsap, Goodson, Chase, & Gamse, 1997）最近的研究裡，配對的執行方式感到樂觀許多。這項研究是探討底特律地區一項學校發展計畫（Comer, 1988）對於學生成就的影

響。米爾撒等人使用了一個「*穩定配對包覆*」（*stable matched bracketing*）的方法，將實驗對待組的十二所學校與對照組的二十四所學校相比較。他們配對的方法是：(1)以穩定測量的變項來配對，也就是在學區內的位置、學校層次的成就測驗分數，及學生人種組成比例（在這項計畫裡，成就測驗分數是真正的前測，但我們為了說明的緣故先忽略這個）；(2)後面兩種變項是取數年的平均值，而不只是一年所得到的數值；(3)使用的是群體資料（例如學校資料）而非個人資料。並且，對照組的學校，是從一組為數四到六個可能的配對學校中選出兩所，作為一所實驗對待組學校的配對，將該實驗對待組學校包覆其中；也就是，其中一個對照組的配對學校比該實驗對待組學校，在配對變項的學習成就前測上表現得稍微好一點，另一所配對學校則表現得稍差一點。以兩所對照組的學校為一所實驗對待組的學校作配對，不但能夠增加檢力，且其花費比使用更多實驗對待組來得少，因為花費昂貴的實驗對待不必在對照組的學校實施。當研究的是群體的結果（例如學校），及當群體的數目不多時，檢力的增加尤其具重要性。

同時拿來作配對基礎的變項愈多，配對就愈難作；但若把這些變項合成一個多變項的複合數值（multivariate composite），就比較能完成配對的工作。先前描述過的多變項距離配對（multivariate distance matching）（Henry & McMillan, 1993）就是利用這樣的複合變項，以**傾向分數**（propensity scores）來配對的方法也是使用多變項的複合數值（例如，Rosenbaum, 1995a; Dehejia & Wahba, 1999）。傾向分數是以邏輯迴歸（logistic regression）利用相關的變項來預測某些人是否屬於某一群體，所獲得的值。以傾向分數作配對能使組間在傾向分數所用到的那些變項上的差異最小，並且，其結果不會因為傾向分數與結果變項之間的**函數形式**（functional form）不同，而有明顯差異。以傾向分數配對，還可以輔以敏感度分析（sensitivity analysis），來探討所觀察到的效益是否在某種程度的偏誤下，仍能不受影響。我們在下一章會就傾向分數配對與**隱藏的偏誤**（hidden bias）作更多的探討。

配對在類實驗裡所遭遇的問題是很明顯重要的。配對只能使用觀察到的測量結果，因此隱藏的偏誤還是可能存在。將不穩定性移除，固然可以減低迴歸假象的可能性，但即使配對變項和結果變項都已毫無偏差地測量，兩者間如果不是完美相關，這種迴歸假象還是可能發生（Campbell & Kenny,

1999）。而且，有些內部效度的威脅是在前測之後發生，如歷史的威脅；在設計實驗時，沒有任何直接的配對可以將這種威脅納入考量。但是，我們還是感到振奮，本節所回顧的比較好的配對方法，比起那些從不同的母群且只以一個不穩定的變項作的配對，前者更能成功；坎伯爾與厄爾巴克（Campbell & Erlebacher, 1970）評論過後者的問題。使用配對的研究者應該利用這些比較好的方法──以往只用單一不穩定的變項作簡單配對的日子應該完全過去了。

以內部控制改善只有後測的設計

內部控制組來自的母群，應該跟實驗對待組來自的母群類似（Heinsman & Shadish, 1996; Shadish & Ragsdale, 1996）。例如，艾肯、魏司特、匈木、卡絡及雄（Aiken, West, Schwalm, Carroll, & Hsiung, 1998）使用了一個隨機設計及一個類實驗來檢定一項寫作補救課程的效益。他們所使用的非同等內部控制組（nonequivalent internal control group），是那些符合資格但報名太晚，無法參加隨機化實驗的學生──這樣的一群人很可能跟那些符合資格且及時報名的學生類似。在這些情況下，選擇偏誤比較少；而如果控制組是外在的，像是如果控制組是其他大學的學生，或者是因為ACT分數太高（低）而沒有報名資格的學生，這類的控制組所產生的選擇偏誤較多。但內部控制並不保證一定類似；例如，在某些心理治療研究中，將完成整個療程的個案當作實驗對待組，而將拒絕接受治療者（或半途而廢者）當作對照組的作法，明顯會產生選擇的問題，進而影響實驗對待效益的估計。因此要選擇好的控制組，除了小心考量可能的選擇偏誤的問題，沒有其他方法可以代替。

貝克與羅德理格茲（Baker & Rodriguez, 1979）使用一個內部控制組，來研究「將刑事庭被告的刑責轉換成社會或教育服務」的效益。法律諮詢的律師以法律理由而反對隨機分派。然而，比研究的原訂人數多一倍的個案被引介來參加這項轉換計畫，因此，貝克與羅德理格茲用了一個兩步驟的分派方法，也就是：(1)將時間切割成隨機分布的時間區塊，包括十一、十三、十五、十七、十九，及二十一小時的時間區塊；(2)每一個時間區塊裡，前50%的個案被分派到實驗對待組，其餘則被分派到對照組。計畫工作人員不知道目前是屬於哪一種時間區塊，因此不容易預測那50%的配額

是否用完了，也不能預測下一個個案是否會被分派到實驗對待組。法庭也無法特別安排某些個案到實驗對待組，因為他們也不曉得目前是屬於哪一個時間區塊，而且有好幾個法庭都有轉介個案。分析組間差異的結果發現，實驗與控制兩組在前測所測量的變項上相近。這樣形成的控制組比從非轉介的母群選取的控制組好很多。如果計畫的工作人員不清楚什麼時候新的時間區塊會開始生效，而且是研究人員（而非計畫工作人員）作分派的動作，則隨機的時間區塊的特色可能有增加了分派的隨機程度。

然而，這些情況常可能被破壞，使得計畫人員可以特別安排某些個案進入實驗對待組。因為畢竟配額的額度一定都超過一，所以當前一個個案被分派到實驗對待組時，計畫人員就知道，下一個幾乎一定也是被分派到實驗對待組；而如果計畫人員知道下一個會被分派到哪一組時，分派就容易產生偏誤（Chalmers, Celano, Sacks, & Smith, 1983; Dunford, 1990）。這種方法也必須有足夠的轉介人數，超過計畫的容納範圍；這限制了這種方法可以應用到別處的機會。但是，如果沒有其他更好的辦法可用，應該要用這種方法；它類似我們待會兒要看的兩種非常好的設計：(1)迴歸不連續設計（regression discontinuity design），其中轉介的次序是選擇變項；及(2)將時間區塊隨機分派到各組的研究。

以多個控制組改善只有後測的設計

如同我們在討論配對時所言，常可能使用多個非同等的控制組。例如，貝爾、歐爾、布龍奎斯特及肯恩（Bell, Orr, Blomquist, & Cain, 1995）將接受在職訓練的一組與四個控制組作比較：那些沒有申請這項在職訓練計畫的人、被拒絕的申請者（被篩掉的人）、被接受但沒有參加的人（沒出現的人），及參加之後在結束之前就退出的人（中途退出的人）。利用多個控制組有幾個好處。如果控制組之間的差異，就像它們跟實驗對待組的差別一樣大時，這些差異明顯不可能是因為實驗對待而致，因此，它們是顯示出可能的隱藏偏誤之強弱的指標（Rosenbaum, 1995a）。如果知道每一個對照組跟實驗對待組之間的偏誤方向，就可能為實驗對待的效益估計值劃出可能的偏誤範圍。例如，坎伯爾（Campbell, 1969a）討論了「規律變異控制組」（systematic variation controls）與「包覆控制組」（bracketing controls）。使用前者時，研究者找出一個對效度的主要威脅，再依據這個

124

變項設計多個控制組，使各組能涵蓋這個變項可能的值。如果所觀察到的效益不因各組在該威脅變項上的差異而有所不同，則威脅的合理性降低。而使用包覆法時，研究者選取兩個對照組，兩組的特徵是：*如果實驗對待沒有效果，則預期其中一組會比實驗對待組表現得好，另一組則比實驗對待組差*。如果實驗對待組比兩組都表現得好，則因果推論也更強固。

羅森朋（Rosenbaum）（出版中）引用了查賓、賀需及愛莫森（Zabin, Hirsch, & Emerson, 1989）所作的研究作例子。該研究也是使用多個控制組，觀察非裔青少女墮胎的效果。查賓等人將懷孕墮胎的青少女與懷孕後產子的青少女，及想墮胎但發現並沒懷孕的青少女相比較。他們發現，有接受實驗對待（有墮胎）的青少女，兩年之後的教育程度比兩個控制組都高，而兩個控制組的教育程度大約相等。如果控制組只有懷孕產子那一組，那麼，墮胎那一組的青少女有較高教育程度的原因，可能被認為是因為產子那一組需要花時間與精力照顧小孩，而不是因為墮胎的因素。但這種說法（照顧小孩）不適用於沒有懷孕因此也不必照顧小孩的控制組。這些結果使得批評者「墮胎使得後續的教育程度降低」的說法難以成立。

以預測的交互作用來改善只有後測的設計

有時候，利用研究領域內的（substantive）理論可以造出*非常具有區辨力的因果假設*，而如果這些假設被證實為真，就能自動排除許多內部效度的威脅，因為這些威脅無法產生這麼複雜的實證意義。西佛（Seaver, 1973）的類實驗研究就是一個例子。這項研究探討「教師對學生表現的預期對於學生學業成就的影響」。西佛找到一些學生，這些學生的兄姊之前在該校的成績及成就測驗分數很高（或很低）。他將這兩組學生（高成就相對於低成就）分成「現在教他的老師是跟兄姊的老師同一位」及「現在教他的老師是跟兄姊的老師不同一位」兩種。西佛預測，教師預期會使得兄姊表現佳的學生表現得比兄姊表現不佳的學生好，而且如果現在的老師是跟兄姊的老師同一位時，之間的差距會更大。結果資料與他所預測的統計交互作用相符。在這個例子裡，預測交互作用很有用，是因為：(1)研究領域內的理論預測會有複雜的資料模式；(2)有兄姊作為控制組，即使兄姊與弟妹間不一定同等，但在許多家庭背景的因素上很類似；(3)結果的測量（學業成就）是可以信賴的；及(4)樣本數夠大，具有足夠檢力來檢定交互作用。

這些情形在社會研究界很少見，但這個例子說明了，研究發現的一致性可以增強推論的可信度。

　　然而，即使所預測的交互作用的確出現了，研究者還是必須很小心——理查德（Reichardt, 1985）認為，西佛的研究發現可能是迴歸的假象所致。當西佛把學生分成四組時，他也把老師分四組。假設成績表現高於平均值的兄姊，他們老師的能力（而非期望）也高於平均值，被分到同樣的老師的弟弟妹妹也得到平均水準以上的教導；但被分派到不同的老師的弟弟妹妹，所接受的教導可能比較近於一般水準。同樣的情況也可能發生在表現比較差的兄姊上，他們老師的教學能力可能比較弱。因此老師之間效能上的差異，可能解釋西佛所得到的交互作用。但其他的內部效度的威脅看來還是不甚合理，而如果也有教師能力的資料，就可以實證評估這項威脅的大小。

建立對照群體來改善沒有對照組的設計，而非以獨立的控制組為之

　　如果不能蒐集先前討論過的獨立控制組後測的資料，有時候能夠建立對照群體（contrasts）[9]；對照群體的功用類似一個獨立的控制組。有三種對照群體：(1)以迴歸方法作外推（extrapolation），將實際的後測分數與此外推所得的分數相比較；(2)常模化的比較——將實驗對待組的人與經過常模化的（normed）樣本相比較；及(3)與二手資料比較，也就是將實驗對待組與先前所蒐集到的資料樣本相比較，像是跟以整個母群為基礎的調查作比較。這些可能的對照群體都有很大的弱點，因此我們覺得，這些建構出來的對照群體不可單獨使用。然而，這些對照群體通常花費不多而且方便，因此，一研究常有能力可將這些對照群體與類實驗設計的其他特徵合併使用，讓研究者幾乎不必再額外花費，就能對剩下的其他可能解釋原因有些瞭解。

9　我們稱為對照群體是因為通常不認為這些是真正的控制組，但把這些的結果與實驗對待組的結果相對照，有時也能幫助支持一項反事實的推論。

以迴歸外推所得的對照群體

這項設計是將實驗對待組所得到的後測分數，與利用其他資料預測得到的分數相比較。例如，庫克等人（Cook et al., 1975）在國內好幾個地方研究看電視節目「芝麻街」的影響，作了前測之後六個月又作了後測。他們以前測時的年齡（以月計）作自變項，前測時的學業成就當依變項作迴歸分析，所得到的是：兒童每多成長一個月，學業成就應該增加多少的估計值。接著，又用這每月變化的估計值來預測前測到後測的六個月期間，兒童因為成熟的原因，學業成就應該增加的多寡。所得到的這項預測（它不可能受到看「芝麻街」的影響，因為它只限於前測的測量），又用來跟所觀察到的後測成績（可以想見是受到看「芝麻街」的影響）相比較。用以估算每月變化的迴歸方程式也可以使用其他效度威脅的測量，像是父母的社經地位，或其他選擇偏誤的測量。

然而，這種方法單獨使用時有許多嚴重的問題。如果對於效度的威脅資訊掌握不完全，所預測的分數很少能產生有效的反事實推論[10]。再者，這種分析必須依賴穩定的估計方法、可靠的測量方式及大樣本。這種方法也不能處理在前測之後所發生的歷史威脅的問題。第三，測驗的假象之威脅也可能發生，因為所得到的後測結果是第二次的測驗，而第一次測驗顯然不是後測。最後，這種形式的分析常是利用學校的總和（aggregated）資料，以觀察學校在某一年是否表現得比預期好，而預期則是依據它以前的學業成績表現、學生的性質，或甚至教職員的性質所作的預測。要作好這樣的分析，就必須使用多層次資料的分析方法（Raudenbush & Willms, 1995; Willms, 1992），因為這種方法才能將「個人的反應是巢居（nested）在學校之內」這項事實反映在分析結果中。據我們判斷，只有當沒辦法作到其他形式的控制組時，或將它附加在一個比較大的設計時，才值得以迴歸方法求得外推的對照群體。的確，庫克等人（1975）只把它當作探測「芝麻街」有效度假設的許多方法之一，其他方法比較傳統。

---

[10]這裡所提出來的議題，跟我們在第5章附錄討論**選擇偏誤模型**的建立（selection bias modeling）及結構方程**因果模型**的建立（structural equation causal modeling）時所提出的議題相同，因此我們把比較詳細的討論延到第五章。

常模化的對照群體

　　在這種方法裡，實驗對待組的前測後測結果，都跟任何已經出版的常模（norm）比較，以多少瞭解反事實推論的情形。例如，傑克伯森等人（Jacobson et al., 1984）將接受婚姻諮商治療的夫妻，與婚姻適應量表（Marital Adjustment Scale）中適應良好的夫妻常模相比較，以檢視婚姻治療是否幫助夫妻獲得良好適應。尼卓、羅梭、黑明斯及格熱特（Nietzel, Russell, Hemmings, & Gretter, 1987）的作法也類似；他們整理了一些研究文獻，這些文獻將接受憂鬱治療的群體，與依據「貝克憂鬱量表」所建立的常模作比較，以評估接受治療的人最後達到的心理健康程度，是否與不憂鬱的成人所報告的心理健康程度相近。在這兩個例子裡，實驗對待組後測的分數都拿來跟常模比較，如果實驗對待組的結果有達到或甚至超過常模的標準，那麼，實驗對待的效益在臨床上就被認為是顯著的。

　　這種形式的比較也常見於教育研究，以觀察某一群學生、班級或學校，在經過一段時間後，在某個出版的測驗上的成績百分等級（percentile ranking）是否提高。可能的等級是從出版的常模擷取而來，用以反映這群學生，相對於原始用以制訂常模的樣本而言，表現如何及改變的多寡。使用這種方法的研究有非常嚴重的限制。跟常態相對照是一種非常薄弱的違反事實的證據，對於「實際接受實驗對待的人，如果先前沒有接受實驗對待，其結果會是如何」，這方面的猜測提供的訊息很少。事實上，如果常模的選擇是要比實驗對待組優秀，那麼，即使實驗對待真的使結果大為改善（跟沒有接受實驗對待相比），這樣的比較就無法反映出實驗對待的效益。跟一個標準的控制組相比時看來非常有效益的實驗對待，如果拿去跟這樣的常模相比，常會被視為沒有效益。常模比較組也會有選擇的威脅，因為常模的樣本通常跟接受實驗對待的樣本不同；還有歷史的威脅，因為常模蒐集的時間通常早在蒐集接受實驗對待的樣本之前發生；如果接受實驗對待的樣本有作前測而常模沒有，那麼也會產生測驗的威脅；如果接受實驗對待的樣本是因為需求高（或能力高）而被選取，而常模樣本的選取卻不是按照這種方式，則還受迴歸的威脅；如果常模樣本與接受實驗對待的樣本，接受測量的情形非常不一樣，則會產生測量工具（instrumentation）的威脅；而如果跟常模樣本相比，實驗對待組變化得很快，則也受成

127

熟的威脅。有時可以借用一些方法減輕這些威脅,例如,使用跟接受實驗對待的樣本來自同一母群的當地的(local)常模樣本;確保兩組測驗的情境與時間點都類似;使用的常模樣本要跟接受實驗對待的樣本有類似的成熟經驗。

二手來源的對照群體

即使沒有出版的常模,研究者偶爾可以從二手來源建構對照群體。例如,醫學研究者利用臨床資料及新治療方法開始之前的治療紀錄來當作對照樣本;醫院資料檔中具有某種情形的病人治療資料也可使用;有時也可使用同一機構內的歷史控制組(D'Agostino & Kwan, 1995)。研究毒癮防制計畫效益的研究者,也以全國或全州的調查資料加強他們最基本的「一組的設計」(one-group design)(Furlong, Casas, Corral, & Gordon, 1997; Shaw, Rosati, Salzman, Coles, & McGeary, 1997)。勞動經濟學者也是將全國資料檔用於這種用途,像是利用「目前人口調查」(current population surveys)或「家庭收支動態長期追蹤調查」(panel studies on income dynamics)來創造對照群體,以之為比較對象來評量職業訓練計畫。這些對照群體都可用來當作實驗對待效益的初步指標──例如,在醫學界第二階段的測試,利用對照群體來初步決定一項新的治療方式是否有成功的希望。

然而,任何人要使用這種檔案或歷史資料時,都會面臨非常大的實際阻礙,包括剛才描述過的,使用常模樣本時也會面臨的問題。即使從出版的描述看來,檔案資料和目前手中的樣本表面很類似,但這些檔案資料當初蒐集的目的,可能跟目前的研究目的很不一樣,因此可能降低兩者之間的可比較性。檔案資料也可能品質不佳;例如,實驗對待組資料所使用的信度檢查法,可能檔案資料沒有使用,而且可能有很多遺漏值。檔案資料也許沒有可以用來調整組間差異及診斷組間的可比較性所需要的共變項。這樣的對照群體可能顯著增加效益估計值的偏誤(Sacks, Chalmers, & Smith, 1982, 1983),因為那些有問題(例如,愛滋病患的母群已經隨著時間改變了),或有資格、有管道可以接受實驗對待(例如,現在愛滋病的治療費能退費,因此有了一些變化)的母群已經有了改變。因此,使用二手來源作為對照群體的方法,只有當它是與其他的設計特徵一起使用,變成較複雜的類實驗時,才能對因果推論有最大的幫助。

個案控制設計

目前為止所考慮的設計，研究對象都被分成幾組，有些接受實驗對待，有些則否，之後再觀察他們的結果。這種尋找因的效益的過程是實驗的特質。然而，有時候，卻因為實際的原因或因為倫理因素而無法作實驗。例如，在 1960 年代，醫生會開一種稱為 DES 的合成雌激素（diethylstilbestrol, DES）。這種藥給因流血而有流產之虞的懷孕婦女。後來科學家懷疑，DES 可能導致這些婦女的女兒產生陰道癌。如果為了要瞭解這種藥是否會致癌，就在明知可能致癌的狀況下，還開這種藥給一些婦女，對其他婦女則不開這種藥，就是沒有研究倫理。再者，陰道癌發生的機率很低，而且要很久一段時間才會發展出來，因此要非常大的樣本，花很多年的時間，才能有實驗結果。在這種情況下，另一個選擇是利用**個案控制設計**（case-control design）〔也稱**個案參照者**（case-referent）、個案比較（case-comparative）、個案歷史（case-history），或回顧式設計（retrospective design）〕。這種設計是在流行病學研究領域發明的，也在該領域廣泛使用。在這種設計裡，有一組都是個案（經歷或獲得實驗對待者），有研究者想探討的結果，另外一組是控制組，沒有這種結果[11]。這種設計裡的結果通常都只有分成兩種，像是通過或沒通過、有病或健康、活著或死亡、有婚姻或離婚、不抽菸或抽菸、毒癮又犯或不再吸毒、憂鬱或不憂鬱、改善或沒改善等等。個案組和控制組的比較則是使用他們的回顧資料，來看個案組是否比控制組更常經歷研究者所假設的因。賀伯、烏斐德及波斯坎澤（Herbst, Ulfelder, & Poskanzer, 1971）找出了八位有陰道癌的個案，將他們與三十二位作為控制組的人相配對，這些配對的控制組沒有陰道癌，跟個案在同一家醫院出生，而且跟個案的出生日期相差在五天之內。八個個案中有七個曾經接受過 DES，但所有控制組的人都沒有接受過 DES。

個案控制設計非常適於用來發展因果連結的假設。藉由個案控制設計

---

[11] 我們把這種設計放在這裡，而不放在下一章，是因為個案控制研究通常不用前測，雖然它可以允許作前測。個案控制設計裡的「控制」這個詞可能有點誤導；如果是實驗，這個詞指的是沒有接受實驗對待的那一組；而在個案控制研究裡，控制組的有些人可能有暴露在實驗對待下，但卻沒有發展出研究者有興趣的問題病症。

而首先被發現的因果關係，包括吸菸與癌症的關係、避孕藥與血栓性栓塞症（thromboembolism）的關係、DES與陰道癌的關係（Vessey, 1979）。當結果變項很少見而且需要好幾年才會發展出來時，個案控制研究就比實驗研究容易做到。前者的花費常比較少，而且實際操作管理也比較容易；個案控制研究可以減低研究對象無端被暴露於有害的實驗對待下的風險；而且，利用個案控制設計也比較容易檢驗同一情況裡的多種原因（Baker & Curbow, 1991）。

個案控制研究常會有些方法上的問題。在定義及選擇個案時，必須決定，在怎樣的情況下，想研究的結果才算是存在或不存在。但相關領域的學者們可能對於這項決定有不同的意見；甚至即使他們意見一致，評估結果的方法也可能不穩定或效度低。再者，定義及測量工具可能隨著時間而改變，因此最近被診斷出來的個案，也許不同於多年前被診斷出來的個案。即使個案都是同一年代被診斷出來的，但個案之所以被研究者找到，是因為他們的結果使得某種治療法得以找到他們，就像有陰道癌的婦女去作診斷與治療。作為控制組的人很少會這樣，因為他們沒有這種結果。因此，不可避免的，兩組的選擇機制是不相同的。當結果使得某些個案不能再參與研究（例如，在研究開始之前就因為癌症而死亡）時，就發生了樣本流失的情形。這些流失的個案，也許在某些特質上跟能參加研究的個案有所不同，而如果控制組的分布沒有在這些特質上同樣作切割，這些不同點就可能引起偏誤。

控制組成員的選擇很困難。一個常見的作法是讓控制組代表一般的母群；隨機抽樣而得的控制組就是一個最好的例子。但如果不能作到隨機抽樣，控制組的挑選是找出跟結果相關的變項，再根據這些變項找出與個案匹配的控制組成員。在同一鄰里找控制組（暴露在類似的生活環境），或在醫院找控制組（接觸相同的醫護設備），是常見的配對控制（Lund, 1989）。賀伯及其同僚（Herbst et al., 1971）為個案找的控制組，是跟個案在同一醫院同一時間出生的人；這樣作大概能增加個案與控制之間，在受到地理位置、人口學變項及世代等三方面影響上的相似度。然而，經過配對的控制組跟個案之間，在沒有觀察到的許多變項上還是有可能很不一樣，而這些不同之處就可能與所認定的因之間產生混淆，也可能是真正的因。例如，一項針對糖尿病兒童所作的研究，使用的是「友善的控制」，也就

是由個案的父母提供兩個跟個案的年齡與性別相同的兒童的名字作為控制（Siemiatycki, Colle, Campbell, Dewar, & Belmonte, 1989）。結果顯示，有糖尿病的兒童，比較容易有學校方面的問題、朋友較少、睡眠比較容易有問題、比較常住院、常發生意外事故，及最近比較可能有家人喪生或父母離婚。但這些是因呢？還是混淆變項？後來發現，原來是父母傾向於提名那些比較會跟別人交朋友的孩子，作為他們子女的朋友，因此，控制組的小孩絕大多數在社會相關變項上都比較正面（Siemiatycki, 1989）。如果使用多種控制組就能避免這樣的問題（Kleinbaum, Kupper, & Morgenstern, 1982; Rosenbaum, 1995a）——一組跟個案在相同的醫院治療，另一組跟個案住在相同的社區，第三組則從一般的母群隨機抽樣（Baker & Curbow, 1991; Lund, 1989）。不同的控制組之間在因果關係估計值上的差異，可以讓研究者大略看出可能存在的隱藏偏誤之大小。

　　再者，究竟哪一種控制組的母群才是最有關、有意義的？這個問題決定於研究者想作怎樣的推論。例如，使用個案的鄰居作為控制是很常見的作法。但如果要研究的是「因腹瀉而住進墨西哥醫院的美籍遊客，是不是因為喝了墨西哥製的龍舌蘭酒」；這時若使用鄰居作為控制，就不如以醫院服務範圍內的其他非墨西哥籍的遊客作為控制組（Miettinen, 1985）。如果對「因」幾乎一無所知，就適合以一般母群的樣本作為控制組；但如果要探討的因果問題已經非常明確，使用定義得較為狹窄的控制組，就比較有用（Garber & Hollon, 1991）。還有，有同樣問題的個案，他們的問題的原因並不盡然相同。例如，如果個案是某醫院中感染了葡萄球菌的病人，他們有些可能是在醫院外感染，有些則在院內感染；這時就要有不同的控制組。

　　個案控制研究中，要評估個案暴露於實驗對待下的時間長短，是以回顧的方式，從一些不盡可靠的訊息來源重建而來，像是記憶或紀錄。因此，不論是將個案列為有受到實驗對待的影響，或沒有受到影響，都很少是完全正確的。個案可能比控制組的人有更多的誘因，讓他記起可能對他造成傷害的因素；例如，他們可能認為，要能為他們作正確的診斷，醫師必須有他們正確的病史。再者，暴露於實驗對待的情形，必定也跟其他變項混淆在一起；例如，在 DES 的例子裡，醫師開 DES 給母親，是因為母親因流血而有流產的危險，因此，流血這件事跟服用 DES 的影響混淆在一起。

130

當然，在這個例子裡，因為有其他相關研究支持 DES 跟陰道癌之間的相關，隨機化的動物實驗研究也發現這項相關，而且，沒有研究理論可以將流產的風險與陰道癌連結在一起，因此流血這項因素不可能是陰道癌的因（Potvin & Campbell, 1996）。但是，在個案控制的研究裡，暴露在實驗對待的同時，還是常會跟其他變項混淆在一起，使得結果與實驗對待之間的因果關係更薄弱。

這些例子都在說明，因為個案控制研究是在探討因果推論，因此必須以邏輯方法排除對效度的威脅（Potvin & Campbell, 1996; Campbell & Russo, 1999）。事實上，關於個案控制設計裡的效度威脅，已經有一套文獻在本書所遵循的傳統之外獨立發展出來了。薩其（Sackett, 1979）列出了這些威脅（表 4.3），但並非所有列出的項目都一定是偏誤的來源〔例如，現在對於排除極端偏離值（outlier）的理由比二十年前更多〕。也已經有大量的文獻在探討如何改進個案控制研究所作的推論，尤其是關於為可能的混淆變項所作的調整分析（Ahlbom & Norell, 1990; Greenland & Robins, 1986; Kleinbaum et al., 1982; Rothman, 1986; Schlesselman, 1982）。我們還是相信，值得在公共衛生以外的領域更廣泛使用個案控制設計，但目的比較是為了要用它來產生因果假設，而不是用來檢定因果假設。

131

> 表 4.3　個案控制研究中對效度的威脅

> *1.* 在閱讀文獻時：
>
> a. *修辭的偏誤*。希望讓讀者相信研究的效度而使用一些技巧，但卻沒有說明效度良好的原因。
>
> b. *「一切都很好」的文獻偏誤*。科學界或專業學界可能會出版一些報告或編輯品，但這些刊物卻避開研究中有爭議之處或跟其他研究不同的結果，或只是輕描淡寫。
>
> c. *只有一面的參考資料偏誤*。作者的參考資料只局限於跟自己立場相同的作品：文獻探討只以單一出發點起始，就可能有只限定在一個議題的單層面的風險。

（接下頁）

▶ 表 4.3　個案控制研究中對效度的威脅（續）

d. *肯定結果的偏誤*。作者比較會將有肯定結果的論文投稿，編者也
比較會接受有肯定結果的論文，而比較不會投出去或接受沒有肯
定結果的論文。

e. *熱門議題的偏誤*。當某個題材很熱門時，研究者和編者都無法抗
拒，想要多將一些結果出版，而不管是多麼初步的結果，或結果
多麼有問題。

2. 在限定及選取研究樣本時：

a. *母群偏誤*。讓病人接受某種治療、住進療養院，或接受某種程序
（手術、解剖）等，這類行為本身就受到病人情況及可能的原因
所引起的興趣之影響。

b. *向核心靠攏的偏誤*。某些臨床醫師與機構的名聲，會使得有某種
病症的病人或有某些特殊情況的人都來找這些醫師或機構。

c. *轉介篩選的偏誤*。當一群病人被從第一線的醫院轉介到第二線，
再到第三線時，病人是屬於少見病症、有多種病症的診斷，及「沒
希望的案例」的比例也愈來愈高。

d. *診斷管道的偏誤*。個人因地理、時間及經濟的限制，所能擁有的
診斷管道不一，而某些管道才有能力將病人診斷為有某種疾病。

e. *診斷懷疑的偏誤*。知道某人以前曾暴露於某種可能的病因之下
（例如種族、服某種藥品、有另一種疾病、曾跟患有某種傳染病
的人有接觸），會影響診斷過程的仔細程度及結果。

f. *揭面具（查獲訊號）的偏誤*。即使暴露在某種影響之下原本其實
無傷，但如果這引起了某種訊號或症狀，雖然沒有引起疾病，卻
使得它變成可疑的病因，而引發一場疾病搜尋。

g. *模仿的偏誤*。即使暴露在某種影響下原本其實無關乎某項特殊的
疾病，但因為它引發了很像該疾病的（良性的）不正常症狀，雖
然並非那種病，也變成了該疾病的可疑因素。

h. *先前意見的偏誤*。如果知道了診斷某個病人的過程中所使用的策
略與所獲得的結果，就可能影響同樣這位病人下一次診斷的策略
與結果。

i. *樣本數問題的偏誤*。樣本數太小則什麼都沒辦法證明，樣本數太
大又什麼都可以證明。

（接下頁）

➤ 表 4.3　個案控制研究中對效度的威脅（續）

j. *住院率〔伯克森（Berkson）〕的偏誤*。如果暴露或疾病的住院率每一組不同，則以醫院資料作的研究，暴露與疾病的關係可能被扭曲。

k. *盛行率—發生率〔紐曼（Neyman）〕的偏誤*。先前受到影響（或感染）的人，最後才去觀察，就會錯失掉那些已經致命的，或者其他發病時間很短的狀況，還有那些情況不嚴重，或「安靜」的病例，及暴露的證據在病發後消失的那些病例。

l. *診斷時尚的偏誤*。同樣的病可能因為時代或地區的不同而有不同的診斷名稱。

m. *診斷純正的偏誤*。如果找只有某一種病的個案，而不包括同時也患其他病症的人，這時這些只有這種病的個案可能不具代表性。

n. *程序選擇的偏誤*。有些臨床的程序（如手術）可能比較會施用於那些比較嚴重的人。

o. *缺漏臨床資料的偏誤*。臨床資料缺漏，可能是因為這些人是正常的、反應是陰性的、從未被測量過，或測量過但沒有記錄下來。

p. *非同時代的控制的偏誤*。定義、暴露、診斷、疾病及治療方法等的定義之改變，可能使得非同時代的控制無法與個案比較。

q. *起始時間的偏誤*。無法為暴露或病發找出共同的起始時間點，可能會導致歸類的錯誤。

r. *無法接受的疾病之偏誤*。如果病症是社會無法接受的（性病、自殺、發瘋），獲得的有關資料常會比實際發生的案例少。

s. *遷移者偏誤*。遷移的人跟留在家鄉的人相比，通常會有某些明顯的差異。

t. *成員的偏誤*。個人所屬的團體（例如受雇者、慢跑者等等）暗示著他健康的程度跟一般母群的健康程度有明顯的差異。

u. *無反應者的偏誤*。某個特定樣本的無反應者（或「晚來者」），跟有回答者（或「早來者」）在暴露及結果上可能有所不同。

v. *自願者的偏誤*。某個特定樣本的自願者（或「早來者」），在暴露及結果上（他們通常比較健康），可能跟非自願者或「晚來者」有所不同。

3. 在執行實驗操弄（或暴露）時：

a. *污染的偏誤*。實驗中，如果不小心讓控制組的成員接受到實驗操弄，那麼兩組在結果的差異可能因而明顯降低。

132

（接下頁）

▶ 表 4.3　個案控制研究中對效度的威脅（續）

b. *退出的偏誤*。從實驗退出的病人，可能跟繼續留下的病人有所不同。

c. *服從的偏誤*。有些實驗要求病人遵守治療的需求，這時效能的議題就跟服從的議題相混淆。

d. *治療者人格的偏誤*。當治療者和病人都知道自己正經歷治療的過程，治療者對於效能的信念可能影響結果（正面的人格）及其測量（希望有正面的結果）。

e. *假控制的偏誤*。當被分派到實驗操弄組的病人，在治療之前或過程中死亡，或病況更重而不再接受實驗操弄，或被重新分派到控制組時，實驗操弄的效果會看起來特別好，但其實是因為已經先排除了結果不佳的個案。

4. 在測量暴露及結果時：

a. *不敏銳的測量之偏誤*。如果結果的測量無法反應臨床上重要的改變或差異時，就產生了第二類型錯誤。

b. *潛在原因的偏誤（反芻的偏誤）*。個案可能反覆思考自己病症的可能原因，因此，所提供的回憶資料或暴露的資料可能跟控制組的不一樣。

c. *偏好末碼的偏誤*。在將類比（analog）轉成數字型資料（digital data）時，觀察者可能特別常使用最後某幾個數字。

d. *憂懼的偏誤*。如果研究對象心中憂懼不安，他們的某些測量（例如血壓、脈搏）可能跟平常時不一樣。

e. *無法接受的偏誤*。讓人覺得受傷害、尷尬或侵犯隱私的測量方法，可能讓人拒絕受測或逃避受測。

f. *逢迎的偏誤*。研究對象如果發覺某些答案是研究者特別喜歡的，他們可能因此改變回答。

g. *預期的偏誤*。觀察者在測量及記錄觀察結果時，可能希望與自己以前的預期相符，因而記錄或測量錯誤。

h. *替代的遊戲*。以一項尚未確定有因果關係的因素取代跟它有關的結果變項。

i. *家庭訊息的偏誤*。由於受到新發生個案的刺激，家庭中有關暴露與疾病的訊息也流向該個案。

j. *懷疑暴露的偏誤*。知道了某個研究對象的疾病狀況，可能會影響到尋找可能的暴露的努力程度及尋找的成果。

133

（接下頁）

➤ 表 4.3　個案控制研究中對效度的威脅（續）

> k. *回想的偏誤*。有關某些特定暴露的問題可能問了個案好幾遍，但
> 卻只問控制組一次（也見潛在原因的偏誤）。
>
> l. *關注的偏誤*。研究對象可能因為知道自己正被人觀察而改變自己
> 的行為。
>
> m.*工具的偏誤*。測量工具的維護或參數定位（calibration）如果有瑕
> 疵，可能使得測量結果偏離真正的數值。
>
> 5. 在分析資料時：
>
> a. *事後顯著的偏誤*。當變項的顯著水準是在作了分析之後才決定，
> 這時結論就產生了偏誤。
>
> b. *挖掘資料的偏誤（尋找賣點）*。沒有事前的假設而把資料都跑一
> 遍，看看是否有任何關連，這樣的結果只適合用來形成假設。
>
> c. *量表退化的偏誤*。測量的量表退化或崩潰都會使兩組的比較結果
> 不清楚。
>
> d. *收拾乾淨的偏誤*。將極端偏離值或其他奇怪的結果排除，在統計
> 上是站不住腳的，可能做出偏誤的結論。
>
> e. *重複偷看的偏誤*。重複偷看隨機化試驗裡持續累積的資料，可能
> 導致不恰當地停止試驗。
>
> 6. 在詮釋資料時：
>
> a. *錯誤身分的偏誤*。在服從試驗裡，用來讓病人更服從醫師指示的
> 方法，可能使得施行治療的臨床人員開立更嚴格的處方；這可能
> 使得該方法在達成治療目標的成效上被錯誤詮釋。
>
> b. *認知不和諧的偏誤*。對於某個機制的信念，可能因為與之相反的
> 證據而更為深信不疑，而不是開始動搖該信念。
>
> c. *強度的偏誤*。在詮釋一項發現時，選擇哪一種測量量尺可能深刻
> 影響詮釋。
>
> d. *顯著性的偏誤*。統計顯著跟生物、臨床或醫護上的顯著兩方面的
> 混淆，可能導致無用的研究與無用的結論。
>
> e. *統計相關的偏誤*。將統計相關視為因果相關，造成兩者的錯誤。
>
> f. *不夠窮盡的偏誤*。研究假設不夠周全可能使得詮釋變得權威式，
> 而不是合理有根據的詮釋。

資料來源：D. L. Sackett, 1979. "Bias in analytic research," *Journal of Chronic Diseases, 32*,
　　　　p. 51-63. Elsevier Science 1979 年的版權。複製經過允許。

134

　　本章討論也批評了許多種類實驗設計，這些設計雖然常被使用，但它們所提供的因果推論的基礎，常比我們後續要介紹的其他方法都薄弱。這些設計之所以薄弱，主要是因為沒有前測或沒有控制組。然而，當許多其他可能的解釋原因能依據實際的情形或理論而予以事先排除時，當研究的目的主要並不是在降低因的不確定性，及當研究者所需要的只是為以後比較堅強的研究設計產生因果假設時，這些方法就能派得上用場。幸好，我們能添加一些設計的元素使這些設計變得好一些，所挑選的設計元素就是用來減低或觀察一些對內部效度的明顯威脅，尤其是加上前測和控制組兩個元素，就有很好的作用。我們下一章就來討論這樣的設計。

5 使用控制組與前測的類實驗設計

Control 動詞：*1.* a.作一項平行的實驗或與另一項標準比較，藉以確認或規範（一項科學實驗）。b.使用一個重複的紀錄作比較，以確認（例如某個說法）。名詞：*1.* a.一個比較的標準，用以檢查或確認一項實驗的結果。b.在實驗裡用來當作比較標準的一個人或一群人。

Pretest 名詞：*1.* a.一項初步的測驗，以瞭解學生是否已有充分的準備，可以進到較深的課程。b.用來做練習的測驗。*2.*事先檢測某事，像是一份問卷、一項產品或一個想法。動詞：付諸前測或執行前測。

　　一項「家管與家庭看護工示範計畫」（Homemaker-Home Health Aide Demonstration Program）選出一些領取社會救濟的人，提供他們長達六星期的訓練，並由計畫補助雇用他們的雇主，讓他們成為後者的家管或家庭看護。為了要瞭解這項計畫是否改善了這些人之後的收入，貝爾及同僚（Bell et al., 1995）將接受訓練的人的結果，與三個非隨機的控制組比較，這三組人是：(1)那些申請參與這項計畫，但還沒經過篩選就先自動退出的人；(2)那些申請了但被認為不符資格而篩出的人；及(3)那些申請且被接受了，但沒有參加訓練的人[1]。將實驗組的結果與這三個控制組的結果 比較之後顯示，訓練的確提高了之後的收入，但幅度（效益）的大小，則要看是與哪一個控制組比較。貝爾及同僚（1995）也蒐集到各組在實驗對待開始之前的收入資料，並發現這些前測的差異不能解釋後來出現的後測

---

[1] 這項研究也有個隨機化的控制組，但這跟我們眼前的目的無關。

差異。

使用控制組與前測的設計

本章主要討論的類實驗設計，就像貝爾及同僚（1995）的設計一樣，都有控制組與前測。我們將解釋，使用小心選擇的控制組，怎樣能協助類實驗作因果推論；但也強調，除非這些控制組的前測與後測使用相同的測量，否則即使有這些控制組也不能有多少幫助。這樣的前測有很多用處。前測告訴我們，所比較的幾個組開始時的差異有多大，因此提醒我們，某些內部效度的威脅比較可能在起作用，而其他威脅比較不須擔心。前測也透露出，在跟結果變項相關最大的變項上，兩組差距的強度。在此我們所作的強烈假定是，兩組在前測的差距愈小，強烈選擇偏誤的可能性愈小；但是，不像隨機分派，我們不能假定那些沒有在前測測量的變項，就跟結果無相關。最後一點，有了前測的結果，對於統計分析有很大的幫助，尤其如果我們知道這些測量工具的信度，對於分析幫助更大。通常沒有任何單一的變項能在這些方面像前測這麼有用。所有這些理由說明了，我們為什麼喜歡本章類實驗設計裡的前測與控制組。表 5.1 列出我們在這裡要討論的類實驗設計。

▶ 表 5.1　使用比較組與前測的類實驗設計　　　　　　137

控制組沒有接受實驗對待，但有相依的前測與後測樣本的設計
NR　　O_1　X　O_2

NR　　O_1　　　O_2
控制組沒有接受實驗對待，有相依的前測與後測樣本，且利用兩次前測的設計
NR　　O_1　　　O_2　X　O_3

NR　　O_1　　　O_2　　　O_3

（接下頁）

➤ 表 5.1 使用比較組與前測的類實驗設計（續）

控制組沒有接受實驗對待，有相依的前測與後測樣本，且利用互換重複的設計

NR O_1 X O_2 O_3

NR O_1 O_2 X O_3

控制組沒有接受實驗對待，有相依的前測與後測樣本，且利用相反的實驗對待的控制組的設計

NR O_1 X_+ O_2

NR O_1 X_- O_2

世代控制組設計

NR O_1

NR   X O_2

世代控制組且每個世代都有前測的設計

NR O_1 O_2

NR O_3 X O_4

---

136 ## 控制組沒受到實驗對待，但有相依的前測及後測樣本的設計

　　這種設計通常稱為非同等比較組設計（nonequivalent comparison group design），也許是所有類實驗中最常見的設計。這類設計下，我們首先介紹的是使用一個實驗對待組及一個沒有接受實驗對待的比較組，而前測後
137 測的資料都從同樣的研究對象蒐集[2]；後者就是所謂*相依*（*dependent*）樣

....

[2] 這種設計的一種變化是稱為「迴歸點置換設計」（regression point displacement design），其中包含了一項後測、一個用以預測後測結果的變項，而且這個變項是在實驗對待開始之前取得的（這個預測變項可以是前測，但通常不是），而且只有一個單位接受實驗對待但有許多控制單位，且每一個單位提供的訊息是一組的平均值，而不是組內個人的資料（Campbell & Russo, 1999; Trochim & Campbell, 1996）。如果研究者所有的資料是一個

本的特色。這種設計以圖表示如下：

$$NR \qquad O_1 \quad X \quad O_2$$

$$NR \qquad O_1 \qquad O_2$$

　　合併使用一項前測與一個比較組，讓研究者比較容易觀察某些效度威 138
脅。由於兩組根據定義就不是同等，選擇偏誤就可能存在。前測則讓研究
者可以探索這項偏誤的大小及方向[3]。例如，卡特、云克樂及畢斗（Carter,
Winkler, & Biddle, 1987）評估美國國家健康研究所所提供的研究生涯發展
獎（Research Career Development Award, RCDA）的功效。這項獎是為了要
使有前途的科學家的研究生涯更佳。他們發現，得到RCDA的人，研究作
得比沒有得到的人好，但是，兩者在前測的差異跟得獎以後的差異類似。
因此，最後的差異比較可能是因為起始點的選擇偏誤，而比較不是因為
RCDA的功效。前測也能讓研究者探討流失樣本的特性，將那些繼續留在
研究裡的人與中途退出的人相比較。然而，前測能將選擇偏誤的可能性排
除到什麼程度，就要看選擇偏誤的強度大小，及那些跟選擇有關也跟結果
有相關，但卻沒有測量到的變項所扮演的角色而定。類實驗研究裡的前測
即使沒有差異，也無法證明沒有選擇偏誤。

　　當前測的確有差異時，選擇跟其他的威脅結合的機會就增大，而這個
結合有可能是加成性的，也可能是產生交互作用。例如，當某一組比另一
組變得更有經驗、更疲倦，或更厭煩時，選擇—成熟的威脅就產生了。要
說明這一點，假設我們引進某項新措施到某一個情境，且這個情境裡平均
的前測表現，高於控制情境裡的前測平均。如果這項實驗對待使得結果改
善了，兩組後測的差異可能比前測差異更大。但如果實驗組的人平均而言

前測（或其他的預測變項）及一個後測的資料，而且是來自非常少的實驗對待單位，以
至於無法使用其他的研究設計時，就可以使用這項設計。這種情形可能會在使用行政紀
錄時發生，因為能找到的資料不是個人的資料，而是團體整體的資料，但有許多的控制
單位可用；也可用於臨床研究，因為這時只有一個個案接受了某種治療，但有許多其他
個案的資料可供作為控制。

3 通常的作法是看兩組在前測是否有顯著差異，但如果能用檢測同等的方法（equivalency
testing methods）更佳（Reichardt & Gollob, 1997; Rogers, Howard, & Vessey, 1993）。後者
比較能偵測出兩組在前測的差異，但是，沒有差異並不證明兩組是相等的，因為兩組還
是可能在一些沒有觀察到的變項上有差異。

就比對照組聰明，而且因為他們較高的天分而學得比對照組快（也就是有錢人變得更有錢），這時上述的情形也會發生。

如果非同等的兩組在前測的開始點不同，則可能發生選擇—測量工具的使用的威脅。許多量表中的間距是不相等的，因此某些點的改變比較容易發覺，有些點的變化則比較不容易察覺（例如，在中間的改變比較不容易察覺，而在兩個極端的改變比較容易察覺）。例如，多答對一題所產生的影響，在常模化的成就測驗分數上，對於在分布兩極端的百分等級影響較大，但對於平均值附近的影響比較小。因此，一個題項所產生的差異，會因為該回答者在量表上的位置（在兩極端或靠近中間），而使百分位數產生不同的變化。如果：(1)兩組在起始的不同等愈大；(2)前後測之間的變化愈大；及(3)任何一組的平均值愈靠近量表的任一個極端（也就是發生了天花板效應或地板效應），則選擇—測量工具的使用的問題可能就愈嚴重。有時候，觀察每一組前後測的次數分布，看它們是否偏向某一方，或者看各組的平均值與變異數是否相關，就能找到這類問題的明顯線索。有時候，把原始資料轉換到一個量尺上，可以減輕這種問題，而有時候，則必須小心選擇在量表的中間得分相近的兩組。

第三個例子是選擇—迴歸的威脅。前一章描述的 1969 年的啟蒙計畫類實驗研究（Cicerelli & Associates, 1969）中，實驗對待組的兒童（也就是參加該項計畫者）所來自的母群，很可能跟控制組兒童（沒有參加該項計畫）所來自的母群不一樣。啟蒙計畫的研究者認知到這種可能性，選了比對的控制組，這些控制跟啟蒙計畫的兒童在性別、種族，及是否上幼稚園的狀況都相同。但這會導致前一章所講的差別迴歸（differential regression）的問題。

第四個問題是選擇—歷史〔或當地歷史（local history）〕的威脅，也就是在前測和後測之間發生的事件，可能影響到其中一組較多，對另一組的影響較少。例如，聯邦為了要改善婦女懷孕的結果而作各項大型計畫，審查這些計畫成效時（Shadish & Reis, 1984）發現，許多研究利用前測後測比較組的設計，而且發現這些計畫有改善懷孕的結果。但能獲得這些計畫幫助的母親，也能獲得其他同樣是為了要改善懷孕結果的計畫的補助，包括食物券及各種醫療保健的計畫。因此，我們無法確切知道，懷孕結果的改善是因為這些被審查的計畫之故，還是其他的計畫。

威脅的合理性會因為所觀察到的結果模式而異

這樣一長串內部效度的威脅挺嚇人的。然而，一項威脅是否合理可信，會因為設計本身、研究以外有關威脅的資訊，及所觀察到的資料結果模式，三者綜合的特質而有異。因此，對效度*可能*的威脅並不一定就是*合理*的威脅。例如，兒童成熟的過程使得學業成就*增加*，但這個過程卻不是成就*減少*的合理解釋。為了把這一點講得更廣些，以下我們列出「前測─後測比較組設計」中的五種結果模式，說明這些模式下的效度威脅是否比較合理，抑或比較不合理。我們大都討論選擇─成熟的威脅，但偶爾也評論其他的威脅。

第一種結果模式：兩組發展軌跡不同但方向相同　如果起初就不是同等的兩組，後來發展的方向相同但速率不同時，常見的選擇─成熟的威脅就發生了（圖5.1）。這種模式被稱為開展扇型的成熟模式（fan-spread model of maturation），因為兩組在一段時間後愈來愈不相同，就像扇骨一般，從中心向外散開到邊緣。將樣本的得分標準化可使開展扇型的模式消失，因為資料之所以像扇子一樣，向周邊散開，是因為所測得的變異數隨著時間而變大所造成，而標準化是將原始數值除以他們的標準差（變異量的一種測量），把每個時間點所測得的數值放在同一量尺上，而不是放在不同量尺。這種模式跟實驗對待的效益一致，但我們是否能找出其他可能的解釋原因，並加以排除？

140

羅斯頓、恩梭尼及葛斯塔福森（Ralston, Anthony, & Gustafson, 1985）

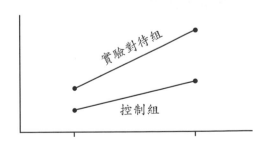

➤ 圖 5.1　沒有接受實驗對待的控制組，但有前測後測的設計下，第一種結果

在兩個州政府機構，觀察彈性上班時間對產能的影響。沒有實施彈性上班時間的機構，員工的產能剛開始時比較低，但漸漸地稍微升高；而有實施彈性上班時間的機構，產能剛開始比較高，而且增加的速率也比較快。這種模式在類實驗研究很常見，尤其當研究對象是自我選擇進入某一情境時，更是如此。即使是由行政首長來分派研究對象，實驗對待通常也都讓那些值得獎勵、最希望改善的、或比較能幹、或關係比較好的人取得，而這些人也可能以比較快的速度進步，但他們進步快速的原因跟實驗對待無關。

有幾種分析的線索可以看出這些非同等的組之間成熟速度是否不同。如果各組平均值之間的差異，是因為選擇─成熟的威脅所引起，則組*間*不同的成長速率也應該可以在組*內*看得到。這可以利用組內分析來檢查；這時候，前測成績比較好的那一組裡，表現比較好的人成長的速率，應該比同組內表現比較不好的人，成長速率快。有這種選擇─成熟威脅存在時，也常會有後測的組內變異數比前測的組內變異數大的情形。分別為各組的*前測*成績與該組的成熟變項（例如，年齡或經驗）畫成散布圖，也能看出這項威脅是否存在；如果兩組迴歸線的斜率不同，兩組的成熟速率就可能不同。各組的斜率不同，不可能是因為實驗對待的關係，因為只有前測的得分被分析過。

沒有任何事物一定會讓組間的差異以線性方式增加；成長可能在一個情況下是線性的，但在另一種情況下可能是平方性質的（quadratic）。然而，在我們的經驗裡，成熟的速度像扇型般散開，個人的成熟速率不同是很常見的。例如，在教育領域，原本成就較高的兒童通常都以穩定的速度，愈來愈領先原本成就比較低的同儕。我們猜想，其他的縱貫資料也會出現這種像開展的扇型一樣，有不同的成熟速率。然而，有些理論預測的選擇─成熟的模式又不一樣，甚至教育界某些領域亦然。例如，皮亞傑的理論預測，有些兒童會突然學得了一個概念，但其他兒童沒有學會，因此前者在成長上出現明顯的不連貫。所以，每一個利用基本設計的研究，都必須提出它自己在成熟差異上的假定，並為這些假定提出合理的解釋。有時前測在這裡扮演重要的角色；有時則其他的縱貫樣本所獲得的資料可以有類似的功用，就像我們相信，開展扇型的成長模型常能適合學業成就的縱貫資料。但其他時候研究者只能根據理論作臆測。

第二種結果模式：控制組沒有改變　那拉雅南與納史（Narayanan

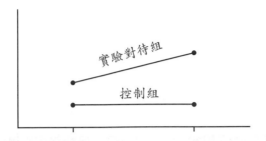

> ➤ 圖 5.2　沒有接受實驗對待的控制組，但有前測後測的設計下，第二
> 　　　種結果

& Nath, 1982）利用這種設計來觀察彈性上班時間的實施如何影響某既有單
位的員工，並將該單位的員工與同一公司內沒有實施這種方法的另一既有
單位的員工相比較。結果顯示，有實施彈性上班時間的單位，管理者與下
屬之間的關係變得較佳，但控制組的則沒有改變，如圖 5.2 的模擬結果。

　　當控制組沒有改變時，就必須解釋為什麼只有實驗對待組出現自發的
成長。要解釋為什麼兩組成長方向都相同，但速率不同，或要解釋兩組為
什麼都沒有改變，都比較容易；而要解釋為什麼一組有改善而另一組卻沒
有，就比較難。有時候，作一些組內分析可以察覺出這種組間的威脅。例
如，如果是因為實驗對待組的年齡比對照組的大，而使前一組的成長速率
比後一組快，就可以將資料依照年齡來分割。如果實驗對待組的成員不論
年紀大小都繼續在成長，而如果選擇一成熟的假設是「應該只有一組有成
長，另一組沒有」，那麼這個假設就比較不合理，比較不可能發生。但是
說了這麼多，這種「只有一組有成長，另一組沒有」的差別（differential）
改變模式，並不能使人非常相信。原因是，一組有進步而另一組沒有改變
的情形，並不是沒聽說過；再者，先前所說的不同改變速度的模式雖然比
較普遍，也只是一般來說比較普遍而已。但每一種研究都有其特殊的情境，
一般的理論也許不能適用。

第三種結果模式：實驗對待組在前測的優勢隨著時間而消失

圖 5.3 描述這種情形：實驗對待組在前測的優勢，在後測時減小或消失了。
這樣的結果是發生在一項研究美國種族融合（黑人白人都有）的學校對於
學生的學業自我概念的影響，實驗對待組是三、四、五年級的黑人學生樣

142

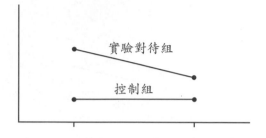

> 圖 5.3　沒有接受實驗對待的控制組，但有前測後測的設計下，第三種結果

本（Weber, Cook, & Campbell, 1971）。前測時，就讀於全部都是黑人的學校的學生，學業自我概念高於種族融合學校裡的黑人學生。當正式將學校都作了種族融合之後，之前的差異就找不到了。

　　圖 5.1 和 5.2 所描述的內部效度的威脅，有些也適用於圖 5.3。然而，選擇—成熟的威脅比較不合理，因為起初領先的人後來會落後，或起初落後的人後來會趕上，這兩種情形都很少見。當然，還是可能發生。例如，在教育的情境下，一組的年齡比另一組稍微大一些，但比較沒那麼聰明，年齡稍微大的這一組剛開始時也許因為年齡的優勢而表現較好，而年紀較小但比較聰明的那一組最後卻表現得較好。但這種景象很少見，而在韋伯及同僚（Weber et al., 1971）的例子裡，兩組的年齡相當，因此作者可以說，他們看不到任何成熟的過程可以解釋圖 5.3 所顯現的結果模式，但也許未來會發現有這樣的成熟過程。

　　第四種結果模式：控制組在前測的優勢隨著時間而消失　　在這種情況下，就如同圖 5.3 裡，實驗對待組與控制組之間的差異，在前測比在後測大，但在這裡是實驗對待組開始的表現不如對照組（圖 5.4）。當學校推出某種補救措施來改善弱勢學生的表現，或當公司做出一些改變來改善某個單位的不佳表現時，這樣的結果是最令人滿意的。凱樂與何藍（Keller & Holland, 1981）在評估換職務對於三個研發組織的員工的表現、創新、滿意度，及融合程度的影響時，就發現了這種模式。被擢升到另一個職位或被派到另一個職位的員工，是屬於實驗對待組，所有其他人則是控制組。結果測量了兩次，其中間隔一年。雖然換職務並沒有明顯的補救或補償性質，但資料符合我們這裡所討論的模式，且那些換了職務的人在結果測量

143

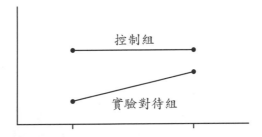

> 圖 5.4　沒有接受實驗對待的控制組，但有前測後測的設計下，第四
> 　　　　種結果

142

上有進步，而其他人的表現則保持原來的狀況。

143

　　這個例子的結果之測量，受到典型的量表定位（scaling）（即選擇─工具的使用）及歷史（即選擇─歷史）的威脅。但有兩個特別之處。第一，如果該公司是把那些在前測表現特別差的人換了職務，則這些員工的後測應該會向上，也就是向平均值迴歸，這時就會產生圖 5.4 的情形。如果凱樂與何藍（1981）的實驗對待組與控制組之間的差異，經過一段時間之後依然存在（從這個設計來看，看不出是否有這種情形，但如果有作兩個前測就可能觀察得到），迴歸就不會是個威脅。因此，在非同等控制組的設計裡，探索初始的組間差異的原因是非常重要的，這包括探索為什麼有些人是自我選擇進入某一組，或被分派進入實驗對待組而非對照組。

　　這項設計第二個特別之處是，圖 5.4 的結果排除了開展扇型的選擇─成熟的威脅；或者說它顯示：即使有這種威脅，實驗對待的效益也蓋過了這種影響。然而，還是可能潛藏有其他的選擇─成熟的模式。例如，在凱樂與何藍（1981）的例子裡，換職務的人原本可能是單位裡年資淺的人員，所以前測的分數比較低，但他們可能特別願意從新的經驗學習，使他們的表現進步得特別快。應該要拿他們的年齡及在公司的年資作一些分析，來探討這種可能性。一般而言，這種結果可以作因果解釋；但是，在任何一個單一的研究裡，這種結果都必須先作嚴格的探索檢視，以防有任何的細節會造成先前所說明的，很複雜的選擇─成熟模式。

　　第五種結果模式：兩組的結果趨勢線相交叉　圖 5.5 裡，兩組在前測和後測的平均值雖然都有明顯差異，但是兩次的平均值高低卻相反，使得趨勢線（trend line）相交叉。這種結果模式特別容易作因果詮釋。第

144

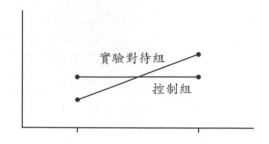

> 圖 5.5 沒有接受實驗對待的控制組,但有前測後測的設計下,第五種結果

一,選擇—工具使用之威脅的合理性降低了,因為沒有一種簡單的資料轉變方式能將交互作用移除。例如,天花板效應無法解釋開始時得分低的那一組,後來卻比原先得分較高的那一組得分更高。要讓量表定位(scaling)造成的假象之威脅合理,必須推測說,因為測驗的間距的性質,使得離平均值比較遠的值改變較大,因此實驗對待組的後測平均值灌水了。然而,這只能使真正的效應看來更大,不能解釋為什麼會造成完全的假象。

第二,圖 5.5 的選擇—成熟的威脅比較不可能發生是因為,雖然相交叉的交互作用可能發生,但一般不會預期成熟模式會出現相交叉的交互作用。圖 5.5 模式的一個例子是,庫克及其同僚(Cook et al., 1975)重新分析美國「教育測驗中心」(Educational Testing Service, ETS)所蒐集有關電視節目「芝麻街」功效的資料。他們發現,被鼓勵看這個節目的兒童,在前測時的知識,明顯比沒被鼓勵看這個節目的兒童少,但前者在後測時卻明顯比控制組知道得多。但是,這是不是因為被鼓勵看這個節目的兒童比較年幼但比較聰明,所以前測比控制組差,但因為能力比較好,所以變化大呢?幸好,資料顯示,被鼓勵和沒被鼓勵的兒童,在年齡及其他數種能力的前測上都沒有差異,降低了這種威脅的合理性。

第三,迴歸的威脅在圖 5.5 也不太可能發生。格林及波查克夫(Greene & Podsakoff, 1978)研究紙廠裡獎金制度撤銷對於員工滿意度的影響時,發現了這種結果模式。紙廠的員工被分為「表現佳」、「表現中等」及「表現不佳」三種,而獎金制度撤銷之前和之後都有測量員工滿意度。獎金撤銷之後,表現佳的員工滿意度明顯降低,表現不佳的員工滿意度升高,而表現中等的員工滿意度則沒有改變。如果三組的滿意度最後都收斂在一樣

的點（類似圖 5.4），這些斜率上的差異就可能是因為迴歸的假象。即使迴歸的假象可能使實驗對待的效果估計膨脹，但卻不能解釋表現不佳的員工為什麼在後測時滿意度明顯超越表現佳的員工。

不幸的是，想要建立一個能獲得圖 5.5 這種結果的設計，會有很多的風險。一個原因是，它能驗出交互作用的檢力低，不容易達到顯著水準（Aiken & West, 1991），因此這類研究必須小心設計。尤其當預期的結果是像圖 5.2 的開展扇型時，更是如此，因為這時一個「無差異」的發現，會讓人無法判斷，究竟是實驗對待無效益？還是實驗對待和開展扇型的成熟速率兩股相抗衡的力量互相抵銷了？即使斜率之間有差異，也可能是像圖 5.4 的形式，而不像圖 5.5，但圖 5.4 比較不容易詮釋。因此，研究者不能靠設計來達成圖 5.5 的結果；而是要在基本的前測後測有控制組的設計裡，增加更強的設計控制。

改善「控制組沒有接受實驗對待，但有相依的前測及後測樣本的設計」的方法

145

就像前一章介紹的設計一樣，在這項基本的設計上，再加一些精心選擇的設計特色後，就可以變成很好的設計，解決實驗情境下合理的效度威脅的問題。以下是幾個例子。

使用兩次前測　這是把同一個前測在兩個不同的時間點施行，兩個前測的間隔，最好跟後測與第二個前測的間隔時間相同。這項設計的圖示如下：

$$NR \qquad O_1 \qquad O_2 \quad X \quad O_3$$

$$NR \qquad O_1 \qquad O_2 \qquad O_3$$

重複作前測，能讓研究者瞭解主要的實驗對待之分析中可能的偏誤──如果在 O_1 到 O_2 的分析中，就出現了「實驗對待的效益」，從 O_2 到 O_3 的分析也可能存在類似的偏誤。渥特門、瑞查特及盛皮葉（Wortman, Reichardt, & St. Pierre, 1978）用這種設計來研究加州聖荷西的阿輪石學區教育券的實驗（Alum Rock educational voucher experiment），如何影響學生的閱讀測驗分數。在這項計畫裡，父母為自己的孩子選一所當地的學校就讀，同時拿到一張教育券，該教育券的價值等同於在該校接受教育的花費。這

項計畫的目的是讓學區內的學校彼此之間產生競爭。其他研究者分析該項資料時，認為該教育券計畫降低了學業表現，但渥特門等人懷疑這種結論的正確性。所以他們就追蹤一群學生，從一年級追蹤到三年級，這些學生就讀的學校包括有參加教育券計畫的學校和沒參加計畫的學校。他們並重新分析資料，資料裡就是包括了以同樣的前測內容作的兩次前測。他們還將參加教育券的學校分成有傳統的教育券規畫的學校，及沒有傳統的教育券規畫的學校。多出來的一個前測讓他們能夠將實驗對待之前，閱讀能力的成長速率（O_1 到 O_2 之間），與後測在速率的改變（O_2 到 O_3 之間）相對照。而因為如此，他們發現，先前以為是教育券學校的閱讀能力變差的情形，原來只有在非傳統的教育券學校發生；還發現傳統教育券學校及非教育券學校的學生，閱讀能力沒有差別；而先前的研究則以為兩者有差別，而兩者應該相同的成熟速率則無法解釋這種差異。

作兩次前測的設計，能讓研究者評估選擇—成熟對「O_1 到 O_2 的速率，在 O_2 到 O_3 之間也繼續維持」這項假定的威脅。沒有接受實驗對待的那一組才能檢定這項假定。再者，由於有測量誤差，估算組內的成長速率也很容易有錯；而光是測量工具的變換，也可能使得 O_1 到 O_2 之間所測得的速率，跟 O_2 到 O_3 之間的速率看似不同。因此，以不同等的組作兩次前測的設計，並不是完美的。然而，由於有第二次的前測，研究者能獲知實驗對待前的成長差異，因此，第二次前測對於評估選擇—成熟的威脅之合理性，大有助益。如果任何一組的第二次前測的結果，比第一次前測的結果不尋常地高或低，那麼，兩次前測的設計也能幫忙偵測出迴歸的效應；兩次前測的設計也能將不同時間點的觀察值之間的相關係數，估計得更精確些，這在統計分析是非常有用處的。如果沒有多一個時間點的訊息，有接受實驗對待的那一組，在 O_2 和 O_3 之間的相關係數，無法讓人明確得知，沒有實驗對待的情況下相關係數會是如何。

為什麼不常用多次前測的設計？無知當然是原因之一，而另一個原因是，有時並不可行。通常的情況是，如果能將實驗對待延後，有機會作一個前測，就算很幸運了，更不要說兩次前測了，也不必談能讓兩次前測之間（O_1 和 O_2 之間）的時間間隔，跟前後測（O_2 和 O_3 之間）的時間間隔相同了。有時，研究者可以使用檔案資料作為第二個或更多個前測的資料，這時就演變成更有檢力的時間序列設計（time series design）。還有，負責

146

批准研究經費的人有時不喜歡看到錢被花在後測以外的其他測量上；要讓他們相信前測跟傳統控制組的價值就已經很困難了。但是，只要檔案系統、時間架構、研究資源及政治上都許可，就應該要在實驗對待之前，將同樣的前測作兩次。

利用互換的重複　所謂「互換的重複」（switching replications），是指研究者在一段時間之後，對於原先作為沒有接受實驗對待的控制組，施予實驗對待。這樣的設計圖示如下：

$$NR \qquad O_1 \quad X \quad O_2 \qquad O_3$$
$$\text{---}$$
$$NR \qquad O_1 \qquad O_2 \quad X \quad O_3$$

畢撒度、格彎及史坎度拉（Besadur, Graen, & Scandura, 1986）利用這種設計研究「對工程師的訓練，如何影響他們對於發散型思考（divergent thinking）解決問題的態度」。在實驗對待之前，一組工程師接受了訓練之後，及另一非同等的組也接受了實驗對待之後，這三個時間點都作了測量。第二組是在研究的第一階段作為控制組，在第二階段時，兩組的角色則互換。然而，第二階段也不是一般的重複：作第二次實驗對待時的環境，已經跟第一次作實驗對待不同，這不但是從歷史角度而言，也是因為這時第一組已不再接受該實驗對待。而且，就算沒有將實驗對待從第一組移除，也假定實驗對待現在沒有發生效應（然而，即使先前的實驗對待繼續發揮影響，這種設計還是很有用；尤其如果控制組在接受了實驗對待之後，表現趕上實驗組，這種設計更加有用）。因為兩次實驗對待實施的情境有所差異，第二次實施的實驗對待，其實是經過修改的實驗對待；這能夠讓研究者探索內部效度及一個外部效度的議題——這種新的情境是否會改變實驗對待的效益。

這項設計可以擴充為不止兩組。如果有三組或更多組，有時可以隨機讓各組在某個時間點接受實驗對待；因為根據定義，如果要以許多組來執行這項設計，就必須有許多個連續錯開的時段。這種隨機分派的動作能讓推論更強，而且如果有愈多組、愈多時段，推論愈強。但即使沒有將實驗對待隨機分派到各時段，如果有多組及多時間點，還是能讓各種分析方法的可能性提高（例如，Koehler & Levin, 1998）。

這項設計的主要限制是，要讓後面的幾組作為控制組，就必須：(1)讓

147

實驗對待保持一樣，但同時先假定：對原先的控制組施以這個實驗對待時，它沒有長期不連續的效應（long-term discontinuous effects）；或者(2)將實驗對待從原本的實驗對待組移除。這樣的設計還可能造成補償性質的對立過程，及其他類似的威脅，這些都必須徹底的描述、測量，並用於分析中。就其他方面而言，互換的重複設計是很好的設計，因為只有當外在的事件改變發生的時間點，恰巧都與互換的時間點相近時，歷史才可能成為一種原因解釋。

利用相反的實驗對待的控制組　這種設計圖示如下：

$$NR \qquad O_1 \quad X_+ \quad O_2$$

$$NR \qquad O_1 \quad X_- \quad O_2$$

其中，X_+代表預期會產生某種影響方向的實驗對待，而X_-代表的實驗對待跟前一項實驗對待在概念上相反，而且預期會產生相反方向的影響效果。哈克曼、皮爾斯及烏爾菲（Hackman, Pearce, & Wolfe, 1978）利用這個設計探討「工作動機特質的變化，如何影響工作者的態度與行為」。由於科技創新，銀行職員的工作有了一些改變，使得有些單位的工作變得比較複雜而富挑戰性（X_+），另一些單位的工作則比較不複雜，也不具挑戰性（X_-）。作這些改變時，並沒有將它們可能對員工的動機產生的影響告知該公司的人事部門，且在重新設計這些工作的前與後，都有測量工作的特性、員工的態度及工作行為。如果實驗對待 X_+使得實驗對待組的得分升高，而實驗對待X_-使得比較組的得分降低，就會產生統計的交互作用，也就是實驗對待產生了效應。

這種相反的實驗對待設計可能對建構效度有一種特別的好處。跟因果有關的建構必須非常嚴密謹慎地定義及操弄，才能敏銳檢測出是否某項「因」（讓工作變得有趣的事物或制度）真的影響了一組，而與該項「因」在概念上相反的因素（讓工作變得無趣的事物或工作），則以反方向影響另一組。要多瞭解這個，想一想，如果哈克曼及其同僚（Hackman et al., 1978）只用了「工作變得有趣」一組及一個沒有接受實驗對待的控制組兩種，會有什麼結果？「工作變得有趣」的那一組，前測後測之間差異雖然變得比較大，但可能被歸因於「只是工作改變了」，或「只是研究對象覺

得自己受到特別待遇，或在猜研究者的假設」。但在這項設計裡，如果受
到相反的實驗對待的那一組，真的如所預期的，工作滿意度降低了，那麼
這類歸因的合理性就減弱了，因為發覺自己是研究的對象時，通常會引發
比較為社會所讚許的行為，而非不愉快的感覺或不佳的行為。要同時合理
解釋為什麼一組的滿意度增加，而另一組的滿意度減少，就必須假定兩組
的研究對象都猜到了研究者的假設，而且想幫助研究者達成其假設。

　　要詮釋這種設計的結果，主要是靠兩個方向相反的效應，因此必須假
定沒有歷史的威脅，否則兩組的動機就會改變。當兩組的改變方向一致，
但大小不一時，結果就比較難詮釋，因為從實驗結果無法獲知，他們跟沒
有接受實驗對待的控制組之間的關係會是如何。因此，如果可能，應該要
加上這種控制組，這對結果的詮釋會有幫助。其實，在很多情況下，因為
道德與實際因素的考量，常無法使用相反的實驗對待。大部分的實驗對待
都以改善某些事物或對社會有益為目標，而在概念上相反的實驗對待就可
能有害。然而，哈克曼與其同僚（1978）的研究裡，相反的實驗對待是否
有害，並不甚明顯；畢竟，誰能判斷「把工作變得比以前複雜，還是比以
前單純，才對人有利？」

　　直接測量對效度的威脅　　直接測量對效度的威脅，能讓研究者判斷
威脅是否存在。在那拉雅南與納史（Narayanan & Nath, 1982）的研究裡，
彈性上班的制度開始時只在公司的一個單位實施，其他單位作為沒有接受
實驗對待的控制組。然而，如果實驗期間，其中一組的管理方式改變了，
另一組沒有改變，這時就可能有歷史的威脅。為了要探討這項威脅，那拉
雅南與納史測量管理方式是否改變，結果發現沒有。當然，這只是歷史威
脅的一個例子而已，還可能發現許多其他的例子，因此研究者必須提高警
覺，不可因為發現某種威脅是不合理的，就以為其他威脅都不合理。每一
種威脅都得加以概念化，作有效的測量、有效的分析，因此直接測量威脅
並不容易作到。但如能測量威脅，之後作統計分析時，就能將實驗對待之
外的其他可能詮釋也納入分析，處理兩組原本就不同等所產生的問題。

經由世代控制組來配對

　　許多機構都有規律的交替情形，也就是一群人「畢業」了，升到另一

個層次，另一群人就取代他們的位置。學校就是個很明顯的例子，學生每年都升到另一個年級。其他的例子包括公司裡，受訓的人一批接一批；家庭裡，手足相繼長大，而監牢裡一群囚犯出獄了，又來另一批囚犯。**世代**（cohort）這個詞，指的正是一批接一批經歷類似過程的人[4]。*如果有下列這些情況下，以世代作為控制組特別有用*：(1)某個世代經歷了某種實驗對待，但早一點或晚一點的世代則沒有；(2)世代之間只有很微小的差別；(3)花錢支持研究的單位堅持，必須讓所有人都接受實驗對待，因此不可能有同時的控制組，這時只能用歷史的控制組（historical controls）；及(4)檔案資料能用來建構多個世代，並加以比較。

世代的一個非常關鍵的假定是：世代間的選擇差異，比那些不是以世代形成的比較組之間的選擇差異小。然而，每個研究都必須探測這項假定是否成立，例如，可分析那些應該跟結果相關的背景特色。即使假定成立，以世代形成的組之間的可比較性，還是不如隨機分派形成的組之間的可比較性高。再者，整理行為基因學（behavioral genetics）的研究報告發現，在智力表現的研究領域裡，手足之間所處的或他們自己創造的家庭環境的差異，可能使同一家庭的兩位兒童相差很遠，甚至像是從全國隨機配對找出的兩位兒童之間的差異這麼大（Plomin & Daniels, 1987）。如果這項結論是對的，而且可以擴論到其他非智力的領域，將手足作為世代控制組的特殊優點似乎就不見得成立。然而，許多經濟學家將手足作為控制組的設計，視為研究外在變項對於勞動參與及教育成就的影響之精良武器（Aronson, 1998; Ashenfelter & Krueger, 1994; Currie & Duncan, 1995, 1999; Duncan, Yeung, Brooks-Gunn, & Smith, 1998; Geronimus & Korenman, 1992）。

使用手足作為控制組的一個例子是敏屯（Minton, 1975）探討「芝麻街」第一季的節目，如何影響一個高異質性的幼稚園兒童樣本在「大都會學習準備測試」（Metropolitan Readiness Test, MRT）的表現。她讓一所幼稚園的兒童，在第一年結束時接受這個測驗。至於控制組，她用的是這些兒童的兄姊 MRT 的得分，這些兄姊都在「芝麻街」播出以前上過這家幼稚園；因此，控制組的這些兄姊當時是跟弟弟妹妹同一年紀，成熟度也相

---

4 「*世代*」這個詞，在其他的領域（例如，發展研究與縱貫研究）指的是任何重複被測量的群體；跟這裡的用法很不一樣。

同，但是弟弟妹妹在這個年紀時，才有「芝麻街」。這項設計圖示如下；非同等的兩組之間的虛線表示是世代控制組（cohort control）。我們先介紹一個沒有前測的世代設計，下一節再加上一個前測。下標的數字表示測量的時間，實驗對待的效應就是 O_1 到 O_2 之間的差異。這項設計很清楚顯示：兄姊組是用來作為同年齡、同樣成熟度，而且選擇偏誤也低的控制組。

$$NR \qquad O_1$$
$$\overline{\hspace{6cm}}$$
$$NR \qquad\qquad X \quad O_2$$

　　儘管世代間在成熟度及其他家庭背景變項上相似，但只比較這兩個觀察值，對於因果假設的檢定仍嫌薄弱。第一，還是有選擇的問題，因為兄姊比較可能是老大，而老大在認知成就的測驗上，常會比弟妹們表現較佳（Zajonc & Markus, 1975）。降低這種選擇威脅的一個辦法，是依照兄姊的排行次序，分別分析資料，因為兄姊的排行愈後面，出生排行的效應就會愈小（Zajonc & Markus, 1975）。這項設計就歷史的威脅來說，也頗為脆弱，因為兄姊與弟妹之間，除了沒有或有看「芝麻街」之外，也很可能經歷不一樣的事件，這些事件也會影響他們的知識程度。探討這項威脅的一個方法，是依據兄姊與弟妹之間上幼稚園的間隔年數，來分別分析[5]，例如，間隔一年的為第一組、間隔兩年的為第二組，以此類推。從這樣的分析結果，可以觀察弟妹組學得比較多的事實，會不會因為世代之間間隔的歷史事件不同而有差異。但即使如此，這種方法仍然無法控制住那些在「芝麻街」播出的同一年裡發生的歷史事件。因此，更好的方法是：在不同的年份、不同的學校，再重複同樣的實驗。如果每一次都有一樣的效果，則

150

---

[5] 這種分法必須非常小心，尤其如果這種作法會產生的組有些頗為極端，有些則否時，更須小心。我們先前的論文使用的例子也是敏屯研究裡的。在這項研究裡，研究者依據實驗對待組看「芝麻街」的程度，把他們分成四組，兄姊組再配對到各組。然而，馬克（Mark, 1986, p. 60）找到一個頗為合理的迴歸假象，可能就是因為這個劃分法所產生的：「自我選擇進入『大量觀看芝麻街』那一組的弟弟妹妹，很可能學習興趣非常高，而自我選擇進入『不常觀看芝麻街』組的弟弟妹妹，則學習興趣沒有特別高。我們知道手足間學業成就的相關本來就非完美，因此可以預期『大量觀看芝麻街』那一組的哥哥姊姊，比較沒有像他們的弟弟妹妹一般，有極端的行為（大量觀看芝麻街）。這種向平均值迴歸的結果，是庫克與坎伯爾（Cook & Campbell, 1979, p. 129）所認為的『一種可詮釋的結果』類型的統計交互作用。」

如果真的有某些歷史事件使得實驗對待看似有效果，那麼這些歷史事件就必須在這些年份、這些學校發生。但事實上，由於「芝麻街」開始時在每個家庭都大受歡迎，幾乎沒有學校的學生不受到「芝麻街」的影響，因此最後這種方法也不可行。

直接測量有時可以幫忙評估選擇與歷史的影響。例如，提方、歐康納、庫克及可廷（Devine, O'Connor, Cook, & Curtin, 1990）作了一項類實驗，來研究心理教育照護的工作坊（psychoeducational care workshop）如何影響護士對於膽囊手術病人的照護，及這些病人的恢復狀況。資料的蒐集是在同一所醫院裡，實驗對待（工作坊）開始之前的七個月內蒐集膽囊手術病人的資料；在實驗對待之後，又在同一所醫院內，蒐集另一群膽囊手術病人的資料達六個月。因此，這項研究包含了實驗對待前的世代與實驗對待後的世代。研究者依據這些人的許多背景特色與醫院的資料作了分析，發現兩個世代之間沒有差異，因此，這些變項上可能的選擇威脅減少到最小的程度（但不知其他沒有測量的變項是否有選擇的威脅）。當然，如果情況允許，最好前測和後測的資料蒐集時間都有一整年，而不是一個七個月，另一個半年；因為實際資料蒐集的過程，跟季節的影響相混淆。至於歷史的威脅，研究團隊絕大多數的日子都在該醫院裡，也沒有發覺到可能影響手術病人復原狀況的大變化。當然，這不能保證什麼，而且，要排除這項內部效度的威脅，稍微修改設計會比作測量更好。所以，研究團隊也在附近一所醫院蒐集資料作為控制組，該醫院跟實驗組的醫院隸屬於同一家企業，而且有些醫師在兩家醫院都有看診。這個控制組也支持「實驗對待的效果不是因歷史而致」的結論。最後這一點很重要：以研究設計的特色來補強世代設計，而這個例子裡的設計特色，就是一個沒有接受實驗對待的控制組。我們現在就來談如何改善研究設計，也就是增加更多的設計特色來加強因果推論。

增加前測來改善世代控制組

沙爾慈基（Saretsky, 1972）比較了一般教師及從外面雇來加強學生學業成就的人員兩者的效能時，發現這些教師特別努力，而且表現得比預期（根據他們前一年的表現）好。他認為這種「補償性質的敵對」之所以發生，是因為教師怕外來的人員如果表現得比他們好，自己會丟掉飯碗。為

了說明清楚，我們假定沙爾慈基有將同一位教師在這兩年裡（研究時期及前一年）所教班級的平均進步情形作比較，這時的研究設計如下圖所示，其中，O_1 和 O_2 分別表示比較早的世代的學生在學年初及學年末的成就得分，這些學生沒有受到教師恐懼的影響；而 O_3 和 O_4 分別表示比較後面的世代在學年初及學年末的得分，這些學生可能有受到教師恐懼的影響。這裡的虛無假設是：兩個世代學習成就的改變量相同。這種設計也可以往回延伸數年，變成有多個世代的控制組，而不只一個世代。事實上，沙爾慈基的確報告了實驗前兩年的資料。原則上，如果實驗對待還持續進行，研究設計也可以往前延伸幾年，得到多個實驗對待效益的估計值。

$$NR \quad O_1 \quad O_2$$
$$\overline{}$$
$$NR \quad\quad\quad\quad O_3 \quad X \quad O_4$$

如上圖所描述，這項設計跟基本的「非同等控制組，有前測與後測的設計」類似。主要的差別是：這項設計裡，控制組的測量比較早，而且假定，世代之間比大部分非配對的組之間較為同等。這點可經由比較世代的前測平均值來探討；這也是在世代設計加入前測的主要好處之一。而且由於有前測，可以使用研究對象內的誤差值（within-subject error）來作統計分析，因此能增進檢力，也比較能評估成熟與迴歸的威脅，還能為各組之間原本的差異作比較好（但仍然不完美）的統計調整。

即使這種設計有一連串的世代控制組，歷史仍然是很明顯的內部效度的威脅——任何只在 O_3 到 O_4 期間發生，且和結果變項有相關的事件，都是歷史。要探討歷史的威脅是否存在，唯一的辦法只有在實驗對待期間也設一個沒有接受實驗對待的控制組，而且測量的時間點必須跟接受實驗對待的世代完全相同。有時候，如果某些非同等的依變項適合研究主題，也可以增加這些非同等依變項來加強這種設計。

這類設計的一種變化，是坎伯爾與史坦利（Campbell & Stanley, 1963）所稱的「*週期性的機構循環設計*」（*recurrent institutional cycle design*）。這項設計必須能夠獲得學校學生的資料，或至少有兩年的時間來蒐集資料；圖示如下：

152

$$NR \quad X \quad O_1$$

$$NR \qquad\qquad\qquad\qquad O_2 \quad X \quad O_3$$

$$NR \qquad\qquad\qquad\qquad\qquad\qquad\qquad\qquad O_4$$

這設計裡有連續三個世代，每個世代開始都是在升二年級（舉例而言）的時候。第一個世代有接受實驗對待，並作了一個後測；第二個世代也有接受實驗對待，並接受前後測；第三個世代則只有作一個前測，沒有接受實驗對待。從圖中，我們注意到，O_1 和 O_2 可能不是在同一時間觀察，例如，一個可能在學年末，另一個則在第二個學年之初。O_3 和 O_4 之間也重複這樣的循環。如果結果呈現某一種模式，則實驗對待可能有產生效果——也就是，如果 O_1 和 O_3 的值比 O_2 和 O_4 高，如果 O_2 和 O_4 沒有差異，及如果 O_1 和 O_3 沒有差異。如果 O_3 比 O_2 高之外，O_1 也比 O_2 高，而且 O_3 也比 O_4 高，就能控制住部分的歷史威脅。這就必須事先預設實驗對待在兩個不同的時間都有產生效應，然而，也可能是兩個不同的歷史事件產生的力量，讓兩次的實驗對待都看似有效益，或同一個歷史事件再發生一次，使得兩次的實驗對待都看似有效益。但如果只能提出一個歷史的威脅，則這項威脅就必須重複發生，才能解釋 O_1 比 O_2 高，而且 O_3 也比 O_4 高的原因。這種世代設計下，如果 O_2 和 O_3 所觀察的都是同一批人，選擇的威脅也降低了。

還有另一種威脅——測驗，也可能存在，因為有些比較方式是將同樣的測驗重複施測（O_2 和 O_3）之後加以對照。因此，坎伯爾與史坦利（1963）建議，將要作前後測的組隨機分成兩組，一組有作前測，另一組則不作前測。如果兩組在後測有明顯的差異，則表示可能有測驗的威脅；如果沒有明顯差異，則表示測驗的效應不是問題。最後，因為這種設計的因果詮釋要能夠成立，必須符合複雜的結果模式，其中三種比較都跟 O_2 有關，如果 O_2 比較高，對整個詮釋將有很大的影響。因此，這種設計必須使用穩定良好的測量及大樣本。

以非同等的依變項改善世代設計

敏屯（Minton, 1975）研究第一季「芝麻街」的播出對幼稚園兒童學習

的影響時，就使用了一個非同等的依變項（nonequivalent dependent variable）。她的研究結果顯示，有看「芝麻街」的兒童，對於「芝麻街」節目教過的英文字母，明顯進步得比較快，而對於「芝麻街」沒有教的字母則進步比較慢。這項結果幫忙排除了成熟的威脅，因為兒童對於字母的瞭解，通常受很多因素影響，其中包括他們自己的認知發展。如果所觀察到的結果只受到成熟的影響，那麼不論「芝麻街」有教過哪些字母，他們對這些字母的瞭解程度應該都一樣。

153

結合許多設計元素的設計

本章一直強調加上設計元素來幫助因果推論的重要性。在這一節裡，我們提供三個例子，這些例子都用了許多的元素。我們用這些例子來進一步說明加上設計元素的原因。

經過配對但沒有接受實驗對待的控制組，有多個前測與後測，非同等的依變項及移除與重複實驗對待

雷諾士與衛司特（Raynolds & West, 1987）的研究是類實驗設計的典範。他們是評估亞利桑納州「問到就給」賣樂透彩券的宣傳活動。參加這項活動的商店是有賣樂透彩券的，他們同意在店裡貼一張海報，寫著：「我們有問你要不要樂透彩券嗎？如果沒有，一張給你，免錢！」這些店也同意，沒有被問到的顧客如果前來索討，就免費給他們一張樂透彩券。由於這些店是自願參加這項宣傳活動，他們的非同等控制組的設計多了四道步驟：第一，作者在為實驗對待組的商店找配對的控制組時，必須是隸屬於同一連鎖店（如果可能，也必須是屬於同一個郵政區碼），並且樂透的市場占有率（前測）類似。第二，他們加了許多個前測與後測，也就是實驗對待的前後四星期，每星期的樂透平均銷售量。前測的平均銷售的遞減趨勢，在實驗組及控制組幾乎完全相同，因此，成熟的差異不能解釋實驗組後來的銷售揚升趨勢。同樣的，向平均值迴歸的威脅也不可能存在，因為

實驗組在實驗開始前四星期的銷售量都*持續*下降,而對照組的銷售量在實驗對待開始後繼續消退。第三,愛肯及衛司特(Aiken & West)研究實驗對待對實驗組的三個非同等依變項的影響,也就是這項宣傳活動對於汽油、香菸及生鮮食品的影響;他們發現這項活動增加了樂透彩券的銷售量,但沒有增加這三項貨品的銷售量。第四,有些商店在活動中途撤出,後來又加入,還有些店的宣傳活動則開始得比較晚。他們找到這些商店,並發現這些店的樂透銷售量,隨著宣傳活動的開始、移除及重新開始而起落,但那些配對的控制組銷售量則沒有變動。幾乎所有這些分析都顯示,「問到就給」的宣傳活動開始之後,銷售量就增加了,很難找出其他能解釋銷售量增加的原因。

154 將互換的重複與非同等的控制組設計結合

有時候,研究者可以讓控制組中一部分的人接受實驗對待,而另一部分的控制組則還是沒有接受實驗對待。有時候,也可以讓實驗對待組一部分的人接受兩次實驗對待,另一部分的人則還是只有接受一次實驗對待,這樣可以評估多一次實驗對待的好處。甘、愛佛森及卡志(Gunn, Iverson, & Katz, 1985)在向全國 1,071 個班級推動一項健康教育計畫時,就是採用這種設計。這項設計圖示如下,其中 *R* 表示可利用隨機分派;在這項設計裡,隨機分派並不是必要的,但卻有好處:

第一年				第二年			
NR	O_1	*X*	O_2	*R*	O_3	*X*	O_4
				R	O_3		O_4
NR	O_1		O_2	*R*	O_3	*X*	O_4
				R	O_3		O_4

首先,將班級分成非同等的實驗對待組與控制組。每一組的學生在計畫實施的前後一年都接受健康知識的測試。接著,原先的控制組被隨機分成一半:一半接受健康教育的課程,以觀察是否有相同的實驗對待效果;另一半則仍然沒有接受該教育課程。而且,原先的實驗對待組也分出一個

隨機樣本來接受第二年的健康教育教學，觀察較多的健康教育能多帶來多少好處。這裡，我們看到，研究者不但把「互換的重複」（switching replications）使用於控制組的一部分，也用來增強實驗對待。這樣的結合使得「互換的重複」設計更加堅強，尤其如果在研究的第二階段（第二年）時，是以隨機分派來讓原本的控制組和原本的實驗組，都分出一個樣本來接受健康教育，或讓那些經由測量認定需要增強課程的人接受更多的健康教育課程時——也就是「迴歸不連續設計」（a regression discontinuity design）（見第 7 章），這項設計更有說服力。

沒受到實驗對待的控制組，兩次前測，且有獨立與相依的樣本

布萊克布恩及同僚（Blackburn et al., 1984）與法夸及同僚（Farquhar et al., 1990）為了要評估一項降低社區心臟血管疾病風險的研究計畫，將兩次前測的設計與「獨立與相依的樣本」結合。我們避開這兩個設計實際上的一些複雜之處，將這項設計的邏輯以圖示，其中在兩個 O 之間的垂直線（|），是表示這兩個 O 是獨立的樣本。

R	O_1	|	O_2	|	O_3	|	O_4	|	O_5
R	O_1	|	O_2	| X	O_3	|	O_4	|	O_5
R	O_1		O_2		O_3		O_4		O_5
R	O_1		O_2	X	O_3		O_4		O_5

這個圖的前二行是一個隨機化的實驗，社區被分派到實驗組或控制組，而且，每年的某個固定時間從社區抽出家戶作為獨立樣本，施以橫斷式的多次調查（cross-sectional panel survey）（然而，兩個研究所使用的社區數不多，所以無法假定社區間原本是同等的）。圖的下面兩行是縱貫調查，每年追蹤一批同樣的受訪者。研究的主要結果是每年心臟問題的生理測量，包括血壓及膽固醇的高低。在橫斷式的多次調查裡，研究者是抽取獨立的隨機樣本，這是因為擔心每年的生理測量，會讓每年被測量的受訪者察覺

到實驗對待；而且，也希望能將結果盡量擴論到其他也是隨著時間而變化的社區。由於布萊克布恩的研究裡只有三個社區配對成功，而法夸的只有兩個有配對的社區，兩次前測的設計是用來估計實驗對待之前的線性趨勢。然而，在布萊克布恩的研究裡，社區內兩年之間的變異量卻超乎預期，因此即使以統計方式來調整，也無甚助益。所以，布萊克布恩在中途修改了設計，在幾個後測都持續追蹤一些接受前測的受訪者，因此，除了繼續抽取並調查原先設計的獨立樣本之外，這項修改讓他的研究產生了縱貫調查的樣本。法夸的研究則從一開始就有獨立樣本，也有相依樣本。

使用這麼多設計元素，讓研究者有許多方式來檢視對效度的威脅（Chaffee, Roster, & Flora, 1989）。例如，雪菲（Chaffee）等人從控制組的城市中，抽取一波波的獨立樣本，並比較其中兩相接續的樣本之間的差異，以觀察歷史的威脅；並將實驗對待組中相依樣本與獨立樣本間的差異，拿去跟控制組裡的相依與獨立樣本間的差異相比較，藉以檢視樣本流失的情形。他們又將兩個相依樣本在幾年裡的變化上的差異（相依樣本比較可能有測驗與成熟的威脅），與獨立樣本之間的變化（整個人口的成熟可能反映於此），兩者相比較，發現可能有測驗與成熟綜合的威脅。這些檢討威脅的方法都不是最完美的，每一種都只能作提示之用，而無法給研究者明確的證據。

法夸的研究之所以有趣，跟分派的單位是像社區或企業這樣的大團體有關。由於所需的研究費用和實際執行時的困難度之故，很少能作很多大團體的研究。事實上，法夸研究所出版的論文只報告了兩個實驗對待社區及兩個控制社區。心臟血管疾病在兩個實驗對待社區及一個控制社區都減少了，而且之間幾乎沒有差異。然而，雖然在研究期間，全國在心臟血管疾病風險的趨勢是向下的，但在第二個控制社區，心臟血管疾病的風險卻似乎隨著時間而增加了。如果分析時不放入這第二個控制社區，實驗對待組與控制組之間的差異就幾乎是零。由於分派單位（社區）數目太少，不論在分派前的配對作得多麼小心翼翼，也不能假定各社區間是可互相比較的。要處理這個問題，就必須增加更多的社區（通常會貴得嚇人），或將有類似實驗對待的研究合併。如果是合併多個研究，實驗對待不會完全一樣，而其他的情境因素及評量方法也當然會更有不同。另一方面，沒有什麼理由一定樣讓控制組與實驗對待組裡的個數相等，因此多加幾個控制社

區有時花費並不多，而且可以增強檢力（Kish, 1987）。

設計的元素

　　儘管是最薄弱的類實驗設計，也可以經由加入一些精心挑選的設計元素，而變得較為堅強，因為這些元素降低了內部效度威脅的數目及合理性；我們已經看到許多這種例子。在這一節裡，我們將這些設計元素作個摘要（表 5.2）。畢竟，類實驗設計也只是從這些元素中挑選組合而成，讓最後的設計能適合研究的特殊情況（Corrin & Cook, 1998）。為了方便起見，我們把這些元素分為跟(1)分派；(2)測量；(3)比較組；及(4)實驗對待有關的四組。

分派

　　大多數的類實驗研究裡，研究者無法決定如何分派（assigment），而是由參加者自己選擇進入某一組，或者其他人決定如何分派，就像醫師決定誰該開刀，或教師或教育主管單位決定哪個學生或哪個學校可以獲得新的資源。很多證據顯示，*非隨機分派*所產生的結果，常常（但並不一定都）會跟隨機分派產生的結果不一樣（Chalmers et al., 1983; Colditz, Miller, & Mosteller, 1988; Lipsey & Wilson, 1993; Mosteller, Gilbert, & McPeek, 1980; Wortman, 1992），尤其如果是參加者自己選擇進入某一組，而非由他人決定時，情況更是如此（Heinsman & Shadish, 1996; Shadish, Matt, Navarro, & Phillips, 2000; Shadish & Ragsdale, 1996）──因此，如果可能，應該盡量避免讓參與者自我選擇。有些非隨機的分派方法，像是「輪流的分派方式」（alternating assignment）有時候可以頗為接近隨機分派（McAweeney & Klockars, 1998; Staines, McKendrick, Perlis, Sacks, & DeLeon, 1999）。

157

➤ 表 5.2　用於建構實驗與類實驗的設計元素

分派
隨機分派
以選取標準為根據的（cutoff-based）分派
其他非隨機的分派
配對與分層
掩飾（masking）
測量
後測觀察
單一後測
非同等依變項
多個實質的後測
前測觀察
單一前測
回顧式前測
代理的近似變項（proxy pretest）
一段時間內重複作前測
對獨立樣本施行前測
預測有交互作用的調節變項
測量對效度的威脅
比較組
單一個非同等的組
多個非同等的組
世代
內部控制組相對於外部控制組
所建立的對照群體
迴歸外推（regression extrapolation）的對照群體
常模對照群體
二手資料對照群體
實驗對待
互換的重複
相反的實驗對待
移除的實驗對待
重複的實驗對待

　　除了隨機的方法之外，常還可以利用別的方法進行分派。*配對與分層*都可以增進組間的相似性。然而，在類實驗研究執行配對，必須比在隨機分派的實驗裡執行配對時，更加仔細小心，因為如果僅以單一項不具信效度，且只在單一個時間點作的測驗結果作為配對，則所衍生的問題可能比解決的問題還多。如果可以，對研究者、研究對象，或其他研究及工作的人員掩飾分派的結果，可以預防兩種偏誤的發生：(1)研究者與研究對象知道了分派的情形後所產生的反應；及(2)那些參與分派的人想辦法影響該組的結果。因此，大致而言，不是所有的非隨機分派都相像；如果情況允許，避免讓研究對象自我選擇，或以其他實驗控制組的方式，像是配對與掩飾，也可以改善非隨機分派。

158

測量

　　研究者可以藉由控制測量（measurement）的性質與時程來增強因果推論。實驗對待結束後作*後測*的主要原因，是要除去因與果在時間先後次序上的模糊不清。當結果的測量與實驗對待同時進行時，這項威脅最可能發生；就像許多相關性研究裡，用同樣的問卷來評估實驗對待的強度與結果。如果能將因果分析中這兩個最重要的變項，在時間上分開來測量，明顯會比較好。稱為「*非同等依變項*」的特殊的後測，是在後測時測量兩個極可能相關的建構（例如健康的兩種測量），但研究者只預期其中一個會因實驗對待而產生變化（目標中的結果變項）；而不預期另一個會因實驗對待而產生變化（非同等的依變項），但研究者卻預期後面這個變項會跟目標中的結果變項一樣，受到所有或一些重要的內部效度的威脅，因而產生一些變化（例如，兩者可能都會因為同樣程度的成熟過程，而在所有的健康測量上顯得比前測時佳）。如果目標中的結果變項因實驗對待而產生變化，但非同等依變項卻沒有變化，則「該項改變是因為實驗對待之故」的推論就更加堅定了。如果兩個都改變了，則推論就變弱了，因為兩者的變化可能都是肇因於這些威脅。使用*多個實質的後測*（multiple substantive posttests）讓研究者能檢視實驗對待效益的證據模式。如果根據以前所知的某個果所留下的模式，可以預測到所發現的模式，就能對因果推論更具信心。

　　在設計裡加上一個*前測*能讓研究者檢視，是否選擇偏誤或樣本流失才

是真正造成所看到的效應的原因。在實驗對待前連續以相同的建構概念作*重複的前測*，則能讓研究者觀察，是否有成熟的趨勢、迴歸的假象、測量及工具的使用等威脅。有時候，如果無法蒐集結果變項的前測資料，可利用*回溯式的前測*，請研究對象回想他們在實驗對待之前的狀態，或可蒐集前測的*近似變項*（*proxy* pretests），也就是一個跟結果變項密切相關的變項，作為前測的替代。雖然這些方法的功用，比使用結果變項的前測本身來得薄弱，但還是可以幫忙澄清選擇與流失的偏誤。有時也可以從「*獨立的前測樣本*」（*independent pretest sample*）蒐集資料；這個前測樣本跟後測所使用的樣本不同，但可預先假定兩者類似，例如，從同一母群所蒐集而來的隨機樣本。

　　「*調節變項*」（*moderator variable*）則影響果的大小或方向。當研究者能成功預測調節變項與實驗對待之間的交互作用對果的影響時，調節變項就能幫助因果推論的建立。如果所預測的交互作用獲得證實，合理的內部效度威脅就變得很少。最後，研究一開始就*測量能預期的威脅*，可幫忙研究者察覺威脅的發生，檢視它的影響方向是否跟所觀察到的結果方向相同；測量預先可以想到的選擇過程，就是一個特別重要的例子。

比較組

　　比較組（comparison groups）提供的是有關違反事實的推論之資料，也就是說，它提供的是「如果沒有實驗對待，情況會是怎樣」的資料。在類實驗裡，違反事實的推論通常仰賴刻意選出來的*非同等比較組*（*nonequivalent comparison group*），讓它跟實驗組盡可能在各種變項的前測上相似，或在一個研究者認為會構成明顯威脅的變項上盡量相似。利用小心挑選的多種*非同等比較組*（*multiple nonequivalent comparison groups*），而不只是一個比較組，能讓研究者探索更多對因果推論的威脅，並且以三角驗證的方法（triangulate），將所推論的效量逼近到一個比較窄的範圍之內。一種特別有效的比較是*世代控制組*（*cohort controls*），比較在某種機構（例如學校）裡循環進出的團體（例如，每年都有新的三年級學生）。一般認為，世代比其他大部分的非同等比較團體更能互相比較（例如，同年齡、屬於同一社經地位等）。

有時跟*內部控制組*（*internal control group*），而非外部控制組（*external control group*），作非隨機的比較，會獲得更精確的結果（Aiken et al., 1998; Bell et al., 1995; Heinsman & Shadish, 1996; Shadish & Ragsdale, 1996）。內部控制組的成員，跟實驗對待組的成員來自相同的團體（例如，同校的學生、同班的學生，或同是申請參加這項計畫的人）。外部控制組的成員則來自完全不同的團體（例如，不同治療場所的病人），而且可以假定他們之間相同之處較少。然而，有時比較難分辨哪些人是內部控制組或外部控制組，而且這些非同等比較組都可能產生明顯偏誤（Stewart et al., 1993）。

　　有時候，反事實的推論是由比較薄弱、沒那麼好的資料來支撐，包括：(1)與*迴歸外推*（*regression extrapolation*）而得的資料相比，也就是將實際的後測資料與迴歸外推得到的後測得分相比；(2)與*常模化的比較組*（*normed comparison*）相比，也就是實驗對待組的結果，是跟測驗手冊或類似報告裡的常模樣本作比較；(3)與*二手資料*（*secondary data*）相比，也就是將實驗對待組與其他研究裡的樣本相比。這些比較方法的用處有多大，要看兩者間的相似度有多高、是否能作到有效的配對，及是否能作多種比較。就本段所列出的這幾個比較方法而言，我們很少發現它們能作出恰當的反事實推論。

160

實驗對待

　　研究者若能掌握何時及如何施以實驗對待（treatment），就比較容易得到有效的因果推論。*互換的重複*（*switching replication*）的方法，是在實驗組接受實驗對待之後，由原先的控制組來接受同樣的實驗對待；如果有多個比較組，讓每個比較組在不同的時間接受實驗對待，則又更佳。*相反的實驗對待*（*reversed treatment*）的方法則是施以不同的實驗對待，使其效果與原先的實驗對待恰巧相反。*移除實驗對待*（*removed treatment*）的方法先施以實驗對待，之後又移除，目的是要顯現，結果的模式的確是隨著實驗對待的施用與移除而改變；而*重複實驗對待*（*repeated treatments*）的方法則是在移除實驗對待之後，又再一次施用之，盡可能多作幾次（有時稱為 ABAB 設計，A 表示實驗對待，B 表示移除實驗對待）。

設計元素與理想的類實驗

有沒有一個理想的或最佳的類實驗方法呢？一個將這些元素組合到最有用處的類實驗方法？答案是：「通常沒有」，因為一項研究最好的設計，要看這項研究探討的研究假設是什麼，要看研究情境可能會有哪些威脅，看先前的研究能讓我們對這些威脅是否實際存在有多少瞭解，還要看有哪些設計元素是實際可以放進設計裡。然而，大部分的類實驗研究實際使用的元素都很少；我們認為，如果研究者有多花一點心力注意推論的威脅，及注意有哪些設計元素可以幫忙降低這些威脅的合理性，那麼大部分的類實驗研究都能作得更好。

我們的建議跟費雪（R. A. Fisher）忠告的精神相同，費雪對研究者的忠告是，「要把你的理論講清楚」〔羅森朋（Rosenbaum）引述，1984, p. 41〕，才能改善非隨機化實驗的因果推論。也跟何藍（Holland, 1989）的兩個原則精神相同；何藍認為，以類實驗作因果推論時，有兩個互相競爭的原則：(1)非隨機化研究中的因果推論，比隨機化研究裡的因果推論，需要更多*資料*；及(2)非隨機化研究裡的因果推論，比隨機化研究中的因果推論，在分析資料時，需要更多的*假定*。何藍鼓勵研究者將重心多放一些在第一個原則（蒐集較多的資料），而非後者（作比較多的假定），因為通常唯有蒐集較多的資料，才能檢定分析所需的假定。增加較多的設計元素，是蒐集較為明白而多樣的資料的方法，才能改善因果推論。

161

結論

我們前兩章已經說過，最常使用的類實驗設計，通常所能支持的因果結論都有點含混不清。有鑑於此，使用類實驗的人必須準備好要容忍這些模糊，假定其他的因果解釋可以忽略，否則就必須使用更好的設計。本章強調要強化設計，方法則是：考量研究的情境，加入一些能降低效度威脅

之合理性的設計元素。下一章我們會繼續討論這個主題。「打斷的時間序列」（interrupted time series）本身是一個特別強的架構，能支持因果推論，但如果在這個打斷的時間序列設計中，再添加剛才所摘要的實驗特色（例如，比較組、非同等的依變項、互換的重複），有時會使得這種類實驗設計的推論結果足以媲美隨機化實驗的結果。

Appendix
附錄 5.1：分析有非同等組的設計之資料，分析方法的重要發展

統計學家和經濟學家最近熱烈討論如何分析有非同等組的設計（designs with nonequivalent groups）的資料，其中很多是屬於統計專業的，也不是我們要談的焦點——設計——的範圍之內。我們認為這些發展不能取代好的類實驗設計，但卻可能協助處理那些即使是最好的設計也不能處理的偏誤，因此，談論類實驗研究而不討論這些發展，似乎有點怠忽職守。基本上，我們的信條是「只有在使用了最好的設計控制之後才利用統計調整」。溫序與摩根（Winship & Morgan, 1999）為這些發展作了絕佳的介紹。

傾向分數與隱藏的偏誤

整個二十世紀，統計學家都比較喜歡隨機化實驗，比較少注意類實驗（Shadish & Cook, 1999），部分原因是無法追究選擇偏誤，因為如果根本無法掌握事物表面下的過程，就很難發展統計模型。然而最近有一些統計學家研究這些問題，且獲得了一些有用結果（例如，Holland, 1986; Rosenbuam, 1984, 1995a; Rubin, 1974, 1991）。羅森朋（Rosenbaum, 1995a）將大部分的研究結果都作了摘要；流行病學（C. Drake & Fisher, 1995）、醫學（Connors et al., 1996; Smith, 1997; Stone et al., 1995）、職業訓練計畫的評量（Dehejia & Wahba, 1999）及高等教育（Rosenbaum, 1986）等一些領域，都有一些好例子。

其中一項有用的發展就是傾向分數（propensity score），也就是利用邏輯迴歸方程式（logistic regression）[6]所預測出來，一個人在實驗對待組（相

162

對於在對照組）的機率。小心測量那些可能影響某人（被）選擇進入某一組的預測變項，就能增加傾向分數的正確度。作傾向分數時，研究者的目標是，將所有會影響選擇的變項（包括交互作用及其他非線性的變項；Rosenbaum & Rubin, 1984; Rubin & Thomas, 1996），及跟結果有關的變項都納入邏輯迴歸，即使僅是微弱相關也要納入（Rubin, 1997）：「除非大家都同意某變項跟結果無關，或同意它不是合適的共變項，否則不應該把這個變項排除；即使它沒有達到統計的顯著，最好也要把它留在傾向分數的模型裡。」（Rubin & Thomas, 1996, p. 253）有些學者也建議，如果樣本數夠大，也要把任何能區分非同等（控制與實驗對待）組的變項都納入作為預測變項（Canner, 1984, 1991; Cochran, 1965; Rosenbaum, 1995a; Rubin & Thomas, 1996），並容忍比平常高的第一類型錯誤（例如，讓 $p < .10$ 或 $p < .25$）。模型裡的預測變項不應該受到實驗對待的影響；也就是說，這些預測變項應該是在實驗對待開始之前就蒐集好的。目前的研究資料顯示：使用正確的迴歸模型（也就是將該有的交互作用和非線性的變項都放入模型中），並不重要，將所有能預測組別（控制組還是實驗對待組）的相關變項都納入模型中，才是比較重要的（Dehejia & Wahba, 1999; C. Drake, 1993）。如果有多種實驗對待，則分別計算兩兩比較（pairwise comparison）下的傾向分數（Rubin, 1997）。

　　邏輯迴歸將每位研究對象的一堆共變項化簡為一個傾向分數值；以這個分數，研究者就能同時以多個變項作配對或分層。當以一個控制組的單位配一個實驗對待組的單位時，就能使用一般的配對；但羅森朋（Rosenbaum, 1995a）發現，這種配對成一組兩個的方法，通常不會將同一層級（strata）內各組之間傾向分數的差異降到最小。因此，他建議使用最佳配對（optimal matching），也就是讓每一小組裡有：(1)一位接受實驗對待的人及一位或多位控制組的人；或者(2)一位控制組的人及一位或多位接受實驗對待的人。最佳配對利用一種運算法則（algorithm），使實驗對待組與控制組在傾向分數上的整體差異降到最小；如果這種方法讓各組間的整體差異得到最小值，它也容許消除先前的配對，產生新的配對（Rosenbaum,

163

6　史東及同僚（Stone et al., 1995）以另一種方法求傾向分數，也就是利用「分類樹運算程式」（classification tree algorithms），而不是邏輯迴歸。

1995a）。伯格史特羅、寇山克及焦寇伯森（Bergstralh, Kosanke, & Jocobsen, 1996）提供了一個在 SAS 統計軟體上寫的作最佳配對的巨集程式（macro），而艾瑟曼及雷芬（Isserman & Rephann, 1995）將它應用到社會科學的例子。還有其他許多人將配對的運算法則作了一些變化（例如，Dehejia & Wahba 1999; Gu & Rosenbaum, 1993; Heckman, Ichimura, & Todd, 1997; Marsh, 1998）。例如，可以在以傾向分數作配對的同時，也以其他變項作配對，像是以年齡及性別配對（Rosenbaum，出版中）。目前還沒有人對於這些配對法的優缺點作一個徹底的檢討。

　　如果是使用分層（stratifying），「卡克仁（Cochran, 1968）的研究顯示，分成五層時，通常就足夠移除進一步分層的變項或共變項裡 90% 以上的偏誤」（Rosenbaum & Rubin, 1984, p. 516）。因此一般都分五層，包含了所有實驗組與控制組，而每一層的研究對象，傾向分數都在同一個五分位數（quintile）之內。這樣的分層方法，即使分層變項間的關係不是線性的也不受影響。而且，如果以傾向分數來分層的效果不錯，那麼，由於同一層內的傾向分數具有同質性，對照組與實驗組的研究對象在預測變項上的任何差異將只是恰巧而已；從這一方面來說，分層使實驗組與對待組之間達到了平衡，沒有差異。這時實驗對待組沒加權的平均值，將是實驗組在五個層裡的平均值的總平均；控制組的估計值也是五個層裡控制組平均值的總平均。羅賓斯、格林蘭及胡（Robins, Greenland, & Hu, 1999）則使用另一種方法：他們按照研究對象實際受到實驗對待的多寡趨勢，將各層的平均值加權；這種方法有它的優點，尤其實驗對待會因時間而有變動時，這種方法的優點更明顯。研究者必須個別將每一個共變項及傾向分數作 2（組）×5（層）的變異數分析，才能得知，利用傾向分數作為分層的依據後，兩組在共變項上的差異被調整了多少。如果交互作用顯著，就表示傾向分數並沒有將共變項的差異調整足夠；兩組在共變項的前測差異愈大，這種情形就愈可能發生。有時候，在計算傾向分數的方程式（邏輯迴歸）中增加非線性的變項，可以改善這個問題。

　　最後，傾向分數可以在共變數分析（ANCOVA）裡當作共變項。如果資料能符合 ANCOVA 所有的假定，而且模型正確無誤（例如，模型中的曲線關係是對的），ANCOVA 會比配對或分層更能有效調整共變量。然而，如果模型並不是很正確，則即使共變數的調整也無法降低明顯的偏

誤，甚至會使偏誤加大（Rosenbaum，出版中）。有些研究者懷疑，共變數的模型是不是能模擬正確的函數型式（functional form）（例如，H. White, 1981; Winship & Morgan, 1999）。德西嘉及瓦霸（Dehejia & Wahba, 1999）發現，即使在共變數的模型裡增加一些非線性的變項，配對表現得還是比共變數分析好〔以某個隨機化實驗的基準點（a randomized experiment benchmark）為比較標準〕。幸好，以傾向分數來配對或分層之後，還是可以再使用共變數分析，這樣的結果會比只用其中一種更好（Rosenbaum, 1998，出版中）。這時，ANCOVA 裡可使用那些用來計算傾向分數的預測（組別的）變項（Rubin & Thomas, 2000; Stone et al., 1995）。雖然後者也許似乎少見，但一個變項還是可能同時解釋個案是屬於哪一個群體，也能解釋結果的變異。只要變異的來源彼此之間是無關的（orthogonal）（這在任何研究裡都是一個實證問題，有待驗證），將預測變項放入最後結果的方程式裡，就能增進結果的解釋力，也能減少最後估計值的偏誤。

l64

　　有關使用傾向分數的四個注意事項，讓我們對它的發展潛力抱持比較保留的態度。第一，傾向分數在比較大的樣本效果較佳（Rubin, 1997），但許多類實驗研究的樣本都頗小。第二，研究者必須檢查各組在傾向分數上的重疊多寡，如果重疊非常少，就無法利用傾向分數來為實驗對待組的人找出許多分層或配對，如此將嚴重限制樣本數、可擴論性，及任何因果結論的精確性。第三，預測變項有遺漏值發生時，如何計算這些個案的傾向分數，最近才有研究者開始探討這方面的研究（例如，D'Agostino & Rubin, 2000）；這項問題在實作上非常重要，因為遺漏值是很常見的。第四，傾向分數的方法假定：除了方程式中所使用的預測變項之外，已經沒有其他未知卻能預測個案是在某一組的趨勢，且又跟結果相關的混淆變項。這是很強的假定。隨機分派從**期望值（expectation）**而言，會使各組在有觀察到及沒觀察到的變項上都相等；但傾向分數的調整只能使各組在所使用的預測變項上是相等的，沒有觀察到的共變項還是繼續造成隱藏的偏誤。如果計算傾向分數能盡量用到所有能預測個案會屬於哪一組及跟結果有關的變項，隱藏的偏誤就能降低一些。但是，很少能把所有這些變項都找出來，而且所必須付出的成本及實際作業的限制，常使研究者無法測量那些被懷疑可能有關的變項。因此，即使已經使用了最好的傾向分數分析，類實驗研究裡的實驗對待效益估計值，還是可能存有隱藏的偏誤。

統計學另一個相關的發展，則直接由研究這種隱藏偏誤的概似性（like-lihood）而來；這項發展就是敏感度分析（sensitivity analysis），用以評估各種程度的隱藏偏誤是否會改變研究的結果。這種分析探索的是，隱藏偏誤要多大，才會改變研究結果，所謂改變通常是指從組間的顯著差異變成無差異，或反之。羅森朋（Rosenbaum, 1991a, 1991b）有一個簡單的計算例子（亦見 Gastwirth, 1992; Gastwirth, Krieger, & Rosenbaum, 1994; S. Greenhouse, 1982; Marcus, 1997b; Psaty, et al., 1999; Rosenbaum, 1986, 1987, 1988, 1989, 1991a, 1991b, 1993, 1995a, 1995b, 1999b; Rosenbaum & Krieger, 1990）。最近在經濟計量學領域也開始有類似的研究，我們在下一節會討論（Manski, 1990; Manski & Nagin, 1998）。

根據羅森朋提供的大綱（1991a, 1991b, 1995a），敏感度分析過程大致如下。在一個使用簡單隨機分派的隨機化實驗裡，被分派到實驗對待組或控制組的機會都相同，所以被分派到實驗組的機率是 .50。在這樣的情況下，兩組差異的統計檢定所得到的顯著水準（也就是第一類型錯誤率）是正確的。然而，在非隨機化的實驗裡，這些機率可能偏離 .50；例如，男性可能比女性更容易進入職業訓練的計畫。假定造成偏誤卻沒有被觀察到的變項，是跟結果有關，這時如果這些機率偏離 50/50 時，統計檢定兩組差異所得到的顯著程度就可能沒那麼精確。不幸的是，由於不知道這些改變分派機率的隱藏偏誤是什麼，我們無從得知顯著水準是太高還是太低。敏感度分析就是要找出：研究結果的顯著水準可能離隨機化實驗的狀況下所得到的顯著水準有多遠。敏感度分析是分別依據不同的偏離（也就是被分派到各組的 .50 機率），計算結果的顯著水準。這種分析對於跟結果有關的某一變項究竟會產生多少分派上的偏誤，提供了很重要的診斷訊息，因為該變項所產生的偏誤可能改變結果的顯著性。

羅森朋（1991a）提供了一個例子。在這個例子裡，類實驗結果的顯著水準是 $p = .0057$，實驗對待似乎是有效的。以原始資料作敏感度分析發現，當被分派到實驗組的機率範圍是 .4 到 .6 時，可能的顯著水準，最小是 .0004，最大是 .0367。極大值與極小值都顯示實驗對待是有效的。然而，分派機率的範圍（.4 到 .6）很窄，不是很能反映出因隱藏偏誤而與隨機化實驗偏離的情形。如果將上述機率範圍擴大到 .25 與 .75，則最小的顯著水準是 < .0001，但最大的顯著水準是 .2420，顯示實驗對待無效益。

165

這些機率顯示，在這項研究裡，如果有一個變項會影響被分派到某一組的機率，使得有些人以 3:1（也就是 .75 比 .25）的機會，比其他人更可能被分派到實驗組，但該變項卻沒被測量到時，則隱藏的偏誤就可能產生實驗對待看似有效的影響，而實際上實驗對待卻沒有任何效益（或者其實有更大的效益，隱藏偏誤卻使得這項效益看似較小）。

最大的顯著水準及最小的顯著水準會差多遠，及分派機率要相差多大才能產生這些差距，都因各個研究不同而異。有些研究似乎只有當隱藏偏誤極大時才會受影響，有些則似乎無論隱藏偏誤多小都會受影響。然而，敏感度分析無法真的告訴研究者偏誤是否存在，只能告訴研究者他的研究是否容易受不同程度的偏誤之影響。羅森朋（1991a）描述了一個研究，即使隱藏偏誤使得分派機率落在 .09 到 .91 之間，該研究的結論也不受影響。但後來的研究發現，該研究的隱藏偏誤可能更大。要實際發現研究中的隱藏偏誤並不是一件容易的事；但有時我們在這一章及前一章所介紹的一些設計元素，像是非同等的依變項，或在一些沒有觀察到的共變項上已知有某種表現的控制組，能幫忙發掘隱藏偏誤。例如，德西嘉及瓦霸（Dehejia & Wahba, 1999）發現，如果以傾向分數調整非同等的比較組，會產生非常不同的結果時，就可能有隱藏的偏誤。

將敏感度分析及以傾向分數配對兩種方法合併使用，這項新的統計技術提供了類實驗研究重要的分析工具。我們希望這些工具能被更廣泛使用，才能讓我們對它們的實用性與正確性有更多實際經驗。

166 選擇偏誤的模擬

由於傾向分數分析無法針對隱藏偏誤作調整，而敏感度分析無法指出這些偏誤是否存在，如果有一種方法能彌補這些缺憾就很棒。過去二十五年來，有一些經濟學家，尤其是黑克曼（Heckman）（例如，Barnow, Cain, & Goldberger, 1980; Cronbach, Rogosa, Floden, & Price, 1977; Director, 1979; W. Greene, 1985, 1999; Heckman, 1979; Heckman & Hotz, 1989a, 1989b; Heckman, Hotz, & Dabos, 1987; Heckman & Robb, 1985, 1986a[7]; Stromsdorfer & Frakas,

---

7 Wainer（1986, p. 57-62, 108-113）重印了一段 John Tukey、John Hartigan 及 James Heckman 三人，討論黑克曼和 Robb 在 1985 及 1986 年兩篇論文的精彩討論。

1980），發展了一些方法，希望可用以調整非同等的組之間的選擇偏誤，進而獲得實驗對待效益的無偏估計值。這些方法從統計上而言頗為複雜，尤其如果研究者沒有深入的統計訓練，作起來並不是那麼容易。這些模型對於選擇有各種的假定。Achen（1986）、Foster 和 McLanahan（1996）、Moffitt（1991）、Newhouse 和 McClellan（1998）、Rindskopf（1986）、Winship 和 Mare（1992），尤其是 Winship 和 Morgan（1999）都有評議這些方法。

　　一個簡單的選擇偏誤模型會用兩個方程式，一個選擇方程式及一個結果方程式。就像計算傾向分數的模型一樣，選擇方程式利用一些被認為會決定個案是否進入實驗組或控制組的變項，來預測個案實際屬於哪一組，因此產生的是預測的組別得分。這項得分可用以取代結果方程式中的實驗組虛擬變項，或直接加入結果方程式，與實驗組虛擬變項一起預測結果。如果選擇方程式所預測的組別幾乎都完全正確，而且其他的假定（像是常態分布的假定）也成立，那麼基本上，結果方程式裡實驗組虛擬變項的係數是實驗對待效益的無偏估計。選擇偏誤模型不像傾向分數方法的地方是，選擇偏誤模型容許選擇方程式與結果方程式中的誤差有相關。這項相關是在假定誤差之間的關係具有某種性質〔通常是「二變項常態分布」（bivariate normal）〕的條件下得到的。

　　這些模型跟迴歸不連續設計（regression discontinuity design）密切相關；迴歸不連續模型由於能完全掌握研究對象被選入實驗組或控制組的選擇模型，且將此模型〔也就是選取標準的變項（cutoff variable）〕納入效益估計模型中，因此能得到無偏誤的實驗對待效益估計值。迴歸不連續模型不需要一個選擇方程式，因為迴歸不連續模型就根據選取標準的值，作出完全正確的選擇預測，因此選擇預測的誤差是零。同理，在選擇偏誤模型中，如果選擇方程式的誤差離零很遠（也就是組員身分的預測跟實際的組員身分相符程度不佳），那麼，選擇偏誤模型就可能無法產生無偏誤的實驗對待效益估計值。這種情形之所以發生，主要是因為能增進組員身分預測力且跟結果有關的變項，沒有進入選擇方程式之故。這種漏失重要變項的狀況，會使選擇方程式及效益估計方程式中的誤差項及預測變項變得有關，進而造成有偏誤的效益估計。就像迴歸不連續設計一樣，選擇方程式的函數形式必須是正確的；例如，如果影響分組的非線性項或交互作用項沒有

167

放入模型中，效益估計方程式可能會產生有偏誤的估計值。

　　已經有很多人研究了選擇偏誤模式，有人讚美，也有人提出許多批評[8]。說它好的人認為，這個模型探討「直接將隱藏的偏誤納入考量」這項重要的問題，而不只是依據觀察到的共變項作調整。有些實證資料也可視為支持這種看法（Heckman & Hotz, 1989a; Heckman, Hotz, & Dabos, 1987; Heckman & Todd, 1996; Reynolds & Temple, 1995），鼓勵未來的研究繼續發展這類模型（Moffitt, 1989）。比較不這麼樂觀的一派則認為，這些模型一旦違反假定時，估計值的變化似乎很大（也就是敏感度高），許多統計學家也對這些模型抱持懷疑的態度（例如，Holland, 1989; Little, 1985; Wainer, 1986）。再者，有些研究顯示，這些模型所產生的估計值並沒有近似於隨機化實驗所產生的結果。例如，喇龍德及梅納得（LaLonde & Maynard, 1987）取得隨機化實驗所產生的結果，並以選擇偏誤模型分析那些從只有一個控制組的類實驗得到的結果，將兩種分析結果比較之後發現，兩者的答案並不很符合；他們是假定隨機化實驗所產生的結果才正確。一些相關的研究也沒有產生比較樂觀的結果（Fraker & Maynard, 1986, 1987; Friedlander & Robins, 1995; LaLonde, 1986; Murnane, Newstead, & Olsen, 1985; Stolzenberg & Relles, 1990; Virdin, 1993）[9]。因此，即使有些經濟學家也變得比較喜歡隨機化實驗，而比較不喜歡利用選擇偏誤模型分析的非隨機化實驗（Ashenfelter & Card, 1985; Barnow, 1987; Burtless, 1995; Hollister & Hill, 1995）。支持選擇偏誤模型的研究者的回應則是，這些研究所使用的資料，有些沒有達到使用這些模型應作的檢定之要求。例如，黑克曼及霍茲等人（Heckman & Hotz, 1989a, 1989b; Heckman, Hotz, & Dabos, 1987）認為，適合使用選擇偏誤模型的資料，控制組與實驗組在前測必須沒有差異，且隨機化實驗裡的控制組及非隨機化研究的控制組，也必須在後測上沒有差異（當然，如果能蒐集到隨機化實驗裡控制組的資料，研究者對於選擇偏誤估計值會比較沒有興趣）。但即使資料通過了上述的兩個檢定，還是會擔心所得到的估計值之正確性（Friedlander & Robins, 1995）。

8　Breslau（1997）對於這方面的辯論，則是從科學社會學的眼光提出他的新看法。

9　德西嘉和瓦霸（Dehejia & Wahba, 1999）利用傾向分數分析，重新分析喇龍德（LaLonde, 1986）的資料，所得到的點估計值（point estimates）跟隨機化實驗的結果接近許多。

一些研究者還在繼續努力發展更好的選擇偏誤模型（Heckman & Roselius, 1994, 1995; Heckman & Todd, 1996）。貝爾及同僚（Bell et al., 1995）發現，1970 年代的幾個事件鼓勵了外部控制組（external control groups）（例如，從全國性調查檔案中抽取出來的資料）的使用，而使研究者比較不用內部控制組（internal controls）。目前研究者又開始對內部控制組有興趣，他們的假定前提是，這些內部控制組比外部控制組事先就更類似於實驗組；這一點在幾十年來的類實驗研究的文獻中已經廣泛發現（例如，Campbell & Stanley, 1963），但直到最近作選擇偏誤模型的研究者才瞭解到其重要性（例如，Heckman & Roselius, 1994; Heckman, et al., 1997）。例如，法萊德藍德爾和羅賓斯（Friedlander & Robins, 1995）研究社會救濟實驗時發現，如果是從同一州挑選救濟接受者作為非隨機的控制組，而非從別州挑選時，選擇偏誤模型所獲得的估計值會比較趨近於隨機化實驗所得到的值。貝爾及其同僚（1995）研究各種以不同特性的研究參與者所形成的內部控制組，包括申請加入實驗卻中途退出者、被拒絕者[10]，或沒有出現接受實驗對待者；他們得到頗令人鼓舞的結果。

同時，如果這些模型使用的預測變項，是理論或研究認為會影響選擇進入實驗對待的變項，則模型可能會更準確；這就必須把選擇偏誤當作一種現象，研究其性質（例如，Anderman et al., 1995）。例如，雷諾斯與譚坡（Reynolds & Temple, 1995）研究一項學前計畫的效量估計值，他們以選擇偏誤模型所得到的計畫效益估計值，跟隨機化實驗得到的估計值非常相似。這是因為要進入該學前計畫的規則非常明確，因此雷諾斯與譚坡頗為準確地預測出誰能進入計畫。然而，如果對於怎樣才會接受實驗對待的條件不這麼清楚時，有些研究者即使花了很多力氣去選擇可跟實驗組相比的對照組，並且也測量了相關的選擇預測變項，所得到的結果還是讓他們

[10] 貝爾及其同僚（1995）將這樣形成的組稱為「迴歸不連續控制組」（regression discontinuity control group）。但仔細檢討創造這種組別的程序，就會發現不是迴歸不連續；原因有二：第一，被分派到哪一組的決定似乎不只取決於*單一個*量化的選取標準（cutoff）；第二，決定誰可以接受實驗對待的計畫工作人員，可能是*依據*自己認為哪些人應該獲得實驗對待的判斷，給這些申請的人在選擇條件的變項上打分數，而不是先測量申請者在這個變項的得分之後，才判斷他們是否符合資格。因此，選擇變項的得分及選取標準可能都是最後分派的果，而不是促成最後分派的因。

168

懷疑選擇偏誤模型的效用（Grossman & Tierney, 1993）。

　　黑克曼（Heckman, LaLonde, & Smith, 1999; Heckman & Roselius, 1994, 1995; Heckman & Todd, 1996）在評估「職業訓練伙伴條例」（Job Training Partnership Act, JTPA）下所規畫的一系列就業與訓練計畫之效益時，將這些研究經驗都納入各種修訂過，用來檢定這些計畫的效益的模型中。這項研究的背景是美國勞工局（U.S. Department of Labor）在 1986 年委託執行了一項名為「全國 JTPA 實驗」。實驗包括接受實驗對待者、一個隨機化的控制組，及一個非隨機化的比較組，後者是由那些符合申請標準但沒有申請參加的人所組成。黑克曼測試了幾個不需要很強的假定的「半母數選擇偏誤估計法」（semiparametric selection bias estimators），而這些半母數模型表現比之前的母數模型（parametric models）還好[11]。然而，如果假定事項比較少，通常所做出的推論也比較弱；而究竟哪些假定是合適的？這個問題在每一個研究裡都還留待解決。不論如何，黑克曼與陶德（Todd）的研究中，表現最好的模型都是以我們在前一節所介紹的，修改過的傾向分數作為配對的依據。黑克曼與陶德（1996）注意到，這些配對的方法能「在下列情況下表現得最好：(1)比較組的成員也來自一樣的當地勞力市場；(2)比較組也回答相同的調查問卷；(3)決定是否能獲得實驗對待的主要因素資料可供……使用」（p. 60）。也許這些結果代表著統計、經濟計量及類實驗設計三方，在試圖理解如何才能較正確估計類實驗結果的文獻上，開始逐漸聚合了。

　　另一項顯示有聚合情況的指標是曼斯基及同儕的研究（例如，Manski, 1990; Manski & Nagin, 1998; Manski, Sandefur, McLanahan, & Powers, 1992），他們以無母數的方法（nonparametric methods），在各種選擇偏誤的情況下，尋找實驗對待效益的範圍（bounds），這有點類似敏感度分析的傳統。這些方法不像黑克曼有母數的方法（parametric methods），並沒有作嚴格的假定，所得到的結果則是一系列實驗對待效益估計值的範圍，這些範圍會因為假定的不同而有異。但使用最少假定的估計值也必須犧牲統計

169

---

[11] 作這些測試時，研究者都知道隨機化實驗的結果是如何，因此，如果他們不知道答案是什麼，這些測試的表現會是如何就令人懷疑；畢竟，一般的情況下，實際應用這些模型時，研究者都不知道正確的答案。

檢力，所以得到的範圍區間可能非常大，變得無意義；而且，如果有發現多個合理的選擇模型，就必須對產生實驗對待分派及結果的過程作更強的假定，才能得到實驗對待的點估計值（point estimate）。羅森朋（Rosenbaum, 1995b）認為，曼斯基所估計的效益範圍類似敏感度分析的極限（limit），這時敏感度分析主要的潛在偏誤指標（Γ）趨近於無限大（∞）；他也同意曼斯基的效益範圍比較保守，卻含有一些訊息。寇波斯與李（Copas & Li, 1997）討論選擇模型與敏感度分析之間的關係，並認為選擇模型會因假定內容而有很大的變化，因此用法必須跟敏感度分析一樣，在不同的假定條件下觀察其變化，而不是只用來估計單一個實驗對待參數──這點黑克曼與其他研究者都有同感（例如，Heckman & Hotz, 1986; Winship & Mare, 1992）。大家都同意這一點：敏感度分析在非隨機化的實驗裡極端重要。

潛在變項結構方程模擬（latent variable structural equation modeling）

約睿士克格（Karl Joreskog）及同儕在結構方程模型的成就（例如，Joreskog & Sorbom, 1988, 1993），及班特樂（Bentler, 1993, 1995）類似但比較容易使用的結構方程軟體，使得所謂的「因果模型」（causal modeling）技巧被廣泛使用。把這種技巧利用於類實驗的資料，是希望能藉著以結果的預測變項（這些預測變項也可能跟分派有關）作一些調整，及為預測變項測量時的信度不足作調整，讓結果較為正確。如果能達到這兩項目標，就能得到實驗對待效益的無偏估計。事實上，利用潛在變項的模式的確可以為測量誤差作調整（見第 12 章）。要使用潛在變項模式，一項建構（construct）必須使用多個指標來測量，再將這些指標以因素分析的概念，除去隨機測量誤差後而得到潛在變項（如果要節省經費，可以讓一部分的樣本接受多個測量；Allison & Hauser, 1991）。這些潛在變項可用來模擬實驗對待的結果，也能改善實驗對待效益的估計。例如，有研究者利用潛在變項的方法，重新分析了「啟蒙計畫」的原始資料（Cicirelli & Associates, 1969），所得到的計畫效益估計值都比先前的分析結果為佳（Bentler & Woodward, 1978; Magidson, 1977, 1978, 2000; Reynolds & Temple, 1995; Rindskopf, 1981）。

然而，這些模型的另一項目標，也就是以那些跟分派結果與實驗結果都有相關的變項來調整結果，則是問題重重，因為在社會科學界很少能完

全掌握所有跟實驗對待相關的預測變項。每位研究者幾乎都無可避免地，沒有把所有這些變項都放入模型，因此還是有隱藏的偏誤，得到不正確的效益估計值。再者，光是把所有的變項都納入也還不夠，還必須正確描述這些變項之間及這些變項和結果變項之間的關係，包括所有非線性項及交互作用項，正確描述它們之間是直接或間接關係，及正確描述變項在前一時間的狀態是否對它自己或其他變項在下一時間有影響。李查特與郭羅柏（Reichardt & Gollob, 1986）對於這方面議題的介紹頗具可讀性；伯倫（Bollen, 1989）則有詳細的介紹；而班特樂與周（Bentler & Chou, 1988）則對於如何更有效利用這種模型提供實用的訣竅。總結地說，大家都同意，這些因果模型並沒有特別神奇的力量，能讓任何資料都產生無偏估計；重要的是產生資料的研究設計本身——甚至 LISREL 的發展人也講得很明白：他們的 LISREL 軟體估計的是研究者假定為真的因果參數，軟體並不能檢定這些關係本身就是因果關係（Joreskog & Sorbom, 1990）。

有關結構方程模型的文獻大都獨立發展，沒有跟選擇偏誤模型或傾向分數的發展有交集。一部分原因是，當初發展這些方法的研究者是屬於不同的領域；一部分原因是這些方法所要作的調整並不相同。結構方程模型是以結果的預測變項作調整，而選擇偏誤模型及傾向分數則是以選擇進入實驗對待組的預測變項作調整。然而，溫序與摩根（Winship & Morgan, 1999）清楚說明這些模型之間有密切的關係（亦見 Pearl, 2000; Spirtes, Glymour, & Scheines, 2000）。我們不清楚，如果不設立一些跟先前的研究一樣的假定，想把這些主題融合在一起的努力是否能有收穫，但這些假定目前看來已經使得研究難以再繼續下去。但另一方面，很清楚的是，各種不同的學科領域目前正愈來愈注意因果推論的問題，這種情形至少意味著未來這些分屬不同文獻的方法將會進一步整合。

6 類實驗：打斷的時間序列設計

Time　名詞：a.一種非空間的延續，事件於其間以明顯不能扭轉的次序發生，從過去經過現在到未來。b. 一段區間，這個區間分隔了這個延續的兩端；一段期間：*上次戰役後已經過了很長一段時間*（*a long time since the last war*）；*唸書打發時間*（*passed the time reading*）。

Time　形容詞：跟時間有關的，或測量時間的。

Series　名詞：被依序安排，或連續發生的物體或事件。

1982 年 7 月，亞利桑納州的法律開始對酒醉駕車給予重罰。將 1976 年 1 月到 1982 年 6 月（控制組的情形）的每月結果，與 1982 年 7 月到 1984 年 5 月（實驗對待組的情形）的每月結果，兩相比較發現，該項新法律通過以後，車禍死亡人數降低了。加州聖地牙哥在 1982 年 1 月開始執行一項該州處罰酒醉駕車的法律之後，也有類似的發現。而在這段期間，德州艾爾帕索市（El Paso）的交通律法沒有酒駕相關的改變，它的車禍死亡趨勢就完全沒有類似 1982 年 1 月或 7 月的那種改變。聖地牙哥及亞利桑納州在這些趨勢的改變，相較於艾爾帕索市在這些趨勢的無改變，顯示新法律的確降低了死亡人數（West, Hepworth, McCall, & Reich, 1989）。這種打斷的時間序列設計（interrupted time-series design），是所有類實驗設計中最有力的設計之一，尤其如果再加上一些先前幾章討論的設計元素，會更有效用（見表 5.2）。我們將在本章中詳細說明這種設計。

172

時間序列是什麼？

　　時間序列指的是在一段時間內對同一個變項連續作一序列的觀察。這些觀察可以是觀察同樣的單位，就像是重複觀察某人的醫藥或精神疾病的症狀；也可以觀察不同但類似的單位，像是某一州許多年裡的車禍死亡人數，當然在這些年裡，基本的人口一直在變。

　　本章描述一種特別的時間序列，也就是「*打斷的時間序列*」（*interrupted time series*），我們可以用它來評估實驗對待的影響。關鍵是要知道，實驗對待是在這一序列中的哪個時間點發生的，例如，強制繫安全帶的法律是在哪一天生效的。因果假設是：如果實驗對待有發生影響，觀察結果在實驗對待發生後的斜率或程度，會不同於實驗對待前的斜率或程度。也就是說，這個序列必須在實驗對待發生的時間點，呈現出先前的情況有「被打斷」的模式。這類設計已經被廣泛使用於評估各種領域所作的介入措施（intervention），像是律師廣告（Johnson, Yazdi, & Gelb, 1993）、社區為改善父母教養方式所作的介入措施（Biglan, Metzler, & Ary, 1994）、流行病學（Catalano & Serxner, 1987; Tesoriero, Sorin, Burrows, & LaChance-McCullough, 1995）、消費者產品安全性（Orwin, 1984）、槍枝管制（Carrington & Moyer, 1994; O'Carroll et al., 1991）、婚姻史（Denton, 1994）、人權（W. Stanley, 1987）、政治參與（Seamon & Feiock, 1995）、房地產價格（Brunette, 1995; Murdoch, Singh, & Thayer, 1993）、環境風險分析（risk analysis）（Teague, Bernardo, & Mapp, 1995）、配偶暴力（Tilden & Shepherd, 1987）、手術（Everitt, Sourmerai, Avorn, Klapholz, & Wessels, 1990）、藥物濫用（Velicer, 1994）、賦稅政策（Bloom & Ladd, 1982）、工作場所的安全（Feinauer & Havlovic, 1993），及電視的影響（Hennigan et al., 1982）。當無法作隨機化實驗，而可以找出時間序列時，打斷的時間序列設計是一種特別好的類實驗設計。我們在此先介紹最簡單的打斷的時間序列設計，再介紹這類方法的一些變形，最後討論施行時間序列研究時的實際問題。

描述效益的類別

　　實驗對待發生後的時間序列，可能跟實驗對待發生前的時間序列，在
幾個方面有所不同。第一，實驗對待發生的時間點，也就是我們預期整個
序列會「被打斷」的時刻，可能有很鮮明的不連續。假設現在有一個短的
時間序列，觀察了二十個時間點，其中十一個點是在介入措施之前，九個
在介入措施發生之後。如果實驗對待發生前的序列觀察值是 2、3、4、5、
6、7、8、9、10、11 及 12；而實驗對待之後的序列觀察值是 10、11、12、
13、14、15、16、17 及 18。那麼，我們的結論會是「實驗對待之後的觀察
值減低了，因為第十二個觀察值是 10，而不是預期中的 13」。這種從 12
變成 10 的改變，我們稱為*程度*（*level*）或*截距*（*intercept*）的改變，因為：
⑴序列的程度降低了；還有⑵實驗對待之前與之後的迴歸線有不同的截距。

　　第二，被打斷的時間點，序列可能會出現斜率的改變。想像實驗對待
前的觀察值是 2、3、4、5、6、7、8、9、10、11 及 12，而實驗對待後的觀
察值是 14、16、18、20、22、24、26 及 28。所以在實驗對待之前，序列
在一段時間之內移動一個單位，但實驗對待之後，該序列變成每段時間移
動兩個單位。這種改變的稱呼法稍微多一些：*流動*（*drift*）、*趨勢*（*trend*）
或*斜率*（*slope*）的改變。

　　雖然程度及斜率的改變是最常見的改變形式，但並不是唯一可能的形
式。例如，實驗對待後的改變，可能是變異數的改變，而這種情形發生的
原因是，實驗對待使得人們在結果變項的測量上，比實驗對待發生前更具
同質性或更具異質性。或者，實驗對待也可能影響到一種週期性的模式；
例如，加裝了冷氣機，可能會改變一年的季節跟待在室內的時間兩者的關
係。雖然在打斷的時間序列研究裡，通常看的是截距和斜率的改變，研究
者還是必須對其他類型的效應採取開放的態度。

　　實驗對待的效應還可以從另一個面向去觀察。一個*持續的*效應，是不
隨時間而遞減的效應。因此，實驗對待之後立即觀察到的 X 單位的改變，
直到序列的最後還是繼續維持著。*不持續的*效應，則不會持續。通常，起
始的效應在一段時間之後漸漸回流到實驗對待之前的程度或斜率，因為效
應正逐漸消失。如果介入措施實施之後又撤除，這種情形尤其可能發生；

但如果實驗對待只有暫時的效應,那麼,即使實驗對待持續存在,這種情形也會發生。有時候,不連續的效應也可能以相反的形式發生,也就是效應隨著時間而愈來愈大,造成黑馬效應(sleeper effect)(Cook et al., 1979)(也就是剛開始似乎完全沒有影響,很久一段時間之後,卻發生了影響)。但就我們的經驗而言,這種情形很少見。

效應也可能在實驗對待之後立刻發生或延後才發生。立刻發生的效應通常比較容易詮釋,因為效應的起始點跟介入措施的時間點完全吻合。延後發生的效應就比較難詮釋,除非有理論能說明效應應該在多久之後才能顯現(例如,生物學的知識讓我們預期,一項新節育辦法的效應,要在九個月後才能開始顯現它對生育率的影響)。延後效應開始發生的時間跟介入的時間相隔得愈遠,就有愈多各種合理的解釋。

要清楚描述一項打斷的時間序列的效應,必須同時從三個面向來闡述,也就是,效應的形式(form)(程度、斜率、變異數及週期性)、永久性(permanence)(持續的,還是不持續的)及立即性(immediacy)(立即發生還是延後發生)。我們在這一章提供所有這三種效應類型的例子。

174 對分析的簡短評論

我們幾乎完全著重在設計的議題,而不討論分析,但偶爾會提到例子裡出現的一些統計結論效度的問題[1]。然而,知道時間序列統計法的幾個基

---

1 分析時間序列的統計方法,被分成時間領域(time domain)或次數領域(frequency domain)(Shumway, 1988)。以時間領域的方法來分析時間序列的觀察值,是利用過往的觀察值預測眼前的值。這類方法中最為人所熟知的,就是巴克斯與嚴金斯(Box & Jenkins, 1970)的「自動迴歸整體移動平均值」(autoregressive integrated moving average, ARIMA)方法。許多經濟計量學的分析跟這個傳統很接近,有時候被稱為「結構迴歸模型」(structural regression models)(Kim & Trivedi, 1994; Ostrom, 1990)。次數領域的方法則將時間序列的觀察值,看作是週期性的正弦波(sine waves)與餘弦波(cosine waves)的合併;常被稱為光譜分析(spectral analysis)、調和分析(harmonic analysis)或傅力葉分析(Fourier analysis),也是最常使用於自然科學及工程的方法。順維(Shumway, 1988)宣稱,如果時間序列很長,時間領域的方法與次數領域的方法會得到類似的結論。我們所知道的是,研究者間對於哪一種方法比較好的問題,沒有共識。目前正迅速發展多變項時間序列、處理漏失資料的方法、非線性的時間序列、將觀察不同單位的多個時間序列資料合併成為「合併的時間序列」(pooled time series),及不受極端偏離值(outlier)影響的

本要點也有好處。一般的統計法不能用來分析時間序列，例如，不能用 *t* 檢定來比較實驗對待前後的觀察值；一般的統計法都假定觀察值彼此之間都是獨立的。但時間序列的資料則都是自動相關的（autocorrelated）；也就是說，一個觀察值通常跟先前的觀察值有關，先前的觀察值也許是前一次的、前兩次的、前三次的，或更早以前的觀察值。要估計這種**自動相關**（autocorrelation）通常需要非常多的觀察次數，典型是一百次，才能作正確的模型辨識（model identification）（Box, Jenkins, & Reinsel, 1994; Velicer & Harrop, 1983）。然而，到底真正需要觀察幾次？研究者無法事先找到一個正確的數字。從統計上來說，只要足夠辨識模型即可，但模型是否能辨識，還要視許多情況而定，包括：資料所含的誤差量、任何週期性質的效應、序列裡介入措施施行的時間點，及有多少波資料需要列入模型。雖然文獻通常認為有一百個觀察值是很好的，但我們在這一章所使用的例子，有些的觀察值比較少[2]。有時候是因為不必這麼多觀察值，模型就能被辨識得很好；但大部分是因為我們要呈現比較短的時間序列，藉以說明：即使是截短的時間序列，也比只有幾個前測或後測時間點的研究，能排除更多的效度威脅。時間序列資料的詮釋，並不完全從統計來看；設計的特色，及效應的立即性與強度，也必須列入詮釋時的考量。

時間序列估計法（Box, Jenkins, & Reinsel, 1994; Caines, 1988; Hannan & Deistler, 1988; Kendall & Ord, 1990; Sayrs. 1989; Tong, 1990; W. Wei, 1990）。《時間序列分析期刊》（*Journal of Time Series Analysis*）有最新的發展，《美國統計學會期刊》（*Journal of the American Statistical Association*）也常有相關的論文。也有許多時間序列的書籍，有入門書（Cromwell, Labys, & Terraza, 1994; Cromwell, Hannan, Labys, & Terraza, 1994; McDowall, McCleary, Meidinger, & Hay, 1980; Ostrom, 1990; Sayrs, 1989），也有進階的書籍（例如，Box, Jenkins, & Reinsel, 1994; Fuller, 1995; Hamilton, 1994; Harvey, 1990; Judge, Hill, Griffiths, & Lee, 1985; Kendall & Ord, 1990; Reinsel, 1993; W. Wei, 1990）。有些書籍附有電腦軟體程式（例如，Brockwell & Davis, 1991; Shumway, 1988），一些統計軟體也有許多時間序列分析的方法（Harrop & Velicer, 1990a, 1990b; Newbold, Agiakloglou, & Miller, 1994; Kim & Trivedi, 1994）。

2 除非我們有額外明確地講，否則本章所使用的圖，都沒有將原始資料的時間點合併成平均值或總和；也就是説，每一張圖都包含了原始資料裡所有的時間點。

175

簡單的打斷的時間序列

　　基本的時間序列設計，需要有一個實驗對待組，在施行實驗對待之前和之後都觀察很多次。觀察十次的設計圖示如下：

$$O_1 \quad O_2 \quad O_3 \quad O_4 \quad O_5 \quad X \quad O_6 \quad O_7 \quad O_8 \quad O_9 \quad O_{10}$$

截距的改變

　　我們第一個例子（McSweeny, 1978）有一百八十個觀察值，而且幾乎是用來排除許多內部效度威脅的理想設計（圖 6.1）。1974 年 3 月，辛辛那提的貝爾電話公司開始對區內查號的服務索費兩毛錢。圖 6.1 清楚顯示，當付費服務開始實行之後，要求區內查號服務的電話立刻大量減少。即使想找合理的敵對假設也幾乎找不到。向平均值迴歸的威脅是不合理的，因為實驗對待開始之前很長的一段時間序列顯示，許多年以來要求區內查號服務的電話量都很大，不只是實驗對待之前一小段時間內才有而已（見 Maltz, Gordon, McDowall, & McCleary, 1980，他們的時間序列研究資料內含有明顯的迴歸假象的例子）。如果打電話要求查詢號碼的辛辛那提的人口，在實驗對待前後的幾個月沒有什麼特別的改變，所以實驗對待之前與之後的樣本，在任何可能影響結果的變項上應該大致相同，則選擇偏誤也不可能發生。同樣的，樣本流失也不是合理的解釋，因為不太可能有這麼多的顧客會因為查號要付費這件事，而不再使用貝爾公司的電話，這點也很容易從電話公司的紀錄查知。再者，也找不到任何已知、自然發生的成熟過程，會造成查號服務的使用次數這樣大幅明顯的減少。測驗效應也不可能發生；在這個例子裡，測驗基本上就是帳單，而如果有測驗效應，電話公司必須改變帳單的格式，讓開始收區內查號服務費之前的查號次數很明顯，

176

175

> 圖 6.1　辛辛那提查號服務改變的效應

顧客才會因為這項回饋而改變行為，而不是因為新的收費制度而改變行為。電話公司是不是有這樣做，也很容易查到。只有當我們找得到另一個跟這項新規定同時發生，而且也可能產生這樣大的效應的事件時，歷史才是合理的威脅；但這樣的事件似乎不太可能發生。當效應像這個例子一樣的立即而且戲劇化時，絕大部分內部效度的威脅通常都不合理、不可能。其他有這種立即而戲劇性的效應的打斷的時間序列研究，包括疾病（如破傷風）（Veney, 1993）的預防注射的效應，及 PKU 的篩選對於智能障礙的效應（MacCready, 1974）。

斜率的改變

176

　　圖 6.2 的例子是有九十六個觀察值的打斷的時間序列資料，其中結果變項是斜率的改變，而非截距。1983 年時，加拿大改革了它有關性攻擊方面的刑法（Criminal Code）。舊的法律將性攻擊分成兩種：強暴與猥褻行為。新法則依嚴重性分成三種，而且增加了其他的條例，以增加向警察報案的受害者人數；這項新法實施時並對全國作大幅宣導。羅伯茲與濟伯提斯（Roberts & Gebotys, 1992）為了要評估這項改變的影響，分析了「加拿大單一犯罪通報系統」（Canadian Uniform Crime Reporting System）從 1981 到 1988 年，每月的性攻擊通報資料。所得到的時間序列資料有季節性的效應，夏天有比較多性攻擊案件，冬天較少。將這點納入考量後，前述法律通過之前的斜率接近於零；而法律通過之後，這項時間序列的斜率增加了。

177

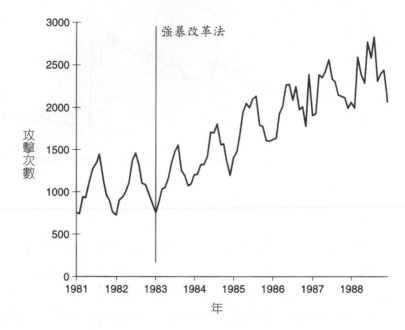

> 圖 6.2　加拿大性攻擊法改革的效應

資料來源：J. V. Roberts and R. J. Gebotys, 1992. "Reforming rape laws: Effects of legistative change in Canada." *Law and Human Behavior, 16*, 555-573. Kluwer Academic/ Plenum Publishers 版權所有。

176　　這表示該項法律的確對於性攻擊報案上有得到想要的效果。

　　從結果的模式看來，大部分對效度的威脅看來都不合理。例如，成熟的威脅可能性不大，因為斜率在介入措施開始的那一點就有戲劇性的轉變，這跟一般所知的成熟過程不符。歷史的威脅要合理，就必須有另外一個事件存在，而且也要對性攻擊報案有突然的影響；而除了實施這項新法時所作的大幅宣導（這也可說是介入措施的一部分）之外，找不到另一個事件能產生這樣的效果。然而，羅伯茲與濟伯提斯也提供了資料顯示，這樣大幅的宣導可能影響了人們對於性攻擊的態度，這也可能是報案數增加的原因之一。這引發了有關實驗對待的建構效度的一個問題；實驗對待應該是法律的改革嗎？還是法律改革加上大幅宣導？羅伯茲與濟伯提斯認為應該是後者。

　　介入措施把報案的類別改變了，因此羅伯茲與濟伯提斯（1992）找出

了四項對測量工具可能的威脅。第一，新法容許妻子對丈夫提出性攻擊的
告訴，也包括了對男性與女性的攻擊。要駁斥這項威脅的存在，作者提出　　177
數據顯示，嫌犯是女性或丈夫的案子，在新法實施後只增加了 5%，不足以
解釋圖 6.2 的大幅改變。第二，之前的一些犯罪案件有可能被歸類成「其
他的性攻擊」（因此，不包括在圖 6.2 介入措施開始之前的資料裡），而
現在則被加入性攻擊的類別裡，所以，這些案件只有在作了介入措施之後
的序列才出現，例如，介入措施之後的序列，是第一次將性剝削、邀請別
人作性撫摸及人獸交納入性攻擊。但分析結果發現這些非常獨特的犯罪類
別，在報案數上沒有改變，因此，它們比較不可能使得斜率變大。第三，
也許這些「其他的性攻擊」在改革之前很少有人舉報，但改革之後，由於
大幅宣導之故，變得比較多人舉報這些特別類型的性攻擊。兩位作者找不
到資料可以直接排除這項威脅，但他們說，間接資料顯示這項威脅不可能
發生。第四，有些資料顯示，性攻擊兒童與青少年的數目隨著時間而增加。
圖 6.2 所顯示的上升趨勢只限於對青少年的攻擊嗎？不幸的是，加拿大全
國統計資料不能依據年齡拆解觀察，所以無法檢定這項可能性。但一些都
市，像蒙特利爾（Montreal）的個別罪案統計數字顯示，對青少年的攻擊
案件增加得很小，不足以解釋圖 6.2 所顯示的大幅增加。

微弱的效應與延後發生的效應

178

　　雖然圖 6.2 的詮釋不如圖 6.1 的詮釋明確，也很少有任何簡單的打斷的
時間序列設計的結果，像圖 6.2 那樣清楚。圖 6.3 是一個比較常見的例子，
其中有六十三個觀察值，且其效應似乎不但延後才發生，而且強度也微弱。
這項研究（Hankin et al., 1993）探討的是，在酒精飲料瓶身貼警告標示的法
律，對於懷孕婦女飲酒次數的效應。從 1989 年 11 月 18 日起，一項聯邦法
律要求在所有酒類容器貼上一個警告標示。該標示明白警告：懷孕期間飲
酒可能造成初生嬰兒的缺陷。研究者在法律開始生效前及生效後，共觀察
了 12,026 位懷孕的非裔美國女性，到底特律的一家診所作第一次產前檢查
前的兩星期內，消耗了多少酒類。時間序列所涵蓋的時間是從 1986 年 9 月
到 1991 年 9 月，每個月有一次觀察資料。純粹以眼睛觀察圖 6.3 的時間序
列，無法明白看出該警告標示是否影響了喝酒量。

179

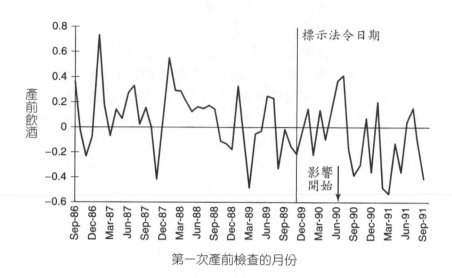

産前飲酒

第一次産前檢查的月份

標示法令日期

影響開始

> 圖 6.3　酒精警告標示對於産前飲酒的影響

資料來源：J. R. Hankin et al., 1993. "A time series analysis of the impact of the alcohol warn-ing label on antenatal drinking." *Alcoholism: Clinical and Experimental Research,* *17*, pp. 284-289. Lippincott, Williams & Wilkins 版權所有。

178　　　　然而，作者們所作的統計分析顯示，該警告標示的效應是延後發生，而非立即發生，大約是法律生效後的七個月才開始有影響。效應會延後發生的原因是，該項法律只影響新製的容器，而不影響已經在貨架上的容器。因此要經過一段時間之後，貨架上有貼警告標示的容器數量，才多得足以引起消費者的注意。作者們詢問婦女是否注意到警告標示，所得到的結果也支持這項假設，因為他們發現回答有注意到的婦女人數，是直到 1990 年 3 月才有增加，這是開始執行法律的四個月以後。因此，我們可以預期會有延後發生的效應，但不一定是延後七個月。再者，在介入措施開始之前，懷孕婦女飲酒的情況就已經在減少中，因此，由於我們看到的效應是斜率的逐漸改變，成熟是一個可能的效度威脅。然而，時間序列容許我們將實驗對待前的斜率與實驗對待後的斜率相對照；對照之下顯示，法律所產生的（延後）效應，稍微加快了懷孕婦女減少喝酒的速度。

　　　　從圖 6.3 我們也看到季節的趨勢。大約在年末假期的一段日子及夏天，

喝酒的頻率往上升，但在這裡季節性並不構成威脅。事實上，在法律生效
之後，喝酒的比例上升了一些，但非常短暫，因為當時正接近聖誕節的假
日。由於法律的改變應該會減少酒精的消耗量，而季節性恰跟假設的方向
相反，因此，無法解釋所得到的酒精消耗量降低的現象。的確，從圖 6.3
可看出，夏天及冬天假期的酒精消耗量，在法律生效後比較低，而法律生
效前比較高。然而，如果法律是在 2 月假期過後，或 9 月暑假結束後才開
始實施，那麼，這種季節性的效應就可能被錯誤詮釋為實驗對待的效應。
好的分析作法，是在評估實驗對待的影響之前，先將季節的效應納入模型，
並除去其效應。

對效度常見的威脅

179

　　大部分簡單的打斷的時間序列設計，對內部效度主要的威脅是歷史——
也就是實驗對待以外的其他力量，在實驗對待進行的同時，可能也影響了
依變項。例如，在漢金及同僚（Hankin et al., 1993）的資料裡，如果底特律
市同時也通過法律，限制酒類的買賣，就可能像貼警告標示一般，降低懷
孕婦女的飲酒量。可以利用幾種控制組來控制歷史的威脅，也許最好的方
法是，增加一個沒有接受實驗對待的控制組的時間序列；我們很快就會談
到這個方法。但並不一定都需要這種方法。例如，漢金等人對飲酒的測量，
是集結成每月一個觀察值；而如果是以每月為單位，能解釋實驗對待效應
的歷史事件比較少，但若以每年為單位，則會比較多，不容易釐清。同樣
的，如果能做出一張表，列出類實驗期間可能影響到研究對象的事件，就
應該可用量化或質化的方法來分割清楚，是否這些事件都是在最後一個前
測和第一個後測之間發生作用。如果不是，歷史就比較不是合理的威脅。

　　另一項威脅是測量工具的使用。例如，行政步驟上的改變有時會使得
記錄的方式改變。想要使自己的表現看似良好的人，可能直接改變記錄的
步驟，重新定義表現或滿意度。或者有權力改變一個組織的人，可能認為
這個權力也包括改變記錄的方式或改變成功與失敗的標準。例如，當威爾
森（Orlando Wilson）掌管芝加哥警察時，似乎就發生了這樣的事情。他重
新將犯罪案件歸類，因此似乎使得犯罪率上升。但這種上升是虛假的，只
是反映了紀錄上的改變，而不是犯罪行為的改變。同樣的，漢金等人（Han-

180

kin et al., 1993）的時間序列資料是婦女自述的飲酒情形。自述資料通常會受到外在因素的影響，而該項法律四周所圍繞的宣導，可能增加了這種影響力。也就是說，婦女自述的飲酒行為，可能在法律開始生效時就降低了──但實際的飲酒行為並沒有改變──因為這些婦女察覺到，懷孕時喝酒在社會上是不被讚許的。

　　如果實驗組的組成，在介入措施施行時有突然的改變，選擇就可能是另一種威脅。如果實驗對待使得（或甚至要求）樣本從測量的架構中流失，就可能發生這種情形。果真如此，時間序列中「被打斷」的情形，可能是因為在實驗對待前後的時間序列所觀察到的人是不同的。有時候，我們可以只分析那些在所有的時間點都有資料的人，來檢驗這一點；但這並不一定都可以作得到（例如，如果使用的資料是一所學校裡，二十年來的三年級學生的學習成就得分；每一年的三年級學生幾乎都會是不同的人）。另一種方法是，有時可以分析資料單位的特性，觀察這些單位的特質是否在實施實驗對待時，有明顯不連續的情況發生。

　　會威脅任何其他設計的統計結論效度的問題，也會威脅時間序列，像是檢力低、檢定假定被違反，及測量工具品質不佳。但底特律喝酒警告標示的研究特別反映出一個問題。分析時間序列的研究者，必須明確指出介入措施開始的時間，也一定要有理論或資料來描述介入措施的影響擴散到研究對象的情況。但底特律的例子裡，介入措施擴散得很緩慢，研究者也不知道實際的擴散速率及模式。因此，研究者對於介入措施究竟何時開始，可以任意提一個時間；這就可能讓研究者隨意選出資料上效應最強的時間點，作為介入措施開始發生效用的時間。由於一個很長的時間序列裡，許多改變都可能只因偶然的機會而發生，介入措施開始的時間點如果不能嚴謹界定，就可能嚴重減弱設計的因果邏輯（如果知道擴散速率，就可以利用擴散曲線來模擬介入措施的效應，而不是假定效應突然開始產生。我們在這一章稍後再討論這個方法）。

　　使用時間序列的研究者也必須嚴防建構效度的所有威脅，像是效度的定義不夠清楚明白，或建構之間混淆不清。然而，時間序列也引起了建構效度的一些特別議題。許多時間序列使用檔案資料，像是駕駛紀錄或學校成績。在這些情況下，許多跟反應有關的（reactivity-related）威脅就比較不重要，因為研究對象比較不可能去影響結果的測量。事實上，研究對象

通常不知道自己是研究的一部分。臨床研究的時間序列裡，比較有反應的
問題，尤其是當觀察間隔時間短時，研究對象常能記得他們先前的回答。
因此，每一個時間序列的實驗都必須根據該實驗的實際狀況審慎檢視，檢
視觀察結果是否因為研究對象對於評量覺得不安而受影響、是否有外在因
素的影響，或其他對建構的類似威脅。

181

　　同樣跟建構效度也有關的是，時間序列通常只使用一種結果測量。一
部分原因是經費的考量，或舊式的定義操作式的思考（definitional opera-
tionalist thinking），使得那些成立檔案資料，用以測量學業成就、竊盜或
失業等指標的人，只作一種測量。使問題更複雜的是，研究者通常只能使
用拿得到的資料，即使這些資料跟所要檢定的實驗對待並非很有相關亦然。
因此，拿得到的資料通常比較不能檢測出結果；而研究者若能蒐集自己的
依變項資料，依據實驗對待的理論來規畫測量工具，及多加一些題項來增
加信度與效度，就比拿現成的資料更能檢測出實驗對待的效益。當然，如
果時間序列的資料是以不同的幾種測量來觀察效益，而且每一種測量都有
良好的品質，那麼，任何一個測量在時間序列的改變都可以分別檢測。再
者，時間序列裡的實驗對待通常是研究對象認為自然發生的事件，像是法
律的改變；而蒐集結果變項時，通常（但不一定都是）也比較不顯得突兀
或干擾，因為研究對象習慣了讓政府或公司集團向他們蒐集資料，這些機
構至少比其他類型的研究更常蒐集資料。因此，反應（reactivity）對實驗
對待與結果兩者的建構效度的威脅會比較少。

　　至於外部效度，有時研究者可以比較積極地探究外部效度的問題；利
用研究單位的背景資料來將他們分層，像是分成男性女性，或分成幾個不
同的年齡層，看看研究結果在這些層級是否相近。而且，這種探索工作不
必限制於人的變項而已；例如，情境變項也可以用來探索實驗對待效益的
範圍，時間變項可以用來觀察效益是否在一天之內的不同時段都一樣（白
天的逮捕人數相對於夜晚的逮捕人數）。將資料這樣的拆解時必須小心，
因為統計檢力可能會因樣本數減少而降低。再者，作檔案研究時，比較沒
有那麼多的彈性可以將樣本再分層──紀錄裡必須有分層所需的變項及切
割點。因此，如果檔案中，年齡的最後一層是「超過六十五歲」，而研究
者想觀察的是所謂「非常老」的人（超過七十五歲），就無法作這項觀察。

將其他設計特色加入基本的打斷的時間序列

在前幾章裡，我們說明了如何將仔細挑選的設計特色，加入基本的類實驗設計，以作出比較強的因果推論。同樣的原則也適用於打斷的時間序列，我們以下列幾個例子說明。

182 ## 加入一個非同等、沒受到實驗對待的控制組的時間序列

把控制組所產生的時間序列，加入簡單的打斷的時間序列，考慮它產生的效果。這時產生的設計圖示如下：

$$O_1 \quad O_2 \quad O_3 \quad O_4 \quad O_5 \; X \; O_6 \quad O_7 \quad O_8 \quad O_9 \quad O_{10}$$

$$O_1 \quad O_2 \quad O_3 \quad O_4 \quad O_5 \quad\quad O_6 \quad O_7 \quad O_8 \quad O_9 \quad O_{10}$$

這種設計的一個例子見圖 6.4。1992 年 6 月，西班牙的城市巴塞隆納通過了一項立法，要求所有小型摩托車的騎士都必須戴安全帽；大型摩托車騎士必須戴安全帽的法令已經施行了幾年。巴拉特與瑞巴（Ballart & Riba, 1995）利用一百五十三個觀察值的時間序列來檢視這項立法的影響。結果變項是摩托車騎士車禍重傷或死亡的人數。法令一生效，兩項結果（重傷或死亡）都必須降低，但只能算小型摩托車車禍的騎士。大型摩托車騎士傷亡的數目應該沒有影響，因為有關他們的法令幾年前就開始執行了；因此把他們當作控制組。圖 6.4 顯示，法令的確產生了假設中的效應，統計分析也支持這樣的詮釋。

由於實驗組與控制組在同樣的一段時間內都騎摩托車，也都發生車禍，因此，不太可能是某個跟實驗對待相關的歷史事件，使小型摩托車的重傷人數降低；這樣的事件也應該會讓大型摩托車的重傷人數減少。能夠檢測歷史的威脅，是控制組時間序列設計的主要好處。然而，如果某一組經歷

183

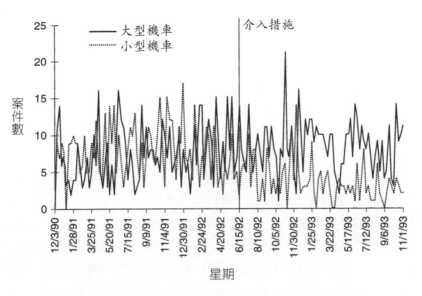

183

➤ 圖 6.4　立法要求戴安全帽對於重傷的影響

資料來源：X. Ballart and C. Riba, 1995. "Impact of legislation requiring moped and motorbike riders to wear helmets." *Evaluation and Program Planning, 18*, pp. 311-320. Else-vier Science Ltd.版權所有。

了一些獨特的事件，而另一組沒有經歷這些事件，則產生組內的歷史（local history），還是會造成問題。即便如此，如果混淆的事件*跟介入措施同一時間發生，而且它的影響方向跟介入措施的方向相同時*，組內的歷史事件才會影響內部效度。但巴拉特與瑞巴的兩組非常類似，這種事件不太可能發生在這個研究裡。但如果兩個組差別較大時，組內歷史的威脅機會就會增加。

182

　　沒有接受實驗對待的控制組的時間序列，也可讓研究者檢定內部效度的其他威脅；這些威脅發生在只有單一個時間序列的研究。例如，巴拉特與瑞巴的例子裡，實驗對待組與控制組使用一樣的測量工具，在法令生效前後也都一樣。兩組在介入措施之前，似乎都以類似的速率在變化（也就是成熟），而介入措施並非在一個特別極端的觀察值之後立即開始，因此統計迴歸的威脅似乎不合理。然而，由於控制組的時間序列並非隨機形成的，選擇的偏誤是個潛在的問題，但並不常成為合理的威脅。例如，在巴拉特與瑞巴的例子裡，也許最考慮安全問題的摩托車騎士，在法令通過前

183　比較可能騎大型摩托車，因為法令強迫他們要戴安全帽；而當小型摩托車的法令改了，他們就覺得可以換騎小型摩托車了。但也可能這些會注意安全的人，在法令生效之前就已經有戴安全帽了。我們還可以加一個可能的狀況──也許他們以前是因為其他小型摩托車騎士的同儕壓力而不願戴安全帽。到底這些複雜難懂的選擇威脅在巴塞隆納的情況有多合理，可能性有多高？我們無法猜測。

　　另一個有控制組的打斷的時間序列（有一百一十一個觀察值）（圖6.5）是，1985 年愛荷華州烈酒管制法令的改變，對於酒類銷售的影響（Mulford, Ledolter, & Fitzgerald, 1992）。1985 年 7 月 1 日，愛荷華州結束了它的烈酒獨賣。在那之前，只有約二百家州營的商店可以賣酒。在那之後，私人的烈酒商店可以取得執照，大約一千兩百家這種私營的酒類商店很快成立了。有些人擔心，烈酒變得比較容易買得到，會增加酒精的消耗量，進而產生負面效果。的確，先前一項時間序列分析，觀察了該項法律生效後的兩年半（直到 1987 年 12 月）內酒類的消耗量，並發現酒的消耗量增加了 93%（Wagenaar & Holder, 1991）。馬福德及同僚（Mulford et al., 1992）增加了一個控制組，並把觀察資料延長到 1990 年，以便再進一步探討這項問題。圖 6.5 是他們從 1981 到 1990 年初的資料，幾乎是法令生效的五年後。他們拿同樣這些年的全國酒類販售資料作為控制組。愛荷華州的酒類販售時間序列顯示，法令生效後，酒類販售量有增加。事實上，跟魏吉納與霍爾德（Wagenaar & Holder, 1991）的發現一致的是，販售量的增加一直持續到 1988 年初，也就是魏吉納與霍爾德停止蒐集資料的六個月之後。在那個時間之後，愛荷華州的酒類販售量又回復到法令生效前的程度。馬福德及同僚（1992）的分析得以顯示出，販售量的增加是暫時的，而且

184　一部分原因是那一千兩百家新的烈酒商店要進貨上架，而不是因為一般消費者的消耗量增加。一旦這些新開的店貨架上都裝滿了貨，銷售量又回到正常。從這個例子學到的教訓是：有時必須要很長的時間序列才能檢測出一項效應是否能持久。馬福德及同僚（1992）的全國性的控制組，幫忙排除掉歷史的威脅，因而比較容易評估實驗對待效應的持久性。

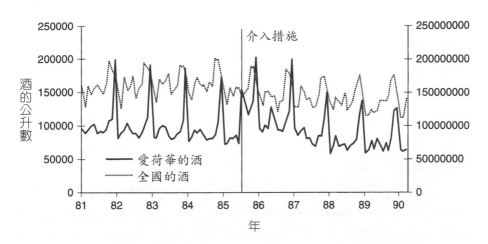

> 圖 6.5　愛荷華州立法容許私營烈酒店對於酒的販售量的影響，以全
　　　　　國資料作為控制組

資料來源：H. A. Mulford, J. Ledolter, and J. L. Fitzgerald, 1992. "Alcohol Availability and Con-
　　　　sumption: Iowa Sales Data Revisited." *Journal of Studies on Alcohol, 53,* pp.
　　　　487-494. Alcohol Research Documentation, Inc., Rutgers Center of Alcohol Stu-
　　　　dies, Piscataway NJ 08855 版權所有。

加入非同等的依變項

　　時間序列的資料，如果不但蒐集一個實驗對待應該會影響的依變項，
還蒐集一個不會受到實驗對待影響，但會對某個威脅產生跟依變項一樣的
反應的非同等依變項（nonequivalent dependent variable）時，就可以檢視時
間序列裡許多對內部效度的威脅，也可以增進效應的建構效度。這兩種依
變項在概念上必須有關連。設計圖示如下：

$$O_{A1} \quad O_{A2} \quad O_{A3} \quad O_{A4} \quad O_{A5} \ X \ O_{A6} \quad O_{A7} \quad O_{A8} \quad O_{A9} \quad O_{A10}$$
$$O_{B1} \quad O_{B2} \quad O_{B3} \quad O_{B4} \quad O_{B5} \ X \ O_{B6} \quad O_{B7} \quad O_{B8} \quad O_{B9} \quad O_{B10}$$

　　在這個圖裡，A 觀察序列代表的是研究焦點所在的依變項，而 B 觀察
序列則是非同等依變項。　　185

麥克史威尼（McSweeny, 1978）在辛辛那提查號服務的例子裡，用了一個非同等的依變項，但在圖 6.1 沒有畫出來。新的查號服務收費是收取查詢區內電話號碼的費用，而不是查詢長途電話號碼的費用。如果所觀察到的結果，是因為收費之故，只有區內的查詢電話會受到影響；如果所觀察到的結果是其他會影響各種查詢電話通數的歷史事件，則查詢長途電話號碼的服務也應該會受影響，而且會跟區內號碼的查詢通數變化的時間點一樣。麥克史威尼將兩個時間序列都畫出來，發現只有查詢區內號碼的電話通數改變了，查詢長途號碼的電話通數沒有變。

這種設計的另一個例子是研究英國酒測檢驗（British Breathalyzer crackdown）的有效性（Ross, Campbell, & Glass, 1970；圖 6.6）。這項時間序列只有三十五個觀察值，但它的效益非常明顯戲劇化。酒測是用來阻止酒醉駕車，減少嚴重的交通事故。根據那時英國的飲酒法律，酒吧只能在一天之中某段時間內營業。如果大部分的交通事故是在酒吧喝酒而發生，而不是在家喝酒發生的，酒測應該能減少白天或週末夜晚的嚴重交通事故發生次數，因為這些時間是酒吧生意最好的時候；上下班時段的車禍應該比較不受影響，因為這時酒吧沒有營業。的確，圖 6.6 顯示，實施介入措施時，週末（結果變項）的車禍發生率有明顯的掉落，而酒吧關門的時間（非同等依變項）車禍的發生率幾乎沒有變化。統計分析也得到同樣的結果。

186　　車禍究竟是在酒吧營業時間或非營業時間發生的，這一點很重要；因為大部分會減少嚴重車禍發生的歷史威脅，應該會減少所有的嚴重車禍，不論是一天的什麼時間發生的。像是天氣的改變、比較安全的車上市、警察全面抓超速、報紙報導飆高的車禍發生率，或特別慘重的車禍事故等等，都會有這種情形。因此，比較難挑這種資料的內部效度與統計結論效度的毛病。

然而，還是可能有外部效度的問題。例如，美國會不會有相同的結果？還有一個是，這種方法是否對某些駕駛者特別有效，但對其他的駕駛者比較沒效？另一個則跟酒測產生的，料想之外的副作用有關：酒測會如何影響保險費率？如何影響烈酒的銷售量？公眾對於以高科技解決社會問題的信任？賣給警察的科技產品的銷售量？或者，如何影響法院處理酒醉駕車案例的態度？羅斯（Ross, 1973）有探討這些議題。圖 6.6 顯露出，假日時段的嚴重車禍的次數雖然剛開始時降低了，但後來慢慢回升了一些。控制

185

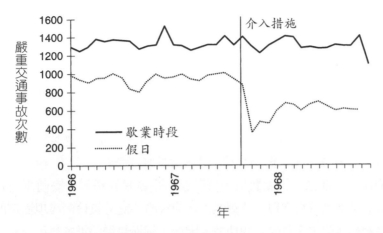

> ➤ 圖 6.6　英國酒駕檢測對白天及夜晚酒吧營業時的嚴重交通事故的影響，與酒吧歇業時段相比較

資料來源：H. L. Ross, D. T. Campbell, and G. V. Glass, 1970. "Determining the social effects of a legal reform: The British 'breathalyzer' crackdown of 1967." *American Behavioral Scientist, 13*, pp. 493-509. Sage Publications 版權所有。

組時間序列的車禍發生率有降下來一段短暫的時間，但接著又回升到原來 186 的程度。因此，酒測對於降低嚴重車禍的發生率而言，只是*暫時、部分*的效果。

　　羅斯也注意到，開始實行酒測時，作了非常多的全國宣導。宣導活動有讓公眾注意到酒後不開車的好處嗎？或者宣導活動讓大眾比較警覺而控制車速，尤其是在酒吧營業時段及酒吧剛打烊的時段？它有降低整體開車的時間嗎？有減少人們的飲酒量嗎？或者有讓酒醉的駕駛比較小心開車嗎？羅斯以非常巧妙的方式排除了這些解釋中的一部分。他找出英國道路實驗室（British Road Research Laboratory）所做的問卷，其中有詢問受訪者開了幾英里的路。這項資料顯示，即使以駕駛的每英里所發生的事故估計值來看，開始作酒駕檢測時，事故發生率還是降低了。這使得「酒駕檢測的效應是因為它減少了駕車的英里數」這項解釋比較不合理。羅斯也檢查啤酒和烈酒在酒駕檢測開始施行前後的銷售量，發現開始酒駕檢測時銷售量沒有任何的不連續；這排除了「酒駕檢測減少了整體的飲酒量」這項詮釋。他的分析還顯示，開始實施酒駕檢測以後的十個月裡，比較多人說自己如

果喝了酒會走路回家；酒駕檢測開始前的十個月，則比較少人說自己會那樣作。最後，他的資料也顯示，實施酒駕檢測之後，車禍死亡者中，比較少人的血液中含有高濃度的酒精；而實施之前，車禍死亡者血液中有高酒精濃度的人比較多。這些分析顯示，嚴重車禍發生率降低的解釋原因，是喝了很多酒還開車的人數減少了，而不是整體的飲酒量或開車里程數降低之故。羅斯這種利用資料來排除因果建構各種不同的解釋原因的作法，強調了這種工作的重要性，但也說明了作這些事有時候所遭遇的困難或必需的花費，及實施一項新政策連帶會影響到的各項事務。

最後，羅斯還必須面對另一個問題，也就是解釋為什麼酒測的效果沒
187　有更持久？他的分析發現，英國的法庭愈來愈不處分被檢測發現酒駕的人，因此酒駕檢測失去了它嚇阻的功效。因此，羅斯最後的推論變得很有用處：把酒駕檢測用來限制酒醉駕車，就會幫忙減低嚴重的車禍發生次數，但只有當法庭在執行酒駕的法律時，檢測才會有這項功效。

鈕斯壯及諾頓（Neustrom & Norton, 1993）使用的九十六個觀察值的時間序列，則是有關路易斯安那州 1983 年酒醉駕車法令的功效（圖 6.7）。他們的假設是：這項法令的影響，在夜間比日間大，因為過去研究顯示，跟酒精有關的車禍，在夜間發生的比較嚴重也比較頻繁。問題是，法令開始生效之前，警力暫時不足，而法令生效之際，警力不足的問題也解決了。這可能會變成：比較多警察會寫比較多的事故報告，而事故報告卻正是新的法令想要減少的；因此，造成兩股相衝突而可能相抵銷的力量。如圖 6.7所示，控制組的時間序列幫忙澄清了這項混淆變項的影響。白天的時間序列裡，新法通過後，事故報告的數量增加了，但夜晚序列的事故報告數量卻稍稍減少。鈕斯壯及諾頓將警力不再不足之後，事故報告數量增加的情
188　況列入考量，估算出新法在夜間的序列減少了三百一十二個事故的發生，而在白天序列減少了一百二十四個事故的發生。因此，有時候，如果知道報告改變的起始點在哪裡，而且有一個非同等的依變項（在這裡是白天相對於夜晚，夜晚的效果預期會比較強），就能估算出報告改變所產生的效應。

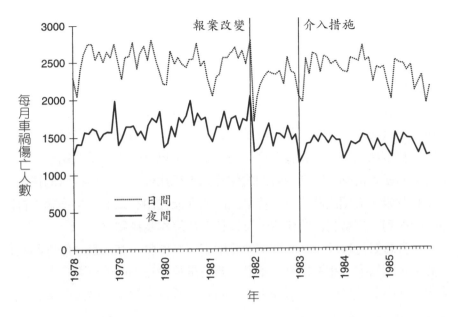

187

> 圖 6.7　酒醉駕車法律的影響，法令開始執行之前意外報告的作業有
> 　　　　改變

資料來源：M. W. Neustrom and W. M. Norton, 1993. "The impact of drunk driving legislation in Louisiana." *Journal of Safety Research, 24*, pp. 107-121. Elsevier Science 版權所有。

在一個已知的時間移除實驗對待

188

　　實驗對待的效果，不但是施行的時候可以看出來，有時還可以將它移除，讓效果消失，這時也可以看出它的效果。移除的實驗對待設計圖示如下，其中 X 表示實驗對待，而 $\mathbf{X}$ 則表示將之移除。

$$O_1 \quad O_2 \quad O_3 \quad O_4 \ X \ O_5 \quad O_6 \quad O_7 \quad O_8 \quad O_9 \ \mathbf{X} \ O_{10} \quad O_{11} \quad O_{12} \quad O_{13}$$

　　這項設計就像有兩個連續的簡單的打斷的時間序列。第一個是從 O_1 到 O_9，評估的是增加了實驗對待的效果；第二個序列是從 O_5 到 O_{13}，評估的是移除一個現存的實驗對待的影響。如果截距或斜率在 O_4 及 O_5 之間改變，

且在 O_9 及 O_{10} 之間又以反方向改變，則實驗對待效應最易於詮釋。

　　圖 6.8 的例子是，瑞丁及雷佛森（Reding & Raphelson, 1995）一項有三十六個觀察值的時間序列。1989 年 10 月，機動的危機處理團隊多了一名精神醫師，提供當場立即的精神治療，以避免個案事後必須入州立醫院療養。這項改變有了效果。六個月之後，許多因素使得精神醫師不能再隨隊服務，而這又使得州立醫院的住院人數回升。雖然圖 6.8 沒有顯示出來，但瑞丁及雷佛森為了要強化他們的因果推論，更進一步把這些結果，跟一家當地的私人精神病院同一時間的住院人數相比較，且發現後者的住院人數沒有改變。這項設計的三個特徵讓研究者能作出有效的因果推論：打斷的時間序列、實驗對待的移除，及以私人醫院作為控制組。

　　將實驗對待移除，為時間序列添增了許多優點。其一是，歷史的威脅降低了，因為唯一相關的歷史威脅，若不是那些在不同的時間發生，以不同的方向影響結果的歷史事件；就是兩股影響方向相反的歷史力量，且一

189

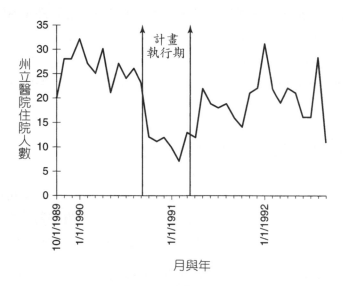

> 圖 6.8　精神治療危機處理對於住院的影響

資料來源：G. R. Reding and M. Raphelson, 1995. "Around-the-clock mobile psychiatric crisis intervention: Another effective alternative to psychiatric hospitalization." *Community Mental Health Journal, 31*, pp. 179-187. Kluwer Academic Publishers 1995 年版權所有。

個發生的時間恰巧一個在開始實施實驗對待時，另一個則是恰巧在實驗對 188
待被移除時發生。選擇與樣本流失比較不會是威脅，除非在不同的時間點
進入或離開樣本的人，是屬於不同性質的，選擇與流失才可能構成威脅。
測量工具的使用也比較不可能成為威脅，但如果有天花板效應或地板效應
則會產生問題；也就是說，如果研究對象的得分，在實驗對待被移除的同
時，達到了最高分（天花板效應）或最低分（地板效應），則這些人再怎
麼往同一方向改變，也無法從測量結果看出來。由於測量工具的效應必須 189
能同時解釋在不同時間住院人數的增加與減少，測量工具所產生的其他效
應不太可能是合理的。

　　私人醫院的控制組序列幫忙排除了歷史的威脅，所謂歷史的威脅，就
是另一項事件影響了一般醫院住院人數的可能性；也幫忙排除了成熟趨勢
的威脅，像是因季節的改變而使得住院人數有週期性的變化。前一項威脅
如果以質化的方式訪問瞭解醫院狀況的人（如醫院主管），就很容易評估。
後一種威脅則比較會是合理的解釋（如果沒有私人醫院的控制組協助排除
的話），因為大家都知道，有些病人會安排讓自己在冬季出院，夏季時再
住院，直到冬初還不很冷的時候。

　　在這種設計及 X 和X時的相反效果下，有時把效果消失的原因解釋為
懷恨低落的士氣，而非因為實驗對待被移除，也可能合理。在瑞丁與雷佛
森的這個例子裡，精神醫師不再繼續隨團服務之後，醫院的住院率變高了，
可能是因為剩下的隊員認為，這麼好的一個危機處理服務竟然被中止而感
到沮喪。果真如此，也許實驗對待對研究參與者而言愈不明顯，移除的實
驗對待設計就愈容易詮釋。然而，這種低落的士氣不會威脅施行實驗對待
所產生的效應。當移除的實驗對待設計產生了方向相反的結果時，通常要 190
有兩套*不同的*解釋來使得因果推論無效。最後，只有當移除實驗對待是合
乎研究倫理，而且實驗對待的效果是暫時的，一移開效果即刻消失的時候，
移除實驗對待的設計才能有好效果。上述這些情況使得許多研究不能採取
這種設計，因為這些研究的實驗對待效果應該要維持長久。

加入多個重複

　　這是前一項設計的擴充，也就是將實驗對待重複的施行、移除，再施

行、移除，根據預定計畫一直持續下去。這項設計的圖示如下：

$$O_1 \quad O_2 X O_3 \quad O_4\,\textbf{X}\,O_5 \quad O_6 X O_7 \quad O_8\,\textbf{X}\,O_9 \quad O_{10} X O_{11} \quad O_{12}\,\textbf{X}\,O_{13} \quad O_{14}$$

　　如果每當施行實驗對待時，依變項的反應都相似，而移除時依變項的反應也都相似，且兩種反應方式方向相反時，就表示實驗對待有產生效應。這種設計常被用來評估心理治療（Marascuilo & Busk, 1988; Wampold & Worsham, 1986），或醫學（Weiss et al., 1980）對個人的治療效果。例如，麥克理奧德、泰勒、寇恩及庫冷（McLeod, Taylor, Cohen & Cullen, 1986）比較具治療功效的藥物與安慰劑對一位迴腸引流袋與皮膚接口處發炎的病人的功效。安慰劑與藥物被隨機拿給患者服用（是在雙盲的狀況下，也就是醫師及患者都不知道是安慰劑或藥物，但這種設計常不容易做到雙盲的情況），為期十四天，分成十個治療時段（雖然資料是每天蒐集，但只能得到已經合併成十天的資料）。病人報告的結果包括：是否感到舒適、噁心、腹痛、脹氣、排便量、水洩及惡臭。圖 6.9 是舒適與腹痛的結果，兩者都顯示藥物有效用，因為施予藥物時，舒適感升高，而腹痛降低，但藥物對腹痛的功效比對舒適感的功效好很多。

　　這項設計的一個必須討論之處是，實驗對待的施予及移除的時間排定。雖然時間的排定通常是按規律進行，或者依病人的症狀而定（Barlow & Hersen, 1984），但如果施予及移除的時間是隨機安排的（也許大致上還是讓 X 和 $\textbf{X}$ 輪流出現），對研究而言有很多的好處（Edgington, 1987, 1992）。隨機安排時間可排除掉週期性成熟的威脅，也就是排除掉「即使沒有施予實驗對待，時間序列還是呈現一種規則的起落週期」的可能性。稍作其他修改可讓這種設計的應用範圍更大。例如，這種設計可用來比較兩種實驗對待，也就是以 X_1 取代 X，而以 X_2 取代 $\textbf{X}$。還可以將兩個實驗對待併用（$X_1 + X_2$）成一個實驗對待單元，就像歐理瑞、貝克、伊凡斯及索達格司（O'Leary, Becker, Evans, & Saudargas, 1969）探討各種實驗對待對於七位兒童在教室裡的擾亂行為的影響；他們先設定規矩，接著是教育架構及規矩，而後使用規矩、架構及稱讚良好的行為或忽視不好的行為，最後則除了以上這些還加上「好孩子獎章」的方法。而後，為了要顯現對照的控制組，先將所有這些實驗對待移除，之後又再施予這些實驗對待。這項設計的另

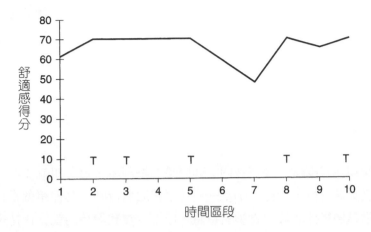

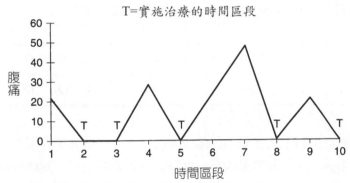

> 圖 6.9　治療迴腸造口處的皮膚發炎的效果，圖中的 T 表示治療實施的期間

資料來源：R. S. McLeod et al., 1986. "Single patient randomized clinical trial: Its use in de-
termining optimal treatment for patient with inflammation of a Kock continent il-
eostomy reservoir." *Lancet, 1*, pp. 726-728. The Lancet Publishing Group 1986 年
版權所有。

一種變化是施予不同強度的實驗對待（通常是愈來愈強），來探討劑量反
應之間的關係；例如，哈特門與霍爾（Hartmann & Hall, 1976）探討的是，
每天的抽菸數量增加時，愈來愈重的處罰對於抽菸的影響。

　　這種設計的主要限制是實際層面上的問題。首先，就像移除的實驗對
待的設計一般，只有當我們預期實驗對待的效果會很快就消散時，才能施
行這種設計。還有，這種設計常需要某種的實驗控制，但在實驗室之外的

192

情境、某些**單一個案的設計**（single-case design）的實驗對待情境，或封閉的機構，像是學校或監獄，很難達到這樣的要求。然而，如果能執行這種設計，拔斯洛及賀爾森（Barslow & Hersen, 1984）有完整討論各種設計的選擇。

加入互換的重複

想像現在有兩個（或更多個）非同等的控制組，每一組輪流在不同的時間接受實驗對待，因此：(1)當一組接受實驗對待時，其他組就當作控制組；(2)當控制組接著接受實驗對待時，原本的實驗對待組就當作持續實驗對待的控制組（continued-treatment control）。圖示如下：

O_1	O_2	O_3 X O_4	O_5	O_6	O_7	O_8	O_9	O_{10}	O_{11}
O_1	O_2	O_3 O_4	O_5	O_6	O_7	O_8 X O_9		O_{10}	O_{11}

這種設計控制了大多數的內部效度的威脅，也增強了外部效度及建構效度。它增強了外部效度是因為，實驗對待的效果顯現在兩個母群，且是在歷史的不同時間點，有時還可能是在兩個不同的場景展現。每次施行實驗對待時，可能都會有一些不相干的事物干擾，因此，如果測量沒有讓研究對象覺得干擾不快，就不必怕實驗對待與測驗產生交互作用。

圖 6.10 的例子是每年犯罪率（取自然對數並經過標準化），其中三十四個城市是在 1951 年時開始有電視，另外三十四個城市則在 1955 年開始有電視（Hennigan et al., 1982; McCleary, 2000），差了四年的時間是因為 1951 到 1955 年之間 FAA 凍結了電視執照的申請。兩個序列都顯現，開始有電視的那一年使得下一年的偷盜物品罪行上升。在間隔五年之後得到相同的效果，使歷史的威脅不合理。例如，韓戰在 1951 年發生，而男人的從軍外流可能使比較多家庭沒有做好防護，因此被搶；但這個解釋卻無法說明，為什麼只有第一個序列的城市發生這樣的效應，因為第二個序列的城市也應該有這樣的效應。同樣的，1955 年左右發生的經濟衰退也許會使得犯罪增加，而這項原因也應該要在第一個序列產生一樣的效果，但實際卻

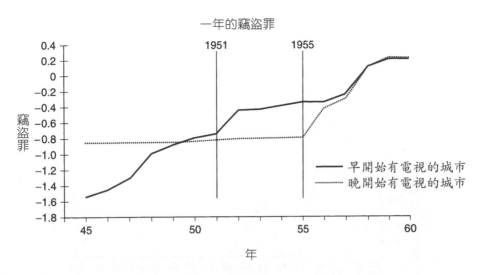

➤ 圖 6.10　在 1951 年開始有電視相較於 1955 年開始有電視的城市裡，有電視對於竊盜罪比例的影響

資料來源：R. D. McCleary, 2000. "The evolution of the time series experiment." *Research Design: Donald Campbell's legacy*，第二冊，由 L. Bickman 編輯，Thousand Oaks, CA: Sage. Sage Publications 2000 年版權所有。

沒有。迴歸的假象也許能解釋第一個序列犯罪率增加的原因，但卻不像第二個序列的犯罪率增加的原因。說得更廣泛一些，很難找到一個可以同時解釋兩序列的威脅。像是選擇─歷史或選擇─測量工具的使用這些威脅，都是可能的其他解釋原因──例如，找到了兩個不同的歷史事件，一個發生在第一序列大部分的城市裡（但沒有發生在第二序列的城市裡），另一個則發生在第二序列的大部分城市裡（但沒有發生在第一序列的城市裡），且兩個歷史事件都會增加犯罪。但這種可能性也似乎很小。

　　另一個例子是圖 6.11，這是篩檢 PKU 新生兒，以避免他們之後有智能障礙的研究（MacCready, 1974）。這個時間序列有十七個觀察值，前四筆資料是四個以三年為一個時段的加總值。PKU 篩檢成為處理新生兒標準程序的時間，在美國各州及加拿大各省不太一樣，有在 1962 年開始的，也有在 1963 年、1964 年和 1965 年才開始的；這就成為設計裡四個重複的實驗對待。依變項是每年因診斷為 PKU 造成的智能不足而住進州立或省立療養院的人數。圖 6.11 顯示，這四個序列的住院人數，都在篩檢開始實施的下

194

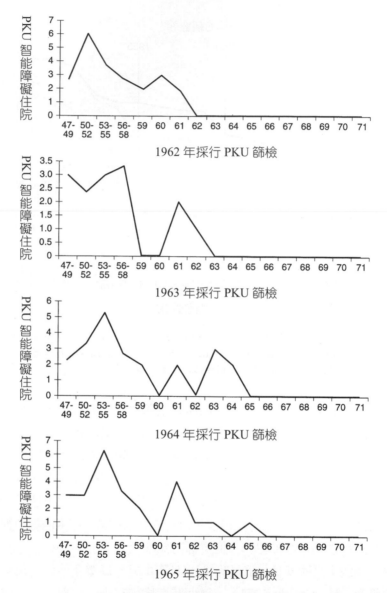

> 圖 6.11 篩檢 PKU 對於因 PKU 導致智能障礙而進入療養院的影響，
> 篩檢在不同地點四年內的不同時間實施

資料來源：R. A. MacCready, 1974. "Admissions of phenylketonuric patients to residential institutions before and after screening programs of the newborn infants." *Journal of Pediatrics, 85*, pp. 383-385. The National Medical Society 1974 年版權所有。

一年降為零，且持續為零。這個設計利用檔案資料、以各種非常不相同的　193
母群、在不同的歷史時刻實施實驗對待、在各種不相同的情境下實施，及
重複的測量等這些方式，來確定初始時發現的效應是否能擴論到不同的時
間點，而結果都與研究假設相同。

　　但即使重複的時間序列設計也可能有內部效度的問題。圖 6.11 的結果
及一些其他軼聞證據顯示，有些州或省在還沒有正式由官方宣告成為標準
程序之前，就有作一些 PKU 的篩檢。醫學專業人士從期刊研究報告得知篩
檢的好處，他們將這個發現告訴新近接受訓練的醫師們，並在研討會及與　195
同事的討論中口耳相傳。因此，在開始正式施行篩檢之前，就發現因 PKU
住進療養院的人數有下降的趨勢，但這些住院人數在開始實施篩檢之前從
沒有跌到零。也許智能障礙人數減低的原因，是因為母親獲得比較好的產
前照護、營養比較好，及生產時及之後的醫療照護比較好。為了要瞭解這
項可能性，麥考克雷第（MacCready, 1974）蒐集了 1950 年代到 1972 年，
各種原因造成的智能障礙的資料，但沒有發現任何規律上升或下滑的趨勢，
能解釋圖 6.11 因 PKU 住院的人數的改變。以這種方式利用非同等的依變
項，使得這種解釋顯得不甚合理。

　　互換的重複之設計也能幫忙發現那些無法事先預測會延後多久才發生
的效應。假定每一組效應延後發生的時間長短都一樣，我們就能預期某一
序列發生不連續的時間點比另一序列早一些。我們也能預期實驗對待施行
的時間點與不連續發生點的中間時段的長短，會跟其他組已知的狀況相同。
然而，這也不一定都合理；例如，實驗對待的效應，可能因為有新科技來
執行該實驗對待，因而更有效果。因此，觀察每一組實驗對待發生效果的
時代差異，可能比較實際。互換的重複的設計，可用於那些沒有理論可以
預測效應延後時間長短的實驗對待，探測它產生的效應會延遲多久。然而，
如果每一組接受實驗對待的時間點之間的差異，都跟效應發生的時間點之
間的差異吻合（如圖 6.11），這種設計的結果最容易被詮釋。

　　只要是時間序列設計中能找到一個沒有接受實驗對待的控制組，就能
使用重複的時間序列設計。成功施行的實驗對待，對作為沒有接受該實驗
對待的控制組之團體或機構，通常會有好處；可以去找這些團體的代表，
詢問他們的組織是否願意接受實驗對待。例如，假使漢金及同僚（Hankin
et al., 1993；圖 6.3）能研究烈酒瓶上的警告標示的法令在不同的國家不同

年代施行的效應；那麼即使效應不大，而且延後才發生，各國的這些資料就應該能讓因果推論清楚許多。

打斷的時間序列設計常發生的問題

就像前面的幾個例子有稍微提到的，施行打斷的時間序列研究時，常會出現幾個問題：

- 許多實驗對待是慢慢地推行，漸漸傳布到整個母群，因此實驗對待的模型應該是一個逐漸傳布的過程，而不是突然立刻發生的事件。

196

- 許多效應會延後多久才發生，無法預測，而且也可能因為不同的母群、不同的時間點而有差異。
- 許多序列的觀察值，常比統計所推薦的一百個觀察值少很多。
- 許多檔案資料很難找到，資料保管單位也常不願釋出。
- 檔案裡的資料，每筆資料之間的間隔時間常比研究者所需要的長；有些資料也許遺漏了，或者怪怪的不太可信；有時變項的定義改變了，卻沒有留下紀錄。

以下我們把每個問題討論得稍微詳細一些：

實驗對待是漸漸發生的，而非突然發生

有些實驗對待開始的時間點很明確，傳布到相關人口的速度也很快。辛辛那提查號服務的收費政策就是一個例子；從某個明確定義的一天開始收費，而且立即適用於所有的查號電話。但其他的新措施則是逐漸傳布，因此，「在傳布的時間內有其他事件發生，因而影響到該措施的效果」的可能性增高了，也使得歷史變成內部效度比較合理的威脅。

霍爾德與魏吉納（Holder & Wagenaar, 1994）就有一個實驗對待漸漸執行的例子。他們研究的是強制要求酒保接受訓練對於撞車的影響，因為該

項訓練是為了要降低飲酒者酒醉的程度及高風險駕駛行為。奧勒岡州在 1986 年 12 月開始實施這項訓練，但並不是所有的酒保都同時接受訓練。根據奧勒岡烈酒管制委員會的資料顯示，1987 年底時，約有五分之一的酒保接受了訓練，1988 年底累積到五分之二的人，1989 年底時超過了一半。如果那些接受訓練的人立即發揮效用，那麼截距的立即改變應該很小，但斜率應該明顯逐漸改變。

　　要分析這類的資料，瞭解傳布的過程是怎樣的形式，是非常重要的。例如，霍爾德與魏吉納將接受過訓練者的比例作為介入變項，而非一個二分法（1，0）的虛擬變項〔有時稱為**階梯函數**（step function），假定所有的酒保在法律生效那天都接受了訓練〕。將一個傳布較為緩慢的過程看作是一個單一階梯的函數，可能產生嚴重的問題。首先，如果研究者將函數分派到時間序列上看起來跟之前差異最大的一點，這可能剛好看起來有效應，但卻是錯誤的。第二，如果假定介入措施的開始時間點（奧勒岡法令的開始時間點是 1986 年）是最可能有大影響的時間點（這個點是直到 1988 年才達到，而且當時只有約 50%，尤其酒保的工作替換率很高），就會忽略了先前雖小但的確有發生的影響。第三，即使研究者很小心地作實驗對待傳布的模型，他們可能從所顯現的效果模式來猜測傳布的情況。然而，想以這種模式來反推傳布的模型常是太天真了，因為有時效果必須達到一定的程度〔門檻（threshold）〕才會顯現出來。霍爾德與魏吉納猜測，如果酒吧雇了很多（酒保），卻只有一個酒保接受訓練時，效果可能不是很好（例如，其他的酒保施展同儕壓力，逼使他賣酒的方式還是像往常一樣），因此必須訓練酒吧裡大多數的酒保，才能達到預期的效果。如果不知道傳布的實際形式與速率，能作的最好方法是，在實驗對待施行之後一段時間，開始找是否有延後的效應；但這麼做的困難之處在於必須排除歷史的效應，這些效應可能在實驗對待開始後，到時間序列開始變化之前的一段時間發生——例如，酒醉駕車法令執行上的改變。

197

　　談到這點，我們應該想一想，酒駕檢測的資料（圖 6.6）為什麼這麼清楚明顯。如果一項新法律所作的宣導不夠，或執行狀況不佳，可以預見的是公眾會漸漸才對它有反應，而不像酒駕檢測的例子裡，車禍戲劇性減少的情形。幸好，從一些背景資料，我們知道英國的酒駕檢測在事前有作大力宣導，像是哪一天警察就會開始攔車作檢測之類的。這可能使民眾更快

知道酒駕檢測這件事，也使得警察在開始實施之日即常常執行檢測酒駕。在這些情況下，實際的傳布過程比較像是一個階梯函數。

延後的因果

並非所有的影響都是立即發生的。即使當實驗對待是突然施行的，還是可能會發生延後的因果；就像吸菸對於肺癌所造成的延後的影響：癌症並不是立即發展出來的，而是在持續吸菸幾十年之後才有的。如果實驗對待的施行是漸次傳布出去的，那麼延後的時間就可能更長。例如，圖 6.3 顯示出，因為新製造且有警告標示的烈酒，必須在一段時間後才會到達零售商的貨架上或消費者的家中，所以警告標示的影響被延後了。如果有很強的理論能讓我們確切預測影響會延後多久才開始發生，延後的因果並不造成任何問題，就像是人類的卵子受精之後到新生命誕生的中間這九個月，即能幫忙預測警告標示在哪一個時間點才會開始影響新生兒的情形。然而，很多時候這種理論並不存在；因此，實驗對待開始施行到可能的延後效果開始顯現，這段期間內所所發生的歷史事件，可能使得時間序列的詮釋變得比較模糊不定。在這些情況下，互換的重複設計讓研究者能觀察，在不同的組及不同的時間重複施行的實驗對待，延後發生效應的時間是否都類似，這就能降低歷史的威脅。然而，這項步驟事先假定，實驗對待不會跟那些不同的團體在不同的時間有交互作用，也不會跟各團體所經歷的不同的歷史時刻有交互作用。例如，長年醉的酒鬼對於酒駕政策的反應，可能比只在社交場合喝酒的人來得慢；或者，某個城市的媒體對於酒駕引發的某件車禍所給予的大幅報導，可能提高了該市酒駕新法令的影響，但同樣施行酒駕新法令卻沒有這樣大幅報導的城市，其法令所產生的影響就比較沒有這麼大。

當實驗對待的傳布速度慢，而且其影響延後才發生（如圖6.3）時，因果推論尤其難成立。之所以如此，是因為不知道要將哪一個時間點作為預期效應開始出現的時刻，而在實驗對待開始執行之後，任何一個時間點都可預期會有效應開始出現。如果效應在實驗對待開始執行之後愈晚才發生，就愈容易將可能為真的效應詮釋為歷史因素。在這些情況下，加上對照組、非同等的依變項、移除的實驗對待，或互換的重複等，都對推論有無比珍

貴的幫助。

短的時間序列

　　介紹如何以時間序列分析方法的統計教科書，對於要有多少個觀察點才能作成有效的分析，有多種不同的建議。大部分的教科書會建議有一百個觀察值，才能將序列裡的趨勢、季節或週期的效應，及相關的誤差之間的結構，先納入模型，之後再檢定介入措施的影響。例如，以肉眼觀察圖6.4，很難看出是否有趨勢或週期性模式的存在。有時將固定的一段時間之內的資料加總之後再畫成圖，比較能以肉眼可觀察出一些模式。例如，將圖 6.4 所用的資料加總成以一季為一個觀察值，而非以一星期為一個觀察值時，雖然沒有季節性的週期模式，但小型摩托車的序列裡的確出現車禍發生次數穩定下降的趨勢，正如假設所預期。然而，將資料加總會讓時間序列縮短，比較不能將資料的其他方面納入模型。因此，當其他條件都一樣時，資料點愈多愈好。

　　然而，常會出現的情況是：的確有很多觀察值，而不只一個前測和一個後測而已，但是卻離一百個又很遠。即使標準的統計方法不適合用於這種短的時間序列，但還是能作為因果推論之用。之所以有用，有四個主要的原因。首先，跟一般只有一兩個前測的設計相比，短的時間序列多了許多額外的前測，能幫忙探討內部效度的問題。第二，它也多了許多額外的後測觀察值，能讓研究者確定介入措施延後了多久才開始發生影響，及影響維持了多久。第三，短的時間序列由於常能使用控制組或控制組的時間序列，因此可大幅增加推論的力量。第四，還是可以為短的時間序列作一些分析，例如，為誤差的結構作一些假定，而不是直接描述這個結構；經濟學者常作這種分析（Greene, 1999; Hsiao, 1986; Hsiao, Lahiri, Lee, & Pesaran, 1999）。

數個前測與後測的用處

　　圖 6.12 顯示，在 1964 年間參加職業訓練課程影響了黑／白人、男／女性後續的工作收入（Ashenfelter, 1978）。從圖 6.12 可明顯看出短的打斷的時間序列的一些好處。實驗對待組是所有在 1964 年的前三個月，基於

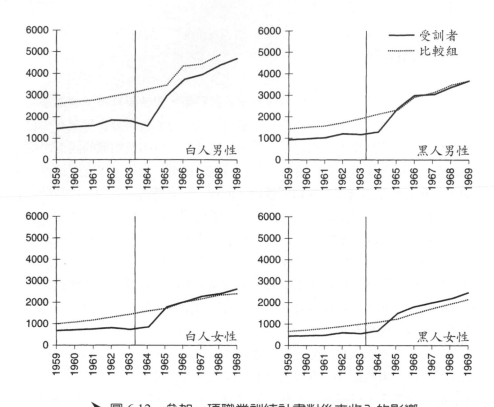

➤ 圖 6.12　參加一項職業訓練計畫對後來收入的影響

資料來源：O. Ashenfelter, 1978. "Estimating the effects of training programs on earnings."
　　　　　Review of Economics and Statistics, 60, pp. 47-57. The MIT Press 1978 年版權所
　　　　　有。

「人力發展與訓練條例」（Manpower Development and Training Act），參
加了課堂訓練；阿申飛爾特（Ashenfelter）提到，實驗對待組的成員都是
最可能會成功的。控制組的樣本是從勞工部（Department of Labor）「持續
工作史樣本」（Continuous Work History Sample）裡的樣本取出千分之一所
建立；「持續工作史樣本」是美國勞工收入紀錄的隨機樣本。結果變項是
四個組在十一個時間點的收入。

　　由於控制組原本就在工作，所以最初時的收入比較高（收入資料是取
自社會保險紀錄）。圖 6.12 顯示四組都有迅速的因果影響。現在假設只有
1963 和 1965 年的資料，也就是只有課程前後一整年內的資料，這時我們

還是可以看到收入有稍微增加，但這樣的推論會被好幾種其他的解釋理由
威脅。一個是選擇─成熟，也就是「甚至在 1963 年以前，接受訓練的人雖
然收入增加的速度比控制組快，但前者收入的起始點比後者低」的可能性。
有了短的時間序列，我們可以直接探討兩組成熟速度的差異。

200

接著考慮迴歸的威脅。有資格在 1964 年接受職業訓練的人，是 1963
年時失業的人。這可能會使他們在 1963 年的收入估計，顯得比先前還有工
作的時候少，但他們在 1963 年之前的收入可能跟控制組的一樣多。如果真
的是這樣，而且如果他們只是暫時失業，那麼接受訓練的這一組，不論怎
樣他們訓練後的收入都會增加。如果將 1963 年當作是唯一的一個前測點，
我們就無法估計這種迴歸效應的合理性；但如果有幾個前測點的資料，就
能作這種估計。在這個例子裡，迴歸可能有使訓練的效用變得似乎比較大，
因為接受訓練組在 1962 和 1963 年之間的收入真的有稍微減少。但迴歸無
法解釋所有的實驗對待的效應，因為接受訓練組許多年以來的平均前測收
入，比控制組的平均前測收入低了很多，而不只是 1963 年而已。

沒有圖 6.12 的幾個後測年，我們也無法確定訓練的效果是否維持很
久，還是很快就消失得無影無蹤。如果沒有前測的序列，而只看 1962 到
1965 年的資料，我們可能不清楚，1962 到 1965 年收入的明顯改變，是否
只是反應了經濟趨勢剛好是向上的週期。1959 到 1962 年的序列，幫忙排
除了這種可能性，因為這幾年裡看不到這種週期的模式。因此，即使無法
作完整而長的時間序列，加入多個前測點與多個後測點，也使類實驗結果
的詮釋容易許多（H. Bloom, 1984b 重新分析了這些資料）。

以設計特色增強短的序列

加上本章或前一章（例如表 5.2）所談到的任何設計特色，都可以增加
短的時間序列資料的可詮釋性，像是控制組、非同等的依變項、互換的重
複、實驗對待的移除，及多個重複（例如，Barlow & Hersen, 1984; R. Frank-
lin, Allison, & Gorman, 1997; Kratochwill & Levin, 1992; Sidman, 1960）。例
如，麥克基力普（McKillip, 1992）評估 1989 年媒體宣導減少飲酒對於一所
大學的學生在某個慶典上飲酒的影響。他的主要依變項是目標母群對於過
度飲酒的覺知程度，一項短的時間序列（十個觀察點）。麥克基力普為了
要強化這項系列的詮釋，加了兩個非同等的依變項〔他稱為「控制建構」

（control constructs），以強調它們跟控制組相似〕；這兩個非同等的依變項在概念上跟健康有關，因此，如果觀察到的效應是因為對於健康的大致態度有改善，那麼這兩個非同等的依變項也會有所改變。但這兩個變項（好的營養及壓力的減低）並不是該宣導活動的目標，因此，如果所觀察的效應是因為實驗對待（宣導活動）所致，則這兩個變項不應有改變。如圖6.13所示，在這次的宣導活動中，對於過度飲酒的覺知程度明顯提高了，但對於其他跟健康有關的議題的覺知程度則沒有提高（Fischer, 1994 有幾個類似方法的例子，但結果比較不清楚）。

201

麥克雷納漢、麥克基、麥克朵夫及克閨茲（McClannahan, McGee, Mac-Duff, & Krantz, 1990）也在他們的短時間序列（二十一個觀察值）加了一個互換的重複。他們的研究是關於住在由已婚夫婦掌管的自閉兒之家的兒童，每天的個人衛生及外觀的研究。他們固定對於這些自閉症兒童的個人衛生及外表提供回饋給這些夫妻，再評估這些固定回饋對於兒童個人衛生的影響。第一所兒童之家是在上了六堂課之後開始固定提供回饋，第二所兒童

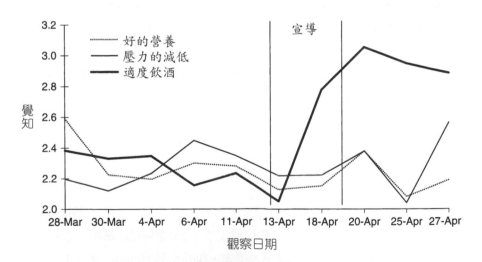

> 圖 6.13　以媒體宣導增加對濫飲酒覺知的影響

資料來源：J. McKillip, 1992. "Research without control groups: A control construct design." *Methodological issues in applied psychology*，由 F. B. Bryant, J. Edwards, R. S. Tindale, E. J. Posavac, L. Heath, & E. Henderson 編輯，New York: Plenum. Plenum Press 1992 年版權所有。

202

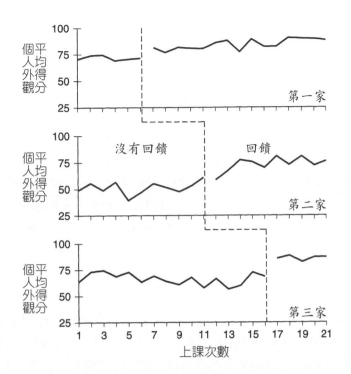

資料來源：L. E. McClannahan et al., 1990. "Assessing and improving child care: A personal appearance index for children with autism." *Journal of Applied Behavior Analysis, 23*, pp. 469-482. The Society for the Experimental Analysis of Behavior 1990 版權所有。

▶ 圖 6.14　父母介入對於三所自閉兒之家的兒童外觀的影響

201

之家是在第十一堂課之後，第三所在十六堂。每當開始提供回饋之後，兒童之家的兒童個人外觀就開始改善，超過了底線（baseline），且經過一段時間之後，這樣的改善還是持續著（圖 6.14）。然而，這兩個例子說明了短的時間序列的一項缺點，也就是不容易知道效應會持續多久。圖 6.13 把這項缺點暴露得最明顯：在宣導過後的兩週，對過度飲酒的覺知程度就明顯降低了。

短時間序列的分析

許多研究者沒有為短的時間序列作任何資料分析。有些人以為目視分析即足夠，認為如果效應小到必須以統計分析來將它們剔出來，也不值得

找什麼效應。但一些研究顯示，如果有小的或延遲的效應，以目視分析無法發覺（例如，Furlong & Wampold, 1981; Ottenbacher, 1986; Wampold & Furlong, 1981）；一些研究發現也讓人必須重新考量「小的效應不重要」的這種觀念（例如，Barlow & Hersen, 1984, p. 282），因為過去就發現一些小卻重要的效應（例如，Rosenthal, 1994）。其他人有評論了各種可能的分析方法，但對於這些方法的價值卻意見不一（例如，Franklin, Allison, & Gorman, 1997; B. Gorman & Allison, 1997; Matyas & Greenwood, 1997）。有一些無母數的（nonparametric）分析方法可能是正確的，包括隨機化（精確）檢定〔randomization (exact) test〕（Edgington, 1992; Gorman & Allison, 1997; Koehler & Levin, 1998），及「繫鞋帶」（bootstrapping）的方法（Efron & Tibshirani, 1993），但這兩者在比較短的時間序列裡檢力常會比較低。瓊斯（K. Jones, 1991）與克羅斯比（Crosbie, 1993）提出有母數的（parametric）分析方法，但批評者指出這些方法的一些重要問題（Reichardt, 1991）。如果同樣一批人重複被測量，有時可以用各種不同的「重複測量的變異數分析」（repeated-measures ANOVA）；生長曲線模式（growth curve model）或事件歷史分析（event history analysis）也可用來分析這種資料（例如，Carbonari, Wirtz, Muenz, & Stout, 1994）。作短時間序列的經濟學者，在分析資料時先為資料的誤差結構（error structure）作一些假定，以修正標準誤的估計值（Greene, 1999; Hsiao, 1986, 1999）。如果可以為許多單一個體分別蒐集他們的短的時間序列，把這些時間序列合併在一起，有時會有用處（Sayrs, 1989; West & Hepworth, 1991）。分析短的時間序列時，也許最好的忠告是嘗試使用幾種不同的統計方法分析（見 Allison & Gorman, 1997，有這些方法的摘要），如果各種分析的結果都類似，且與目視觀察相同，就能對發現更有把握。

202

203

　　然而，將短的時間序列佐以目視分析，是很重要的。好的圖示能發揮力量，使得讀者一看就能掌握住重點。繪圖技巧本身已經成為一項專才（例如，Tufte, 1983, 1990），而電腦也使得愈來愈多的繪圖技巧更加方便使用。資料分析與目視分析對於時間序列都是很重要的，瞭解兩者的限制與不足也很重要。

檔案資料的許多限制

許多時間序列資料是公立或私人機構所保存的檔案。然而，常很難得知要去哪裡找這些檔案資料。從私人企業或從區域的機構（例如學校或市政府）獲取這些資料可能也不容易。通常研究者可能被確定告知可使用某檔案資料，因此長途跋涉去到那裡，才發現資料不在那裡。最近幾年這種狀況已經有些改善。例如，齊科特與納深（Kiecolt & Nathan, 1990）描述了一些美國已經建立的幫忙找檔案的服務系統。同樣的，一個包括有五百六十個時間序列的資料庫也在販售〔「時間序列資料庫」（Time Series Database），1992〕，這個資料庫裡的時間序列可用來作一些一般目的的時間序列。許多電腦網絡，像網際網路，也讓時間序列的資料檔比較容易找到，也比較容易取得[3]。

檔案資料的建構效度的問題也很重要。由於大部分蒐集及保存的資料是為了要觀察社會與經濟的變化，變項的重點常有「結果」意味，而不帶有「過程」的意味，尤其很少有直接的測量心理或小團體的過程。因此，目前的檔案資料可能不適用於檢定因果關係或作為心理的建構（psychological constructs）之用。

所有的檔案資料都必須審慎查閱。必須小心檢查變項的操作型定義，變項的建構名稱並不一定適合變項的測量內容，也必須確定同一名稱歷年的定義是否有改變。如果可能，必須記錄下改變的性質，而且如果恰巧某幾年內，蒐集的資料包括了新的定義及舊的定義，則檢查這些重複年份的資料也對瞭解資料有幫助。有時一把資料繪成圖，就可以看出定義的改變，但當定義一改變就立刻作記錄，會比較方便。很多情況下，某些年的資料會有遺漏的情況發生，如果情形不嚴重，就必須以插補（imputation）的方法補上這些資料。如果所繪出的資料呈現出令人懷疑的規律狀態，像是序列某一段的值一直維持不變，或上升的速率都相同，這時資料可能沒有好好地蒐集，或者有人為遺漏值作了插代（interpolated）卻沒有留下紀錄說

204

3　http://www.economagic.com/中的表，列出所有跟經濟和社會有關的時間序列；http://www.fedstats.gov/及 http://www.census.gov/則有一些美國政府的時間序列。

明。相反的,資料也可能變動得很大,任何調整的方法都無法將變異量降低,這則可能是資料蒐集過程馬虎敷衍,而非真的有不穩定的現象。

使用檔案資料的主要困難在於它們沒有彈性。時間序列的分析者會希望資料能被拆解成更短的時間間隔、更小的區域範圍、有個人的人口變項,及更細緻地依主題劃分(Campbell, 1976)。但檔案資料很少能作到這些。研究者常想要有每週、每月或每季的資料,而不要每年的資料,因為前者能使讓時間序列比較長,比較能看出立即的因果影響,也比較能排除因歷史的威脅而導致的其他解釋說法。但如果資料是每年蒐集,也以每年一次的形式儲存,就不能拆解成更小的單位了。研究者常想依據一些社會變項,包括依據人口特質,像是種族、階級或性別,來拆解資料,才能看出實驗對待的效應是否因為這些人口特質的不同而有差異,以探討外部效度;或效應是否因為接受實驗對待而有所差異,藉以創造控制組的時間序列。例如,研究酒駕檢測的影響時,如果能分開喝酒的人和不喝酒的人,或將人口分成信仰的宗教是禁酒或不禁酒的,可能有利於資料分析。如果有多個依變項,常對研究者有幫助,因為這時研究者也許能找到一個非同等的依變項。然而,儘管理想如此,但研究者通常還是必須滿足於檔案所包含的資料。

我們也不需要對於檔案的僵硬或其資料品質太過悲觀。就像本章的例子所顯示,常可以使用打斷的時間序列設計來作有把握的因果推論。再者,只要研究者有創意,夠堅持,還是能從檔案中找到意想不到的資料。例如,庫克、卡爾得及華頓(Cook, Calder, & Wharton, 1979)找到的二十五年的時間序列,裡面有非常多的變項,大致可以歸類在消費、休閒、政治行為、勞動力參與、地區的經濟架構、公衛及犯罪等大類下。雖然有些資料是聯邦的檔案,但大部分是來自州政府不為人知的紀錄,似乎很少人為了研究目的而詢問這些資料。每一州所留存的資料品質都不相同。要能為某個主題蒐集到足夠的資料,研究者可能必須在某一州蒐集某些變項,在另一州蒐集其他資料。但是,能用的時間序列資料還是會多得讓你驚訝。如果最近的和未來的資料,技術上的品質比有時碰到的以前的資料來得好,我們相信會有更多人利用檔案資料作時間序列的分析。

對同時的時間序列的評論

205

　　我們在這一章討論的打斷的時間序列設計，跟另一種時間序列——「同時的時間序列」（concomitant time series）——非常不相同。也有人提倡利用同時的時間序列來作因果推論。打斷的時間序列裡，必須有一個特意經過操弄實施的實驗對待，有時候某個可能造成影響的機制不是這樣執行，在沒有實驗的控制之下，該機制的強弱在一段時間內產生變化，而在這一段時間也可以觀察到結果隨之變化。在「同時的時間序列」裡，則有一個時間序列被認定為「因」的時間序列，另一個時間序列則被認定為「果」的時間序列，兩個時間序列是在同一時間觀察相同的單位而得；研究者求出兩者間的相關，接著再看「因」的時間序列裡的起與落，跟「果」的時間序列裡稍後的起與落有怎樣的關係。因此，時間的先後次序是這種時間序列裡探討因果概念的關鍵。麥克里瑞與衛爾許（McCleary & Welsh, 1992）引述了一個先前出版的論文的例子，該論文的假設是「當愈多的臨床心理醫師開始使用『明尼蘇達多階段人格量表』（Minnesota Multiphasic Personality Inventory, MMPI）時，MMPI 就會取代『羅夏克墨漬測驗』（Rorschach Ink Blot Test）作為檢測的工具」，因此，論文找出羅夏克被引用的次數與 MMPI 被引用的次數，兩者之間的相關係數。作者所報導的相關係數能支持他們的假設，但原文的分析有一些統計上的問題，例如，作者沒有將自動相關（autocorrelation）列入考量，也沒有讓兩種引用次數的時間之間有間隔，計算延後的相關（lagged correlation）。

　　然而，很重要的是，同時的時間序列裡的「果」，並沒有以實驗的方式操弄，而是完全沒有受任何控制地自行波動。因此，像這樣不受控制的相關係數也被引用為因果的證據，也許看來很奇怪，因為大家都知道，有很多原因會讓相關係數無法證明有因果關係。有些提倡使用同時的時間序列的研究者，則引述「格藍爵因果論」（Granger causality）的邏輯（Granger, 1969）來讓這種方法合理。「格藍爵因果論」的邏輯是說：如果一項

因果關係在間隔某段時間內的影響方向是單向的，而且，「因」與「果」這兩個變項符合「白色噪音」（white noise）的分析條件，那麼（間隔一段恰當的時間的）相關係數就是該因果關係的無偏估計值。不幸的是，雖然可以檢定「白色噪音」的條件，但其他條件在實際情況下不太可能符合。「單純的單一方向的因果關係」這樣的條件，很不可能在真實世界的例子發生（McCleary & Welsh, 1992）；匈寇夫與菲利普（Shonkoff & Phillips, 2000）說這種問題一般稱為「同時的偏誤」（simultaneity bias）。克藍威爾、漢能、勒比斯及特拉札（Cromwell, Hannan, Labys, & Terraza, 1994）的結論則是：「當我們說『格藍爵因果論』時，其實是在檢定某個變項是否在另一個變項之前發生，而不是以因果的觀念在檢定因果關係。」（p. 33，亦見 Holland, 1986; Menard, 1991; Reichardt, 1991）[4]

206

結論

　　當情況允許研究者蒐集很多個時間點的資料時，打斷的時間序列是獲得因果知識的一類重要設計。它們的優點在於能從實驗對待前的序列檢視許多可能的威脅；在於知道實驗對待點開始的確切時間點有助於處理歷史的威脅；及在於實驗對待後的資料可將因果關係的型態，以效應發生的速度及持久性來描述。我們是打斷的時間序列設計的死忠支持者，也希望看到有更多研究是利用這種設計，不論這些設計是利用檔案資料，或由研究者自己蒐集的第一手資料。即使觀察點的數量比傳統作統計分析所需要的還少，我們還是全力支持這種設計。我們擁戴的原則是：介入措施之前及之後的資訊愈多，所得到的研究結果就愈能減少不確定是因果關係的疑慮。

　　如果對於所研究的介入措施瞭解更多，包括介入措施的起始點與散播到整個母群的模式，也會有同樣的好處。確切知道介入措施應該在哪一個

---

[4] 以觀察兩個未經控制的變項之間的關係來推論因果的其他模型，也有類似的問題（例如，Wampold, 1992）。

時間點影響某個結果，最有用處，尤其是當介入措施是在一個有很多層級的間距量尺（interval scale）的某一點發生時，更是如此。在時間序列裡，時間就是那把量尺，而介入的時間點所發生的打斷，也就是它所引起的反應，這樣的打斷提供因果關係的診斷線索。

　　下一章我們還會再看到許多這些原則以類似的形式出現。我們要談的設計是稱為「迴歸不連續設計」（regression discontinuity design），這種設計也必須知道介入措施在某種量尺的發生點（但這個量尺不是時間，而是某個變項上按次序排列的點，且該變項是用來分派單位到不同的情境），而效應的顯現方式則是，結果變項在那一點發生突然的變化。迴歸不連續設計也跟隨機化實驗有一些共同的特色，我們在本書稍後會介紹隨機化實驗。因此，我們以迴歸不連續設計，作為打斷的時間序列和隨機化實驗之間的橋樑。

7 迴歸不連續設計

Discontinuity 名詞：*1.*缺乏連續、邏輯順序或內聚性。*2.*斷裂或溝。*3.*地質學：震波的動態改變的表面。*4.*數學：a.函數有定義但不連續的一點；b.函數沒有定義的一點。

囚犯剛被釋放時，常沒有工作，也沒有其他的經濟資源可幫他們成為社會有用的一份子。有些人會為了得到資源而再回去犯罪嗎？釋放時提供基金給他們能降低未來再犯的機會嗎？當加州通過立法，讓那些*在出獄前的最後十二個月工作超過 652 小時的囚犯*，被釋放時可領取失業津貼，但過去一年在監獄內工作少於 652 小時的囚犯則不符合資格時，薄爾克與羅馬（Berk & Rauma, 1993; Rauma & Berk, 1987）想回答前述的最後一個問題。他們發現那些領取失業津貼的，再犯率比控制組少 13%。如果某些假定的確成立，這項估計值在統計上是無偏誤的。我們等一下會說明原因。

讀過先前幾章有關類實驗的讀者，一定會覺得很奇怪，為什麼有這麼明顯、這麼大的選擇「問題」的研究，會得到無偏的因果推論。畢竟，出獄的囚犯被分派到實驗組或控制組，是因為他們之間就不同——一組工作超過 652 小時，另一組沒有通過這個標準。本章將說明為什麼這樣的設計——迴歸不連續設計（regression discontinuity design, RD）——利用了選擇的因素，仍能得到無偏的因果估計值。

1958 年開始有人在研究 RD 的設計（Campbell, 1984），而第一個出版的例子則是提索衛特與坎伯爾（Thistlewaite & Campbell, 1960）的研究。其他在醫學及公共衛生（Finkelstein, Levin, & Robbins, 1996a, 1996b）、經濟學（Goldberger, 1972a, 1972b）、教育（Tallmadge & Horst, 1976; Tallmadge &

Wood, 1978）、統計學（Rubin, 1977, 1978）的研究者，也各自重新創造了RD設計。果伯格（Goldberger, 1972a, 1982b）、羅得及諾維克（Lord & Novick, 1968, p. 140-144）及魯賓（Rubin, 1977）正式以統計方法證明：如果假定成立，這項設計（或同類的方法）產生的是實驗對待效應的無偏誤估計。關於這設計的摘要有一些（Huitema, 1980[1]; Judd & Kenny, 1981a; Marsh, 1998; Mohr, 1988, 1995），尤其特洛齊畝及同僚的摘要更易於瞭解（例如，Cappelleri, 1991; Trochim, 1984, 1990; Trochim & Cappelleri, 1992）。

208

「1965 年中小學教育條例第一條」（Title I of the 1965 Elementary and Secondary Education Act）所支持的地區性計畫，以 RD 設計評估的次數超過兩百次（Trochim, 1980）。除此之外，只有一些計畫宣稱用了這種設計[2]。使用率這麼低，可以想見，是因為實際的問題限制了使用這種設計的可能性，本章會探討這些實際的問題。即使如此，這種設計還是可以更廣泛使用，有時可用來取代一些比較為眾人所知但在推論上比較弱的類實驗設計，有時可加在原有的類實驗設計上以增強其因果推論，有時則可跟隨機化實驗並用，增強兩者的檢力及研究倫理。我們希望本章能藉著說明RD 的優點，及說明哪些情況下較易於使用RD，來提高它的重要性及增加它的使用機會。

迴歸不連續設計的基礎

表 7.1 列出 RD 的基本設計及它的一些變化，後者是本章要特別討論

---

[1] Huitema 稱之為「偏誤的分派實驗」（biased assignment experiment）。

[2] 見 Abadzi, 1984, 1985; Berk & DeLeeuw, 1999; Berk & Rauma, 1983; Braden & Bryant, 1990; Cahan, Linchevski, Ygra, & Danziger, 1996; Cahan & Davis, 1987; Cappelleri & Trochim, 1994; Carter, Winkler, & Biddle, 1987; Cullen, et al., 1999; Deluse, 1999; DiRaddo, 1996; Finkelstein et al., 1996b; Havassey, 1988; Klein, 1992; Lipsey, Cordray, & Berger, 1981; Mark & Mellor, 1991; Rauma & Berk, 1987; Robinson, Bradley, & Stanley, 1990; Robinson & Stanley, 1989; A. Ross & Lacey, 1983; Seaver & Quarton, 1976; Stadthaus, 1972; G. Thomas, 1997; Visser & deLeeuw, 1984。這些研究中，有些很明顯並沒有完全達到這種設計的要求，有些則在執行的過程中有很嚴重的問題。但我們還是將它們放在這裡，有興趣的讀者可以再更仔細檢視這些研究。

209

> 表 7.1　迴歸不連續設計重點

---

1. **基本設計**：依據研究對象在分派變項的得分是落在選取標準之上或之下，將他們分派到實驗對待組或控制組。

   - 分派變項可以是任何一個在實驗對待開始之前就已經測量完畢的變項，包括結果變項的前測亦可。
   - 分派變項不必一定要跟結果有相關。
   - 當選取標準是分派變項的平均值時，這項設計的檢力最高。
   - 可以使用不止一個分派變項。

2. **基本設計的變化**

   - 比較兩種實驗對待，而不只是將實驗對待與控制組比較。
   - 以分派變項的兩個選取標準點，比較三個組。
   - 利用兩個選取標準形成一個選取標準區間，將得分落在區間內的人分派到一組，其他人則分派到另一組。

3. **將迴歸不連續與隨機化結合**

   - 利用兩個選取標準，將得分落在兩點之間的研究對象隨機分派到各組，分數在區間之上（或之下）的，分派到實驗對待組，在區間之下（或之上）的，則分到控制組。
   - 利用一個選取標準，在選取點一邊的研究對象，將他們隨機分派到兩組，而將在選取點另一邊的研究對象都分派到另一組。
   - 利用多個選取區間，在其中一些區間使用隨機分派，另一些區間則使用迴歸不連續設計。
   - 利用多個選取區間，在每個區間逐漸增加被分派到實驗對待組的比例。

4. **結合迴歸不連續與類實驗設計的特色**

   - 利用一個選取區間，在區間之外使用迴歸不連續設計，而在區間之內由研究對象自由選擇進入某一組。
   - 使用基本的 RD 設計，但在研究的最後，對控制組也施予實驗對待。
   - 作兩個前測，以協助診斷沒有實驗對待的情況下，函數形式的正確性。
   - 加上一個世代控制組（cohort control），以模擬沒有接受實驗對待的世代的函數形式。

208　的，包括將它與隨機化實驗及類實驗相連結。我們先說明RD的基本架構。

基本的結構

RD設計需要實驗者能掌握組別的分派，將實驗對象分派到兩個或更多個實驗對待的組，再作一個後測。實驗者依據*某個變項的選取標準*（cutoff score），將各研究對象分派到不同的組，而不是像在隨機化實驗裡靠丟銅板或抽籤決定。所依據的變項就稱為「**分派變項**」（assignment variable）。分派變項可以是任何在實驗對待開始之前所作的測量，而研究對象的得分比選取標準高的，就被分派到某個組，比選取標準低的則被分派到另一個組。基本的架構圖示如下：

$$O_A \qquad C \qquad X \qquad O_2$$
$$O_A \qquad C \qquad \qquad O_2$$

209

其中，O_A是分派前的分派變項測量結果，C表示是根據選取標準將研究對象分派到各組。也就是說，如果 j 是 O_A 的選取標準，那麼任何人只要他在 O_A 的分數大於或等於 j，就同屬於一個組，分數低於 j 的人都屬於另一個組。分派變項至少是序列變項，也就是必須單一上升（monotonically increasing）；列名變項（nominal variable），像是種族的變項，必須排除。

圖 7.1 和圖 7.2 是一個假想的RD設計研究。分派變項可能是某個假設的結果變項的前測，像是學生的成就測驗或疾病的嚴重程度。得分高於選取標準（這裡設成 50）[3] 的人，被分派到實驗對待組，其餘則分派到控制組。兩個圖都是分派變項的得分與後測得分的散布圖。選取標準上的一條直線區隔了實驗對待組與控制組。除此之外，兩個圖的其他方面都像是一般的散布圖，而這裡的兩個變項之間有線性正向的關係。圖 7.1 顯現的是，如果實驗對待沒有效果時，我們預期會看到的結果；而圖 7.2 顯示的是，如果實驗對待有效果，散布圖會有的改變。我們所畫的實驗對待效量大約是五個單位值，也就是我們把實驗對待組每個人的後測值都加了五分。圖 7.2 的迴歸線也反映了這件事：選取標準之處的點向上位移了（或不連續

212

---

3 選取標準的選擇，視分派變項的量尺情形而定。在這些假設的例子裡，我們把選取標準設定為 50，則是反映了我們在這些例子裡假設的量尺。

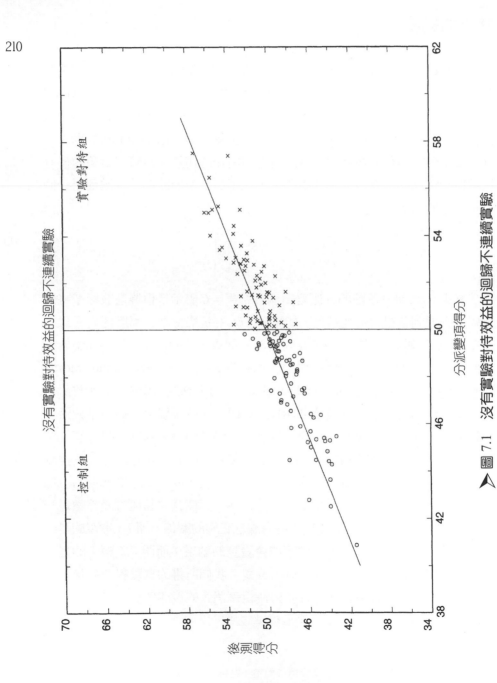

▶圖 7.1　沒有實驗對待效益的迴歸不連續實驗

211

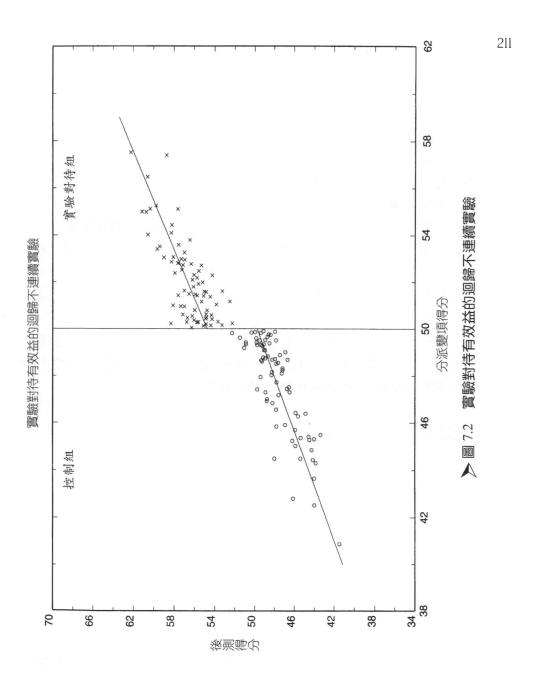

▶ 圖 7.2　實驗對待有效益的迴歸不連續實驗

212 〔displacement（或 discontinuity）〕五個單位值。

在實際的研究裡，分派變項評估的常是優點或需求。選取標準，指的不是表現好、有獲獎的人，就是有特殊需求應該獲得幫助或補償的人。因為如此，當專家認為隨機分派使得一些該鼓勵的人沒有得到獎勵，或者讓比較不幸的人無法得到所需要的幫助，而無法使用隨機分派時，RD 設計就可派上用場（Beecher, 1966; Marquis, 1983; Miké, 1989, 1990; Schaffner, 1986; Veatch & Sollitto, 1973），但所付出的代價則是，RD設計需要更多的研究對象，檢力才能跟隨機化實驗一樣大。以能力來判斷是否有資格獲得實驗對待的例子是，要能夠參加特別為資優少年所辦的活動，成就測驗成績必須是第 98 個百分位數。而以需求作為參與資格的標準的例子則是，學期初閱讀得分在第 25 個百分位數以下者，可獲得一對一的特別輔導。在這兩種情況下，實驗對待的效益會使得連結分派變項和結果變項的迴歸線向上或向下位移——可能是在選取標準某一邊的數值平均增加了一些，或者選取標準兩邊的斜率不一樣，一邊的迴歸線比另一邊陡。這種平均值或斜率的位移發生之處，應該就在分派變項的選取標準那一點，因為選取標準那一點將研究對象分成有接受實驗對待及沒有接受實驗對待。就是這種在迴歸線上的某一特定點發生的位移（或不連續）的情形，使得這種設計被稱為**迴歸不連續**（regression discontinuity）。

迴歸不連續設計的例子

我們舉幾個利用這種設計的實例。在補償教育中，一群特定的兒童通常會接受一個前測，譬如閱讀前測。得分低於選取標準的人就去上閱讀課，而得分高於選取標準的兒童則不必。之後，所有兒童都接受一項閱讀測驗（不一定要跟前測相同），分析時則會檢定是否有迴歸不連續的情形。儲沁（Trochim, 1984）大規模分析這種分派變項是閱讀測驗前測的補償教育213 資料。例如，他分析羅德島一份二年級閱讀補償教學計畫的資料，認為該項計畫顯著改善了學童的閱讀能力。這項分析主要的別種解釋威脅是機會；儲沁指出，他所檢定的許多其他補償課程都發現沒有效益或效益為負。

馬克與瑁絡（Mark & Mellor, 1991）檢定的是，跟個人密切有關的事件是否增加或減少「後見之明」的偏誤（也就是傾向於在事後才說某項結果

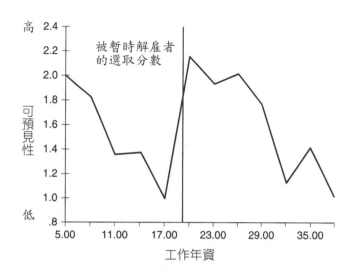

資料來源：M. M. Mark and S. Mellor, 1991. "Effect of self-relevance of an event on hindsight bias: The foreseeability of a layoff." *Journal of Applied Psychology*, 76, pp. 569-577. American Psychological Association 1991 年版權所有。

> ▶ 圖 7.3　被暫時解雇對於後見之明的偏誤的影響

是可預見的——「我當時就知道了」）。他們使用 RD 設計，因為在那些大工廠工作的工會員工之中，有二十年年資的沒有被暫時解雇，但年資較淺的則被暫時解雇了。RD 研究的自變項是失業，而分派變項是年資，選取標準是二十年，而結果變項則是可預見能力的評分。結果（圖 7.3）顯示，那些被暫時解雇的認為自己被暫時解雇是比較不能預見的（「我沒想到自己會被暫時解雇」）。注意到，圖 7.3 所畫的是同年資範圍內的人可預見能力的平均值。馬克與珥絡這麼做的主要原因是，他們的結果變項是一個三點量表，如果沒有畫成平均值，就無法清楚顯示出不連續的部分；但他們的資料是在個人層級作分析。

　　另一個例子是研究一項醫藥救助計畫（Medicaid）在 1964 年開始實施時，如何影響看醫師的次數（圖 7.4；Lohr, 1972; Wilder, 1972）。分派變項是家戶收入，可領取這項救助的法定資格，是我們的選取標準，而每年看醫生的次數則是依變項。像上一個例子一樣，這裡的每一個點也是團體的平均值，而非個人的值。連結收入和看醫生之間的迴歸線顯示，兩者整體

214

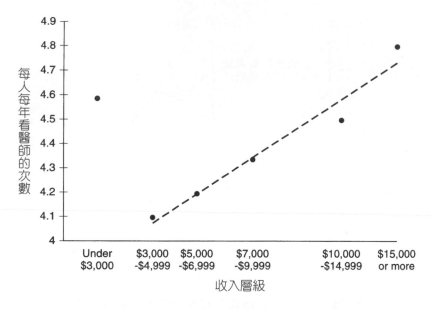

> 圖 7.4　多個控制組只有後測的量化分析：Medicaid 的效應（利用 Lohr, 1972; Wilder, 1972 的數據）

有正相關，也許是因為收入較高的人付得起比較多的醫藥費用，或因為這些人比較老所以健康比較差。就目前的討論而言，重要的結果是，看醫生的次數在選取標準那一點（三千元以下）明顯上升。有資格獲得 Medicaid 醫藥救助的效應，跟辛辛那提掛號收費的時間序列（見圖 6.1）例子一樣明顯而戲劇化。雖然使用的樣本很小，而且實驗對待組只有一個觀察值，所以令人有點擔心，但任何合理的其他解釋原因都必須*跟 Medicaid 的因素無關，卻又恰好使得三千元以下的收入（Medicaid 的選取標準）那一點，看醫師的次數提高了*。這在美國是可能的，因為許多可能影響看醫生次數的社會計畫，獲得補助的資格也跟收入有關，而且跟 Medicaid 的選取標準相近。羅爾（Lohr, 1972）為了要探討這種解釋說法的真實性，觀察了 Medicaid 實施前一年的資料，發現那一年在選取點沒有不連續的情況發生。因此，除非有任何一個其他的社會計畫選取標準跟 Medicaid 一樣，*而且跟* Medicaid 在同一年開始實施（可以檢查這兩項的可能性），否則沒有其他的計畫會增加看醫師的次數。

　　最後一個例子是薄爾克與迪琉（Berk & DeLeeuw, 1999）評估加州的囚

犯分級系統（圖 7.5）。囚犯根據級分（分派變項）被送到監管嚴密的牢房
或監管寬鬆的牢房（實驗對待），而級分則是綜合了該犯人被判處監禁幾
年、年紀，及先前的監禁經驗等資料所得到的分數；二分的結果變項則是
囚犯在接下來的一年半內是否有不良行為。統計結果顯示，監管嚴密的牢
房裡，囚犯的不良行為發生率減半。圖 7.5 跟先前的圖有四個不同點：(1)
結果是二分的變項，所以資料點分成圖的頂端及底部兩組，頂端的是有不

215

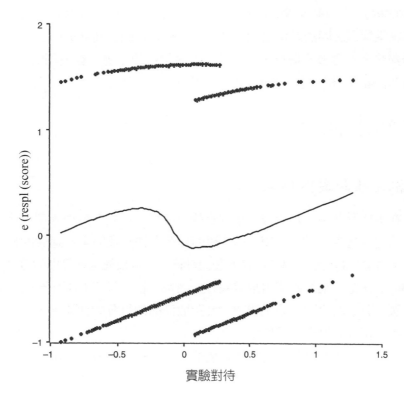

➤ 圖 7.5　監禁在高或低警戒的牢房對於囚犯鬧事的效應，加上了變項
　　　　　的圖：橫軸是「分派變項得分已知的條件下，接受實驗對待
　　　　　的期望值」；縱軸是「分派變項的得分已知的條件下，結果
　　　　　的期望值」。

此圖是由 Richard A. Berk 為本書準備。資料係根據 R. A. Berk and J. DeLeeuw, 1999. "An
evaluation of California's inmate classification system using a generalized regression disconti-
nuity design." *Journal of the American Statistical Association, 94*, pp. 1045-1052. American
Statistical Association 1999 年版權所有。

良行為，底部的則沒有不良行為；(2)圖 7.5 並非原始資料，而是「加上了變項的圖」（added-variables plot，這種圖顯示的是：在已經控制了所有其他變項的情況下，依變項和一個自變項間的關係）（Cook & Weisberg, 1994），其中結果變項與實驗對待的指標都已經去除了分派變項跟它們之間的共變（residualized for the assignment variable）；(3)圖的橫軸所畫的不是分派變項，而是實驗對待變項；(4)圖中有一個**局部線性迴歸法**（lowess smoother）（Cook & Weisberg, 1994），也就是中間的那條線，使實驗對待和結果變項之間的關係更加清楚。在實驗對待數值為零的附近，局部線性迴歸法有不連續的情形，這顯示了實驗對待的效應。很明顯的，圖 7.3 到圖 7.5 顯示，RD 設計的圖不必都一樣。

216

設計的結構要求

分派變項和選取標準

在 RD 設計中，是否被分派到實驗對待組，一定*只能*根據選取標準的得分而定。在這一點上，RD 設計裡的分派之嚴格及完全不通融的程度，就像是隨機化的實驗一樣；在這兩種設計裡，一旦根據選取標準的得分（或丟銅板）決定了某位研究對象該被分派到哪一組，就不能再作更改。既然用以決定分派的變項（分派變項）及選取標準的得分如此關鍵，我們該怎樣選擇這個分派變項或選取標準？

分派變項不能是實驗對待所造成的。因此，如果分派變項是實驗對待開始之前就已經測量完畢，或者分派變項是某個永遠不會改變的變項（像是個人的出生年）（Judd & Kenny, 1981a），那麼分派變項就有達到這項要求。分派變項可以是依變項的前測，例如在補償教育的例子裡，前後測都是閱讀測驗。然而，分派變項也不必一定是前測。例如，在犯罪─控制的研究裡，結果變項是「是否再犯罪」，而分派變項則是在監獄工作的時數。分派變項甚至可以跟結果完全無關，也可以沒有任何實質的意義。例如，肯（Cain, 1975）建議以申請的次序作為分派的基礎，像是以前二十名申請者接受實驗對待，其餘的申請者則作為控制組；狄琉斯（Deluse, 1999）就是這樣做：他依據離婚者的申請日期，將他們分派到法院規定的離婚教

育課程 [4]。在後面這項例子裡，RD 的功用像是隨機化實驗，分派的過程（丟銅板）跟結果無關。然而，不論分派變項是否跟結果有關，RD 都會是好的設計。

217

　　最好的分派變項是一個連續變項，像是醫學研究裡的血壓、職業訓練研究裡的年收入，或者教育研究裡的成就測驗得分。這類的變項讓研究者最有可能為每一組作出正確的迴歸線，因為這事關 RD 的成功與否。相反的，如果是二分的分派變項，像是性別或者抽菸／不抽菸的狀態，則無法用以作為分派變項；因為如果分派變項二分法的，在選取標準之下的數值只有一種（沒抽菸），選取標準之上的數值也只有一種（抽菸），因此兩組都不能估出迴歸線；而分派變項和實驗對待虛擬變項之間的高相關，則會使得預測變項之間有線性相依（linear dependency）的情形。

選取標準點的抉擇

　　要找出一個選取標準點，必須考量許多因素。選取標準可能是專業判斷，例如，醫藥專業人員判斷哪些人需要醫學治療，或教師判斷哪些兒童需要接受補償教育。如果選取標準點是分派變項得分分布的平均值，將有助於統計檢力與交互作用的估計。然而，如果研究計畫在很長的一段時間內都可容許新的研究對象進入，就無法等所有的研究對象都進入計畫之後再計算分布的平均值；或者如果實驗對待的花費、性質或需求，使得實驗對待只能提供給那些在分派變項上得分特別高或特別低的人時，就都不能

4　這項研究跟使用進入研究的日期作為分派變項的方法，很像打斷的時間序列設計（interrupted time-series design, ITS），因為後者的介入措施是在某個時間點實施。然而，這兩種設計通常（但並不一定都是）不相同。通常 RD 的研究對象都是彼此獨立，而 ITS 則是持續觀察同樣的研究對象（或至少持續觀察一部分），因此連續的時間點之間有自動相關（autocorrelated），但 RD 則無。但 ITS 的研究對象原則上也可能彼此完全獨立，就像 RD 的研究對象一樣。同樣的，在 ITS 設計蒐集的資料所繪成的圖（例如圖 6.1）裡，在介入措施之前的資料點常是前測，也就是這些資料點是在實驗對待開始之前發生。在迴歸不連續的設計裡，如果以進入研究的時間點作為分派變項，選擇標準之前的資料點（如圖 7.2），是在實驗對待開始實施之後發生的，用來當作後測。然而，也不難想像有一個 RD 設計裡，前述的這項差異不具重要性；例如，實驗對待（控制組）的時間很短，分派結束之後很快就作後測，所以，所有控制組的後測是在還沒作任何介入措施之前發生的。如果是這樣，能符合所有這些條件而且有完全互相獨立的資料點的設計，既可視為 RD 設計，也可以看作是 ITS 設計。

將平均值作為選取標準點。如果選取標準點是極端高或特別低的分數，即使分派變項是個連續變項，還是對迴歸線模型的建立會有傷害。如果某項獎學金只提供給那些在一項測驗的得分是第 99.9 個百分位數的人，超過選取標準點的人數就會太少，嚴重降低統計檢力。當分派變項是個像李克特氏七點量表的多分變項〔polychotomy，相對於二分變項（dichotomy）〕，如何分派變得是很關鍵的。如果選取標準的一邊只有兩個點（例如，6 和 7），會使這一邊的迴歸線估計產生困難。最極端的例子是圖 7.4，實驗對待組只有一個觀察點，因此選取標準左方無法畫出迴歸線[5]。

　　也可以不使用單一個分派變項，而同時使用多個分派變項。例如，如果使用的是李克特氏的七點量表，但選取標準的分數太低，可以將該變項的重複測量數值加以平均，得到一個細密的量尺。例如，可以把四位醫生在李克特氏七點量表的回答加以平均，評估病人的開刀需求，所得到的分派變項就有許多的值，而不只七個數值。或者，如果幾個分派變項的量尺不一樣，可以先將它們都標準化，或許還根據狀況加權，之後再相加（Judd & Kenny, 1981a; Trochim, 1984, 1990），再依據這個總和的選取標準作分派。如果分派變項數值的分布特性不佳，而可能導致無法作出正確的迴歸模型時，就可以利用這種平均數或總和的方法補救。利用這種複雜的分派方法可以增加設計的檢力，因為這種方法降低了分派變項與獲得實驗對待兩者之間的相關（Cappelleri & Trochim, 1995; Judd & Kenny, 1981a）。或者，如果不把不同的指標合併起來，也可以為每一個指標設定一個選取標準，並只對那些至少達到幾項選取標準的研究對象施予實驗對待，像是在十二項指標中至少有六項達到選取標準，或在所有的指標都必須達到選取標準。若使用這些複雜的方法，就必須遵守一些特殊的分析規則（見 Judd & Kenny, 1981a; Trochim, 1984, 1990）。

　　分派到實驗對待的工作必須*加以控制*，因此幾乎無法以事後回顧的方式來使用 RD 設計。想以事後回顧式的方法執行 RD 設計的例子也許是：實驗一開始，是沒有任何控制的「非同等比較組類實驗設計」，研究者在

218

---

[5] 如果能正確地模擬比較組的迴歸線，就能檢視實驗對待組的*平均值*，與所投射的對照組迴歸線之間的距離是否顯著（以後者減去實驗對待組的平均值，而非減去前測的選擇標準分數的值）。

實驗結束之後，從實驗對待組資料中，排除掉所有在某個變項的選取標準上是屬於控制組的人，並從控制組的資料中，排除掉在該變項的選取標準上是屬於實驗對照組的人（Judd & Kenny, 1981a）。在這種情況下，研究者甚至不知道開始時的分派機制究竟如何，更不用說要控制機制，因此造成了 RD 無法彌補的選擇偏誤。這種事後才把分派錯誤的資料刪除的方式，也可能使真正的迴歸函數產生曲線性（curvilinearity），而這種曲線性有時會讓研究者以為是實驗對待產生的效果（Goldberger, 1972a）。

外加的要求

　　能知道分派變項及結果變項之間的函數形式（例如，是否為線性、曲線性，或週期性等），是很重要的。多項式（polynomial）模型適於描述這種形式[6]（Trochim, 1984），或者其他的轉換方法也可用於分派變項或後測變項〔例如，自然對數的轉換（log transformation）〕。但如果分析時函數的形式有錯誤，實驗對待的效果估計會有偏誤。

　　在被分派之前，所有的研究對象都必須同屬於一個母群，但 RD 的文獻對於如何定義一個母群不是很清楚。像是魯賓隨機化實驗的因果模型（Holland, 1986; Rubin, 1974, 1977, 1978, 1986）裡使用的定義，也可以使用在 RD 設計裡。魯賓的模型是說：在隨機分派之前，實驗裡所有的單位都必須有可能接受實驗對待。因此，在 RD 設計裡，如果選取標準設得不一樣，研究中的所有單位都必須有可能接受實驗對待。例如，假設實驗對待是對甲校通過選取標準的學生施行，而乙校沒有通過選取標準的學生則作為控制組。由於實驗對待不是在乙校施行，乙校的學生即使得分通過選取標準也無法獲得實驗對待。再者，進入甲校或乙校，是由選取標準以外的其他變項所決定，研究者無從得知這些變項是什麼；這產生了 RD 設計無法控制的選擇偏誤。

219

　　理想上，就像在隨機化實驗一樣，所有屬於實驗對待組的研究對象都必須接受等量的實驗對待，而所有屬於控制組的研究對象則都沒有受到任何實驗對待。然而，有些實驗對待組的研究對象所接受到的實驗對待可能比其他人少，或者實驗對待的散布會讓一些控制組的人跟實驗對待組的人

6　例如，包括有 X、X^2、X^3、……、X^n 的方程式。

相近。將這些受到實驗對待組待遇的控制組成員從資料中剔除，又會傷害到分派的完整性，因此，在 RD 與隨機化實驗裡，常是將所有的研究對象留在他們被分派的組裡（Lavori, 1992; Pocock, 1983）[7]。跟這種情形類似的狀況是，假定實驗對待的執行程度與分派變項的得分有共變性，使得在分派變項上得分愈低的人，接受到的實驗對待愈少。某個實驗對待，如果對所有的研究對象其實都一樣有效，那麼這種分派變項得分愈低，所接受到的實驗對待愈少的情況，會使該實驗對待對前測得分較低的人看似效果較小，因而產生假的交互作用的效果。

在基本設計上的一些變化

說明清楚了 RD 設計的一些基本原則，就很容易將這些觀念延伸成比較複雜的變化。以下是一些例子：

● 可以比較兩種實驗對待，而不必一定將實驗對待與控制組相比，且分析與設計方法都跟以前相同。

● 可以比較三種情形，像是將一個目前的標準作法，與一項創新的方法及一個控制組相比較，而研究對象則依據多種選取標準來分派到不同的情境（三種情境用兩個選取標準，四個情境用三個選取標準，以此類推）。

● 可以對不同的組施予不同劑量的實驗對待，需求愈高的，劑量愈高[8]。

● 即使只有兩組，分派變項還是可以有兩個選取標準，將研究對象分成三組：中間的一組接受某種情境，例如實驗對待；而另外最低與最高兩組則接受另一種情境。如果實驗對待有效果，而控制組沒有效果，則分派變項及標示實驗對待組的二分變項之間就會有曲線相關。這增加了設計的檢力，因為它減低了線性模型中這兩個預測變項（分派變項與二分變項）之間的共線性。

220

---

[7] 最近發展來解決隨機化實驗裡的這種問題的分析方法（Angrist, Imbens, & Rubin, 1996a; Rubin, 1992a）也適用於 RD 設計。

[8] 我們之後會說明的基本設計所使用的標準分析方法裡，必須要在第二種和第三種變化上多加一些虛擬變項——Z，來代表每個不同的實驗對待；當然，虛擬變項的創造方法跟一般創造虛擬變項的原則一樣。然而，在模型裡，分派變項只能減去一個選取標準的值（Trochim, 1984, pp. 134-135）。

　　關於 RD 基本設計的變化、其施行及資料分析，幾位作者提供了詳細的建議（例如，Judd & Kenny, 1981a; Trochim, 1984）。

　　仔細想一想以選取標準作為分派的方法，就會想到許多可能的應用（Atwood & Taylor, 1991）。下面有四個例子。第一個，魯賓（Rubin, 1977）建議，在隨機化實驗的最後，可以給那些在結果變項沒有達到某個標準的人一些「加強課程」，或特別注意那些對實驗對待的要求服從程度沒有達到某個標準的人。第二個例子是美國國會在 1988 年通過的「臨床實驗室改善修正案」（Clinical Laboratory Improvement Amendments），規定實驗室必須接受檢查。檢查結果達不到某個量化後的評鑑分數的實驗室，必須接受疾病管制中心（Centers for Disease Control, CDC）的特別緊盯。要評鑑這項措施就可以使用 RD。第三個例子是在為一項研究作諮詢時發生，該項研究利用含有兩毫克尼古丁的口香糖來幫助戒菸的人避免再重新繼續抽菸。而藥品製造商生產了含四毫克尼古丁的口香糖，一般認為這樣的劑量對於大多數的抽菸者而言太重。一個解決方式是將含四毫克的口香糖給那些在菸癮測量（例如，Fagerstrom, 1978）上達到某個選取標準以上的人，而將含兩毫克尼古丁的口香糖給那些菸癮測量低於該選取標準的人。第四個是啟蒙計畫（Head Start），該計畫評比每一位兒童接受學前教育的需求，而這項評比的結果對於哪些兒童可以接受啟蒙計畫的學前教育，具有影響力。如果評比結果是唯一的選取標準，就能使用 RD 設計。

　　雖然過去不常使用 RD 設計，但其實它可能的應用之處還更多。隨機化實驗在 1920 年代就被發展引介，但直到 1950 年代才被社會科學及健康科學界的研究者廣為使用（Pocock, 1983）。也許 RD 的發明與廣泛使用之間，同樣也要相隔三十年，在未來的三十年將可以看到更多使用 RD 的研究設計。

迴歸不連續設計的理論

　　許多讀者不認為迴歸不連續設計（regression discontinuity design）會產

生有用的實驗對待效益估計值，更不必說是無偏估計值。在這一節，我們要說明為什麼這項設計是沒問題的。第一項解釋告訴我們，隨機化實驗也用迴歸不連續來估計效益；第二項解釋則將迴歸不連續與一些條件相連結，在這些條件下，任何類實驗的選擇偏誤都能被成功納入模型。

221

迴歸不連續作為隨機化實驗中的實驗對待效益

假定研究對象是像圖 7.1 或 7.2 所顯示的一樣，有經過前測，被隨機分派到實驗對待組或控制組，再接受後測。如果實驗對待沒有效果，隨機化實驗所產生的結果會像圖 7.6 的前測後測散布圖，其中的迴歸線像圖 7.1 和圖 7.2 的一樣，是正向的，但圖 7.6 與圖 7.1 有兩個不同之處。第一，圖 7.6 沒有選取標準線，因為分派是在前測的所有數值隨機而行，並不限於某個選取標準而已。第二，圖 7.1 中所有接受實驗對待的研究對象，都位於選取標準線的右邊；而所有控制組的研究對象則位於選取標準線的左邊。但圖 7.6 中實驗對待組與控制組的研究對象摻雜在一起，因為隨機分派使得研究對象所被分派到的組別與他們的前測得分之間，沒有任何關連。

圖 7.7 的散布圖顯示的是，如果隨機化實驗裡實驗對待的效益跟先前的 RD 設計一樣，都高出五分時，該隨機化實驗的結果所呈現的情形。現在可以畫兩條迴歸線，每一組一條。兩條線都顯示前測和後測之間有正的斜率，但現在實驗對待組的迴歸線比控制組的迴歸線高出五分。注意看，這個圖跟圖 7.2 的 RD 設計多類似。的確，如果我們在圖 7.7 前測值為 50 分之處畫一條垂直線，在 50 這一個選取點所產生的迴歸線的位移（displacement），就會是實驗對待效益的無偏估計[9]。而如果我們從圖 7.7 選取標準線左邊，刪除掉所有接受實驗對待的研究對象的資料，也從選取標準線右邊刪除掉所有控制組的研究對象，所得到的圖看起來會跟圖 7.2 完全相同。

像這樣的刪除法說明了隨機化實驗和 RD 設計之間，另一項重要的相異處。在圖 7.6 與圖 7.7 中，實驗對待組與控制組的前測平均幾乎完全相同，都大約是 50 分，因為隨機分派使兩組在機率上完全相同。相對的，以

---

[9] 事實上，將前測整個數值範圍內的不連續加權後的平均值，就是隨機化實驗中，實驗對待效益的傳統估計方法（Rubin, 1977）。

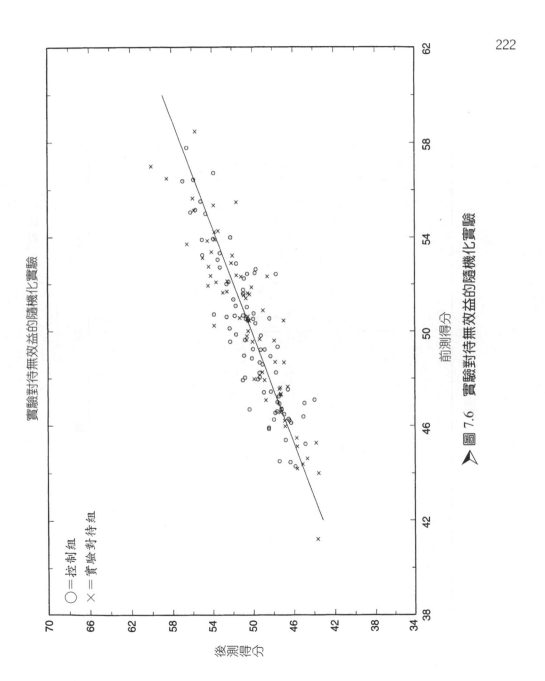

▶ 圖 7.6　實驗對待無效益的隨機化實驗

222

223

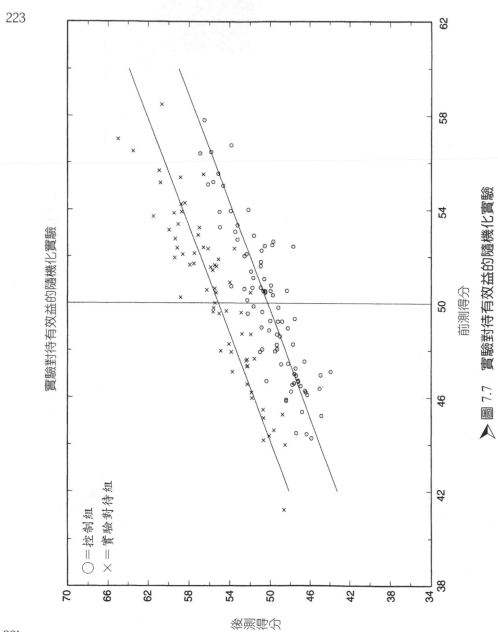

> 圖 7.7 實驗對待有效益的隨機化實驗

221

選取標準為根據的分派方式，使得組間在前測的差異最大，兩者的前測分 221
布完全沒有交集！如果各組間在一開始的前測差異就這麼大，RD 為什麼
還能得到實驗對待效益的無偏估計值？由於 RD 和隨機化實驗之間在前測
同等性（equivalence）上的差異如此大，我們必須解釋這項看起來很合理
的質疑為什麼是錯的，及為什麼這項設計比任何設計，除了隨機化實驗之
外，都更能作有力的因果推論。

　　在隨機化實驗裡，實驗對待效益的推論，是經由比較實驗對待組與控 224
制組兩者後測的平均值而來；在此，所需要的很強的假定是：相比照的兩
組在機率上是同等的；而隨機分派讓兩組的前測在機率上是同等的（但後
測不一定同等）。然而，在迴歸不連續中，所比較的並不是兩組的平均值，
而是兩組的迴歸線；也就是將實驗對待組的迴歸線跟控制組的迴歸線相對
照，而控制組的迴歸線是經由估計選取標準另一端的得分所得。如果實驗
對待沒有效益，我們假定選取標準線兩邊的函數形式是同等的——也就是
迴歸線的截距、斜率及其他特質都相同，而非假定兩組前測的平均值同等。

迴歸不連續作為選擇過程的完整模型

　　在大部分其他無法由研究者掌握分派過程的類實驗裡，有時完全無法
得知選擇的過程究竟是如何，通常則是知道一點，但幾乎沒有完全清楚瞭
解的。例如，研究者怎能知道研究對象的動機、能力、社經地位及其他變
項，對於決定哪些人會獲得實驗對待，究竟扮演了怎樣的角色？即使他們
知道一些選擇變項，也很少能完全正確無誤地測量這些變項。然而，如果
能完全瞭解且完美測量選擇過程，就可以依據篩選時的差異作調整，得到
一個無偏誤的實驗對待效益估計值。理論上，這些條件在 RD 及隨機化實
驗中都有達到，因此，這兩種設計都可被視為選擇偏誤模型（見附錄 5.1）
的特別（成功）案例。隨機化實驗完全掌握了分派的機制，而且這個機制
等同於丟銅板的機制。在 RD 裡，研究者也完全瞭解分派的機制，因為這
只決定於研究對象在分派變項的得分，究竟是在選取標準之上還是在選取
標準之下。在這兩種設計下，都不是由一個未知的變項來決定研究對象該
被分派到哪一組去。在這兩種設計下，分派機制可以完全無誤地測量且完
全無誤地執行；也就是說，研究者正確記錄銅板出現的是正面還是反面，

或記錄下某人的分數是在選取標準以下或以上。當然，記錄的錯誤也會發生，一些社會的過程也可能改變RD或隨機化實驗的分派結果（Conner, 1977; Dennis, 1988），但理論上，研究者完全瞭解這些過程，而且這些過程被完美測量。這是為什麼以簡單的統計方法，像是共變數分析（ANCOVA），來分析 RD，就能得到無偏估計值（Overall & Woodward, 1977）的最重要原因。在其他的類實驗裡，究竟如何被選入哪一組的過程，既非完全清楚，也非經過完美測量（Lord, 1967; Overall & Woodward, 1977），分派變項最多只是部分觀察到的變項（partially observed variable）（或一組變項），帶有測量誤差。

我們把這一點再想得更仔細一些。想像我們現在依據 IQ 測驗的得分（假定是 130 作為選取標準）來分派研究對象到不同的組。這個分數只是一個數字。人們常用這個分數來對一項建構作推論，而且每個人對於該分數能將這項建構測量得多精準，常有不同的意見。有些人認為IQ測量的是智力，但有些人認為它測量的是一個人獲得了多少接受教育的機會。對這些推論而言，IQ分數都會有誤差──你在任何一次測驗所得到的IQ 130 分本身，並不能完全無誤地反應你的智力或機會。但在 RD 設計裡，IQ 的分數並不是用來測量智力或機會，只是用來測量研究對象是如何被分派到不同的組，而當分派的動作完全決定於這些分數時，它們對於這項目的而言是沒有誤差的。

在所有其他類實驗中，以某一個建構概念作分派時，該項建構的測量一定有*誤差*。要說明這一點，圖 7.8 有三個散布圖，前測是在橫軸，同一變項的後測在縱軸，且前測的得分與後測得分有完美相關（這項論述也適用於非同一變項的前測或沒有完美相關的變項）。在每一個圖裡，右邊的資料點是實驗對待組（樣本數$N = 200$），左邊的資料點是控制組（樣本數$N = 200$）。所有三個圖裡，實驗對待都沒有效益，但我們讓各圖中的測量隨機誤差有不同的情形，藉以釐清我們的解釋。圖 7.8a 中前測及後測都沒有測量誤差，因此，每一位研究對象的前測後測交叉點都落在一條直的對角線上，因為完美測量的後測分數，跟前測分數完全相同。我們以這條線為基礎來推論測量誤差的影響。

圖 7.8b 的*前測*加上了隨機誤差，就像大部分的類實驗一樣，前測都有測量誤差。原本在圖 7.8a 的斜角線上的點，這時隨機向左或右移位，且圖

225

226

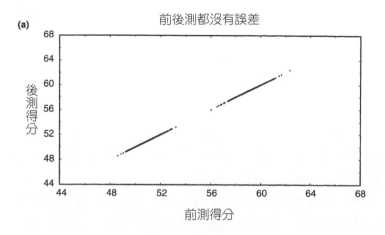

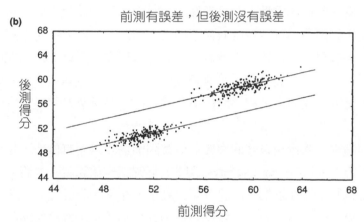

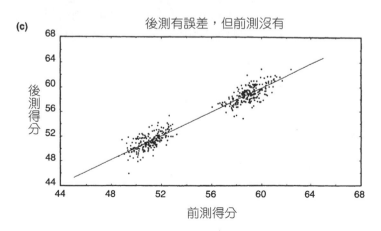

➤ 圖 7.8　前測或後測有誤差時所產生的影響

225　7.8b 中的斜率都沒有圖 7.8a 的斜率那樣陡，因為測量誤差會造成「向平均值迴歸」的情形。例如，實驗對待組前測 63 分的，後測時向下迴歸到 60.99 分，而前測 57 分的，在後測時向上迴歸到 58.09 分。換另一種方式說，即使真正的分數的迴歸線在前後測維持不變（圖 7.8a），前測的測量誤差還是使觀察值的迴歸線改變斜率。這時，如果我們分別為兩組找出迴歸線，就像圖 7.8b，即使明知沒有實驗對待效益，還是會觀察到假的效益，也就是兩條迴歸線之間有距離。當我們對分派的測量含有隨機誤差時，非同等的比較組設計就會發生這種假的效益。

　　如果在*後測*加上隨機誤差（圖 7.8c），就沒有這種偏誤存在。圖 7.8a 中原本在對角線上的點，現在隨機向上或向下移位。如果分別為兩組畫迴歸線，兩組的線會重疊，而且就像圖 7.8a 一樣，兩條線之間沒有不連續，因此能正確顯現出實驗對待效益不存在的情形[10]。圖 7.8c 正是迴歸不連續設計結果發現沒有實驗對待效益的情形（是否注意到圖 7.8c 和圖 7.1 之間的相似）。在 RD 設計中，後測毫無疑問一定有測量誤差，但當前測（在

227　這裡，是分派變項）是*用來當作選擇機制的一種測量時*，是沒有測量誤差的。

　　迴歸線不受後測誤差的影響，但會因前測誤差而有偏誤，是因為一般最小平方（ordinary least squares, OLS）迴歸在作估算時，是將被預測的變項（傳統將它放在縱軸）之誤差減到最小。在 RD 設計裡，後測變項（也就是結果）是被預測的，因此 OLS 迴歸在作估算時，會將*後測*的觀察值與預測值之間的差異之平方降到最小。以圖來看，OLS 將縱軸方向的誤差減到最小，因此，圖 7.8c 的迴歸線會跟圖 7.8a 真實的迴歸線落在完全相同之處。但前測的誤差卻不是如此，因為前測的誤差是橫向加上的（也就是加在前測），但迴歸還是將縱向的誤差平方減到最小。單以眼睛觀察圖 7.8b 顯示，所得到的迴歸線所指的方向移動，使得結果出現了有偏誤的實驗對待效益估計值。

---

[10] 後測的隨機測量誤差，在任何研究都可能造成隨機的迴歸不連續，但是不連續的*期望值*（*expectation*）是零，因此仍被認為是無偏估計值。

遵守選取標準

執行迴歸不連續設計時，實際而關鍵的問題是，將研究對象分派到各組時，是否緊緊遵守選取標準。沒有固守的問題來自許多因素。

不顧選取標準

在 RD 設計裡，實驗對待的分派必須遵守選取標準，但這常不符合執行實驗對待的專業者之期望，因為他們認為應由自己的專業判斷來決定誰該接受實驗對待。如果這種判斷沒有加以量化成為分派變項的一部分，則這種判斷方法違反了 RD 的假定。例如，羅彬森、布雷德理及史坦利（Robinson, Bradley, & Stanley, 1990）分派研究對象的依據，不只是一個選取標準，還加上委員會以文字敘述的判斷。同樣的，學校的學區主管常想任意改變實驗對待的分派（Trochim, 1984），偏袒某些人，或當專業判斷和測驗分數對於誰需要接受實驗對待的意見相左時，他們就想直接作決定。當專業判斷認為有需要但測驗分數認為不需要時，很不容易讓學區主管只依據測驗分數作決定。如果讓某些人接受實驗對待而不論這些人是否都達到選取標準，很可能會產生偏誤。如果可行，最好在分派之前就將這些人找出來，排除於研究樣本之外，最好也不要知道他們是否符合選取標準，也不必知道他們實際應該被分派到哪一組。

如果不能預先排除這些人，也可以將這些人保留在分析樣本裡，但依據他們的測驗分數來分類，而不是依據他們是否真的接受了實驗對待。這會產生無偏估計，但這是分派到實驗對待的效益估計，而非實驗對待本身的效益估計。另一方面，也可以先把這些人保留在分析樣本裡，作完一次分析之後，再將這些人排除於分析樣本之外，再作一次分析，觀察估計值的變化。儲沁（Trochim, 1984）發現，將這類樣本排除之後，得到的估計值還算正確，但分派錯誤的嚴重程度會導致不同的結果。然而，如果分派

228

錯誤是特意不顧分派變項的得分所致，在分析方法上也沒有挽救的辦法，只能大略估計偏誤的方向。

如果研究對象進入研究的速度太過緩慢或太快，都會使以選取標準作為分派標準的分派方法不易實行，因為這會使得研究者必須調整選取標準，才能有足夠的研究對象（Havassey, 1988）。如果樣本數夠大，可以偶爾調整選取標準，但是分析的樣本必須是以相同的選取標準所選取，並將這些分析結果都看作是個別的 RD 設計。另一方面，如果有太多符合條件的研究對象，但實驗對待組可接受的人數有限，這時可將這些過多的研究對象隨機分派到沒有接受實驗對待的一組，也就是在基本的迴歸不連續設計裡增添一個隨機化設計。

如果選取標準是公開的，就可能會有研究對象刻意操弄自己的分數，以達到進入實驗對待的目的。薄爾克與羅馬（Berk & Rauma, 1983）的 RD 設計是觀察失業給付對於出獄者再犯的影響，那些知道自己的勞動時數接近選取標準的囚犯，會想要再更努力以求進入實驗對待組；但如果知道自己的勞動時數已經達到選取標準，或知道自己不太可能達到選取標準的囚犯，就不會想再努力。這會影響到囚犯在分派變項上的分布，最糟的情況是會使得恰在選取標準以下的分數特別少，而成為有雙峰現象的資料。另一個例子是愛爾蘭畢業考試（Irish School Leavers Examination），改考卷的老師們很明顯不願給一個剛好是在及格標準以下的分數（Madaus & Greaney, 1985）。像這種非常態分布的資料，可能造成非線性的迴歸表面（nonlinear regression surfaces），增加分析的複雜度。

跨越與流失

所謂「實驗對待的跨越」（treatment crossovers），是指分派到實驗對待組的人沒有接受實驗對待，或者分派到控制組的人最後卻接受了實驗對待。例如，羅彬森與史坦利（Robinson & Stanley, 1989）將被分派到實驗對待組卻沒有接受的人納入控制組。本書稍後會大略說明，在隨機化實驗裡，如何將這些跨越的情形稍微納入分析的考量；其中有些原則也適用於 RD 設計。

一個相關的問題是：分派作完了以後卻有樣本流失（attrition）。西佛

與夸頓（Seaver & Quarton, 1976）研究「前一學期的學期平均在 3.5 以上，就登上教務長的榮譽榜」這項方法的效益。但他們將「連續秋季、冬季及春季三個學期都沒有註冊的學生、轉學生或任何學期修課不滿九學分的學生」排除（p. 460）。如果他們將研究母群的定義作得很簡單（九學分的要求），這種排除方法是對的，而且大部分的田野研究都免不了樣本的流失。但如果是依據某些測量結果來排除研究對象，而這些測量結果又可能是分派到實驗對待組所造成的，就會產生問題。例如，如果登上教務長的榮譽榜，會讓學生上比較好的大學，而這正是學生轉學的原因，這時樣本流失就可能跟實驗對待有相關，因此會產生有偏差的估計。本書稍後會介紹隨機化實驗碰到這個問題時的解決方法，這個方法也適用於 RD 設計。

229

模糊的迴歸不連續

儲沁（Trochim, 1984）將那些沒有完全遵守選取標準作分派動作的 RD 研究稱為模糊的迴歸不連續設計（fuzzy regression discontinuity design）。嚴格而言，選取標準模糊的 RD 設計根本不是 RD 設計。但是，就像一個不是很好的隨機化實驗，所得到的實驗對待效益估計值可能比許多類實驗研究的更好（Shadish & Ragsdale, 1996）一樣，如果模糊程度不是太嚴重，選取標準模糊的 RD 設計得到的估計值也可能比許多其他類實驗設計的估計值更好。

如果分派錯誤的範圍是限定於選取標準附近的小範圍內，例如，是圖 7.2 選取變項分數的 49.5 與 50.5 的範圍內，則可從分析樣本刪除這個範圍內的研究對象，保留其他的研究對象，使整個研究還是一個標準嚴格的 RD 設計（Mohr, 1988, 1995）。只有當要刪除的範圍很窄時，這個解決方法才能行得通，否則就很難模擬選取標準附近的迴歸線。如果分派錯誤的研究對象不超過總樣本的 5%，將分派錯誤的研究對象排除，也許還是可以獲得合理的實驗對待效益估計值（Judd & Kenny 1981a; Trochim, 1984）。如果分派錯誤的比例較高，或者頗為廣泛地分布在分派變項的各範圍時，薄爾克與迪琉（Berk & deLeeuw, 1999）提供的敏感度分析，可以探索違反分派過程對結果的影響。最後，或許也可以使用第 5 章所討論的選擇偏誤模型或傾向分數分析，來改善這些情況下的估算值，但我們沒有看過這種可能

性的研究。

對效度的威脅

RD 在統計上的合理性,使得它在所有探討因果關係但又不能作隨機分派的研究中,獲得較廣的重視。但如果我們將它與另一項在概念上最相似的類實驗設計,也就是打斷的時間序列(ITS)相比較,它的優點又變得更明顯。

迴歸不連續及打斷的時間序列

在 ITS 與 RD 中,我們都預測,在某個連續狀態的某一點會發生某種效益。在 ITS,這個連續狀態是時間;而在 RD,這個連續狀態是分派變項。在 ITS 中,介入措施是在某個已知的時間點發生;而在 RD,介入措施發生於某個已知的選取標準。如果 ITS 中的實驗對待具有效益,就會改變實驗對待發生的那一點的時間序列之平均值或斜率;而如果 RD 的實驗對待具有效益,就會改變選取標準那一點的迴歸線的斜率或截距。甚至兩者的圖也很像!

因此,如所意料地,對 RD 效度的威脅也跟對 ITS 的效度威脅相差不大。簡單的打斷的時間序列裡,最重要的威脅都是發生在一個特定的時間點,也就是跟介入措施同時發生。單純的成熟或選擇很少成為威脅;但歷史(跟介入措施同時發生的外在事件)及測量工具在介入措施發生時的變化有時卻是合理的威脅。我們會發現 RD 也是一樣。同樣的,分析 ITS 的資料,我們必須精確地模擬自動相關、趨勢、週期及漂流;也就是說,我們必須清楚時間序列自然發生時的形狀,才能知道該形狀是否產生變化。RD 的統計分析也一樣複雜。

統計結論效度與錯誤的函數形式

　　當 ITS 的實驗對待效益很大，並且與實驗對待發生的時間重疊時，即使不必統計分析，也能讓人相信實驗對待發生了效益。RD 也有類似的情形；當選取標準那一點的不連續很大時，就像圖 7.4 醫療救助計畫（Medic-aid）的例子一樣，幾乎不需要作什麼統計分析。然而，這麼大的效益不論在 RD 或在 ITS 都很少見，因此必須正確地模擬（modeling）迴歸的形狀，才能找出 RD 設計裡的實驗對待效益。最單純的情況下，也就是迴歸線是線性的時候，可以利用共變數分析（ANCOVA）來進行分析，模型如下：

$$Y_i = \hat{\beta}_0 + \hat{\beta}_1 Z_i + \hat{\beta}_2 (X_i - X_c) + e_i \qquad （7.1）$$

　　其中 Y 是結果[11]；$\hat{\beta}_0$ 是截距；Z 是二分（0,1）變項，表示研究對象是屬於哪一組（0 ＝控制組，1 ＝實驗對待組）；X 是分派變項；以分派變項預測結果的迴歸係數是 $\hat{\beta}_2$；實驗對待的效益則由迴歸係數 $\hat{\beta}_1$ 來測量；而 e 則是隨機誤差項。下標字 i 表示研究裡的 N 個單位，從 $i = 1$ 到 N。將個人的分派變項得分減去選取標準〔$(X_i - X_c)$，如果選取標準是平均數，這就像是將選取變項調整為以平均值為中心（centering）〕，使得整個等式在估算選取標準那一點的實驗對待效果，選取標準也是兩個組最相似的那一點。當然，我們可以估計分派變項任何一點的實驗對待效益（只要減去那一點的值即可），或者如果減去的值是零，則是估算截距點的效益。

　　這項簡單的分析會得到實驗對待效益的無偏估計，但其證明完全是統計，所以我們不在這裡說明（見附錄 7.1）。瞭解了這些證明，就能瞭解 RD 設計和隨機化實驗如何的相像，也跟附錄 5.1 的選擇偏誤模型如何的相像。然而，只有當簡單的模型（7.1）是正確時，RD 的實驗對待效益估計值才是無偏的。有兩個問題尤其容易使得模型不正確：非線性與交互作用。

231

---

[11] 如果結果變項不只一個，裘德與肯尼（Judd & Kenny, 1981a）有列出分析的各種可能方法及可能的問題；薄爾克與羅馬（Berk & Rauma, 1983）示範了分析二分結果變項的方法。

非線性

模型（7.1）將選擇變項與結果變項之間的關係指定為線性。假定實際上是*非線性*的關係，例如是 X^2 或 X^3 的函數，而非只是 X 的函數呢？如果模型沒有將這種非線性項納入，則函數的指定就有了錯誤（misspecified），迴歸不連續的估計值有可能是有偏誤的，就像圖 7.9 所說明。在圖 7.9 裡，資料的建立方法是：後測值是分派變項的三次方（X^3）的函數，實驗對待實際並沒有效益。如果將資料以（7.1）來分析，而不是利用有 X^3 的模型，則在選取標準點，兩條迴歸線會出現顯著的不連續，但卻是錯誤的。這種結果會錯誤顯示實驗對待有顯著負面的效益。要找出正確的答案，（7.1）的等式中必須加入 X^3。庫克與坎伯爾（Cook & Campbell, 1979）將西佛與夸頓（Seaver & Quarton, 1973）的教務長榮譽榜的 RD 實驗，作重新分析，就是一個例子。西佛與夸頓發現教務長的榮譽榜有產生效益，但當以曲線模型代替線性模型時，該項效益就變成不顯著。

如果表象下的變項（underlying variables）不是常態分布，也可能出現非線性的問題。儲沁、卡帕雷立及雷查（Trochim, Cappelleri, & Reichardt, 1991）在他們的圖 1 與圖 2 說明了這一點，在這兩個圖裡的資料是單一分布（distributed uniformly）（也就是前測的數值分布裡，得到每一種分數的人，人數都大致相同），而非常態分布。所得到的曲線性很像圖 7.9，而以線性模式分析該資料時，就得到假的效應。觀察後測及分派變項的分布，能幫忙發現這種非線性的情形；有時將資料轉變形式（transform）也能幫忙解決這種分布所帶來的問題（Trochim, 1984）。非線性也可能是因為偶然發生的極端偏離值（outlier）或地板效應或天花板效應所引起。幸好，有這些情形時，三次方的函數都還能適合資料，顯示出沒有實驗對待的效應，並且跟以肉眼觀察得到的沒有不連續的印象相符。

交互作用

非線性也可能是因為*沒有將分派變項與實驗對待變項之間的統計交互作用（interaction）納入考量*而引起。模型（7.1）的等式只指定了實驗對待的主要效益（main effect）項而沒有交互作用項。但如果被分派到實驗對待組，在分派變項得分近於選取標準的人，因實驗對待而受益的程度，不

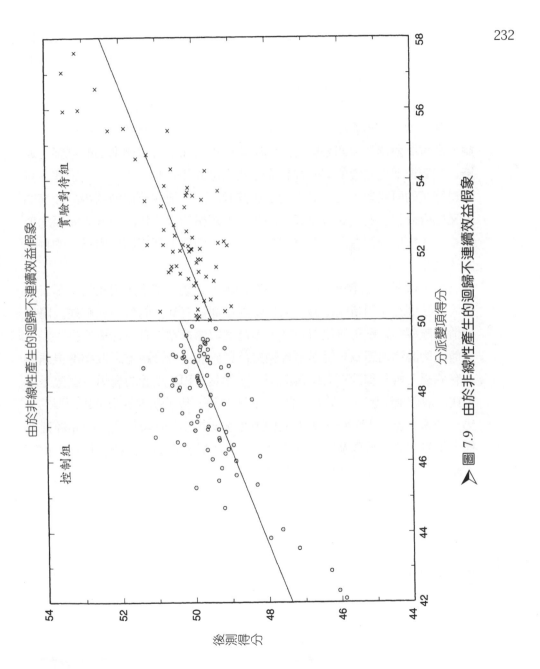

232

▲ 圖 7.9　由於非線性產生的迴歸不連續效益假象

231

233

及那些在分派變項的得分遠超過選取標準的人，結果會怎樣呢？在這種情況下，必須在等式裡加上交互作用的乘積項，才能得到無偏的效益估計值[12]。如果資料是因交互作用而產生，而無主要效益，而且如果交互作用項沒有出現在模型中，則自變項的主要效益之係數估計會有偏誤，就像圖 7.10 所示，在選取標準那一點有假的不連續發生。在圖 7.10，Z_i 的係數應該是零，但它卻是顯著的，$\hat{\beta}_1 = 1.42$；等式裡的其他係數值也會有偏誤。

　　圖 7.11 是一個正確模型的例子，其中包含了一項實驗對待的主要效益，及實驗對待與前測分數之間的交互作用；除了選取標準點的迴歸不連續，選取標準點右邊的迴歸線斜率也比左邊的陡一些。在這個例子裡，實驗對待組的研究對象受益的程度都比控制組高，但在分派變項得分較高的人又比得分較低的人表現更好，因此，不連續的大小程度因分派變項的值而不一。這項分析將因分派變項是減去哪一個值，而正確估出不同的實驗對待效益。

　　圖 7.12 裡，選取標準點上並沒有出現不連續的情形，但是斜率卻有改變，這是交互作用所產生的，但實驗對待卻沒有其他的效益。有些人將這種情形詮釋為實驗對待沒有效益，因為選取標準點沒有不連續的發生；而其他人的詮釋則認為，這顯示實驗對待對於那些得分距離選取標準很遠的人有效果。第二種詮釋有兩個問題，一個是：RD 設計的邏輯一部分是靠著在選取標準點發現不連續的情形，因為在那一點的研究對象是最類似的。另一個是，圖 7.12 和一個沒有主要效益卻由二次方函數產生的非線性關係，兩者之間很難作區別。有時候，將 RD 與其他的設計特色結合，會幫忙釐清這些可能性。我們很快就會介紹這些特色。

---

[12] 如果是將分派變項 X 的得分減去選取標準，這個乘積項會是 $Z_i(X_i - X_c)$。因此，如果要同時模擬非線性與交互作用，等式裡就可以加入分派變項的多項式函數（X^1、X^2、X^3、⋯、X^n），及每一項的交互作用（ZX^1、ZX^2、ZX^3、⋯、ZX^n）：

$$Y = b_0 + \hat{\beta}_1 Z_i + \hat{\beta}_2 (X_i - X_c) + \hat{\beta}_3 Z_i (X_i - X_c) + \hat{\beta}_4 (X_i - X_c)^2 + \hat{\beta}_5 Z_i (X_i - X_c)^3$$
$$+ \cdots + \hat{\beta}_{n-1} (X_i - X_c)^{s-1} + \hat{\beta}_n Z_i (X_i - X_c)^s + e_i \tag{7.2}$$

其中各項的定義如前，而 S 是所使用的多項式中最高的次方，而 $\hat{\beta}_n$ 則是模型中的最後一項或最後一個交互作用項的迴歸係數。

234

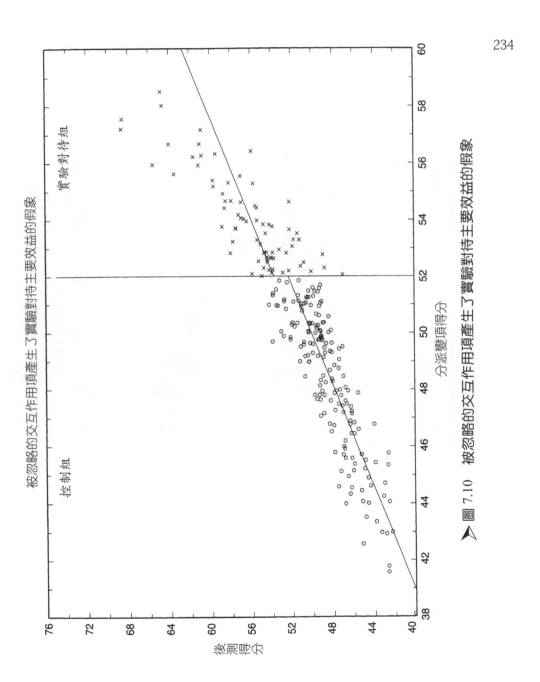

被忽略的交互作用項產生了實驗對待主要效益的假象

實驗對待組

控制組

後測得分

分派變項得分

實驗對待主要效益的假象

▶ 圖 7.10　被忽略的交互作用項產生了實驗對待主要效益的假象

235

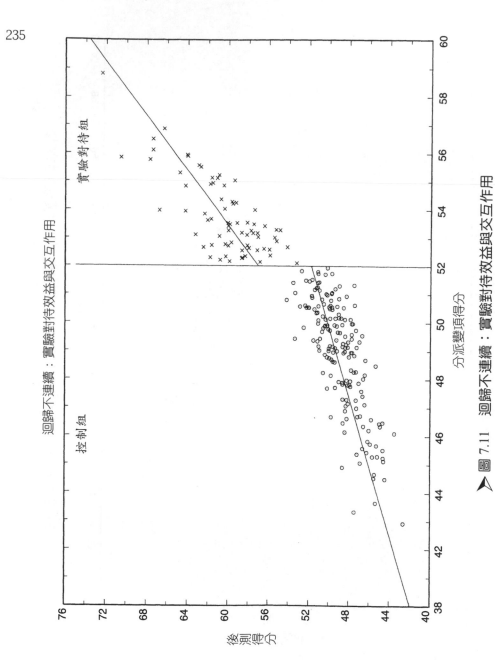

控制組

實驗對待組

迴歸不連續：實驗對待效益與交互作用

後測得分

分派變項得分

▷圖 7.11　迴歸不連續：實驗對待效益與交互作用

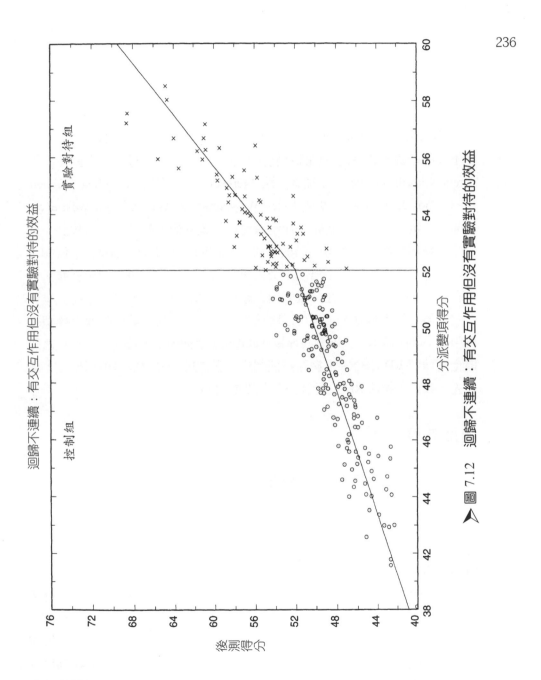

▶ 圖 7.12　迴歸不連續：有交互作用但沒有實驗對待的效益

236

233 ### 關於模擬函數型式的忠告

如果懷疑有交互作用或有非線性的情形，開始作分析時要多用幾個多項式（polynomial）及交互作用項，再漸次將不顯著的高次方項剔除，留下較低次方項。如果不確定是否該剔除時，寧願保留住而不要剔除；這樣的過度適配（overfitting）雖然降低了檢力，但會得出無偏的係數估計值（Cappelleri & Trochim, 1992）。研究者也必須探討一下，大體的結論是否在不同的函數形式假定下仍保持穩定。也可以利用一些標準的迴歸診斷法（regression diagnostics）及補救方法（remedies）（例如，J. Cohen & Cohen, 1983; Cook & Weisberg, 1994; Neter, Wasserman, & Kutner, 1983; West et al.,

237 2000），幫忙診斷這些問題。通常還可以蒐集到額外的資料，來找到一個不受實驗對待影響的底線的函數形式（baseline functional form），例如，施行實驗對待之前的分派變項及結果變項的資料，或跟研究對象相關、但沒有進入實驗的樣本，在分派變項及結果變項的資料。如果不可能蒐集到這些資料但樣本數夠大，也可以將樣本一分為二，利用前一半建立模型，再用另一半的樣本交叉驗證（cross-validate）這個模型。最後，也可以將隨機化實驗與 RD 結合，來探討這個問題。我們馬上會討論這項可能性，但首先，我們先檢驗 RD 設計在內部效度的表現。

內部效度

要對 RD 的內部效度構成威脅，該威脅必須同樣在迴歸線的選取標準點處造成突然的不連續。這幾乎是不可能發生的事。事實上，除了本章所看到的散布圖之外，大部分的讀者也許*從來沒*看過一個散布圖會有自然發生的不連續。幾乎都一定要有一個有效益的實驗對待，而且只提供給選取標準點的某一邊的人，才可能造成這種不連續。

*選擇*也不會造成這種不連續。一部分原因是，由於研究者完全瞭解選擇的機制，而且該機制的測量完全無誤差，研究者可以模擬這個選擇機制。但即使讀者不清楚這種統計法，另一項更能以常識判斷的理由是：如果圖7.1 中在分派變項得分是 50.05 的研究對象，在結果變項的得分明顯高於分派變項是 49.95 的研究對象；分派變項上.05 分的差距當然不可能解釋結果

變項的這個差距。如果能影響結果的事件只發生於選取標準的某一邊的研究對象時，*歷史*的威脅就有可能發生，就像圖 7.4 醫藥救助的例子一樣；但這種情形很少見而且容易評估。*測驗*不可能影響不連續的大小，因為兩組都接受相同的測驗；而在選取標準點也不太可能發生*測量工具的改變*，而且也容易評估。*成熟*的威脅則意味著：在分派變項得分高的人，在結果變項的改善上，自然比得分低的人速度快；這就造成了非線性，需要正確的模擬。當*損耗*與實驗對待的分派相關時，損耗都是隨機化實驗裡的威脅，也是 RD 裡的威脅（Shapiro, 1984）。

　　許多讀者認為統計的*迴歸假象*是合理的威脅，因為兩組分別是分派變項分布的兩極端所形成。但在分派變項與後測的迴歸線中，迴歸已經完全被掌握住。這兩項測驗（分派變項與結果變項）之間的相關係數 r，測量了會發生的迴歸的量。事實上，*迴歸*這個詞和 r 這個符號，正是用來表示它們所測量的，正是向平均值迴歸。沒錯，分派變項得分高的人，在結果變項的得分不會那麼高，而在分派變項得分低的人，在結果變項的得分也不會那麼低；但這只使得迴歸線變得比較平，而不會造成選取標準點的不連續。

238

　　其他的威脅則有可能。例如，當測量工具發生天花板效應或地板效應時，*選擇—測量工具效應*就可能發生。卡帕雷立與儲沁（Cappelleri & Trochim, 1992）研究Xanax對於焦慮的效果的研究中發現了地板效應；Xanax這項藥物對於焦慮的效果非常好，許多接受治療（實驗對待）的研究對象都在結果變項上回答「沒有症狀」，這幾乎使得迴歸線平躺在「地板」上。如果模型不適當，這會造成 RD 設計裡交互作用估計值的偏誤。然而，大致而言，RD 設計不太受內部效度的威脅。

結合迴歸不連續與隨機化實驗

　　如果可以將隨機化實驗與 RD 設計結合，結合使用兩者比只使用 RD 強許多。例如，可以不只使用一個選取標準，而以兩個分數定義出一個選

取標準的間距。將得分比兩個標準中較高的那一個還高的研究對象，都分派到同一組；得分比兩個標準中較低的那一個還低的研究對象，則都分派到另一組；分數在兩個選取標準之間的研究對象則隨機分派到這兩組。這樣分派的結果是將隨機化實驗嵌於（embedded）迴歸不連續的設計中。例如，圖 7.13 中分派變項分數低於 48 的研究對象都被分到控制組，分數高於 52 的則被分到實驗對待組，分數介於 48 與 52 之間的研究對象，則被隨機分派到控制組或實驗對待組。所有的研究對象都以等式（7.1）的模型分析，但必須決定，是以哪一個選取標準作為個人的分派變項要減去的值。儲沁（Trochim, 1991）建議的是，將所有在實驗對待組的研究對象都分派到同一邊的那個選取標準；他的理由是：分派變項與實驗對待之間的交互作用會影響到所有接受實驗對待的研究對象，包括那些分派變項的分數是落在兩個選取標準之間的人；因此減去他所建議的那個分數，會讓交互作用估計得更準確。以圖 7.13 而言，這項建議等於是要減去 48，因為所有接受實驗對待的研究對象，分派變項的值都大於 48。然而，如果沒有交互作用，使用該間距的中位數（median）作為估算點，能增加檢定的檢力（Trochim & Cappelleri, 1992）。如果研究者最初關於交互作用的假設是錯的，就可以作這另一種分析，只要能將分析的步驟清楚描述為試探性的分析即可。

　　隨機化實驗可以用很多種方式跟 RD 結合（Boruch, 1975; Cappelleri, 1991; Trochim, 1984, 1990; Trochim & Cappelleri, 1992）。第一種方法是，可將得分在選取標準點的某一端的人視為的確需要實驗對待，因此將他們都分派到實驗對待組，而其他的人則可以隨機分派到實驗對待組或控制組。第二種方法是，如果有隨機化實驗是利用量化的選取標準作為是否符合參加實驗的資格時，可將 RD 設計加入該隨機化實驗裡（例如，Cappelleri & Trochim, 1994）。那些沒有通過選取標準的人可作為 RD 的控制組，而不是直接捨棄。當然，這會增加測量的成本，但另一方面，卻可以不必對更多的研究對象施予實驗對待而增加檢力。第三種方法是，研究者可以利用幾個選取標準間距，讓這些間距分散在分派變項分布的各處，例如，讓一個間距在分布的中間，另一個間距在分布的上端，還有一個間距則在分布的下端。這樣作的好處是：增加了實驗對待效益的可擴論性，使它遍及於分派變項的範圍，而非僅止於一個選取標準點；而且有些點的天花板或地

239

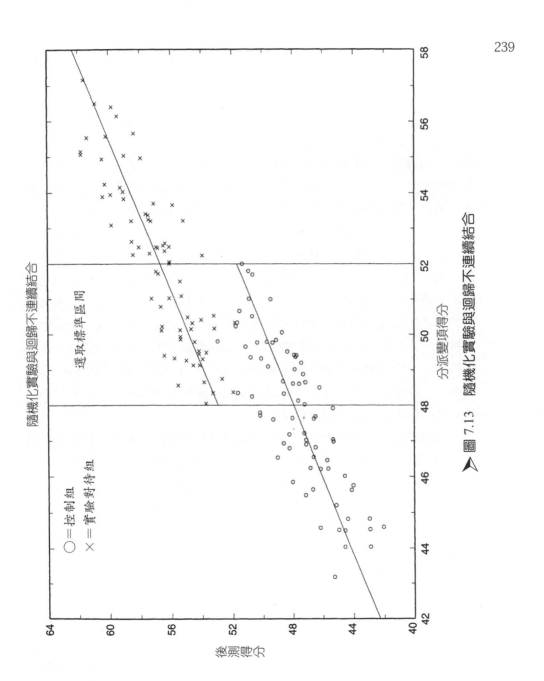

▶ 圖 7.13　隨機化實驗與迴歸不連續結合

240 板效應最容易影響迴歸線的估算而造成問題，但如果在這些點作隨機分派，可以避免這些效應的影響。第四種方法是，可以依據不同的機率，將不同的選取標準區間內的研究對象分派到實驗對待組，例如，可以將三個被分派到實驗對待組的機率 25:75、50:50、75:25，夾在 RD 設計的 0:100 與 100:0 的機率之間。這種方法比較不讓人擔心將分數非常相近的研究對象分派到不同組時所可能犯的錯誤，因為這時研究對象所測得的需求或優勢愈高，他獲得實驗對待的機會愈大。第五，在同一區間內被分派到實驗對待組的機率，可能在不同的實驗地點有所變更，或同一實驗地點而不同的時間裡也可變更，而區間的大小也可因地點的不同，或同地點不同時間而有所變化。第六，如果懷疑某一點有曲線關係（curvilinearity）的情形，可以將隨機間距放在該點上，將函數模型的問題減到最小。第七，也可以只將某一個間距內的研究對象作隨機分派，其他間距內則不作隨機分派，只分派到某一組。例如，如果是危險的藥物實驗，所有其他的研究對象可以只給安慰劑，將他們的風險減到最小；如果是可能很有效益的實驗對待，可以讓所有其他的研究對象都接受實驗對待，讓他們得到最大的好處。要瞭解這些模型，研究者必須讀一讀卡帕雷立（Cappelleri, 1991）；卡帕雷立、達林頓與儲沁（Cappelleri, Darlington, & Trochim, 1994）；儲沁（Trochim, 1984, 1990）；及儲沁與卡帕雷立（Trochim & Cappelleri, 1992）──瞭解其中有關設計、檢力及分析的關鍵細節。

結合設計的一個優點是，隨機化增加了實驗對待效應檢驗的檢力。增加的程度則跟隨機化間距的範圍相對於分派變項的整個範圍，兩者之間的比值愈高而愈高（Cappelleri, 1991; Trochim & Cappelleri, 1992）。

另一個優點是，在隨機間距內，這種方法容許研究者在分派變項的相同範圍內，分別估算實驗對待組與控制組的迴歸線。這幫忙減輕了 RD 基本設計裡，必須將迴歸線分別投射（project）到選取標準點時所可能產生的問題，因為這樣的投射，迴歸線的函數形式必須精確。設計中隨機化部分裡，重疊的迴歸線可幫忙評估這種投射的精確性。

第三個好處是，當不知道該把選取標準點設在哪裡時，這種合併設計減輕了它所產生的實際問題。在醫學研究裡，通常可以很清楚知道在某個點以下的研究對象不需要治療，而在某個點以上的則需要，但兩點之間的人是否需要，就不那麼清楚。對於這兩點中間的研究對象以隨機分派的方

式來決定，也許最符合研究倫理。相反的，在許多隨機化實驗中，最需要治療的人常被排除於實驗之外，因為他們一定得接受治療，最不需要治療的人從研究一開始也被排除在外，所以，實驗的對象只有那些治療需求程度都在一個小範圍之內的人。利用合併設計將這些本來必須排除的，最需要及最不需要的人納入研究，將增強整個實驗的檢力（Luft, 1990）。

241

解釋 RD 時，我們利用了一個概念，跟剛才在合併設計的討論有關，那就是打破平手的隨機化實驗（tie-breaking randomized experiment）。我們來考慮圖 7.1 中，非常靠近選取標準點 50 的那些研究對象——那些得分在 49.5 與 50.5 之間的人。不論要將這些人都分派到哪一組，在 RD 設計中都會引起最多爭議。例如，行政主管可能認為，某位兒童必須接受實驗對待，但他的分數只有 49.5，不符資格。事實上，可以為這些人進行隨機化實驗，再將這些人之中，被分到實驗對待組的算出結果平均值，被分到控制組的也算出結果平均值，兩相比較之下，也能看到像 RD 的圖所顯現的兩組之間的差距。因此，RD 可被視為將迴歸線投射到這種假想中的「打破平手的隨機化實驗」，但選取標準的間距幾乎為零。

結合迴歸不連續與類實驗

以上介紹的所有結合使用的設計中，都可以使用類實驗，而非隨機化實驗。在醫學情境中，那些得分在某個選取範圍以內的人，可依照醫師或實驗對待團隊的意思來決定是否接受實驗對待，而得分比該選取範圍高或低的人則被分派到 RD 設計。在補償教育的研究，主管人員則有權決定將得分在選取範圍之內的兒童派到或不派到實驗對待組。如果是心理治療的研究，個案可以自己選擇是否接受治療。

這種將類實驗與迴歸不連續結合的設計，對於作非同等比較組的類實驗，特別有用。將 RD 加入類實驗裡，在實務上對於行政主管、醫師及心理治療師而言，都非常合理，因為在類實驗裡，這些人或其個案想要有權力決定是否接受實驗對待。畢竟，即使是他們所偏好的類實驗，也必須用

一些剔除的標準，排除一些申請者或個案。所以，何必要把這些研究對象丟出去？加入 RD 設計，會增加類實驗的檢力與估計值的正確性，而所花費的只是將剔除標準予以量化，及為那些原本會被排除的人測量他們的分派變項與結果變項。

同樣的，我們也可以將類實驗的任何其他設計特色與 RD 結合。研究者可以作一個傳統的 RD 設計，然後在 RD 的最後，對控制組施予實驗對待。或者，也可以為一個沒有接受實驗對待的非同等控制組，作一個迴歸不連續設計；由於沒有接受實驗對待，所以可以預測該控制組的結果變項不會有任何變化（例如，Cullen et al., 1999）。又或者，如果內部效度的大問題是：必須將主要的介入措施跟別的介入措施相區隔，但這些別的介入措施卻可能使用相同的選取標準；這時可以利用介入措施之前一段時間的資料，來顯示當時沒有不連續的情形出現，而介入措施實施後，就有不連續的狀況發生──就像我們先前所說的，獲得醫藥救助計畫補助，對於看醫生次數的影響。

迴歸不連續──實驗還是類實驗？

不論是在本書還是我們之前的研究（Campbell & Stanley, 1966; Cook & Campbell, 1979; Cook & Shadish, 1994），我們都把迴歸不連續設計看作是一個類實驗。這一部分是由於我們對類實驗的瞭解──類實驗有實驗的架構特色，但缺乏隨機分派。很明顯的，RD 從這一方面看是個類實驗。再者，還有其他原因讓我們不願意給 RD 一個跟隨機化實驗相同的地位。第一，RD 設計還是比較新的構想，其設計與分析上究竟有什麼不足，還不像隨機化實驗那樣清楚（Ahn, 1983; Cappelleri, Trochim, Stanley, & Reichardt, 1991; Reichardt, Trochim, & Cappelleri, 1995; Robbins & Zhang, 1988, 1989, 1990; J. Shapiro, 1984; T. Stanley, 1991; T. Stanley & Robbinson, 1990; Trochim, Cappelleri, & Reichardt, 1991; Visser & deLeeuw, 1984; Williams, 1990）。第二，RD設計裡，能有準確的函數形式來模擬分派變項和結果變項之間的關

242

係，是非常關鍵的；因此，所需要的統計分析方法比隨機化實驗要求更多，而分析隨機化實驗的結果，常是使用比較直截了當的方法就足夠。第三，RD 設計的檢力比隨機化實驗弱（Cappelleri et al., 1994），這主要是因為分派變項與實驗對待變項之間的共線性（colinearity），尤其如果選取標準是放在從後面數來十分之三處或更低時更甚（Cappelleri, 1991）。但即使選取標準是在平均值處，如果要達到.80 的檢力，效量小時，RD 所需要的樣本數，是一個兩組人數相同的（balanced）隨機化實驗的 2.73 倍；效量中等時，所需的樣本數是 2.54 倍；效量大時，則是 2.34 倍（Cappelleri et al., 1994）。表 7.2 列出了各種增進 RD 檢力的方法。當然，一些常見的增加檢力的方法，像是增加測量工具的信度及增大效量等，也適用於增加 RD 的檢力。

　　然而，有些書認為 RD 設計不只是類實驗而已。例如，莫司特樂（Mosteller, 1990）說：「根據這位作者的定義——也就是在實驗裡，研究者控制了實驗對待的施予——迴歸不連續設計事實上是一個實驗。」（p. 225）同樣的，如果把實驗定義為任何已知會產生實驗對待效益無偏估計值的設計，那麼根據這項定義，RD 設計也是實驗。我們下一章談隨機化實驗時，會再將這其中的一些相似點說明清楚。

243

▶ 表 7.2　增加迴歸不連續設計檢力的方法

> 1. 將分派變項的平均值作為選取標準點。
> 2. 分派變項最好是連續變項，或者如果是序列變項，則盡可能多一些等級。
> 3. 分派變項盡可能跟實驗對待變項無關〔有時可綜合多個分派變項成為一個合成的（composite）分派變項，就可以跟實驗對待變項無關〕。
> 4. 小心不要在分析模型中加入太多（overfit）非線性項或交互作用項；如果加入過多不必要的變項，會用光自由度（degree of freedom）。
> 5. 將那些在分派變項的得分落在選取標準區間內的人分派到一組，而將得分落在選取標準區間以外的人分派到另一組，這能降低分派變項與實驗對待變項之間的共線性。
> 6. 將 RD 與隨機化實驗結合，而且如果使用隨機分派的選取標準區間愈寬，研究的檢力愈高。

Appendix
附錄 7.1：迴歸不連續的統計證明的邏輯

一些作者證明了 RD 設計為實驗對待的效益提供了無偏估計值（Cappelleri, 1991; Goldberger, 1972a, 1972b; Rubin, 1977）。這些證明的細節超過了本章的範圍，但還是值得說明一下這些證明大致的邏輯，以闡明 RD 跟其他類實驗設計之間的差異。其中有些論點跟我們在圖 7.8 的特殊案例中所談的測量誤差有關，所以我們從那裡談起。我們先假定「只有實驗對待及分派變項會影響結果」（之後再將這項假定擴充）；這時的統計證明主要在於說明「測量誤差 u 以完美測量的實驗對待變項 Z 來預測，並將測量有錯的共變項 X 控制住或維持不變時，所得到的母群淨迴歸係數（polulation partial regression coefficient）」等於零：$B_{u,z|x} = 0$（Cappelleri, Trouchim, Stanley, & Reichardt, 1991, p. 406；亦見 Cappelleri, 1991, p. 178）。這在概念上是說：在分派變項（X）上的任何一點，我們都完全清楚正確地知道分派的結果，因此，分派變項的測量誤差（u）與代表實驗對待的虛擬變項 Z 兩者之間的淨相關是零——一旦我們知道了 X，我們也百分之百掌握 Z 的訊息，因此知道 u 也不可能多知道任何有關 Z 的訊息〔這部分我們是根據卡帕雷立（Cappelleri, 1991）的證明，但使用 u 而非 e 來代表誤差〕。當後面這項條件成立時（在迴歸不連續中這項條件是成立的），Z 的迴歸係數是實驗對待效益的無偏估計值。注意到，這項條件在隨機化實驗也成立，因為在前測（X）的任何一個層級，是否被分派到實驗對待組（Z）都是隨機決定的，因此 Z 跟其他變項的關係都只是隨機的，包括 X 的兩個部分：真實分數（T）和測量誤差（u）。

相對的，在相關性資料中及在非同等控制組的設計裡，共變項的測量誤差常跟是否被分派到實驗對待組有關，至少是跟 X 的某些層級有關。圖 7.8 顯示這點。假定真正的選擇機制是個未知且沒有觀察到的真實分數 T，而不是觀察到的分數 X。例如，假定任何研究對象，只要他在前測的真實分數至少是 56 分，就進入實驗對待組；如果 X 沒有測量誤差（也就是完美測量 T），我們只要觀察 X，就能完全正確地找出哪些人是進入了實驗對待組，就像圖 7.8a 與 7.8c。但在非同等控制組的設計裡，我們無法觀察到 T，只能觀察到可能有測量誤差的共變項 X，將之作為真正的選擇機制

T 的近似替代物。一些在圖 7.8a 真實分數高於 56 的研究對象，現在卻在控制組，因為圖 7.8b 中，他們的前測觀察值小於 56。這種分派上的錯誤是因為一些只比 56 稍微高一點的真實分數，被加上了負的誤差，使得所觀察到的數值小於 56。很明顯的，這些誤差現在是造成 Z 的原因之一，因此 $B_{u,z|x}$ 不再為零。用簡單的語言講，如果被分派到實驗對待組，真的是因為真實分數（T）大於 56，那麼如果我們說，「只有那些觀察到的分數值（X）大於 56 的才在實驗對待組」時，就犯了一個錯誤，而這項錯誤明顯是因為隨機的測量誤差之故，也因此跟隨機測量誤差有相關。而 $B_{u,z|x}$ 係數只是顯示出我們所犯錯誤的大小。

　　現在我們將這項討論擴大。上一段裡，u 只是隨機測量誤差；事實上，同樣的證明可以應用在不止測量誤差，也包括任何會影響結果，但卻**被忽略的變項**（omitted variables）。這項論述如下（Mohr, 1988, 1995 有更多細節）。有些被忽略的變項跟結果有關，但卻跟迴歸方程式中的預測變項無關。這類的變項對於估計實驗對待的效益不會造成問題，因為它們沒有影響其他迴歸係數的機制；這一部分跟隨機化實驗一樣。其他被忽略的變項，會跟結果及迴歸方程式中其他的預測變項有相關。例如，如果兒童的成就測驗得分是分派變項，母親的教育程度很可能跟它相關，也影響兒童的學習成果。但要瞭解為什麼這在 RD 不會造成問題，我們必須分清楚上述兩種被忽略的變項：跟分派變項有關的那些被忽略的變項，及跟分派變項無關的那些被忽略的變項。根據定義，跟分派變項無關的那一部分，不會影響到分派變項的迴歸係數；而跟分派變項有關的部分，它們對於結果的影響，已經因為相關之故，而被分派變項的迴歸係數捕捉到了。這表示，這個迴歸係數現在反映的，是分派變項與被忽略的變項兩者混合的影響（confound influence）；因此，它不是分派變項對於結果影響的無偏估計值。但這不會是問題，因為分派變項的迴歸係數不是研究焦點之所在；代表實驗對待的虛擬變項的係數才是。那麼 RD 設計中，實驗對待的迴歸係數如何受被忽略的變項影響？一點也不受影響。被忽略的變項中，跟 X 相關的部分，已經從 Z 的迴歸係數中剔除，而含在 X 的係數裡。跟 X 無關的被忽略的變項也一定跟 Z 無關，因為一旦知道 X，就知道 Z，而且毫無錯誤 [13]。注意到，被忽略變項裡無相關的部分，是迴歸方程式中的誤差項，因此誤差項跟實驗對待的虛擬變項是無關的，就像隨機化實驗中的情

245

形一樣。

　　非常重要而必須注意到的一點是，上述邏輯的關鍵在於：Z可被X完全正確地預測；但如果選擇機制不是完全由分派變項來決定時，情況就不是如此了，例如，其他非同等控制組設計裡，選擇機制就不是由分派變項來決定。在這樣的情況下，被忽略的變項之中跟X無相關的部分，還是可能跟Z有相關（混淆）。由於OLS迴歸一定都是選擇一個使這個相關降到最低的值作為它的係數，因此只要這種相關存在於資料中，這些係數一定是錯的，因為資料並不符合OLS模型的假定。這時所得到的實驗對待的係數很可能是有偏誤的估計值。

<hr />

13 注意到，這並不是說Z跟X有完美相關；事實上，只要其他的因素都是隨機的，最好X跟Z不是完美相關。最極端的情況是X跟Z相關係數是零，這時根據X所作的分派完全是隨機的，例如X是丟銅板或丟骰子時，分派就是完全隨機的。

8 隨機化實驗：其邏輯、設計，及有利於作隨機化實驗的條件

給予弱勢家庭的兒童學前教育的介入協助，會改善他們後來的生活嗎？「裴利學前教育計畫」實驗（Perry Preschool Program experiment）於 1962 年開始，以一百二十八位低收入非裔兒童來研究這個問題。這些兒童中，一部分被隨機分派去接受設計完整的學前教育，另一些則被隨機分派到沒有任何實驗對待的控制組。這項計畫追蹤了 95% 的研究對象直到他們二十七歲，而且發現實驗對待組的人在就業、高中畢業、犯罪紀錄、房屋所有權、接受社會救助及收入上，都顯著比控制組的人成就好（Schweinhart, Barnes, & Weikart, 1993），但前者早期在智商及學業性向上的優勢，在剛成年時已經消失。這些結果跟其他學前教育介入協助的實驗所發現的證據一樣，使一些類似的計畫，像是美國的啟蒙計畫（Head Start），持續獲得政治上的支持與資助。本章中，我們將說明像這種隨機化實驗的基本邏輯與設計，並分析實驗室之外的哪些情況，比較容易施行隨機化實驗。

自然科學界的科學家，是在完全沒有其他變項干擾混淆下引進一項介入措施，之後再觀察事物如何變化——例如，熱氣的增加是否影響氣體的壓力。要研究這個問題，科學家可能將氣體注入一個固定的密閉容器之內，測量其壓力，將氣體加熱，再測量壓力，觀察是否有變化。將氣體注入該密閉容器，是為了要將它與任何可能影響其壓力的物質隔絕。但即使是在

這樣的簡單例子裡，這項介入措施還只是一個摩爾式的實驗對待包裹，難以完全拆解清楚。像是：該容器是以某種物質製成、熱氣是來自某種燃燒器、溼度是在某種程度等等。要真正完全控制所「欲施予的」實驗對待，並將之完全與其他環境條件隔離是很難的，即使是自然科學界也不例外。

社會研究中，控制方面的問題更多也更難，使得成功的實驗更難作。例如，我們不能為了要「移除」家庭的影響，而將一個人完全與其家庭隔絕。即使是在農業試驗裡，要檢測一種新的種子，也不可能將種植該種子的一小塊地，與它的排水系統及土壤區隔出來。因此，許多科學家依賴一種方法來達成實驗控制，但這種控制跟實際的隔絕不同，那就是隨機分派。隨機化實驗主要根源自統計學家 R. A. 費雪（R. A. Fisher, 1925, 1926, 1935；參見 Cowles, 1989，有費雪的作品歷史）跟農業方面有關的作品。在這之前，研究者有時也用隨機分派（例如，Dehue, 2000; Gosnell, 1927; Hacking, 1988; Hrobjartsson, Gotzche, & Gluud, 1998; McCall, 1923; Peirce & Jastrow, 1884; Richet, 1884; Stigler, 1986），但卻是費雪將統計的理論基礎及分析剖析清楚；而且，這些理論基礎與分析將實驗隨機分派的概念與因果推論的邏輯聯繫在一起（Fisher, 1999）。

隨機分派的理論

隨機分派（random assignment）使得所觀察到的結果能被其他原因合理解釋的可能性降低。在這一點上，它像其他的設計特色，如前測、世代或非同等的依變項。但隨機分派跟這些特色的不同之處，而且這個不同之處只有迴歸不連續設計才有：它可得出實驗對待平均效益的無偏估計值（Rosenbaum, 1995a）[1]。再者，隨機化實驗比迴歸不連續設計更易於應用

---

1 有關「實驗對待平均效益的無偏估計值」有三個值得注意之處。第一，有些統計學家比較喜歡將隨機化的優點說成是會得出一個「一致的估計法」（consistent estimator）（也就是隨著樣本數增大，該估計法會收斂於母群的參數值），尤其因為我們永遠不可能如期望值理論所說，有無限多個樣本（本章稍後會討論期望值理論）。本書用「*無偏*」

在更多種研究中，而且效能（efficiency）更高。由於實驗研究的一個目的是無偏且效能高的因果推論，所以研究者必須瞭解何謂隨機分派，及它如何產生這些效果。

248

何謂隨機分派？

任何純粹基於偶然而將研究對象分派到不同組的步驟，而且每一個研究對象被分派到任何一組的機率絕不為零，這樣的步驟都是隨機分派。丟銅板是一個眾所熟悉的隨機分派步驟。任何一次的丟銅板，只要銅板沒有被動過手腳，出現人頭的機會都是一半（50%）。在任何分成兩組的實驗中，銅板出現人頭，研究對象就被分到實驗對待組；出現反面，研究對象就被分派到控制組。另一個隨機分派的步驟是擲骰子。骰子每一面都有一個數字（1 到 6），而且任一個數字都只出現在一面。所以，任何一個數字（1 到 6）都有六分之一的機會出現；但任何一次丟骰子時會出現哪一個數字，則純屬機會。稍後我們還會介紹一些比較正式的隨機化步驟，像是使用亂數表（tables of random numbers），但丟銅板和擲骰子都是大家熟悉，且在直覺上就是很合理的隨機化步驟。

隨機分派並非隨機*抽樣*。作公眾意見調查時，我們從某個母群抽出隨機樣本，詢問這些隨機樣本的意見。隨機樣本確保了樣本的回答，會趨近於母群的回答（如果我們能問到母群裡每一個人的意見）。相對的，隨機分派幫忙了因果的推論，因為它使各樣本之間隨機地*彼此*類似，而隨機抽樣則使一個樣本跟*母群*類似。這兩個步驟都有「隨機」的概念，但兩者隨機的目的卻頗不相同。

（*unbiased*）這個詞，主要是因為這個詞對於不熟悉統計的讀者而言，比較容易以直覺理解，也因為這個詞比較吻合我們的效度類型所強調的偏誤控制之質化邏輯。第二，在隨機抽樣的模型裡，樣本平均值都一定是母群平均值的無偏估計值，因此樣本平均值之間的差異，一定是母群平均值之間差異的無偏估計值。後面這些估計值無須隨機分派也可以得出。但這類的估計值跟實驗對待效益的無偏估計值不同。隨機分派可產生幫助的，是後者；因此隨機分派能夠幫助作因果推論，而我們將這個因果推論簡單說成「實驗對待效益的無偏估計值」。第三，這個詞正確地指出是「研究中所有單位的平均效益」，而不是「研究中每一個單位的效益」，後者並不是隨機化實驗所測試的。

隨機化為何奏效

文獻中對於隨機分派為什麼有助於因果推論,及如何幫助因果推論,有幾種統計與概念上的說明:

● 它確保其他的解釋原因不會跟研究對象所屬的組別混淆。
● 由於它將效度的威脅隨機分派到各組去,因而降低了效度威脅的合理性。
● 它使得各組在所有變項的前測之期望值相等,不論這些變項是否有實際測量。
● 研究者因而知曉選擇的過程,並將之正確納入模型。
● 研究者因而得以計算出正確的誤差變異數估計值,且這項誤差變異數估計值跟實驗對待之間彼此獨立,完全無關(orthogonal)。

249 　　這些看似不同的解釋實際上密切相關,沒有一個能完全說明隨機分派的功用,但每一種都幫忙解釋了一些。

隨機分派與內部效度的威脅

如果在實驗對待開始之前能夠讓各組相等,且如果實驗對待結束之後,各組變得不一樣了,這時前測選擇上的差異,就不會是後測差異的原因了。由於各組在前測時是相等的,控制組後測的結果,變成了實驗對待組後測結果的反事實推論的來源;但這有些限制,我們稍後再說明。注意到,這裡應用了因果推論的邏輯。實驗的時間架構確保了因在果之前發生。而因是否與果有共變關係,則很容易從資料查出,而且也能知道共變的機率。剩下的工作則是要顯示,其他可能解釋因果關係的原因,絕大多數都不合理。隨機化實驗能夠讓絕大多數都不合理,是因為它將這些威脅都隨機分派到各組去,因此實驗對待組研究對象的特質,平均而言,很可能是跟那些沒有接受實驗對待的研究對象的特質相同;而各組間唯一的一致差異則是:有一組接受了實驗對待。

例如,現在有一個研究是探討心理治療對於壓力的效益。壓力有許多可能的因素,像是疾病、婚姻衝突、丟掉工作、與同事發生爭執,或父母過世等。即使是正面的事件,像是找到一個新工作或結婚,也會產生壓力。

實驗者必須確保這些可能的因素不會跟是否接受心理治療混淆，因為這樣一來，就無法確定後測的任何差異，是因為心理治療的緣故，抑或是任何一項混淆變項所致。隨機分派確保接受心理治療的每一位個案，最近換新工作或剛離婚等的機會，跟控制組的每一位個案一樣。隨機分派不能預防這些實驗對待以外的其他解釋原因發生（例如離婚）；也不能將研究對象隔絕於這些事件之外。隨機化實驗裡的研究對象還是可能離婚或換新工作；隨機分派只是確保這類事件在實驗對待組的發生機率和控制組相同。隨機分派的結果是，如果接受心理治療的個案在後測時所反應的壓力比控制組個案少時，造成這項差異的因素不可能是因為某一組有比較多人換工作或離婚等，因為這些壓力來源在兩組發生的機會都相同。剩下唯一能解釋這項結果的兩組差異就是實驗對待。

隨機分派能預防的唯一一項內部效度的威脅，是選擇偏誤；根據定義，隨機分派就將選擇偏誤排除了，因為選擇偏誤暗示的是，研究者利用一種規律而有偏差的方法來選擇研究對象進入各組；但隨機就不會有這種規律的偏誤（systematic bias）。至於其他內部效度的威脅，隨機分派不能防止研究對象成熟或發生迴歸的假象；也不能預防實驗對待以外的其他事件，在研究開始之後發生（也就是歷史）。前測還是可能造成測驗的效應，測量工具也可能發生改變。隨機分派只是降低這些威脅跟實驗對待相混淆的可能性。

使各組在期望值上相等

250

以統計語言來說，前項的解釋常以簡單一句話來概括：隨機分派使得各組在前測的期望值相等。這是什麼意思？第一，這不是指「隨機分派使得各研究對象在*觀察到的*前測得分上相同」。豪爾、克羅斯與歐爾林斯基（Howard, Krause, & Orlinsky, 1986）提醒我們，如果一副牌五十二張有洗乾淨，有些人得到的牌還是會比別人好。玩牌的人稱這為抽牌的運氣（統計學家稱為抽樣誤差）。玩牌時，我們不會預期每個人每一次拿到的牌都一樣好（或差），但我們會預期，玩了很多次以後，每個人拿到過的牌，好壞程度相同。隨機分派即是如此。在任何一項實驗裡，所觀察到的前測平均值之間，會因為抽牌的運氣，使得某一組的研究對象前測得分比別組的高。但我們預期，如果經過了很多次的隨機化實驗，各組的研究對象會

相等。

　　因此，技術上而言，隨機分派使得各組前測的組平均之*期望值*相等，也就是，在實驗將樣本作了所有可能的隨機分派後，會得到一個樣本平均值分布，各組在這個分布的平均值都相等。假設一位研究者隨機將研究對象分派到實驗對待組與控制組，再計算出兩組在某個變項的平均值。兩組的平均值幾乎一定都會因為抽樣誤差（也就是抽牌的運氣），而有不同。但假定研究者將這項過程再作一遍，記錄結果（組平均值），之後又重複了非常非常多次。最後，研究者會得到兩個組平均值的分布，一個是經過無數次抽樣後實驗對待組得到的組平均值的分布，另一個是經過無數次抽樣後控制組所得的組平均值的分布。實驗對待組的平均值會有大有小；同樣的，控制組的平均值也會有大有小。但實驗對待組所有這些平均值的平均，將會跟控制組所有平均值的平均相等。因此，跟隨機分派的定義相連結的期望值，並不是單一個研究所得到的某個平均值，而是所有可能平均值的平均值。

　　當前測的平均值真的有隨機差異時，這些差異還是會影響研究結果。例如，即使有隨機分派，被分派到實驗對待組的個案，一開始的抑鬱程度就比控制組的高；而且，如果實驗對待的確有降低抑鬱的效果，兩組在後測的抑鬱程度則可能相同，因為兩組在一開始的前測就有差異。因此，後測的無差異看似實驗對待無效益；但事實上，實驗對待的效益被隨機分派產生的抽樣誤差所掩蓋。說得更廣泛一些，任何一項隨機化研究，都可能因為前測的隨機差異，而使得樣本的結果跟母群的效益多少有些差異。因此，從多個研究相同主題的隨機化實驗裡得出的結論〔像是心理治療的後設分析（meta-analysis）〕，得到的實驗對待效益估計值，會比任何一項單一的研究都更正確。即便如此，我們還是會說，任何一項隨機化研究所得到的估計值都是無偏的。無偏的意義只是說，所觀察到的效益跟母群的效益之間的任何差異，都是巧合造成的；無偏並不代表單一研究的結果跟母群的「真實」效益完全相同。

　　前段的解釋是利用前測來說明隨機化為什麼有這樣的功效。然而，這只是一項教學的工具，而且真正使用哪一項前測也跟隨機化的邏輯無關。隨機化使各組*在實驗對待開始前的每一個變項*的期望值都相等，*不論該變項是否實際有被測量*。當然，實務上，前測很有用，因為它可讓人較能診

斷樣本流失的原因，也能以前測作流失的調整；有了前測，能使用較具有
檢力的統計方法；而且，可以觀察實驗對待是否對於前測得分屬於不同層
級的研究對象，功效是否都相同。

進一步以統計來說明隨機分派為什麼奏效

　　隨機分派確保那些可能混淆的變項，跟研究對象接受實驗對待的機會，
不會有相關。也就是說，丟銅板的結果究竟是正面還是反面，跟你是否離
婚了、很緊張、年老、男性，或任何情況都無關。因此，我們可以預測，
前測跟實驗對待的分派及可能的混淆變項之間的相關，應該不會顯著不為
零。

　　這種零相關在統計上非常有用。要瞭解這個，我們需要岔開話題去討
論線性模型如何以估計實驗對待的效益。讓我們先分辨清楚研究與研究的
分析兩者。在心理治療效益的研究裡，壓力是依變項（Y_i），心理治療是
自變項（Z_i），而可能的混淆變項都放在誤差項（e_i）裡。分析這項研究
時，實驗對待的效益是以線性模型來估計：

$$Y_i = \mu + \hat{\beta} Z_i + e_i \qquad (8.1)$$

　　其中 μ 是常數項，$\hat{\beta}$ 是迴歸係數，下標字母 i 的範圍是從 1 到 n，n 是研
究裡研究對象的數目。因此，Y_i 是第 i 個研究對象在某個壓力量表的得分，
如果研究對象有接受心理治療，則 Z_i 等於 1，否則為 0；e_i 包括了所有可能
的混淆變項。在這項分析裡，如果 $\hat{\beta}$ 顯著不為零，則心理治療對於壓力有
顯著的影響，且 $\hat{\beta}$ 測量了該影響的大小與方向。

　　然而，分析的模型要能符合研究的真實狀況，這些才會是合理正確的
估計值。模型不能符合研究的真實狀況則稱為「詳述誤差」（specification
error），也就是用以模擬資料產生機制的模型，其內容是不正確的。說得
更精確一些，用來估計（8.1）這類模型的統計法，找出的 $\hat{\beta}$ 值，會使誤差
項和預測變項（自變項）之間的相關為零（Reichardt & Gollob, 1986）。不
論一項研究裡該相關是否真為零，統計方法都會這樣做。幸運的是，隨機
分派確保了研究裡的這項相關將會是零，其原因我們在前一節有大致說明，
因此這時研究有符合分析。然而，在非隨機化的研究裡，許多混淆變項可
能都跟是否有接受實驗對待有相關，但分析時，電腦程式還是會找出讓誤

差項跟預測變項的相關達到最小的 $\hat{\beta}$ 值，但分析結果就變得不符合研究的實際情形，而所得到的實驗對待效益估計值也不正確[2]。

另一個思考隨機化所帶來的好處的相關方式是，隨機化提供真實有效的誤差變異數估計值（例如，Keppel, 1991; R. Kirk, 1982）。結果的總變異量（例如，研究對象之間，在壓力程度上的差異是多少）有兩種可能的產生原因：因實驗組別而產生的變異（例如，是否接受心理治療），及因其他因素而產生的變異（例如，所有其他可能造成壓力的因素）。隨機分派讓我們能將這兩種變異來源分開。誤差變異量是以同一組內，各研究對象間的變異來估算。例如，對同樣被分派到心理治療組的研究對象而言，是否接受心理治療的變異，不可能造成他們在壓力程度上的差異，因為他們在這一項上沒有差異──他們所有的人都接受了心理治療。因此被分派去接受心理治療的研究對象，他們之間的任何變異量都只可能是因為混淆變項所產生。每一組的組內所計算出來的這些誤差項的平均值，是最好的誤差估計值。這項誤差值是一個底線（baseline），我們用它來觀察*組間*的差異，是否大於所有其他影響因素常會造成的個別差異。

摘要

隨機分派從很多方面協助因果的推論──在實驗對待開始之前使各組間相等，使得其他的解釋原因都變得不合理，使誤差項跟實驗對待變項間無相關，及因而估計出正確的誤差值。這些解釋是相互關連的。例如，在實驗對待開始之前就相等的各組，如果實驗對待之後發現有差異，能合理解釋這項差異的其他原因就比較少；而且誤差之間必須沒有相關，才能估計誤差項的大小。但隨機化並非唯一能達成這些目的的方法。有時可利用邏輯方法來讓其他的原因解釋顯得不合理，一般的類實驗設計就希望達到這個目標；而使用其他的分派方式也可以造成誤差值之間無相關，例如迴歸不連續設計。但隨機化是唯一能同時達成所有這些目標的設計特色，而且它比其他方式更能成功達成這些目標，大家對它的特性也比對其他方式

---

2 看待第 5 章選擇偏誤模型的一種方式是，選擇偏誤模型企圖以統計上可接受的方式來使誤差項與預測變項之間是垂直（orthogonal）無關的，但這不容易，所以這種模型常失敗；而看待迴歸不連續設計的一種方式是，迴歸不連續能夠讓這兩者（誤差項和預測變項）之間的關係為零，原因則大致已經在第 7 章的附錄中說明。

的特性，瞭解得更清楚。

隨機分派與隨機化的單位

253

我們常用「單位」這個字眼來描述任何被分派到不同組的人或事物。一個單位只是「一個實施實驗對待或不實施實驗對待的機會」（Rosenbaum, 1995a, p. 17）。

單位的種類

許多田野實驗中，被分到不同組的單位常是人——心理治療裡的個案、癌症試驗的病人，或教育研究裡的學生。但單位也可能是其他的事物（Boruch & Foley, 2000）。R. A.費雪（R. A. Fisher, 1925）將一塊塊的土地隨機施予不同程度的肥料，或用來栽種各種相近卻不相同的種子。在心理與醫學研究裡，常將動物隨機分派到不同的組。紐澤西負所得稅（New Jersey Negative Income Tax）實驗的研究者（Rees, 1974）隨機將家戶分派到不同的組。郭斯內爾（Gosnell, 1927）隨機將社區分派到不同的組。艾經頓（Edgington, 1987）有討論隨機分派實驗對待執行時間的單一研究對象設計（single-participant design）。學校也被隨機分派過（Cook et al., 1998; Cook, Hunt, & Murphy, 2000）。隨機化也不只在社會科學有用而已。威爾森（Wilson, 1952）描述了一個設計，其中計量器（gauge）所使用的鋼板在測試不同的炸藥前，先經過隨機化，才不會使鋼板的強度和任何一種炸藥有關連。單位的種類有無限多個可能。

較高層次的單位

像是家庭、工作地點、教室、心理治療團體、醫院各科的病房、社區或社團，都是個別單位（家庭成員、員工、個案、病人、鄰居或住戶等）的集合（aggregate）。探討實驗對待如何影響這種較高層次單位（higher order units）的研究，也頗常見，也有文獻專門探討實驗對待對較高層次單位的影響（例如，Donner & Klar, 2000; Gail, Mark, Carroll, Green, & Pee, 1996; Moerbeek, van Breukelen, & Berger, 2000; Murray, 1998; Sorensen, Emmons, Hunt, & Johnston, 1998）。例如，國家家庭醫療機構未來給付示範（National

Home Health Agency Prospective Payment Demonstration）實驗將一百四十二個家庭醫療機構分派到不同的醫療救助計畫（Medicare）的給付方案，觀察民眾使用這些機構的行為如何因給付方案而異（Goldberg, 1997）；聖地牙哥療養院誘因退款實驗（San Diego Nursing Home Incentive Reimbursement Experiment）將三十六所療養院分派到醫療救助計畫的不同退款方案（Jones & Meiners, 1986）；田納西班級人數實驗（Tennessee Class Size Experiment）隨機變化三百四十七個班級的人數，使得一些班級的人數較多，其他班級的人數較少（Finn & Achilles, 1990）；而凱利等人（Kelly et al., 1997）隨機將八個城市分派到兩種實驗情境，以研究一項預防愛滋的介入措施。較高層次的單位不必一定是自然發生的整體，像是一個工作場所或一個社區。研究者也可以為研究自行創造出較高層次的單位，像是在一個戒菸的計畫裡，研究者可以利用小團體的形式施予實驗對待，使得研究對象之間獲得彼此的支持鼓勵。較高層次的單位之間也不必一定要知道彼此或跟彼此有互動。例如，隨機使醫師固定使用某一種治療方式時，醫師的治療方式就是一個較高層次的單位，但被同一位醫師診療的病人之間，絕大部分彼此都沒見過。最後，有時實驗對待由於本身性質所致，無法被限制在某些個體之內。例如，以廣播宣傳駕駛安全時，廣播範圍內的所有地區都接受到了實驗對待，但只有一些駕駛被正式納入研究（Reicken et al., 1974）。

常有一些實務和科學上的原因而必須使用集合單位（aggregate unit）。像是在工廠的實驗，要將每位工人隔絕起來施予獨特的實驗對待並不實際，因為這可能會產生含怨消沉的士氣或實驗對待的散布。同樣的，第一次評估「芝麻廣場」（Plaza Sesamo）時，狄葉格如與霍茲曼（Diaz-Guerro & Holtzmann, 1974）隨機將墨西哥托兒所的一些兒童分成幾個小團體，觀賞「芝麻廣場」。這些兒童是在一間特別的房間內，有兩個成人陪著他們，讓他們集中注意力看「芝麻廣場」；同一時間內，其他的兒童人數雖然較多，卻在一般的教室看卡通，而且沒有大人陪。由於以這些不同方式對待同班的學生可能造成明顯的不公平，如果實驗者有足夠的資源將同一班級的學生都分派到相同的組，會使實驗設計更佳。

研究問題也會決定該隨機分派哪一層級的集合單位。如果要討論的是對個人的影響，則個人就應該是被分派的單位。但如果討論的是學校或社區的現象，或者介入措施必須在集合單位的層次施行，則隨機化的單位就

不應該是較低層的集合[3]。因此，如果想研究常有警車在鄰里巡邏是否能阻止犯罪的發生，就必須對不同的鄰里分派不同頻率的警車巡邏，而不是在同一鄰里之內的街道分派不同的巡邏次數。

　　在集合單位裡的個別單位，就不再是互相獨立的，因為這些個別單位除了接受一樣的實驗對待之外，也受到相同環境的影響。例如，在同一班級內的學生，彼此之間會交談，有相同的老師，而且可能也是在同一時間接受實驗對待。這些相依的情形（dependencies）導致以前所謂的「分析單位的問題」（unit of analysis problem）（Koepke & Flay, 1989），也就是最近所謂的多層次模型（multilevel models）或階層線性模型（hierarchical linear models）的討論。由於本書的焦點是設計而非分析，我們不詳細討論分析的細節問題（Feldman, McKinlay, & Niknian, 1996; Gail et al., 1996; Green et al., 1995; Murray, 1998; Murray et al., 1994; Murray, Moskowitz, & Dent, 1996）。但從設計的角度來看，使用較高層次的單位會引起幾項議題。

　　使用較高層次單位的研究，能用來作隨機分派的單位常比較少。例如在一項研究裡，一間教室內的學生都接受了實驗對待，另一間教室的學生則作為控制組。這時，實驗對待的情境完全跟教室混淆在一起，無法確定兩個班級在後測表現的差異，是因為實驗對待還是因為班級特色，像是教師的個人氣質、班級學生的特性，或者教室的硬體環境所致。如果每一組有不止一個（但還是很少）較高層次的單位，隨機化可能會造成兩組的平均值、變異數，及樣本數都差異很大。這種情況在文獻裡屢見不鮮（例如，Simpson, Klar, & Donner, 1995）；但它們造成內部效度和統計結論效度的許多問題（Varnell, Murray, & Baker，出版中）。這些問題最常在研究學校及社區的實驗中發生，因為增加新的實驗場地所費不貲。將較高層次的單位從分層配對（blocks）或分層（strata）中隨機分派而出，可以降低這類的問題。例如，碼貴、西尼司特拉、碼貴、戈鎂梓及羅瑞達（McKay, Sinisterra, McKay, Gomez, & Lloreda, 1978）研究一項包含營養、保健與教育的五個層次的計畫，對於哥倫比亞的加里（Cali, Colombia）地區長期營養不

255

---

[3] 如果研究對象巢居（nesting）於較高層次的集合單位，即使這些研究對象個別被分派到不同的實驗對待，仍然會造成問題。例如，如果有多個腫瘤的癌症病人如果被隨機分派到不同的治療方式，但治療方式是對個別的腫瘤施予，且每個腫瘤的反應也是分別記錄觀察，則這些反應之間並不是獨立的（Sargent, Sloan, & Cha, 1999）。

良的兒童認知能力的影響。他們將加里分成二十個大致具有同質性的區塊，將這二十個區塊按照它們在實驗之前的得分（先標準化）排序，再從五個分層配對中隨機分派到五種不同的實驗對待。肯薩斯城的防範巡邏（Kansas City Preventive Patrol）實驗，研究巡邏警察的出現是否能防止犯罪的發生時，也是以類似的步驟作隨機分派（Kelling, Pate, Dieckman, & Brown, 1976）。研究者將十五個巡邏區域分成幾個分層配對，每個分層配對裡有三個巡邏區域，而且同一分層配對裡的區域在人口特徵上相近；再從這些分層配對裡，隨機將這個十五區域分派到三種實驗情境。

使用較高層次的單位時，要找出適當的樣本數及設計分析，比使用一般個別的單位更複雜，因為在集合單位內的個別單位之間並不是互相獨立的（Bock, 1989; Bryk & Raudenbush, 1992; Bryk & Raudenbush, & Congdon, 1996; H. Goldstein, 1987; Raudenbush, 1997; Snijders & Bosker, 1999）。個別單位數相同時，使用較高層次單位的設計，其統計檢力幾乎都比使用個別單位的設計小；而且，前者必須使用特殊的檢力分析[4]。再者，增加集合單位的數量（例如，增加班級），比增加個別單位的數量（例如，在班級內增加學生），更能增加檢力。的確，到了某一點之後，增加個別單位很快就變成浪費資源而完全無法增加檢力；而這一點的位置，視群內的相依性大小〔由組內相關（intraclass correlation）測量〕而定。

256

研究者常因資源不足而無法如檢力分析所顯示的，得到足夠的高層次單位，因而無法作良好的統計分析。在這樣的情況下，可將研究當作是一項類實驗，加上一些設計特色，如互換的重複（switching replications）或將前測加倍（double pretests），來強化因果推論。薛狄戍、庫克及浩茲（Shadish, Cook, & Houts, 1986）有討論這個辦法並提供例子說明。例如，在加里地區的研究例子裡，碼貴等人（McKay et al., 1978）讓五個組開始接受實驗對待的時間不一，有些人在整個研究期間都接受實驗對待，其他人接受實驗對待的時間則愈來愈晚，但每個人都接受相同的後測。儘管他們在每

---

4 見 Donner (1992); Donner and Klar (1994); Feldman et al. (1996); Gail, Byar, Pechacek, and Corle (1992); Gail et al. (1996); Hannan and Murray (1996); Koepsell et al. (1991); Murray (1998); Murray and Hannan (1990); Murray, Hannan, and Baker (1996); Raudenbush (1997) ; 及 Raudenbush and Liu (2000)。Orr（1999）與 Raudenbush and Liu（2000）都有討論檢力、在實驗場地內加入更多研究對象，及增加實驗場地的費用，兩者之間的得失。

一種實驗情境下只用了四個較高層次的單位，但因為每一組實驗對待的效益跟實驗對待的實施同時發生，使得研究結果很容易詮釋。最後，測量較高層次單位的特色，可幫忙診斷出這些特色跟實驗對待之間相混淆的程度。

　　研究者有時為了要節省額外的開銷，及減少個別對研究對象施予實驗對待所產生的複雜性，而對整個團體施予相同的實驗對待，但事實上是可以個別施予實驗對待，這時研究者為自己找了一個研究單位的問題，而且是可以不必發生的麻煩。整個團體施予相同的實驗對待，研究者可能因此造成同一團體內各研究對象之間的相依性質。例如，假設一項治療失眠的方法，以五十個研究對象作實驗，這五十個人分別屬於十個團體，每個團體五人；再假設這項治療方法可以個別實施，也就是不會造成像是同一團體內大家互相支持這一類的相依。然而，現在同一團體內的個人都受到許多相同因素的影響。例如，有些人也許彼此產生了情愫，而這可能對他們的睡眠產生影響！每個團體內的影響可能不同，對結果的影響也會不同。因此，如果研究問題允許研究者個別對研究對象施予實驗對待，研究者就應該這樣做；如果不允許，在分析時就應該將團體別（group membership）列入考量。

隨機分派的使用範圍限制

　　雖然隨機分派通常比其他的設計特色對因果推論的幫助更大，它的使用範圍常受到限制。唯有當研究者已經決定只作某個範圍之內的摩爾式因果推論時，隨機分派才有用。這類推論在社會研究裡是常見的目標，但卻不是唯一的目標。然而，隨機分派在概念上跟所有其他的研究目的無關。再者，隨機分派只是實驗設計的一部分，而實驗設計也只是所有研究設計的一部分。實驗設計包括安排實驗程序的時間、選擇實驗對待組及比較組、選擇要觀察的變項及其測量方式、決定研究對象是誰，及將研究單位分派到各組的方法。隨機分派只處理這些議題的最後一項，因此，隨機分派並不保證研究設計或實驗設計有用處。

　　所以，如果一項隨機化實驗，使用的單位與理論上的母群或政策興趣所在的母群不相符時，即使因果推論的品質高，研究的用處還是被減弱了。羅西與萊渥（Rossi & Lyall, 1976）批評紐澤西負所得稅實驗，因為它的研

257

究對象是有工作的窮人，但全國大部分的保障收入都是由沒工作的窮人領取。同樣的，庫克等人（Cook et al., 1975）批評波爾與波加茲（Ball & Bogatz, 1970）的研究，因為後者以不同程度的鼓勵方式，促使兒童願意看「芝麻街」，因此將看「芝麻街」與被鼓勵的程度互相混淆。拉爾森（Larson, 1976）批評肯薩斯城的防範巡邏實驗，因為在肯薩斯所執行的所謂高次數巡邏，甚至不及紐約市巡邏次數的平均值；而且，因為警車通過低巡邏次數地區時，特別常會把警車閃燈及警報汽笛打開，所以高低巡邏次數之間的對照被減低了。這些都是對於社會實驗細節的有力用批評，但沒有一個是批評隨機分派本身。只有當隨機分派使得某些問題浮現時，批評這些問題時才會顯出隨機分派的好壞。但很少有這樣的情形發生。

一些使用隨機分派的設計

這一節將回顧隨機化實驗設計的許多變化（見表 8.1；想知道更多的變化，請見 Fleiss, 1986; Keppel, 1991; Kirk, 1982; Winer, Brown, & Michels, 1991）。我們所討論的設計是田野研究最常使用的，提供讀者作為建構更複雜的設計之基礎。這一節使用的設計符號與前幾章相同，但字母 R 代表的是，它所在的那一行的那一組是由隨機分派組成的。我們將 R 放在每一行之首，但事實上，隨機分派在前測之前或之後都可能發生，而 R 的位置也可能因而調整。

258

▶ 表 8.1 隨機化設計圖示

比較實驗對待與控制組的基本隨機化設計					
R		X	O		
R			O		
比較兩個實驗對待的基本隨機化設計					
R		X_A	O		
R		X_B	O		
比較兩個實驗對待與一個控制組的基本隨機化設計					
R		X_A	O		
R		X_B	O		
R			O		
前測後測控制組設計					
R	O	X	O		
R	O		O		
不同的實驗對待且有前測的設計					
R	O	X_A	O		
R	O	X_B	O		
數種實驗對待與控制組且有前測的設計					
R	O	X_A	O		
R	O	X_B	O		
R	O		O		
因子設計					
R		X_{A1B1}	O		
R		X_{A1B2}	O		
R		X_{A2B1}	O		
R		X_{A2B2}	O		
縱貫性設計					
R	$O...O$	X	O	$O...O$	
R	$O...O$		O	$O...O$	
跨越的設計					
R	O	X_A	O	X_B	O
R	O	X_B	O	X_A	O

注意：為求單純，我們將 R（表示隨機分派）放在圖的最前端；然而，分派的動作有時是在前測之前作的，有時則是在前測之後作，研究者繪圖時可自行依據實際狀況移動 R。

257 基本的設計

基本的隨機化實驗至少需要兩個條件,也就是隨機將研究單位分派到各組,及以後測評估研究單位。架構上可以利用下圖代表:

$$R \quad X \quad O$$
$$R \quad \quad O$$

259　　使用這種只有一個實驗對待及一個控制組設計的一個好例子,是 1954 年沙克(Salk)小兒麻痺疫苗的研究。超過四十萬名兒童被隨機分派去接受疫苗或接受一個安慰劑(Meier, 1972)。

　　一項關鍵的議題是控制組的性質。要選擇哪一種控制組,視研究者想控制什麼而定。例如,沒有受到任何實驗對待的控制組,檢定的是摩爾式實驗對待包裹的效益,包括該實驗對待所有主要的和非主要的、重要的和不重要的成分。然而,如果研究者的興趣是要看包裹某一部分的效益時,控制組應該接受該包裹中那一部分以外的其他所有部分。例如,在藥理研究中,研究者常想將藥劑中主成分的效益跟該包裹的其他部分(像是吞藥丸或與醫學人員有接觸等)的效益區隔。接受安慰劑的控制組就有這項功能:醫藥人員提供病人沒有任何功效的藥丸,但所有其他外在的情境完全相同,唯一的差異只是藥丸沒有功效。

　　可以有很多種類的控制組,例如,沒有接受實驗對待的控制組(no-treatment controls)、劑量─反應的控制組(dose-response controls)、等候名單的控制組(wait-list controls)、讓它能預期的控制組(expectancy controls)、只引起注意的控制組(attention-only controls)(Borkovec & Nau, 1972; Garber & Hollon, 1991; International Conference on Harmonization, 1999; Jacobson & Baucom, 1977; Kazdin & Wilcoxon, 1976; O'Leary & Borkovec, 1978; Orne, 1962; Seligman, 1969; Shapiro & Shapiro, 1997)。控制組的變化有無限多種,唯一會限制變化的是研究者的想像力。但在所有的情況下,要問的問題都是:「要控制什麼?」例如,羅西與萊渥(Rossi & Lyall, 1976, 1978)批評紐澤西負所得稅實驗,部分原因就是根據這個──控制組跟實驗對待組的差異,不僅是前者沒有接受實驗對待而已;而且前者所受到的

行政干擾遠比實驗對待組少，程度也比較少。

基本設計的兩個變化

一個變化是比較兩個實驗對待，也就是把 X 和先前的空白處換成 X_A 和 X_B，如下圖：

$$R \qquad X_A \qquad O$$
$$R \qquad X_B \qquad O$$

例如，若 X_A 是創新的治療法，X_B 通常是「黃金標準」治療法，大家對於它的功效很瞭解。因果問題則是，「如果研究單位是接受標準的治療法，創新的治療法跟這項標準治療法相比，效果如何？」如果已知標準治療法相對於沒有任何治療之間的效果差異，就適合使用這一種設計。但如果沒有這種資料，而且如果接受 X_A 的人和接受 X_B 的人，在後測沒有差異，研究者就無法確知是兩種治療法都無效，還是兩個治療法都同樣有效。在這樣的情況下，再加上一個控制組會有幫助：

$$R \qquad X_A \qquad O$$
$$R \qquad X_B \qquad O$$
$$R \qquad \qquad O$$

這項設計在波士頓被拿來研究一項實驗性質的住屋計畫，該計畫的目的是要改善貧困家庭居住的社區（Katz, Kling, & Liebman, 1997; Orr, 1999）。在實驗對待 A 組的貧困家庭所得到的福利券，只能在貧窮密度低的區域使用，因此如果他們搬家，可以搬到比較好的社區；實驗對待 B 組的貧困家庭得到的福利券不論在哪裡都可以使用，包括貧窮密度高的地區；而控制組的家庭則得不到任何福利。

260

缺乏前測可能產生的風險

只要是預期前測會讓研究對象發覺到他們正在參與一項實驗時，而且這種效果不是研究者所希望的時候，如果能夠不使用前測是最好的；當無法蒐集前測（像是研究嬰兒的認知發展）、前測非常不實際（像是由醫師對病人作昂貴而耗時的訪談），或已知大家的反應都一樣（例如，研究死

亡率時，病人在研究剛開始時都是活著的）時，也必須省略前測。否則，如果有任何樣本流失的可能性，沒有前測對於研究的風險通常很高。事實上，一些研究者認為，從過去二十年的社會實驗經驗裡得到的一項最重要的教訓之一是，要作前測（Haveman, 1987）。田野實驗常發生樣本流失的情形，使得研究者必須探究：(1)中途退出研究的人，跟繼續留下的人之間，有什麼差別；尤其是(2)從某一組退出的人，是否不同於從另一組退出的人。實驗對待之前的資訊，尤其最好是跟作為後測的依變項相同的變項，可以大大幫忙研究者回答這些問題。

當然，田野實驗裡，樣本流失並不是無法避免的。醫學試驗裡，手術步驟實驗的結果是很立即的，實驗對待發生得非常快，樣本要流失的機會不多；而病人的術後追蹤也常很夠徹底，醫學紀錄也夠詳細，病人的後測和追蹤觀察的資料都可從中取得。一項例子是泰樂等人（Taylor et al., 1978）研究五十位心臟病發作的病人，被隨機分派去以人工或機器作心肺復甦術時的死亡率。這裡的介入措施從開始到結束是在一個小時之內完成；心臟病發作的病人不可能站起來離開醫院；依變項很容易且很快就蒐集完成。當結果變項是強制性的公家紀錄時，流失率也很低。例如，在 LIFE〔被逮捕過的人的生活保險（Living Insurance for Ex-Offenders, LIFE）〕和 TARP〔給出獄者的暫時資助（Transitional Aid for Released Prisoners, TARP）〕兩項實驗裡，主要的依變項是是否再被逮捕，而所有研究對象在這方面的紀錄都可從公家檔案獲得。然而，大致而言，在絕大多數的田野實驗中，樣本都會從各組流失。我們在第 10 章要介紹處理樣本流失的方法，前測則是這些方法不可缺少的一環。

261　前測後測控制組設計

因此，我們強力推薦在基本的隨機化設計加上前測：

$$R \quad O \quad X \quad O$$
$$R \quad O \qquad\quad O$$

或者，如果前測之後才作隨機分派，則如下：

$$O \quad R \quad X \quad O$$
$$O \quad R \qquad\quad O$$

　　這大概是最常用的隨機化田野實驗。它的特別優點在於，它能讓研究者觀察，樣本流失是否構成內部效度的威脅，我們在第 10 章會說明一些觀察的方法。然而，第二項好處是，這項設計容許研究者使用一些統計分析的方法，且這些方法能增加檢力，增加拒絕虛無假設的機會（Maxwell & Delaney, 1990）。S. E.麥斯威爾（S. E. Maxwell, 1994）說，在這種設計裡，將 75%的評量資源分派到後測，25%分派到前測，常是使檢力達到最大的好方法。麥斯威爾、寇爾、阿爾維與撒拉斯（Maxwell, Cole, Arvey, & Salas, 1991）比較利用 ANCOVA 且以前測當共變項，及利用重複測量 ANOVA（repeated-measures ANOVA）但使用較長的後測，這兩種增加檢力的方法之間的得失。

　　雖然研究者應該努力使前測內容跟後測的結果測量的內容完全相同，但並不一定都要如此。例如，兒童發展的研究裡，給八歲兒童作的測驗內容，常必須跟給三歲兒童作的測驗非常不一樣。如果前測和後測都評量相同的單一面向建構時，而且如果前後測之間有相同的題目，邏輯檢定理論（logistic test theory）有時可用來將兩個測驗放在同一量尺（calibrate）（Lord, 1980），就像碼貴等人（McKay et al., 1978）在加里（Cali）的研究所作的分析一樣，他們是研究該地三百位三十到八十四個月大的幼兒認知能力的改變。

包括不同的實驗對待且有前測的設計

　　如果要比較不同的實驗對待，也建議加入前測：

$$R \quad O \quad X_A \quad O$$
$$R \quad O \quad X_B \quad O$$

　　如果後測顯示兩者沒有差異，研究者可以觀察前測和後測的得分，是否兩組都進步了，還是兩組都沒有進步[5]。當研究倫理的考量不建議將實驗對待與控制組相比較時，這種設計尤其有用；像是醫學研究裡，所有的病

人都應該要治療，這時就可以使用這種設計。當某個療法是公認的黃金標準，所有其他的療法都要達到這項標準時，也可以用這種設計；跟黃金標準相比，對於日後作決定有非常實際的意義。

數種實驗對待與控制組且有前測

有前測的隨機化實驗可加上一個控制組及多個實驗對待組：

$$
\begin{array}{cccc}
R & O & X_A & O \\
R & O & X_B & O \\
R & O & & O
\end{array}
$$

H. S.布倫（H. S. Bloom, 1990）為解職的工人尋找工作第二春的研究，就是使用這項設計。他將兩千多名合格的失業勞工隨機分派到「工作協尋」、「工作協尋與職業訓練」，及「沒有任何幫助或訓練」三組。注意到，第一種實驗對待只是第二種實驗對待的一部分，這種方法可以讓研究者觀察哪一部分對結果最有益。有時這被稱為**拆解研究**（dismantling study），但這裡只拆解了部分，因為布倫的實驗沒有「僅提供職業訓練」的組。很明顯的，資源與後勤的限制常使研究者無法觀察太多部分，因為每一部分都需要非常多的研究對象才能作有效的檢定。而且，並不是每一部分都值得研究，尤其某些部分不太可能在政策或運作上單獨施行。

這項設計可以再加以擴充，包括更多的實驗對待組或更多控制組。一個例子是美國國家心理衛生院憂鬱症治療合作研究計畫〔National Institute of Mental Health Treatment of Depression Collaborative Research Program (HIMH-TDCRP); Elkin, Parloff, Hadley, & Autry, 1985; Elkin et al., 1989; Imber et al., 1990〕。在這項研究裡，二百五十位憂鬱症病患被隨機分派去接受「認知行為治療」、「人際心理治療」、「抗憂鬱化學治療加上臨床照護」或「安慰藥劑加上臨床照護」等四組。

---

5 在此及在別處，我們的意思都並不是在暗示「分數的改變（change score）是研究進步很好的測量工具」。ANCOVA通常檢力較強，而且使用分數的改變時，至少像使用ANCOVA時一樣，迴歸的線性與同質性都是重要而必須注意的事。

　　這項設計也用來讓自變項的層級有所不同，愈來愈高〔有時稱為*參數的*（*parametric*）或者*劑量反應*（*dose-response*）研究〕。例如，房屋補助需求實驗（Housing Allowance Demand Experiment）隨機將家庭分派到各組，領取不同比例的房屋補助金，相當於他們房租的 0%、20%、30%、40%、50%或 60%六組（Friedman & Weinberg, 1983）。健康保險實驗（Health Insurance Experiment）則隨機將家庭分派到不同的保單方案，這些保單分別需要他們自行負擔給付前一千元的0%、25%、50%或95%（Newhouse, 1993）。所施行的實驗對待層級愈多，評估劑量效益的函數形式就能愈細緻。實驗對待的層級範圍廣時，也會檢測出只用兩個層級時可能忽略的影響，因為後者看不出各層級的效果。例如，哥倫比亞加里（Cali）地區的研究（McKay et al., 1978）將一項融合了教育、營養與醫藥治療的實驗對待分成四個劑量等級，包括 990 小時、2,070 小時、3,130 小時及 4,170 小時的。最小的劑量等級雖然也花了將近一整年來實施，也很可能是許多研究者會考慮使用的，卻幾乎沒有效果，但碼貴等人（McKay et al., 1978）卻發現有效益，這是因為他們將劑量多寡分布得很廣，有比較高劑量的組在其中。

263

因子設計

　　這些設計都用了至少兩個自變項〔稱為*因子*（*factor*）〕，每一項因子至少有兩層（圖 8.1）。例如，研究者想將一週一小時的家教（因子 A，第一層）效果與一週四小時（因子 A，第二層）的效果作比較，並比較由同儕（因子 B，第一層）當家教，和大人（因子 B，第二層）當家教的效果。由於實驗對待是由不同的因子合併而成，就產生了四組或四格（cell）：由同儕家教一小時（A1B1 格）、由大人家教一小時（A1B2 格）、由同儕家教四小時（A2B1格），及由大人家教四小時（A2B2格）。這通常稱為 2×2（2 乘 2）的因子設計（factorial design），以本書所使用的符號表示如下：

$$R \qquad X_{A1B1} \qquad O$$
$$R \qquad X_{A1B2} \qquad O$$
$$R \qquad X_{A2B1} \qquad O$$
$$R \qquad X_{A2B2} \qquad O$$

264

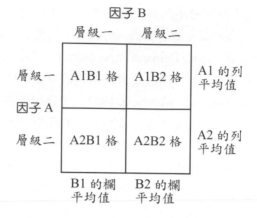

因子 B

	層級一	層級二	
層級一	A1B1 格	A1B2 格	A1 的列平均值
層級二	A2B1 格	A2B2 格	A2 的列平均值
	B1 的欄平均值	B2 的欄平均值	

> 圖 8.1 因子設計的詞彙與符號

263　　　這項邏輯可延伸到使用更多因子的設計。如果我們加上第三個因子，也就是家教是否有受過家教訓練（因子 C，一、二層），就成了一個 2×2×2 的設計，有八格。因子的層級還可以包括控制組，例如，因子 A 可加上沒有找家教幫忙的一組。這增加了 A 的組別，變成了 3×2×2 的設計，有十二格。同樣的表示方法可以用於處理更多因子、更多層級。

　　　因子設計有三個主要的優點：

● 所需要的單位常比較少。
● 比較容易檢定各種實驗對待的組合。
● 能檢定交互作用。

　　　首先，這種設計所需要的樣本數常比一般設計所需的樣本數較小[6]。如果一個實驗要觀察同儕家教相對於成人家教的效益，每一組也許需要五十
264 人，而如果另一個實驗要觀察家教一小時相對於家教四小時的效益，每一組也許也需要五十人。兩者加起來就需要兩百人。但因子設計不需要兩百人（實際的數量要經過統計檢力分析才能決定），因為這項設計裡，每一

----

6 這項通則有兩個例外：(1)若要檢測研究想瞭解的交互作用，可能需要比較大的樣本，因為檢測交互作用的檢力通常比檢測主要效益的檢力小；(2)如果結果變項是某項出現率低的事件（例如，在短期的臨床試驗裡，因肺炎而死的人數），且如果實驗對待的兩個因子都能降低死亡率，兩者合併之後所產生的效益，可能更加降低了結果出現的頻率，因而比只測量單一個實驗對待時還需要更多的研究對象。

位研究對象都有兩個責任，也就是同時接觸到兩種實驗對待。

第二，因子設計讓研究者可以檢定，是否哪一種組合的實驗對待，比另一種組合的效益為佳。假定研究者作了兩項實驗，一項實驗檢測阿斯匹靈是否能減輕偏頭痛，所以讓一些研究對象吃阿斯匹靈，其他人則吃安慰劑；另一項實驗則檢測生物回饋（biofeedback；譯註：一種治療方式，訓練研究對象使用自己身體所發出的訊號來改善自己的健康）相對於安慰劑在減輕頭痛上的功效。這兩項實驗無法瞭解阿斯匹靈和生物回饋合併使用時的功效。因子設計所提供的訊息，則讓我們瞭解阿斯匹靈的功效、生物回饋的功效、兩者合用的功效，及不作任何處理時的情形。

第三，因子設計的實驗能檢測因子間的交互作用（Abelson, 1996; D. Meyer, 1991; Petty, Fabrigar, Wegener, & Priester, 1996; Rosnow & Rosenthal, 1989, 1996）。實驗對待會產生主要效益（main effect）；例如，阿斯匹靈相對於安慰劑藥丸的主要效益是減輕頭痛。主要效益是平均效益，但有時容易引起誤解，例如，當阿斯匹靈對有些頭痛有效，但對另外一些頭痛則無效時，就導致研究者對它的錯誤理解。當實驗對待的效益會隨著另一個因子的層級而改變時，就產生了交互作用，例如，如果阿斯匹靈能大幅減輕因壓力引起的頭痛，但對於偏頭痛幾乎沒有效果，就是有交互作用。在此，實驗對待（阿斯匹靈）跟一個調節變項（moderator variable）（頭痛種類）產生了交互作用，調節者（moderator）這個字表示該變項跟實驗對待產生了交互作用（也就是調節了實驗對待的效益）。大致同樣的邏輯也可適用到三因子或更多因子的設計，但愈多因子一起產生的交互作用，愈難詮釋。

交互作用常比主要效益較難以偵測（Aiken & West, 1991; Chaplin, 1991, 1997; Cronbach & Snow, 1977; Fleiss, 1986），因此，如果主要的焦點是交互作用時，大樣本及適當的檢力分析都是基本必要的[7]。的確，有些研究者認為，預測交互作用對於精進科學理論而言非常重要，所使用的檢定錯誤

265

----

[7] 交互作用可能是有序列的（ordinal）（也就是畫各格的平均值時，線條之間沒有交叉），也可能是錯序的（disordinal）（線條有交錯）（Maxwell & Delaney, 1990）。有序列的交互作用之檢定，其檢力常比主要效益之檢定的效力低，但錯序的交互作用之檢定，常比主要效益之檢定的檢力高。羅斯諾與羅森梭（Rosnow & Rosenthal, 1989）有解釋，當交互作用出現時，哪些線應該或不應該有交錯。

率應該比一般第一類型錯誤率更大（Meehl, 1978; Platt, 1964; Smith & Sechrest, 1991; Snow, 1991）。如果研究的焦點是檢定所預測的交互作用，特別加重抽樣那些在互相作用的變項上得分特別高（或低）的人，雖然會使得預測變項所能解釋的總變異數百分比估計值稍微比較不正確，交互作用檢定的檢力卻比較強（而且也是無偏的）。交互作用的檢定可利用沒有加權的樣本，而檢定總變異數則可利用經過加權的樣本，以反應母群的實際情形（McClelland & Judd, 1993）。這是最佳設計理論（optimal design theory）的一個特殊案例（例如，A. Atkinson, 1985）；最佳設計理論能幫研究者選擇實驗對待的層級及選擇實驗對待的組合，使得設計的檢力增到最大，檢測出政策或理論所關注的參數。

利用因子設計時，即使有些格子裡沒有觀察值時可能會減少檢力，研究者不必一定要將研究對象分派到因子所有可能的組合。檢定一些沒有理論意義或政策上不可能執行的實驗對待組合，可能是浪費資源。例如，紐澤西負所得稅（NJNIT）實驗，研究的是各種針對貧窮與福利政策革新所提出的方案（Kershaw & Fair, 1976）；也就是兩個自變項的合併效益：保證層級（guarantee level）及賦稅比例（tax rate）。保證層級是指如果貧窮的家庭或個人沒有其他收入時，政府付給他們的錢；保證層級有貧窮線的50%、75%、100%及125%四個層級。賦稅比例是指當家庭的其他收入增加時，政府所給的保證收入減少的比例，有 30%、50%及 70%三個層級。因此，這是一個 4×3 的因子實驗。研究者最多可將研究對象分派到十二個格子裡。然而，研究者只將七百二十五位研究對象分派到其中八個格子裡，這八個格子裡，政府所要支付的比較沒有那麼高，而且在最後政策實施時也比較可行。空的格子（其中無觀察值）可能會使資料分析複雜，但這項選擇的彈性通常比它產生的複雜度更加重要。這項設計是「部分因子設計」（fractional factorial design）的一個例子。即使不是執行完整的因子設計，部分因子設計還是能估算一些較高層次的交互作用項（Anderson & McLean, 1984; Box, Hunter, & Hunter, 1978; West, Aiken & Todd, 1993）。

巢居的設計與交錯的設計

在交錯的（crossed）設計裡，每一個因子的每一個層級，都受到所有其他因子的所有層級的影響（相交錯）。例如，在教育實驗裡，如果每一

個班級都有一些學生接受實驗對待，而且也有一些人是控制組，則實驗對待因子就跟教室相交錯。在**巢居設計**（nested design）裡，一項因子的某些層級，並沒有受到所有其他因子所有層級的影響。例如，有些班級有接受實驗對待而沒有接受控制組的待遇時，我們說是「班級巢居在不同的實驗組別」。交錯的設計可用統計法檢定所有主要效益及交互作用效益，且不會互相混淆；但巢居的設計不能。當有較高層次的單位（例如，學校、醫院、工作場所）時，巢居的設計與交錯的設計之間的差別更加重要。研究者常會將實驗對待巢居在這些單位裡，盡量減小實驗對待及研究對象在同一個較高層次的單位內散布或溝通的機會。要選擇哪一種設計的兩難之處在於：交錯的設計可以利用統計方法分別估算出實驗對待、這些較高層次單位及兩者之間的交互作用的效益；但交錯卻增加一些像是實驗對待的散布的問題。每位研究者在決定要作巢居的設計或交錯的設計之前，都必須好好評估其中的得失跟手邊的實驗之間的關係。

266

因子設計的一項缺點

　　因子設計普遍見於實驗室的研究及受到高度控制的場景，像是一些醫學研究的場景；在許多田野場景裡，因子研究比較難施行，因為它需要嚴密控制每一位研究對象所接受的實驗對待組合。但因子愈多或層級愈多，控制就愈困難。尤其，如果每一格都有不同的進入實驗的標準時更是如此，就像在藥學研究裡，什麼人該給哪一種組合的藥，規則可能很複雜。再者，許多田野研究是為了要評估某項新方案在政策上的意涵，但政策制訂者對於訂立法規以規範交互作用的能力並不高，因為傳統上由地方控制得較深，而且在實行這些政策時，必須尊重專業的決定；另外，也很難保證社會的介入措施在實際執行時，能與原本想作的相符（Pressman & Wildavsky, 1984; Rossi & Wright, 1984）。政策制訂者比較有興趣的常是「哪些方式比較有效」的這種大致推論，而不是對某些因子某些層級的某幾種組合在哪一種場景等等非常細節的推論有興趣；而因子設計有時會提供有關後者的資訊。

縱貫性的設計

　　縱貫性設計（longitudinal designs）將實驗對待之前、執行期間及實驗

對待之後所蒐集的觀察資料串連起來，而觀察幾次及何時觀察，則由研究的假設來決定：

$$R \quad O...O \quad X \quad O \quad O...O$$
$$R \quad O...O \quad \quad O \quad O...O$$

267　　　這些設計非常像第 6 章的時間序列研究，但縱貫研究的前測和後測的觀察值少了很多。縱貫性研究讓研究者可觀察效益是如何隨時間而改變，容許研究者使用成長曲線模型來模擬個體之間接受了實驗對待以後的差異；縱貫性研究也常比觀察值較少的設計更具檢力，尤其如果有至少五次的測量，檢力更強（Maxwell, 1998）。因此，尤其當樣本數小時，加上前測和後測可以改善檢力。

　　有多個前測的縱貫隨機化實驗相當少見。例如，布倫（Bloom, 1990）隨機將失業的工人分派到三種不同的實驗對待及控制組中，這些實驗對待都是設計來幫助他們找工作的。布倫在四個前測和四個後測都測量了工人的季收入。前測顯示，研究對象在被分派到各組前的一季或兩季內，收入明顯銳減，這可能是反映了那些快速進入勞力市場又快速退出的勞工的短期失業。因此，即使實驗對待實際沒有效果，迴歸效應可能使所有各組都顯得有一些進展。事實上，控制組的收入雖然沒有實驗對待組增加得那麼多，但的確增加了。

　　使用多個後測倒是比較常見。例如，劍橋莎莫非爾青年研究（Cambridge-Somerville Youth Study）在 1939 年開始，當時有六百五十位青春期的少男從經過分層配對的兩組中，各被隨機分派到一個諮商計畫，或沒接受任何實驗對待（W. McCord & McCord, 1959; Powers & Witmer, 1951），三十七年之後，也就是 1976 年時作了一次追蹤調查（J. McCord, 1978）。目前一項保健組織打算要追蹤調查他們的病人一輩子（Hillis et al., 1998）。在此，多個後測是在觀察實驗對待後的改善情形是否繼續維持，抑或隨著時間而改變。如果主要的結果只能在很多年以後才能測得，這種持續追蹤就特別重要。例如，參加啟蒙計畫的兒童最後的教育及職業成就；或者男同性戀接受了安全性行為的教學之後，死於愛滋病的比例是多少；或者那些接受「工作部隊」（Job Corps）訓練的人，一輩子的總收入是多少。有時，縱貫性研究長期地同時追蹤多項結果，以觀察效益的因果鏈（causal chain）

之假設，例如，研究假設可能是：一項協助低社經背景兒童從貧窮中掙脫
的實驗對待，首先會改進他們對未來的想望，進而影響其期待，進而影響
他們在小學的成就，再進而幫他們成功地完成高中及大學的學業，最後，
終於讓他們在成人階段有一份收入較高或地位較高的工作。在這裡，作觀
察的時間點將會是所假設的事件將發生的時間點，才能瞭解所假設的因果
鏈是否的確發生，或是在哪一點斷掉。

　　縱貫性研究受很多現實問題的阻撓。首先，隨著追蹤的時間愈長，樣
本可能因為搬到別處失去聯絡，或不想再被追蹤，而導致樣本流失得愈多。
但我們仍然看到很多研究努力不懈地追蹤樣本，而成就了高完訪率（Ribisl
et al., 1996）。第二，許多長期的結果幾乎不可能評估，像是一輩子的總收
入，因為當時的科技有限，而且許多相關的資料像是國稅局或社會安全局
的資料，能接觸到的人非常有限（Boruch & Cecil, 1979）。第三，讓研究
參與者很長一段時間都得不到實驗對待，並不一定都合乎研究倫理，而且
想要長期觀察那些沒有接受實驗對待或列入等待名單的控制組成員，機會
也很少，因為這些人常在別處獲得其他的實驗對待。史耐德與衛爾斯 268
（Snyder & Wills, 1989; Snyder, Wills, & Gray-Fletcher, 1991）提供了一個同
時存在這三種問題的例子。他們將七十九對不快樂的夫妻隨機分派去接受
行為婚姻治療（behavioral marital therapy）（$N = 29$），或接受洞見婚姻治
療（insight-oriented marital therapy）（$N = 30$）及等候名單（wait-list）的控
制組（$N = 20$）。他們在六個月後及四年後作了追蹤調查，只評估兩個實
驗對待組的情形，因為控制組的研究對象儘管曾同意等三個月，卻早已經
開始退出研究。雖然遭遇研究對象死亡、醫藥問題及遷離美國等的問題，
史耐德與衛爾斯（Snyder & Wills, 1989）還是從實驗組的五十九對夫妻中
蒐集了五十五對的第四年追蹤資料；雖然還是流失了一些研究對象，但這
幾乎是每一項縱貫研究都會經驗的，而且這樣的保留率（retention rate）算
是很高了。最後，四年後再作結果的追蹤，比絕大多數心理治療研究的結
果追蹤時間都長，但卻還是缺乏一些像是整個婚姻生活的不快樂程度，或
一生的離婚率等這些長期的結果。即使像上述一個可作為典範的縱貫性研
究，都還是遭遇到這些問題。

跨越的設計

一般的實驗是將研究對象隨機分派去接受實驗對待 A 或實驗對待 B，接著接受後測。在跨越的設計（crossover design）裡，經過了前述的後測之後，研究對象跨越去接受他們先前沒有受到的實驗對待，且在這第二個實驗對待之後，再接受另一個後測。依據我們的符號，這種跨越的設計圖示如下：

$$R \qquad O \qquad X_A \qquad O \qquad X_B \qquad O$$
$$R \qquad O \qquad X_B \qquad O \qquad X_A \qquad O$$

有時會拉長兩項實驗對待之間的時間，讓第一項實驗對待的效果在第二項實驗對待開始之前消失。

這項設計常用於醫學研究，像是在「研究對象內的設計」（within-participants design）裡，研究對象試用幾種不同的藥，而跨越的目的是要取得平衡，並評估次序的效應（order effect）[8]。也用來蒐集研究中的更多因果訊息，否則這些研究在第一個後測實施後就停止了。在這兩種用途裡，當實驗對待的效果只是短暫的紓解時〔否則會發生「轉帶效應」（carryover effect）〕；當實驗對待的效用很快就發生時（否則實驗會拖太久）；及當研究對象願意而且能夠持續完整接受兩種實驗對待，而且即使第一個實驗對待就幫他們解決了問題，還是願意接受第二個實驗對待時，使用跨越的設計最實際。如果分析發現實驗對待及次序之間有交互作用，則在詮釋第二回合的實驗對待之效益時，就必須將次序效應列入考量，但第一回合的實驗對待還是可以像沒有跨越一般地作詮釋。

269

---

8 跨越設計是比較常見的「拉丁方塊」（Latin squares）設計的變化（Cochran & Cox, 1957; Fisher & Yates, 1953; Fleiss, 1986; R. Kirk, 1982; Pocock, 1983; Rosenthal & Rosnow, 1991; Winer et al., 1991）。拉丁方塊設計廣泛用來使研究對象內因子（within-participants factor）設計裡的實驗對待間互相取得平衡；當非常大的因子設計無法將所有可能的因子組合都真正實施時，也可用拉丁方塊來估算因子的效益。

➤ 表 8.2　有利於作隨機化實驗的十種狀況

> 1. 當需求超過供給時
> 2. 當新辦法無法立即傳送到所有的單位時
> 3. 可在時間上將實驗單位隔絕時
> 4. 當實驗單位在空間上是分隔的，或者單位之間很少連絡時
> 5. 必須作改變，但大家都還不知道答案是什麼時
> 6. 當可以打破同分的狀況或可讓需求模糊的狀況明朗時
> 7. 當有些人說自己對任一種實驗對待都沒有特殊偏好時
> 8. 當你能創造自己的組織時
> 9. 當你可以控制實驗單位時
> 10. 當預期必須使用抽籤方式時

最適於作隨機分派的情況

這一節（及表 8.2）說明有哪些狀況可增加隨機化田野實驗的成功機率。

當需求超過供給時

當對於某項服務的需求，超過供給的能力時，隨機化是個公平分配服務的好理由。例如，丹福（Dunford, 1990）有一個實驗是探討一項青少年暑假就業計畫的效益。起初，計畫工作人員拒絕將一些人隨機分派到任何工作去，但對另一些人卻沒拒絕。然而，他們也知道，工作機會比應徵人數少得多，最後終於同意隨機分派是公平的方法。後來他們說，隨機化的明顯無偏性質，能對一群有發聲權的批評者顯示：該計畫既沒有偏袒也沒有歧視少數民族的青少年。同樣的，1981 年的總括性預算調解條例（Omnibus Budget Reconciliation Act）容許各州實驗新的福利政策改善方法。許

多州想這麼做，但是經費有限，只有很少幾個州能讓所有接受社會救助的人都能接受到計畫的服務；隨機分派因而再次被接受為能將服務公平分配的機制（Gueron, 1985）。最後，密爾瓦基父母的選擇計畫（Milwaukee Parental Choice Program）中，由於申請到某一個學校某一年級的人數超過該學校所能負荷的，研究者就隨機選擇申請者，再檢定由家長決定上哪一所學校（school vouchers）的效果（Rouse, 1998）。

當需求超過供給時，原本被分派到比較組的申請者，有時會重新申請要求實驗對待。實驗者需要訂定清楚這些人是否有這樣的權利，而且，如果有這樣的權力，重新申請的人是否比新申請者有優先獲得實驗對待的權利。有時因為倫理或法規的緣故，不能否決重新申請的權利，像是申請心理治療的個案，已經很沮喪，卻被分到等待名單組，因而出現很嚴重的症狀，或者領福利救助的人也有權利重新申請進入其他的職業訓練計畫。有關重新申請的權利及相關事項，一定要跟實驗裡的所有人協商，獲得他們的支持，因為反對的人有時會阻撓整個安排（Conrad, 1994）。例如，洛克菲勒基金會（Rockefeller Foundation）的「少數族裔單親媽媽」（Minority Female Single Parent, MFSP）計畫，無法立即給所有合格的申請者提供服務，因此建議以隨機抽取的方式，從合格者之中挑選可以獲得實驗對待的人，因為隨機化在倫理上算是合理的（Boruch, 1997）。然而，一些當地的計畫主管不同意，並將他們的資源分派得更稀薄一點，讓很多人都獲得一些資源，而不是只服務原先有限的一些人。總之，如果被拒絕的申請者中有很大一部分都重新申請並因此獲得了實驗對待，隨機化實驗的可行性就值得懷疑。如果重新申請者獲得資源的機率可能很小，我們在第 10 章將介紹的，實驗對待施行時所遇到的問題之處理方法，可能適用。

當新辦法無法立即傳送到所有的單位時

要將一項新辦法同時傳送到所有的單位，無論就實際運作或財政上而言，常是不可能的。這種狀況在教育界會出現，像是課程是慢慢改變的，新的教學器材是由層層的系統過濾，最後才到學校，電腦或新的訓練方法也是漸次推廣或執行的。在這些情況下，實驗也許可以特意漸進地將新方法介紹給研究對象，隨機讓有些人較早接受實驗對待，有些則較晚。這麼

作提供了實驗組與控制組的比較，直到控制組也接受了實驗對待。如果能利用先前在類實驗設計裡所介紹的互換的重複（switching replications）之設計特色，但這裡是隨機讓原先的控制組獲得實驗對待（重複），則又使得設計更佳。

可在時間上將實驗單位隔絕時：同等的時間樣本設計

雖然我們通常想到的是將人、學校、社區或城市，隨機分派到不同的組去，但也可以將時間隨機分派到不同的組（Hahn, 1984）。坎伯爾與史坦利（Campbell & Stanley, 1963）稱此為「同等的時間樣本設計」（Equivalent Time Samples Design），強調的是：隨機化使得有提供實驗對待的時間區段，跟沒有實驗對待的時間區段，變成同等。艾經頓（Edgington, 1987）提供了幾個單一研究對象設計的例子，在這些設計裡，實驗者隨機施予實驗對待，並隨機移除實驗對待；這些比較研究包括比較三種治療嗜睡症（narcolepsy）的藥、比較某項藥品相對於安慰劑在治療腸功能異常上的功效、比較人工食用色素相對於安慰劑對於過動兒的行為的效應。使用這種設計時，實驗對待的功效必須很短暫，實驗對待一移除，功效強度就會減低；而且，功效必須持續對重複的實驗對待有所反應，因此當再次施以相同的實驗對待時，功效才會增加。

但這項設計的原則可適用之處，並不止於單一研究對象設計。當不同的人群有自然發生的輪替情形，且每一群人在時間上是跟其他人相隔絕時，就可以使用這種設計。因此，當連續有二十四群人到牧師諮商中心停留兩週時，魅斯（Mase, 1971）隨機將這二十四群人分派到兩種敏感度訓練的課程，也就是讓十二組人各接受一種課程。在這項例子，同時產生實驗對待組與控制組，本來可能會產生實驗對待的散布或其他反應性的效度威脅，但同等時間樣本設計避免了這些問題。然而，要注意的是，研究對象是巢居在時間樣本裡，跟巢居在某種群體（如學校或社區）的概念一樣；分析時必須將這個特點納入考量。

當實驗單位在空間上是分隔的，或者單位之間很少連絡時

　　當單位之間就地理上而言是分隔的，而且彼此很少接觸，或者可以做到讓他們分隔而少接觸時，就可以將這些單位作隨機分派。這種情形通常發生在有許多分枝的大型組織，例如，超市、軍隊裡的單位、大學校友、學區內的學校、醫院裡的各科病房、教會的住宅單位、大都市裡的健康俱樂部分店，及賣車輛、家電用品等的經銷商。然而，空間的分隔並不保證少接觸，因此必須小心檢查是否真的少接觸。

　　例如，在秘魯的一項實驗，研究的是在四十二個地理上相隔的社區診所，提供婦產科及家庭計畫服務的效果（Population Council, 1986）。診所被隨機分派，得到每個月有一次、兩次或四次的醫師駐診。由於這些診所在地理上是分隔的，所以女性會持續到相同的診所求醫，因此幾乎不會有實驗對待散布的問題。如果可能發生一些散布（例如，如果有婦女規律地到兩家相隔不遠的診所求醫），研究者也可以將診所依據地理地區作分組配對，分派不同的地區而不是分派個別的診所。同樣的，彭（Perng, 1985）將人隨機分派到國稅局正在考慮的六種不同的追討逃漏稅的方法。大部分的人在地理上都是分隔的，但即使他們的實際距離很近，根據法律，「他們的賦稅是研究的一部分」這項事實本身，就是機密的，且一般人都不願意跟別人討論自己的稅務問題；因此，不同組的人們之間不太可能會互相討論。

　　這些實驗有額外的優點：兩者都利用了介入措施本身的自然出現，將實驗對待隨機化，且沒有因而造成研究對象的注意。畢竟，病人預期醫師會來診所看診，不太可能注意到來的次數有變化。收到國稅局逃漏稅信件的人，很少人對於國稅局的催稅過程細節知道得很清楚，不太可能會發現這項正常作業有任何的變化。除非研究者必須故意讓實驗對待與研究對象預期的不一樣，否則讓它不引起注意是一項值得努力的目標。

必須作改變，但大家都還不知道答案是什麼時

　　有時候，各方人士都同意必須改變某種不好的狀況，但不清楚該怎樣

272

改變，只有幾個利益團體在積極鼓吹各自的辦法。如果行政、政治及經濟條件都許可，以正式實驗的方式嘗試幾種不同的改變方法，比較能獲得接受。一項例子是明尼阿波里斯配偶虐待實驗（Minneapolis Spouse Abuse Experiment）（Berk, Smyth, & Sherman, 1988）。虐待配偶是一種很嚴重的罪行，有時甚至導致配偶被殺害，因此，被指派要處理這種罪行的警員必須採取一些行動。但各方對於該採取怎樣的行動則眾說紛紜，有人認為該在現場為兩方作諮商，有人認為虐待的人該離開住家八小時，有人則認為該逮捕動手的一方。認為作實驗找答案比較好的主管，可利用實施隨機化實驗來檢定這三項方案的效果。同樣的，也可以用隨機化實驗來檢定嚴重的精神病患應該接受一般的標準照護，還是完全不一樣的社群照護（community care），這樣作的一部分原因是因為，各方都承認自己不確定哪一種方法對這些病人最好（Test & Burke, 1985）。

　　雖然我們預期測試這些不同方法的研究，將可得到重要的結果，但並非每一種方法都能完全只以相同的目標問題來定義其目標。在明尼阿波里斯配偶虐待實驗裡，這種不一致不是個問題，因為大多數人都同意，最終目的是要減少公權力介入後再犯的比例。然而，如果研究對象被分派到的計畫，是由不同的人、不同的管理方式及不同的資助者來經營，而非由相同的人來施行這些不同的方法時，這些不一致就可能發生。這些使用不同方法的管理者，對於該用哪些測量工具來測量他們同樣想改變的事務，也不一定都會意見一致。

當可以打破同分的狀況或可讓需求模糊的狀況明朗時　　273

　　根據個人的需求或表現而將他們分派到不同的組別，對於計畫的主管、人員及接受者而言，都比隨機分派更具說服力。這類的考量是作迴歸不連續設計的原因之一。然而，個人的需求或表現究竟如何，常是很模糊的。在這些情況下，有時可將那些需求模糊的人隨機分派到各組，或許也可結合迴歸不連續的設計，以解決這種模糊性。利普西、柯德瑞及伯格（Lipsey, Cordray, & Berger, 1981）就是利用隨機分派來解決一項青少年偏差導正計畫裡，評量模糊不確定的問題。在一項類實驗設計裡，警察依自己的判斷，決定被逮捕的青少年只要訓誡一番就釋放、通知監護人來保釋，還是轉介

到比較密集監護的社會服務部門，提供他們諮商、補救教育、娛樂及戒藥癮等服務。然而，當警察不確定最需要哪一項時，認為也許訓誡再釋放或者轉介都還適合時，就隨機決定青少年該接受哪一種處置。

在這種打破同分狀況的實驗裡，研究結果的擴論只限於那些需求得分在模糊地帶的人，也就是那些最不清楚實驗對待對他們是否有用的人。然而，如果有一個團體專門治療研究對象裡情況最佳、最糟，或各種程度的研究對象時，團體裡的人也許會抗議，認為：若以他們來治療「模糊」的研究對象的成績表現來評量他們，並不能評量他們真正能做的部分。幸好，還是可能將打破同分狀況的實驗跟某種可以詮釋的類實驗相連結，平息這些抗議聲，就像利普西等人所做。

當有些人說自己對任一種實驗對待都沒有特殊偏好時

即使倫理或公關要求讓研究對象自由選擇到哪一組去，還是可以將那些表示沒有特殊偏好的人隨機分派出去。例如，維林斯與波恩（Valins & Baum, 1973）想研究硬體環境對於大一新生的影響，這些人有兩種生活圈可以選擇，兩者的差異在於一天會碰到多少人。作者將這項研究限定在其中30%的人，因為這些人對於兩種選擇都沒有特殊的偏好。學校當局將這30%的人隨意分派到這兩種生活圈裡；但如果以隨機分派的方式，應該也很簡單。當然，將實驗限定在那些沒有特殊偏好的人，會有難以擴論出這些人之外的問題。如果對整體的研究對象（不論是自己有主意的或沒有特殊偏好的）都有興趣時，則可將沒有特殊偏好者作隨機化實驗，而將有自己的意見者作最佳的類實驗。這樣就可以比較兩種研究的結果，因為其中一種研究的弱點恰巧是另一種實驗的優點。若兩者的結果相吻合，就比較容易作整體全面的推論。

當你能創設自己的組織時

隨機分派是實驗室實驗的組織文化中被接受的一部分，但大部分的田野實驗所遵循的組織文化，幾乎都沒有隨機化的概念。但有時研究者可以創造自己的組織，讓隨機化在這個組織裡比較被視為常態。例如，大學的

心理系常會設一個心理諮詢中心，協助訓練臨床心理學的研究生，並容許系上的教授使用比一般診所所容許的更多的實驗控制（Beutler & Crago, 1991）。在這些中心裡，研究者不僅較能控制隨機化，也比較能控制一些研究特性，例如，實驗對待的標準化、測量及個案的挑選。專注於研究某些特別問題，且不必接受任何外力支援或控制的（freestanding）研究機構及中心，常也容許類似程度的控制。例如，加州的抽菸者求助線（California Smokers' Helpline）提供打求助線電話的抽菸者免費的戒菸協助（Zhu, 1999）。由於無法將打電話的人隨機分派去接受治療或到控制組，因此所有打電話的人都收到一封信函，告訴他們，如果準備好要接受治療了，就打電話回熱線。沒有打電話回熱線的，再被隨機分成兩組：沒有進一步行動的組，或由治療人員主動打電話表示要開始幫他們治療的組。原則上，這項步驟可用來將任何類實驗研究中被分派到實驗對待組卻沒有回音的人，再分成實驗對待組和控制組。例如，那些要求作心理治療卻沒有依照約定出現的人、那些拿了處方箋卻沒有去抓藥的人，或那些獲准接受職業訓練，卻沒有參加訓練課程的人等等。最後，研究者有時可以設立一些專用以控制隨機化的組織，像是多據點的醫學試驗就常這樣做；在這種醫學試驗裡，會有一個由研究者控制的資訊交換中心，用以作隨機化的動作。美國國家心理衛生院（NIMH）的憂鬱症共同研究計畫（Collaborative Depression Project）（Collins & Elkin, 1985）就是利用這種資訊交換中心的方法來控制隨機化。

當你可以控制實驗單位時

很少人能建立自己的組織或建立專作隨機化的資訊交換中心。大多數的田野研究者常被別人的組織邀請參與計畫，就可以從這裡獲得許多控制的可能性。一項例子是評估電力公司解決尖峰時段載電量的各種方案（Aigner & Hausman, 1980）。電的使用量因一天的時段而有不同，電力公司必須有足夠的電力來供給尖峰段的需求，即使該電量在一天的其他時間大部分是用不上的。要發出這麼多的電是很昂貴的。因此電力公司想知道，如果在尖峰時段的收費比較高，是否能降低需求，進而減少所需要發的電。實驗者能將某些家戶分派到尖峰時段的費率，有些則分派到一般的費率，因為

275

出錢作研究的電力公司完全掌握了家戶的電力供給,也希望利用實驗的方法得到這項問題的答案。

當主要的出資者堅持要作隨機分派時,隨機化也比較可能作成。例如,美國國家藥物濫用研究院(National Institute on Drug Abuse)與美國國家酒類及酒類濫用研究院(National Institute on Alcohol and Alcohol Abuse)有提供計畫補助,由研究者申請設計創新的戒癮方法,但需要嚴謹的實驗設計來評估所設計的方法,評估的花費則由計畫支付(Coyle, Boruch, & Turner, 1991)。NIMH的憂鬱症共同研究計畫也採取相同的作法(Boruch & Wothke, 1985)。然而,尤其當出資者跟被資助者之間有長期的合作關係時,以資金作為控制被資助者的方法可能會導致兩方關係緊張。例如,藍畝、哈特維及傑可(Lam, Hartwell, & Jekel, 1994)提到了耶魯大學與紐哈文(New Haven)市之間「爭執的相依」(contentious codependence)(p. 56)。耶魯大學位於紐哈文市,兩者的緊張關係是由於耶魯大學的研究者常提供該市一些社會服務,這些服務是紐哈文市本身無法做到的,但它卻牽動著研究。「爭執的相依」和「間接的強迫」(oblique coercion)兩者之間只有一線之隔,而為了要作一個隨機化實驗而直接或間接傷害了出資者或研究對象,更是自我傷害。畢竟,明天研究對象是否還願意自動參加,或出資者是否還願意繼續資助,跟我們今天在實驗裡如何對待他們有關。

當預期必須使用抽籤方式時

有時,抽籤被用來當作一種為社會所接受的分配資源的方式。例子包括史丹佛大學曾利用抽籤來決定女學生的宿舍(Siegel & Siegel, 1957),以抽籤來決定申請者是否進入一所新發展的「磁石」學校("magnet" school)(Zigulich, 1977),及1970年代美國利用抽籤來決定是否服役入伍(Notz, Staw, & Cook, 1971)。赫斯特、紐曼與虎立(Hearst, Newman, & Hulley, 1986)曾研究被分配到當兵入伍的號碼者,是否死亡率較高,結果發現死亡率真的較高。安格力斯特等人(Angrist et al., 1996a)也發現同樣的結果,並算出,因被隨機分派到入伍的號碼而導致死亡的平均影響,是小於千分之一。在這些例子裡,隨機化的動機並不是要作研究,而是利用「隨機化是一種公正無私地分派資源的方法」這樣的概念。這些隨機化造成了一種

自然實驗，可供作研究。不幸的是，社會上以正式抽籤決定的事件並不多見，因此無法常靠它找到在機率上同等的群體。

當隨機分派無法實行或不是最好的方式時

276

　　有時即使想知道某項實驗對待的效果，但有些情況卻不允許使用隨機化實驗來回答這個問題。首先，如果必須很快得到答案，隨機化實驗就不是最好的方式。通常，一項大型的田野實驗從概念的產生到拿到實際結果，必須經過幾年；尤其如果實驗對待需要花時間（像是長期的心理治療），或所想要知道的是中到長期的結果（像是終身的收入）時，更是如此。例如，紐澤西負所得稅實驗中，「四年的田野操作階段，是夾在四十四個月的規畫與設計，與十六個月的資料分析兩者之間」（Haveman, 1987, p. 180），一共八年。因此，如果必須很快就知道答案，隨機化實驗之外的方法可能較佳。例如，美國總審計局（U.S. General Accounting Office, GAO）的計畫評量及方法部門（Program Evaluation and Methodology Division, PMED）常必須巧妙回答國會議員的問題，而且後者常要很快就知道答案。有些問題牽涉了某些計畫或政策的效益，遲個幾年再回答可能會把決定拖得太久——到時這些問題的答案可能不再對政策有任何幫助，甚至要答案的議員也可能不在位了。因此，PMED 很少使用隨機分派，而是混合著使用類實驗設計、調查，及回顧現存文獻中關於政策效益的部分（Chan & Tumin, 1997; Datta, 1997; Droitcour, 1997）。這些方法在推論原因上，也許比隨機化實驗弱一些，因為即使文獻是隨機化實驗的報告，也很少是恰巧直接探討國會議員的問題。但 GAO 的方法幾乎總是比新的隨機化實驗更能及時回答問題，也都還正確。

　　第二，隨機化實驗對於某項實驗對待是否有效，提供了精確的答案（Cronbach et al., 1980），但很多時候並不需要很精確。例如，當某項實驗對待已經累積了許多高品質的資訊時，回顧現有的文獻也許比作隨機化試驗更能良好運用資源。當因果問題只是次要，非因果問題才是重點時，像

是：所提供的服務是否以預先設想的方式在提供？這時候如何監督流程比較重要，而不是作實驗。當效果非常大而且戲劇化，沒有人會懷疑不是因為實驗對待之故，像是篩選 PKU 對於兒童因 PKU 所引起的智能障礙，獲得戲劇化效果後，再作隨機化實驗可能就是多餘的。

第三，有些問題很少用隨機化實驗來回答。例如，我們不能隨機分派人到某些無法操弄的變項去，像是年齡或種族，或操弄過去已經發生的事件，像是甘乃迪總統之死所造成的影響，或是 1930 年代經濟蕭條的影響。而且，將人隨機分派到一些可操弄、但會造成明顯傷害的變項，是不道德的，像是分派去抽菸或分派去讓脊椎受傷。

277　　第四，在進行實驗之前，必須先作許多初步的概念或實證的工作。聯邦司法中心（Federal Judicial Center, 1981）建議，在進行實驗之前，應該有明白的證據顯示目前的情況需要改善，並顯示所建議的改善方法價值不確定，只有作個實驗才能提供必要的資料來澄清問題，實驗結果可被用來改變實務或政策，及顯示個人的權利在實驗中會受到保護。同樣的，國家癌症研究所（National Cancer Institute）檢測控制癌症的方法時所使用的五階段的模型也建議，進行隨機化實驗之前，必須先找出並融合目前已有的科學文獻，看是否能作出實證上可支持並可檢測的假設；必須作預試來觀察某項介入措施是否可行或接受度如何；必須研究評估母群的參與度及持續使用度；必須發展出資料蒐集的形式並加以驗證；及必須以類實驗研究的形式提供實驗對待效果的初步證據（Greenwald & Cullen, 1984）。不成熟的實驗會是資源的一大浪費；事實上，不成熟的實驗可能會使有潛力的介入措施因而宣告無用，因為沒有足夠的時間來為它發展招募的程序、找出施行時的問題並加以解決，且作的時間不夠，而使實驗對待來不及產生任何效果。

討論

要獲得精確且統計上無偏的介入措施效益之估計值，一般常比較喜歡

作隨機化實驗。隨機化實驗需要的假定比其他方法少，這些假定的真確度通常也比較容易利用資料和實驗過程去檢驗，而且隨機化實驗所需要的先備知識，像是選擇的過程、單位特性，也比類實驗設計、因果模型及選擇偏誤模型來得少。因為有這些優點，我們常容易忘記，執行隨機化實驗時常會發生許多現實的問題。

一項實際的問題是，某些情況下，實驗也許不可行或不是最好的選擇。有些實驗操弄是不道德的，像是醫師認為某些病人必須治療，因此不能作隨機分派，或者某項實驗的實驗對待產生的正面或負面效果非常大，如果繼續下去就會不符研究倫理。有時候，則是沒辦法等個幾年讓設計良好的實驗施行完畢。還有些時候會有法律的問題發生，不只是因為違反研究倫理才會發生法律的問題，有些實驗的情境也常牽涉到法律問題，例如，當研究計畫必須接受評量時、當研究對象（如囚犯）直接受到法律的監管時，或當司法系統本身就是研究的對象時。

第二個實際的問題是，也許既符合資格又願意接受隨機分派與實驗對待的人，沒那麼多可以作為研究對象。因為這個問題而失敗的實驗為數不少。研究者常會將合格的人數高估得離譜，並把找到符合的研究對象這件事想得太容易，尤其是從未作過大型田野實驗的研究者更常如此；或即使找到了適合的人以後，又常遭到拒絕。最壞的情況是，因為沒有研究對象而作不成實驗。

278

第三個實際的問題是，隨機化步驟並不一定都設計良好或施行良好。有時會發生這種問題是因為研究者不瞭解隨機分派是什麼，而以看似隨意的步驟代替之。或研究者也許在隨機分派之外又作了一些特別的調整，使得分成的組在實驗對待之前就不同等，卻一直以為這些步驟是隨機的，但其實不是。還有的時候則是研究者設計了正確的隨機分派的步驟，但沒有制訂出實施這些步驟的方法或監督這些方法的執行，使得分派執行的方法不恰當。只要是隨機化執行不正確或不徹底，其效益就會被削減。

第四個實際的問題是，分派到的實驗對待並不一定都是接受到的實驗對待。研究對象可能沒有獲得完全的實驗對待，或者根本沒有接受到實驗對待，就像是被分派到作藥物治療的病人，根本沒服藥，或者只服了部分的藥。他們可能跨越到另一個組（在不需要跨越到別組的實驗設計裡），就像是控制組的研究對象重新申請，並真的得到了實驗對待。實驗對待的

散布，可能因為不同組的研究對象之間談論跟實驗對待相關的話題而產生。這時候，研究對象接受到了兩組的實驗對待的一部分。在所有這些情況下，研究者想要作的實驗對待跟其他方法的對比，都被削減了。果真如此，則即使「*被分派到某個情境而導致某種結果的產生*」的推論仍然明確，實驗對待的建構效度卻不明確。因此，當研究者希望將實驗對待與其他狀況作純粹的對照時，如果能避免實驗對待執行的失敗，或測量是否有發生這類情況，是很有用的。

　　第五個問題是樣本的流失。隨機化實驗的目標，不只是要在實驗對待發生之前使各組同等，也要讓各組在後測時除了實驗對待的條件上有差異外，其他所有的狀況也同等。但隨機分派之後，如果各組發生不同的流失狀況，就可能傷害到後面這一項目標。田野實驗常發生這種樣本的流失。因此，防止樣本流失、因應流失所發生的問題、測量流失的情形，及分析有發生流失的資料，都成為研究隨機化實驗非常重要的附加討論議題。

　　本章主要是討論隨機化實驗的設計與邏輯，也稍微談到所有這些問題，但只想提出最單純的幾種狀況。但研究者必須知道所有這些問題，因為它們影響了是否要使用隨機化實驗的決定；而且，如果決定要使用隨機化實驗，它們又影響了實驗的實施與後續詮釋的品質。因此，我們在接下來的兩章會更詳細討論這些問題。

9

實務問題一：倫理、招募
研究對象，及隨機分派

Practical 形容詞：*1.* 跟實施或行動（而非理論、臆測或理想）有關，或由之主宰，或由之而獲得：*在船上打雜而獲得航行的實務經驗（gained practical experience of sailing as a deck hand）*。*2.* 明顯表現於實踐中或跟實踐有關：*微積分的實際應用（practical applications of calculus）*。*3.* 實際從事一項特定職業或某種工作；執業。*4.* 能被運用或發揮效用；有用的：*對於日語的實用知識（practical knowledge of Japanese）*。

Ethic 名詞：*1.* a.正確行為的一套原則。b.一項理論或道德價值觀的系統：*「服務的倫理正與獲利的渴求交戰」（An ethic of service is at war with a craving for gain）*。*2.* 倫理學（接單數動詞）。研究道德的性質及道德選擇的性質的學問；道德哲學。*3.* 倫理（接單數或複數動詞），管理一個人或一項專業的成員的行為的規則或標準：醫學倫理。

Recruit 動詞：*1.* 雇用（人）從事兵役。*2.* 利用登記入籍的方式增強（武裝軍隊）的力量。*3.* 供給新的成員或受雇者。*4.* 使（人）登記入冊或尋求使（人）登記入冊：招收少數民族學生的大學。*5.* 補充。*6.* 更新或重建（人或物）的健康、活力或熱烈程度。recruiter（名詞）。recruitment（名詞）。

280 　　**即**使是非常好的實驗也會面臨實際的問題。例如，「裴利學前教育計畫」（Perry Preschool Program）實驗在一些不重要的方面違反了隨機化的進行步驟，而且即使它們追蹤研究對象直到二十七歲的偉大壯舉，也只有得到 95%的成功率。這類的問題有時非常嚴重，甚至使整個實驗完全中斷。在「麥迪遜與雷新優質就業」（Madison and Racine Quality Employment）實驗裡，申請加入的人數太少，而且計畫不能為申請者創造很多好工作。結果，這項介入措施無法顯示出預期中對於得到好工作的影響，因此該實驗未到成熟階段就被喊停（Greenberg & Shroder, 1997）。

　　有經驗的研究者知道，設計一項好的實驗，只是打了半場（或更少）的仗。要成功地執行那項實驗，還需要能處理許多現實的問題。本章及下一章大致列出這些問題，並說明解決這些問題的策略。本章集中在實驗早期會發生的問題：倫理與法律議題。找到足夠的人來參與研究，及正確地執行隨機分派。下一章探討實驗下半段會發生的問題：實驗對待執行的議題及處理分派後的樣本流失問題。除了隨機分派特有的議題之外，這些實際的問題大多不論在非隨機化實驗與隨機化實驗都會發生，而且有些（例如，追蹤研究對象、使用適當的告知後同意、保護隱私）也都會發生在非實驗的研究，像是調查。

實驗的倫理與法律議題[1]

　　從設計實驗的過程一開始，就必須考慮倫理的問題。這裡我們討論哲學家、律師與科學家，曾經就實驗與隨機化的內容提出過的幾個倫理與法律的問題：

---

1 這一節專門討論實驗才會有的問題。然而，科學研究的進行也包含許多其他的倫理問題。例如，某些臨床實驗裡因為擔心出現欺騙等不正當的行為（例如，Ranstam et al., 2000），所以發展了規範原則，以確保資料不被任意竄改（Knatterud et al., 1998）；同樣的，管理資料確保它的完整正確，也會面臨許多倫理方面的實際問題（McFadden, 1998）。

- 以人類作實驗的倫理；
- 不讓控制組或比較組的研究對象接受可能有效的實驗對待的倫理；
- 隨機分派跟其他的方法，像是依據需要作分派，相較之下的倫理；
- 實驗可能因為倫理問題被中止的情況；
- 一些跟實驗有關的法律問題。

實驗的倫理

281

　　人類曾經以科學實驗之名，做過很嚴重的錯事。二次世界大戰時虐待研究對象的醫學實驗，尤其在納粹集中營，是眾所周知的（Greenberg & Folger, 1988）。美國塔司齊基（Tuskegee）梅毒研究不讓感染梅毒的美國黑人男性接受有效的治療，藉以觀察該疾病的長期病程（J. Jones, 1981）。比較不嚴重的例子更是普遍（Beecher, 1966; Veatch & Sollitto, 1973）。的確，靠著操弄人或事物的研究方法，似乎免不了要面臨旁人對這種操弄的抗議——尤其是當這樣的操弄會造成傷害時更是如此，就像是醫學治療或有關處罰罪犯的決定。要解決這些問題，實驗者利用以下三種協助資源：

- 倫理規條（Ethical Codes）
- 告知後同意（Informed Consent）
- 機構的審查委員會（Institutional Review Boards）

倫理規條與原則

　　為了減低實驗被濫用的機會及培養研究者的倫理觀念，各國政府已經公布執行了各種跟科學研究相關的倫理規條，像是聯合國大會（United Nations General Assembly）所採用的紐倫堡規約〔Nuremberg Code, 1949；但麥克（Miké）1990 年時指出，納粹德國時也有合理的倫理規條，但卻沒有阻止科學實驗被濫用〕；倫理學家也提出其他類似的倫理標準（Emanuel, Wendler, & Grady, 2000; World Medical Association, 2000）。美國公共衛生部（Public Health Service）的貝爾蒙報告（Belmont Report）（National Commission for the Protection of Human Subjects of Biomedical and Behavioral Research, 1979）[2] 針對以人類為研究對象的科學研究，提出三個倫理原則：

1. *尊重人*：每個人是自主的個體，有權利決定是否參與研究（因此需要告知後同意），而且如果他們的自主性因某方面的殘障而減弱時，他們有權利受到保護而不受傷害。
2. *慈善*：研究者必須讓研究對象的利益加到最大，並將傷害減到最低（因此必須告知可能的傷害與利益）。
3. *正義*：實驗對待的利益與傷害必須公平地散布到每個研究對象（因此必須以公平的方式招募研究對象），而且不應剝奪他們應得的有益的實驗對待（因此必須告知其他的實驗對待方法）。

之所以會有後面這項要求，一部分是因為發現到實驗裡的不公或不義的行為，絕大部分都是發生在處於弱勢或是脆弱易受傷害的人身上，像是塔司齊基研究裡，未享有公民權時代的黑人，及二次世界大戰時集中營裡的囚犯。

282

告知後同意與實驗

為了要實際操作（operationalize）這些原則，研究對象被要求簽下*告知後同意書*，表示願意參加實驗（Protection of Human Subjects, 1983）[3]。美國公共衛生部規定，它所資助的研究，所使用的人類研究對象必須閱讀之後簽下一份同意書，這份同意書的內容包括：

1. 說明研究的目的、預定的參加期間、描述研究將依循的步驟，並指出任何具有實驗性質的步驟。
2. 描述對研究對象造成的任何可預見的風險或不適。
3. 描述研究預期可能給予研究對象或其他人的任何益處。
4. 如果有任何其他對研究對象有好處的方法或療程，則予以告知。
5. 如果有任何紀錄可以找出研究對象的身分，則必須說明該類資料的機密性可以維持到什麼程度。
6. 如果研究所含的風險不是極微小，則解釋，如果真的造成了傷害，研究

---

2 見 http://grants.nih.gov/grants/oprr/humansubjects/guidance/belmont.htm.

3 見 http://ohrp.osophs.dhhs.gov/humansubjects/guidance/45cfr46.htm.

對象是否能得到任何的補償或醫療；而且如果有，這些補償或醫療有哪些，或者是否可以再得到這方面更進一步的訊息。

7. 向研究對象解釋，如果他們對於研究及研究對象的權利有疑問時，可以聯絡什麼人獲得解答，而如果他們因研究而受傷，要跟誰聯絡。

8. 說明參與研究是自願的，並說明若拒絕參與不會有任何的處罰，研究對象應得的利益也不會喪失，而且研究對象可以在任何時間退出研究，也不會因此受到懲罰或喪失任何應得的利益。

　　布洛齊（Boruch, 1997, p. 44-49）有提供以往實驗研究所用的告知後同意表格樣本。從未作過實驗研究的實驗者應該向有經驗的人諮詢，作出一個適合研究情境的告知後同意書內容。

　　公共衛生部（PHS）並沒有要求調查或機密的教育測驗要有告知後同意。如果要以囚犯、孕婦或智能薄弱的人作為研究對象時，要求則更嚴格（Federal Judicial Center, 1981; Mastroianni, Faden, & Federman, 1994; Stanley & Sieber, 1992）。以兒童作為研究對象則需要父母主動或被動的同意（Esbensen et al., 1996）。美國政府的一些其他聯邦機構也採用了這些規則，這些機構包括教育部、農業部、司法部及健康與人類服務部門（Health and Human Services）（Boruch, 1997），許多以人類作為研究對象的專業學會也同樣採用了這些規則。例如，美國心理學會（American Psychological Association, 1992）的倫理原則要求，以人類為研究對象的心理學家必須作很多這些步驟（J. Greenberg & Folger, 1988; Sales & Folkman, 2000; Sieber, 1992）。許多個別的研究者與研究公司也自發地使用這些步驟（例如，Gueron, 1999; Orr, 1999），這一方面是因為倫理的原因，另一方面也是因為，若實驗造成傷害時，獲得告知後同意可以保護實驗者。

283

機構設的審查會

　　聯邦規範條例（Code of Federal Regulations）（Protection of Human Subjects, 1983）也規定，一個機構如果有以人為對象的研究計畫在接受公共衛生部的資助，必須設立機構的審查委員會（Institutional Review Board, IRB），這些機構包括很多大學、政府機構及私人的研究公司。IRB監督那些以人為對象的研究，審查它們的實驗步驟與告知後同意的步驟是否有倫

理上的問題。IRB 也審查研究的科學品質，像是實驗是否有足夠的統計檢力，因為如果作一個嚴重缺乏檢力的實驗，不但浪費資源也浪費研究對象的時間。

這些步驟並不一定在每一個以人為對象的研究裡都相同，它們大多是在醫學研究的領域發展出來的，而其他領域有時會有不同的需求。例如，美國評量協會的指導原則（Guiding Principles）（American Evaluation Association, 1995）沒有把貝爾蒙報告（National Commission for the Protection of Human Subjects of Biomedical and Behavioral Research, 1979）的慈善原則納入，因為評量本身有時就會傷害一些人的利益，例如，找出表現不佳的計畫常是評量者要作的事，而不佳的計畫可能被中止，且計畫的人員會丟掉工作（Shadish, Newman, Scheirer, & Wye, 1995）。同樣的，一些研究者抗議，如果告訴研究對象說，他們如果沒有參與研究還是有權得到其他的服務，就可能毀了研究找到控制組的機會（Rossi, 1995）；美國心理學會也容許研究者在有限的一些狀況下欺騙研究對象。但關於告知後同意，我們相信，如果想要例外於習慣的作法，則必須小心思考，並且諮詢專家與同事，詢問他們要求例外的理由是否充分。

隱瞞可能有效的實驗對待

贊成與反對隱瞞實驗對待的論述

在實驗裡，實驗對待是故意不給一些人使用，或對這些人刻意將實驗對待的程度降低，或者對一些人提供另一個不同的實驗對待（且可能比較沒那樣有效）。如果不讓那些可能需要或應得的人使用有益的實驗對待，可能在倫理上會有問題。例如，某研究將一些處於弱勢但表明希望獲得一個「第二次機會」的補救性實驗對待的高中中輟生，分派到沒有任何實驗對待的控制組，菲特曼（Fetterman, 1982）就質疑這種作法的倫理，因為這個二次機會可能是他們的最後一次機會。同樣的，愛滋病研究界也在辯論，是否該將那些在初步研究發現似乎有希望但還需等待更進一步結果出爐的治療方法告知病人（Marshall, 1989）。因為倫理及實務上的原因，當不確定怎樣作才是最合乎倫理時，為了病人的權益，似乎有義務要犯一點錯。

284

結果，醫護機構有實驗一些方法，像是建立「C 組」癌症治療法，這一組的治療法在通過國家藥物檢驗局（FDA）的嚴格檢定之前，就可以讓病人接受使用；「快速通關路線」（Fast Track Accelerated Approval）的流程則讓藥物很快就能合法使用；而「並行管道」（parallel track）的結構，則是經銷那些在初步檢驗時發現安全而且可能有效的愛滋藥物（Marshall, 1989; Expanded Availability, 1990）。愛滋研究因為愛滋病人社群跟倡導愛滋研究者有互動而獲得極大的助益。它們所擔心的很多議題，不論這些議題是在實驗設計所能接受的原則之內還是之外，現在已經獲得了較好的解決方法。

　　然而，不讓比較組的人接受實驗中的治療方法或藥物，也有很好的倫理上的理由。如果這類藥物太早就讓人開始適用，有毒的副作用可能要等毒性已經傷害了使用者之後才會被發現；這些藥物的長期影響比較難以研究；藥廠可能會賣一些沒什麼效果的藥物；而且開這種藥的醫師可能得為藥物的毒性負法律責任（所以應該遵循特別的告知後同意的步驟）。這些得失很明顯，但要找到解決方法卻不容易。

　　當資源很少，無法讓每個人都得到實驗中的治療方法或藥物時，不將這種治療或藥物告知研究對象，有時是算合乎倫理的。在這個情況下，研究者可以利用跨越設計（crossover design）或者稍加修改的設計，在研究比較後期，當發現藥物效果不錯且資源容許時，再提供藥物給原先控制組的研究對象。然而，這樣的作法只有當所治療的病症不會持續惡化，而且不會造成永久傷害時才最有用。例如，癌症病人如果是以比較沒效的治療法治療，惡化的速度可能比較快，即使之後跨越去接受實驗組的治療，也可能無法彌補惡化所帶來的損失（Marquis, 1983）。同樣的，處於弱勢的高中中輟生幾乎沒有別的選擇，又不能進入「第二次機會」的教育計畫，如果以後真的沒有其他機會，那麼他在教育、社會及經濟上的傷害將是一輩子的事（Fetterman, 1982）。但如果沒有實驗對待，原本的問題也不會惡化，那麼，這種方法可以幫忙確保讓每個人最後都能接受到實驗證明有用的實驗對待。這種方法也使實驗者受益，因為他可以利用先前的比較組來確認先前的初步發現是真的。

　　如果是要比較一些療效相當的治療方法時，不讓研究對象使用或知道有這些方法，也是合倫理的。一個例子是評量教育計畫用的「計畫好的變化」（planned variations）方法（例如，Rivlin & Timpane, 1975）。然而，

285

這個方法不容易執行，因為研究者常發現，同樣的實驗對待在不同地點執行時所產生的變異，比不同的實驗對待之間所產生的變異還大。而且，不同的變化（例如，認知表現相較於學業上的自我概念）都是嘗試回答同一問題的不同部分而設計的，因此，應該測量這些特別的問題及測量所有這些變化都想要回答的一般問題（例如，教育成就）。另一個例子是研究電腦輔助教學（CAI; Atkinson, 1968）。所有的班級都隨機接受英語CAI或數學 CAI，每一組都測驗這兩科目，因此對某些學生來說，數學是實驗組，英文是對照組，而對其他學生而言則相反。當幾個問題都同樣急切需要解決時，而且當研究者可以預期，某個實驗對待的特殊形式（英語 CAI）不會影響它的另一個形式（數學 CAI）的檢驗太多時，就能用這種設計。這類的條件在許多領域都不存在，像愛滋研究即不存在。

如果讓研究對象無法得到實驗對待會產生問題時的作法

不讓研究對象獲得實驗對待在其他大多數的情況下都不適宜，尤其是嚴重、正在惡化，或會造成永久傷害的問題更是如此。這時有幾個可行的辦法：

- 利用劑量反應設計
- 在隨機化之前先提供一項介入措施給所有的研究對象
- 使用一個「要求就給實驗對待」（treatment-on-demand）的控制組

首先，在劑量反應研究裡，研究對象獲得的劑量是在某個範圍內。例如，在攻擊配偶的介入措施實驗裡，被逮捕的配偶不是被分派到一般逮捕然後在幾小時之內釋放的那一組，就是被分派到一直關到法律所允許的範圍內那一組（Boruch, 1997）。一旦介入措施的劑量降低到某一點，該最低點就像是一個只獲得安慰劑的控制組（雖然安慰劑本身可能也有某種劑量與反應間的關係；Clark & Leaverton, 1994）。

第二，在隨機化之前，研究者可提供每位研究對象一項介入措施，讓每個人都得到一點東西。洛克菲勒基金會的少數族裔單親媽媽（MFSP）計畫（Boruch, Dennis, & Carter-Greer, 1988）的一些研究場所，將這個方法作為計畫的一部分。MFSP 計畫提供職業訓練、托育，及其他的支援服務給經濟不佳的少數民族單親母親。這些女性被隨機分派到兩組，一組得到介

入措施的幫助，另一組則不能得到一部分的職業訓練。在隨機分派之前，有一個實驗場所開了幾次會議，幫所有那些可能得不到實驗對待的人訂定計畫，幫他們解決部分的問題。當然，這個改變可能讓實驗對待顯得比較沒那麼有效。

286

　　第三個解決辦法是「要求就給實驗對待」（TOD）的控制組，尤其是當被分派到控制組的人比分到實驗對待組的少時，更可以這樣做。史耐德與威爾斯（Snyder & Wills, 1989）在一個婚姻治療的研究裡，就作了一個這樣的控制組，而這個研究裡，被分派到這一組的夫妻就比被分派到實驗組的少。被分派到這一個控制組的夫妻每兩星期最多可以要求作一小時的諮商，以解決一些危機，讓他們可以再忍受三個月後才作婚姻治療。要求諮商超過三次的夫妻則從研究除名。這樣的方法比完全沒有接受任何實驗對待的控制組，會產生的倫理問題比較少。如果很少有夫妻真的要求超過三次的諮商，則樣本流失就不嚴重，或者還是可以將這樣的夫妻放在控制組，但利用下一章所討論的方法分析。

實驗對待令人不悅時

　　最後，有一些實驗的實驗對待會令人不悅。這類的實驗對待也許含有一個有害的成分，像是某些規避訓練（aversion-training）的步驟裡，有讓人覺得噁心作嘔的成分；也可能是會造成傷害的副作用，像是化學治療裡的掉頭髮及疲倦；也可能是費用高或耗時。例如，一項研究隨機分派二十一所學校到兩種實驗對待組及一個控制組（Moberg, Piper, Wu, & Serlin, 1993）。密集執行實驗對待的那一組需要學校投入大量的時間與資源，因此有些學校拒絕進入該組。這個問題很早就被發現，改善的方法是讓學校自我選擇進入它所想要的實驗組，且學校知道之後它們會被隨機分派到它們所想要的實驗組或進控制組，但不會被派到它們所不想進的實驗組。之前幾節所討論的解決方法或許也可以用在這類的實驗。

隨機分派的倫理問題

　　許多實驗需要將稀少而搶手的資源分派給研究對象，像是收入補貼、教育計畫經費或新的藥物。要決定誰會得到這些資源，必須是在合乎倫理

的情況下作出。隨機化實驗作這種決定的方法是全憑運氣,完全不管研究對象的需求或優點如何,不管是最早申請還是最晚申請,也不管他們認識誰或有怎樣的勢力或關係。我們沒看過有人支持以關係或後台來決定資源分派的說法,因為這似乎違背了公平的基本原則。例如,也許有人會支持以申請的先後決定資源分配,以獎勵那些立即申請的人。但這種理由頗為薄弱,因為申請速度跟他所擁有來申請的資源相混淆,也就是說,那些最先申請的人可能可以使用較好的交通工具,或有較多的閒暇時間。因此,需求、優點及隨機化通常是用來分配資源的主要選擇。

287

當一項實驗對待對於滿足某種需求是最有效時,依據對該需求的嚴重程度來作分派是最能令人同意的。例如,大家都知道抗生素是對抗肺炎最有效的藥物,因此很難想像,如果研究者不把抗生素給肺炎病人,會被認為是合乎倫理的。同樣,如果有一個補償教育計畫已證明能幫助窮困的市中心區學校學生,也應該以需求程度作為分派的決定因素。以優點來作為決定分派的例子也同樣容易找到,像是將國家優秀獎學金(National Merit Scholarship)發給那些在國家優秀考試(National Merit Exam)得分高的人。讓上述這些論點得到支持的是迴歸不連續設計,因為當分派原則是需求或優點時,迴歸不連續設計(第 7 章)能得到無偏的效益估計(雖然這個方法的統計檢力比隨機化實驗低,而且有自己執行上的問題)。

反對使用隨機化的論點

有了贊成以需求或優點作為分派決定的原則,有些哲學家強調,只有當要比較的各組在治療效果上相當,且沒有其他更好的治療方式時,隨機化才符合倫理(Marquis, 1983)。他們認為,即使兩個實驗對待的差異是根據不佳的設計得到的結果,而且差異很小,例如,其中一個只有千分之一的機會比另一個的效果好,即便如此,貝爾蒙報告(National Commission for the Protection of Human Subjects of Biomedical and Behavioral Research, 1979)裡的自主的倫理原則(ethical principle of autonomy)還是要求,研究對象必須在告知後同意的過程中,被告知這些結果,讓研究對象自己判斷這些證據的相關性與重要性,尤其是在醫學這類的領域更應如此,因為這些領域裡的研究對象常會慎選治療方法。這些哲學家要讀者在假定研究對象沒有權利知道所有的訊息,即使是非常初步的訊息前,先想像自己是

癌症病人，生命成了賭注。不能認知到這類簡單的事實，可能嚴重影響到研究的可行性，就像是伯格與菲克磊（Berg & Vickrey, 1994）給的例子：「因為願意隨機決定自己腦的一部分是否由手術移除的癲癇症病人數不夠多，因此另一個癲癇手術試驗的研究費用被撤消了。」（p. 758）

其他反對隨機化的理由則訴諸現實問題。簽下告知後同意書的人常可能不瞭解同意書的形式，及自己在法律上的權利（T. Mann, 1994）。即使當資源稀少時，對於隨機化的態度並不一定都是正面的（Hillis & Wortman, 1976），尤其如果某些實驗對待會造成傷害時更是如此（Innes, 1976）。洛克菲勒 MFSP 計畫裡的單親媽媽認為，隨機分派比較不公平，而依據需求或測驗分數作分派比較公平（但隨機分派又比依據「先來先得」的原則或比「你認識誰」來得公平）。有資格加入 NIMH 治療憂鬱症合作研究計畫的病人中，大約有四分之一拒絕簽下告知後同意書，因為裡面包括同意研究者作隨機分派（Collins & Elkin, 1985）。有些研究對象誤以為簽下了同意書，就沒有權利控告研究者的疏失（T. Mann, 1994）。提供服務的人對於隨機分派也可能有同樣負面的反應，有時會將其他因素所造成的問題，像是轉介的作業方式不良等，怪罪於隨機分派（Lam et al., 1994）。研究對象可能不相信研究者真的使用隨機的方式，尤其如果他們被分到的組不是他們所想要的時，更容易有這樣的反應（Boruch, Dennis, & Carter-Greer, 1988; Lam et al., 1994; Wortman & Rabinowitz, 1979）。但「不相信」這件事，有時可以藉由讓公眾參與及檢視隨機分派的作業來化解，就像是 1970 年代美國軍隊徵兵時的作法。

288

贊成使用隨機化的論點

提倡隨機化的人認為，我們常常不知道哪一種實驗對待效果最好，像是新開發、幾乎沒有實證資料的實驗對待更是如此（Miké, 1989）。尤其當樣本數少、小型的試驗，或研究中期的結果才剛出現時，很可能有抽樣誤差，而且可能頗大，因此早期的結果可能有誤導之虞。關於這類新方法的資料，常是根據控制狀況不佳或執行狀況不佳的研究所獲得的結果，這些早期的研究已經進展到目前所提出的臨床試驗的階段，其目的正是要有較大的樣本、較好的設計，及比較可信的結果資料。為了要能進展到臨床試驗的階段，新開發的方法必須顯現出它是有希望有前途的，但這個希望常

最後被證明只是幻覺，或者，更糟的是還會造成傷害。例如，在觀察研究裡，β胡蘿蔔素（beta-carotene）可降低罹癌的風險，但在臨床實驗裡，β胡蘿蔔素卻提高了罹癌的風險（Liebman, 1996）。的確，一項回顧隨機化試驗的研究文獻顯示，醫學新開發的方法中，只大約一半有比傳統標準的治療法獲得較好的結果（Gilbert, McPeek, & Mosteller, 1977b）。就像查莫斯（Chalmers, 1968）所言：「只要去看一下那些被遺棄的治療法的墓園，就知道有多少病人可能因為被隨機分派到控制組而受益。」（p. 910）由於圍繞在證據的不確定性周邊的統計議題非常複雜，研究者有一些義務要把比較好的及比較不好的證據都告知研究對象。

其他稍微的補救方法

很明顯，這些爭議沒有快速的解決辦法。以下這些解決辦法，有時也有研究者使用（見表 9.1）。隨機分派可以包含一個「安全活塞」（safety valve）的機制，保留一些機會給那些申請了但不能進入實驗組卻非常急需實驗對待的人，但是，如果最需要的人也是最可能因實驗對待而受益的人時，這種作法可能降低統計檢力。洛克菲勒 MFSP 計畫有採用這項作法，計畫人員保留了 10%的名額給那些被認定最有需要的單親媽媽（Boruch et al., 1988）[4]。研究者可將研究對象從最不需要到最需要分成數個層級，再將最需要的人以較高的比例分派到實驗對待組（Coyle et al., 1991）；或者類似的作法是，可將研究對象分派到不同密集程度的實驗對待組去（像是劑量），如此一來，就沒有研究對象是完全得不到實驗對待的。當實驗可以使用多個實驗場所但資源有限時，可以只在其中幾個場所供給實驗對待。最後一個方式是使用以貝氏邏輯（Bayesian logic）設計的適性設計（adaptive design），其作法是，在整個實驗歷程中，被分派到某一組的比例隨著該組成功的比例增高而增加（Flournoy & Rosenberger, 1995; Kadane, 1996; Tamura, Faries, Andersen, & Heiligenstein, 1994）。

289

---

[4] 如果判斷能加以量化，這就變成了迴歸不連續設計。

▶ 表 9.1　隨機分派造成倫理問題時一些可能的補救方法

> 1. 使用迴歸不連續設計，依據需求或優點作分派，而非隨機分派。
> 2. 使用一個安全活塞機制以處理需求最急迫的研究對象。
> 3. 依據需求將研究對象分成不同的層級，讓需求最急迫的研究對象進入實驗對待組的比例較高。
> 4. 將比較高比例的研究對象分派到需求量最高的實驗對待組。
> 5. 利用劑量反應設計。
> 6. 利用適性設計，逐漸將更高比例的研究對象分派到最成功的實驗對待組去。
> 7. 利用告知後同意的步驟，以確保研究對象願意被分派到任何一組。
> 8. 將隨機分派的作業公開，讓研究對象看見分派的作業是公平的。

因為倫理的因素而中止實驗

如果負面的副作用在實驗裡意外出現，或者其中一個實驗對待所產生的效果比另一個實驗對待的效果好太多時，實驗有時會因為倫理的考量，而被要求中止（Marquis, 1983）。醫師的阿斯匹靈研究（Physicians' Aspirin Study）就發生過這樣的事，該研究是探討阿斯匹靈是否比安慰劑更有效降低醫師心臟病發作的機會（Steering Committee of the Physicians' Health Study Research Group, 1988）。在 22,071 位病人裡，服用阿斯匹靈組有 104 位心臟病發作，而服用安慰劑的那組則有 189 位心臟病發作；這樣的結果，客觀來說具有統計顯著（$r = .034$）[5]，但效果不大，然而這樣的結果已經大到足夠提早結束研究，因為不讓控制組使用這樣一個有效的治療方法，是不符倫理的。醫學的其他領域也有過這樣因為倫理的考量而結束隨機化試驗的例子（Marx, 1989; R. Rosenthal, 1994），但我們沒聽過社會科學界有這種例子。

因此，很多實驗在實驗期間，會每隔一段時間就以先得到的資料作一

5　如果以不同的方式計算，該相關係數會高一些（$r = .16$）（Haddock, Rindskopf, & Shadish, 1998），但無論是哪一種計算方法，這樣的效量都還是頗小。

些初步的分析，以決定是否要停止實驗（Choi & Pepple, 1989; Choi, Smith, & Becker, 1985; S. Emerson, 1996; Spiegelhalter, Freedman, & Blackburn, 1986; Tan & Xiong, 1996）。這種決定並不完全依統計數據來判斷，因為這也牽涉到該由誰來決定停止研究，以及，如果決定不中止研究，提供實驗對待的人是否能夠看到初步的結果。這些決定常由某個資料及安全監控委員會來作（Dixon & Lagakos, 2000）。再者，重要的結果很可能是在很久之後才顯露出來，因此，才剛看到短期內的結果就中止一項試驗，很可能沒辦法看到非常關鍵的發現（Armitage, 1999）。研究者在報告研究期中的初步結果時，卻沒有將這些問題說清楚，可能會誤導研究對象選擇某個實驗對待，但後來卻發現該實驗對待無效或有害。

實驗裡的法律問題

倫理問題可能變成法律行動的原因。紐澤西州的負所得稅實驗就發生過這樣的例子。該實驗答應保護研究對象的隱私權，但一個磨瑟縣（Mercer County）的大陪審團因為懷疑有些研究對象不但領了實驗給的補助還領社會救濟，而這是欺騙不當的行為，因此傳喚實驗者，要求查閱紀錄以找出這些研究對象。這使實驗者陷入兩難：如果因為已經答應要為這些可能已經觸法的研究對象保密，而必須保護他們，那麼實驗者就必須違抗大陪審團的命令。最後實驗者在庭外作了和解。

法律有為隱私權提供一些法律上的保證，像是在大多數的情況下禁止揭露個人向國稅局繳交的收入紀錄，及醫病關係間的隱私權。然而，研究資料的保密並沒有法律的保障。不論告知後同意書是怎麼寫的，研究者可能必須回應法庭的傳喚、回應法律的資料搜索令，或被要求帶著資料在法庭回答問題。研究對象也可能被傳喚到法庭回答曾經在面談時回答過的問題，但實務上很少出現這些情況（Cecil & Boruch, 1988）。已經有一些法律在保護在某些特殊情況下的資料之隱密性。布洛奇（Boruch, 1997）將相關的法令與法律保證的種類列成表，例如，免受立法機關的調查、二手分析資料的規定等。如果研究可能牽涉到法律問題，像是以吸毒者或違反假釋者作為研究對象時，研究者應該把跟這類研究相關的法規找出來。然而，這些法規中，有很多從來沒有在法庭裡測試過，因此可以多相信這些法規

還不是很清楚。因此，研究者應該要考慮使用一些能確保隱密性的研究方法，像是利用隨機化反應的方法（randomized response methods），或決定不蒐集任何可能指認出研究對象的資料；而且，一樣重要的是，研究者要確定這些方法有被確實執行。

　　隨機化的合法性有時會被質疑；例如，在犯罪學研究領域，有些研究者認為，隨機化是由某個個人任意決定的，因此違反了我們對公平的感受，也違反了被告應接受適當審判及相等的保護的權利（Baker & Rodriguez, 1979; Erez, 1986；但見 Lind, 1985）。這樣的說法在一些福利計畫裡，像是社會安全或社會福利，也有聽過。解決辦法要從立法、司法及程序上來著手（Boruch, 1982, 1997）。有時候，一些特定的法律同意研究者使用隨機化，像是在評量「工作機會與基本技能訓練計畫」（Job Opportunities and Basic Skills Training Program）時，一條聯邦法特別規定：「依據這一個段落的內容所作的示範計畫，應該利用實驗對待組和控制組，而這些組是由計畫裡的研究對象所隨機組成的樣本。」（Family Support Act, 1988）有時候，這樣的隨機化在法庭裡被提出來辯論，法庭的判決則認為這種隨機化是合法的，為之後的使用隨機化建立了一些判決先例（Breger, 1983）。有時候則在通過了一項法令之後，授權讓研究者作隨機分派的步驟也通過了。歌朗（Gueron, 1999）講了一個法令規定要作社會福利改革的例子。雖然研究對象通常不能不參加這些法律強制要求參加的計畫；但是為了評量著想，之後還是能為一些研究對象安排退出計畫。告知後同意的程序為隨機化提供一些防禦，尤其如果機構的審查委員會（IRB）審查並通過了隨機化的方式時，更是如此。但還是有很多主管及提供服務的人怕自己因為加入實驗而被控告。一項研究警察處理家暴問題的方法之實驗裡，市政府起先要實驗者要買法律責任險，以防萬一他們因為加入實驗而被告（Dunford, 1990）。幸好這個狀況後來成功解決，研究者不必去買保險。

　　聯邦司法中心實驗法律顧問委員會（Federal Judicial Center Advisory Committee on Experimentation in the Law）（Federal Judicial Center, 1981）所發布的一項報告指出，法律長久以來都認為，實驗是探索公共政策議題的正當方法，但有很多的條款。實驗對待的平等原則要求，個人的相關條件類似時，所受到的待遇應該類似。如果同是有需求的人被隨機分到不同的組，而不是以相同的方式對待時，隨機化可能違反這項原則。至於利益與

291

傷害，顧問委員會認為，對研究對象造成的重大傷害，即使以將來能對接受到實驗對待的人帶來更大的利益作為訴求，通常在法律上也不能接受。委員會也表示擔心那些可能動搖大眾對司法系統的信心的實驗。該委員會討論了如何將這些原則應用到實驗對待造成的傷害、強制實驗對待的使用、隱私權的議題，及實驗裡的欺騙。該委員會建議，進行實驗之前，必須證明以下事項存在：

- 目前的狀況需要改進；
- 所建議的改進方法功效還不清楚；
- 只有作實驗才能提供所需要的資料來澄清上項問題；
- 實驗的結果將會被用來改變實務的作法或改變政策；及
- 實驗中個人的權利將受到保護。

292

招募研究對象參與實驗

　　不可能還沒找到願意而且合適的研究對象就開始作實驗。無法找到願意且合適的研究對象，可能使檢力大幅降低，或甚至讓實驗完全停擺，就像本章開頭所引述的「麥迪遜與雷新優質就業」實驗一樣。還有，那些最後真正成為研究對象的人的特性，會明顯影響建構效度與外部效度。例如，老年高收縮壓計畫實驗（Systolic Hypertension in the Elderly Program experiment）（Cosgrove et al., 1999）送出超過三百四十萬封邀請信函，接觸了447,921位經過初步篩選的人，找到了11,919位合格的人選，最後是將4,736位研究對象隨機分派到各組；也就是說，被分派到各組去的人，只是合格者的一小部分，而合格者只是所有自願者的一小部分，這些自願者又是一個包括那些可能合格但卻沒有自願的大母群裡的一小部分。在一個酗酒治療結果的研究裡，從原酗酒者的樣本裡篩掉了76%的人，另外15%不願意被隨機分派，而剩下的9%跟原本的樣本在許多變項上有很大的差異（Howard, Cox, & Saunders, 1988）。帕爾門、瑞本與李（Pearlman, Zweben, & Li,

1989）發現，經由媒體宣傳招募而來的酗酒治療研究對象，跟一般酗酒診所的病患，在很多重要的特質上有明顯差異。

有時候，問題是出在目標母群沒有經過仔細定義，只是簡單的標為失業、市中心區的居民，或者在教育上屬於弱勢的兒童。更常發生的是，目標母群有定義，卻找不到這樣的人（Bickman, 1985; Boruch, 1997; Boruch et al., 1988; Dennis, 1988; Dunford, 1990; Ellenberg, 1994; Orwin, Cordray, & Huebner, 1994）。要確保找得到目標母群，實驗者可以：(1)在實驗前作調查，找出可能的研究對象，並找出特色；(2)規畫研究，以追蹤這些人的變化；(3)預試招募的程序，觀察是哪些人得知有這樣的實驗，及合格且申請加入的人是哪些人；(4)使用經過訓練、善於溝通，且能讓人對計畫產生興趣的推廣專員；(5)使用招募專員，積極招募可能的研究對象；(6)努力瞭解是介入措施的哪些性質使得人們不願加入實驗，像是沒有托育場所，或發現訓練的不是他們最終想從事的職業。

如果經過了以上的努力還是發現合格的研究對象人數比預期的少，研究者可以：(1)如果時間和資源容許，而且如果計畫裡的人願意，可將實驗的時間架構延長；(2)多花一些額外的資源作更密集的推廣；(3)修改合格的要求條件，讓更多人可達到合格水準，但這可能需要額外檢定合格要求與實驗對待之間的交互作用；(4)如果檢力分析發現，即使將分派到實驗對待組的比例降低，還是可以顯現出實驗對待的效益，就將分派到實驗對待組的比例降低；或(5)中止實驗，這項選擇有時比將經費花在一個無法找到預期效果的實驗上好，尤其如果這個決定是在實驗初期就作會更好。 293

在那些被選為目標樣本的人中，自願進入實驗的人的特質，可能跟非自願者不同。例如，克雷斯基司等人（Klesges et al., 1988）在兩個工作場所為六十六位合格的抽菸者提供工作場所戒菸計畫，其中有四十四位同意加入實驗；跟那些不願參加的人相比，這四十四位之前戒菸的結果比較不成功，抽菸的歷史比較久，並自認比較容易得到跟吸菸相關的疾病。這類的特色顯示這四十四位參與者是比較頑強的菸槍，比沒有自願參加者更認為菸難戒；這可能導致實驗結果有偏誤，發現比較小的效果。請注意這樣的情況影響了多種的效度——檢力因樣本較小而降低，計畫只能解釋為對自願者有效，而且不清楚計畫是否對非自願者一樣有效。

有時候，要決定哪些人是符合實驗資格的，會因為知曉隨機化的步驟

而受到影響（Dunford, 1990）。例如，一項研究要測試三種警察處理家暴案件的方式，個別的警察都知道下一個案件要分派到哪一種處理方法，他們也都負責判斷某個案件是否符合實驗的合格條件。結果是，如果他們認為下一個案件不應該被分派到該被分派的組去時，有時會將該案件認定為條件不符。如果這種情況發生在某一組的頻率比其他組高（例如，如果警察不願意將比較小的爭執分派到逮捕組，因此當下一個案件必須分派到逮捕組時，會將這些案件判斷為不合進入實驗的資格），則內部效度和外部效度會同時受影響。在這個例子裡，若能將合格與否的判斷與招募的判斷在分派的過程中分開，會避免出現這樣的問題。

有些研究者提出了以設計及統計方法來估算這些分派前的選擇問題所產生的效應。馬可斯（Marcus, 1997a）的方法需要執行平行的隨機化與非隨機化實驗，兩個實驗完全相同，只是願意被隨機分派的研究對象是在隨機化實驗裡，而希望自己選擇的人則被分在非隨機化實驗裡。愛倫伯格（Ellenberg, 1994）的方法則研究隨機樣本在每一階段被排除於實驗之外的那些人（例如，那些被認為不適合參加實驗的人、那些適合但沒有參加進一步篩選的人、那些有參加篩選但認為不符合作隨機化的人，及那些被隨機化之後拒絕接受分派的人），以瞭解每一階段可能產生的偏誤。布雷夫與史密斯（Braver & Smith, 1996）的設計則將所有的合格研究對象隨機分派到三種組別去：(1)這一組的研究對象以隨機方式決定是被分到實驗對待組或是控制組；(2)研究團隊邀請這一組的研究對象加入實驗組；(3)研究團隊邀請這一組的研究對象加入控制組。在這三種組別裡，有些研究對象會拒絕參與；但這個設計利用這三種拒絕參與者，以幾種隨機化及非隨機化的比較方法，大致得知實驗對待對於整個母群可能會有怎樣的效果。這個設計或許可以跟下一章所介紹的工具變項（instrumental variable）統計法結合，估計接受實驗對待所產生的效果，而非只是估計被邀請到實驗對待組所產生的效果。

294

改善隨機分派的程序

　　招募了研究對象進入實驗研究之後，必須將研究對象隨機分派到不同組。想要在田野的環境下成功執行及監控隨機分派，研究者需要很多實務上的專門知識及技術上的知識。很少實驗者有這樣的知識，一部分是因為統計教科書很少包括這種內容，另一部分則是因為許多研究者先前很少有作實驗的經驗（Haveman, 1987）。過去十五年來，獲得美國國家司法研究所（National Institute of Justice）補助作實驗的研究者中，一半以上從來沒有作過任何實驗（Dennis, 1988）。

隨機化的方法

　　將人隨機分派到不同組的方法有很多種（表 9.2）。我們在此介紹幾種常見的方法及其優缺點（亦見 Kalish & Begg, 1985; Lachin, Matts, & Wei, 1988）。如果某個研究設計的性質許可的話，有時可以合併使用一些方法。

簡單隨機分派

　　執行簡單隨機分派的步驟，擲銅板或丟骰子，是大家所熟知的，也不須多解釋。其他可能的方法還包括洗牌、旋轉指針、轉輪盤，及從盒子裡抽出號碼球。當隨機分派所作的決定關係著個人的輸贏，因而非常敏感必須公諸於世（像是贏得樂透或被抽中入伍）時，這些方法在公共關係上有很大的價值。如果簡單隨機分派執行妥當，這些容易瞭解而且公開透明的方法會得到完美的隨機分派結果。

　　但這些方法有兩個關鍵的缺點。第一個缺點根源於一些方法的實體結構。銅板只有兩面，所以最好是用於只有兩組的實驗；骰子有六面，可適用於最多有六組的實驗。但許多實驗，像是一個 3×3 的因子設計（3×3 factorial design）所包含的組比這個還多。銅板和骰子還是可以加以變化，

295

➤ 表 9.2　隨機分派的種類

> 1. 簡單隨機分派
> - 將研究對象分派到各單位的機率不為零且純屬偶然的步驟（取出不放回）。
> - 通常是以亂數表或電腦得出的亂數為之。
> 2. 有限制的隨機分派，以使各組樣本數相同
> - 樣本數小時特別有用，以避免各組樣本數相差太多。
> - 在許多（並非所有的）設計裡，若各組樣本數相同，可使檢定實驗對待主要效益的檢力增加到最大。
> - 比較好的方法是從配對或分層裡作分派（見本表7）。
> 3. 有限制的隨機分派，以使各組樣本數不同
> - 可用來克服現實的限制，像是能接受實驗對待的人數有限制時，或因為剝奪許多參與者接受實驗對待機會而引起倫理爭議時。
> - 檢定有限的某些假設時，可增進其檢力（見最佳設計理論）。
> 4. 分批隨機化
> - 指的是每次有一小群研究對象可被隨機分派到各組去，這些小群所包含的研究對象個數比組數多，但不是指整個樣本。
> 5. 緩慢流入過程的隨機化
> - 指的是新的研究對象加入的人數與速度都很慢，而且每一批的人數比要分派的組數少。
> - 關鍵的問題是要確保各組的比例隨著時間的改變都能維持研究者所希望的狀況。
> 6. 適性的隨機化方法
> - 隨著時間的變動而改變分派到各組的比例，以修正分派比例不如理想的問題。
> - 如果研究對象的特徵在研究期間內都能維持穩定，則結果可能無偏誤；如果不是，可能需要某些分析方法作調整。
> 7. 從配對或分層作隨機分派
> - 先將研究對象分成幾群，再分別從各群分派到各組去。
> - 在配對的群裡，每一群所包含的研究對象人數跟實驗所含的組數一樣多；分層所成的群裡，則各群所包含的研究對象人數比實驗所含的組數多。
> - 一定都會幫忙控制住分派到各組的比例。
> - 如果配對或分層的變項跟結果有關，則也能增進設計的檢力。
> - 以預期會跟實驗對待有交互作用的變項作為配對或分層的變項，有益於實驗效益的估計。

讓它們符合研究者的需要，但可能比較複雜，出錯的機會因而增高，公開透明的程度也因此降低。第二個缺點是這些方法有可能因實驗者某些固定模式的行為而產生偏誤，像是（可能是不自覺地）丟銅板時都固定先把人頭朝上之後再丟。例如，1970 年以抽籤徵兵時，是將寫上生日的紙條塞進膠囊，再從兩英尺深的大碗裡抽膠囊——這看似隨機，但膠囊開始時是依年份次序排在一個盒子裡，而盒子可能沒有經過足夠的攪拌，因而沒有將排好的膠囊次序打散。當膠囊從盒子裡倒進大碗時，也沒有進一步的攪拌，這時生日比較早的就在碗的上層，因此在所有第一批被抽中當兵的年輕人之中，這些生日比較早的人占的比例過高（Fienberg, 1971）。如果必須使用這些為大眾所接受的方法時，凡伯格（Fienberg, 1971）建議了幾種讓隨機化更可能值得信賴的方式。

296

其他方法裡，主要的是利用亂數表（table of random numbers）。許多統計教科書都有亂數表（例如，Fleiss, 1986; Rosenthal & Rosnow, 1991）。不論實驗有多少組，亂數表都很方便有用，而且亂數表常是由電腦程式做出的，大大減低系統誤差的機會。而且這些年來，已經就多種的潛在非隨機作了檢驗，也刪除了有偏誤的行或頁而以無偏誤的亂數取代。雖然亂數表不是完美的，但這種表是最容易取得可靠的亂數（隨機的數字）之處。

另一個方式是以電腦來產生自己的一套亂數。大部分常見的統計套裝軟體都會產生亂數，包括 SPSS、SAS、Excel（附錄 9.1）。這些套裝軟體很容易使用，但可能還是有問題。例如，一個大型的學校系統隨機將合格的學生分派到一個一般的市區學校或一個新的創意磁石學校（innovative magnet school），且後者花在每個學童身上的經費比前者多出四倍。一項研究磁石學校如何影響學生的成就與態度的計畫顯示，一年內為了讓電腦做出更無偏誤的亂數所作的嘗試，反而讓亂數偏誤更嚴重（Zigulich, 1977）！在配偶攻擊重複研究計畫（Spouse Assault Replication Program）（SARP; Boruch, 1997）裡，研究者發現，電腦當機再重新開機以後所產生的一連串數字一直重複出現，因為軟體重新開始時是以同樣的迴算式（algorithm）產生同樣的數字。再者，如果研究者不是完全瞭解如何寫迴算式的程式，就可能做出有問題的隨機分派。大部分的研究者如果持續依靠亂數表，都沒什麼問題[6]。

使用以上任何方法的通則是，讓所有分派的決定作得盡可能隨機。假

設現在有一個心理治療的實驗，實驗者想將二十名個案分派到實驗組或控制組。首先，研究者也許隨意翻到亂數表的任一頁，閉上眼睛，指到該頁的某一點就作為開始的數字（Wilson, 1952）。或者比較正式的方法，是使用隨意想到的數字作為隨機開始的頁數、行數及欄數，然後這位研究者從這個起點開始，在同一欄向下移動，或向不同的行橫向移動，找出是 1 或 2 的數字來決定研究對象是要分派到實驗組或控制組（這一組號碼也可能是 1 和 0，或任何其他可能合理的一組數字；或者也可以利用單數和雙數來決定）。假定隨機開始之後的數字是 73856 20392 34948 12637。從左向右移動時，首先碰到數字 2，所以將第一個研究對象分派到控制組。繼續尋找 1 或 2，依序會碰到 2、1、2。所以，第二和第四位研究對象被分派到控制組，第三位被分到實驗組；就這樣一直分下去，直到所有的研究對象都被分出去了。如果實驗有三組，則要找的號碼是 1、2、3（或 1 至 3 到第一組，4 至 6 到第二組，7 至 9 到第三組，不管 0）；同樣的邏輯可延伸到不論多少組的情況。這樣的過程稱為**簡單隨機分派**（simple random assignment）**不放回**（without replacement）。說它「簡單」是因為不需要作事先的分層，而「不放回」是因為，如果已經被分派的人所得到的號碼在亂數表裡再次出現時，該位已經被分派的人都會被跳過，不再重新分派。

有限制的隨機分派，以強迫各組樣本數相同

簡單隨機分派常會導致每一組的樣本數不相等，尤其如果整體樣本不大時更明顯。在心理治療的例子裡，簡單隨機分派非常不可能會將二十位個案分成一組十人的兩組。理由很簡單：在任何的亂數表裡，會碰到恰巧有十個 1、十個 2 的機會極小。比較可能的結果是 9 個「1」、11 個「2」，或 12 個「1」、8 個「2」。樣本小，切半時有可能很不平均。作者之一（薛狄戍）有一次在一個研究生的課堂裡丟銅板，要公開將班上的十名學生分派到兩組的其中任一組去時，就出現了兩組人數差很多的情況。丟銅板的結果，十次都是人頭朝上，結果十個人都在實驗組，控制組零人！不

------

6 一些有創新頭腦的研究者發明了更多的隨機化技巧。例如，在配偶攻擊重複研究計畫（Boruch, 1997; Garner, Fagen, & Maxwell, 1995）裡，以電話向警察報案的時間都由電腦記錄，精確到秒數。所有秒數以雙數結尾的案子都被分派到逮捕犯案者的一組，而以單數的秒數結尾的案子都被分派到中介（mediation）組。

相等的樣本數有可能使效益的計算變得複雜（Keppel, 1991），比較容易讓統計分析受到變異數不相同的影響（S. Maxwell & Delaney, 1990），而且當兩組比超過 2:1 或 3:1 時，會嚴重影響檢力（Pocock, 1983）。當整體樣本數小於 200 時，研究者可能應該避免使用簡單隨機分派。波卡克（Pocock, 1983，表 5.3）已經發現，樣本數 200 時，分割結果達到 57% 到 43% 這麼大（也就是兩組最多各偏離 7%）的機會不到 5%。研究者也必須考慮是否需要報告期中的結果。如果沒有嚴格遵守步驟讓兩組樣本相同，試驗的早期很可能就會產生各組樣本大小不一的結果。如果研究者知道必須計算部分樣本的結果，或要將結果通知媒體，資助機構、提供服務的人、研究對象或其他的科學家時，則組的數量比較小，比較能在試驗的早期讓各組樣本數相同。

　　樣本比較小或將會使用期中的結果時，研究者應該要考慮使用能讓各組樣本數相等的方法。一個方法是從各小組內作隨機分派，且讓各小組的人數都等於實驗對待組與控制組的組數和。也就是，如果實驗有兩組，則將所有研究對象分成許多對，將一對樣本之一隨機分派到一組，將另一個研究對象分派到第二組；實驗有三組，則先將研究對象分成以三人為一小組，將小組裡的第一人隨機分派到實驗的第一組，第二人隨機分派到第二組，第三人分派到第三組。當設計需要作配對或以某些預測結果的變項作分層變項時，會使用這個方法；我們在本章稍後會討論這個主題。不論是否以一個研究關切的變項作為配對的基礎，都必須掩飾隨機分派的動作，以避免研究參與者從各組配對被分派的結果猜出下一個是要分派到哪去。因此，在醫學試驗裡，如果醫師知道所使用的是配對後再隨機分派的方法時，可能猜得出下一個病人是要分到哪一組，因而可能引導病人接受或不接受實驗對待，例如，可能藉著宣稱下一位該被分派的人不符合選擇標準，而不讓病人進入實驗。研究者也可以保密配對組的大小，或讓各配對的組大小不一，但這可能使分析變得複雜。伯格和愛克斯納（Berger & Exner, 1999）提出一項檢測可能因為這種預期而產生的選擇偏誤的方法。然而，當實驗使用數種分層變項，或有數個因子且每個因子有數個層級，或實驗是個雙盲設計（double-blind）或在多地作實驗時，可預測到下一個個案會被分派到哪一組的機會就小很多。

　　如果是慢慢才有研究對象進入實驗時，也就是當研究對象是「漸漸流

298

入」時，另一個能讓各組樣本數維持相等的選擇是適性分派設計（adaptive assignment design）（Kadane, 1996）。在這種方法裡，每一組的分派比例會隨著時間而變，人數最少的那一組會獲得比較多的新樣本。這個方法就像配對或分層一樣，也可以用來使各組在分派之前已經測量過的重要研究變項上相等；而且，這個方法也讓實驗裡的人比較難預測下一個人要分派到哪一組，因此比較不需要特意掩飾分派的動作。

當研究者一開始沒料到有這個問題時，就會發生最不好的解決辦法；開始時作隨機分派讓各組樣本數相同，當一組收足了預定的樣本之後，就不再將樣本分派進該組，所有各組也依照同樣的辦法收足人數，直到最後一批樣本被分到最後剩下的那一組為止。這個方法的問題是，如果較早前的樣本跟後來的樣本有明顯的不同（例如因為季節性的緣故），這種方法增加了各種變數間相混淆的機會。例如，一項預防抽菸的大計畫下的一項試驗裡，最後才自願參與計畫的人，也許比一開始就很想進入實驗的人戒菸的動機比較弱。在一項新的癌症化療實驗裡，早期的個案篩選條件可能很嚴，但如果理想中的樣本數在可利用的時間內似乎達不到時，研究者可能放寬篩選條件以加速招募研究對象的速度，而其結果將是，最後一批病人很可能跟第一批病人的情況不同。如果最後這一批病人絕大部分都被分派進最後一組以強迫各組人數相等時，很可能會產生明顯的偏誤。

299　有限的隨機分派以強迫各組樣本數不同

隨機化並不需要讓各組樣本相同。事實上，隨機分派的一個常見定義：「研究對象進入各組的機會必須相同」是錯的。隨機分派唯一要求的是分派結果純屬偶然，且每一個合格的研究對象被分派到任一組的機會都不為零。從方法上來說，要強迫讓每一組的樣本數不相同很容易作到。例如，若要以亂數表將三分之二的人分派到一組，三分之一的人分到另一組時，可以讓號碼 1 至 6 的分到第一組，號碼 7 至 9 的分到第二組，0 則不用。能用的方法很明顯，不必再詳述。

不相等的樣本數會有用的原因有二。其一是統計上的。雖然一般相信，樣本數相同會增強檢力，但這並不一定都是對的。在最佳設計理論（optimal design theory）（例如，McClelland, 1997）中，分到各組人數不同時，能增加統計檢定發現一些效應的檢力。例如，當比較三組或以上時，可將差異

加權後再加總（weighted sum of differences），而權數則反映樣本數的大小，使某些組間比較的檢力加到最大。要瞭解樣本數不同是否會增強檢力，研究者必須清楚研究的基本設計是什麼（例如，有幾個因子，每個因子有幾層）；並且，要比絕大部分的社會科學家更清楚知道哪些效果是研究最想瞭解的〔例如，是線性關係還是較高階次的多項式（higher order polynomial）；是主要效益還是交互作用；非序列的（nonordinal）效應〕，並瞭解得更仔細（Atkinson & Donev, 1992; Mead, 1988; Orr, 1999）。麥克雷藍（McClelland, 1997）提出幾種實用的原則。首先，讓自變項的層級數跟所需估計的效應之參數數目一樣多：要估計線性效應用兩個層級，認為效應是自變項的二次函數則用三個層級，以此類推。第二，考慮多使用一個額外的層級，以防發生模型參數不足以解釋變項的情形：例如，若假設效益是線性的，則使用三個層級以防發現效應可能是自變項的二次函數。第三，如果自變項的效益有可能不是線性的，則將較高比例的研究對象分派到自變項的最極端層級。第四，如果是隨機抽取層級而沒有固定的層級時，雖然很少有這樣的情形，但如果這樣做的時候，分析時視情況的需要，盡可能減少多項式的個數與交互作用的個數，或利用一個自由度的集中檢定（one-degree-of-freedom focused tests）來檢定類別變項，都可使檢力變得最大。

　　使樣本數不相同的第二個原因，是為了因應實務上的需求。例如，當實驗對待只能供給少數的研究對象，但申請者人數眾多時，這時如果讓控制組的研究對象人數較多，而非讓兩組人數相同，則統計檢力較佳（Kish, 1987）。同樣的，當比較兩個實驗對待及一個控制組時，有時主要的目的是在比較這兩個實驗對待組，例如，如果過去的研究已經分別將兩種實驗對待與控制組比較過，就會出現這樣的需求。在這樣的情況下，可以使用較小的對照組。另一個例子是要將一項大家都熟悉的實驗對待與一項新的實驗對待相比較，而研究者需要知道後者比較精確的效益估計值時，就可以將較多的研究對象分派到後者。還有另一個情況是，可能是因為研究道德的因素，而將實驗對待組的人數加到最大，就像克雷斯基斯、哈達克、藍寶及塔寇特（Klesges, Haddock, Lando, & Talcott, 1999）將 75%的空軍新訓人員分派到戒菸組，而將 25%的人分到控制組。再另一個例子是，給予實驗對待的費用可能比控制組高，因此，在固定的預算下，必須討論如何才能將實驗對待與控制組作最佳的分派（Orr, 1999; Zucker et al., 1995）。假

300

定實驗者的預算固定在五萬美元，而讓一位研究對象進入實驗對待組接受昂貴的醫學養生法及作最後的檢測需要一千美元，而控制組的研究對象，一位只需要 250 美元，因為他們只接受最後的檢測。若研究者決定讓兩組樣本數相同，每一組四十人，效量是 $d = .50$，$\alpha = .05$，則檢力是.60。但如果同樣多的資源分配的方式是：三十人接受實驗對待，控制組八十人，則檢力增到.64。然而，如果兩組人數相差太多時，檢力就會大幅掉落。二十五人在實驗對待組，一百人在控制組時，檢力回到.60；而當兩組人數差距更大時，檢力掉得很快。若要檢定多個組或交互作用時，檢力的計算又更複雜，這時最好能向統計專家諮詢。

分批隨機化

如果任何一個時間點都只有一小群人可用以分派到各組去，就必須作**分批隨機化**（batch randomization）（Reicken et al., 1974），像是新的癌症治療法試驗，得到合乎條件的病人的速度很慢，而且不是實驗者所能控制的。實驗者不能等好幾個月或甚至幾年，得到足夠的病人之後再將他們分到各組去，因為有些人在這個等待的過程中會過世，而其他人一定去找別的醫師了。因此，研究者可以定時決定如何分派每一批的病人。實驗者這時必須事先決定分派到各組的病人的比例是多少，並且依此設計一個可以達成此目標比例的隨機化方法，每次都依據這個方法分派每一批研究對象。先前所介紹的方法都可以稍加變化之後應用到這些情況，但研究者必須記錄研究對象是屬於哪一批，之後才能分析各批之間的差異。

緩慢流入過程的隨機化

當研究對象進入研究的速度緩慢，而且因為實務或道德上的原因，必須立刻將他們分派到各組去時，稱為**緩慢流入過程的隨機化**（trickle process randomization）（例如，Goldman, 1977）像是心理治療個案的症狀嚴重，必須立即治療時，即屬於這種情形。這時，研究者根據實驗對待組預期可提供的新個案空缺，決定分派的比例。因此，在一項住院治療的醫學研究裡，實驗者知道每星期大概會有十位合格的病人，而每星期會有四個病床空出來，因此每星期固定大約 40%的病人會被隨機分派到實驗對待組。布洛特與瑞查特（Braught & Reichardt, 1993）檢視緩慢流入過程的分

派情形，並介紹了一個用來執行這個方法的電腦程式。

適性的隨機化方法

301

　　當初始的隨機化並沒有在各組產生研究者想要的比例時，可利用這些適性的隨機化方法隨著時間而修改分派的比例，修正樣本間（或共變數的層級間）的不平衡。這在國家職業訓練伙伴條例（National Job Training Partnership Act, JTPA）研究中發生過。該研究的人員發現，很難找到足夠的合格年輕人來填滿計畫的空缺。研究進行到一半時，他們將某些實驗場所裡合格的研究對象分派到控制組的比例降低，從原來對照組比實驗組是 1:2 的比例降為 1:6（Orr, 1999）。這些方法的理由和步驟在義夫龍（Efron, 1971）中有敘述，而傅立曼與懷特（L. Freedman & White, 1976）與波卡克及賽門（Pocock & Simon, 1975）有說明如何在分批及緩慢流入過程的隨機化中調整分派比例；拉欽（Lachin, 1988）、衛（Wei, 1978）及西藍（Zelen, 1974）則說明如何從分層（strata）作隨機分派時，作比例的調整〔在「缸隨機化」（urn randomization）或「假裝贏家隨機化」（play-the-winner randomization）中調整分派比例〕。帕摩與羅森伯格（Palmer & Rosenberger, 1999; Rosenberger, 1999）則討論所有這些方法的優點與缺點。

　　最單純的狀況是，當研究者發現各組樣本不平均時，就調整下一批研究對象的分派比例，直到達到原先希望的比例為止，之後又再使用原本的分派比例。例如，一項試驗裡的兩組所希望的比例是 50:50，但卻出現了兩組比例不平均時，波卡克（Pocock, 1983）建議，如果試驗的規模小，則將分派的比例改成 2:3（或 3:2，看是哪一組的人數較少），或如果參與試驗的人數超過一百人，則將比例調成 3:5。NIMH憂鬱症合作研究計畫發現男性與少數民族的分派在各組不平均時，就是利用適性的隨機化方法補救（Collins & Elkin, 1985）。比較複雜的情況則是（通常稱為「缸隨機化」），每分派了一位研究對象到一組之後，就調整一次分派比例：將一位研究對象分派到一組後，分派到該組的機率就降低，而別組的機率則升高。其結果是樣本長期都保持平衡。

　　然而，有些種類的適性分派可能會造成問題。如果前五十名研究對象是以簡單隨機法作分派，卻造成兩組比例是 15:35，而且如果為了要彌補這種不平均，而將剩下的五十名研究對象以不同的比例作分派，這時若這剩

下的五十名的特性跟前五十名不同，則這樣的方法將造成誤差。例如，這些人的選取標準也許不同，或有不同的季節性影響而造成差異。在「聖地牙哥找工作與工作經驗示範」實驗（San Diego Job Search and Work Experience Demonstration experiment）的三年裡，聖地牙哥的工作市場緊縮，因此後來的申請者跟先前的申請者，在某些跟工作相關的特性上有所差異（Greenberg & Shroder, 1997）。在這些情況下，將比例改變之前就已經分派的研究對象與改變之後才分派的相混合，可能會產生誤差，因為改變前的那一群研究對象，和改變後的那一群研究對象，是不同的，而且又以不同的比例被分派到各組去。如果研究者從計畫一開始認知到很可能會發生各組樣本不平均的狀況，使用缸隨機化就能讓這種問題發生的機會少很多。或者，研究者可以在準備分派每一批新的研究對象時，先從實驗組和控制組各隨機丟掉一些個案，使得每當有新的一批研究對象來到時，各組都能分到相同比例的新研究對象；但只有在樣本數非常大，檢力不會過度喪失時，才可以這樣做。最後，在作統計分析時，可將每一批新的研究對象視為層級（strata）加以分析。

302

隨意分派

有些研究者以隨意分派（haphazard assignment）代替隨機分派；所謂隨意分派，在形式上並非隨機，但沒有明顯的偏誤。例如，康乃迪克州的法院要評量一項審判前的調停方式時，即是採用輪流分派的方式（Lind, 1985）。伊利諾州的線上交叉配對示範實驗（On-Line Cross-Match Demonstration experiment）裡，識別碼尾數是單數的申請者被分在實驗組，尾數是雙數的則被分在控制組（Greenberg & Shroder, 1997）。在青少年伸援計畫實驗（Teen Outreach program experiment）裡，有些實驗區域的分派方式，是從按照姓氏字母排列的名單裡，每隔一個名字挑出一人來（Allen, Philliber, Herrling, & Kuperminc, 1997）。有些隨意分派的方式頗近似於隨機分派（Mosteller, Gilbert, & McPeek, 1980; McAweeney & Klockars, 1998）；如果不能用隨機分派，這些隨意分派的方法也許會是個好選擇。即使當隨意分派的過程可能有偏誤，它可能還是比讓研究對象選擇自己想要進的組別，更能造成一個較佳的類實驗（Staines et al., 1999）。

然而，如果可以作隨意分派時，通常也可以作某種形式的隨機分派。

想以前者取代後者是沒什麼道理的，因為後者的特質已經經過許多人深入的研究，也廣為眾人所瞭解，前者的特質卻不然。隨意分派的方式有可能看來是隨機的，但實際卻有選擇偏誤。例如，如果每天有兩個個案來到心理治療診所作治療，一個早上來，一個下午來，這時如果使用輪流式分派會使早上來的個案都分在實驗組，下午來的都分在控制組。這些人也許在某些我們不甚瞭解的方面有明顯的不同，例如，在生理的節奏或在睡眠型態方面有所不同。同樣的，一些隨意分派的方式，像是輪流式的分派，會讓人可以預期到下一個人會被分到哪一組；有人會知道，因為今天的日期是雙號，所以病人會被分派到控制組而非實驗組。果真如此，這個人可能會鼓勵非常需要實驗治療的人晚一天再來，就能接受實驗治療，進而使得實驗治療組比較多亟需實驗治療的人。由於這種選擇偏誤的可能性，絕不可能完全從隨意分派法中排除；因此如能作到隨意分派，常比較會選擇使用正式的隨機分派。

　　有時研究者開始時是作隨機分派，但後來不再隨機，而以非隨機的方式來彌補兩組人數的差距。例如，裴利學前教育計畫評估起初是將六十四個配對，共一百二十八位學童，隨機分派到兩組（Schweinhart et al., 1993）。後來一些配對的學童交換了組別，好讓兩組在性別和社經地位上比較相近（Spitz, 1993; Zigler & Weikart, 1993）。這種方式聽來頗為誘人，因為這似乎是在達成隨機化所想達成的目標，也就是讓兩組在開始實驗對待之前比較同等；尤其當一個已知會影響結果的變項在兩組不平均時，這個方法更是誘人。然而，我們並不推薦這樣作。由於隨機分派是使兩組的期望平均值相等，而不是使真正觀察到的平均值相等，因此，兩組在觀察到的平均值有差異是可以被預期的；而推翻隨機分派的原則，甚至可能使沒有觀察到的變項有偏誤。如果像年齡這類的變項已經知道是重要的預測指標，那麼研究者就應該在作配對或分層時將年齡列入考量，再從這些配對及分層裡作隨機分派。研究中途放棄隨機分派的原則，幾乎不可能是一個好方法，因為幾乎都會有更好的方法，就像我們接下來要講的。

如果前測平均值有差異，該怎麼辦

　　如果作完了隨機分派，而前測仍然發現各組在某些觀察到的平均值上

303

有顯著差異時,並不表示隨機化失敗[7]。的確,從抽樣理論可以預期,分派到各組的研究對象人數愈少,則各組在所觀察到的前測平均值的差異可能愈大。相反的,大樣本則大幅降低各組在所觀察到的前測平均值有明顯差異的機會,也因此增加了任何單一隨機化試驗的可詮釋性。同樣的,使用同質性非常高的研究對象也會使這種差異發生的機會降低。但只要是正確執行隨機化,所發生的任何前測差異都是純屬機緣巧合,即使是樣本小、異質性高的母群,及各組前測平均值的差異非常大,也都只是巧合而已。

然而,經過無數次實驗,各組的條件終究將會相同的事實,對於現在這個各組不均等的實驗而言,終究是於事無補。不論各組是否均等,研究者還是得詮釋自己實驗的結果。因此,有時研究者會檢定各組在前測的差異是否達到統計顯著(或在某個可接受的範圍之內;Hauk & Anderson, 1986; Makuch & Simon, 1978; Westlake, 1988)。當這些檢定顯示前測差異比可接受的還高時,研究者也許會想,到底要不要繼續進行實驗,或者重作隨機分派直到前測平均值幾乎相等為止。不幸的是,重作隨機分派會損害到後測假設的檢定,因為這些檢定所根據的抽樣分布是假設只作一次隨機化。重作隨機化使得一般標準的假設檢定較為保守,而常無法發現實驗對待的真實效益。但如果有事先說明清楚怎樣的情況要重作隨機分派,並且是在實驗開始前重作隨機分派,有些方法學家的確容許重作隨機分派(例如,Cox, 1958; Pocock, 1983)。畢竟,即便重作隨機分派會得到保守的檢定結果,這種的保守偏誤在科學界常也認為可以接受。

然而,大部分的狀況下,還是有更好的選擇。研究者可以利用共變數分析(Huitema, 1980)將前測差異對結果所造成的影響納入考量,只是這個方法通常不如選擇一些跟結果相關的變項(Begg, 1990; Maxwell, 1993; Permutt, 1990)。使用大樣本通常也會協助避免讓前測差異過大,只是大樣本所擁有的較強的檢力也會讓前測的差異比較容易達到顯著。更好的辦法是,先將研究對象配對或分層之後再從中作隨機分派,一定不會出現不幸的隨機分派。

304

────────────────────

7 惠緹瑪(Huitema, 1980)與莫爾(Mohr, 1995)稱此為不幸的隨機化(unhappy randomization);麥斯威爾與狄藍尼(Maxwell & Delaney, 1990)稱之為碰巧的隨機分派(fluke random assignment)。

配對與分層

被隨機分派到各組之前，可以先將研究對象配對或分層。例如，在一項研究心理治療對壓力的影響的實驗裡，研究對象之間在起始的壓力程度及許多可能跟壓力有關的其他變項上，如婚姻狀態，都會不一樣。簡單隨機分派可能會使實驗對待組與控制組在這些變項的任何一個的平均值會有差異。如果先將研究對象在一個重要的相關變項上配對之後，再從這些配對作隨機分派，就可以將這樣的差異減到最小。例如，一個有兩組的實驗若想以年齡作配對，最年長的兩位研究對象就成為一對，再將這一對裡的其中一個隨機分派到實驗組，將另一個分到控制組。年歲次大的一組也是同樣的方法處理，直到年紀最小的一組都這樣分派完畢。例如，戴阿蒙與柯立提（Diament & Colletti, 1978）研究實驗對待對於父母管教有學習障礙的子女的影響，他們的實驗有一個行為諮商組及一個候補控制組。在研究開始之前，他們將二十二位母親依據年齡分成十一對，再從每一對各隨機分派一個到兩組去。更好的作法是，如果有前測，實驗者還可以依照前測得分作配對。例如，伯格納（Bergner, 1974）將二十對夫妻，依據他們在夫妻溝通模式行為評分的前測結果作配對，再隨機將他們分派到婚姻治療組或控制組（也就是每一個配對有兩對夫妻，隨機將其中一對夫妻分到婚姻治療組，另一對夫妻則分到控制組），而類似該行為評分的後測則是結果變項。

分層也類似，只是每一層所包含的人數比組數還多，而配對所包含的人數恰等於組數。例如，我們可以依據性別將心理治療個案加以分層，分別將女性與男性各隨機分派到各組去；或者，如果有多個實驗地點，每一個地點都視為一個分層，在一個分層之內隨機將研究對象分配到實驗組與對照組，就像「NIMH 治療憂鬱症合作研究計畫」所作的一樣（Elkin, Parloff, Hadley, & Autry, 1985; Imber et al., 1990）。如果可選擇作分層或配對時，如果配對比較方便，研究者常比較偏好配對；但若能將研究對象分成五層，通常就足以除去因分層變項而產生的偏誤達90%以上（Cochran, 1968）。雖然我們在這裡主要是討論配對，但除非我們有特別指出來，否則我們對配對的評論也適用於分層。

配對與分層兩者，都使各組在分層或配對的變項相近似的機會增高，且各組在其他相關的變項之平均值與標準差相近似的機會也增高。如果分析方法正確，可將配對變項的變異數從整體的誤差變異數中移除（Keppel, 1991; Kirk, 1982）；這使得檢定更具檢力[8]。大體而言，如果能作到配對或分層，而且可以找到好的配對或分層變項時，我們都建議從配對或分層裡作隨機分派。尤其當樣本數小，隨機分派可能會使各組的平均值、變異數及樣本數不均時，我們尤其建議要這樣做。如果預計要作次分析（sub-analysis），這是很重要的（例如，以性別分層，以檢定性別與實驗對待的交互作用）。如果沒有作配對，交叉表裡的有些格可能人數太少，而無法作想作的次分析。

我們提出三個需要特別注意的事項。第一，若配對所使用的變項跟結果變項完全無關，就不會有任何的好處，而且可能因為用光了自由度反而降低統計檢力。第二，類實驗裡的配對必須更加小心，我們在第4章和第5章所提到的一些議題都跟這點有相關（Campbell & Erlebacher, 1970; Costanza, 1995）。第三，配對及分層幾乎都是要在隨機化之*前*使用，才會產生我們所說的好處（Fleiss, 1986）。例如，先以性別分層之後再作隨機分派，比起分析時再以性別作隨機分派之後的分層，前者更容易得到相同的樣本數。

隨機化實驗裡，好的配對變項通常是主要結果變項的前測得分。因此，在壓力的心理治療例子裡，最好能在隨機分派前，利用壓力程度的前測得分來將研究對象配對。如果不能做到這個，研究者可以找一個跟結果變項有高相關的變項作為配對變項。例如，研究者可能不想在前測和後測都使用完全相同的壓力測試，以免個案對結果敏感。但如果在個案填的申請表裡加上一個問題，詢問個案整體的壓力程度，也許不易讓個案察覺，因而避免了讓個案察覺的問題，但這個整體的壓力程度還是跟結果變項有相關。或者，如果知道已婚者的壓力程度比單身者的低，那麼以婚姻狀況作為分

---

[8] 有兩個主要的例外。第一個是當樣本數非常小的時候（例如，每組少於十個單位），就像是學校或社區被配對之後再分派到各組去時（Diehr, Martin, Koepsell, & Cheadle, 1995; Gail et al., 1992; Gail et al., 1996; Martin, Diehr, Perrin, & Koepsell, 1993）。第二，如果配對間的變異數跟零沒差多少（例如，如果男性跟女性在結果變項的差異小），則沒有配對的隨機化設計會有比較高的檢力，因為這樣的設計裡，誤差值的自由度會比較高。

層變項也值得。

適性的隨機化方法，除了可以像我們先前所說，促使各組的樣本數相同，也可用來幫忙使各組在觀察到的變項上有相近的平均值（例如，Wei, 1978）。MATCH 計畫研究組（Project MATCH Research Group, 1993）以這個方法確保他們酒精治療研究裡的各組，在目前酗酒的嚴重程度、先前接受的酗酒治療、先前的精神病治療、反社會的傾向、婚姻與就業狀況、性別及教育上都保持均衡。

最後，以傾向作配對的設計（Propensity Matched Pairs Design, PMPD）是利用傾向分數（propensity score）在隨機化實驗中作配對（Hill, Rubin, & Thomas, 2000）[9]。如果隨機選取了母群的一小部分來接受實驗對待，但是研究資源不足以追蹤母群裡所有其他控制組的人時，就可以使用這種以傾向分數配對的設計。如果可蒐集到足夠的資料，計算實驗對待組每個人，及母群裡沒有接受實驗對待的每個人的傾向分數，那麼，就可以依據實驗對待組每個人的傾向分數，從母群裡選出同樣分數的人作為控制組；但這需要在研究開始前就將整個母群裡合乎資格的人一一列舉。可以想見的，為研究對象從母群選擇多種控制組人選的方法（例如，Henry & McMillan, 1993; Rosenbaum, 1995a）可以變化使用於這種設計中。

配對與共變數分析

共變數分析（analysis of covariance, ANCOVA）可作為配對或分層的另一個選擇，或與後二者一起使用（Huitema, 1980; Maxwell & Delaney, 1990）。ANCOVA 尤其可用來將配對沒有使用的變項納入考量，沒有使用的原因可能是沒有預期到它們會跟結果變項有相關，或因為要以所有可以預測結果的變項來配對，在實際操作上太過複雜[10]。例如，在 NIMH 治療憂鬱症合

9　以簡單隨機分派將研究對象隨機分成兩組的真實傾向，是每一組的機率都是.50。然而，隨機化只能使各組在期望值上相等，而非在實際觀察值上相等，因此隨機化也不能使觀察到的傾向分數相等。預測隨機化實驗裡的研究對象究竟屬於哪一組時，傾向分數的值會隨機與真實的傾向分數.50不同，而散布在其兩端。這些傾向分數可用來將隨機化實驗裡因為隨機分派所造成的抽樣誤差納入考量而予以調整。

10研究者常犯的錯誤是，他們時常會使用兩組有顯著差異的共變項作為配對所依據的變項，

作研究計畫的實驗裡（Elkin et al., 1985; Elkin et al., 1989; Imber et al., 1990），將婚姻狀態納入分析中作為共變數，因為婚姻狀態證明跟結果相關，但這在事前沒有料想到。同樣的，布倫（Bloom, 1990）將兩千多位失業的工人隨機分派到各組，藉以研究協助再度就業的服務對於收入及就業的效益；他的分析即是利用年齡、教育、種族、社經地位（SES）、收入、職業及領到的失業救濟金作為共變數。事實上，他也可以利用傾向分數作為共變數，將各組間隨機選擇所造成的差異納入考量。

307　　　　作共變數分析時，會很想加進很多共變項，但每一個共變項就用掉一個自由度。因此，加進的共變項不能預測結果或彼此之間有高相關時，只有浪費自由度，所能提供的訊息卻很少[11]。共變項也需要花錢作測量及計算得分。愛力森（Allison, 1995）提供一個運算方式，用來判斷增加一項共變項所需要的錢，在什麼時候會超過減少研究對象人數所省下的錢。愛力森、愛力森、費斯、坡特與皮參也（Allison, Allison, Faith, Paultre, & Pi-Sunyer, 1997）有討論如何以共變項、多重測量、將研究對象以最佳方式分派到各組，及選擇研究對象進入實驗的最佳方式等方法，使檢力相對於花費的比例達到最大。

　　　　如果共變項與結果間的關係是線性的，或如果研究者確信兩者間的任何非線性關係都可以適當地納入模型，則以 ANCOVA 來控制因某變項所產生的外來變異，可能比以該變項作配對或分層更佳。配對及分層不會被這種非線性關係影響，因此，如果不確定共變項與結果的關係一定是線性，或不確定非線性的形狀為何時，最好使用配對或分層（Maxwell & Delaney, 1990; Maxwell, Delaney, & Dill, 1984）。許多統計學家不確定這種非線性關係是否可完全被納入模型（Dehejia & Wahba, 1999）。如果配對的變項有很多小而且不屬於序列變項的類別，像是「酒的種類」時，使用配對也比較

但事實上，通常是選擇跟結果變項有高度相關的共變項較佳，不論這些變項是否在前測時發現使兩組有明顯差異（Begg, 1990; Maxwell, 1993; Permutt, 1990）。畢齊與梅爾（Beach & Meier, 1989）提出一個方法，能將共變項與分派及結果變項間的相關係數納入考量。

[11] 如果共變項是由實驗對待所造成，則ANCOVA的詮釋變得很複雜。通常避免這種情形發生可利用一些方法，例如，只使用實驗對待發生前所測量的變項作為共變項。如果不能，將該共變向納入考量可能移除了實驗對待的一部分效益（Maxwell & Delaney, 1990, p. 382-384）。

好。或者，也可以將配對和 ANCOVA 一起使用，也就是從配對裡作隨機分派，再以 ANCOVA 分析；這個作法保留了配對所帶來的所有好處，包括讓各組人數類似及前測平均值相近。

隨機分派的人性面

從一些軼聞事件及研究來看，執行隨機分派時的問題非常普遍（Berk, Smyth, & Sherman, 1988; Boruch & Wothke, 1985; Conrad, 1994; Dunford, 1990; Gilbert, McPeek, & Mosteller, 1977a; Greenberg & Shroder, 1997; Marcus，出版中；Rezmovic, Cook, & Dobson, 1981; Sackett, 2000; Schulz, 1995; W. Silverman, 1977; Test & Burke, 1985）[12]。科納（Conner, 1977）分析了十二個大型研究計畫，發現如果有以下四種情形時，比較不容易讓隨機化按計畫進行：(1)作隨機分派的研究者是在為被評量的計畫做事，而不是外來的研究者時；(2)隨機分派是由正被評量的機構之人員所控制，而非由研究者控制時；(3)規定上的漏洞讓一些人不是經由隨機分派而到某一組；及(4)隨機化是由數個人共同作業而非由一個人操作。同樣的，丹尼斯（Dennis, 1988）發現在三十個犯罪學的隨機化實驗研究裡，常見隨機化被暗地裡操弄，尤其如果實驗不是由研究者控制，或作分派的人知道某一位研究對象會被分派到哪一組時，更常看到隨機化被暗地裡操弄。這些都是田野研究者常碰到的問題。我們對這些問題的普遍性知道得太少，也不清楚它們對於計畫效益估計值的可能影響，但現有的資料顯示，它們可能在實驗裡造成顯著的偏誤（Berger & Exner, 1999; Chalmers et al., 1983; Schulz, Chalmers, Hayes, & Altman, 1995）。

幸好，我們已經知道很多能成功執行隨機分派的方法（Boruch, 1997; Gueron, 1999; Orr, 1999）。布洛齊與沃斯基（Boruch & Wothke, 1985）建議七個經驗談，這些大致能形成一個完整的架構來為隨機化作準備（表9.3）。首先，研究者必須想好如何向那些會受到影響的人說明隨機化的性質與目的；想好如何回應那些質疑為什麼要作隨機化及不應該作隨機化的聲音；

308

---

12 *Canadian Medical Association Journal* 最近開始出版一個新系列，專門探討為什麼隨機化會失敗（Sackett & Hoey, 2000）。

➤ 表 9.3　有關執行隨機分派的七個經驗談

> 1. 預先想好該如何向那些會被影響到的人解釋隨機化的性質和目的，想好如何回應各種關於為什麼要作或不應該作的論點，及思考如何提供誘因讓相關的人作好隨機化。
> 2. 預試隨機化步驟，以發現那些可以用事先計畫來預防補救的問題。
> 3. 為隨機化過程在整個實驗的執行、控制及監控，訂出清楚明確的步驟。
> 4. 跟那些會被影響到的人開會，跟他們就隨機化步驟達成協議。
> 5. 為最壞的情況作打算，訂出幾種最後可以仰賴的設計；如果隨機化失敗，可用這些設計來強化計畫效益的估計值。
> 6. 利用那些可幫助隨機化執行的自然發生的機會。
> 7. 小心檢視所提出的研究設計與真正的實驗情境中可能讓隨機化成功執行的因素，看兩者是否相符合。

註：本表是依據 R. F. Boruch 和 W. Worthke（1985）書中的一章所作成。

及計畫好如何提供研究對象參與隨機化的誘因（Kruse et al., 2000）。畢竟，要期待研究助理、執行實驗的單位、計畫管理者，或參與研究者完全瞭解隨機分派，是太天真了。對所有這些人的解釋必須簡單、有手稿為本、研究者自己事先已經學會，並且在寫作及講述的深度上必須符合聽者或觀眾的程度。研究者必須預期有哪些常被提出的反對意見，必須準備好從各方面來討論這些反對意見，因為這類問題一定都會被提出，而且必須從倫理的角度誠實回答。葛龍（Gueron, 1999）提供一個從一項就業訓練實驗來的例子，該實驗要工作人員將申請者隨機分派到一個控制組：

309

　　我們跟這些工作人員開會，告訴他們隨機分派是什麼，為什麼隨機分派的結果才是穩定可信的，及正面的發現可以怎樣說服聯邦政府提供更多的錢與機會，給他們所服務的那些弱勢的青少年，如果不是在聖荷西市提供，就是在別處。他們仔細聽，他們自己也直接面對現在這種到處砍預算的氣氛，他們要求我提供證據，證明這類的研究曾經讓聯邦政府提高補助；他們對於有關怎樣能讓隨機分派成功執行，及怎樣面對控制組的人，也問了許多

細節。他們為自己必須轉頭不顧那些亟需幫助的年輕人，感到難過痛苦，也討論到，如果別的年輕人因此而得到新機會，掉頭不顧之前的那批年輕人是否就沒有不對。接著他們要我們離開會議室，自己再繼續討論，而後再投票。沒多久之後，我們又被請回原來的會議室，他們告訴我們隨機分派贏了。這是我作二十五年的研究計畫以來，最讓我感覺到自己的渺小的一次經驗，也讓我感受到作研究及發布發現結果是一個多麼重大的責任。（p. 11）

研究者可能犯的最糟糕的錯誤，是不把這些人員及行政者的疑慮當一回事。倫理的問題及隨機化可能失敗的風險實在太大，如果不能解除這些疑慮，常應該放棄研究。

第二，研究者必須預先測試隨機化的步驟，以事先發現是否有問題需要補救。葛龍（Gueron, 1999）建議，對每個人實行隨機化步驟的時間不要超過一分鐘。作隨機化的專家應該教導每個要作隨機化的人怎樣作隨機化，並且多教幾次。事實上，要找出實驗情境特有的問題，可能沒有比這個更好的方法了。例如，被哄騙而保持靜默而非真正信服隨機分派價值的計畫人員，可能在執行隨機化時洩漏了他們對於隨機化的反對想法。如果不能作隨機化的預試，許多執行上的問題還是可以在研究剛開始，在測試步驟時發現，這些測試所得到的結果就不用於分析。如果兩種方式都不能做到，研究者必須特別注意初始的隨機化過程，以便在多數的研究對象被分派出去之前發現並補救問題。

第三，研究者應該發展清楚明確的步驟，用以在整個實驗中執行、控制，及監控隨機化的步驟；最好能：(1)盡早準備好隨機化步驟；(2)利用亂數表，除非因為公共關係之故不得不使用機械性的方法；(3)將隨機化的過程與決定是否符合資格的過程切割開，以避免有人藉著操弄合格的條件而暗中操弄隨機化的過程；(4)只由研究團隊裡的一個人負責隨機分派；(5)將分派結果的總表藏在一個安全的地方（並在別處保持一個複本）；(6)這張總表只有作分派的人及計畫主持人可以看到；(7)在整個實驗的過程中，密切並時常監控分派的步驟，以確定執行方式正確；(8)檢查新的申請者是否之前已經被納入實驗（因為常會有人半途退出後又重新申請）；(9)寫分派流程日誌，尤其記下那些違反流程的事項；(10)盡量讓最多人不知道分派的

310

方法或結果；⑾定期跟那些作隨機分派的人開會，以檢討上次開會以後所作的隨機分派，找出分派過程的問題並加以解決；及⑿如果合適，提供誘因，像獎金，鼓勵隨機化步驟的正確執行[13]。

第四，研究者必須跟那些會被隨機化步驟影響到的人開會，協商出隨機化的步驟。隨機化步驟初步設計完成時就開會，可讓研究者受益，因為計畫人員比較瞭解哪裡可能會出問題，研究者在執行隨機化時也可獲得他們積極的合作，並因此讓隨機化的代價及反對聲浪減到最小。這些會被隨機化步驟影響到的人，包括要作隨機分派的人及在組織裡的其他會受到影響的人，像是提供服務的人。雪曼與伯克（Sherman & Berk, 1985）認為，執行隨機化就像是執行任何其他的組織性質的改變，這些改變都需要特別觀察注意。在明尼阿波里斯配偶虐待實驗裡，雪曼與伯克花了很多時間跟資助計畫的機構、市長、必須執行隨機化的警察代表，及關心這個問題的各種團體開了無數的會議，協商有關隨機分派的事項。經由這項協商的步驟，才浮現了可行的隨機化步驟。有些研究者甚至正式在合約裡訂定這些協議事項（Bickman, 1985; Fairweather & Tornatsky, 1977）。

第五，研究者應該為最壞的情況作打算，作一些最後可以仰賴的設計；萬一隨機化失敗，可利用這些設計增強計畫效益的估計。增加一些設計元素，像是在不同的研究點錯開執行實驗對待的時間（staggered implementation of treatment over sites），可在隨機分派嚴重失敗時，提供另一些因果關係的證據來源。第六，研究者應該抓住一些可以使隨機化執行得更順利的機會。我們在前一章最後一部分有比較詳細談到各種這類的機會。第七，研究者應該小心將所提出的計畫，與實驗環境裡那些會讓隨機化較可能成功的因素兩相比對，看兩者之間是否相符合。例如，如果研究對象是一個團體，像是班級或學校時，有時這類的研究對象比拿單一個人作為研究對象，像是學生，更容易被隨機分派，而研究者應該隨時準備好採用任一種設計特色。相反的，如果有設計完全仰賴某個實驗據點的保證，說它可以提供很多實驗對象，但該實驗點先前沒有參與過實驗，也提不出證據證明它有許多合格的研究對象可供招募，這時研究者應該抱持懷疑的態度。

311

---

[13] 馬可斯（Marcus, 2001）的論文有討論，如果懷疑隨機分派過程沒有被切實執行時，可作怎樣的敏感度分析（sensitivity analysis）。

如果是在多個據點作實驗，每一點的研究對象都要被分派到各組去，尤其如果是複雜的實驗設計時，就很難做到所有前述這些事項（Hausman & Wise, 1985）。在這類狀況下，研究者的選擇可能是讓實驗據點的某個人在該點內作隨機化，或在中央辦公室透過電話來作隨機化。後者讓研究者得以控制分派的品質，但比較難以有效率而快速的執行（Pocock, 1983）。在多點研究裡，不同的據點常會有不同的隨機化經驗。布洛齊等人（Boruch et al., 1988）描述了一個多據點的大型實驗研究裡的一個據點，該據點的人覺得非常沮喪，因為他們所有的轉介病人都被隨機分派到控制組（在隨機化之前先以據點作分層可以避免這個問題）。多據點的研究計畫需要比較複雜的隨機化步驟，而比較複雜的隨機化步驟則需要較多的資源才能正確執行，因此資源少的研究者必須盡量減少複雜度。

結論

本章討論的是，研究者怎樣可以設計合乎倫理的實驗，怎樣確保有足夠的合格研究對象進入實驗，及怎樣訂定可行而成功的隨機分派步驟。下一章將從這裡開始，討論的問題是，被分派到實驗對待組的人沒有接收到完全的實驗對待或拒絕進一步參與結果測量時，所衍生的問題。

Appendix
附錄 9.1　以電腦作隨機分派

SPSS 與 SAS

像 SPSS 與 SAS 這一類統計軟體裡的亂數產生程式，都經過了嚴謹的測試，做出的隨機分派也值得信賴。以下是 SPSS 的程式，它會讓被分派到每一組的人數都相同[14]。要跑程式時，先修改那些以大寫英文字提示的

14 兩種軟體都由印第安那州立大學的 Virgil Sheets 所建議，經過允許後使用。

事項。

312
```
input program.
*YOU SHOULD LOOP TO THE TOTAL N.
loop #I=1 to 200.
*DIVIDE THE N BETWEEN GROUPS.
if (#I<101) group=1.
if (#I>100) group=2.
compute x=normal(1).
end case.
end loop.
end file.
end input program.
sort cases by x.
print table/ $casenum group.
execute.
```

要改變設計裡的組數，只要多加幾行「if (#I>x) group=y」，而若要讓每一組樣本數不同，也是修改這些行。例如，要將 200 個單位分成三組，各 50、50、100，則用：

```
if (#I<101) group=1.
if (#I>100 and (#I<151)) group=2.
if (#I>150) group=3.
```

以下 SAS 的程式也可完成相同的工作：

```
OPTIONS LS=80;
DATA WORK;
**Set number after 'to' as # in intended sample;
**change q to reflect # of groups in study;
**set intervals as equal division of sample by q;
DO I=1 TO 300;
IF I<61 THEN Q=1;
IF (I>60 AND I<121) THEN Q=2;
IF (I>120 AND I<181) THEN Q=3;
```

IF (I>180 AND I<241) THEN Q=4;

IF (I>240 AND I<301) THEN Q=5;

X=RANUNI (0);

OUTPUT;

END;

PROC SORT; BY X;

PROC PRINT; VAR Q;

網際網路

313

網際網路有無限多個可以作隨機分派的網址。本書完成時，我們找到的網址包括：

http://members.aol.com/johnp71/javastat.html#Specialized

http://www.assumption.edu/html/academic/users/avadum/applets/applets.html

http://lib.stat.cmu.edu/

Excel

打開一個新的工作簿（workbook）。在 A1 格輸入號碼 1，A2 格輸入號碼 2，接著拉下 AutoFill（自動填入）的把手（將 A1 與 A2 格反黑，把手就會出現在 A2 格的右下角，像一個點），拉到 AN 格，N 就是要被隨機分派的研究對象數。在 B1 輸入「=rand()」（輸入時不必加上「」）；將 B1 反黑，拉下 AutoFill 的把手直到 BN 格。在 D1 格輸入號碼 1，將 AutoFill 把手拉到 Dx，x 是要分派到第一組的樣本數。在 D(x＋1)格輸入號碼 2，拉下 AutoFill 的把手拉到 D (x＋y)格，y 是要分派到第二組的樣本數。如果研究有第三組，則在 D (x＋y＋1)格輸入 3，並將 AutoFill 的把手拉到 D(x＋y＋z)，z 是要分派到第三組的樣本數。繼續這個動作，直到 D 欄所有的（N）格都被填滿。在 B 欄任選一格，點一下 Sort Ascending（排序漸增）的鈕，這會將原本的 N 打亂（隨機化）。A 欄是研究對象的編號，D 欄是要將他們分派到哪一組。將 B 欄與 C 欄反黑後清除。接著可以將表單印出（現在表單是按照組號在排序），或者反黑 A 欄與 B 欄，以 A 欄漸增的方式排序，就得到一個以編號排序的表單。要使用這種方式，請注意，已經有人發現 Excel 裡的統計方法有錯誤（McCullough

& Wilson, 1999），至少是 Excel 97 有錯誤。我們不清楚這些錯誤在之後的版本是否已經修正。這些錯誤也許不會影響隨機分派的品質，但因為還有其他的方法可選擇，如果可能，最好使用其他的方法。

- -

10 實務問題二：實驗對待的執行與樣本流失

Implement　動詞：*1.* 使實際生效；執行：執行新的步驟
（implement the new procedures）。*2.* 供給用具。Im-
plementation（名詞）。Implementer（名詞）。

Attrition　名詞：*1.* 擦去或以磨擦的方式損耗。*2.* 由於持
續的壓力而使數目或力氣逐漸減小。*3.* 人員或人力
逐漸、自然的減少，像是因為退休、辭職或死亡。

在理想世界裡，被分派到實驗對待組的人會適當地接受實驗對待，並由研究人員測量所有的結果，而那些被分派到比較組的也會接受適當的對待（或沒有接受任何實驗對待，視設計而定），並接受測量。但田野實驗很少這麼理想。介入措施也許沒有正確恰當地執行，沒有完整地執行，或甚至根本完全沒有執行。有時被分派到介入措施組的人，在實驗開始前或開始後，會拒絕接受介入措施；而有時候，控制組的人則堅持要獲得介入措施。其他人則是在中途退出研究，因此，不論他們是否有接受實驗對待，都完全無法觀察到他們的結果。所有這些問題可以分成兩大類：實驗對待的執行與樣本流失。這兩個問題對於作實驗的原因——要得到實驗對待效益的正確估計值——構成威脅。本章將說明如何以設計及統計方法來處理這些問題。

跟實驗對待的執行有關的問題

在一項研究實驗對待是否使病人更加遵照醫囑服藥的計畫裡，實驗組

裡每位新近被診斷為高血壓的病人，都發給一張表格，讓他記錄自己吃的藥，幫他更能服從醫師的囑咐（Saunders, Irwing, Gear, & Ramushu, 1991）。六個月後，只有28%的病人能找到該表格，只有40%的病人知道怎樣正確填寫表格。另一個實驗發現，只有30%到40%的病人能在該吃藥時間的兩小時之內服藥，甚至還需要每星期提醒（Rudd, Ahmed, Zachary, Barton, & Bnduelle, 1990）。在明尼阿波里斯配偶虐待實驗（Berk et al., 1988）裡，18%的研究對象接受的實驗對待不是他們被分派到的那一組所給的。布倫（Bloom, 1990）發現，被分派到沒有任何實驗對待的控制組裡，大約3%的研究對象會跨組到幾種實驗對待的其中一組裡。在心理治療結果研究裡，同樣的心理治療師在兩組都有作治療，一位治療師卻在電療組利用行為組的各種治療技巧治療個案（Kazdin, 1992）。

這些例子指出三個相關的問題，也就是：無法得到完整的介入措施，跨到另一組接受該組的實驗對待，及實驗對待的散布；這些在田野實驗都頗常見。的確，很少有實驗能做到完整的執行介入措施，讓每一組的每位研究對象都完整獲得該組的介入措施，並且完全跟他們所被分派進入的那一組的介入措施配合，而沒有接受任何其他組的介入措施。瞭解介入措施的執行狀況，可以幫助研究者描述介入措施的狀況及其實施的背景，藉以找出介入措施的問題，並幫忙區別分派造成的影響與實驗對待的效益。本節討論如何評估及引入實驗對待的一些實用方法，再介紹一些能將執行程度納入考量的統計分析方法。

實驗對待執行的導入及測量

確定實驗對待是否如預想般地執行，及確切掌握有關介入措施實際傳達的程度，與實驗對待者接收及執行程度的詳細資訊，都可讓實驗因而受益。這類訊息讓研究者能確定介入措施的確有經過操弄，及時發現及解決介入措施的問題，描述介入措施的性質，並且不只探討介入措施是否發生了作用，而是探討它是怎樣發生作用的，及檢視實驗對待與結果之間的關係。所有這些議題都直接影響到隨機化實驗主要想探討的因果關係。

實施的內容

實驗對待的執行並非只是一件事，而是一個多面的過程，包括**實驗對待的傳達**（treatment delivery）、**實驗對待的接收**（treatment receipt）與**實驗對待的固守**（treatment adherence）（Lichstein, Riedel, & Grieve, 1994）。從一個簡單的醫學界例子來說，*傳達*指的是醫師是否為病人開處方，*接收*指的是病人是否拿到處方及是否照單買藥，而*固守*指的是病人是否有吃醫師所開的藥且按照指示使用。有些情況下，這三個過程是混在一起的。例如，當介入措施是手術時，傳達、接收與固守完全混在一起，因為切開皮膚時，其傳達與接收是同一動作的兩面。其他情況下，這三個過程可以再進一步細分，尤其是在一些很複雜的社會介入措施裡，像是全學校改革（whole school reform）、職業訓練或像啟蒙計畫這類的大計畫，即是如此。

當研究者談論實驗對待的執行時，他們的意思可能就是固守。但在絕大部分的社會實驗的介入措施中，固守明顯還要看傳達與接收的情況。因此，研究者應該想辦法做一些事，讓傳達、接收與固守的機會增加，並測量實驗裡的傳達、接收與固守的實際狀況如何。以下是一些例子。

導入及測量實驗對待的傳達　利用實驗對待手冊、訓練實驗對待的提供者、以文字提醒這些提供者要作到所有的實驗對待步驟、進行實驗對待時當場給予教導指示，或以錄影帶或錄音帶施予實驗對待等方式，都可增加實驗對待被傳達的機會。而且，當實驗對待比較複雜、讓人覺得負擔沉重或累贅、時間長、不方便或昂貴，或實驗對待需要接收者改變其生活方式時，實驗對待的傳達都可能比較不完整；因此，如果可以減少這些問題，就能使實驗對待的傳達更近理想。實驗對待的傳達，可以在開計畫業務會議時，由提供實驗對待者的主管來評量，或者經由審查作評量，甚或可以正式地經由觀看提供實驗對待時的錄影帶來評分。將多種不同的實驗對待加以比較時，評估不一樣的傳達（例如，該實驗對待排除了某個對照組實驗對待最重要的項目）是很重要的。例如，NIMH 治療憂鬱症合作研究計畫以心理治療療程的評分，來證明三種不同治療方法組的治療師，較常出現符合他所被分派的組所該有的行為，比較不常出現屬於其他組所應有的行為（Hill, O'Grady, & Elkin, 1992）。

317　　　**導入與測量實驗對待的接收**　　要讓實驗對待被研究對象確實接收到的方法，包括提供講義給研究對象，講義裡簡要說明實驗對待的重點；使用有效的溝通方法，像是重複傳達該訊息；讓負責傳達實驗對待的人看來像是專家，或者能吸引研究對象；就實驗對待的重點考考研究對象，促使他們利用自己的認知來理解實驗對待；及讓研究對象將每天所作的跟實驗對待有關的活動作成日誌。很多情形是，實驗對待沒有被確實接收的原因是傳達者與接收者之間的溝通失敗，而這可能是因為傳達者的溝通技術不良，或因為接收者沒有動機接收或沒有花心思在上面。接收狀況如何，可以用一些方法測量，像是操弄檢核（manipulation checks）；以紙筆測驗得知研究對象對於實驗對待相關知識的變化情況；在執行實驗對待時，讓研究對象說出他的經驗以資評估；如果接受到了實驗對待，研究對象的生理應該會產生變化，就可以監看他們的生理變化；或者問接收者他們以後自己使用實驗對待的技巧時，是否有信心。

　　　導入及測量實驗對待的固守　　當執行實驗對待的人沒時間執行實驗對待、忘記作實驗對待、不確定正確的實驗對待步驟是什麼、對於嘗試執行實驗對待的初步結果感到失望、找不到合適的場所來執行實驗對待，或純粹只是失去了改變的動機時，切實遵守實驗對待的機會就降低了（Lichstein, 1988）。這些情況每一種又恰暗示了增強切實遵守實驗對待的方法；例如，分派家庭作業讓研究對象回家寫後交回；請其家庭成員鼓勵他遵守；提供實際的輔助工具，像是錄音帶或提起動機的卡片；指導研究對象練習在介入措施中習得的技巧；或發給增強物品，像是摸彩券，給那些有固守實驗對待的人。要測量實驗對待的固守程度，可訪談研究對象及其他知道狀況的人，以獲知研究對象接受了實驗對待之後跟實驗對待相關的活動狀況；或使用生物反應的化驗，如果有固守實驗對待，化驗可以看出生物上的改變，像是血液中有治療所使用的藥品成分，或如果是戒菸的實驗對待，則唾液中沒有尼古丁的殘餘。醫學界的實驗尤其非常重視研究對象是否切實遵守實驗對待的要求，一些書（Cramer & Spilker, 1991; Haynes, Taylor, & Sackett, 1979; Okene, 1990; Sackett & Haynes, 1976; Schmidt & Leppik, 1988; Shumaker & Rejeski, 2000）整本都是討論這一方面，甚至曾有一本期刊（*Journal of Compliance in Health Care*）完全是專注於這個議題，但只維持了四年（1986-1989）。

評估實驗對待執行時會被忽略的目標

研究者常沒想到要作實驗對待執行的三種評估。第一，研究者常忘了要評估研究對象在接受實驗對待時，在實驗以外所獲得的額外對待（治療）。例如，愛滋研究裡，沒被分派到所希望進入的那一組時，研究對象常會到別處尋找他們所希望的治療，但同時還是留在他們所被分派的那一組（Marshall, 1989）；有些愛滋病人同時出現在不只一個實驗的名單裡（Ellenberg et al., 1992）。同樣的，在為了要改善懷孕結果的大型社會研究計畫裡，可發現許多研究對象尋求且使用其他的計畫來增進其新生兒的健康（Shadish & Reis, 1984）。

第二，研究者常忘了評估那些沒有接受任何實驗對待的研究對象所接受的其他實驗對待，因為如果研究者認為這些人在前測和後測之間沒有任何相關的經驗，就太天真了。最清楚的例子是醫學試驗的例子，由於醫學研究倫理之故，參與試驗的有些病人一定要停止使用安慰劑，給予積極治療。但常發生的是，控制組的人常會在別處積極尋求治療。例如，一項隨機化雙盲的醫學實驗，將病人分成分成三組，兩組給予不同的恐慌症治療法，一組只給安慰劑；馬革拉夫（Margraf et al., 1991）詢問其中的醫師與病人，發現絕大部分的醫師與病人都可以正確猜出病人所得到的實驗對待是有療效的藥物還是安慰劑（亦見 Greenberg, Bornstein, Greenberg, & Fisher, 1992）。由於恐慌症的病人常感到極端的痛苦，有些被分派到控制組只服用安慰劑的病人可能在別處尋求就醫治療。

第三，研究者常忘了評估實驗對待執行者在實驗對待裡所做的一些不在預先計畫中的事。例如，那些執行實驗對待的人，可能偏離實驗對待的標準作法，自行增加一些他們發現是有用的新內容，使得實驗對待更加有效（Scott & Sechrest, 1989; Sechrest, West, Phillips, Redner, & Yeaton, 1979; Yeaton & Sechrest, 1981）。根據控制組的定義，要再規畫測量這些非計畫中的偏差是很難的，因此實驗者也許需要某種能獲得意外發現的能力。對實驗對待執行者及研究對象進行參與式觀察（participant observation）或開放式問卷訪談等質化方法，可能獲得這類的發現。

評估計畫模型

到目前為止,我們在討論實驗對待的執行議題時,都把它們限定在計畫要作的實驗對待之內。這樣做是為了強調這些事項在(1)增進實驗對待的建構效度;及(2)容許我們使用統計分析的方法來剔除分派及接受實驗對待兩種效應之間的差異,這兩方面所扮演的重要角色。這些統計方法會在下一節介紹。但有關實驗對待執行的議題,比我們到目前為止所談到的還大;這些議題可以包括實驗對待所需要的輸入,像是個案的流入、實驗對待的資源、提供實驗對待者的時間,及管理上的支援;這些議題也可能包括實驗周邊情境的議題,像是實驗場所當地的政治及社會情境裡一些會限制實驗對待執行的狀況;這些議題還可能包括資金及為實驗對待買保險的理賠規則。關於所有這些事項的訊息都是非常重要的,這有兩個原因:其一是要預設介入措施有可能失敗,因此需要監控,並在它能危及整個研究之前加以預防;另一個是要說明執行的情境,這些情境對那些可能考慮在別的情境使用同一實驗對待的人,可能是非常關鍵的。

319　　有兩種方法可以協助完成這兩項目標。一是建構一個實驗對待的**流程模型**(process model),在模型裡說明介入措施及其情境,通常是一個圖裡有許多的方形,其中包括輸入、處理及輸出,方形之間有因果箭頭相連結,以表示這些事件應該出現的時間次序。一些研究者有詳細說明如何建構這類的模型,還有實際的例子(Becker, 1992; Rossi, Freeman, & Lipsey, 1999; Sechrest et al., 1979; Weiss, 1998)。第二種方法是在研究報告裡仔細說明所有這些事項,愈詳細愈好。不論是使用哪一種方法,從研究的一開始就必須開始使用,而且整個執行實驗對待的期間也必須都要使用,最後並納入報告。例如,有些情況下,像是有多個實驗據點時,如果持續有一份時事通訊(newsletter)也有好處;時事通訊可報導跟這些議題相關的有用資訊,及提供個人針對他在執行實驗對待時所遇到的困難交換經驗,或分享一些用來減輕這些問題的方法。

效能與效力研究裡的實驗對待之執行

雖然可以從評估實驗對待的執行瞭解到很多事,但是完整執行整個實驗對待,並不一定都是必要或最好的作法。尤其,「*被分派到某一組因而*

產生了某種結果」這個推論的內部效度，並不需要完整執行實驗對待才能得到。公共衛生領域的研究者在區辨實驗對待「效能」（efficacy）的檢定與實驗對待「效力」（effectiveness）的檢定這兩者間的差別時，認知到這個事實：

> 效能指的是，實務所使用的診斷及治療方法在最佳狀態下的功效，能以科學證據支持的程度。而這些方法在實務上是否使用得當，及這樣的實際使用，是否產生了所希望的結果，這兩者都屬於效力的問題。（Starfield, 1977, p. 71）

在**效能（efficacy）**試驗裡，實驗對待常經過標準化，而且目標是完整的執行實驗對待，因此盡可能要讓實驗對待發揮它的效果。當首次研究一項實驗對待的效果時，特別需要這種方法，因為如果一項實驗對待在最佳狀況下也不能有令人滿意的效果，也沒意義再繼續探究下去。但在**效力（effectiveness）**的試驗裡，因為研究者認知到，在真實世界裡，實驗對待的施予常不能達到完全的標準化，也比較不能完整執行，因此在這種試驗裡，篩選病人的條件可能變鬆，病人配合醫囑的程度也任它各自不同，只因為研究者想知道在這種不如理想的情況下，實驗對待的表現將會如何。的確，許多社會介入措施的計畫明顯將介入措施胡亂標準化、隨意執行，以至於嚴格執行的標準化並不能代表實務上實際的實驗對待。如果讓一個隨機化試驗的標準化與執行，都任由它們隨著實務的環境而變化，該試驗得到的是「如目前所見的標準化與執行狀況下」所獲得的實驗對待有效性估計值，且這個估計值也具有內部效度。然而，實驗對待特性的建構效度，明顯要看執行的性質而定。*效能*和*效力*只是我們用來區別不同的實驗情況的標籤。

320

將執行狀況納入考量的分析

如果有實驗對待的執行資料，實驗者可以用三種方式來分析：

● 意圖對待分析（intent-to-treat analysis）。

- 以實際得到的實驗對待份量作分析。
- 以新近發展的方法之一分析，這些方法都企圖合併前兩種分析方法的一些優點。

意圖對待分析

在**意圖對待分析**（intent-to-treat analysis）裡，假定研究對象都獲得了被分派到的那一組所提供的實驗對待（Begg, 2000; Lachin, 2000; Lavori, 1992; Lee, Ellenberg, Hirtz, & Nelson, 1991; Rubin, 1992a）。這種分析方式保留了因果推論由於隨機分派而產生的優點，但所得到的無偏估計並不是實際得到實驗對待的無偏估計，而只是被分派到實驗對待組的效果之無偏估計。制訂政策時常對意圖對待分析所獲得的推論有很高的興趣，因為如果實驗對待是由政策下令而廣為執行（例如，由法律強制執行，或由保險公司資助執行）時，實驗對待會執行得不完美。因此，意圖對待分析讓政策制訂者大致知道，以政策執行一項實驗對待時，實驗對待可能產生怎樣的效果。但並不是所有人都對這種推論有興趣。再者，資料如果有非隨機的遺漏值產生，意圖對待分析可能產生有偏誤的結果，因此，它需要更多的假定及分析才能得到有效的效益估計值（Frangakis & Rubin, 1999）。所以，雖然研究者應該要作意圖對待分析並報告之，還是必須輔以其他的分析。

以實際得到的實驗對待份量作分析

如果有測量實驗對待的執行，研究者就能將那些有接受實驗對待者的結果，跟那些沒有接受實驗對待者的結果相比較。然而，這樣的分析比較是類實驗的作法（跟意圖對待分析比起來），因為研究對象接受到多少程度的實驗對待，並不是隨機分派而來的。例如，在所有其他事項都相等的情況下，如果實驗對待組裡，結果隨著實驗對待執行的程度之增加而增高（比較組情況亦同），則這樣的改善對於證明是實驗對待引發結果而言，只是微薄的情況證據。說是微薄的證據是因為，研究對象可能是自我選擇得到較多的實驗對待，例如，他們可能比那些選擇只要得到較輕份量的實驗對待的人，動機較強。這時，實驗對待的效益就跟那些未知的選擇偏誤相混淆，就像在類實驗裡一樣。因此，以實際得到的實驗對待份量作分析，

應該是附加於一般的意圖對待分析之外，而不是取代後者。

工具變項的各種分析方法

這些種類的分析技巧正在快速增強中（West & Sagarin, 2000）。在最具影響力的幾篇作品裡，安格力司特、因本斯及魯賓（Angrist, Imbens, & Rubin, 1996a）的作品，將隨機分派作為一個**工具變項**（instrumental variable）（Foster & McLanahan, 1996），為那些接受實驗對待者得出一個無偏的效益平均值[1]。他們的研究是一個隨機化實驗，其結果測量是一個二分變項，並且，測量了兩組的研究對象是否有遵守研究計畫的要求，也是二分變項。他們作了五個*很強*的假定，其中三個很直接明白，通常也頗合理：(1)一個人的結果不因另一個人被分派到哪一組而有變化（例如，如果兩個朋友被分派到不同組，一個注射了感冒疫苗，另一個沒有，可能因為前者注射了疫苗而使後者得感冒的機率降低）；(2)由於有作隨機分派，分派對於接受實驗對待程度的影響及對於結果的影響，可用一般的意圖對待分析估算；及(3)被分派到實驗對待組，對於接受實驗對待程度的影響不為零。剩下的兩個假定可能會有問題，但安格力司特等人（Angrist et al., 1996a）作了敏感度分析來探索違反這兩個假定時的偏誤嚴重程度：(4)隨機分派（也就是工具變項）只能經由它對接受實驗對待的影響，才能影響結果；及(5)實驗裡沒有那種專門反抗的研究對象，所謂反抗的研究對象就是那些被分派到實驗對待組就拒絕接受實驗對待，但沒被分派到實驗對待組，就要求要得到實驗對待的人。雖然兩個假定都可能合理，但兩個都有例外，我們很快就會討論。

安格力司特等人（Angrist et al., 1996a）以越南徵兵抽籤來說明這個方法及其假定，在越南徵兵抽籤裡，生日被隨機分給 1 到 365 的某個號碼，

---

[1]　見黑克曼（1996）、Moffitt（1996）、Rubins 和 Greenland（1996）、Rosenbaum（1996a），及安格力司特、因本斯和魯賓（1996b），他們對這個方法有作評論並舉例。黑江（1999）將這個方法與其他方法比較。布倫（1984a）與 Zelen（1979）以比較直覺的方式提供這種方法的特例，但執行 Zelen 的隨機化同意設計（randomized consent design）的方法可能產生一些倫理議題（Snowdon, Elbourne, & Garcia, 1999; Zelen, 1990），因為在該設計裡，還沒有取得研究對象的告知後同意，就將他們隨機分派到各組（亦見 Braunholtz, 1999; Elbourne, Garcia, & Snowdon, 1990）。

而號碼在某個數字以下的人就被徵召（事實上，是被隨機分派去「符合徵兵條件組」及「不符合組」）。然而，並非所有被徵召的人都實際在軍中服役。假設想要研究的問題是，在軍中服役（而不是徵召資格）是否增加死亡率。一般意圖對待分析是用隨機化來觀察徵召資格是否使死亡率增加，這得出一個無偏的效益估計值，但並非問題的答案。我們可以比較有服役跟沒服役的死亡率，來探討這個問題；但這樣的比較是類實驗的作法，因為除了讓人去服役的徵召之外，還有其他許多未知的因素使人會去當兵，進而使結果有偏誤（例如，自願入伍以維持家庭傳統，或被那些需要入伍的同儕說動一起去當兵）。如果實際情況都符合以上提到的假定，則安格力司特等人（Angrist et al., 1996a）的方法是這個問題無偏的工具變項估計值。很明顯的，前三個假定跟任何的隨機化實驗裡的假定一樣，都合理可能。然而，關於第四個，一個人知道自己符合被徵召的條件之後，可能會讓他決定留在學校，藉以得到緩徵，這可能使得死亡率經由教育與收入的作用而降低。第五個假定是說沒有人會這樣純為反對而反對，被徵召了就不去入伍，沒被徵召就去自願入伍。這大致上是合理的，但還是可以想像出例外，像是有人即使沒被徵召，但他的家庭歷史可能會鼓勵他自願入伍，但另一方面如果被徵召，他反對政府的徵召辦法，所以就拒絕入伍以示抗議。如果我們知道這種違反假定的情況有多普遍，就能利用敏感度分析來看預期中的偏誤的強度。安格力司特等人（1996a）使用這些方法發現，違反了第四個假定可能顯著使這個例子的結果產生偏誤。

322

很快就有研究者將這個方法加以變化，應用於其他的研究，包括有不同強弱的實驗對待的研究，像是藥品的劑量，或像是準備考試的時間；工具變項是有多種數值的（multivalued instrumental variables）；提供區間估計值，而非點估計值的研究；使用類實驗的研究及其他的觀察研究（Angrist & Imbens, 1995; Balke & Pearl, 1997; Barnard, Du, Hill, & Rubin, 1998; Efron & Feldman, 1991; Fischer-Lapp & Goetghebeur, 1999; Goetghebeur & Molenberghs, 1996; Goetghebeur & Shapiro, 1996; Imbens & Rubin, 1997a, 1997b; Little & Yau, 1998; Ludwig, Duncan, & Hirschfield, 1998; Oakes et al., 1993; Robins, 1998; Rosenbaum, 1995a; Sommer & Zeger, 1991）。假定的合理程度在其中一些應用上可能會降低。這個主題的發展非常快速，讀者作分析時最好不要完全仰賴前述所提供的資料，需要蒐集更新的文獻。

這類方法的一個問題是，它們所得出的答案，可能會因執行程度的測量方式而有不同。黑江（Heitjan, 1999）的研究顯示，甚至將研究對象簡單地分為遵守研究要求和不遵守要求的過程都充滿主觀。同樣的，實驗對待執行程度的測量，如果信度低，會削弱結果，而如果效度低，會讓人對實驗對待的建構效度有質疑。再者，這些模型目前都只使用實驗對待執行程度的一種測量結果，如果能為實驗對待的傳達、接收及固守作多種測量更好，畢竟任何一個單一的測量方式都不能將執行的狀況反映得最清楚（但在安格力司特等人的方法裡，固守似乎是他們的目標）。如果有多種測量，就可以重複作實驗對待執行的分析，一次拿一種執行的測量結果來作，再看結果之間的一致性如何。如果這種方法能將幾種不同的執行測量同時作分析，就很棒。

分派後的樣本流失

323

本節我們先定義分派後樣本流失的問題，及它所造成的難題。接著再討論：(1)如何防止流失；(2)流失已經發生了，該如何以統計方法分析資料。

定義流失的問題

分派後的樣本流失，指的是在研究對象已經被隨機分派到各組後，才失去他們的回應。這樣的損失可能是不小心沒有回答問卷裡的一個問題，也可能是研究對象拒絕任何進一步的參與，因而損失了預測變項與結果變項的所有資料。分派後的流失通常應該包括作完隨機分派後，實驗者特意將某個研究對象的資料清除。如果是因為分派才造成必須刪除某些資料，則這種特意除去資料的作法會是一個問題。例如，研究者常會將一些不符合資格的人排除。在某些情況下，這是合理的，像是當研究對象的資格條件是女性，但不小心讓一位男士參與實驗。實驗對待不可能造成性別的不同，因此排除這位男士不會造成偏誤。然而，在其他很多狀況下，這種判

斷會很不可靠，像是研究者認為某一研究對象不是真的有厭食症或暴食症，所以將他從實驗中剔除。後面這類判斷常有許多誤差，不小心就會讓實驗者或研究對象的期待使結果產生偏誤。即使以看似非常可靠的規則，像是剔除那些從某個地方搬進來的研究對象，但實驗對待的分派（例如，分到一個比較不如理想的控制組）可能讓一個研究對象甚至決定搬家，這就會使搬家跟實驗對待產生相關。因為有這些模糊不清之處，作完分派後再特意將一些研究對象剔除，很少會是好的作法。

樣本流失都會降低統計檢力，而研究對象從各組的流失如果跟實驗對待有關係，則威脅著隨機化實驗裡的內部效度。隨機分派的很多優點是因為隨機分派使得各組在前測的期望值同等，而且可以假定這樣的同等應該延續到後測（如果沒有作實驗對待）。但如果有樣本流失，則這樣的同等可能就不會延續，尤其因為很少能假定樣本流失對於結果而言是隨機的。在這些情況下，那些跟流失相關的非隨機變項，可能跟實驗對待以某種不得而知的方式相混淆，這使得有關實驗對待是否造成後測的結果之推論品質降低。

非常多種領域的研究都有中等到高程度的樣本流失，像是戒菸研究（Klesges et al., 1988）、酗酒治療（Stout, Brown, Longabaugh, & Noel, 1996）、藥物濫用治療（Hansen, Tobler, & Graham, 1990）、心理治療（Epperson, Bushway, & Warman, 1983; Kazdin, Mazurick, & Bass, 1993; Weisz, Weiss, & Langmeyer, 1987），及幼兒教育（Lazar & Darlington, 1982）。漢森、塔布樂與格藍（Hansen, Tobler, & Graham, 1990）找到八十五篇研究青少年濫用藥物的縱貫世代研究，作了一個後設分析，發現平均的樣本流失率在實驗對待開始之後的三個月是 18.6%，而三年後的流失率是 32.5%。其他文獻回顧發現，濫用藥物、街民（無家可歸者）及兒童行為問題的研究裡，流失率超過 40%到 50%（Ribisl et al., 1996）。

一般的想法及證據都認為樣本流失常常都是有系統的偏誤，而非隨機的（Bloom, 1990; Klesges et al., 1988; MacKenzie, Funderburk, Allen, & Stefan, 1987; Mennicke, Lent, & Burgoyne, 1988; Stout et al., 1996）。例如，一般的想法認為，從那些保證有收入的職業訓練計畫中途退出的人，通常比較有能力，因為他們比其他人更可能找到收入好的工作；中途退出假釋計畫的則是「復健」機會最低的一群人；或者在那些為了評估老年托顧之效力的

研究裡，從實驗組退出的老年人，是最老、最衰弱及比較不合群的老人。資料也支持這種一般的認知。卡茲丁、馬儒黎克及巴斯（Kazdin, Mazurick, & Bass, 1993）發現，從兒童心理治療實驗退出的人，跟繼續留下接受治療的人，兩者之間有很大的差別。麥肯西、范德克、愛倫與史緹分（MacKenzie, Funderburk, Allen, & Stefan, 1987）發現，在後續追蹤裡流失的酗酒者，跟那些還是能找到並接受訪談的人之間也有差異。中途退出藥物濫用研究的青少年，跟持續留在研究裡的青少年，在藥物使用的模式上有所不同（Brook, Cohen, & Gordon, 1983; Tebes, Snow, & Arthur, 1992）。作測驗時，在有些問題沒有回答的人，跟那些將所有問題都回答完的人，在許多人格特質上不一樣（Grandy, 1987）。有鑑於這些資料，樣本發生了流失時，證明樣本流失跟實驗對待沒有相關，及證明沒有發現到這樣的相關並不是因為檢力低的緣故，這兩項責任應該由研究者一肩扛起。

由於發生了跟實驗對待有相關的樣本流失，許多隨機化實驗在實務上變得比較像類實驗。然而，這並不表示有發生樣本流失的隨機化實驗不比類實驗好到哪裡去。畢竟，類實驗裡也會發生相同的樣本流失偏誤，使類實驗除了本來就有的選擇偏誤以外，還加上樣本流失的偏誤。從後設分析所得的證據顯示，有發生樣本流失的隨機化實驗所得到的效量，介於沒有樣本流失的隨機化實驗與類實驗之間（Shadish & Ragsdale, 1996）。因此，可能的情形是，跟類實驗方法比起來，即使隨機化實驗裡的樣本有流失，初始的隨機化常能降低後測偏誤的整體強度。

預防樣本流失

解決樣本流失最好的方法是預防它發生。要讓所有人都不流失是幾乎不可能的，但如果流失的效應是累積的，將流失降到最小程度還是很重要的。並非所有的流失都可避免，例如，因為天災、死亡及暴動所造成的流失都不能預防（Clarridge, Sheehy, & Hauser, 1977）。而且，用來將流失降到最小程度的花費，也可能用在別的用途，像是增加樣本數，因此要考慮讓這些花費取得平衡（Groves, 1989）。然而，很多流失是可以預防，也應該預防的。

因實驗對待或研究步驟所造成的流失

　　中途退出實驗對待組並不是在實驗裡才會發生。心理治療師認為提前終止治療是很大的問題；在醫學界，不遵從醫師囑咐是很平常的事。因此，從實驗退出的原因，有些是因為實驗對待的特質，這件事並不令人意外。洛克菲勒 MFSP 計畫裡有些女性拒絕接受修理電梯的訓練，因為她們認為傳統上那是男人的工作（Boruch et al., 1988）。許多患憂鬱症的門診病人拒絕被隨機分派到藥物治療組，認為那不吸引人（Collins & Elkin, 1985）。接受諮商的個案如果認為他們的治療師是專家、有吸引力，並值得信賴時，比較不會中途退出諮商（Mennicke et al., 1988）。研究者可以操弄這些特徵裡的一些部分，藉以降低流失率，像是在接受治療前的訓練裡，探討實驗對待的性質及個案應有的預期，及將實驗對待安排得更能符合個案的預期（像是提供簡短的治療，因為很多個案預期會有這項）。然而，因為一邊還要維持原本的研究問題，所以能作的操弄還是有限制。如果研究問題是有關一項長期的實驗對待，則不可能提供研究對象簡短的治療。有時，一項實驗對待本身就會讓研究對象不愉快，像是在為性侵害犯者作嫌惡治療（aversion therapy）時，故意使用會讓人覺得作嘔的藥物。

　　研究過程也會造成樣本流失，尤其當研究的要求超過一般研究對象所預期時。一個例子是研究者想盡可能地正確測量許多跟研究對待相關的變項，但研究對象則希望將回答問卷的時間減到最小，兩者之間就有了衝突。研究團隊人員與研究對象之間的人際衝突，及對研究對象的要求超過後者所擁有的資源時，也會造成樣本流失，像是要求母親把小孩留在家，母親卻無法找人幫忙照顧；研究團隊人員沒有做到他們對研究對象的承諾，例如，將後者在測驗上的表現告訴他們；研究對象怕缺乏隱密性；及研究對象的時間安排和研究有衝突，而研究對象沒有獲得任何誘因想要解決這個時程衝突。在主要的實驗開始前，研究者可從預試中發現這類問題，但即使這些也不是所有造成樣本流失的來源。研究結束後，研究者可以藉由聽取研究對象簡報（debriefing）他們參與研究的經驗，及詢問中途退出者為何沒有回來，以這兩種方式找出這些問題。這些事可由一位沒有參與研究其他方面的團隊人員來作，因為參與者的負面經驗，反映的常是工作人員的不佳工作品質，而如果讓其他有參與的人員作這件事，他們可能會將這

些負面經驗的報告減低到最小。

留住樣本及追蹤樣本的策略

　　研究的母群若常搬家，或怕別人知道自己的住處，或沒電話或沒家的，像是街友、嗑藥的或受虐配偶等，就特別容易流失這樣的樣本。已經有發展出一些特別的方法來留住及追蹤這類的母群，且這些方法也一樣可以使用到其他任何的母群。力比索等人（Ribisl et al., 1996；亦見 Boruch, 1997）提供了完整的文獻整理及各種留住樣本及追蹤樣本的好建議。他們將自己所給的建議分成八部分（詳見表 10.1）：(1)從各種管道蒐集研究對象的住所基本資料，包括研究對象自己、他的朋友或親戚，或任何其他能接觸到的資料或可能知道他們行蹤的機構，還包括同意讓計畫接觸他們的同意釋出訊息表；(2)與公立及私立機構建立正式及非正式的關係，像是跟管理駕駛執照的部門建立交情，可能可以幫忙找到研究對象；(3)設計一個計畫的認同圖像，像是設計計畫的標記（logo）及身分徽章；(4)向專門負責追蹤樣本的計畫人員強調追蹤的重要性，並確定這些人員有獲得必要的支持及應有的補償；(5)先用最簡單、最便宜的追蹤方法，比較難追蹤的人才用比較勞師動眾的方式；(6)讓研究對象覺得參與研究不會造成任何不便，且有所回饋，可用的方法如提供托育或讓他們參加抽獎，而如果無法做到面訪，則使用其他蒐集資料的方法，像是以電話訪問；(7)在第一次追蹤時花最多心血追蹤，因為大部分的樣本流失都發生在這個時候；及(8)依據個別研究對象的情形及研究狀況之需要而改變花在追蹤的力氣。這類非常明確特定的追蹤建議已經發表在一些研究預防（濫用藥物）（Biglan et al., 1991）、兒童時期的行為問題（Capaldi & Patterson, 1987）、街友（Cohen et al., 1993）、愛滋病高風險群的青少年（Gwadz & Rotheram-Borus, 1992）及預防抽菸（Pirie et al., 1989）等所作的追蹤及保留樣本的研究。

　　現在有一項縱貫研究，在兩年的期間訪問了一百四十一位受虐婦女六次（Sullivan, Rumptz, Campbell, Eby, & Davidson, 1996）。訪員受的訓練有教他們怎樣和這些婦女建立互信，包括解釋這項研究為什麼重要、強調不洩漏他們的身分、住所及回答。訪員拿到所有聯絡人的姓名、住址及電話號碼；如果這些受虐婦女搬家了，這些聯絡人會知道他們住在哪裡；這些聯絡人包括婦女的家人、朋友、鄰居、老闆、同事、神職人員、當地機關

326

327

▶ 表 10.1 留住及追蹤研究對象技巧的完整列表

從研究對象蒐集的資料	
研究對象的人口變項資料	• 名與姓，所有的別名與小名 • 改名的意圖 • 社會安全號碼 • 醫療補助卡號 • 出生年月日與地點（市、鎮、州、醫院） • 住家地址、郵寄地址及電話 • 目前及以前的職業、工作地址及電話 • 是否為退役軍人，如果是，其退役證字號及服役起迄年月日 • 學生身分、學校的名稱與地址，及學區 • 駕駛執照號碼 • 研究對象下一年的搬家計畫
親戚的人口變項（包括父母、配偶、重要他人、繼父母、手足、兒女）	至少得到兩位親戚的下列資料： • 全名（如果是已婚女性且已改名，則取得其娘家姓氏或原生家庭給的姓名） • 地址與電話號碼 • 出生年月日
熟識者的人口變項[a]	• 重要他人／朋友的姓名、地址及電話號碼 • 代表受款人、州福利工作者的姓名、地址、電話號碼，及如果有宗教上的接觸，接觸者的姓名、地址、電話號碼 • 如果有房東，也要房東的姓名、地址、電話號碼
專業人士的人口變項[a]	找出這些人的資料： • 社區的心理衛生個案工作者或主要的治療師 • 社會服務部門的個案工作者 • 負責他假釋／緩刑的警官——註記監禁的次數與日期 • 所看過的醫師及／或到過的診所／醫院 • 收容所的工作者姓名或研究對象常去的收容所

[a] 這些人都要讓他們在「資料的釋出」（release of information）表格上簽名。

（接下頁）

328

▶ 表 10.1　留住及追蹤研究對象技巧的完整列表（續）

親戚、熟識者，及專業人士（可以不必）	●跟這些人聯絡以確定訊息正確 ●如果研究對象住在療養院，確認他（她）出院前是跟哪些人接觸，並跟他們討論任何矛盾或不正確的訊息
留住研究對象及追蹤他們的方法 研究對象	●如果可追蹤到他的資料改變了，請他聯絡計畫中心，或給他幾張已付郵資的地址變更告知卡 ●第一次接觸後二到三星期時（或實驗對待結束後到第一次追蹤，兩個時間點之間）打電話或寫信給他們，因為「這條路線還不熟」，且在追蹤日至少前兩星期再聯絡一次 ●找到人以後，再跟他確認一遍現有的全部有關追蹤他的資料，並加上新的訊息（所有的舊訊息都要保留一份影本） ●跟很難找到的研究對象在聯絡上的當天，或聯絡上之後的一星期之內就約定面談的時間，找研究對象最方便的時間面談 ●給研究對象一張面談卡，上面有計畫的標章、名稱、地址及電話號碼；（如果有誘因）說明完成面談能獲得的誘因；下次面談的地點與時間，及提醒他，如果任何聯絡的方式有變更，都要打電話給計畫中心 ●向他們表示願意幫他們支付為了這一次面談所必須的開支（計程車或公車的車資、保母的費用等） ●在他們生日或其他合適的時機送卡片
親戚／熟識的人	●如果找不到研究對象本人，打電話或寫信給他的親戚或熟識的人 ●如果親戚不知人在哪裡，問他是否下星期可以再打電話給他，因為人彼此之間最後還是會再開始連絡。也寄一張面談卡給這位熟識的人，

（接下頁）

> 表 10.1 留住及追蹤研究對象技巧的完整列表（續）

	公共紀錄	請他如果看到研究對象時轉交給後者 • 聯絡其他跟研究對象同時待在實驗對待組、監獄等的其他研究對象（見 McCoy & Nurco, 1991; Nurco, Robins, & O'Donnel, 1977，其中有說明作這件事還能維持隱密性的方法） • 電話──查電話號碼簿、打給查號台、使用可利用電話號碼、姓名或地址來查資料的查詢方式尋找研究對象或其親戚朋友 • 郵寄──聯絡郵局，詢問是否研究對象或其熟識的人有更改地址的紀錄、是否有使用郵局轉寄與更新資料的紀錄、掛號郵件、雙掛號郵件、回郵信封 • 政府紀錄──查警方與監獄的資料，查假釋與緩刑的訊息──查探監者的姓名與地址。聯絡發給婚姻證書的機構；城、縣與州的稅務資料；發給駕駛執照的機構；社會安全管理當局；州福利辦公室；聯邦調查局、人口統計資料。聯絡州的公共衛生部門，或人口動態統計部門，以查清研究對象是否已經死亡 • 聯絡機構：校友會、當地的水電瓦斯公司、高中紀錄、專業組織、治療中心、信用卡發卡機構、精神病院、榮民醫院
	周遭的環境	• 如果研究對象已經搬家，聯絡隔壁鄰居 • 去研究對象家及其工作地點 • 跟房東及鄰居談，在附近走一走，問任何在外面走動的人 • 到街角的餐廳、便利商店
	預防拒絕接受面訪	• 讓同一位訪員長期追同一位研究對象，以建立兩者間的情誼，或者如果研究對象比較喜歡新的訪員，則為他換訪員

左欄標示：329

（接下頁）

▶ 表 10.1　留住及追蹤研究對象技巧的完整列表（續）

	●如果有赴會接受訪談，則提供立即的增強
	●在面訪時間內提供點心與飲料，或如果是在餐廳或咖啡廳作訪問，則請研究對象吃喝
	●如果研究對象有失約的前科，則寄提醒約會時間的卡片給他或者以電話提醒；順便提面談的誘因
	●談話方式不要帶有批判的語氣，並讓研究對象覺得訪員能接納他的想法或行為
可能中途退出者	●強調他所有的資料都會受到嚴格的保密
	●如果有參加的誘因，可跟研究對象討論誘因
	●向研究對象說明研究的重要性及他參與的重要性
	●讓計畫主管親自打電話或拜訪研究對象
	●問研究對象，你是否可以幾天後再打一次電話給他，這樣他就可以考慮是否要退出研究
	●不要強迫研究對象
親戚、熟識的人及專業人士	●從一開始就讓研究對象通知這些人說，研究者可能會跟他們聯絡
	●拿研究對象將簽了名的「資料的釋出」表格向他們說明、寄給他們，或親自拿給他們看，讓他們知道上面有他們的名字

330

注意：並不一定都要蒐集到表中所有的訊息，也不是對任何的母群都要作表中所提到的所有追蹤的步驟。這張表的目的是要盡可能完整。本表的資料是來自 "Minimizing participant attrition in panel studies through the use of effective retention and tracking strategies: Review and recommendations," 作者是 K. M. Ribisl、M. A. Walton、C. T. Mowbray、D. A. Luke、W. S. Davidson 與 B. J. Bootsmiller，刊登於 1996 年的 *Evaluation and Program Planning, 19*, pp. 1-25. Elsevier 1996 年的版權。經過原作者同意後加以修改。

的人，及政府幹員，像是負責他們的社工或當地的社會保險辦公室的人員。　326
訪員也取得了同意釋出訊息表（release of information form）同意讓他跟這些聯絡人接觸。受虐婦女還拿到一張公務名片，上面有與計畫聯絡的方式（包括免付費電話號碼）、下次面訪的時間、她可從接受面談拿到多少錢，

及請她搬家時告知計畫。最後，計畫每一次面談後付給婦女的錢愈來愈多，作為她搬家時能繼續聯絡的誘因。兩次面談中間，計畫人員會打電話提醒婦女下一次的面訪時間，而在面訪前一星期再設法找到她，約定面訪的時間與地點。如果打電話、寫信及登門拜訪都找不到該名婦女，計畫人員就會打電話、拜訪及寄信給不同的聯絡人，並訪查婦女所住的社區，看是否有人知道她的居處。

330　　以這樣密集的作業方式，研究者在這兩年的期間追蹤到 95%的婦女。打電話給婦女或到婦女家拜訪不止一次，及打電話給不同的聯絡人，幫他們找到了其中的 70%到 85%的樣本。要達到那 95%的成功追蹤率就必須使用剩下的方法。如果計畫只靠那些不需要離開辦公室的方法找人，在作完實驗對待的頭十個星期之內就會失去 40%的樣本。這頭十個星期非常關鍵，因為這 40%非常難找的婦女，其特質和其他婦女不同，因此如果沒有費盡心血把她們找回來，樣本流失所造成的偏誤就會大幅增加。

避免實驗對待時的樣本流失，相對於避免測量時的樣本流失

測量時的樣本流失（measurement attrition）（本節的主題）指的是研究對象沒有完成結果的測量，不論實驗對待是否有完成。**實驗對待時的樣本流失（treatment attrition）**（之前談實驗對待的執行時有談過）指的是那些沒有繼續接受實驗對待的人，不論他們是否有繼續測量的步驟。在一

331　些以檔案資料來測量結果的研究裡，像是逮捕紀錄、醫院死亡率或學生的學期成績，就能得到被分派到實驗組的每個研究對象的結果測量，即使是那些沒有完成實驗對待的人亦然；這類研究會有實驗對待時的樣本流失，但不會有測量時的樣本流失。相反的，在一些以被囚禁者（真的被囚禁或者只是比喻，像是小學學生或囚犯）作為研究對象的短暫研究裡，就能將實驗對待完整地施予每一個研究對象。但儀器的問題、生病、抗議測驗無聊，或隨意亂答，都可能導致無法獲得結果的測量；因此，這類研究會有測量時的樣本流失，但不會有實驗對待時的樣本流失。

以上的區別在實務上是很重要的，有幾個理由。第一，測量時的樣本流失使得研究對象不能納入分析（除非利用插補漏失資料的方法），但實驗對待時的樣本流失並不一定就不能將研究對象納入分析，因為只要研究對象有完成測量都可以納入分析。第二，即使中途退出的人不願意繼續完

成實驗對待，還是可以說服其中許多人來完成測量的步驟。第三，如果能消除測量時的樣本流失，研究者可以作意圖對待分析，而且如果有一個好的測量執行程度的工具，有時可以利用安格力司特等人（Angrist et al., 1996a）的執行分析（implementation analsis）作分析。因此，一個可以遵循的好原則就是：即使不能預防實驗對待時的樣本流失，還是要預防測量時的樣本流失。

將隨機化與實驗對待之間的時間與阻礙減到最小

　　當隨機分派與執行實驗對待之間間隔的時間與阻礙減到最小時，樣本的流失就會較低。例如，布倫（Bloom, 1990）報告了一項計畫在德州的三個城市所作的隨機化實驗結果，該計畫的目的是幫助失業勞工找工作。在一個研究對象參加率有 87% 的實驗據點裡，收研究對象的速度很快，隨機分派及接受實驗對待之間的時間很短暫，也幾乎沒有面臨什麼阻礙；另一個實驗據點在這兩個步驟間的時間拖得較久，阻礙也較多，參加率只有 60%。這自然讓人想到應該將隨機分派拖延到最後一刻。

　　例如，我們其中一人（薛迪戍）曾經諮詢的一個研究，研究目的是要檢視不同的用藥對於防止剛戒菸的人變胖的效果。該研究招募了吸菸者，要他們在四週之內戒菸，並在這四週之內提供完全相同的協助戒菸的介入措施。在第四個星期開始施用該藥物，而且讓戒菸和該藥物的使用持續進行幾個月。剛開始本來是要在第一週還沒開始進行戒菸的介入措施時，就作隨機分派。但想一想覺得這可能太快，研究對象被隨機分派到各組的目的是使用不同的用藥，而不是用不同的方法幫他們戒菸。幫助戒菸只是為了提供新近戒菸的樣本，用以測試用藥的效果。所以，在最後的設計裡，隨機分派是在第四週一開始作的。這樣作減少了那些決定不參加研究計畫者之流失，也減少了因無法戒菸而無法當作測試假設的樣本的流失。一個非常類似的方法是使用一個「試用」（running-in）步驟，也就是在隨機化之前的一段時間，讓所有的研究對象都接受其中一個實驗對待，通常這時的實驗對待是以往的標準作法，或比較不那麼搶手的實驗對待（Coyle, Boruch, & Turner, 1991）。會中途退出研究的，大多在這段試用期結束之前就會退出了。這時，研究者就可以把留下來的研究對象作隨機分派，不是繼續留在原來的組裡，就是被分到比較創新或比較搶手的實驗對待組。

332

這些將流失率降到最小的方法，也增加了進入實驗的研究對象的選擇性，使得可擴論性降低。在戒菸的例子裡，關於藥物對於戒菸後減少體重上升的效果之因果推論，比較可能擴論到那些能戒菸超過四星期，而且願意被隨機分派去接受不同的藥物或接受安慰劑的人。這就去除了吸菸者母群裡的一大票人。然而，同樣的實驗如果沒有試用期還是會有樣本流失，這時研究對象的流失還是會限制了實驗的外部效度。如果能測量那些還沒作分派就退出的人的特質，或測量他們退出的原因，例如，得知哪種人會認為實驗對待是令人無法接受的，對於擴論就是很有價值的訊息。第 9 章大略描述的一些用來較正確估計實驗對待效益及可擴論性的方法，也可用在這項問題上（Braver & Smith, 1996; Ellenberg, 1994; Marcus, 1997a）。

把跟實驗對待有關的樣本流失降到最低

對於內部效度的威脅而言，不同原因的樣本流失，比整體的樣本流失更重要。如果實驗對待組與比較組樣本流失的原因不同，或兩組退出者的特質跟結果相關，則即使兩組中途退出者的百分比相等，還是可能出現不同的樣本流失。例如，在紐澤西州負所得稅實驗（Reicken et al., 1974）裡，控制組樣本流失的原因可能是經濟的動機低，不願合作，而實驗組樣本流失的原因則可能是因為不願接受慈善救助。果真如此，則類似的樣本流失率（7.9 相對於 8.6）可能掩蓋了不同的選擇因素，而這些因素可能使兩組的結果有差異[2]。

很多因素會導致不同原因的樣本流失。追蹤期間研究者對於負責各組的人員不同的要求程度，會讓實驗組留下的人比控制組的人多。同樣的，不論隨機分派拖延到多晚才作，只要是各組所得到的待遇好壞有別，都可能有一些樣本流失。例如，在先前所描述的戒菸與體重控制的研究裡，所施與的藥物，有些人是以口香糖的方式，有些人則是皮膚貼布。很多研究對象認為貼布比較方便，也比較不會讓人注意到，因此拒絕被分派到口香糖組，最後就在中途完全退出實驗。以團體為單位的研究裡，像是以學校為單位的研究，也可能發生不同原因的樣本流失，但比較不能察覺到。例

333

---

2 有時各組的中途退出率本身就是有趣的結果。在這種情況下，樣本流失率是零而且也可以分析，不會因為樣本流失而威脅到內部效度的問題。

如，家長可能決定繼續留在實驗學區，讓小孩能獲得聽來很棒的實驗對待，而控制組學區的家長比較常會搬離學區；但如果只是算每一組有幾所學校，就不會發現這個問題（Reicken et al., 1974）。當隨機分派社會團體單位時，如學校，將那些願意接受任何實驗對待的單位之中作隨機分派，是尤其重要的。這是因為研究者通常可用以作實驗的團體單位非常少，隨機分派後失去任何一個團體都會對研究設計造成嚴重後果。雖然這個作法不能保證所有的團體都願意接受隨機分派，像庫克、漢特與墨菲的研究（Cook, Hunt, & Murphy, 2000）是利用這個方法，但他們的研究裡，有一所學校得知自己是控制組以後就退出實驗；但這個作法還是大大減少了問題的發生，只是研究者必須願意付出外部效度的代價。

要使那些因為實驗對待相關的原因而中途退出的人數減到最少，一個方法是利用告知後同意的方式，讓研究對象自己同意被分派到任何一組。然而，這項解決方法也將可擴論性降低到類似那些都願意服從的戒菸者的情況；而且，這種方法也不能完全避免問題的發生，因為許多研究對象還是抱持著會分到較好那一組的希望而簽下告知後同意書，但被分到不是希望中的那一組時，就不願再繼續參與實驗。因此，一個選擇是一種兩段式的告知後同意步驟，這個方法類似雷肯等人（Reicken et al., 1974）在評論紐澤西負所得稅實驗時所給的意見。第一階段的告知後同意請研究對象合作接受測量。同意接受測量的研究對象就將他們做隨機分派。第二階段的告知後同意是請那些被分派到實驗對待組的人同意接受實驗對待（除非有倫理考量，否則不一定要得到那些被分派到控制組的人的同意）。那些拒絕接受實驗對待的還是繼續進行測量的步驟，因為他們已經同意接受測量。這樣的作法可以減低測量時樣本的流失。然而，那些願意被分派到任一組的人，可由告知後同意書得知有哪些其他的組，因此，如果被分派到的不是很優惠的實驗對待組時，他們可能會忌妒那些獲得比較好的實驗對待的人，這可能導致補償性質的對抗或含怨低落的情緒。有時，提供那些被分派到比較不具吸引力的實驗對待的人一些跟實驗對待無關的誘因，像是多給點錢或讓他們的中獎機會較高，可以減低這個問題。

預防測量時的樣本流失

幾位研究者作的文獻回顧提示了幾種降低樣本在測量時流失的方法，

但這些方法會因結果測量的類別而不同（Day, Dunt, & Day, 1995; Lockhart, 1984; Yu & Cooper, 1983）。他們發現，面對面訪問和電話訪問（相較於郵寄問卷）；提供回答的誘因（金錢或非金錢都可，愈多愈好）；預先通知會有問卷寄達；以「先想辦法進門」的方式（foot-in-the-door method），先讓受訪者答應幫忙做一件小事，之後再請他幫較大的忙；在信件上或其他形式的接觸時都指名要找受訪者；及利用追蹤信函等，都使回覆率較高。使用社會價值的訴求或阿諛研究對象都沒有效果。

　　有些實驗則利用與研究無關的其他機構所建立及維持的測量架構，像是法院的紀錄及繳稅紀錄。這時即使研究對象在中途退出實驗，還是可以將他納入測量系統內。然而，即使是這種方式，有些研究對象在這些地方也沒有紀錄，而且研究者只能使用這些檔案裡的測量值，無法得知這些測量值在回答研究問題時的信度與效度究竟如何。

有缺失的方式───遞補中途退出者

　　研究對象中途退出實驗時，有些研究者會以新的研究對象來取代他們，這些新的研究對象可能跟先前被隨機分派的人來自同一母群，而且也是經由隨機分派被派到該組（例如，Snyder & Wills, 1989）。雖然這種方法的確使樣本數保持在一定的數量，對於維持檢力有好處，但只有當下列條件成立時，這種方法才不會讓樣本流失威脅到內部效度：(1)流失與取代都是隨機的，但除非可以證明，否則樣本流失不太可能是隨機發生的（而要證明這一點所需要的分析，常是在加入取代樣本很久以後才能作）；或(2)先前退出的研究對象和遞補的研究對象兩者有相同的潛在特性，尤其是那些跟結果有關的變項；但這也不太可能，因為我們無從得知退出者的潛在特性，因此無法將他們與遞補的研究對象作比對。這個問題類似我們在第 4 章討論配對（只以一些觀察到的變項作配對）為什麼不能取代隨機分派的道理類似，只是這裡的選擇偏誤是選擇退出實驗對待，而非選擇進入實驗。

分析流失的樣本

　　所有為流失所作的分析，其最終目的就是要瞭解，流失對於有關實驗對待有效性的結論之效度有多少威脅。要瞭解這方面的問題並沒有一個最

335

➤ 表 10.2　可能作的樣本流失分析摘要

簡單的描述分析

- 整體的樣本流失率
- 實驗組與控制組各自的樣本流失率
- 留在研究裡堅守到最後的人，是否跟那些中途退出的人，在一些重要特質上有差異
- 完整接受實驗對待的人，跟那些沒有完成實驗對待的人，在一些重要特質上是否有差異。控制組也作相同的分析
- 繼續留在實驗組的人是否跟那些繼續留在控制組的人，在一些重要特質上有所差異

找出不同的樣本流失模式

- 不同的組是否有不同的樣本流失模式
- 不同的測量方法是否有不同的樣本流失模式
- 某些部分的研究對象或某些研究據點是否有完整的資料，可用這些資料來補充作一些隨機化比較

估計效益時將樣本流失納入考量

- 插補漏失資料的數值
- 算出樣本流失對於效益估計值的可能影響範圍
- 計算效益估計值時，不使用插補的值，而將樣本流失的影響納入考量

好的方法，因此，研究者通常應該從不同的角度作數種分析，以大致瞭解問題的狀況（見表 10.2 的摘要）。不幸的是，文獻整理的結果發現，很少研究有作這樣的分析（Goodman & Blum, 1996）。

334

簡單的描述分析

335

　　首先，研究者應該提供流失資料的簡單描述統計值。基本上，這些應包括（Lazar & Darlington, 1982）：(1)整體的樣本流失率；(2)實驗對待組與控制組個別的流失率；(3)有接受完整研究的人是否跟那些中途退出的人有差異；(4)實驗對待組裡，有接受完整研究的人是否跟中途退出的人有差異，而控制組中，有接受完整研究的人是否跟中途退出的人有差異；(5)留在實驗對待組的人是否跟留在控制組的人有差異。分析(3)到(5)之中，很重要而

特別需要分析的變項，包括退出的原因、那些之後會用來作為實驗對待效益指標的變項之前測值，及其他跟結果相關的變項之前測值。結果測量的前測為結果提供最佳的偏誤方向估計值。畢竟，如果偏誤的方向跟研究的實證結果方向相反，樣本流失威脅結果的機會就大大減少。例如，如果在前測得分最高的人在實驗對待組流失得較多，但後測結果顯示，儘管有這個偏誤，實驗對待組的得分仍然比控制組高，所觀察到的效益就不可能是流失率不同所導致的結果。再者，兩組中堅持到最後的研究對象在前測的差異，常能看出後測時頗為常見的假效益（pseudo-effect）的強度（Heinsman & Shadish, 1996; Shadish & Ragsdale, 1996）。樣本流失，再加上在複雜的田野情境中要讓隨機形成的各組繼續運作，其中所面臨的困難，是我們建議作前測的原因；當然，如果能成功執行隨機化並繼續維持，而沒有樣本流失，就不需要作前測。

336

找出不同的樣本流失模式

一項研究的樣本可能有幾種不同的流失模式。有時我們從概念上來定義這些模式，就像我們區分那些找不到人的、找到了但不願完成結果測量的，及死亡的研究對象。另一個方法則是從實證上搜尋漏失資料的模式。例如，電腦軟體 BMDP 的 AM 程式可以探索資料檔，找出漏失資料的模式[3]；一些單一的電腦軟體有很強的漏失資料分析能力，包括SOLAS（Statistical Solutions, 1998）與 ESTIMATE（Marcantonio, 1998）。研究者可以探索，不同的流失模式是否有不同的預測變項。麥肯基、範德博、愛倫與史堤芬（MacKenzie, Funderburk, Allen, & Stefan, 1987）在酗酒治療研究裡發現，不同定義下的樣本流失，有不同的預測變項。他們發現，很早就退出諮商的人比後來才退出的人適應狀況較差。魏璃與辛格（Willett & Singer, 1991）以存活分析（survival analysis）來預測不同時間點的流失。不同研究之間也有這些定義上的差異。卡思丁（Kazdin, 1996）研究發現，兒童心理治療研究者之間對於流失率及相關變項估計值有落差，一部分是因為他們使用的退出者定義不同。

3　BMDP 在 1996 年時被 SPSS 買下，現在可向 SPSS 買 BMDP。

在同一研究裡，不同的測量方式可能有不同的流失模式。例如，在紐澤西州負所得稅實驗（Reicken et al., 1974）裡，國稅局（Internal Revenue Service, IRS）中，研究對象就業紀錄的流失模式，和個人訪談所得到的就業的流失模式不同。從 IRS 紀錄裡流失的原因可能是有些人沒有申報退稅，及因為有些雇主在一些狀況下沒有向 IRS 申報收入的資料。這種漏失資料有些可利用定時訪談的方式取得補上。從訪談中流失的原因，比較跟參與實驗對待所能得到的錢財多寡有關——補助沒有這麼多的組，拒絕接受訪談的研究對象人數較多。後面這一點對於使用 IRS 紀錄比較有利，因為 IRS 紀錄不論比較缺乏哪一種人的資料，它們對於實驗組和控制組的影響應該都會相像，但使用面談蒐集資料則非如此。

有時跟實驗對待有關的樣本流失，只限於研究對象中的某些次群體（subgroup）或某些實驗據點。如果檢視前測資料及流失率之後發現，某些實驗據點或某些次群體在前測的得分相近似，就可以在分析資料時特別探究這些據點或次群體。但雖然搜尋隨機相似的次群體並加以比較是有價值的，卻必須很謹慎，因為作次群體比較時樣本數降低了，檢力也跟著降低；因此，如果作了多項檢定卻沒有依據檢定的次數調整整體的錯誤率，則純粹只是恰巧發現有顯著差異的可能性就會提高。然而，如果能很小心地將整體樣本拆解成不同的次群體作分析，有時會讓一些被樣本流失問題所困擾的實驗得到有意義的比較結果。

估計效益時將樣本流失納入考量

我們這一節的目的是要估算，在沒有樣本流失的狀況下，實驗對待會有多少效益。常見的有兩種作法：其一是為漏失資料插補（impute）其可能的值，再將它們都一起納入分析；另一個方法是設法在不插補漏失值的狀況下估算效益。

為漏失資料插補其值　像 SOLAS（Statistical Solutions, 1998）、ES-TIMATE（Marcantonio, 1998）這類的程式，是專門設計來作我們在這裡講到的大多數的插補法，還有許多其他的程式也有為資料作插補的能力（例如，EQS; Bentler & Wu, 1995）。插補方法有簡單，也有複雜的；愈簡單的方法得到的插補值愈不令人滿意。例如，最簡單但最不令人滿意的方法，是將所有的遺漏值以該變項的樣本平均值取代。以平均值取代遺漏值的作

法，其所隱含的假定是，資料是隨機漏失的[4]；而這種假定通常都不甚合理。

插補方法的另一個極端是使用最大概似運算法（maximum likelihood algorithms）來估算漏失資料的方法，其中最好的是多重插補（multiple imputation）（Jennrich & Schlucter, 1986; Rubin, 1987; Little & Rubin, 1987; Little & Schenker, 1995）。多重推算使用複迴歸的方法，以多個測量到的變項來預測一筆筆的漏失資料，並且重複作幾次，再將每一筆插補得到的值加上隨機誤差。最後是使用這些多重插補的平均值。然而，這些方法有很強的分布假定，而且通常都假定產生漏失資料的機制是已知的或不重要可忽略的，也就是說這些方法假定：產生漏失資料的機制，跟漏失資料的實際值無關；而這在很多情境下都不可能是真的。例如，中途退出藥物濫用研究的人之所以退出，是因為他們又繼續在吸毒，而這正是結果變項。這時結果變項變得有漏失值，需要加以插補。

338

在兩種極端之間還有很多其他插補的選擇，它們有時在一些特殊的情境裡是好的選擇，像是在縱貫性研究的資料裡，使用漏失發生的前一波資料（last value forward method）作為插補得出的資料、熱板插補（hot deck imputation）及單一插補（single imputation）（Little & Schenker, 1995; Little & Yau, 1996; Speer, 1994; Speer & Swindle, 1982; Statistical Solutions, 1998）。如果研究者有好的預測變項可以預測漏失值，這些方法大都能得到不錯的結果。如果沒有好的預測變項，可以有兩種作法。一是從那些中途退出者中取得一個隨機樣本，向他們蒐集更多的資料。原則上，這會蒐集到好的

4 李多與魯賓（Little & Rubin, 1987）區分了完全隨機漏失（missing completely at random, MCAR）的資料與隨機漏失（missing at random, MAR）的資料。如果資料漏失的原因跟手頭所有的資料裡任何的訊息都無關，則資料是 MCAR，例如，隨機丟棄的資料即是 MCAR。如果資料漏失的原因，跟所觀察到的某個變項之值有關，且該變項沒有遺漏值，且不是因為該漏失資料本身的值而導致漏失，則資料是MAR。由於研究者常對於結果變項的漏失資料有興趣，後面這一項條件（不是因為漏失資料本身的值而導致漏失）意味著，這時的結果變項絕對不是 MAR；像是如果有毒癮的研究對象中途退出毒癮治療研究，則該漏失資料不可能是MAR，因為這些人又開始使用藥物了，而是否使用藥物正是研究者所感興趣的結果。如果漏失資料是 MCAR 或 MAR，則在以概似率為基礎的推論（likelihood-based inferences）裡，可以直接忽略這種漏失資料；而任何其他種類的漏失資料都不可忽略。「可忽略」表示，只要使用合適的分析方法，可以得到實驗對待有效性的無偏估計值（Little & Rubin, 1987）。大多數資料檔的漏失資料大概很少是可忽略的。

資料，可以用來插補所有因樣本流失而產生的漏失資料（Graham & Donaldson, 1993），還能產生許多其他跟樣本流失相關的重要訊息。這個方法的一個重要問題是，從流失的研究對象中所取的樣本若小，是否能得到夠小的信賴區間。如果不行，可能需要有資源去檢視幾乎所有的中途退出者，而這所需要的資源會很嚇人。然而，這方面初步的研究發現，樣本可能不需要很大（Graham & Donaldson, 1993; Hansen & Hurwitz, 1996）。

　　最後一個策略是企圖估算出樣本流失產生的影響之合理範圍。利用模型來作推算時，像是熱板或多重插補，可以將插補模型作變化，藉以觀察預測變項有不同假定時，插補值及實驗對待效益估計值如何改變（Little & Yau, 1996）。當結果是二分變項（成功／失敗、通過／不通過、已婚／離婚、染病／沒病），或為了要探索漏失資料的影響而可合理將結果變項作二分時，一個方法是去探索，樣本流失在不同的假定情況下，如果有觀察到結果變項的所有漏失值，整個結果變項的各種可能分布會是如何（Delucchi, 1994; Shadish, Hu, Glaser, Kownacki, & Wong, 1998; Yeaton, Wortman, & Langberg, 1983）。當結果變項是連續變項時，施與權（Shih & Quan, 1997）提出一個類似的方法找出樣本流失的影響範圍，但他們的方法需要有一些共變項，以將完整接受實驗對待與持續留在控制組的研究對象，以統計的方法變成同等，但並不是所有的研究都一定有這些變項。

　　資料檔有漏失時，如何估計實驗對待的效益　要從有漏失資料的檔案裡估算效益，有一些方法，但目前為止還不知哪一種最好，因此研究者應該要多試幾種。愛力森（Allison, 1987）與木森、卡普藍及何力斯（Muthen, Kaplan, & Hollis, 1987）利用多組結構方程模型（multigroup structural equation models）估算有漏失資料下的實驗對待效益。他們的方法是找出少數幾種漏失資料的模式（也許利用先前討論過的方法），再以多組分析的方式將這幾種模式在同樣的模型下分析，看這些不同漏失模式的次群體之效益參數估計值是否還穩定。然而，如果每一個次群體的樣本數很小，結果可能不穩定，而如果次群體的數目太多，這個方法作起來可能需要太多計算。如果資料是隨機漏失，這個方法會得到正確的參數推論。即使不能符合這個隨機漏失的條件（通常不會符合這個條件），使用這項方法也能得到有用的訊息；研究者可以知道不同漏失模式的次群體是否都得到同樣的參數估計值。有一些結構方程模型的軟體有例子示範如何作這個

分析（例如，Arbuckle, 1997; Bentler, 1995）。

339　　如果縱貫設計有非常多個重複測量，則可以嘗試幾種分析方式而不需要插補漏失值。克拉碼與提門（Kraemer & Thiemann, 1989；亦見 Maxwell, 1998）提議估算斜率〔而非數值的改變（change score）或最後一次測量的數值（endpoint score）〕來作為這類設計裡的結果變項，但這個方法的檢力可能不好（Delucchi & Bostrom, 1999）。斜率甚至用兩個點就可以估算而得，所以有幾個漏失資料是可以容忍的，斜率還是可以正確估計出來。同樣的，成長曲線分析法也不需要所有的研究對象在所有的時間點都有觀察值，甚至也不需要一定都得在固定的時間點作觀察（例如，Bryk & Raudenbush, 1992; Rogosa, 1988）。然而，這兩種方法裡，非隨機的漏失資料可能會使結果有偏誤。

經濟學家提議了一些方法，在面對樣本流失的情況下估算實驗對待的效率，他們的方法是直接模擬流失的過程本身（Leaf, DiGiuseppe, Mass, & Alington, 1993; Welch, Frank, & Costello, 1983）。要作這種分析，研究者必須想清楚為什麼有人會從各組退出，並加以測量。然而，這些模型對於常態分布作了很強的假定，並假定可以找到只有影響流失而不影響結果的變項。當實際情況不符合這些假定時，這些模型產生的效益估計值可能比沒有作任何的修正更糟（Hartman, 1991; Stolzenberg & Relles, 1990）。有些經濟學家則提出半母數（semi-parametric）的方法，作的假定比較少（例如，Scharfstein, Rotnitzky, & Robins, 1999），但偏誤的問題還是存在（Little & Rubin, 1999）。李多（Little, 1995）為重複測量的設計所提出的方法，則將這些經濟計量模型與漏失值的插補結合。

就跟插補漏失值一樣，最好能在不同的樣本流失性質假定下作各種分析，估計出效益的範圍（例如，Scharfstein et al., 1999）。有些情況下，所有的估計值基本上都相似，很容易得出最後的推論；但有些情況下，估計值會得出互相矛盾的結果，這就在警告研究者，樣本流失可能使人誤以為是實驗對待的效益。

經濟學家也提議了幾種比較簡單的診斷檢定，用以判斷研究裡的流失是否構成問題。維必克與倪吉曼（Verbeek & Nijman, 1992）建議比較模型參數的固定效果估計值（fixed effects estimates）與隨機效果估計值（random effects estimates），及比較那些有完整資料者的結果與整體樣本（包括中途

退出者）的結果。如果樣本流失沒有對結果造成偏誤，這兩種比較的結果
應該都沒有顯著差異。他們也將計量經濟學模型裡的修正因素（correction
factor）作一些變化；如果樣本流失不是個問題，這些變化也應該不會顯
著。佛司特與必克門（Foster & Bickman, 1996）以一個大型的類實驗資料
來說明如何使用這些方法。如果這些檢定顯示樣本流失的確構成問題，研
究者可能還是不知道正確的效量估計值是多少。

　　從這個討論，讀者應該已經瞭解，現在已經有很多方法可以用來分析
含有漏失資料的實驗。當整體的和各組的樣本流失都很低時（例如，低
於 10%，*且*效量大），這些分析很少會改變對於實驗對待的結論，這些分
析也會跟那些沒有將樣本流失納入考量的分析結果大致相同。然而，在絕
大多數的狀況下，兩種分析的結果可能會完全不同（例如，Shadish et al.,
1998），這時必須小心觀察多種流失分析的結果，才能瞭解流失的意涵。　　340

討論

　　我們到目前為止所談的內容，從某個角度來講，只是將坎伯爾（Cam-
pbell, 1957）所開始，後來也反映在坎伯爾與史坦利（Campbell & Stanley,
1963）及庫克與坎伯爾（Cook & Campbell, 1979）的田野實驗傳統，加以
擴充而已。就像這些先期的作品一樣，我們到目前為止的主要焦點，也是
在討論如何利用實驗設計來增強內部效度，但我們也常說明，選擇這些設
計的同時，也會影響到所有其他類別的效度。我們在以下的三章裡，會跳
出這個傳統的焦點，轉而從概念分析上來談如何改進建構效度與外部效度，
並提供實際的方法。我們討論這些的方式，還是跟坎伯爾的理念與偏好維
持一致，尤其我們跟他一樣，將重點集中在如何使用隨機化設計與類實驗
設計來支持這些擴論。

因果推論的擴論：
以科學實務為基礎的理論

Generalize　動詞：*1.* a.降低成一般的型態、階級或法律。b.使變成模糊或非特定的。*2.* a.從許多細節推論。b.從……作推論或作一個比較概括的結論。*3.* a.使……大致合用或到處都適用。b.使受到廣泛使用或喜愛。

Ground　動詞：*1.* 置於地上或使接觸地面。*2.* 為（例如，一項理論）提供一個基礎；為……提供合理的說明。*3.* 供給基本的訊息、教以基礎法則。

隨機化實驗的優點是讓研究者能夠作「A的改變使得B發生的機率改變」的因果推論。然而，隨機化實驗最古老的一項批評是，隨機化實驗非常局限於該實驗裡的人事物；因此，這種明確的因果推論的代價，是研究者將該因果關連擴論的能力。費雪（Fisher, 1935）自己就針對這一點批評隨機化實驗，且這一點在坎伯爾與史坦利（Campbell & Stanley, 1963）所說「內部效度和外部效度可能有負相關」這個概念裡，明顯可見。坎伯爾（Campbell, 1986）為內部效度取另一個名稱——「局部的摩爾式因果效度」（local molar causal validity），正是強調了同樣的一點：因為實驗結果是鑲嵌在某個特定的小小情境裡，所以，似乎幾乎沒有什麼根據可以將結果擴論到該情境之外。

就像我們在第1章和第3章所見，擴論一項因果推論事實上是擴論四項事物，包括實驗對待、結果、單位（通常是人）及情境。我們也看到，對於這四項事物，我們所作的擴論可以有兩種：(1)有關實驗所用的人、情境、實驗對待，及結果有關的建構（建構效度）之擴論；(2)對於這項因果關係在各種不同的人、情境、實驗對待及測量變項裡，能維持到什麼程度

342

的擴論（外部效度）。本章將為因果推論的擴論提出一個以科學實務為基礎的理論（a grounded theory）。從這項理論可以看出，科學家對於這兩項議題都有討論。接著的兩章則各提供在單一研究及複研究（multiple studies）中實施這項理論的方法。

　　然而，要寫關於因果推論的擴論，是很困難的，比寫關於內部效度的問題還困難。要寫關於內部效度的問題，可以根據一世紀以來有關因果的思考及將近一世紀的實驗實務。但是，雖然討論擴論到人類各族群的議題，也將近一世紀了（大部分是經由統計上的隨機抽樣），且有關擴論到各種事物的討論也將近一世紀了（大部分是經由心理計量學的建構效度），我們卻缺乏因果擴論的系統討論。當然，所有的科學都關心這種推論。但擴論是否能成立，大都是許多人作重複實驗之後的產品，或是以實證檢定哪一項原因才是真正原因之下的產品。如果某個科學領域能夠很快地做出實驗，而且對於如何重複相同的實驗有良好的傳統，則這種過程在這個領域非常有用處。但大部分的社會領域卻不是如此。因此，社會科學家需要有一套理論，才知道該如何規畫研究的理論，增加研究的建構效度及外部效度。不幸的是，並沒有這種理論；但不同的領域各有一些作法來增強因果推論的品質。我們在這一章會從這些作法中取樣說明，然後說明一套與這些作法一致的原則來使因果擴論合理。最後的理論不可能像內部效度的理論那樣單純、那樣具有內部一致性，或那樣與歷史契合；但是，我們希望，這樣的分析可以開始對這些議題作系統的思考，並對未來在因果擴論的方法學研究提供議程。

　　在我們說明這項理論之前，必須先考慮一下最常被提出來解決擴論問題的方法，也就是隨機抽樣之類的正式抽樣方法。雖然這個方法的確是有力的解決之道，但實際上卻很少用來解決因果擴論的問題。

一般對果推論的擴論的看法：正式抽樣

　　正式的機率抽樣方法常在很多實際應用（非實驗）的研究中，被提出

作為擴論問題的解決之道，尤其是在調查研究及工業界的品質控制研究更是如此。抽樣理論中最重要的元素是：以已知的機率從一個定義清楚的母群取數個單位，而所謂母群只是個包含比較多單位的群體，被研究的單位就是從中取樣的（Frankel, 1983）。這種抽樣法使得樣本與母群在各種屬性（包括有測量和沒被測量的）的分布上，除了有一定限度內的抽樣誤差之外，都能頗為吻合。例如，樣本的平均值和變異數兩者的期望值會和母群的相同。

343

　　母群通常以下列兩種方法之一來決定。第一種方法是列出母群內所有單位，像是某市內所有醫院的名單。如果列名單時也能包括跟結果變項可能有關的各種特性又更好，像是醫院是公立的還是私立的。當這些條件都能符合時，正式的抽樣方法可以使樣本到母群的推論更容易。最為人所熟知的抽樣方式是*簡單隨機抽樣*（*simple random sampling*）；在這種抽樣方法中，母群的每一個單位被選進樣本的機會都相同，而且抽樣的過程是一個隨機的過程，就像是利用亂數表。如果想瞭解某個大城市的學校系統中，列名在第一次註冊名單上共兩萬名的學生（母群）之留級率，但僅能詳細研究其中一千名學生（樣本）時，就可以隨機選擇一千名。以這一千名學生所計算的留級率，將會是整個學生母群的留級率之無偏估計值，也知道這個估計值的機率。有時研究還需要作更複雜的抽樣方法（Cochran, 1977）。例如，假設研究者認為公私立學校的留級率不一樣，因此分別估計這兩種學校的留級率，則可利用*分層隨機抽樣*（*stratified random sampling*），先將學校分成兩層（strata），再分別以簡單隨機抽樣的方法從每一層隨機抽取學生。

　　當無法取得母群的詳細名單時，研究者有時仍然能確定母群是在某一些界線範圍之內，因此知道哪些人屬於母群。假定研究者想估算，某一個城市的居民中，有多少人曾動過某種特殊的膽囊手術，卻沒有動過這種手術的居民清單。我們可以利用該市的街道圖，將街道編號，隨機選取街道，再從街道隨機抽取家戶，最後從家戶隨機抽取人。這種*群聚樣本*（*cluster sample*）的方法，所得到的是該市的住家居民中，膽囊手術普遍率的無偏估計值，但這種估計值的信賴區間，常會比簡單隨機抽樣所得到的估計值之信賴區間為寬。雖然從所有的居民之間抽樣，繼而找出曾動過手術的一部分人，會比一開始就從有動過手術者的名單抽取之效率低，但這種群聚

樣本還是保證能代表母群。還有許多適合更特殊需求的其他正式抽樣方法（例如，Cochran, 1977; Hansen, Hurwitz, & Madow, 1993; Rossi et al., 1983; S. Thompson, 1992）。

正式的抽樣方法如果能應用到實驗中，無疑能協助因果推論之擴論。事實上，有些統計學家的論文寫得像是他們相信擴論之成立要靠隨機抽樣（Draper, 1995）。例如，拉佛力、路伊斯、拜拉及波藍斯基（Lavori, Louis, Bailar, & Polansky, 1986）建議，研究者應該要作兩個步驟：首先從所有病人的母群中，隨機抽出一部分的病人，接著再將這些抽出的病人隨機分派到實驗對待組或控制組。他們這樣寫：

> 　　目前為止，我們已經談完了在分析「平行治療」（parallel-treatment）研究的資料時，該如何確保分析可正確地評估治療方法對病人有什麼影響。研究者也必須想一想，研究結果是否可以正確地延用到研究以外的病人；我們把這種問題稱為可擴論性（generalizability）……。除非研究者有一個以隨機抽樣的方式，可從定義清楚的母群抽取樣本（不要跟隨機分派相混淆），否則，可擴論性的問題不太可能完全解決。然而，簡單討論一下選擇標準及簡潔描述一下被選為研究對象的病人之臨床資料，對於達成這項目標會很有幫助。（pp. 62-63）

我們待會將詳細說明這一段話，因為這一段話在暗示：除非能做到隨機選擇，否則研究者也不必白費功夫了。各位也注意：拉佛力等人（Lavori et al., 1986）談到擴論時只提到一種研究特徵，那就是人。有關這個理想的正式抽樣方法對於實驗對待、結果及情境之擴論的相關性，我們也必須問一些問題。

吉旭（Kish, 1987）也倡導統計學家理想中的「兩步驟」傳統：隨機選取單位以增強擴論，及隨機分派這些單位到不同的組別，以提升因果推論的效度。但吉旭也坦白承認，這種理想的隨機抽樣很少能真正做到；他也很明白表示，雖然因與果的建構之說明就像實驗單位的說明一樣，跟因果擴論是不可分割的，卻決定不討論該怎樣選擇操弄及測量的方法來代表因果建構。吉旭的書顯示，即使他所偏好的統計理論有時能增加人與情境的

344

擴論效度，但卻無法成為一套完整而實際的架構來討論因果擴論。我們對於這種兩步驟的理想會這麼悲觀，有它理論及實務上的原因，還需要清楚說明。為了要詳細討論這些問題，我們先從因與果的抽樣開始，因為它們最能說明其中所包含的實務和理論上的困難。

因與果的正式抽樣

抽樣理論需要有一個清楚定義的母群，再從中抽樣。一個典型的例子是，從一個國家或一個州的母群抽取個人作調查。然而，實驗時所抽取的不只是人，還必須抽取情境、實驗對待及觀察結果。而抽取實驗對待及觀察結果，比抽取人或情境更困難。一個關鍵的問題是，必須找出實驗對待或結果的母群之完整名單，才能從中抽樣。有關實驗對待，偶爾真的可以拿到實驗對待的完整名單，像是由電腦產生出所有兩位數的加減之算術題。但這不是典型的情況，實驗室的基礎實驗才可能會發生這種事，田野研究沒這麼幸運。田野研究的研究者很少能列出所有可能的實驗對待，再從中選出一項研究的。比較常發生的情況是，他們依據理論或實務狀況設計出一種或數種操弄方法，成為一項實驗對待，而不是直接從清單中選出一種。

田野研究者有時還是會找到所有可能的實驗對待（Steiner & Gingrich, 2000）或結果（例如，B. Bloom, 1956; Ciarlo, Brown, Edwards, Kiresuk, & Newman, 1986）的清單；但因為實務上的原因，也很少有從這種清單裡隨機選取實驗對待的情形。如果能選擇，大部分的研究者會希望加上更多以*理論*為根據的實驗對待或結果，或甚至改善整個設計的其他特色，像是增加每一種條件下的研究單位數量。的確，在實驗裡，甚至只是要作同一個因果建構下的兩種隨機產生的實驗對待，就已經是不實際的了。已經有了第一種實驗對待，要怎樣說明第二種實驗對待的意義？而且，如果這樣才有信心作擴論，抽樣理論要求的是更多這種不同的實驗對待，而不只是兩種。因為抽樣理論要求要有大樣本，因而要求實驗對待必須有許多種隨機變異，但這種要求是很不實際的。

要增加結果測量的數量則通常可行，尤其是使用紙筆測驗更容易增加測量的次數；但研究者寧願選擇能反映理論或相關焦點的測量，我們也沒有聽說過隨機選取測量方法的例子。再者，使用太多的測量或題項，會增

加研究對象的回答負擔，降低回答品質，甚至引發樣本的流失，變成必須以測量的信度與效度交換抽樣的寬度。田野研究的結果變項之測量，即使測量的建構是跟在作人格測量或性向測量時相同，田野研究的測量所用的量表與時間都比後兩者短。田野實驗者通常必須在有限的時間內，同時測量許多不同結果變項（及調節變項和中介變項）的建構。因此，田野研究者通常（但不一定都是）測量很多建構，但僅以少數幾個題項來評量一項建構；比較少只測量少數幾個建構，而讓每項建構都測量得很精準。

　　使隨機抽取結果的議題又更複雜的是，社會及心理的建構通常有很多細項。例如，憂鬱症的建構包括負面態度、沒有動力做任何事及身心症（Tanaka & Huba, 1984）。每個細項都需要多個題項才能評估得準確，而且如果不只是使用自述的報告又更佳。因此，即使真的存在一個包含了所有題項的母群，讓我們可以從中隨機選取題項來評估任何一個細項，也只有當實驗裡只有少數幾個建構，而且每個建構的細項都很少時，才能真正這樣做，否則並不實際。但田野研究很少會有這樣的情形，因此選擇題項時，常是基於人為判斷所作的決定；也就是先判斷哪些細項是該建構最重要的特質，再判斷哪些題項最符合這些細項的特質。克倫巴剛出道時認為應該隨機選擇題項（Cronbach, Rajaratnam, & Gleser, 1967），但後來認為，如何選擇題項比較不重要，但確保並讓人相信，選擇出來的題項能完全反應理論中所有關鍵的建構細項，才是比較重要的。

346

人與情境的正式抽樣

　　理論上，要擴論到某個特定的人或情境的母群，使用正式的抽樣方法會比較容易。有時的確可以找到母群的清單。最明顯的是人名的清單，但有時也有情境的清單。例如，《國家心理衛生通訊錄》（*National Directory of Mental Health*）（Neal-Schuman Publishers, 1980）就列出了該年美國境內所有的社區心理衛生中心。很少有地區會正在蓋新的社區心理衛生中心，而且，提供建設經費的聯邦政府相關機構也可能已經知道有哪些正在蓋的中心。因此，在美國可以找得到一份所有心理衛生中心的清單。即使沒有這樣的清單，因為我們知道某個母群應該是在哪一個區域範圍內，所以還是可以畫出該母群的範圍。這時候可以利用先前提過的群聚抽樣法。例如，

由於這些中心一定是在美國的五十個州內，也許可以找到各州心理衛生保健主管的名單，跟他們聯絡，彙整出所有的心理衛生中心的名單。

　　然而，還是會有實務的限制，使得實驗者無法正式地抽取人或情境。並不是所有抽選到的人或情境都願意參加研究；而讀了同意書的說明後，有更多的人會拒絕參加。實驗進行的途中，被分派到不是很令人滿意的組時，可能會有人中途退出；而由於大部分探討原因的田野研究通常會維持很長一段時間，在這中間有人會過世、搬家，或對於實驗對待或測量的要求開始感到厭煩。把這些都加進原先的拒絕率後，這些中途流失的研究對象，會使得原本目標中的母群與實際得到的母群之間的符合程度減弱。這些拒絕與流失並不會使隨機選取變得無意義，也不會讓隨機選取的方式不如其他方法，但會消減隨機選取帶來的優點。

　　即使是隨機抽樣最實際的使用方式──人的抽樣，也很少有將隨機抽樣的個人隨機分派到不同組的例子。當真的能做到隨機抽樣及隨機分派時，母群常只比樣本大一點點而已（例如，Mallams, Godley, Hall, & Meyers, 1982; Wagoner, 1992）。但還是有幾個從非常大的母群抽樣的例子。例如，彭（Perng, 1985）報告了一項實驗結果；該實驗是測試六種催討逃漏稅的方法。他先從國稅局催收稅務中心（centralized Internal Revenue Service collection center）的所有逃漏稅名單中作隨機抽樣，再將這些被選中的名單隨機分派到六種不同的方法。葡碼等人（Puma et al., 1990）以多階段抽取方式，先隨機抽取發放食物券的機構，再從這些機構隨機抽取人，藉以形成一個具有全國代表性的樣本，再將這些個人隨機分派去參加（或不參加）「食物券職業與訓練計畫」（Food Stamp, Employment and Training program）。「健康保險實驗」（Health Insurance Experiment）（Newhouse, 1993）在六個地區利用面試篩選，隨機從非老年人的母群抽取樣本，接著再隨機將他們分派到不同的組去。華立斯、卡特樂及海恩司（Wallace, Cutler, & Haines, 1988）從四十七位醫師執業處，總共數十萬個病人之中，隨機抽取有酗酒問題的病人，再將他們隨機分派到實驗組或控制組。

　　如果能做到隨機選取單位之後，再將他們隨機分派到各組去，是探討母群中各單位的擴論最好的方法（亦見 Page, 1958; Vinokur, Price, & Caplan, 1991; Wolchik et al., 1993）。然而，這類研究裡，要讓隨機抽得的樣本遵從隨機分派，常不是件容易的事。在華立斯等人（Wallace et al., 1988）的例

347

子裡，被隨機選中的病人中，只有 61%的人願意接受分派。即使將這些拒絕被隨機分派的人以其他隨機抽取的樣本取代，也無法解決代表性的問題，因為那些拒絕參加的人在某些方面的特質，通常跟願意服從隨機分派的人不同。研究者如果還想堅持隨機抽樣與隨機分派的目標，則可用一些方法來解決這項問題。例如，有時可將那些拒絕被隨機分派的人作為同一研究的類實驗研究版，藉此提供一些跟整個母群相關的因果訊息，並稍微瞭解拒絕者跟服從者之間的不同點在哪裡（Marcus, 1997a）。當研究單位是巢居在大團體內，像是華立斯等人（Wallace et al., 1988）的研究，則減少被隨機分派的人數而增加大團體（醫師執業處）的抽取個數，會增加這些大團體參加隨機化實驗的意願。這麼作還有一個好處，因為在這種巢居的設計裡，使用許多的大團體而在團體內抽取比較少的個人，會比使用比較少的大團體而在團體內抽取較多的個人，前者的檢力增加得較快（D. Murray, 1998）。

　　隨機抽取不同的情境比隨機抽取個人，會碰到較多的問題，因為在很多據點作實驗所花費的錢財相當可觀。許多介入措施非常貴，而且它們之所以被拿來作研究，正是因為還不清楚它們的效果如何。如果一項介入措施連在一個據點嚴密控制的情境所產生的效能都還不清楚，而想在很多隨機選取的據點研究這樣的實驗對待，這樣的研究計畫不太可能獲得資助。因此，還須改進的實驗對待的研究中，很少有被隨機分派到不同實驗組的隨機抽取的人與情境裡。即使在這些少見的例子裡，隨機選擇也不是從整個母群挑選，而是從一些比母群小的團體挑選，例如，從少數幾個醫師的病人裡挑選，或從某個城市的醫院中挑選，而不是從國內所有的醫師或醫院中挑選。

摘要

348

　　簡單而言，正式的抽樣理論對於因果推論之擴論，價值有限，因為：⑴這個模型對於實驗對待及其效果的擴論，相關不大；而且，就和人與情境的抽樣相同，這個抽樣理論模式假定⑵抽樣是從一個有意義的母群抽樣，但倫理、政治及實際運作上的一些限制，常使得隨機選取限制在比較沒那麼有意義的母群；抽樣理論模式並假定⑶隨機選取及其目的，跟隨機分派

及其目的,兩者之間並不互斥,但探索一項*因果*關連的普遍性時,很明顯是因為有一些原因讓研究者相信將作的研究會支持這項關連,或先前的研究的確有支持這項關連性;抽樣理論模式也假定(4)預算的現實很少會將單位的選取限制在一個小的地理區域內的母群,及限制在很短的時間及狹隘的幾個地方。再者,(5)這項正式的模型只跟原先的抽樣計畫所設定的母群有關,無法擴論到抽樣計畫沒有定義到的母群體。最後,(6)隨機抽樣對於建構效度的貢獻並不明確;也就是說,除了在一些不重要的情況裡,用以正確描述某個母群特性的建構是已知的,否則,在絕大部分的情況下,隨機抽樣對於如何協助我們為人、情境、實驗對待及結果命名,其貢獻不明。從以上來看,這些因素顯示,儘管有些統計學家認為(Kish, 1987; Lavori et al., 1986),隨機抽樣之後再作隨機分派的兩個步驟的模型,是要做好因果推論的擴論就該遵循的模型,但事實並非如此。雖然我們很贊同,研究者如果作得到,就遵照這種兩個步驟的模型;但很明顯不能把它當成擴論因果推論的萬靈理論。因此,研究者必須使用其他理論及工具來探討因果推論的擴論。我們現在就來探討這類的理論和方法。

以科學實務為基礎的因果擴論之理論

科學家不用正式的抽樣理論,還是都在作擴論,並且常沒有說明是根據怎樣的理論在作這些擴論;這一節則希望讓大家明白這些擴論所用到的理論及方法。我們將想法立基於科學實務,希望能為因果推論的擴論提出一套比抽樣理論更實用的理論,作為日常科學研究之用。然而,這項理論並不是本書最先提出的,在一些關於擴論的作品(Brunswik, 1956; Campbell, 1986; Cronbach, 1982; Cronbach & Meehl, 1955)裡都可以發現它的根基;最初概念的形成是在十年前提出的(Cook, 1990, 1991),用以作為因果擴論的建構效度理論(construct validity theory of causal generalization)。然而,在之後的這幾年中,我們瞭解到,這些大原則也被用於廣大的科學領域的擴論。因此,我們稱這個理論為「以科學實務為基礎的理論」,並不是在

說這項理論是經由檢視科學界的努力之後，以歸納的方法發展出來的結果，而是要傳達「這些大原則跟多年以來各領域的科學家用來作擴論的實際方式是一致的」這樣的訊息。

科學家如何作擴論的範例

我們先簡短介紹幾種科學家作的擴論及他們作擴論所使用的方法（Matt et al., 2000，有說明更多的細節）。這些例子使得「一直都有科學家不必作正式的抽樣就可作擴論」的說法更具可信度，同時，這些例子也點出科學家作擴論時所使用的一些方法。我們在這一節將科學家作擴論時所用的關鍵概念及實際方式以*斜體字*標示，這些關鍵概念和實際方式也預告了我們在本章最後要提出的因果推論之擴論的五項原則。我們先從基礎研究中找出五個例子，再漸漸移向應用研究的例子，在這個過程中，則說明建構效度與外部效度的擴論。

類別歸屬

人類所作的擴論中，最常見的也許是將例子納入類別中，像是說知更鳥和老鷹都是鳥類、書和期刊論文都是出版品，或說相簿、寵物及小孩都屬於房子起火時要從屋裡救出的那一類事物。有關歸類及類別歸屬的心理學理論（Lakoff, 1985; Rosch, 1978; E. Smith & Medin, 1981）認為，要決定事物的類別歸屬，通常必須先評估某個例子（例如，一隻企鵝）與該類別（例如，鳥類）的*原型特色*（*prototypical characteristics*）之間的*相似性*。鳥類是有羽毛及翅膀的動物，這些原型特色對於分*辨*鳥類及其他看似相近的動物是非常重要的關鍵，因為給後者予以不同的名稱事實上是比較恰當的；例如，昆蟲和蝙蝠都有翅膀但沒有羽毛，因此牠們在鳥這個類別的*界線*之外。其他的特徵，即使是正確的描述，也跟該類別*無關*；例如，鳥的體型從很小的雀鳥到很大的鴕鳥都有，但體型大小不能將牠們與蝙蝠或昆蟲*區*分開來。

測量理論

研究者常會用少數幾道題目來代表比較廣泛的建構，他們認為這幾個

題目就能測量這些建構,而且很少是隨機選擇的題目。例如,利用「貝克憂鬱量表」(Beck et al., 1961)的二十一道自述題蒐集資料的研究者,都會說自己測量了「憂鬱」這個廣泛的建構。測量理論家擁有發展完備的理論及方法,能從題目擴論到建構(Cook, 1990)。例如,克倫巴與米爾(Cronbach & Meehl, 1955)認為,在概念上而言,這樣的擴論需要一種*解釋性質的理論*,這個理論必須涵蓋:(1)*建構的原型特色*,及該建構的各個細項;(2)這些細項彼此之間的關係,及細項與能代表這些細項的例子之間的關係;(3)該建構跟其他建構的關係,及跟該建構*相似與不相似*的例子之間的關係;(4)相關的建構中有哪些細項是造成這些關係的*基礎*,而哪些不影響這些關係;(5)該建構對於不同的操弄會有怎樣*不同的反應*;及(6)需要有哪些其他的過程或建構來*中介或調節這些關係*。循著這線思考,坎伯爾與費斯基(Campbell & Fiske, 1959)提出一項評估建構效度的方法,他們稱之為「複質複法矩陣」(multitrait-multimethod matrix)。這個複質複法矩陣以不同的方法測量*類似的*性質,以評估*聚斂效度*(convergent validity),並也測量*不同的性質*,以觀察*區辨效度*(discriminant validity);不論是否測量類似的性質,在這種矩陣裡都是使用*異質的*(heterogeneous)方法評估,以排除掉「相關性是因為不相干的方法變異數所引起」的可能性。

認知科學的主張

認知科學為一些具有廣泛可擴論性的因果陳述舉了許多例子。例如,所謂「神奇的七」的發現(也就是發現當大約有七個類別時,人們最能記得清楚),是一項研究計畫的成果,該計畫從*各種異質性的例子*都發現*類似的結果*,像是:當把數字或文字隨機排序,再一個一個地展示給研究對象看時,研究對象只能記住大約七個數字或七個文字;要記住不止七項時,研究對象會再創造大約七個比較大的類別(superordinate categories),將文字放在這些類別下等等。而且很多實驗室都有這種類似的發現;實驗室的地點、大學的品質及實際使用的方法等特質,都*無關*於其發現結果。第二個例子是風險避免,也就是人傾向於避免可能的損失。基本的發現也是來自於實驗室的結果,這些實驗在很多*無關的特質*上有很大的差異:很多國家的各種研究對象都遇到各種兩難選擇,而這些兩難的抉擇在*某些原型*

350

特點上是類似的：也就是，雖然兩種選擇的實質收穫完全同等，但其中一種選擇的可能收穫比較明顯，而另一種選擇的可能損失則比較明顯。

人類病態心理學的動物模型

　　重大精神疾病的神經化學領域裡，動物研究者對於是否能把從動物發展出來的模型擴論應用到人類，已經發展出了一套理論（Willner, 1991）。首先，化學藥劑在動物體內和人體內所顯示的化學標記（chemical marker）必須*類似*。例如，在一個抗焦慮的動物模型裡，已知的抗焦慮藥物在人體內和動物體內都產生類似的化學標記。如果某一項新的抗焦慮藥劑沒有在動物體內產生這種化學標記，就要懷疑是否能用到人體。第二，模型跟實際狀況之間一定要有景象學的*（phenomenological）類似性*，而且兩者之間沒有重大的不相似。例如，許多動物的憂鬱模型以活動量減少作為動物憂鬱的指標，因為這種行為似乎類似於有憂鬱症的心理問題所引發的活動障礙及缺乏動機。第三，我們必須能*解釋*藥劑是以怎樣的*機制*影響動物及人類，即使該藥物在不同種類的動物產生不同的症狀。例如，如果給予刺激性的物質，老鼠會比較常以後腳直立，而靈長類則比較常搔撓自己。但這兩種看似不同的行為都是由相同的生理機制所引起[1]。

有毒的化學藥品

　　美國環保署（Environmental Protection Agency, EPA）是依據動物實驗所獲得的資料，來找出人類可能忍受的有毒化學藥品的最高程度。EPA 取得某化學藥品對於某一種動物不會產生毒物反應的最高劑量之資料，再*類推*到人類的情形，使用的公式是：(1)依據成人、兒童及嬰兒的體重作調整；(2)依據各種動物的表面積之間的差異作調整；(3)預留很大的安全邊際（saf-

---

[1] 一位有名的動物研究者，針對實用主義在動物模型的選擇上所扮演的角色，作了一個很好的評論。當被問到為什麼研究視力的研究者以貓作研究，而不是以獼猴研究視力時，他的回答是：雖然獼猴的眼睛構造比貓的眼睛更類似人的眼睛，但貓的價錢便宜，餵養花費也少，而且牠們的眼睛也類似人的眼睛。研究者在選擇動物作一些能將結果外推到人類的研究時，是現實的情況在影響決定，尤其當他們考慮出版與經費的壓力時更是如此。套句賀伯・賽門（Herb Simon, 1976）的話，科學家在選擇模型時，比較像是在找還算可以的模型，而不是在考慮如何找到最佳的模型。

ety margin），以適應每個人對於化學藥物的反應敏感程度之差異；(4)依據研究者觀察動物反應的時間長短作調整；(5)也為嬰兒的發展預留安全邊際。

二手菸與肺癌

關於流行病學研究中所觀察到的「二手菸與不吸菸者罹患肺癌，兩者之間有因果關係」的結論，是否能類推到工作場所及餐廳等環境，研究者曾辯論過，因為可以制訂政策，在這些地方禁止吸菸的。葛羅斯（Gross, 1993）承認在這些研究中，二手菸與不吸菸者的肺癌兩者的確有關，但認為關係頗為薄弱。他將這些研究區分為三種。第一種是不抽菸的配偶與抽菸者結婚，比夫妻兩人都不抽菸的情況，前者比較常得肺癌。第二種也意味著二手菸導致癌症，但這些研究是在美國以外的地區作的，這些地區的家庭生活條件、通風系統及抽菸的情形，跟美國差異很大。第三種是在美國作的研究，是工作場所的研究，這些研究沒有發現統計顯著的關連。葛羅斯認為，這些研究跟所討論的公共政策辯論*最類似*，因此不能支持美國在公共場所禁菸的政策。羅基特（Rockette, 1993）的回應是，擴論不應該只根據流行病學的文獻，而應該根據更廣泛的證據，包括生物*機制*方面的知識、動物模型的證據，及這三種情境中都有的*劑量反應關係（dose-response relationship*），而這些關係可能在這些流行病學的研究中無法反應，因為後者沒有測量劑量。

安全而有效的藥物

美國食品與藥物管理局（Food and Drug Administration, FDA）為了確保新的藥品對人類是安全而有效的，對於藥物的劑量、主藥效及任何副作用的長期及短期效應，及它所能使用的場所及人群，都有作擴論。要達成這些，FDA依靠的是不同階段裡的各種相互關連的研究。第一階段是臨床前（preclinical）的研究，利用實驗室動物的體外及體內測試來評估藥物的毒性及藥效，包括釐清一些像是吸收率及新陳代謝過程等的生物*機制*。第二階段是要觀察動物實驗所觀察到的藥效及安全性，是否跟施用於一些人時所觀察到的*類似*。接著就是一系列以人為對象的臨床試驗，逐漸增加樣本數及方法的嚴謹度，以檢視其在人體所產生的生物*機制*、*劑量與反應之間的關係*，及*長期與短期的效應*。剛開始時，都把病人本身的其他疾病或特

352

殊狀況視作不相干的因素，但接下來的試驗，則深入探討是否有某些疾病或某些情況會使所得到的*結果有差異*。

從癌症研究擴論到個別病人作的決定

醫學研究對於癌症治療方法的效用，已經獲得了非常多的資訊。得了癌症的個別病人當然很想知道醫療方法的平均效果，但他們更想知道，以自己癌症的狀況，某種方式是否對他們有效。假設有一個人得了攝護腺癌，並依據醫師的建議開了刀。他如果知道，有開這種刀的人之中，80%還可以再活十五年，癌症不會轉移，當然對他有好處。但是，如果讓他瞭解，在各方面與自己*最相似*的人，開刀之後的情形如何，就能獲得更確切的資訊。假設他的葛理森數值（Gleason score）（測量癌的攻擊性）很高，有九分（十分最高），而手術前的 PSA（測量血液中所含的攝護腺細胞的產物含量，該產物跟癌症有相關性）值很低，低於四。有了上述更確切的資訊，他就會發現，像他這種情況的人，如果手術後的 PSA 值持續維持很低，有人已經活了十五年，但如果手術後兩年內 PSA 的值變高了，平均五到八年之內就會死亡（Pound et al., 1999）。

353

心理治療的效果

史密斯與葛雷斯（Smith & Glass, 1977）以統計的方法整合了大約三百項心理治療實驗的結果。從這些結果看來，接受心理治療的個案之結果，比在控制組的個案為佳，而且很少有研究發現負面的影響。大多數的情況是，病人種類的差異、治療師的特性差異、治療法的差異、情境及次數的差異，都跟結果*不相干*。也就是說，他們的研究認為，治療的效果頗能擴論到所有這些不同的情況。然而，其他科學家接著就批評這項後設分析（meta-analysis）沒有作有效的*區分*（*discriminations*），才會找不到相關的*調節變項*的效果。其中一種區分就是分辨研究的治療及臨床治療。各方大都同意，前者的治療有效，但在研究治療裡，有很多程序是跟臨床實務不同的，像是研究治療會用研究生作為治療師，而且有標準化治療的手冊。臨床治療使用有經驗的治療師，而且不會限制治療師作治療時該作些什麼，而其效果至少在一些兒童心理治療的後設分析中也被質疑（Weisz et al., 1992）。

擴論因果推論的五項原則

　　檢視這些例子中的斜體字所表達的概念，會發現有些字眼重複出現了很多次，而有些則都指向同一個過程（例如，區分、分辨、界線）。我們認為，這些說明了科學家在作擴論時所使用的五項簡單的原則：

1. *原則一：表面相似*。科學家判斷他們所研究的事物與擴論的目標之間的表面相似性，據以作擴論。例如，動物的活動障礙，看來跟憂鬱症患者因為心理問題所引發的活動障礙相似；探討工作場所的二手菸之影響的研究，比較像在政策辯論中所討論的公共場所，比較不像在私人住宅進行的抽菸研究；而有翅膀的動物，似乎比沒有翅膀的動物更像是我們所知道的鳥的原型特色。

2. *原則二：排除不相干的性質*。科學家從人、情境、實驗對待及結果的測量中，找出不相干的屬性，據以作擴論，因為這些屬性不會改變擴論的內容。例如，體型大小跟是否屬於鳥類無干、追蹤時間的長短跟心理治療的效果無干，而認知科學實驗室的地點也跟人們常以七組事物來記憶的研究發現無干。

3. *原則三：作區辨*。科學家作擴論時，會分辨擴論的限制範圍。例如，實驗室作的兒童心理治療有效，但一般診所作的卻未必；宣稱發展了一項測量某特質的新測量工具，事實上也將該特質與其他特質作了區分；及任何有羽毛、有翅膀的動物都屬於鳥類的範圍之內，但所有其他動物都不屬於鳥類。

4. *原則四：插代與外推*（*interpolation and extrapolation*）。科學家以兩種方法作擴論：他們插代樣本範圍內沒有取樣到的數值，包括人、情境、實驗對待及結果的樣本；他們也將結果外推到抽樣範圍以外，但外推比較困難。例如，以有毒物質殺死癌細胞的化學治療法，劑量愈重效果愈佳，但劑量重到一個程度卻會毒死病人；還有，有毒化學藥物對於小型哺乳動物的影響，可擴論到體型比較大且生物構造較為複雜的人類。

5. *原則五：因果解釋*。科學家為擴論的目標發展理論並加以檢測，以此作擴論。例如，所謂「刺激物的影響」此一建構，包括靈長類的搔撓及老

354

鼠的以後腳站立，因為這兩種行為之下的生物機制都相同。

這五項原則中，沒有任何一項能單獨構成因果推論的擴論之充要條件。然而，除非我們提供這五項原則所要求的知識，否則我們對於因果擴論的瞭解還是不足的。再者，雖然這些原則不是各自獨立的，但還是值得分別提出，因為每一項原則都讓我們注意到澄清擴論內容時所實際使用的不同策略。我們在這一章還會更詳細說明這些原則背後的觀念，接下來的兩章則討論能用來執行這些原則的方法。

使用立意抽樣的策略

經由前面幾個範例，我們明顯可學到另一項啟示。這些範例沒有一個是用正式的抽樣方法來作因果擴論；相反的，它們絕大部分是用**立意抽樣**（purposive samling）。例如，在二手菸研究的例子裡，流行病學研究並不是隨機抽取抽菸的場所作研究，而是用*一系列異質性高的抽菸場所*，像是家裡或工作場所。以動物研究精神疾病的研究者，並不是隨機挑選結果，而是挑選「活動量的降低」作為憂鬱症患者*典型*的結果。後設分析研究者檢視心理治療的效果時，是從人、情境、實驗對待及結果，各種異質性高的特色去觀察。

克盧斯廓與莫司特樂（Kruskal & Mosteller, 1979a, 1979b, 1979c）先前就觀察到，科學家討論擴論時，普遍使用立意抽樣的策略。他們針對「*具代表性的抽樣*」這個詞，在科學與非科學的文獻中是如何被使用的，作了一番分析，結果發現使用的方式有九種：(1)稱讚資料的品質；(2)沒發現有選擇的問題時；(3)作為母群的縮影；(4)作為典型或理想的情況；(5)作為母群的涵蓋（coverage）；(6)作為模糊的字眼，接著再用更清楚的敘述說明；(7)作為一種比較確切且正式的抽樣方法；(8)作為一種能得到正確估計的方法；(9)作為一種足夠達成某個特殊目的的方法。他們認為(1)、(2)、(8)沒有正式的抽樣，因此並不確定實際狀況如何，所以將它們放在一邊不理會；認為既然有了說明，(6)是多餘的；認為能用到(9)的機會很少見（例如，在一個接受了治療的樣本中發現負面的副作用，常就能夠拒絕「沒有負面的副作用」的宣稱）；而(7)指的是正式的抽樣方法，跟這裡的議題無關。其

355

他的使用方法，包括(3)、(4)、(5)是在說，根據研究目的而言，樣本是具有代表性的；再者，它們也跟庫克與坎伯爾（Cook & Campbell, 1979）建議的立意抽樣法，以及我們在第 1 章提過的相符合，也就是：特意增大異質性的抽樣與(3)、(5)相符，而眾數例子抽樣（modal instance sampling）則與(4)相符。

　　庫克與坎伯爾（Cook & Campbell）眾數例子抽樣的方法，目的是要將研究者最想擴論到的單位、實驗對待、結果及情境說明清楚，再選出至少一個例子是跟這些最想說明部分的眾數相似。克盧斯廓與莫司特樂（Kruskal & Mosteller）的典型或理想的抽樣，與此類似，但克氏與莫氏所講的比較廣一些，因為所謂「*典型*」並不只是眾數，也可能是平均數、中數或理想狀況。我們完全贊同利用平均數或中數來代表典型的例子。然而，在實務上，比起平均值及中數，眾數有三個優點：(1)跟抽樣以趨近平均值或中數相比，抽樣以趨近眾數的使用範圍較廣（例如，用於類別變項）；(2)在常態分布的連續資料中，眾數會跟平均值及中數都相等；且(3)當資料不是常態分布時，眾數常較能提供中央集中數值的訊息（例如，像是雙峰分配），也比較不受極端偏離值（outlier）的影響。因此，在絕大部分的情況下，我們都比較喜歡用眾數。至於理想例子的抽樣[2]，我們認為這比較是研究內容的考量，要看研究者是否有興趣瞭解理想的例子，這個考量跟要使用哪一個中央集中值作為理想的例子無關（例如，抽取眾數理想例子）。

　　庫克與坎伯爾（Cook & Campbell, 1979）特意增大異質性的抽樣方法，目的是要特意抽取一套例子，以反映研究者認為重要的一些面向的多樣性，即使樣本不是正式隨機抽取的亦無妨。克盧斯廓與莫司特樂（Kruskal & Mosteller, 1979a, 1979b, 1979c）的用法(3)──母群的縮影──即是如此，因為研究者知道母群的重要特質，並確保（即便是沒用正式抽樣的）樣本裡每一種特質的每一層級都有一些單位為代表。使用方法(5)──母群的涵蓋──則只要求部分特質的異質性，而不必包括所有重要特質的異質性，因

---

2 社會學中有關理想的種類的最重要概念，是韋伯提出的（Burger，出版中），韋伯所認為的理想的種類一定具有多種屬性（multi-attribute），而且不必一定要真實地描述世界。相反的，關於世界的理想種類是經由忽略真實世界中屬性間的連結所具有的機率的性質所打造出來的。在理想的種類裡，相關的屬性之間的相連結被視為無可避免，而且是經由這項機制，才建構了這個理想。

此，比較不需要知道那麼多關於所有這些特質的資訊。但這兩種抽樣方式對於研究方法最重要的意涵是，要特意使樣本在所有已知及實務上最重要的特質上盡可能具有異質性。

　　為了要反映克盧斯廓與莫司特樂在這些方面的觀點，我們在本書將庫克與坎伯爾的眾數例子抽樣稱為**典型例子的立意抽樣**（purposive sampling of typical instances, PSI-Typ）。同樣的，將庫克與坎伯爾特意加大異質性的抽樣稱為**異質例子的立意抽樣**（purposive sampling of heterogeneous instances, PSI-Het）。將*特意*（*deliberate*）改成*立意*（*purposive*），跟統計中*以立意抽樣*（*purposive sampling*）（Marriott, 1990）這個詞一樣，都是一種非隨機抽樣的方法，用以讓所得到的樣本代表某一種母群。

　　然而，就像克盧斯廓與莫司特樂（Kruskal & Mosteller, 1979a, 1979b, 1979c）一樣，我們也要提醒讀者，這些立意抽樣的方法雖然比正式的機率抽樣更實際，卻並沒有一個可用以支持正式擴論的統計邏輯能用來支持這些立意抽樣法。但它們還是最常用來作因果擴論的抽樣方法，因此，我們在接下來的兩章會介紹更多這兩種方法的細節。我們會舉一些實際用於單一研究或有多個研究的大計畫的方法，來探討這些問題。

將五項原則應用於建構效度及外部效度

　　作因果擴論有兩項工作：(1)找出人、情境、實驗對待及結果的建構名稱（建構效度）；及(2)探討因果關係可擴論到不同的人、情境、實驗對待及結果的程度（外部效度）。本節將會說明如何應用這五項原則來澄清這兩項工作。表 11.1 摘要了本節的重點。

原則一：表面相似

　　建構效度與表面相似　從測量理論而言，已經有點過時的表面效度概念，多少有抓到這裡所講的表面相似的意義。表面效度指的是，某項評量是否「表面看來是在測量」某個建構的簡易判斷（Anastasi, 1968, p. 104）。雖然表面效度已經不再受現代測驗理論的青睞（例如，Messick, 1995），但它還是極端常被科學家用來處理效度的問題，因為科學家必須決定如何為多個結果（有時是十幾個）、數種不同的實驗對待，及數種不同的情境

➤ 表 11.1　五項因果擴論原則應用於建構效度與外部效度：摘要概念與方法

表面相似：評估研究操作與擴論目標的原型特色之間的表面相似性。

應用於建構效度

1. 表面效度：該研究的操作像是在反映哪些建構？

2. 內容效度：研究的操作所想要反映的目標中的人、情境、實驗對待，及結果的原型特色是什麼？不同的研究領域是否對這些原型特色有不同的理解？研究的操作代表了這些特色中的哪些部分？

應用於外部效度

1. 這項因果關係想要擴論到的人、情境、實驗對待，或結果的原型特色是哪些？

2. 坎伯爾的相近似原則：「以一種的人、情境、實驗對待或結果作的實驗所顯示的因果關係，會擴論到那些在重要的原型特色上顯得類似的人、情境、實驗對待或結果上」的判斷。

排除不相干性質：找出人、情境、實驗對待及結果測量中不相干的屬性，因為這些不相干的屬性不會使擴論改變。

應用於建構效度

1. 與建構不相干的性質：研究操作的一些特性，但這些特性跟建構的原型特色無干。

2. 聚斂效度：一樣的研究操作由兩個不同的方式評估時，儘管每一種方式各有自己的無干之處，但兩個結果之間應該有相關。

3. 多種操弄：用以指涉一個建構的各種操弄，都跟該建構有相干，但這些操弄之間，在概念上跟建構不相干的性質上則具有異質性。

4. 不相干性質間的異質性：使不相干性質之間有異質性，可以讓有關建構的推論不會跟同樣的不相干性質混淆在一起，也不會跟那些會產生和建構的影響方向相同偏誤的不相干性質混淆在一起。

應用於外部效度

1. 人、實驗對待、情境及結果的哪些變化是跟因果關係的大小或方向不相干的？

2. 費雪（Fisher, 1935）的洞見：在許多不相干的性質中仍能維持的因果關係，代表著想要否定一項因果擴論的假設所作的努力失敗了。

（接下頁）

➤ 表 11.1　五項因果擴論原則應用於建構效度與外部效度：摘要概念與
　　　　　方法（續）

作區辨：找出人、情境、實驗對待或結果中，那些會限制擴論的特色。

應用於建構效度

1. 坎伯爾與費斯基（Campbell & Fiske, 1959）的想法：提出一項建構時，提出者心中一定能區辨這個新面向及其他已經在使用的建構之間的差異。沒有說明這些差異，就無法定義這項新建構，而查證這些差異的存在，則是驗證（validation）過程重要的一部分。

2. 區辨效度：評估某項建構的結果如果跟其他建構的評估結果相關太高，則前者的建構效度就令人懷疑。

3. 如果兩個不同的建構之間有部分內容重疊，而我們能加以區辨，則研究所使用的操作，就能給予更正確的詮釋與命名。

應用於外部效度

1. 當因果效度中的一項建構有兩種版本，而且，其中一個版本會大幅改變因果關係的強度或方向時，就需要區辨這兩種版本的差異。

插代與外推：以插代擴論到所取樣的人、情境、實驗對待，及結果的範圍之內那些沒被取樣到的值，而以外推擴論到取樣範圍以外的值。

應用於建構效度

1. 當一個名稱適用於觀察值中的最高與最低值時，通常也適用於兩者間的其他值。

2. 在一條連續線（continuum）上的不同點，建構的性質會有重要的改變嗎？

3. 將建構與建構中的層級混淆：為那最能代表研究操作的建構作推論，卻沒有說明實際研究的只是該建構的部分層級時，外推就發生了錯誤。

4. 天花板效應與地板效應：壓縮量表的兩個端點，會使得人、情境、實驗對待或結果的差異隱而不見。

應用於外部效度

1. 插代是利用在連續線上所觀察到的各個點，推論這些點的任何兩點之間在連續線上的值。

2. 外推是利用在連續線上所觀察到的各個點，推論最低點之下或最高點之上的點在連續線上的值。

358

（接下頁）

➤ 表 11.1 五項因果擴論原則應用於建構效度與外部效度：摘要概念與
方法（續）

3.當觀察到較多層級時，觀察到的這些點的函數形式很確定時，及當
外推的範圍靠近原本的抽樣範圍時，這些方法所得到的推論最正確。

因果解釋：發展並檢驗擴論目標相關的解釋理論。

應用於建構效度

1. 深層的或結構上的相似：不同的操作之下在結構關係上的相似性，
這些相似性使得所有這些操作都有一個共同的特質。深層的相似性
並不一定都會有相同的表面相似。
2. 建構的網絡：將一項建構與其他相似或不相似的建構連結，並預測
該建構會如何對各種不同的操弄產生反應的理論。

應用於外部效度

1. 轉移的論述：明確指出(1)實驗對待的哪些部分(2)是經由哪一項中介
過程(3)影響結果的哪些部分，以正確說明，如果在其他的情況下想
要得到相同的效果，哪些項目需要被轉移。

356

359

及不同類別的人，找出適當的名稱；用來將實驗與科學文獻聯繫的許多其
他的建構，也必須有適當的名稱。科學家大多只是依賴表面相似及其他的
原則，就很快地作了決定。也就是說，科學家們挑選一些聽起來合理的名
稱，就像是說一個研究是在城內的一所大學作的，或說研究對象是心理學
導論課的大學生。可想而知，對於研究的關鍵議題而言，愈次要的建構就
愈可能使用表面相似度；科學家在這方面之所以較為隨便，是因為任何一
個研究都不可能讓科學家對研究裡所有建構的名稱追根究底。然而，就像
任何作過期刊審查者的人都知道，投稿論文中關於建構的名稱，不論是明
白宣示的決定，或隱含於文字間的決定，許多都很有問題，因而變成招到
負面批評的原因。

這項原則的最佳應用方式，則不止於表面效度，而是小心地將某項操
作的表面特質，跟某項建構的原型特質互相比對。測驗理論學家說，內容
的相關性及代表性對於一項測驗的建構效度很重要，尤其是說「建構領域
的所有重要部分都涵蓋了」（Messick, 1995, p. 745）時，就是在指這個小
心的比對。內容相關性與代表性的標準，也同樣應該用於實驗中的人、情

境及實驗對待的特色描述。假設一位研究者想以「失業」的研究對象作一項實驗。大部分人認為「失業」這個概念指的是：已經是工作年齡但目前沒有一份工作，且沒有其他的事務讓他暫時離開工作市場（例如，家庭主婦或研究所學生）的成人。然而，在官方政策圈的用法，失業還有額外的意義：除非這個人有在積極找工作，而且六個月以內都沒有一份有付薪資的工作，否則不能稱為失業。不屬於失業的行列者，則被列在「失去信心」（discouraged）的工人類別（而非「失業」）。但一般對於失業的瞭解中，「積極尋找」跟「沒工作不滿六個月」兩者，都算是外圍不重要的；但這兩者使得官方的定義比較偏向那些沒有工作但明顯可能再受雇的人，而移除那些比較不太可能再受雇者。剛才那位研究者要用哪一種版本的「失業」？同樣的，研究者可能想把研究對象的收入當作結果變項。但是，要如何測量收入？測量方法是否相關並具代表性？例如，去年報稅時申報的收入，是否可用「收入」這個名稱來表示？要回答這個問題，我們必須知道，低報收入的情形有多少？還有，那些沒有報稅的人有多少收入？在這些例子裡，我們一再看到建構的說明與評量方式之間的互動關係，作的決定盡可能使兩者相符合。

　　外部效度與表面相似　本章開始時所舉的擴論的範例中，可以看到有一些是科學家利用表面相似來探討外部效度的問題。這些範例包括了研究者從動物的活動量減少，擴論到人類的因心理問題而活動量減少及缺乏動機；研究者認為流行病學所研究的公共場所二手菸，跟政策建議的在公共場合禁止二手菸較相似，而跟在私人家庭中的研究比較不相似；及攝護腺癌病人觀察那些葛理森數值和手術後的 PSA 跟自己相似的攝護腺癌病人的恢復狀況，來預測自己如果接受相同治療後的恢復狀況。這些例子都是以某種人、情境、治療（實驗處理）方法或結果下的發現，來擴論到其他在重要的原型特質上看來類似的人、情境、治療（實驗處理）方法或結果，以作預測。

360

　　坎伯爾（Campbell, 1966b, 1986）稱此為「近似原則」（principle of proximal similarity），他認為，當我們擴論一項實驗效果時，「如果治療方法、情境、母群體、所希望的結果及年代，整體上最接近原來實驗的情形時，我們對這項擴論最有信心」（1986, p. 75-76）。想一想先前的例子，去年所申報的收入，是否用「收入」一詞就能恰當描述。要考慮外部效度，

我們可能要問，這種測量收入的方法（所申報的收入）所獲得的結果，是否能類推到其他結果測量（譬如，受雇年資）。表面的相似原則教導我們，要去觀察所申報的收入，和受雇年資的原型特質有多相似。答案是，也許不是很相似，因為收入不能反映一個人花了多少星期或多少年在工作上這類的事實，而這些是受雇年資的原型特質。有鑑於此，表面相似的原則無法讓我們將收入的研究結果擴論到工作年資。當然，收入並不是跟年資無關，而且收入對於一個人是否決定繼續留在同一工作崗位，應該與其他像是額外的福利或工作環境的因素等，都是重要的因素。將某些結果擴論到這個新的建構也許不是很令人意外，但近似原則幾乎不能幫我們大略預估實際可作多少擴論。

從這項例子可以看出，利用表面相似原則，使實驗研究操作與建構的原型特色相吻合的過程，是一個需要下判斷的過程，但比正式抽樣所需要作的判斷少，且比較容易做到。這個過程強調，必須為那些理論分析認為是建構最主要的核心部分，理性地找出相對應吻合的操作，並且一定記住，究竟哪些是最主要的部分，會因研究的目的不同而有不同。如此所獲致的類似是表面的，因為操作與建構是在一些明顯的特質上相似；但在一些潛藏且可能影響結果的最重要部分上，卻不一定也相似。而且，並不是每個人都對於哪些部分是最重要的，都有相同的看法，因此這又使相似性的判斷更加危險。所以，雖然表面相似的原則被廣泛使用，僅只使用表面相似性來證明外部效度，很少能說服別人。

然而，有時候，光是表面相似就已經很足夠，甚至可用以擴論到一些先前從未研究過的例子。例如，若一定得採取行動的時刻到了，科學家與實務工作者就會直接以先前的研究結果應用到目前亟需改善的問題，而不管這種應用方式實際並沒有真正研究過，其中也有很多模糊的地方。例如，1990 年代，科學家發現了一項治療癌症的方法，稱為「有節奏的給藥」（metronomic dosing），這種方法在動物的效果似乎非常好，它是使用長期的低劑量化學治療，佐以制止血管新生的藥劑（angiogenesis inhibitors）。這項治療方法從未以人類研究過，但幾位醫師想試用在他們的病人身上，理由有許多：因為這種方法在動物的效果良好；因為所使用的這些藥並非還在實驗階段，而是已經獲准用於臨床治療；因為化學治療的劑量非常低，幾乎可以確定副作用會比標準的高劑量化學治療所產生的副作用

少而且小；也因為要求嘗試這種方法的病人病況已經很嚴重了，其他方法都已經無效。表面類似可能被政策決定者用來決定是否要為一群沒經過研究過的人或情境通過一項計畫；實務工作者可能用它來非正式地實驗一些提供服務的新方法；撰寫敘述性式的文獻回顧的科學家也可能用它；而最重要的可能是，科學家用它來預測那些還沒有研究的領域中，哪一種方法最可能有效，藉以產生新的研究。

原則二：排除不相干的性質

建構效度與不相干的特質　當科學家能證明某種變異來源跟某擴論不相干時，他們就能作擴論，例如，體型大小跟是否屬於鳥類大致無關。測量理論家稱此為*與建構無干的性質*（construct irrelevancies），也就是在例子中可看見的一些性質，但這些性質與建構本身的原型特質無干。例如，在坎伯爾與費斯基（Campbell & Fiske, 1959）的複質複法矩陣（multitrait-multimethod matrix）是假定：評估某項特質的方法，跟該特質的建構是否被有效測量無干，因此，即使是以兩種不同的方法測量同樣的特質，所得的結果相關應該很高。例如，「貝克憂鬱量表」（Beck et al., 1961）是一項自述量表，但自述量表這個事實，應該跟憂鬱這項建構無干。這裡的預設是，同樣的憂鬱程度，不論是以自述法評估、由配偶評估，或以其他的方法觀察，都應該會是一樣的程度。這種概念在測量界稱為**聚斂效度**（convergent validity），也就是：以兩種不同的方法測量相同的事物時，兩者應該彼此相關，不論兩種測量各有多少不相干的性質混雜其中。

更廣泛地說，當我們為一項實驗選擇某些人、實驗對待、結果測量及情境時，幾乎都一定會添進許多不屬於建構描述的部分。正因為這種不相干的性質到處可見，因此顯現出多種操作化的重要性，而不能只有一種操作化（Webb et al., 1966）。**複操作主義**（multiple operationalism）要求的是，用來表示（index）一項建構的各種操作，都跟該建構有關，但各種操作之間，在與建構概念不相干的特性上則有異質性。想像現在有一項計畫是研究「搬到郊區」對於貧窮家庭收入的影響。希望加入研究的人可能是城市的官員、當地社區的領導者、某個研究公司的代表或其他人，所有這些屬性都跟「搬到郊區」這項建構無干。同樣的，收入可能以自述或以報稅資料來測量，這些都各有其缺點。這些不相干的性質也跟人與情境的母

群有關，像是我們抽取了一群人，但這些人卻都是自願者；又或我們選擇的情境看似想擴論的目標，但卻發覺這些情境的主管都是比較年輕，比年紀較大的主管較為願意讓研究者作研究（或作一些創新？）。主管的年紀應該是一項無干的性質，就像是自願者一樣，也是無干的性質。但兩者都跟實際抽到樣本的細節裡的目標建構混淆在一起。研究者的工作是想辦法不讓這些無干的性質與建構的必要屬性相混淆。坎伯爾以**不相干性質的異質性**（heterogeneity of irrelevancies）這個詞來表達這個問題（如何處理那些不是目標建構的一部分，卻是抽樣結果一部分的不相干的性質），也表達其解決方法（讓這些不相干的性質具有異質性，使得建構有關的推論不會跟同樣的不相干性質混在一起，也不會跟影響方向相同的不相干性質相混淆）。例如，研究者邀請一些人來參加計畫，政府官員或當地政治人物也邀請一些；以不同的數種方法評估收入；找一些非自願者來參加研究；研究由市中心搬離的人所搬入的各種不同的郊區。

布藍斯基（Brunswik, 1956）的研究，則是將不相干性質的異質性這個概念，應用於研究者所認定的因的建構效度。布藍斯基大部分是從事人類觀感的研究，他假定人類的觀感會因情境而不同（context-dependent）。但他瞭解到，這種情境雖然有時的確會影響觀感，但有時卻跟所研究的建構無干。他利用常見的臉部表情研究的簡單例子來說明這點。想像現在研究的是，斜眼看人的人是否會被認為比不斜眼看人的狡猾？由於斜眼的動作只存在於臉部，布藍斯基強調「斜眼」不能從臉提升抽取出來變成抽象的概念；因此他覺得，由回答者評量那些除了看得到斜眼以外其他部分都是戴了面具的臉，是不佳的方式。基於這樣的態度，他就必須決定哪些臉部特徵必須納入研究。需要有眼睛的細節（眼球顏色或眼睛大小）、鼻子的細節（鼻子大小及形狀）、臉部輪廓的詳細描述（圓形或橢圓形）、下巴形狀（方的、尖的或圓的），或其他特徵嗎？毛孔大小、睫毛長短及皺紋數量都可能成為臉部的刺激內容。但不論是哪一個研究，通常都不可能讓臉部的所有這些特徵具有異質性。因此，必須根據理論或個人經驗而作（容易出錯的）判斷，以決定哪些屬性是原型而重要的，應該特意讓它們有不同的變化。布藍斯基認為，臉部特性的抽樣組合要符合下列兩種標準：這些臉部特性在真實世界中常一起出現，並且各組合彼此之間的差異要盡量加大。

外部效度及排除不相干的性質　當這項原則應用到外部效度的問題時，重點是要找出人、實驗對待、情境及結果變項中，跟因果關係的大小或方向無干的變異，因為這樣一來可以說因果關係能擴論到這些特徵。例如，在選擇失業者來參加職業訓練的實驗時，我們會假定，不論這些人是內向或外向，或這些人有多少兄弟姊妹，都跟失業的建構無干。當然，有時研究者會認為某項性質是枝微末節或無干，但之後的研究卻發現這項認定是錯的，因為這項性質會影響研究中的因果關係。這是為什麼研究失業者時，最好能研究不同年齡、不同教育背景的人，這樣才能使這些無干的性質具有異質性。任何以此而達成的因果結論，比較不會限定於某一類型的人，像是所研究的失業者是有唸大學的或住在一個小鎮。

費雪（Fisher, 1935）清楚說明了在探討因與果的關係時，將不相干的性質納入的優點：

> 實驗時若將其他成分的量予以增減變化，相較於將所有這些成分都嚴格控制在相同數量的實驗，前者所推論出的任何結論……，會有比較寬廣的歸納基礎。……當這些條件有點改變（實務上這是免不了的）時，先前的標準化會使我們在推論同樣結果時的基礎減弱，而非增強。（p. 99）

他的洞見可說是基於這項想法：如果在多種不相干的狀況下，因果關係都仍然成立，就可看作是研究者想要否定因果關係的擴論，而沒有成功。他的預設是：如果研究者有特別在研究中讓許多不相干的性質具有異質性，尤其是讓那些理論或評審者認為，最可能會使因果關連消失的性質具有高異質性，就可預先將因果關連看作是可廣泛應用於各種情況。

後面這一點說明了一項邏輯上的難題。如果不相干異質性的來源使得因果關連消失（或大幅減弱或改變方向），則很明顯這項來源並非不相干。對於建構效度和外部效度而言，最初都一定是*先假定*不相干。而資料則協助研究者判斷什麼的確是不相干的，而什麼實際上是相干的。但研究者開始時，必須先假定只有少數幾項特質是跟因果關連相干，其他很多的特質則先假定是無干的。後面這些特質也許之後會被發現有相干，使得我們必須將變項的意義作個改變。我們可能起先會假定評估焦慮的方法跟焦慮的

建構無干,但漸漸暸解到這個假定是不成立的,因為因果關係因焦慮的測量方法而異,例如觀察者評估,或測量生理反應等方法。在評估人、情境及實驗對待時所作的關於不相干點的假定也是一樣。研究者可能*很想*證明某項因果關連不會因為一些不相干的性質而改變,而最後的*成就*卻可能不一樣,因為後來發現,一些附帶條件會影響因果關係的強度。

364

原則三:作區辨

建構效度與作區辨 本章先前所舉的幾個範例中,科學家在從操作擴論到建構時,也作了一些澄清,區辨建構間的差異。例如,有翅膀和羽毛,是使鳥類跟其他生物不同的特定點。這個概念,一部分可以由測量理論中的**區辨效度**(discriminant validity)傳達(Campbell & Fiske, 1959; Miller, Pedersen, & Pollock, 2000)。作區辨是作分析,區分出目標中的建構及其他可能的類似建構之間的差異:「提出一項建構時,提出者在心中一定知道這項新建構跟其他已經使用中的建構,在哪一個新面向上有所差異。定義新建構時一定要說明差異,而要確認這些差異是驗證過程裡重要的一部分。」(Campbell & Fiske, 1959, p. 84)如果是這樣,那麼一項測量的建構效度「就有可能因為它與其他不同建構的測量之間相關太高,而被認為無效或無用」(p. 84)。

重點是,如果我們能區辨兩種通常有重疊內容的建構,就能為研究中所使用的操作的名稱,作更精確的解讀[3]。因此,美國市中心社區的研究裡,有一項理論認為「團體效能」(collective efficacy)〔高社會控制(social control)與高社會凝聚(social consensus)〕應該會減少犯罪,因為有這種效能的社區,會動員起來對抗危害社區安全的事件(Sampson, Raudenbush, & Earls, 1997)。但這些特殊的社區屬性,常跟所謂的「高品質社區」的特質有高相關,像是資源多寡、父母是否參與社區組織,及成人或青少年對於社區的滿意度(Cook, Shagle, & Degirmencioglu, 1997)。所有這些其他的特性也會影響犯罪率的高低,它們在概念上跟好社區的特

---

3 嚴格而言,這些其他可能的建構不必一定有重疊的內容。然而,通常是這些重疊的內容讓我們將一個建構誤以為是另一個;對於非常不相似的建構,我們很少會在建構效度上犯錯。

質有關，而且在實證上它們也都彼此明顯相關。因此，重要的是，研究者必須證明，當其他在概念上有相關而且在實證上也有相關的社區特質都控制之後，團體效能還能對犯罪率的降低有效益；參溥森等人就是這樣做（Sampson, et al., 1997）。

　　類似的建構效度的議題也發生在人、情境及研究所測量的結果變項。關於人，醫學或心理衛生界不同的診斷結果，是挑戰區辨效度的典型例子。我可能宣稱研究的人是被診斷有精神分裂的人；但你也許會指出，我所記錄的療養院治療診斷書，大家都知道是不具效力的診斷指標，且指出，我所研究的這些病人，如果有更好的診斷評估，很多人可能都會被診斷為患有阿茲海默症（Alzheimer's disease）。關於情境，我可能宣稱研究的是心理疾病的長期照護情境，卻可能被人批評，認為我只觀察療養院，沒有觀察一些小型、供食宿與照護的私人療養院，而很多心理疾病的病人是住在這裡。關於結果變項，評論者可能會說，我所有測量病人精神病症狀的工具，都是病人的自述，而研究有提醒我們，這種測量工具所測量的，比較可能是消沉意志的這種廣義的建構，而不是明確的症狀（Dohrenwend, Shrout, Egri, & Mendelsohn, 1980）。

外部效度與作區辨　本章先前所提供的範例中，有幾位研究者作的區辨顯示出，在某些時間點，因果關係大幅減弱，變為零，或甚至改變方向的點，例如，二手菸的研究結果，會因研究情境是在美國的家庭內、美國的工作場所，或美國以外的情境，而有所不同。我們很容易就能想起其他的人、結果、時間與實驗對待的例子。例如，我們可能會發現，戒菸後發胖的情形，女人比男人更明顯。可能發現，那些在衝動（impulsivity）測驗得分高的人，咖啡因在早上比晚上更容易讓他們有性衝動（Revelle, Humphreys, Simon, & Gilliland, 1980）。或者我們會發現，行為心理治療（behavioral psychotherapies）裡心理治療的正面效果，比在其他形式的治療效果都明顯。在所有這些例子中，研究者所面臨的挑戰是要區辨跟因果有關的建構的兩種版本，而這時的假設是，其中一個版本將會大幅改變該因果關係的強度或方向。

　　這些例子也暗示，區辨效度對建構效度及外部效度的挑戰，可能以兩種形式之一出現。其中一種形式裡，一項完全不同的建構被提出來取代我想使用的概念。而另一種形式是，我想用的建構，其中有部分是跟果有關，

365

但其他部分則跟果無關。後者的情況下，可將該建構以多種操作實施，讓這些操作檢驗該建構的不同部分，用以探討所面臨的挑戰的真實程度；像是測量心理症狀時，不但要測量兩種心理，還要以專家作的精神疾病評估來評估症狀，而不只是使用自述，藉以區辨症狀與消沉之間的差異。尤其重要的是，不要讓相同的偏誤來源存在於所有的操作裡。當所有的結果測量都來自自述時，就完全不能探討自述測量與非自述測量之間的相關性。穩定不變的偏誤是建構驗證的一個大問題，因為它讓研究者無法以實證分析的方式排除其他可能的詮釋。

當研究的區辨效度像先前的例子一樣，受到挑戰時，絕大多數是當兩變項都是減低到同一層級時，才容易受到挑戰；也就是說，譬如兩個建構的層級都是心理的建構、都是社會建構，或都是生物化學的建構。會受到挑戰是因為，在一個層級的建構，跟另一層級的建構常是可相容不互斥的。第 1 章用來解釋描述性質和解釋性質的因果關係的電燈開關的例子，可以說明這個概念。電燈會亮的原因，可以從電匠使用的機械層級來解釋（把電線做成回路、連結電燈的裝置與開關），但同時也可從物理學家使用的原子層級來解釋（導電、刺激光子）。在這裡，機械的解釋和原子的解釋兩者之間可相容，兩者也都可能是對的。但偶爾，建構效度的挑戰也可能是跨越不同的層級。本書潰瘍的例子可用來說明這種可能性。幾十年來，大家都認為潰瘍的原因是壓力這個心理變項。然而，最後證明原因是 *H. pylori* 細菌，而這個原因是生物的層級而非心理層級。這項區辨效度的挑戰跨越了不同的層級。

原則四：插代與外推

外部效度與插代（interpolation）外推（extrapolation） 這項原則幾乎都是用於外部效度的推論，因此我們從外部效度的推論開始，再討論這項原則在建構效度所扮演的比較小的角色。本章之前所討論的幾個範例，說明了這些外部效度的推論，包括環保局（EPA）限制有毒化學物質的接觸量，及吸菸研究中找出劑量反應的關係，就可算出二手菸的吸入量，在哪一個程度以下就不會致癌；這些都是從動物研究外推到人類的情況。藥物劑量效果的研究是最典型的例子。想像現在要研究100mg、250mg及500mg的止痛劑劑量，有怎樣不同的效果。插代法是利用觀察到的結果模

式來推論，如果是 375mg，會有什麼反應。外推則是推論樣本研究範圍以上或以下的結果，例如 50mg 或 650mg。若選取的層級較多，當函數形式在抽取的範圍內能被辨識（well-identified），或當外推的範圍靠近原先所選取的範圍時，插代與外推法的結果最正確。

　　雖然這些例子的焦點是在不同層級的實驗對待之推論，但相同的邏輯也可適用於不同層級的結果、時間、情境及人的特質之擴論。例如，在很多醫學研究裡，主要的依變項是容易取得的二分變項，也就是病人是活著還是過世了。但在活與死之間還有各種健康程度，我們不必等別人明說，就知道以內插的方式作推論，例如，如果一項治療法的存活率有八成，而另一項治療法的存活率有二成，就認為接受前一項治療法之後的病人健康狀況較佳。相反的，推論存活率所使用的資料最多也只追蹤五年，五年之後的存活率則靠外推的方法得到。同樣的，學童的成就測驗裡，我們以外推所得到的結果通常是：成就達到很高時，上升的速度會變得很慢（例如，測驗分數的邏輯模型），而非無止盡地繼續向上，但我們作外推時所依據的觀察值個數常很少。至於時間的推論，很少有心理治療研究會持續追蹤一年以上；因此，六個月或一年時所觀察到的進步，是否能被外推到更長的時間，是可以辯論的（Jacobson, Schmaling, & Holtzworth-Munroe, 1987; Nicholson & Berman, 1983; Snyder, Wills, & Grady-Fletcher, 1991）。最後，心理治療研究中有關劑量反應曲線（dose-response curves）的辯論，顯示為研究者努力想以更精確的插代方式推算，是在哪一個小範圍內的療程裡，治療的效果不再明顯增加（Kopta, Howard, Lowry, & Beutler, 1994）。

367

　　當人及情境的特質能被量化排序時，外推與插代也可用來作有關它們的擴論。在以學校為基礎的研究裡，各學校常可依據貧窮指標的程度排序，像是學生獲得免費午餐的學童百分比就是一種貧窮指標。但很少有研究者能將所有可能的百分比都納入研究樣本，因此他們必須以插代及外推的方式，推論出那些貧窮程度在所抽取的學校範圍之內或之外的結果。關於人的特質，研究者常使用排除標準，將那些不符標準的人都排除於樣本之外。例如，NIMH 的憂鬱合作實驗（Elkin et al., 1985; Elkin et al., 1989; Imber et al., 1990），所選取的樣本都是在臨床憂鬱程度的一個小範圍內的人，這使得使用結果的人不能確知，該研究的結果，是否能以外推的方法推論到比較嚴重及比較輕微的憂鬱症患者。

對於外推結果有多少信心，要視所選取的分布之最尾端，與應用時的範圍之間的差距。兩者差距不大的外推似乎比較容易讓人相信，因為比較不可能發生質變。所謂質變，像是水滾之後，達到某個溫度就化成蒸汽，而到另一個溫度結成冰；或像是金屬在某個溫度會斷裂，而在另一個溫度會融化；又或像是手足間的關係緊張到一個程度時，就由動口變為動手。跟實際資料差距不大的外推，也比較不會有外生變項（exogenous variable）來影響研究中的因果關係，像是只有體溫非常高時，就會找醫師，或只有一間銀行的財政發生極度嚴重的問題時，才會引來聯邦特派查帳員。除非有關的理論能找出這種反切點（inflection points），否則外推結果免不了都會不確定，尤其當實際抽樣的數值範圍與所想擴論的點之間有頗大的差異時，不確定性更高。

建構效度與插代外推　雖然這項原則的主要用途是在外部效度，但還是有一些用於建構效度的例子。一個很普通的例子是，化學物質 H_2O 在不同溫度時，我們給它不同的名稱；攝氏零下時稱為冰，攝氏一百度以上稱為蒸氣，而水則是在這兩種溫度之間時的名稱。大部分的建構推論是利用插代法，因為通常一個變項只研究有限的幾種層級，但建構的名稱通常涵蓋較廣的層級。例如，假定一位實驗者研究了五位體重過重者，他們的 BMI 在 25 到 29.9 之間。但 BMI 是一個連續變項，這五位很明顯無法代表 BMI 量表上所有可能的數值。但我們通常對於插代得到的結論「某人的 BMI 是 28.3，被稱為過重」，覺得沒什麼問題，儘管樣本裡沒有人的 BMI 是 28.3。再講得更廣泛一些，當我們所建構的名稱能代表所取樣的連續變項之最高值與最低值時，根據插代的概念，該建構名稱通常包括了最高與最低兩者之間所有的數值，不論是否實際觀察到所有這些數值。

外推法也常有這種情形，但外推法隱含了比較大的建構效度風險，就像是外推法結果的外部效度風險也比較大。的確，第 3 章所討論的建構效度威脅之一，就是將建構與建構的各層級相混淆，也就是在推論關於最能代表研究操作的建構時，沒有說明研究中的建構只有幾個層級。犯這種錯誤時，研究者已經將建構的結果外推到實際研究範圍之外很遠之處。例如，體重與健康的專家說，BMI 30 或 30 以上的人，稱為非常肥胖，而非過重；這項區別非常重要，因為非常肥胖常會跟其他疾病一起出現。天花板效應和地板效應也會使外推結果有建構效度的問題。例如，有些團體施測的智

力測驗在特別高和特別低的分數所給的估計值範圍是壓縮的，因此，如果在個別施測的智力測驗得分非常高的人，當施以團體測驗時，他們的得分會跟得分只是稍微高於平均值的人混在一起。稱所有這些人都是高於平均值，可能隱藏了更進一步且有用的分辨力，尤其是那些得分特別高的人。

原則五：因果解釋

建構效度與因果解釋　有時，我們能知道某一建構的關鍵潛藏特徵，這時就能夠找出那些乍看之下可能很不一樣，但其實都具有這關鍵特徵的例子。舉一個簡單的例子：卡車、公車、轎車及除草機，每一個都是屬於需要由內燃機推進的物體。開始時我們看不見這種引擎，而且如果仔細觀察，似乎每一種車的引擎在大小及複雜度上很不一樣。但每一種車都是由相同的物理過程在推進。此處，相同點不是在表面，而是在表面之下，儘管在表面下有一個抽象的概念（這裡的抽象概念是內燃機的概念），而且還有很多其他例子也跟這項概念相關。但代表這個類別的各種例子，在第一次以感官觀察時卻很不同。

因此，相對於表面的類似，因果解釋指的是認知心理學家所稱的*深層的*或*結構上的*類似（*deep* or *structural* similarity）（Vosniadou & Ortony, 1989）。這個詞指的是不同的例子裡表面下的架構關係，這些架構關係形成了一種概念，是所有例子共同的特質。例如，一旦醫師瞭解到，雖然有些潰瘍是由壓力所引起，大部分的潰瘍是由某一種特殊的細菌所引起的，而且這個細菌能以抗生素殺死，他們就開始使用一些建構名稱，區分病菌引起的潰瘍及心理引起的潰瘍，因為兩種潰瘍的原因和治療法是不一樣的。在這個例子，表面的相似（胃痛、流血）是由一種潛在深層的相似所引起（*H. Pylori* 細菌），很多病人都是一樣。然而，深層的類似並不一定都產生相同的表面類似。本章先前所引的範例中，一個好例子是接受到刺激後，老鼠比較常以後腳站立，但靈長類比較常搔撓；受到刺激影響所產生的相同生理機制，造成了兩種看似不同的行為。另一個好例子是第 3 章中的，外行人注意到的是樹葉是否會掉落（落葉樹或長青樹），但生物學家注意的是它們如何繁殖（會開花且將種子藏在子房裡的樹，或不會開花但種子直接暴露在外的樹）。後者是深層的相似，因為它在物種的存活具有關鍵角色，但它跟樹葉是否掉落的表面相似，卻不是完美相關。

369

這種以因果解釋來使建構效度明確的作法，在傳統的建構效度文獻中已經有清楚的先例（例如，Cronbach & Meehl, 1955; Messick, 1989）。在該文獻中，測驗理論家強調，一項建構，及任何提議用來測量該建構的工具，都應該鑲嵌在一項理論中，釐清它與其他的觀察結果與其他建構之間的關係。該理論應該包括相似及不相似的建構，預測各建構之間的關係，並預測這些建構對於不同的操弄方法會有怎樣的反應。現代測驗理論也強調相同的看法（例如，Messick, 1995），現代測驗理論呼籲，建構的測量必須反映「測驗結果所觀察到的一致性之理論根據，包括完成該項工作（測驗）的過程模式（Embreston, 1983），還要有實證的證據能證明接受測驗的人的確有進行理論所講的這些過程」（Messick, 1995, p. 745），及「建構領域的理論不只應該是相關測量工具的選擇或建立之依據，也應該依據它來理性發展以建構為基礎的評分標準與量尺」（Messick, 1995, p. 746）。

外部效度與因果解釋　因果解釋廣泛被用來當作轉移知識到不同的人、情境、實驗對待及結果測量的工具。如果我們要獲得相同的效益，其關鍵是要確認(1)實驗對待的哪一部分(2)影響了結果測量的哪一部分，(3)又是經由哪一種因果中介的過程；如此才能正確描述需要轉移到其他情況的部分。例如，有關如何產生電的知識，讓我們能提供電給太空中的衛星，太空以前從來沒有電；而知道阿斯匹靈裡能發揮作用的成分是哪些，讓有創造力的人以當地的植物發明了類似功能的藥，而這種植物以前從來沒有拿來治頭痛。這是因為，全盤瞭解整體的因果系統（像電力），或瞭解發揮因果效用的整組要項（像阿斯匹靈），能夠比較容易在各種不同的形式與情境下，包括之前沒有研究過的形式或情境，重新創造一套相似的因果連結（Bhaskar, 1975）。這是為什麼因果解釋常被認為是科學的首要目的。

370　　這種根本原理的解釋長久以來規範著基礎理論的發展（Westmeyer，出版中）。例如，芎斯（Edward Jones, 1985）在回顧社會心理學超過五十年來的發展時，這樣說：

> 如果人際互動的過程中沒有某種作為銜接的理論，實驗研究學者會被所謂的擴論問題阻撓。實驗研究者要怎樣才能宣稱他以三十位大學二年級的男生所作的研究，能當作某種重要的發現，擴論到更廣的母群，或甚至只是大學男生呢？社會學基本上在面

對擴論的問題時，拒絕以實驗室實驗的方法，而是利用調查方法
來建構或測試理論，而調查方法中樣本代表性是一項重要的考量。
另一方面，心理學家發展及精進實驗技巧，在受限的實際情境中，
利用這些技巧檢測一般的過程理論之合理性。1920 及 1930 年代，
這樣的努力更多了，尤其是在動物行為的研究，像是心理學家豪
爾（Hull）及佗爾曼（Tolman）想利用迷宮老鼠的資料來為一般
的學習過程發展理論。這在美國的心理學發展出的氛圍是，大家
都認同理論是實際的實驗發現之間的重要橋樑。隨著實驗的傳統
在社會心理學逐漸發展，研究者漸漸更重視自己研究發現的概念
上的普遍性，而非樣本代表性。理論的用處，在於它們能在各種
不同的情境，預測表面不同但在概念上類似的行為或景象之間的
關係。（p. 67）

　　社會心理學有很多的例子，像是拉塔內（Latané）的旁觀者冷漠的研
究（Brown, 1986; Latané & Darley, 1970），及羅森梭所研究的實驗者預期
效應（Rosenthal, 1973a, 1973b）。

　　一項效應的解釋，常會包括實驗對待中一些非研究者事先計畫的特質。
第 1 章的一個例子是，名為 endostatin 的新藥，以阻斷癌細胞供血的方式使
腫瘤變小（Rowe, 1999）。雖然原研究者的實驗室中，這種藥有產生效果，
但很難讓它在其他的實驗室也有相同的效果，直到研究者發現該藥的製作、
處理及施用的哪些方面是藥效的關鍵，才解決了問題。而在這些關鍵點之
中，有些不被一般認為是用來解釋藥效的科學理論的一部分，但在這裡卻
是解釋藥效的重要部分。

　　不幸的是，社會科學界難得有這樣完整的知識。解釋性質的問題，像
是「為什麼給病人的教育能讓他們手術後的復原較為良好？」事先假定了
「這種教育是否的確使復原較良好」這項描述性質的因果議題，是有肯定
的答案的。事實上，這種描述性質的因果關連常很難確定。而每一位研究
者所提出的解釋，都假定其他的解釋模型無法像自己的一樣適合資料的模
式，不論大家的建構是否相同。我們很少能真正確定這樣的假定是真實的
（Glymour, Scheines, Spirtes, & Kelly, 1987）。因此，雖然已經有大約一百
五十項研究在討論病人教育的功效，我們還不知道病人教育為什麼有效

371　（Devine, 1992）。我們也不知道為什麼當黑人進入學校就讀時，白人要離開該校？雖然完全瞭解解釋性質的因果知識，能有效幫助知識移轉應用到其他事物，但關鍵問題是：是否能常常獲得這種知識，作有效的移轉；因為我們很少能完全理解事物的因果。我們猜，在很多基礎實驗研究裡，這項關鍵問題的答案是肯定的；但是在許多社會科學中，這項問題的答案還是懸而未決，因為社會科學才剛開始試著在實驗設計納入一些用以尋求解釋原因的方法。然而，我們希望能看到更多研究將這些方法納入社會科學的實驗設計裡，而且相信，這麼作，即使只是從單一研究所獲得的一點點因果解釋中，還是可以有一些收穫。希望接續的兩章所列的概念和方法能鼓勵更多這樣的研究。

實驗者該將這些原則應用到所有的研究嗎？

　　研究者通常因為應政府或私人機構提計畫的邀請，或因為政策修訂或研究團體對於理論的興趣，或由於先前的研究發現令人不解的結果，而決定作實驗以回答一項界線明確的問題。在所有這些情況下，原本的研究問題中很大一部分一開始就被緊緊限制。這些限制表示，研究資源會被優先分派到某些設計特色，而某些特色所能分配到的研究資源會比較少；而且除非研究問題改變，這些分配的方法不容易改變。當出錢支持實驗的機構對於前來申請計畫的研究者表示，根據它們的經驗，它們預期研究該問題大約將花費多少資源時，這種限制尤其明顯。申請這種研究經費的研究者不可能自行改變研究問題或預算，使自己喪失獲得經費補助的機會。因為很少有研究問題一開始就以擴論為目標，因此我們也不意外看到，幾乎沒有研究者在這樣的限制下，有將經費用於可擴論性的研究。這種限制即便在一些能自由定研究問題的研究者身上，也很明顯可以看出，只是這時的經費限制是缺乏資源，而非不能彈性移用資源。

　　還有，這些原則本身在單一研究的實用性上，程度不一。最實用的可能是表面類似和因果解釋。後者最不昂貴的形式是，只需要稍微構想因與果之間可能的中介變項，測量這些中介變項，再用於中介的資料分析。找出表面的相似也是能做到的，只需要分析一下研究所使用的實驗對待、測量、人及情境，與建構的目標或外在效度的推論，這兩者之間

的明顯相似處即可。然而，能做到怎樣的程度仍然有限，因為有些原型特色所需要的費用（例如，職業訓練研究中，測量長期的工作成功）可能就超過範圍。剩下的三項原則（作區辨、排除不相干點及內插外推），都需要將研究的特色予以多樣化（例如，多種不同的研究對象、在多個不同地點作研究、異質的測量方法，或多種跟目前已有的治療法所使用的劑量不同的治療法）。這些都不免使得實際花費增加許多，但經費卻常不夠滿足這些多樣化。即使如此，對於有研究相同題目的*大型研究計畫（programs of research）*，或甚至在多個不同地點作的研究而言，這種多樣化卻是很實際的。

372

　　這些原則是否能實際被應用到單一實驗研究的另一項影響因素是，能協助作擴論的研究特色，與能協助研究本身作因果推論的研究特色，兩者之間並不能同時兼顧；後者常是作實驗的理由，而且可從中理解關於研究裡的因果關係，而該因果關係的擴論則成為爭議點。若決定將擴論列入研究設計考量的範圍，則勢必犧牲其他的目標。例如，使不相干點異質性升高，可以增加建構效度，但卻使統計檢力降低。要作區辨和作插代外推，就會使研究設計增加更多的特色，能澄清外部效度，但增加這些特質，卻可能占用了其他可用以改進統計結論效度或內部效度的特色之資源。這些必須權衡得失的情況很可能會在一些研究中發生，但卻很難訂出一套規則來直接應用決定資源的分配。把我們在第 3 章所說的換一種方式重述：目前的知識，都使實驗所作的各種不同的推論更堅強，因此，任何一個實驗都可能需要修補知識的各種不同弱點。有時當所需要的是有關外部效度或建構效度的知識時，前述五項原則就能派上用場。

　　但這些原則並不只是用來規畫研究。以這五項原則來檢討一個或多個已完成的研究，可以澄清該研究關於擴論的部分，有哪些問題沒有回答清楚。如果只能拿到研究的報告，要利用這五項原則來找出有關建構效度及外部效度問題的答案，選擇可能頗為有限。有時，重新分析該研究的資料會幫忙解決一項問題，就像是當原始作者沒有依據性別分別報告男女的結果是否相同，但他所蒐集的資料可以作這方面的探討，且審查者提出「研究結果是否可分別擴論到男女」的問題時，就必須重新分析資料。檢討單一研究時，樣本的限制明顯局限了單一研究所能回答的擴論相關問題。然而，如果能拿到多項研究的摘要統計值（summary statistics，像是平均值、

變異數及共變數），研究者就能利用第13章大略介紹的研究合成的技巧
（research synthesis techniques），應用這五項原則，因為研究合成的技巧
可利用眾多研究裡較多樣的抽樣選擇，但單一研究的抽樣選擇較少。

五項原則的前瞻與回溯式使用法

373　　前面的討論混合了這五項原則的前瞻與回溯式的使用法，但區辨這兩
種方法的確有某些意義。在個別的實驗中，以前瞻的方式來使用這些原則
及方法，以鞏固建構效度，是比較常見的；也就是，將實驗設計得更能支
持建構的推論，並使分析結果較精確地刻畫研究實際獲得的建構，因為研
究者企圖研究的建構和實際發生於研究中的建構可能有差距。當然，科學
家在設計研究時，也會預先為未來可能發生的外部效度的問題作準備，像
是蒐集那些可能影響實驗對待效益的中介變項，以便萬一審查者問起實驗
對待的效益是否男女相同等等的問題時，才能用以回答。但一般而言，外
部效度在個別研究的前瞻設計裡，很少具有優先權，因為要設計較具擴論
性的研究，會搶走其他考量的資源，因為跟與研究動機相關的問題相比較
之下，有關外部效度的問題較多；因為研究者預期這類問題方面的能力有
限；也因為這類（關於外部效度）的問題，大多是在研究已經發表了報告
才發生。

　　回溯式的使用這些原則，則是將這些它們及其方法用於單一研究，而
且幾乎都是要批評該研究將最後所得到的建構作了錯誤的特色描述，或批
評它在一些不同於研究所使用的人、實驗對待、結果觀察、情境或時間上，
缺乏外部效度。因為一項研究只設計一次，但事後的閱讀與批評卻可以作
很多次，回溯式的應用這五項原則，比前瞻式的應用發生的機會高許多。
但這種區別並不是完全絕對的，因為有時候研究者會重新分析原始資料，
以回應別人對於研究可擴論性的批評。例如，即使研究不是特意用來檢視
結果是否可擴論到男女，但如果歸檔的資料裡有性別資料，就還是可以依
據性別作分析，以回應他人的問題。事實上，如果二十一世紀之後，資料
庫的建立變得更普遍，我們希望這種重新分析資料的研究會更普遍。

討論

　　本章檢視了最為廣泛接受的擴論方法，也就是隨機抽樣；但發現，實驗產生的兩種擴論問題中，隨機抽樣並不能解決任何一種。我們接著指出一件明顯的事：科學家在他們的日常工作裡都一直作這類擴論，卻沒有使用隨機抽樣。他們是以五項原則將因果推論作擴論：表面類似、排除不相干點、作區辨、插代外推及因果解釋。接著，我們說明這五項原則如何協助研究者作建構效度的擴論，及外部效度的擴論。以下兩章我們將分別提出在單一研究及複研究中執行這些想法的作法。

12 因果推論的擴論：
使用於單一研究的方法

Method　名詞：*1.*一種工具或步驟，尤其是完成某事的
一項規津而有系統的方法：一種作派皮的簡單方法
（a simple method for making a pie crust）；以調停作
為解決爭議的方法（mediation as a method of solving
disputes）。*2.*規津地安排各部分或各步驟，以達到
一項目的：缺乏方法的忙（random efforts that lack
method）。*3.*具有某種訓練或某領域知識的步驟及
技巧：這門田野課概括介紹考古學的方法（This field
course gives an overview of archaeological method）。

Single　形容詞：*1.*不是由另一個人或其他人完成的；
孤獨的。*2.* a.由一個部分、一個方面或一個截面所
組成：*單人份*（*a single serving*）。b.適用於全部；
一致：適用於所有人的單一道德標準（a moral code
for all）。c.數量上由一個所組成：*她只有一個念頭，
就是逃*（*She had but a single thought, which was to es-
cape*）。

　　本章在說明單一研究探討因果擴論的各種方法，這些方法不需要依
賴隨機抽樣。這些方法包括立意抽樣，特別挑選的統計方法，像
是回應表面模擬（response surface modeling），及各種研究因果解釋的質化
與量化的方法。

立意抽樣與因果推論的擴論

我們在這裡將前一章所介紹的兩種立意抽樣，也就是典型例子的立意抽樣（PSI-Typ），及異質例子的立意抽樣（PSI-Het），作更詳細的說明。我們也會說明這兩種方法如何跟作因果推論的前四項原則（第五項原則，因果解釋，在本章的後半段，會講得比較詳細）一起使用。

375

立意抽取典型例子

想立意抽取典型的例子，研究者需要將那些擴論目標裡典型的人、情境、時間、實驗對待或結果變項的特點，作清楚的定義，之後再選擇符合擴論目標的樣本。如果能做到這些，研究者就使因果推論增加了擴論到典型例子的機會；如果用以定義典型例子的事物，比其他例子更常出現〔像眾數（mode）就是〕，這樣的樣本將是一項重要的成就。

如果擴論的目標是輪廓非常清楚的單一例子或一組例子（例如，一所學校或某市內的所有公立學校），因為有資料能描述這些例子的各種特徵（例如，學校大小或學生人種組成），這時要定義典型的例子及選擇樣本來代表這些例子，是最簡單的。因此，用中間趨勢的統計測量來定義典型（typicality）是很有用的，像是平均值、中數或眾數；在最單純的情況下，研究者能選擇一所在所有的特徵上都近於中間趨勢的學校作為典型的學校。如果有多個眾數，研究者則可以定義不只一個典型的例子，並為每一個眾數至少找一個例子。因此，例如，在很多市區的學區裡，學校間的種族分布並不是常態分布，這時研究者也許找到三個眾數，分別是全黑人的學校、全白人的學校，及種族比較融合的學校，研究者則至少要從這三種學校各取一所作為研究對象。

如果沒有資料可用來描述擴論目標時，定義典型例子的工作就比較困難。當擴論的目標改變速度很快時，這種情形就常發生，像是美國的普查

資料所發現的情形就是如此;美國普查資料十年才蒐集一次,但在美國的有些地區,人口的改變非常快,以至於普查資料很快就過時了。當擴論目標是最近才出現的,也會發生這種情形,像是 1990 年代末期阻止血管形成的癌症治療法,演變得非常快速,幾乎沒有任何關於治療人類的描述性資料,但這些方法卻引發了極大量的基礎研究與應用研究(Folkman, 1996)。然而,即使如此,研究者還是可以大致聽取專家及各方的意見,知道他們印象中的典型例子大概是什麼樣子。研究者再將所有這些單一的印象彙整成一個綜合的印象,這個綜合的印象就形成了尋找典型例子的架構。

如果擴論的目標是一個建構(例如,弱勢的兒童)時,要定義典型變成需要作很多的質化判斷,因為這時必須決定哪些特徵是建構的特徵;例如,弱勢的兒童是那些在聯邦貧窮線之下的兒童、那些住在貧困社區的兒童,還是那些在成就測驗表現在平均以下的兒童。

一旦定義了典型的例子,研究者還是要面對抽取一兩個這種例子的工作。如果是作諮詢顧問或評估計畫,因為能夠取得的樣本被計畫的性質所局限,所以這時的取樣反而可能是最簡單的。例如,一位工業的主管雇用了一位顧問,而主管知道自己想評估的是,在目前的環境作目前的工作時,人力的效率如何;而效率的指標是由工廠所建立的生產力、獲利,及缺曠與遲到等指標。顧問或評估者就知道他們選擇的樣本必須能反應這些指定的擴論目標。然而,其他情況下,研究者有較多的自由發揮之處:他們可以取一個典型的例子;或取多個典型例子;或取多個不一定都是典型,但平均而言是符合擴論目標的例子。由於資源的限制,在實驗對待及情境方面,研究者常只能使用一個典型的例子,但在人及結果方面則容許較多的彈性。我們在接下來的幾節,為這些不同的取樣法提供例子。

立意抽取異質性高的例子

立意抽取異質性高的例子(PSI-Het)之起點,跟典型例子的立意抽樣(PSI-Typ)之起點相同,兩者都是要為擴論目標中的人、情境、實驗對待或結果的特徵下定義。然而,PSI-Typ 的目的是找出具有這些典型特徵的樣本,而 PSI-Het 要找的則是在這些特徵上有異質性的樣本,且其中並不一定要有典型的例子。例如,如果研究者的目的是要在實驗中測量婚姻滿意

度對於婚姻治療的影響，PSI-Typ 的概念可能會讓研究者選擇「婚姻調適量表」（Marital Adjustment Scale, MAS）（Locke & Wallace, 1959），因為這是最常被用來測量這個建構的量表。另一方面，PSI-Het 的概念會引導研究者選擇各種不同的婚姻滿意度測量方法，這些測量方法在建構的代表及測量方法上各有不同，而且其中不必一定要包括 MAS。同樣的，如果研究者的目的是要研究療養院裡的老人，使用 PSI-Typ 的研究者所找的樣本年紀，可能大約是研究母群療養院居民的平均年齡，或至少這些樣本的平均年齡大約是療養院所有居民的平均年齡。但使用 PSI-Het 的研究者所選的患者年齡則會有很多變化，從最年輕的到最年老的都有。PSI-Het 的樣本不但不需要讓年齡恰是療養院居民的平均年齡，甚至不會要求樣本的平均年齡跟療養院居民的平均年齡相同。

　　樣本要達到異質性，對於 PSI-Het 來說是很重要的。這樣的異質性有兩個好處。第一，當樣本同質性較高，而非異質性較高時，比較容易找出因果關係，因為異質性高的樣本常使得分析時的誤差變異數增大，尤其是當異質性的來源是跟結果變項有關時更是如此；因此，如果某項因果關係，即使在樣本有高異質性的情況下，仍能繼續存在，則該因果關係將比較強，也被認定會比較有可擴論性。雖然這樣的認定是很脆弱的，但仍然比在同質性高的樣本裡發現的因果關係來得強。我們在第 11 章所引的費雪（Fisher, 1935）討論標準化的缺點的那一段文章，就說明了這一點。第二，使用 PSI-Het 比 PSI-Typ 讓研究者多了很多機會可以找出不相干點，可以作區辨；可以說明結果變項的哪些部分，在哪些中介變項之下，最受到實驗對待哪些部分的影響，及可以為連續變項作插代及外推。我們在下一節會說明原因。

　　有時候，讓找到的樣本之間差異盡可能的大，是有好處的。因此，如果可以，也許可以在最好的一間「磁石」學校（也就是示範教學情況的學校）及市區裡問題最多的一間學校進行實驗。如果兩所學校所得到的結果都相當，研究者就可以合理猜測，實驗對待在其他各種學校都會得到類似的效果。然而，只取某種隱約（implicit）、而只是印象式的（impressionistic）一條連續線上的兩個極端點作為研究的例子，會有風險。可能產生的問題由這一句話就可以凸顯出來：「如果實驗對待在其中一端的例子有出現效果，但在另一端的例子沒有，你對於可擴論性的結論是什麼？」這時就很難對於兩極端中間的絕大多數學校，作任何實驗對待效果方面的結

論。因此，如果 PSI-Het 的樣本除了有兩極端的例子外，至少包括母群眾數的一個例子，會比較好。換句話說，至少一個例子能代表某個城市裡的典型學校，且該市裡最好和最糟的學校也都至少各有一個例子。

　　PSI-Het 也能用來避免因為沒有考慮到次要的推論目標所造成的限制；例如，除了探討學齡兒童的社會階層之外，次要的問題可能是有關給學生考試的那些人的社會階層。除非研究者有很好的理由要使兒童的社會階層跟施測者的社會階層相同；否則，PSI-Het 的模型顯示，最好能從一群異質性高、有各種階層背景的施測者選取樣本，因為社會階層很可能影響兒童在某些方面的結果，而且很多情況下，幾乎不費吹灰之力就能使研究對象的社會階層具有高異質性。

　　然而，PSI-Het 可能會降低檢力。如果有發現顯著的實驗對待效果，這項問題就不重要；否則，這個問題的出現可能有兩種原因。一個是因為效量周圍的信賴區間比較寬，使得實驗對待效益的主要假設之第二類型錯誤（Type II error）可能性增高。另一個是，異質性高的變項之各層級間，效量的差異可能不明顯。研究者的結論可能是「實驗對待的效益在該變項的各層級都相似」，但實際上，可能是因為檢定方法的檢力不夠，無法檢測出實驗對待在各層級的不同效益。

378　立意抽樣與前四項原則

　　我們先前說過，PSI-Het 的目的是獲得異質性高的樣本，而 PSI-Typ 則是要找到典型的例子作為樣本。但是在什麼方面具有異質性？又在什麼方面是典型的？這兩種抽樣方法在該找異質的還是典型的樣本方面，並沒給研究者足夠的指引。幸好，前一章所概略介紹的前四項原則（表面相似、排除不相干的性質、作區辨，及插代與外推），提供了研究者更多關於要讓哪些變項具異質性或抽取典型例子的指引。我們在這一節提供一些方法上的建議，並以例子說明如何將立意抽樣與這些原則結合，藉以增強因果推論的擴論。第五項原則，也就是因果解釋，比較不需要仰賴抽樣，而比較需要仰賴其他質化與量化的方法來探討因果解釋，這一項我們在本章的後半部再談。

表面類似

　　這項原則強調擴論目標與用以代表該目標的例子之間的表面相似性。例如，特力波利（Triplett, 1898）想瞭解實際影響自行車速度的因素，尤其想知道自行車騎士是自己騎的時候速度比較快，還是在競賽時的速度比較快。為了研究這項問題，他讓實際比賽時的所有明顯特徵都依樣在實驗室中複製，實驗室裡的腳踏車車輪與踏板都像一般典型的腳踏車（即使是固定不動的，外加里程表裝置），而且它的設備容許參賽者肩並肩騎或單獨騎（目的是看在競賽的情況下，速度是否不同），還有一個符號標示比賽的盡頭正逐漸逼近。這個例子說明了抽取典型例子的立意抽樣，是依據實際的田野競賽和實驗室的實驗對待之間的表面相似在進行。特力波利藉此改善了實驗室實驗對待的建構效度，他明顯希望，因為實驗室的腳踏車和用於田野競賽的腳踏車之間的表面相似度高，在田野情境中所獲得的結果會與實驗室的結果相同[1]。

　　特力波利只用了實驗對待的一種版本，但有時研究者想瞭解的，是實驗對待的幾個層級，因此必須特意抽取這幾個層級。紐澤西負所得稅實驗計畫（Rees, 1974），研究的是政策最可能採用的幾種收入資助方案，而且這些層級裡的幾種資助辦法也在相關的政策討論中列入考量。因此，研究者找出了可能的政策範圍內，最低與最高的收入保證及福利縮減的比例（PSI-Het抽取極端的例子），再研究幾項該範圍內所特意抽取的選擇。立意抽樣比隨機抽樣較能讓研究者控制樣本層級間的距離；對於要模擬不同層級的資助與結果變項之間的關係而言，這是立意抽樣很好的一項特色。這個例子利用 PSI-Het 改善多個實驗對待的建構效度，也同時增強研究者作外部效度推論的能力，而其原因，不但是因為它容許研究者探討不同層級的實驗對待，效果是如何變化；也因為研究者以後可利用插代與外推的方式，來推論沒有研究的那些層級的效果——不像特力波利的研究，沒有資料可供探討這種外部效度的問題。

　　所謂一個典型的樣本，並不是其中所含的*每一個*例子都是典型的。有

379

---

[1] 通常實證研究會發現，實驗室的結果與田野研究的結果之間符合的程度很高（例如，C. Anderson, Lindsay, & Bushman, 1999; Shadish et al., 1997; Shadish et al., 2000）。

時候，研究者可以讓抽取的例子的*平均值*是典型的。例如，評估「華盛頓州自雇與事業發展示範計畫」（Washington State Self-Employment and Enterprise Development Demonstration）的研究者，立意抽樣了幾個地區，目的是要使樣本地區的特色平均值，及該州所有地區的特色平均值之間，兩者的平均差異（經過加權）減到最小（Orr, 1999; Orr, Johnston, Montgomery, & Hojnacki, 1989）[2]。還有，雖然這些地區並不是因為異質性而特意抽取的，研究者還是可以利用這些地區之間所存在的異質性，來探討地區特質的變異會如何改變該計畫的效果。

如果研究者是依賴很容易就取得的操弄，表面相似可能因此產生問題。例如，珀爾門等人（Pearlman et al., 1989）對於愈來愈多計畫利用媒體廣告徵求酗酒者參與治療研究，覺得不甚妥當；並發現這些人跟一般診療室的病人，在很多表面特質上不相同。類似的觀點也適用於情境的選取——許多研究的參加者常是自願的，而自願提供作為研究情境的機構或組織，其成員常比一般人更願意嘗試新事物，或其行政主管特別有動力。雖然這類特徵可能對研究結果有很重要的影響，但可能與研究者所要的情境建構無關。研究者必須非常努力才能說服其他無這些特色的情境來參與研究。在研究的起步階段，也就是只關注研究效能的階段時，實驗者也許可以說自己是想看實驗所提供的介入措施在最佳的條件下是否有效果，而沒有去找非自願參加的組織加入研究；這樣的說法也滿合理的。但如果是這樣，在作研究結論時，他們也必須說明自己的研究結果是在最佳條件下獲得的。

這樣的說明或承認卻非常少見，而情境的限制可能很快就變成大型研究計畫的典型狀況。例如，衛茲、魏斯及東納伯（Weisz, Weiss, & Donenberg, 1992）檢視了幾十份兒童與青少年心理治療的研究結果之後，只能找到幾份研究是在探討實際用於臨床的治療法；再仔細看這些研究時，他們說心理治療沒有效果。衛茲等人（Weisz et al., 1992）的研究正是以*回顧的*（retrospective）方式，利用表面相似度來評估研究的建構效度與外部效度；他們以「*研究治療法*」（research therapy）一詞指涉在這些研究裡的確有效用的治療建構，並指出，「臨床治療法」（clinic therapy）的效果之推論比較不確定，因為這類治療法在文獻裡大都沒有研究。

380

---

2 這有時在統計中稱為*平衡抽樣*（balanced sampling）（Marriott, 1990）。

哈絡・布朗（Harold Brown, 1989）也以類似的回顧式方法評論果森與浩茲（Gholson & Houts, 1989）的研究，後者是以大學生來探討科學家如何測試假設。布朗（Brown, 1989）認為選擇這樣的研究對象，離真正的科學家實在太遠了，所得到的結果根本與科學家怎麼想無干。浩茲與果森（Houts & Gholson, 1989）的答覆則認為，表面相似並不是擴論的唯一重點；這是對的，我們所使用的其他四項原則也支持他們說的這一點；但布朗（Brown, 1989）對於果森與浩茲研究（Gholson & Houts, 1989）的批評（缺乏表面相似）還是對的，畢竟大學生看起來並不很像作研究的科學家（亦見 Shadish et al., 1994）。

排除不相干的性質

這項原則要求研究者要找出人、情境、實驗對待及結果測量中，被認定是不相干、不會改變擴論結果的特性，再讓這些不相干的性質具有異質性（PSI-Het），才能檢驗這項認定。最早由坎伯爾與費斯基（Campbell & Fiske, 1959）提出的複質複法矩陣（multitrait-multimethod matrix），就是利用這種策略來探討建構效度的範例。他們文章的一個例子裡，不相干的性質是：研究者是用面談還是用特質檢表（trait checklist）的方式來評量態度。另一個例子的不相干性質則是，研究者測量研究對象受歡迎的程度，是用自評、同儕作的人際社交評估（sociometric assessments），還是由觀察者評估。就像這些例子所顯示的，坎伯爾與費斯基特別強調要排除方法上不相干的性質，因為測量理論中的建構常跟所測量的事物之特質有關，而方法很少是該目標建構的一部分。然而，方法上的不相干性質，只是所有跟建構理論無干的事物中的一個特殊案例。

這樣的論述可從測量延伸到任何探討因果的研究的任何一方面。例如，許多示範性質的計畫被評量的方式是看自願參加者的結果，而且計畫希望，這種自願的行為在概念上，跟計畫所要協助的對象無干。至於實驗對待，「啟蒙計畫」的介入措施常在不同的中心被評量，並假定中心人員的人格特質跟計畫的執行與結果無關。至於情境，1970 和 1980 年代的「收入維持實驗」（income maintenance experiments）是在有限的幾個城市（例如，西雅圖、丹佛）實施，也是預設城市的任何特質和計畫的執行與結果無干。這些例子都還需要找出不相干的層級（例如，自願者和非自願者），並特

意從每一層級至少挑選一個例子作為代表，才能測試事先作的「無干」假定。

381　　　許多研究者沒有資源來作高異質性的抽樣，因此，所使用的人、情境、測量、操弄及時間的樣本定義得比較狹窄。但即使如此，選出的樣本也很少是完全相同的，反而在跟主要研究問題無干的很多方面都彼此不同。有時，測量這些不相干點幾乎不構成任何額外的花費。抽樣架構能定義得比較廣的研究裡，研究者就能測試一下，在不同的區域、不同年齡的旅館、不同年資的醫師、不同診斷類型的病人，或任何其他特徵的病人之間，因果關係是否仍然成立。

　　　如果樣本小，還會發生特殊的問題，像情境即常如此。研究經費能容許研究者在多少州、多少醫院、多少學校等等作實驗？如果是小樣本，而異質性只能在少部分不相干的屬性上特意達成時，該如何抽取個案？在某些情況下，要立意抽取異質性高的例子是不可能的，尤其當主導研究的研究問題特別指定幾個相關的調節變項一定要包含在抽樣設計，而且如果沒有這些特別指定的調節變項，研究的主要目的就無法達成時，更不可能抽取異質性高的例子。要將這些調節變項納入研究，就消耗了研究的資源，否則這些資源可以用在提高例子間的異質性。假設現在研究者能抽取二十所醫院，也就是兩種實驗對待各有十所醫院作實驗。以任何理論上或實務上可能的調節變項作分層（stratify）之後（像是公／私立、大／小型醫院），剩下能容許異質性的空間可能是在這分層的過程中自動產生的。抽樣理論家這時可能撒手不管，認為小樣本和這麼多可能的因果決定因素，使得抽樣理論在這裡無用武之地。我們瞭解他們的感覺，也有相同的感受。但利用有限經費作因果檢測的研究者都會面對這些限制。我們不能只因為以大樣本及隨機抽樣為依據的方法在這裡無法使用，就放棄因果擴論。然而，我們也必須說清楚，在小樣本的情況下，的確沒有完美的規則能讓我們確定哪些變項必須具有高異質性。最好的方法可能是抓錯法（falsificationist），也就是選擇的變項是研究者認為無干，但評論者認為可能會改變因果關係的正負號或方向的變項。

　　　當研究者沒有讓某個可能不相干的變項有任何變異，或甚至沒有測量，但其他研究者可能會針對這一點批評時，研究者必須指出這是研究的假定（assumption），並以任何現有的測量或相關的質化觀察來說明。當拉佛利

及同僚（Lavori et al., 1986）說，研究者應該拿願意參加實驗計畫的人或組織作個分析，瞭解他們願意來的原因時，就是這種概念。所有單位都是自願的嗎？他們是因為看來像是好典範而被選中的嗎？或者這些單位正面臨特殊的困難，需要特殊的協助？拉佛利等人（Lavori et al., 1986）似乎將這種樣本與目標母群相異（預先假定）但不相干的方面，給予一個特別的地位，強調這些方面是描述樣本時必要的一部分；不能作到隨機抽樣時，一定要作這些描述。不論所獲得的樣本是如何隨機或特意地讓它有變異，這樣的說明都非常重要；有這些說明，才能讓那些認為這些特性並非不相干的評論者，作審慎嚴格的檢視。

382

作區辨

這項原則要求研究者要對於人、測量、實驗對待或結果的類別是否影響擴論，作小心的區辨。一個例子是要將某種治療法作稍微的改變，以澄清該治療法的建構效度。例如，許多研究發現，短暫的心理社會（psychosocial）輔導，能成功減少開刀病人的住院時間。但如果醫師或護士知道哪些人有接受這項輔導，這時研究者就必須小心地區辨輔導的影響效果，及醫護專業人士對於病人康復的預期。要作這樣的區辨，研究者必須操弄醫護人員對於病人是否有接受輔導的瞭解。然而，實務上的因素讓研究者在這一方面的操弄空間很小。

也可以利用分層變項（stratification variable）來作區辨，而這常是為了要釐清外部效度的擴論。例如，評估「職業訓練伙伴計畫」（Job Training Partnership Act, JTPA）對於參與者後續收入的影響時，研究者懷疑，這項計畫對於領了社會救助比較久的女性，效果較佳（Orr, 1999）。因此他們將樣本分層，將女性是否有領「救助未成年子女的家庭」（Aid to Families with Dependent Children, AFDC）津貼，分為三層：(1)從未領過；(2)領不到兩年；及(3)領兩年以上。結果發現，JTPA 只對第三組的人明顯有效；雖然 JTPA 對前兩組的效益，因分析法的不同而有差異，但對這兩組的效益怎樣都比對第三組的效益低。因此，領社會救濟的時間長短，似乎是 JTPA 效益擴論時一項重要的調節變項。然而，就像加入新的操弄一樣，在研究中能加入的層級還是有限的。

同樣的，在大型的多據點（multisite）實驗裡，研究者常發現各據點的

實驗結果之間有差異,而據點本身的差異則是搜尋那些具有影響力的調節變項的來源。例如,愛荷安尼迪斯等人(Ioannidis et al., 1999)發現,愛滋病人對於一項肺炎預防療法的反應,在隨機化的三十個醫療點間有明顯的不同。一連串的探索分析之後,他們發現各據點在給藥、所提供的診斷類型,及病人本身的嚴重程度等三項上的差異,都能預測結果的差異。雖然這項研究開始時並沒有利用抽樣設計來盡可能增大異質性,但這些研究者還是利用了實際發生的異質性來探討實驗對待效益的可擴論性。

但研究所能做到的分層的量,及可加上的實驗對待或情境的數量,都是有限度的。因此,探討區辨最簡單的方法是加上一些可用以區辨的測量。例如,假設現在將住院的時間長短當作手術康復速度的測量方法。雖然住院時間較短可能是因為給病人的輔導使得加速康復,但醫院主管也受到保險公司和政府的壓力,必須縮短病人的住院時間;一個疾病診斷,政府或保險公司只支付固定的住院天數費用,並不是無限制地依照病人的實際需求作給付。然而,如果病人因為這種因素而提早出院,他們的健康狀況可能比較不佳,因而使重新入院或延遲回復正常作息的機率增大。為了要分辨是真的較快復原,或者是由於給付的因素而提早出院,必須找到有效的測量,像是病人出院時的健康情形、重新入院的比例,及他們回復正常作息所需要的時間。由於再加測額外的結果變項,在許多個別的研究中不算難,研究者應該盡量區辨目標中的結果變項,及與它具有類似意義的結果變項。

多找一些能區辨有關人、情境及實驗對待的變項,也同樣不是件難事,而且也會很有用處。例如,如果先前的研究顯示,找一般醫師看病的憂鬱症患者,跟找精神專科醫師就診的病人,在心理衛生方面的程度有所不同(Stewart et al., 1993),則研究中應該包括不同類別的醫師。同樣的,被蜂螫後所作的免疫治療之效果研究,只找養蜂人測試時,結果發現以整隻研磨的蜜蜂所作的藥粉,跟以蜂針的毒所作的藥粉,兩者效果一樣好。但後來卻證明,養蜂人因為長期與蜂接觸,對於兩種藥粉都特別有反應。後續以其他人作的實驗則顯示,只有蜂毒製成的藥粉有效(Lichtenstein, 1993)。

插代與外推

　　如果討論焦點的變項有許多層級，插代和外推的結果都比較正確。如果是結果變項，以插代法來估計二分變項（dichotomous）1 與 0 之間的情形所產生問題，最能說明有許多層級的好處最明顯；例如，醫學研究中，在生與死之間的生活品質如何、或婚姻治療研究中，在離婚與繼續維持婚姻之間的婚姻滿意度如何，或在教育研究裡，在通過與不及格之間的學期平均成績是如何。幸好，在研究中加入這些測量並不難，因此，研究者有很好的機會作細分成多層級的測量。

　　要使人與時間的測量有許多不同的層級，可以擴大抽樣的範圍，並且用較小的區間範圍來作測量。例如，在時間方面，對結果變項有多次評估的縱貫研究，比較能容許以插代的方式估計兩次評估之間的值（發生的事），因為所包含的次數愈多，愈容易模擬結果與時間的關係形式。比較會被忽略的是施予實驗對待期間對結果的測量，劑量隨著時間而改變時（例如治療的療程），在施予實驗對待期間若能多次測量結果變項，就能評估劑量反應之間的關係。有些成長曲線分析容許研究對象間在不同的時間被評估，這時就能以插代甚至外推的方式，根據所持有的研究對象資料，再佐以整體樣本所顯示的資訊，估計研究對象沒被觀察的時間點上結果變項的數值（例如，Bryk & Raudenbush, 1992; Hedeker & Gibbons, 1994）[3]。同樣的，也常能將人依據某個連續變項來預測他們對實驗對待的反應，像是以性向測驗的得分預測教育介入措施的效益、以貧窮程度預測職業訓練的效益、以癌細胞分化的程度預測癌症治療的效果，或以願意改變的程度預測戒菸方案的效果。

　　要將實驗對待及情境多樣化，則困難許多。田野實驗的自變項很少能具有多種特意形成的層級。造成這種情形的原因，正顯示了社會實驗中一

384

---

[3] 必須小心避免成長曲線中時間點的內生性，因為時間點本身是預測變項，因此必須是外生的。例如，如果結果測量的時間點不能事先決定（例如，由於病人復原很快或毫無進展時，心理治療師可能決定提早結束療程，並在結束時測量結果），這時的測量本身具有內生性（例如，可能是統計模型中的另一個變項所決定的，像是病人在結果變項的狀態），因此很可能是有偏誤的。這並不表示這些資料不能蒐集來使用作分析，只是說這可能對於成長曲線模型造成問題。

些最急迫的現實問題。最常見的是，實驗對待只有兩個層級，也就是實驗對待本身及某種控制組；兩者的對照就是研究所能有的多樣化了。譬如，研究者可能將病人的輔導當作因，但實際平均只給了三小時的輔導。由於控制組的病人在正常的醫院治療的過程中，也會經歷到一些給病人的輔導，因此兩組在病人輔導上，真正的差異可能不足三小時，也許只有兩小時。但書面的研究結論很少會將「因」說成「三小時的病人輔導」，或者比較精確的「在病人輔導上兩小時的差異」；而常用「病人輔導」這個沒有明確定義的建構。

理想的解決方法，是說明自變項所有可能的數值及依變項所有可能數值，及兩者之間的函數形式。要做到這個，就必須作個劑量反應研究。這種研究的最佳版本是，抽取獨立的樣本，並將樣本中的各單位隨機分派到一個單一面向的自變項所包含的許多層級，而且這些層級可以被量化（或至少是序列變項）。但要做到這些，除非是在實驗室裡的實驗研究，否則很難實際做到；田野實驗的介入措施都含有多個元素，而只有少數幾個層級。因此，作田野實驗的研究者所面臨的兩難是，決定要選多少個層級，及代表多大的範圍。

如果所研究的是一個非常新穎的介入措施，而且大家對它都不瞭解，明智的作法是，實驗對待至少要有一個盡可能高，或實務上可能達到的高層級，而另一個層級則盡可能等同於沒有接受任何實驗對待的控制組。這時的研究結論應該是：介入措施在這兩個層級所產生的效益之間的差異，而非籠統的說是介入措施的效益。如果有較多資源，則可在這兩層級間再加上一個層級。如果結果顯示比較高的兩層級都有效果，就能依據插代法下結論：這兩個劑量層級之間的劑量（雖然沒有實際的觀察結果）都有效。這是在實證結果範圍內的擴論（並假定因果之間的關係在這範圍不是曲線相關），根據兩個實驗層級之間所作的插代結果。另一方面，如果資料分析發現，自變項的這兩層級之中比較低的那一層級沒有效益，但比較高的那一層級有效益時，就顯示該實驗對待的因果門檻（causal threshold）高於比較低的那一個層級。

讓實驗對待層級的選擇變得複雜的事情是，應用研究者想瞭解的常是，需要制式地執行實驗對待時最可能被實際執行的那一層級（Glasgow, Vogt, & Boles, 1999）。這時，就需要選出一個符合一般實務可能使用的層級，

385

並說明原因。但這樣的選擇本身不能告訴我們，如果實驗對待被執行到最佳狀況時會有怎樣的效果。後者常是該領域的理論學者及負責規畫計畫者所想知道的，尤其當理論或計畫是在它發展的早期階段時更是如此。因此，最好能將最可能被實際執行的那一層級納入實驗設計，作為最高層級與沒有實驗對待層級中間的那一層級。雖然這類辦法能盡量讓研究者在分析時，可以描述依變項與自變項之間的函數關係，但實驗室之外的實驗對待常有非常多的面向，通常無法很清楚明確地劃分層級。

　　前面我們都是在討論事先就計畫好讓實驗對待具有異質性，但並非事先安排的變異也幾乎一定都會發生，因為實驗對待很難能被完全忠誠地執行，而且有些人拒絕完成所有的實驗對待。在第 4 章與第 5 章時，我們說過，詮釋非預先設計的變化所產生的結果，是有風險的，尤其當有人是自我選擇進入實驗對待的某些層級時，選擇偏誤更是摻雜於結果中。然而，如果發生這種非預先設計的變化時有加以測量，這個資料就可用於探索兩種有關可擴論性的問題。其一，雖然跟預計的不同，實驗對待的效益是否大致維持不變，或至少超過實驗對待的某個門檻？另一個問題則是，是否可看出實驗對待可能的因果門檻，也就是，是否低於某個門檻，實驗對待就沒有效果？

　　上述的問題同樣也適用於情境的擴論，事實上，從某一種方面而言，這些問題可能更嚴重。除非是金援充裕的大型實驗計畫，否則許多研究都只在一種情境下施行實驗對待；這完全無法依據實驗情境的變異作插代或外推。有些研究者避免利用一個以上的情境作研究，以簡化密切觀察研究進行所需要的人力，及避免在某些以整個團體作隨機分派或以情境作分層的設計中，可能發生的統計檢力降低的情形。然而，決定只以一個情境作實驗，常只是因為方便，研究者才不需要長途奔波，也比較容易獲得研究對象的許可，也避免因為實驗對待在各個情境的效益不同時，導致結果詮釋上的困難。雖然我們也用過相同的理由來為自己的單一情境研究自圓其說，但如果情境的某些特質會明顯影響結果時，這些理由就變得不太對。先前提過的，在臨床相關的情境中所作的心理治療結果的回顧整理（Weisz et al., 1992），是一個很好的例子。由於嚴密控制的心理治療臨床試驗所用的情境，並不是大多數作心理治療時的情境，而且診所的情境所作的研究有沒有效益還眾說紛紜（Shadish et al., 2000），因此為了方便而避免讓情

境有所變異，是很難自圓其說的。

386　以統計方法從立意樣本作擴論

　　前一節我們強調了實驗設計影響可擴論性的原因。這反映了本書重實驗設計勝於分析的特點；這也反映了現實：很少有統計方法可用來討論這非隨機抽樣的實驗設計結果的可擴論性。然而，還是有一些方法可用，尤其是能有比較好的立意抽樣時，這些方法還是能透露一些訊息。我們在這一節就討論這些方法。這些模型並非特別為了從實驗擴論到建構，或擴論到沒有真正研究的例子而設計的，因此它們並不能完全涵蓋我們所提議的理論；是否可應用這些方法，也要看是否有合適的資料可用，但通常都沒有合適的資料。

樣本重新加權

　　原則上，以立意抽樣所獲得的結果，可利用重新以樣本特質加權的方法，讓結果趨近於母群可能會有的情況。調查研究者慣常以加權的方式來為隨機樣本中有系統的樣本流失作修正；或用以增進非隨機樣本與母群之間的契合度（Cochran, 1977; Rossi et al., 1983）。經濟學研究中的田野實驗也使用這種重新加權，將隨機化實驗的結果與相關的母群特質結合，以預測實驗對待在母群的效益（Orr, 1999）。權數的建立則必須有擴論目標裡的母群之相關特質；有了這方面的資料，就可將樣本資料重新加權，以反映該母群在這些特質的組合。所獲得的結果通常會比真正以隨機樣本所獲得的結果較不精確（Orr, 1999），但作為母群估計值，這些加權過的結果會比沒有加權過的結果較少偏誤（Hedges, 1997b）。

　　兩個問題使這種加權的方法不能廣為使用。第一，使用這種方法，必須有母群特質的一些估計值，才能作適當的加權。如果沒有這些估計值，研究者必須再作進一步的研究才能取得（例如，從相關母群的調查資料取樣）。黑吉斯（Hedges, 1997b）建議，只有當研究者相信，投資在這種研究，比拿這些錢去增強主要實驗的內部效度和統計結論效度更有價值時，才要作這種研究。因為實驗經費大都不高，增強實驗的內部效度和統計結論效度常有比較高的優先權。

第二，這些方法大多集中於人的特質的權數。雖然將權數延伸到情境的特質似乎也合理，但延伸到實驗對待及結果就比較不合理。畢竟，即使想把一個母群定義得像一般的統計定義一樣（像是「任何有限或無限的個體之集合」）（Marriott, 1990, p. 158），也很少能列出所有的實驗對待或結果變項，而且通常也不認為這種表足夠完整。例如，在很多領域裡，能得到的結果常是自述的測量；但生理的測量或觀察者的測量，雖然在理論上有助於從不同的方法擴論結果，卻常完全不見列於表。當然，如果研究者願意將推論限定於「某項特別的實驗對待與結果的組合能擴論到人與情境的程度」，則這第二種反駁就比較沒有力量。這種限制也常是合理的。

387

反應表面模擬

反應表面模擬（response surface modeling, RSM）泛指某類建立實證模型的方法，並且之後以這個模型預測結果，將結果視為預測變項的函數；像是實驗對待的時間長短及強度，或者個人與情境的特質，只要能量化，都可作為預測變項。巴克斯與德瑞頗（Box & Draper, 1987）從心理學找了一個例子：「一位研究者也許想瞭解某些研究對象所獲得的測驗得分（產出），跟他們研讀相關內容所花費的時間長短（輸入一）及研讀時間點與測驗時間點之間的差距（輸入二）之間的關係如何。」（p. 1）例如，有了這三個變項，可建構一個三度空間的反應表面圖，以之描述這些變項之間的關係。這種表面的一個用處是，可以找出表面圖所預測的最高測驗得分值，研究者可以看出研讀時間長短的變項，與兩時間點之差距的變項，怎樣的組合可使測驗分數達到最高；即使研究者的實際實驗資料中並沒有這組合，也可以從模型看到這個最高點。如果預測變項更多，常無法作成圖像，無法以眼睛觀察多面向空間的反應結果。但圖像只是方便用來反映迴歸分析結果的工具，實際上是迴歸分析在作預測。

在 RSM 的邏輯下，擴論後的因果推論是一種預測，也就是在分析者所指定的人、情境、實驗對待及情境的擴論目標下，實驗對待可能產生的效果。想一想心理治療的例子中，實驗室相對於診所的辯論（例如，Weisz et al., 1992）。這個辯論裡的問題是：研究結果所獲得的心理治療效益，是否可擴論到比較能代表診所的情境。研究者的擴論目標可能包括診所的情境、有經驗的專業治療師、經由一般轉介管道來的個案等等。因此，RSM

可能是以現有的資料，去預測某個的確有這些特質的研究可能獲得的結果——但這些現有的資料裡，可能沒有任何研究是跟這個特定研究的特質完全相同。同樣的，RSM能讓研究者檢視，研究結果是否因事前認為不相干的變項層級不同而有所改變，尤其如果審查者認為它們應該會相關，像是研究的問題是出現在兒童身上還是成人身上，研究者就可利用RSM加以檢驗。RSM容許研究者檢驗：在被認為是調節變項的不同層級之間，結果是否不同，像是該研究是否將心理治療的個案隨機分派到實驗組或控制組。RSM也容許研究者檢驗：結果變項如何隨著預測變項在連續線上的數值改變而改變，像是治療劑量的強弱，或治療後與第一次追蹤之間的時間空檔多長。

388

　　在這些方面，RSM 都是探索因果擴論的理想方法。因此魏斯特等人（West et al., 1993）建議，如果一個預防性介入措施的計畫有各種項目，可以利用 RSM 來找出這些項目的哪一種組合能使結果達到最佳，即使這種組合也許實際上從未被研究過也無妨。然而，他們給的例子都是假想的；除了在經濟學的某些部分以外，我們找不到任何社會科學的實例，是以RSM來研究田野實驗的因果擴論問題。例如，經濟學方面，「收入維持計畫」的實驗，將其中的幾個自變項作數種層級的變化，以產生「參數來估測那些影響低收入民眾的國家政策之效果」（Greenberg & Shroder, 1997, p. 374）。

　　實務上而言，RSM在單一實驗的用處常受限制，這是因為在單一實驗裡，不相干的事物及重要的區辨變項缺乏變化，及因為通常無法特別使插代及外推所需的量化面向有變異，或甚至無法測量這些面向。由於常缺乏足夠資源可讓某些變項（像是情境或實驗對待的變項）不只有一個層級而已，及由於變異對於擴論的好處與統計檢力由於變異而必須付出的代價兩者之間的衝突，上項的這些缺失是可以瞭解的。還有研究者可能在讀了傳統有關RSM的統計文獻之後，因為不熟習RSM所使用的術語（RSM所舉的例子主要來自工業）（Box & Draper, 1987），因而心生畏懼不敢使用。但實際上這些並沒有那麼可怕，因為所需要的統計概念絕大多數都是簡單的迴歸式。提供幾個範例可能就會鼓勵很多研究者作所需的分析。

其他方法

文獻裡還有其他很多方法，經過稍微修改之後，也可用來探討因果擴論——可能比我們在這裡報告的還多得多。例如，森古塔（Sen-Gupta, 1995）利用多面向量尺化（multidimensional scaling）的方法找出那些長年罹患精神疾病，且最能因為良好的工作氣氛而受益的人的原型特質。森古塔的假定是，同樣的這些實驗對待用於其他地方的其他人時，如果這些人也有相同的原型特質，其效果會更好。同樣的，在「華盛頓州自雇與事業發展示範計畫」（Washington State Self-Employment and Enterprise Development Demonstration）中，研究者以非隨機的方式選擇據點作研究，而將研究據點與整個州在一些能代表讓州的重要特質上的差異，經過加權後，而降到最小（Orr, 1999; Orr et al., 1989）。再者，先前幾章所描述的一些用來從願意接受隨機分派的人，擴論到那些被邀參與實驗的人（其中有些拒絕被隨機分派）的統計方法，也許可以用來模擬更大的母群體之擴論（Braver & Smith, 1996; Ellenberg, 1994）。最後，葛拉斯革等人（Glasgow et al., 1999）提議以上結合所有可能的統計及實驗的資訊，並加主觀的評分方式對一些事物（像是效能、可能的涵蓋率，及預期的施行程度）作（部分根據資料的）假定；再將所有這些都結合起來，估計實驗對待在更廣泛的母群體所可能產生的效益。

最廣泛的層次是黑吉斯（Hedges, 1997b）描繪的一個很大的統計模型，其中納入一些我們在這裡所提的幾個概念理論。基本上，這模型將整體的（可擴論的）因果效益〔global (generalizable) causal effect〕定義為：在各種可能的方法、情境、操作及研究對象下，所作的個別實驗所獲得的無偏估計值之平均數。任何一個個別的實驗與這種整體的因果效益之間的差異，可能是因為估計誤差（通常是抽樣誤差與測量誤差）、個別研究在因果推論上的誤差（個別實驗中缺乏內部效度的原因），及擴論後的因果推論之誤差（情境間有限的可擴論性）。雖然黑吉斯的模型並不能直接導出實際可用於改善因果擴論的統計方法，卻顯示：統計學家正在努力解決這個問題，未來幾年可能發展出更多實際可用的方法。

389

研究因果解釋的方法

　　因果擴論的第五項原則是因果解釋。從很多方面來看，比起用來研究其他四項原則的方法，用來研究因果解釋的方法更多樣且發展得更好。我們在這裡介紹三個大致的方法：(1)質化的方法：主要用來幫忙發現及探索可能的解釋；(2)像是結構方程模型的統計方法，這些方法將實驗的訊息及中介過程的測量結果結合在一起；及(3)在實驗中有操弄解釋變項的大型實驗計畫。我們的內容特意從探索性質的方法開始，再介紹那些有作測量但沒有作操弄的方法，最後，再以那些有比較強的基礎可強調中介變項的因果角色的實驗作為結束。

質化的方法

　　質化的方法提供了一條發現及探索因果解釋的道路。這些方法現在都被廣為接受認可──即使不一定都有使用，被視為社會科學的資源中獨特的一部分。質化方法中，古老的經典之作還是有很多人在讀（Dallmayr & McCarthy, 1977; Glaser & Strauss, 1967）；而跟參與式的觀察（participant observation）、面談及文字紀錄內容分析的相關文獻，跟探究性質的新聞學、訴訟、歷史，甚至鑑賞專業（connoisseurship）等方面所使用的方法一樣，都不斷有新作品出現（Berg, 1989; Della-Piana, 1981; Denzin & Lincoln, 2000; Gephart, 1981; E. Smith, 1992; S. Taylor & Bogdan, 1984）。雖然這些方法的用途極廣，超出本書的範圍，但我們在此著重於探討怎樣把這些方法應用到實驗，才能讓我們對於介入措施如何發揮效用有更多的理解（Griffin & Ragin, 1994; Leviton et al., 1999）。

390

　　第一個例子（Estroff, 1981）是一種人種誌（ethnography），這是利用**參與式觀察**（participant observation）研究威斯康辛州麥迪遜城一個知名計畫裡的精神疾病患者，他們當時正在接受隨機化實驗（Stein & Test,

1980; Test & Stein, 1980）。艾斯特洛夫（Estroff）與這些病患一起生活，參與並觀察他們日常生活的大部分（例如，跟他們服用相同的藥物，以瞭解這些藥物的效用）。人種誌提供的資訊比量化結果豐富許多。例如，量化的結果顯示，藥物的確幫助病患繼續在人群中生活，而不必回到醫院。人種誌則顯示這種功效的代價——這些藥物有一些副作用，包括性功能不良及產生一些令人覺得怪異的動作，因此許多患者都停止用藥；雖然他們知道沒吃藥之後，自己精神疾病的症狀又會復發，甚至再被送到醫院。這項人種誌是在實驗之外完成，探索的議題可能是設計這項實驗的人事先沒有想到的。

　　第二個例子是利用開放式的*面談*（*interview*）（Bos et al., 1999）。「新希望計畫」（New Hope program）的目的是要增加米爾瓦基地區（Milwaukee）低收入勞工的收入、經濟保障及工作。符合資格的參與者被隨機分派到「新希望計畫」，或一個控制組；兩年之後再根據許多結果變項作評估，這時並對這些研究對象作開放式的面談，面談資料則有許多的用途（Morales, 2000）。首先，這些面談作成了許多文字敘述，可用以說明研究最重要的結果，並澄清研究中的家庭情境及動態。第二，研究者利用面談結果可較為瞭解研究結果中令人疑惑的部分；例如，量化結果發現，這項計畫對於男孩行為所產生的正面影響比女孩還多，而質化資料顯示，父母認為男孩比女孩更容易受到幫派的影響，因此他們利用比較多的計畫資源來幫助男孩，女孩所獲得的資源較少。第三，這些面訪發現了一些調節變項所產生的影響；例如，發現這項計畫對於那些有很多障礙、很難成功的家庭，和那些幾乎沒什麼阻礙、幾乎不需要計畫的協助就可成功的家庭，兩者都沒有什麼影響；而這兩極端中間，有些許障礙的家庭從計畫受益最多。

　　第三個例子（J. Maxwell, Bashook, & Sandlow, 1986）將一項類實驗與*無明確架構的觀察*（*unstructured observation*）及*面談*結合，以評估醫療照護評量委員會（medical care evaluation committees, MCEs）在醫師的執醫教育上的價值。這項研究利用類實驗的思維來澄清人種誌裡的因果推論。例如，作者說「人種學裡，所謂『經過控制的比較』（controlled comparison）有一段悠久的歷史，也為大家所尊崇（Eggan, 1954），而我們將特定的比較納入研究設計，跟艾根（Eggan）利用歷史與地理的控制來比較不同社會的作法，道理相同」（Maxwell et al., 1986, p. 126）。作者利用了一個非同

等控制組的設計，以比較有加入委員會及沒加入委員會的醫師之間的差異。他們接著以質化方法探討委員會為什麼有效用時，發現最成功的委員會對於一個病人或一個問題都有冗長、高層次的討論。當依據這個變項將六個MCE委員會分為三個使用高層次的討論，及三個沒有使用高層次討論時，再跟非同等的控制組相比較，前者有顯著的效果，而後者卻沒有。

第四個例子（M. Gorman, 1994）是*觀察*人們在實驗室一連串的推理實驗的行為表現。這些實驗檢驗的是，參與者的推理如何受到外人明確指示的影響；這些指示是肯定或否定參與者用來解釋實驗者發牌順序的假設。有一項實驗是將那些被指派去跟其他的研究對象一起發展假設的人，與被指派要獨自發展假設的人相比較，並發現團隊所產生的假設比較可能是對的。觀察參與者作決定的過程則發現，強有力的領導者可能將整隊帶向正確或錯誤之路，而幾乎有點不顧發到的牌本身所顯示的證據。在另一個實驗裡，研究對象被告知說：研究者對他們的假設所作的對／錯判斷，本身可能就有錯誤，藉此在實驗中投入隨機誤差的可能性。而這項作法大大干擾了對研究對象解決問題的能力。觀察結果顯示，每一組對於誤差可能性的反應不一。有些人不去看自己的假定是否有錯，而將那些跟自己假設不符的牌都看作是錯誤。有些人則完全忽略「研究者的判斷可能有錯」這項訊息，反而花時間再去確定那些根本沒錯的假設的正確性。還有其他組則將否定（disconfirmation）與複製（replication）的方法結合，當假設被指為錯誤時，他們一遍又一遍地重複作推理，希望將自己的假設推翻。最後一組的表現最好，但這項事實只能利用質化的方式觀察每一組的操作方式才能看出。

質化的方法有時所產生的訊息會跟量化資料不同。粹恩德（Trend, 1979）提供了一項例子，這個例子是，某個介入措施直接將現金給需要錢的家庭，讓他們有更好的房子住。某個據點的量化資料顯示，這項計畫完成了它的目標，並且計畫的執行與控管，都作得有效率、正確且合理。然而，質化資料顯示，雖然直接交付現金使貧窮家庭的經濟狀況好轉，卻沒有改善他們的居住環境，而且該計畫似乎有種族偏見的問題，並使得一些工作份量過重的員工變得孤立。這兩種資料的歧異，有部分可以被理解。在該地區的兩個支部中，其中一個在財務上的困難，使得裡面的員工傾向於多讓白人家庭加入計畫，因為這種家庭所需要的補助常比較少。這對於一些員工

而言，像是種族歧視，因此辭職抗議。從質化的資料顯示，這反映了該項
計畫的問題，但量化資料裡看來像是該計畫有效率，省錢。其他量化與質
化結果之間的分歧，比較不容易解決。例如，量化資料顯示，前述的據點
為接受補助者覓得高品質的住宅，但質化資料卻沒有看出這個。後來再重
新分析量化資料時，發現了一個錯誤，是這項錯誤使得結果高估研究對象
所得到的住宅品質，因此證明質化結果是正確的。這種矛盾的結果也會出
現在兩套量化資料中，甚至也會在兩套質化資料中出現。以愈不一樣的方
法蒐集資料，愈常會出現矛盾的情形。

　　我們目前喜歡的因果解釋也必須從歷史的觀點及跨國的方式來檢驗，
才能比較明顯看出這些解釋的擴論有些什麼限制（Eggan, 1954）。如果能
將因果發現從不同的理論角度來理解它們為什麼會發生，也有幫助。作這
些的目的是要讓那些對科學有不同的理論觀點的人，及那些對實務世界裡
的景象有不同觀點的人之間，針對描述性質的基本因果發現產生互動辯論。
這雖然只是探索性質的卻有其價值，因為理論與實務間的互動交流，會讓
任何的模型更加精良，並激發研究者的靈感，進而檢定類似卻不同的模型，
轉而修正原有的理論或觀點。所有這些方法，包括單一據點密集觀察、從
歷史及國家作比較，及激發更審慎的觀點，都是嘗試闡明結果原因在時間、
空間及微觀中介（micromediational）上的過程。這樣探索因果原因，能幫
忙研究者找出可能的因果條件，在下一階段的研究中予以測試檢定。

因果解釋的統計模型

　　探索解釋機制的第二類方法包括測量及統計的操弄。這時研究者測量
自變項、依變項、中介變項及調節變項，也許還包括測量每一種變項中的
不同成分。利用所有這些測量到的共變數（或相關係數）作為輸入的資料，
就能依據這些變項間事前預設的關係作出模型（Bollen, 1989），以統計操
弄來控制各種的混淆變項。這一大類方法有很多種名稱，包括因果模型
（causal modeling）、結構方程模型（structural equation modeling）及共變
數結構分析（covariance structure analysis）（Tanaka, Panter, Winborne, &
Huba, 1990），許多名稱包含了很多更特定的應用方法，像是路徑分析
（path analysis）、跨期同樣本設計（cross-lagged panel design）及完全潛在

變項結構模型（complete latent variable structural model）。這一領域的文獻在二十世紀的最後三十年急速增加，包括了非常清楚明白的概論及進階書籍（Bollen, 1989; Loehlin, 1992; Pearl, 2000）、電腦程式（Arbuckle, 1997; Bentler, 1995; Bentler & Wu, 1995; Hox, 1995; Joreskog & Sorbom, 1988, 1993），說明如何使用這些程式解決常見問題的教科書（Byrne, 1989, 1994; Hayduk, 1987），甚至還有一個期刊：*Structural Equation Modeling*。大致而言，這種模型需要有大樣本（例如，樣本數300；Boomsma, 1987; MacCallum, Browne, & Sugawara, 1996; MacKinnon, Warsi, & Dwyer, 1995；但亦見Tanaka et al., 1990）[4]。

已測量變項的路徑圖

所有這些方法都有路徑圖。路徑圖是以圖像表示研究者所假設的，所有變項之間的因果與相關的關係。路徑圖之所以有用的原因有二。第一，它強迫研究者明確指定模型的細節，將實驗對待施行之前的條件與實驗對待及調節變項之間的關係確定，並從這些變項連結到中介變項，再從中介變項連結到結果。第二，有了路徑模型就表示，如果模型沒有錯誤，某些測量之間必須有共變（或相關）。因此，所觀察到的共變數可用以跟假設模型所意味的共變數相比較，以檢驗假設模型的適合度。所以，複習一下一些建立路徑模型常用的方法，頗有用處。我們以EQS電腦模型的慣用符號來描述結構方程模型（Bentler, 1995）[5]。這些符號是直覺的，讀者不需要知道矩陣代數，這些概念提供讀者簡單易懂的介紹，也許能鼓勵讀者利用實驗資料多作一些中介模型[6]。

---

4 多層次資料（multilevel data）裡的中介模型（mediational modeling）引起額外的問題，本章不加以介紹（Krull & MacKinnon, 1999）。

5 時間都會使任何一個電腦程式過時，因此，我們的重點是那些可能會持續比較長一段時間的議題。讀者可以利用其他的結構方程軟體，像是 AMOS 或 LISREL（Arbuckle, 1997; Joreskog & Sorbom, 1988, 1993; Hox, 1995）來作我們所說的分析，或甚至利用其他的統計方法，像是兩階段（two-stage）及三階段（three-stage）的最小平方迴歸（least squares regression）及各種經濟計量模型（Goldstein, 1986; Greene, 1999），有些情況下甚至可利用一般的迴歸程式（Baron & Kenny, 1986; MacKinnon et al., 1991）。

6 我們沒有討論一些很重要的議題，像是變項分布的假定（distribution assumptions）（West, Finch, & Curran, 1995）、估計方法、模型定點（model identification）、輸入共變數矩陣

　　請觀察圖 12.1a，其中觀察到（已測量）的變項是 V1、V2 等，以此類　393
推。圖 12.1a 所描述的假設是：某個已測量變項 V1，影響了另一個已測量
變項 V2，不管這些變項是在實驗、類實驗或非實驗研究中。如果是實驗，
V1 可能是個（1,0）的虛擬變項，記錄某位研究對象是否被隨機分派到實
驗對待組或控制組，而 V2 可能是依變項[7]。如果是類實驗，V1 也可能是
（1,0）的虛擬變項，例如，可能是記錄一位兒童是否加入啟蒙計畫；而 V2　394
可能是這位兒童的學業成就得分。如果是非實驗研究，V1 可能是類別變
項，但常可能是連續變項，像是抽了幾根菸；V2 可能是某人肺癌的嚴重程

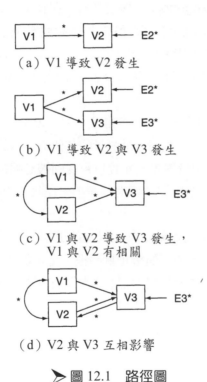

（a）V1 導致 V2 發生

（b）V1 導致 V2 與 V3 發生

（c）V1 與 V2 導致 V3 發生，
　　 V1 與 V2 有相關

（d）V2 與 V3 互相影響

➤ 圖 12.1　路徑圖

還是相關係數矩陣、詳述搜尋（specification searches）、各種對於參數的權宜限制或必要
的限制、漏失資料、檢測巢居模型（nested model），或評估模型適合度。班特樂（Bentler,
1987）在這些議題提供解釋說明。我們的目標只是讓讀者接觸解釋模型的基礎知識，因
為解釋模型在擴論因果關連時，扮演了重要的角色。

7　Joreskog 和 Sorbom（1988, pp. 112-116）有說明，這種模型的結構方程分析，怎樣在變異
　 數分析中產生一般的 F 比例（F-ratios）。

度。最後，圖 12.1a 可能是一個縱貫研究，觀察了同一變項兩次，例如，在前測與後測都觀察，前測得分影響了後測得分（例如，Anderson, 1987; Bentler, 1987）。習慣上，事先假定的因果路徑是由單箭頭的線表示，從「因」那一端指向「果」端。圖 12.1a的箭頭表示，這項因果影響是由 V1 到 V2。星號（*）表示將要估計的參數，在單箭頭的線上加一個星號，表示研究者要估計該條線的**路徑係數**（path coefficient）。

　　路徑係數是表示 V1 對 V2 的影響的強弱。統計上而言，它基本上是個迴歸係數。模型中，**內生**（endogenous）變項接受了同一模型裡其他變項的影響，而**外生**（exogenous）變項則否。在圖 12.1a 中 V2 是內生變項，V1 則是外生變項。V2 也有一個從 E2 來的箭頭指向它，這是一個誤差項，誤差項的個數等於它所影響的變項個數。研究者通常都一定要估計這種誤差項的變異數，誤差項旁的星號就是表示這樣的意義。在路徑圖裡，所有的內生變項都有誤差項，因為除了 V1（被假設）會影響 V2 之外，幾乎一定有其他的原因會影響 V2 的實際得分。內生變項的這些其他原因包括隨機測量誤差，及這項研究裡沒有被測量的其他被省略的 V2 成因。相對的，雖然 V1 也通常會有測量誤差，而且也會受到**被忽略的變項**（omitted variable）的影響，但外生變項 V1 沒有誤差項。在我們說明其中理由時，需要補充一些背景知識。

　　我們的假設通常會比圖 12.1a 所描繪的更複雜。圖 12.1b 裡有兩個內生變項及一個外生變項。如果隨機化實驗裡，這可能代表將研究對象分派到各組，使得兩個不同的結果變項都有改變；如果是相關性研究，可能代表抽菸造成心臟疾病與癌症。圖 12.1c 的模型有兩個外生變項跟一個內生變項。這可能是一個兩因子（two-factor）隨機實驗（沒有交互作用），其中 V1 是第一個因子的（1,0）虛擬變項，V2 是第二個因子的虛擬變項，V3 則是依變項。外生變項也可以是共變項。因此，在重複測量（repeated measures）的隨機化實驗裡，V1 可能是實驗對待的虛擬變項，V2 是當作共變項的前測，V3 是後測。同樣的，如果是類實驗，V1 可能是（沒）參加啟蒙計畫，V2 是家庭社經背景（SES），作為共變數，V3 則是成就測驗。提出這樣的模型時，研究者可能假定：參加啟蒙計畫與否，跟 SES 相關，這時就在這兩個相關變項間以一條有兩個箭頭的曲線來表示。在這條曲線上的星號則表示該相關係數是要估計的。如果假設沒有相關，就不需要這條

曲線，就像是隨機化實驗的狀況一樣，因為前測變項應該不會跟隨機分派有相關。加上一個相關係數不會使得 V1 和 V2 變成內生，只有因果箭頭所指的變項才是內生的。

　　有時候變項彼此之間互相影響。例如，在啟蒙計畫裡，SES 可能影響後續的成就，而成就可能改變後續的 SES。這樣的情形有幾種名稱：**互為因果**（mutual causation, bidirectional causation, reciprocal causation, **nonrecursive causation**）[8]。圖 12.1d 是最常見的雙向因果影響圖示：有兩條各帶一個箭頭的直線連接著兩個變項，但兩個箭頭的方向相反。然而，這個圖（及它所代表的方程式）可能有嚴重誤導之嫌，因為這表示因與果之間沒有時間點上的差異，跟一般「『因』要在『果』之前發生」的要求相衝突。比較令人滿意的互為因果圖示是本章最後的跨期同樣本設計（cross-lagged panel design）（圖 12.10）。

　　圖 12.2 則是兩個中介模型。圖 12.2a 裡，V1 直接影響 V2，V2 再直接影響 V3。這個模型裡，V1 只有間接經由 V2 這個中介變項影響 V3。例如，如果抽菸（V1）影響心臟疾病（V3）的發生，可能是因為它增加了血液裡的一氧化碳（V2），而一氧化碳使得心臟氧氣不足而造成傷害。連接兩個變項而且沒有其他變項在中間的路徑，稱為**直接路徑**（direct path）；**間接路徑**（indirect path）則是經由其他變項而連接兩個變項；**複合路徑**（compound path）則是由至少兩個直接路徑連結而成。直接效果的大小是

396

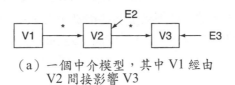

（a）一個中介模型，其中 V1 經由
　　V2 間接影響 V3

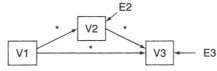

（b）V1 不但直接，也間接影響 V3

➤ 圖 12.2　路徑圖：有中介變項

---

8 recursive 這個字在其他領域的文獻有不同的意義（P. Winston & Horn, 1989）。

看該效果的路徑係數。間接效果的大小則是將間接路徑上所有的路徑係數相乘而得。例如，假定 V1 和 V2 之間的路徑係數是.3，V2 和 V3 間的路徑係數是.4，則 V1 對 V3 的間接效果是.3×.4＝.12。圖 12.2b 的路徑圖表示 V1 對 V3 有直接與間接效果。一個變項對另一個變項的整體效果，是兩變項間所有直接與間接效果的總和。在圖 12.2b 裡，如果 V1 對 V3 的直接效果是.4，間接效果同上述，將這個直接效果加上先前計算過的間接效果.12，得到的整體效果是.52[9]。

在一個有因、果及中介變項的三變項的系統裡，要符合三個條件才能稱為*完全中介*（*complete* mediation）（Judd & Kenny, 1981b）。第一，兩變項間沒有被中介的關係，必須達到統計上的顯著，否則沒有效果可被中介。第二，兩個中介路徑（從「因」到中介變項及從中介變項到「果」）必須達到統計上的顯著，否則因果鏈的想法就不成立。第三，當模型加上了中介路徑後，原本從「因」到「果」的直接路徑（也就是圖 12.2b 從 V1 到 V3 的路徑）必須變成不顯著，否則這樣的中介是不完全的，只是部分的。

397　然而，這三個條件只適用於只有三個變項的系統。一旦加上一個獨立於第一個中介路徑之外的另一個中介路徑，事情就變得比較複雜。例如，經由一個中介變項的間接效果，有可能跟另一個中介變項的間接效果，兩者的正負號相反。在這種情形下，這兩個間接效果有可能互相抵銷，使得因與果之間的整體效果為零。

想一想，圖 12.1 和圖 12.2 的路徑模型可以怎樣用來解釋因果關係。圖 12.1b 可能描繪的狀況是：結果變項的建構被拆解成幾個部分；圖 12.1c 則是將「因」的建構拆解成幾個部分；而圖 12.2 的介入變項也許代表一個因果中介的過程，並且還可以將更多的中介變項連起來，造成更長的路徑、更複雜的關係，有許多的間接路徑經過這些中介變項。在所有這些情況下，模型都代表研究者所認定的因、果及中介變項之間的關係模式。這樣一個模式常被稱為*結構模型*（*structural model*），也就是說，它代表了造成所觀察到的資料的根本結構。

9　間接效果與整體效果的估算，可能比這個極度簡化的例子還複雜，尤其當使用多個中介路徑時更加複雜。一般的結構方程軟體，能算出比較適當的估計值（例如，Bentler, 1995）。

路徑方程式

　　路徑圖也可用矩陣代數來表示（例如，Bollen, 1989），但我們在這裡不討論矩陣代數。然而，利用路徑圖來建立各個路徑方程式的基本規則還滿簡單的：

1. 每一個內生變項（也就是有因果箭頭指向它的變項）有一個方程式；

2. 方程式的左邊就是該內生變項；

3. 方程式的右邊是以下三項的總和：

　　a. 第一個直接影響該內生變項的變項之路徑係數，乘上該變項的值；加上

　　b. 繼續為每一個直接影響該內生變項的變項作這樣的乘法，直到最後一個變項都加進方程式裡；加上

　　c. 一個誤差項。

　　例如，圖 12.1a 的路徑圖只有一個內生變項，因此只需要一個方程式：V2=*V1+E2，其中 * 代表必須估算的迴歸權數（即是路徑係數）[10]。注意的是，雖然所使用的符號不同，這個方程式跟所有的迴歸方程式有相同的基本形式。例如，方程式 8.1 是用來模擬基本的隨機化實驗：$Y_i = \mu + \hat{\beta}Z_i + e_i$。將兩者相比較，V2 替換了 Y_i，V1 取代了 Z_i，E2 取代 e_i，而 * 取代 $\hat{\beta}$。[11]

　　現在，我們看看比較複雜的路徑圖及它們所代表的方程式。例如，圖 12.1b 有兩個內生變項，因此需要兩個方程式：

$$V2 = *V1 + E2\ ;$$
$$V3 = *V1 + E3\ 。$$

　　圖 12.1c 只有一個內生變項，只需要一個方程式，但它有兩個外生變項，因此，3b 的原則使得方程式右邊的項數增加了：V3 ＝ *V1 ＋*V2 ＋ E3；結果使得方程式像是典型的複迴歸方程式，也就是用了一系列的預測

398

---

[10] 這裡使用星號（*）只是依循 EQS 軟體的傳統。然而，這不能被解讀為每一個路徑係數都相等（很少有路徑係數是相等的）。比較正式的呈現方式是將每個路徑係數加上下標（subscript），來表示這項關係裡包括了哪些變項。

[11] 由於一些原因，班特樂（Bentler, 1995）的 EQS 軟體裡沒有包括常數項，但我們這裡不需要談這些原因。

變項來模擬依變項。因此，圖 12.1c 是有多個（這裡是兩個）預測變項的複迴歸時的圖示。要延伸到更多的預測變項，只要加上更多的外生變項作為該唯一內生變項的「因」即可。

圖 12.2 是有中介變項的路徑圖，這時一定都會有不止一個方程式來代表，因為它們都會有不只一個內生變項。在圖 12.2a 裡，結果變項與中介變項兩者都是內生的，所以兩者都各需要一個方程式：

$$V2 = {*}V1 + E2 ;$$
$$V3 = {*}V2 + E3 。$$

圖 12.2b 也有兩個內生變項，因此也需要兩個方程式：

$$V2 = {*}V1 + E2 ;$$
$$V3 = {*}V1 + {*}V2 + E3 。$$

注意到的是，在這兩個例子裡，V2 這個內生變項影響了 V3，而 V3 也是內生變項。更廣義的說，內生變項可以彼此互相影響。因此，「*內生變項*」這個詞並不等同於*依變項*或*結果變項*；也就是說，內生變項除了當結果變項外，還可以有其他的角色。

一旦建立了這些方程式，下一步就是要解它們，得到由星號所代表的估計值。像是 EQS 或 LISREL 這類的軟體並不是直接解這些方程式；它們是解這些方程式所代表的共變數矩陣而得到參數估計值，但之所以如此的原因，則超過了本書的範圍，所以我們不在此討論。把這些都放在一起看，前述的步驟常被稱為路徑分析（path analysis）（Wright, 1921, 1934）或結構方程模擬（structural equation modeling）。它們的目的都相同，也就是預測並證明一套因果關係的系統是合理的，再進一步測試這個系統裡的關係的強弱，而這套關係裡包括了（多個）因、（多個）果，及理論所指出的中介變項、調節變項及共變項。然而，這個模型並不能「確定有」（confirm）因果關係；它只是假定有因果連結，再看如果模型真的代表事實時，這些連結會有多強。

399　*潛在變項*

圖 12.1 和 12.2 的所有路徑圖都包含了有測量或有觀察到的變項，但研

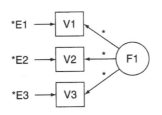

> ➤ 圖 12.3　潛在變項 F1 導致已測量變項 V1、V2、V3 發生，這些測量
> 　　　　　變項分別有誤差 E1、E2、E3

究者很少真的對這些測量的數值有興趣，他們的興趣通常是在於這些測量
所被認為代表的建構。潛在變項的模擬希望分離兩種變異數：因潛在結構
所造成的變異，及因該測量的獨特誤差及隨機誤差所造成的變異。潛在變
項的模擬中，大家最熟悉的就是因素分析（factor analysis）；因素分析將
所觀察到的數值視為潛在變項與測量誤差的函數。在路徑圖裡，潛在變項
（因素）被描繪成 F1、F2 等，以此類推。圖 12.3 給了一個例子，其中一
個潛在變項（F1）影響了三個已測量的變項（V1、V2、V3）的得分，這
三個已測量變項的得分，也受測量誤差（E1、E2、E3）的影響。路徑係數
由星號（*）代表；在因素分析裡，這稱為因素的負荷量（factor loading）。
傳統上，潛在變項都以圓圈圍住，已觀察到的變項則以方形圍住，這樣就
很容易以視覺辨識。

　　雖然可以利用這些技巧來模擬各種因素架構（Hayduk, 1987），我們
在這裡要談的是，如何使用潛在變項於因果模擬。在圖 12.4 裡，一個潛在
變項 F1 影響了另一個潛在變項 F2。這兩個潛在變項都各自影響了三個已
測量變項。而且，由於以 F1 預測 F2 會有一些誤差，因此必須加上一個誤
差項影響 F2。影響潛在變項的誤差項稱為*擾亂*（disturbance），以跟測量
誤差作區隔。因此 F2 的擾亂是 D2。擾亂是由被省略的變項（omitted vari-
ables）所組成，因為我們假定測量誤差都包含在模型中因素分析部分的E1
到 E6 裡。代表圖 12.4 的 EQS 方程式是：

$$F2 = *F1 + D2 ;$$

$$V1 = *F1 + E1 ;$$

$$V2 = *F1 + E2 ;$$

$$V3 = *F1 + E3 ;$$

$$V4 = *F2 + E4 ;$$

$$V5 = *F2 + E5 ;$$

$$V6 = *F2 + E6 。$$

400

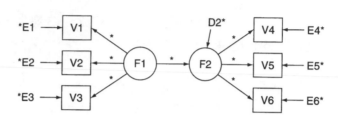

> ▶ 圖 12.4　潛在變項 F1 導致潛在變項 F2 發生，後者有一個擾亂 D2

　　這七個方程式中的第一個，一般稱為結構模型，因為它描述的是研究者認為資料之所以如是的根本原因。其他的六個則稱為測量模型，因為它們描述的是潛在變項與隨機測量誤差如何產生已測量變項。

　　到這一點為止，所假定的因果模型包括的不是對其他已測量變項有影響的已測量變項，就是對其他潛在變項有影響的潛在變項。如果已測量變項跟潛在變項有因果關連時，我們使用其他的符號。孔恩、孔恩、泰瑞西、馬爾基與威利茲（Cohen, Cohen, Teresi, Marchi, and Velez, 1990）以「浮現變項」（emergent variable）這個詞來指涉受其他已測量變項所影響的未觀察變項。波倫（Bollen, 1989）則將影響潛在變項的已測量變項稱為「因指標」（cause indicator），而將被潛在變項影響的已測量變項稱為「果指標」（effect indicator）（Bollen, 1989; Edwards & Bagozzi, 2000）。舉一個例，兒童的社經地位（SES）由母親的教育程度、父親的教育程度及家庭收入來測量；在這裡明顯看到，所測量的教育程度與收入造成了我們對於 SES 的推論。倒過來的因果關係，「兒童的 SES 影響了父母的收入」，一點也不合理。因此，這三個已測量變項是「因指標」，而 SES 是一個「浮現變項」。孔恩等人（Cohen et al., 1990）還有更多例子，並說明因果方向模擬錯誤的負面結果。

　　每一個潛在變項都應該至少以三個（Bentler & Chou, 1988）或四個（Co-

hen et al., 1990）已測量變項來評估。如果這些變項是合成變項（composite）
而非單一個題項又更好，因為單一題項常不可靠，且有很大的誤差變異數。
在實務上，研究者的模型裡，有些建構會有數種測量，但並不是所有建構
都有數種測量。幸好，無論有多少個潛在變項（影響已測量變項）或已測
量變項（影響潛在變項），都可以模擬。直接延伸本章所介紹的例子，就
能作出相關的圖示與方程式。

　　已測量變項影響一個潛在變項的一個特別相關的例子是隨機化實驗，
其中「因」（被分派到實驗組或控制組）是（1,0）虛擬變項，而「果」是
一個潛在變項，由數個測量來評估。圖 12.5 以圖示來代表這項實驗。這個
模型比一般常用的分析方法（例如，迴歸或變異數分析）好的地方是，依
變項測量的不穩定性降低了，因而增加了統計檢力。然而，潛在變項使得
模型變得較為複雜，需要估計的參數比較多，而且加入潛在變項使得「詳
述搜尋」（specification searches）可能因多種原因而變得複雜（Spirtes et al.,
2000）。再者，如果利用工具變項的方法（instrumental variable approach）
來估算效果（Bollen, 1989; Foster & McLanahan, 1996），就不必一定需要潛
在變項的方法（Spirtes et al., 2000; Pearl, 2000），或如果重點是在找出效果
的範圍而非估算效果時，也不必一定要潛在變項的方法（Manski & Nagin,
1998）。

401

以因果模型來推論果的兩個關鍵問題

　　我們已經介紹了因果模型的基本概念，現在轉而討論它的關鍵問題，
也就是測量誤差（變項裡的誤差）與詳述誤差（specification error）（方程

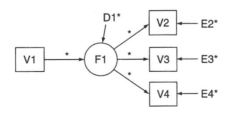

➤ 圖 12.5　一個隨機化實驗，其中 V1 代表是否分派到實驗對待組，F1
　　　　　是一個潛在依變項，跟三個已測量變項相關連

式裡的誤差）。瞭解這些誤差幫我們釐清實驗與非實驗資料裡的因果推論。伯倫（Bollen, 1989，尤其第 2 章）從比較統計的細節來說明這些問題。但我們這裡的野心比較小，我們只想讓讀者知道這些問題在概念上的性質。

　　測量誤差（變項裡的誤差）　　測量誤差的問題常被稱為變項裡的誤差（errors in variables）問題，因為觀察到的變項裡幾乎都會有測量誤差。大部分的研究者相信，這種誤差一定會使變項間的關係變弱；但事實上，只有在簡單的相關係數，或一個變項與一個合成變項（由多個預測變項所組成）之間的複相關，才會一定使相關變弱。如果是迴歸係數或路徑係數，測量誤差的效果可能更複雜。首先，預測變項的測量誤差所產生的影響，跟結果變項的測量誤差之影響不同；而且，前者對於因果推論的損害嚴重許多。預測變項裡的誤差使得迴歸估計預測變項對結果的影響時產生偏誤，但結果變項裡的誤差在沒有經過標準化的係數不會產生誤差 [12]。我們在第

402　7 章，尤其是在討論圖 7.8 的那一段，有大致說明過基本的原因。第二，使用不只一個預測變項時，測量誤差的影響常很複雜。在複迴歸裡：

> 　　如果只有一個解釋變項含有誤差，則該變項的迴歸係數會減弱，但減弱的程度因該已測量變項與潛在變項間的關係，及該已測量變項與其他解釋變項間的關係而異。再者，其他沒有誤差的變項，它們的迴歸係數也受到影響。因此，即使只有一個變項有誤差，它會影響到模型裡所有的係數。……如果不止一個變項有誤差，情況又更複雜，這時很難作任何的擴論。尤其，測量誤差並不一定都會使迴歸係數變小；如果不處理變項裡的誤差，方程式裡的迴歸係數可能比較大、比較小，或甚至跟真正的係數相同。（Bollen, 1989, pp. 166-167）

　　如果不處理誤差，係數甚至可能改變符號（例如，從正號變為負號）。同樣的結論也類推到包含多個方程式的路徑分析模式，這時變項間的關係甚至比複迴歸更複雜。而當各變項的信度不一時，這些問題又更大。

---

[12] 標準化的係數值一定都會因為結果變項的信度不足（小於 1.00）而降低，但預測變項裡的信度不足可能造成任何方向（正向或負向）的偏誤。

因此，潛在變項模擬的目的，就在於先將測量誤差（例如，圖 12.4 的 E1 到 E6）與被省略的變項（例如，圖 12.4 的 D2）作區隔，接著，估計這些已經移除了測量誤差的潛在變項之間的因果關係。F1 代表的是 V1、V2 和 V3 所共有的變異數，也就是它們的共變數（或相關係數）。F1 不能包含隨機測量誤差，因為如果研究對象間在某個變項產生的只是隨機數值（隨機誤差的定義），該變項跟任何其他變項都不會有相關，因此它無法對共變數有任何貢獻（在抽樣誤差的範圍內）。同樣的，F1 也不能包括獨特變異數（unique variance），因為根據定義，獨特變異數跟其他變項測量之間沒有任何共變，因此 F1 代表的是穩定的潛在變項，所包含的只有 V1、V2 和 V3 共同分享的變異數。

當然，研究者還是要面對一個建構效度的問題，也就是該潛在變項是什麼？例如，三個已測量變項都是測量憂鬱，那麼潛在變項也大概是憂鬱。但如果這三個變項都是自述，則建構也有可能是自述方法或方法與特質變異數的某種混合（例如，憂鬱的自述）。原則上，我們無法確定建構正確的名稱該是什麼。不論是因素分析或潛在變項因果模型，都會有建構效度的問題。

詳述誤差（方程式裡的誤差）

要得到無偏誤的路徑係數，不但需要完全無誤的預測變項，路徑模型也必須詳述（specify）正確。然而，模型內容有千百種，很難將所有正確詳述的要求一一詳列。最簡略地說，所有的變項本身，及這些變項之間在建構上的關係所構成的結構，必須是產生觀察到的資料的結構。我們稍後會說明，有些方法可以檢定這個結構的某些部分。但說得嚴重一點，要避免詳述誤差（specification error），必須事先知道最關鍵的建構是哪些，及它們之間的關係如何。因果模型並不檢定這個，而是直接假定模型為真，只檢定變項間的關係強弱。

產生詳述誤差的原因中，大家最熟知的是，模型裡少了重要相關的變項。如果一個模型缺少某變項，但該變項卻直接影響結果，*而且*跟模型裡的另一個「因」或中介變項相關，這時該模型就產生了詳述誤差。而如果一個模型將因果關係誤為相關性，或反之；或以錯誤的函數形式代表變項間的關係；或搞錯了因果方向；或將單向影響的因果關係誤為互相影響的關係，或反之——這些時候也都會有詳述誤差。最後，參數的限制錯誤（或沒將參數作適當限制）也會產生詳述誤差，像是同一變項作連續測量時，

403

這些測量的誤差之間是否該有相關。如果可以找出這些誤差，它們可能改變路徑圖及相對應的方程式。這就是為什麼詳述誤差的問題有時被稱為方程式裡的誤差問題。這種問題主要在於變項是否在它所應屬的方程式裡，而非這些變項裡有誤差。

除非模型是一個簡單隨機化實驗，而且沒有中介變項，否則因果模型所產生的估計值，內部效度常不清楚。卡爾林（Karlin, 1987）建議，要探討這些係數的正確程度，可以：(1)將資料裡的極端偏離值（outlier）放進模型分析或排除於外，觀察結果是否仍舊穩定不變；(2)將模型裡的變項以被認為是反應同一建構的其他變項代替；及(3)以新樣本交叉驗證（cross-validate）結果。茂若（Mauro, 1990）及雷查特與歌絡伯（Reichardt & Gollob, 1986, 1987）建議，必須檢定被省略的變項對於路徑係數的影響，但他們發現，結果常顯示誤差很大（James & Brett, 1984）。這些方法沒有一個能像實驗控制那樣可讓研究者對結果有把握，且由於常發現模型假定稍微改變，結果就產生明顯變化，而使得研究者對於因果模型的係數缺乏信心。

同等模型（equivalent model）還有另一個特別的模型詳述（model specification）問題：同等模型是以同樣的變項作不同的因果關係與相關性的模型，但它們有完全相同的模型適合度指標（例如，檢驗模型適合資料程度的卡方檢定；Lee & Hershberger, 1990; MacCallum, Wegener, Uchino, & Fabrigar, 1993; Stelzl, 1986）。例如，在圖 12.1a 裡，如果因果箭頭是由 V2 指向 V1，而非由 V1 指向 V2（去掉 E2 但加上 E1），所得到的適合度還是會跟原來的模型完全相同。同樣的，在圖 12.2b 裡，可以把 V2 和 V3 之間的箭號方向轉為相反，但適合度還是為一樣；然而，這其中的詮釋完全不同。因果模擬本身無法告訴我們哪一個模型才是對的，如果加上隨機化或類實驗設計的特色，就能解決其中一些問題（Pearl, 2000），因為這類設計通常是在測量結果之前施予實驗對待，而因為「因」不能向後影響「果」，我們知道因果的方向一定都是從實驗對待到結果。同樣的，如果我們在測量結果之前測量中介變項，扭轉圖 12.2b 裡 V2 和 V3 的因果箭頭方向也不合理。因此，將因果模型與實驗及類實驗設計的特色結合，可以幫忙排除至少一些同等模型。

幸好，當資料分析發現模型似乎應該被拒絕時，這個模型很可能設定得不正確（我們假定適合度的檢定沒有受樣本數的影響太大；Bentler & Bonett,

1980）。既然模型被拒，大部分的研究者會展開詳述搜尋（specification search），找出一個適合資料的模型。已經發展了不少作這種搜尋的工具（Bentler & Chou, 1990; Bollen, 1990; Glymour et al., 1987; Joreskog & Sorbom, 1990; MacCallum, 1986; Spirtes, Scheines, & Glymour, 1990a, 1990b），但它們卻有可能只是恰巧找到資料的某些特異性，而不一定是真的正確模型。因此，以另一個新樣本或從原樣本隨機抽取一半來作交叉驗證，是很重要的；但如果樣本數小，以單一樣本標準（single sample criteria）來趨近（approximate）交叉驗證的方法，也值得一試（Camstra & Boomsma, 1992）。但即使將詳述搜尋與交叉驗證結合，也不能保證得到的結果一定是對的。

因果模擬的例子

隨機化實驗內的因果模擬　最簡單的隨機化實驗告訴我們，有效果發生了。加上因果模擬則可幫忙解釋效果發生的原因，因果模型是模擬(1)自變項、(2)中介變項、(3)調節變項及(4)依變項，四種分子組成（molecular components）間可能的關係。因此，在隨機化實驗加上因果模擬的方法，是我們樂見的發展，但目前太少人在用。我們要特別將這種情形（隨機化實驗），和類實驗與非實驗裡利用因果模擬的方法加以區隔，後者背後的因果機制本身常並不確定，而且後者的測量誤差與詳述誤差常會增添結果解釋的不確定性。

萬契克與同儕（Wolchik et al., 1993）研究一項介入措施的效用，該措施的目的是要幫助可能會產生心理衛生問題的兒童，因為這些兒童的父母都在過去的兩年內離婚了。所有的母親（$N = 70$）及該家庭中隨機抽取出的兒童，不是被隨機分派到候補組作為控制，就是被分派到一個立即展開介入措施的實驗組。雖然這項研究樣本太小，讓我們對結果不能有多大的信心，但這不會減低該研究作為教學之用的價值。在這裡，實驗對待組接受了每星期一次的課程，為期十週，還有兩個個別的課程，來影響五個能改善心理衛生的中介變項，也就是母子關係品質、紀律、因離婚而發生的負面事件、與父親聯絡，及從父母以外的大人得到支持。萬契克等人（Wolchik et al., 1993）分別為每一個中介變項作一個模型，因為樣本太小，不可能將所有五個中介變項一同放入完整模型。圖 12.6 是他們的一個模型，其中假設母子關係的品質對於結果（兒童的心理衛生）有中介作用。

注意到,結果顯示,介入措施在後測時提高了親子關係,而這又降低了兒童在後測時的整體問題行為。這跟擴論的關連是,如果我們找到其他增進母子關係的方法,則這些方法也應該能增加正面影響的機會。

405

圖 12.6 有幾個特色值得一提。第一,它包括前測的資訊,這在結構方程模型的功用,非常類似共變數分析的作用,因此能增進模型的適合度。在這種情況下,依變項與自變項的前測都跟它們各自的後測有高相關。第二,被分派到介入措施,跟前測的幾個變項都沒有顯著相關,正是我們所預期隨機分派會作到的。第三,中介變項在後測才被測量,因此並不是真正的中介變項,應該在前測與後測之間的一個時間點測量中介變項,因為根據理論,中介變項在該時間點會發揮它中介的效果。第四,模型裡有加入一個前測得分與是否施予介入措施的交互作用,因為先前的分析顯示,實驗組成員若前測得分高,後測的成績會比控制組裡前測亦高的成員為佳,

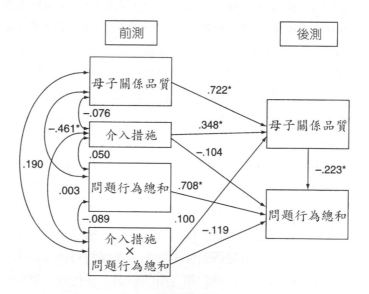

> 圖 12.6 從一個隨機化實驗得到的中介模型

資料來源:S. A. Wolchik, S. G. West, S. Westover, I. N. Sandler, A. Martin, J. Lustig, J.-Y. Tein, & J. Fisher (1993). "The Children of Divorce Parenting Intervention: Outcome evaluation of an empirically based program." *American Journal of Community Psychology, 21*, p. 319. Kluwer Academic/Plenum Publishers 1993 年的版權。

而得分低的人不論在哪一組，後測成績都差不多。這很合理，因為本來就
沒有什麼行為問題的兒童，實驗對待不太能再為他們作什麼；但有問題的
兒童，有效的實驗對待可以幫忙他們[13]。

伯爾克、雷尼漢及羅西（Berk, Lenihan, & Rossi, 1980）研究「給出獄　406
者的暫時資助」（Transitional Aid for Released Prisoners, TARP）；該計畫假
定，出獄的人會再犯罪，是因為難以找到正當的工作，但又很少夠資格領
取救濟金。因此，出獄的人被隨機分派到一個控制組，或幾種不同的實驗
對待組，每一種實驗對待組所領的救濟金的金額與發給期間各有不同。分
析顯示，提供金錢與後續的犯罪之間大體上沒有因果關係，並顯示，所領
取的金額反而降低了就業的機率，而非增加就業率。

但作者者們並不就此停止。他們建立了一個解釋模型，圖 12.7 是一部
分。我們利用正號（＋）代表好的影響，負號（－）代表不好的影響，可
以看出，TARP 預期應該會降低犯罪，減少出獄者找工作的動機，因此降
低他工作的時間。大致而言，研究者所假設的關係符合直覺，幾乎不需要
解釋。然而，該模型認為有互為因果的關係，這使得分析變得複雜。還有，
作者沒有將分派到各組的情況納入模型；沒有這樣做的原因是：並非所有
被分派到實驗對待組的人都真的有拿到補助。因為作者認為拿到補助這件
事在理論上是造成後續結果的原因，因此他們所模擬的是真正拿到補助，
而非那在形式上被隨機分派到實驗對待組的動作。這是一個合理的解釋程
序，但卻損害了因果推論的完整性，因為那些完全沒有拿到補助的出獄者
非常多，產生了選擇的問題。在這裡，使用工具變項的方法（instrumental
variable approach）來模擬實驗對待的非完全執行，可能比較好（Angrist et
al., 1996a）。

整體的分析顯示，被隨機分派到 TARP 的效果為零。模型幫忙我們解　407
釋了其中的原因。圖 12.7 包含了幾種不同的中介過程，有正向的，也有負
向的。TARP 補助對於再犯被捕的直接影響是負的；也就是說，TARP 補助
降低了之後的再犯被捕，如所預期。但 TARP 對於再犯被捕的間接影響，

---

[13]在潛在變項模型的程式裡加上交互作用項作為乘積變項（product variable），可能會很複
　雜（Kenny & Judd, 1984）。交互作用也可以多組模型（multigroup models）呈現（Bentler,
　1995）。

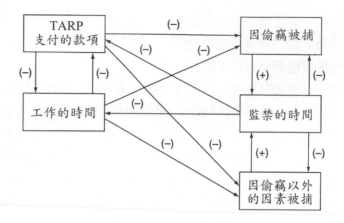

> ➤ 圖 12.7　解釋 TARP 效益的一個模型

資料來源：R. A. Berk, K. J. Lenihan, and P. H. Rossi (1980). "Crime and poverty: some experimental evidence from ex-offenders." *American Sociological Review, 45*, p. 774. 1980 年版權為 American Sociological Association 所有。經同意後作了一些修改。

卻是正向的；也就是說，TARP 間接增加了再犯被捕的機會。我們可以猜得出為什麼會發生這樣的情形。TARP 補助減少了出獄者在正當職位上的工作時間，但出獄者花在工作的時間愈多，他在犯罪所花的時間就愈少。從統計上來說，從 TARP 補助到工作時間的路徑是負的，從工作的時間到因為兩種原因被捕的路徑也是負的。因為間接路徑的效果，是將路徑上所有的係數相乘的結果；將兩個負號的路徑係數相乘得到一個正號的數值，因而消除了 TARP 對於再犯被捕的負向影響，最後結論變成沒有影響。因此，中介模型所勾勒的情況，比沒有中介變項的模型更複雜，也許也透露更多訊息。但兩者都是合理的，因為整體看來 TARP 並沒有產生什麼影響，這是政策制訂者必須知道的；但知道中介的過程幫我們更加瞭解未來在哪些明確的情況下，我們可以預期實驗對待是否有效果。伯克等人（Berk et al., 1980）的結論是，未來的研究必須利用誘因，讓出獄者即使找到了正當的工作，還可以暫時將補助提高，作為增強出獄者找正當工作的誘因 [14]。

　　沃溫及泰司樂（Alwin & Tessler, 1985）說明如何在 2×2×2 的隨機化

[14] 克倫巴（Cronbach, 1982）對於 TARP 所包含的實驗與非實驗特徵所做的評論，值得參考。

因子設計中使用潛在變項；這項設計是在模擬輔導員與個案之間的第一次治療。這三個二分（dichotomous）因子是：是否有當過治療師的經驗、輔導員與個案之間價值觀是否相似，及輔導員是否拘於形式。九十六位女性被隨機分派到這八格（八種情況）裡。所使用的結果變項之建構，是個案自述對輔導員與個案本身之間關係的滿意程度，及對於治療是否解決自己問題的滿意程度。上述三個自變項，每一個都以三個操弄檢核（manipulation check）評估，依變項的建構則以四種觀察得到的測量結果代表，因此可以利用潛在變項作分析。所獲得的模型以圖 12.8 表示。為了讓圖比較容易看懂，我們沒有放入潛在變項的測量模型；讀者若想看到完整的模型，可以參考沃溫及泰司樂（Alwin & Tessler, 1985）。

　　圖 12.8 有幾個有趣的特性。第一，它說明了將依變項拆解成幾個要素（關係滿意度相對於對問題解決的滿意度）時，解釋模型因而更加明顯清楚。要素的係數顯示，自變項對於這兩個要素的影響不同。當輔導員比較拘於形式，而且幾乎沒有作過治療師的經驗時，關係滿意度比較低；而當經驗豐富且不拘形式時，問題解決滿意度最高。價值觀類似度的影響都不大，但對兩種滿意度都一致有正面的影響。這讓我們能更清楚指出，哪些條件下會使得「因」更有效果。第二，圖 12.8 裡有包含每一個自變項的虛擬變項，這些虛擬變項是結構方程式的一部分，而非測量模型的一部分。每一個分派變項是由三個操弄檢核（manipulation check）來評估。實驗對待的分派到操弄檢核之間的係數值大，表示有很高的聚合效度，而不需要從分派變項再拉路徑到別的操弄檢核，則顯示這三個自變項之間有很高的區辨效度。因此，每一種操弄的建構效度都獲得支持。

　　將因果模型納入隨機化實驗的幾個問題　將因果模型加入隨機化實驗並非完全沒有問題。就像在任何的因果模型一般，當建構只由帶有測量誤差的變項代表時，路徑係數常有偏誤。圖 12.6 和 12.7 會發生這個問題，是因為所有的中介變項及結果變項一定都會有測量誤差。然而，隨機化實驗裡的自變項可能被假定為無測量誤差，圖 12.6 裡介入措施的主要效果也是。但圖 12.7 裡 TARP 補助變項可能有測量誤差。圖 12.8 利用潛在變項的方式減少了這種變項中的誤差的許多問題。然而，即使所有變項都毫無測量誤差，被省略的變項還是可能在用以解釋隨機化實驗結果的中介模型造成偏誤。圖 12.9 說明這項問題（Judd & Kenny, 1981b）。假設另一

408

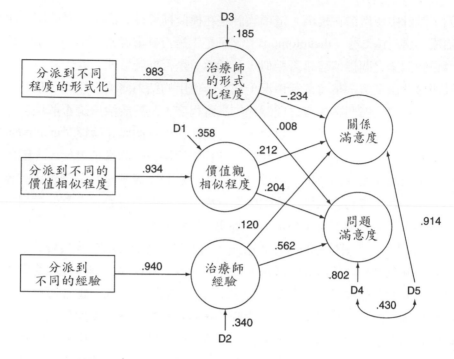

> ➤ 圖 12.8　有潛在變項及多項結果要素的隨機化實驗

修改自 D. F. Alwin 與 R. C. Tessler 在 *Causal models in panel and experimental designs* 一書中的文章：Causal models, unobserved variables, and experimental data。該書是由 H. M. Blalock 編輯，紐約 Aldine 公司 1985 年出版。

409　個變項（V4）同時影響了中介變項及結果變項，但卻不在模型裡。如果這樣的模型以圖 12.2a 或 12.2b，或以圖 12.6 或 12.7 作估計，則路徑係數可能有偏誤[15]。

　　還有，這樣的模型比常用來檢驗理論的 ANOVA 或迴歸模型還複雜；

----

[15]因此，雖然圖 12.8 利用潛在變項解決了許多重要的測量問題，卻也產生了一個模型詳述（model specification）的問題。那三個分派變項，每一個都假定測量得毫無誤差，而且每一個都各影響了一個潛在變項（由操弄檢核代表）。如同我們先前曾指出，在這種模型裡，實驗對待分派及操弄檢核之間的因果關係，是結構模型的一部分，而非測量模型的一部分。因此，事實上，被分派變項所影響的潛在操弄檢核，在統計上的地位跟任何的中介變項是完全相同的，也因此很可能因為前一段所列舉的任何原因，而對路徑係數造成偏誤。到底是哪一個係數會有偏誤，則視實際被檢定的模型而定。

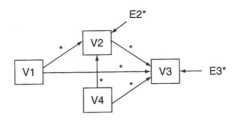

> 圖 12.9　若模型裡沒有 V4，路徑估計值會有偏誤

而且，這種模型的個別部分的統計檢力可能比較弱，除非加大樣本數。如果是使用最大概似率（maximum likelihood）的方法來估計模型參數，則模型所作的多變項常態分布（multivariate normality）的假定，必須是對的（West, Finch, & Curran, 1995 有說明如何處理非常態分布）。如果這種模型中，一些變項間的關係並非線性，但卻模擬為線性時，參數的估計可能不穩定或有偏誤。當樣本大（例如，$N=300$; Boomsma, 1987；但亦見 Tanaka et al., 1990），或能作交叉驗證（Camstra & Boomsma, 1992）時，參數估計值最正確且穩定。研究者在作分析時，應該都要探索這些可能的不穩定來源，在各種不同的模型（像是省略掉一些變項，及改變項間的關係）下，觀察研究焦點的路徑係數是否改變。

　　如果中介變項與依變項是同時測量（像是圖 12.6），這時的中介模型還會出現最後一個問題（Baron & Kenny, 1986），因為這時候我們不知道究竟是中介變項影響了結果變項，還是結果變項影響了中介變項，或是兩者互相影響。研究者測量中介變項的時間點應該是在該中介影響力最強的階段，而且當然應該是在評估依變項之前。不幸的是，很少理論有詳細到可以預測這樣的時間點。這會構成問題是因為，如果實驗對待還沒讓它的變異變大，或中介變項還沒有機會去影響任何重要的結果，那麼這兩種中介變項都沒有太大用途。因此，最好檢定了一個中介模型之後，可以作另一個隨機化實驗，將該中介變項本身作為自變項，觀察它是否對於我們的結果變項有影響。我們稍後會介紹這種研究。

　　摘要　整體而言，在隨機化實驗內使用因果模型有很多好處（Baron & Kenny, 1986）。這會迫使研究者將產生結果的理論模型說明得更精確；容許研究者探討任何中介過程的前因與後果，並檢定自變項是直接影響，抑或間接經由一個或多個中介變項影響依變項，或是否直接及間接影響都

410

有。而且，如果蒐集到一個建構的多種測量，還能分析各潛在變項之間的關係，得到更正確的效果估計值。

利用類實驗及非實驗資料作因果模擬　想像一下，現在圖 12.1 到圖 12.5 的模型是使用類實驗或非實驗研究的資料。因果模擬的關鍵問題還是一樣：測量誤差與詳述誤差。潛在變項模型仍然可用來降低測量誤差。但這時詳述誤差的問題，比以實驗架構下的因果模型的問題更多。有時，即使實驗組與控制組在形式上並非同等，而研究者還是願意假定兩組在前測是同等的，這時，使用因果模型來探索可能的因果解釋就具有合理性。但因為沒有隨機分派，即使兩組在前測的結果頗為類似，這樣的假定仍然都很薄弱（Rogers, Howard, & Vessey, 1993）。有時因果模擬是探討那些無法以實驗操弄（例如，性別），或倫理不容許操弄（例如，分派到接受致癌物質組）的變項所可能扮演的因果角色時，唯一的選擇。研究這類主題時，不必完全放棄因果語言，這時因果模型是個可能的選擇（Shadish, 1992a）。雖然以上這些理由，沒有一個會像一個作得好的隨機化實驗一樣那麼讓人有信心，但有些情況下，這些都可能是嘗試因果模型的好理由。

麥金能及同僚（MacKinnon et al., 1991）的研究可作為一個類實驗方面的例子。他們觀察了四十二所學校參加一項預防學生染藥癮的計畫。其中八所被隨機分派到實驗組或對照組，十四所因為不願為了這項計畫重新安排課程而被分到控制組，另外二十所因為願意重新安排課程而被分到實驗組。比較控制組與實驗組發現，兩組在很多前測上幾乎沒什麼差異。然而，實驗組的學生比對照組的學生，前者比較多抗拒大麻誘惑的方法，也對大麻抱持比較負面的態度；兩者都可能使研究結果使實驗對待的方法看似有效。麥金能及同僚（MacKinnon et al., 1991）利用 LISREL7 結構方程模型軟體，以這些資料作了十二個中介模型，其中只有一個有明顯的顯著結果 [16]。接受實驗對待的學生似乎比較在意朋友對於嗑藥的反應，因而使他們減少喝酒。在這個例子裡，如果能分別檢視那八所接受隨機分派的學校所作成的中介模型，及那三十四所非隨機分派的學校所作成的模型，看兩

411

---

[16] 他們沒有依據所做的檢定次數修正第一類型錯誤率，因此這一個顯著結果可能只是碰巧。然而，麥金能及同僚（MacKinnon et al., 1991）也發現，中介效應的統計檢定，檢力較低（Baron & Kenny, 1986）。

者的結果是否相同，可能得到有用的結論；但隨機化的學校數不多，這種檢定可能不夠敏銳。最後，麥金能及同僚（MacKinnon et al., 1991）利用學校的平均值作為分析單位；由於當時作多層（multilevel）中介模型的方法不多，這是恰當的選擇。但是，作多層中介模型的方法正在迅速發展，因此現在可能有更適合的分析法（例如，Krull & MacKinnon, 1999; MacKinnon et al., 1995）。

崔西、雪利及凱拓（Tracey, Sherry, & Keitel, 1986）提供了一個非實驗研究方面的例子。他們研究大學生的心理沮喪如何被下列因素所影響：(1) 自己的自我效能（self-efficacy）；(2)學生所希望的宿舍狀況及實際的宿舍狀況之間的差距（所觀察到的人與環境的差距）；及(3)學生所希望的宿舍狀況及其他學生平均希望看到的宿舍狀況之間的差距（實際的人與環境的差距）。中介分析發現，自我效能及所觀察到的人與環境的差距兩者，都對沮喪有直接影響，但實際的人與環境的差距所產生的影響，則由尋求幫助所中介（實際差距愈大，愈會求助，因而又降低沮喪），因為尋求幫助的人獲得了治療沮喪的方法。這個模型也利用潛在變項來處理測量誤差。然而，詳述誤差明顯是一個問題，尤其因為有樣本可能有選擇偏誤。自我效能比較好的學生，是因為他們心理沮喪較少嗎？那些覺得自己社會關係和諧的學生，心理沮喪比較少嗎？這些模型代表了真實世界可能的狀況，但它也許是真的，也許不是。檢定裡有太多沒經過檢驗的假定，很難完全相信檢定結果。

另一個非實驗的例子是**跨期同樣本**設計（**cross-lagged panel** design），第一個提出這種設計的人是拉札斯菲爾德（Lazarsfeld, 1947, 1948），之後帕茲與安得魯斯（Pelz & Andrews, 1964）及坎伯爾（Campbell, 1963; Campbell & Stanley, 1963）也各自獨立提出相同的概念。這種設計最簡單的形式有兩個變項，一個是「因」，另一個是「果」，每一個在理想上都被測量了兩次，中間相隔的時間則恰足夠讓「因」影響「果」。如圖 12.10 所示，最多可以算出這四個變項的六個相關係數。同一時間的因與果之間的相關，稱為同時相關（synchronous correlation）；同一變項在不同時間點的相關，稱為穩定度相關（stability correlation）〔或自動相關（autocorrelation）〕；而兩個不同的變項在不同的時間點之間的相關，稱為跨期相關（cross-lagged correlation）。如同原先構想這樣的模型時所憑直覺想像的，如果我們找到

412

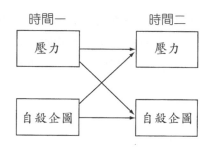

時間一　　　　　時間二

壓力　　　　　壓力

自殺企圖　　　　自殺企圖

➤ 圖 12.10　跨期同樣本相關研究

了真正的因果機制，則第一個時間點的「因」和第二個時間點的「果」之間的跨期相關係數，會比第一個時間點的「果」和第二個時間點的「因」之間的跨期相關係數為大。但現今研究則強調估計路徑係數，而非觀察相關係數（例如，Bagozzi & Warshaw, 1992; Bentler & Speckart, 1981; Cramer, 1990）。這種設計還可以在每個時間點加上更多的變項，及加上更多時間點，讓設計變得更大。

　　然而，這種設計也跟所有其他被動觀察的研究一樣，都遭到同樣的問題，也就是測量誤差與詳述誤差（Rogosa, 1980）。雖然測量的問題可以利用潛在變項稍加緩和，詳述誤差則不這麼容易解決，尤其是因為省略掉那些造成資料結果的「因」而造成的問題更加嚴重。除非讀者希望自己精熟這樣的設計（例如，Campbell & Kenny, 1999; Kenny, 1979; Kenny & Harackiewicz, 1979; Mayer, 1986），我們並不認為這種設計比其他因果模擬的方法更適用於非實驗的架構。的確在一些特殊的狀況下，這種設計會比一般的橫斷式（cross-sectional）路徑分析更有用（Campbell & Kenny, 1999）；但研究者必須對兩種方法都熟習，才能察覺到哪些條件是屬於這類的特殊狀況。

　　將因果模擬方法應用於類實驗及非實驗資料的例子還很多（例如，Crano & Mendoza, 1987; Gallini & Bell, 1983; Kline, Canter, & Robin, 1987; Patterson, 1986）。對於這些應用的評論也很多，力道常也很夠（Freedman, 1987），甚至提倡使用這些方法的研究者都承認其中的複雜度很高（Schoenberg, 1989；亦見 *Journal of Educational Statistics*, 1987，卷 12，2 號），在這種資料裡的因果推論有多薄弱，是很難瞭解的，因此，我們在這裡以一項簡單而容易記住的觀察心得作為這一節的結束。測量誤差與詳述誤差結合類

413

實驗或非實驗研究，使得實證資料可能產生任何的結果，不論真正的因果關係如何。即使一般常說的「相關係數不為零，表示可能有因果，因為相關是因果的前提」，這句話對於非實驗資料也是錯的：

　　　　許多研究認為因與果之間的雙變數關連（bivariate association），是建立因果關係的必要條件。但如果發生了抑制變項（suppressor）的關係，前述說法就不一定成立：因為這時即使兩變項間有因果連結，但還是不會發生雙變項的關連。「相關不能證明因果」這句老話，應該再加上一句：「*沒有相關並不一定表示沒有因果。*」只有當我們能將因與果從所有其他影響力量中分離出來，相關才是因果的必要條件。（Bollen, 1989, p. 54；斜體字在原書就是如此）

　　由於實際產生資料的變項間可能的關係模式有很多可能，所觀察到的雙變項相關係數，有可能太高、太低，或只是假象（spurious），或的確是正確的（作為因果關係的指標）（Alexander, Barrett, Alliger, & Carson, 1986）；而且，控制住混淆變項並不能保證非實驗資料裡的偏誤有被降低。

以工具變項方法探討中介模型

　　近來一些研究已經以工具變項（instrumental variable）處理中介模擬（Robins, 2000; Robins & Greenland, 1992）。這裡的原則跟第 10 章討論以隨機分派作為工具時所列的原則類似。在那裡，我們是以隨機分派作為工具，以測量沒有完整實施實驗對待的研究中，研究對象所實際接收到的實驗對待（Angrist et al., 1996a）；這裡，我們則是以中介變項取代實驗對待的執行。荷蘭（Holland, 1988）利用這個方法研究實驗裡的中介效應，該實驗裡的學生被隨機分派到會受到鼓勵認真唸書那一組，或不會受到鼓勵一組。為了要符合作為工具變項的條件，他作了一個合理的假定：被隨機分派到鼓勵組，並不會直接影響考試成績，只會經過唸書時間長短，而有間接的影響力。同樣的，陸德維、湯肯與合許飛爾（Ludwig, Duncan, & Hirschfield, 1998）利用這種方法分析「搬進機會實驗」（Moving to Opportunity Experiment）裡的中介效應，該實驗隨機將參與者分派到介入措施組（或

控制組），改善他們的住屋，藉此降低青少年犯罪，而中介變項是社區的貧窮比例。索伯（Sobel, 2000）認為，這個方法也許比結構方程模擬更合適，但他認為這個方法作了一個限制性的假定：中介變項對於結果的影響，是所有參與者都相同的。由於這種方法還剛發展，也很少人使用，因此很難知道它有什麼缺失，也不清楚它的假定是否合理（例如，「因」與中介變項之間沒有交互作用）。然而，由於工具變項的方法在一般的統計學裡發展迅速，我們猜測，當比較多人理解這個方法的優缺點時，它將會比較常被使用。

414

操弄解釋變項的實驗

先前醫療照護評估（MCE）委員會的那個例子中，麥斯威爾等人（Maxwell et al., 1986）發現，冗長且高層次的討論病人及問題，可能是為什麼有些 MCE 比其他的 MCE 更成功之故。但他們將六個 MCE 拆成「有」跟「沒有」作這種討論的方法，有一些問題。MCE 並不是隨機被分派到不同層次的討論，因此，選擇偏誤跟討論的性質本身是混淆在一起的。有高層次討論的 MCE 是否其中的醫師比較外向，因此，比較能與病人互動而獲得比較多跟診斷有關的訊息呢？是不是醫師的外向程度，而非 MCE 的討論本身，就能解釋所獲得的關係？因為我們不知道這類問題的答案，下一步在邏輯上就是作一個實驗，將醫師隨機分派到「有」跟「沒有」討論的MCE 中。

例如，家庭治療研究發現認為，行為改變步驟能有效減少兒童的問題行為。艾伯格與強森（Eyberg & Johnson, 1974）作了一個實驗來探討其中的因果機制。行為理論及治療師的臨床經驗暗示，伺機增強（contingent reinforcement）的次數可能中介行為治療的效果，且效果隨著增強的次數增多而增加。因此，他們將父母隨機分派到兩組去；兩組都接受標準的行為改變技術，但不同點在於是否要求父母：(1)繳一筆錢，但如果參與狀況達到令人滿意的程度，則退回這筆錢；(2)確定治療者在兩個療程之間所分派給家人的工作都有作完，才安排下一個療程；及(3)除非家人有完成那些分派的工作，否則少打電話給治療師。雖然兩組情況都有改善，但比較多要求的那一組顯著比另一組進步更多。這裡所使用的原則是，將事先認定的

解釋機制作有系統的變化，以顯現這個機制的操作，將它與其他可能的解釋原因區別出來，並找出因與果之間任何其他穩定的中介變項。

同樣的，克利司吉斯、瓦西及葛雷斯高（Klesges, Vasey, & Glasgow, 1986）注意到，很多反吸菸的研究計畫是在一些很容易找到大批吸菸者的工作場所，但這些研究並沒有一定的結果。這種結果的一項可能解釋是，各個工作場所員工參加這種反吸菸計畫的差異非常大；而必須有參與，才能經由這項計畫來減少吸菸率。因此他們設計了一項類實驗，讓五個工作場所裡所有參加計畫的員工也接受另一個停止吸菸的計畫，但其中只有四個工作場所的員工可參與各種競賽及有誘因的活動計畫，這些競賽和活動都是要提升參與率。如所預測的，比賽增加了參與率，並在第六個月時獲得較高的戒菸率。

作這類解釋型研究有一些大致的方法學理論可以作為指導原則（Mark, 1986）。前兩項建議是由醫學研究借用而來的。「*阻擋模型*」（*blockage models*）假定某種藥物是經由某個特定的生理過程而產生功效，就像是某項藥物是因為產生了一種類似鴉片劑（opiatelike）的化學物質，因而降低憂鬱的症狀。要為這種機制提供證據，研究者可以為病人注射一種化學物質，這種化學物質已知能阻止鴉片劑的產生；如果注射了這項化學物質之後，該藥物減緩憂鬱的功效降低或完全失靈，則能支持前項「產生像鴉片劑的化學物質」的中介機制。如果這個版本的模型不能在田野實驗測試（像是由於倫理的問題），研究者還可以在實驗室利用類似的方法來補充田野實驗中所獲得的知識。在「*增強模型*」（*enhancement model*）裡，研究者假設某種機制能增強效益，再注射這種能增強效益的藥劑，觀察整體效益是否提升。最後，馬克（Mark, 1986）建議一種「*模式比對模型*」（*pattern matching model*），也就是研究者假定了不只一種的中介機制，每一種都會產生不同模式的結果。假定研究者同意 X 種的心理治療會產生結果 A，並假定至少有兩種機制可能解釋這樣的結果。第一種解釋也許預測會產生結果 A、B 跟 C；第二種解釋也許預測產生結果 A、D 與 E。如果這五種結果都能測量得到，而且有效程度大致相同，則經由資料分析可理解究竟獲得了哪一種模式的結果。馬克（Mark, 1986）指出，根據我們先前幾章討論類實驗時大致勾勒的模式配對（pattern matching）邏輯，這種模式比對也能幫助探討研究本身的摩爾式因果推論。

　　然而，所有這些例子都是關於單一研究如何操弄可能的中介變項，以決定這些中介變項的影響。由於一個完整的中介模型通常可以假定非常多的中介變項，因此，任何一個單一研究對於完整中介模型的瞭解上，最多只能有部分的貢獻而已。所以，如果能以大型的研究計畫來作中介變項的實驗操弄，會比較具有說服力與貢獻。下一章再進一步討論這一點。

結論

　　在此也許可以提醒一下自己，我們在前面兩章的論述重點。統計學裡，為建立可擴論的知識所使用的古典方法，是正式的機率抽樣。但擴論因果連結時，這種抽樣方法很少能行得通。這兩章則勾勒了另一種理論：有關因果擴論的知識可利用五項原則來建立，而且這五項原則是科學家在日常工作中常用來作擴論的。本章討論的是，如何在單一研究中實施這個理論。但單一研究無論是在樣本、情境、實驗對待及結果的代表性上，都無可避免有很大的限制。幸好，研究者不一定都被限定由單一研究作擴論。有時，很多研究是在探討大致相同的問題；在這些情況下，如能將這五項原則應用到這些研究裡，將會有很好的收穫。下一章我們將發展這項主題，焦點特別集中在後設分析（meta-analysis）的使用。

13 因果推論的擴論：使用於複研究的方法

Multiple　形容詞：有、或關於多個個人、元素、部分或
　　其他的組成分子，或由這些所組成；多種的。

Meta-或 met-：字根 *1.* a.在時間上比較後面：*metestrus*
　　（過了發情期的期間）。b.發展上比較後一階段：
　　metanephros（後腎）（鳥類、爬蟲類及哺乳動物的
　　永久腎）。*2.* 位於……之後：*metacarpus*（掌骨）。
　　3. a.改變；變形：*metachromatism*（變色反應性）。
　　b.輪替：*metagenesis*（世代交替）。*4.* a.在……之
　　外；超越；比較完備：*metalinguistics*（綜合語言
　　學）。b.發展上比較高的層次：*metazoan*（後生動物
　　的）。

　　　　史密斯與葛雷司（Smith & Glass, 1977）的研究報告，整理了三百
七十五個心理治療效果的研究，得到量化的摘要（後來擴充到四
百七十五個研究結果；M. Smith, Glass, & Miller, 1980）。這些研究是許多
年來在不同的地理區域、以不同的個案，利用各種不同的治療方法及不同
的結果測量所完成的。儘管有這麼多差異，仍然發現接受心理治療的個案
比沒有接受任何治療的控制組個案結果較好。不論治療法是行為學派或非
行為學派，不論治療師的經驗多少，也不論治療為期多久，治療結果都類
似。除了幾個例外，這些研究裡的治療結果可以擴論到各種各樣的情況，
不論調節變項為何。史密斯與葛雷司的這項研究是一個後設分析（meta-
analysis）；後設分析是過去短短幾十年來出現的統計方法，一種討論因果
擴論的有力工具，也是我們在這一章所討論的從複研究（multiple studies）
作擴論的幾種方法之一。

從單一個研究作擴論相對於從複研究作擴論

418

前一章討論從單一個研究作擴論。不幸的是,單一研究很少能有很大且異質性高的人、情境、時間、實驗對待及結果測量的樣本,因此無法作確定的擴論;而且,單一研究鮮少利用各種不同的方法。相對地,複研究通常在這些方面較有多樣性。這些研究上的差異,讓我們能為因果擴論作更好的檢測。

可以作更好的因果擴論的一個方法,是有*相同的*研究者以大型的研究計畫(或在同一個實驗室)作相同的題目!這類的大型研究計畫讓研究者能比較專注探討那些跟因果擴論有關的變項;研究者可以有系統地在不同的子計畫中將重要的變項作變化,逐漸對於擴論目標得到比較清晰的理解,知道哪些變項會限制擴論,而哪些是能解釋因果機制的中介變項。另一個作因果擴論的方法,是將多個*不同的*研究者在相同主題的研究結果(複研究)作摘要整理,尤其是利用後設分析作量化的摘要。這些摘要整理不但將比單一研究所獲得的效益估計值更加精確,也比後者更能探索因果關係如何在不同的研究特質中變化。這樣的分析幫忙澄清因果關係的性質、界線、它在這些界線內的表現,及其解釋原因。再者,由於這項知識所根據的基礎比較廣,比單一研究所獲得的知識更容易獲得學界的信任。尤其如果當某項介入措施,在很多可能的情況下幾乎都比其他處理方法的效果更佳時,更能讓人相信該介入措施的效果。相反的,如果一項介入措施有時效果較佳,但有時效果較差或甚至導致傷害,這項介入措施就比較沒那麼可貴,尤其當導致負面效果的周遭條件情況不明或不容易改善時,更是如此。本章以下的內容將更詳細介紹一些利用複研究作因果擴論的方法。

有多項子研究的大型研究計畫

含有多項子研究的大型研究計畫，讓研究者能在不同的子研究裡，嚴密控制因果擴論的不同方面，因而得以在任何時間，都能尋求最迫切需要回答的問題之答案。然而，這樣的大型研究計畫所需的時間與資金，也比我們所討論過的任何方法都更多。有時是由政府機構提供資金，由它們指導計畫，而由許多研究者在許多地點使用多種方法作研究；有時研究者是個人利用校內外的資源，拿到相當多的資金，並在他自己的實驗室長期直接指導這種大型研究計畫。

419

可擴論性愈來愈高的研究之階段模型

作因果擴論的一個方法，是所謂的*階段*模型（*phase* model），它有幾種密切相關的形式。例如，在美國有幾個聯邦機構〔像是國家健康研究所（National Institutes of Health）或食品藥物管理局〕會提供資金作醫療保健的研究，或審查這些研究計畫的結果。這些機構常資助那些從基礎發現逐步進入到應用於真實世界的人類保健的研究計畫，讓它們作研究。每個機構在不同的時間為每一階段所訂定的細節不一，但格林沃與卡稜（Green-wald & Cullen, 1994）所描述的癌症研究的五階段則頗為典型。在任何階段開始前，先有基礎研究探討某一項治療法對於試管培養的某種癌細胞的效用，及這項治療法對於動物身上特意引發的腫瘤的效用。最後，根據這基礎研究，找出一項似乎可行的治療方法。接著，第一階段是整理目前有的基礎與應用研究，看是否能發展出一個可以檢驗的抗癌新藥的假設。第二階段邁向發展方法，確定有正確有效的研究步驟及科技可用來研究該藥物的效果。第三階段則執行嚴密控制的介入實驗，以檢定該藥物的效能，也就是在理想的狀況下檢驗這項藥物；這些狀況可能不同於最後真正應用於人體時的狀況。第四階段則對某些特定的人群作**效力**（effectiveness）研

究，觀察這種治療法在真實世界的執行狀況下，對某些特定的人群是否產生效果。第五階段的田野研究則以整個社群為目標，觀察該治療法是否影響大眾整體的健康。

　　走過所有這些階段不但耗時也非常昂貴。例如，佛曼（Folkman, 1996）阻止血管形成藥劑（angiogenesis inhibitors）的研究，在二十世紀時已經作了幾十年，從基礎的實驗室研究開始，以瞭解癌細胞如何獲得血液的供應，及如何影響這些血液供應的情形。1990 年代中期在動物研究上獲得令人振奮的結果，但其他科學家花了更多時間才瞭解如何重複這些研究獲得相同的結果，才能應用到別的地方。1999 年開始作第一次以相關藥物（例如，endostatin）作人體臨床試驗，各種癌症都有少數幾位病人接受一定範圍內不同劑量的試驗，以測試藥的毒性及最有效時的劑量。2000 年末時，這些試驗有了初步的結果，發現效果不大但卻似乎頗有希望；未來還要作更多的試驗，可能要作幾十年。這些試驗也許會試探，這種藥是單獨使用比較好，還是與其他藥物混用；或探討這些藥是否對於不同的結果有不同的影響（例如，血液測試、癌細胞轉移所需的時間、存活的時間）；或是否這些藥對於不同類型的癌症效果不同等等。一些學界，像是醫學界，對於支持這種耗時又昂貴的研究，有很強的傳統。其他學界的資金比較不足，或比較沒有興趣這樣做。我們在最後一章會討論後面這一個問題。

420

　　然而，這種分不同階段的作法，有利於探討因果擴論。它依靠的是對於人、情境、時間、結果及實驗對待作立意抽樣；而且，我們也可以看到它用了因果解釋的所有五項原則，例如：(1)利用培養的人類癌細胞（cancer cell lines）在動物身上引發類似的腫瘤時，我們看到了表面相似；(2)在早期的劑量毒性試驗階段，特意挑選的癌症病人，在很多特徵上具有多樣性，例如，癌症類別、年齡及性別，這是排除不相干點；(3)區辨哪些種類的癌是最容易及最不容易受影響的；(4)插代及外推則顯現於研究者在作最初的試驗時，讓藥的劑量多寡不同，以觀察從低到高劑量時，毒性與臨床反應的變化；(5)發展模型以解釋藥物如何對人類癌細胞起作用，才能進一步知道如何增強藥效，則是應用因果解釋。

整合型實驗計畫

這種大型研究的目的，是要利用很多實驗，依序探討那些可能說明某一種效果的解釋變項（調節變項、中介變項、建構），藉以逐漸修正擴論。這種大型研究可能由一位實驗室的計畫主持人持續進行，或由多個實驗室的多位研究者同時進行。為了探討責任分散（diffusion of responsibility）的效果而作的一系列實驗，可作為這種大型研究的說明。之所以有這一系列的實驗，部分是因為 1964 年一位名為凱蒂・吉諾薇斯（Kitty Genovese）的女人被謀殺而起的。凱蒂・吉諾薇斯被人用刀連續刺了半小時而死，約有四十位鄰居眼睜睜看著卻沒有人去幫她的忙。為什麼沒有人要救她？甚至也沒報警？拉塔納及其同僚（Latané & Darley, 1970; Latané & Nida, 1981）以三十幾個實驗顯示，一個解釋原因是責任的分散：有許多其他人在場時，人們就會假定一定有其他的人會採取行動，而且愈多人在場，這種假定愈強。所有實驗都將研究焦點的原型特徵（prototypical features）具體呈現（表面類似）。例如，所有實驗裡都有路過的人，這些人都可以為目睹的事件幫得上忙；這些事件都會造成明顯而立即的傷害，像是醫療問題或搶劫；而主要的結果都是適合該事件的助人行為。這些實驗有各種不同的情境——一位女士摔了一跤扭到腳踝、煙從某個起火點竄進一間房間裡、有人癲癇症發作、在店裡偷竊，或收銀台被搶（排除不相干點）。研究者也將在場路人的數量予以變化；結果發現，如果只有一個路人單獨看到時，很可能會幫忙；但超過三個以上的路人在場時，幫忙的機率很低；而且幫忙的機率逐漸下降，直到非常多路人在旁觀看時的極低協助機率才停止（插代與外推）。但如果一位路人恰巧由於其社會角色而很能處理這種事件時——像是需要急救，而有人知道有醫學生或急診室護士在場，這時路人的數量就幾乎無關結果，而且這時幾乎大家都會要這位專家（醫學生或護士）出手幫忙，而不是其他的路人（作區辨）。

這項例子裡的實驗幾乎都頗短、花費不高，也容易作；因此可以重複很多次作這種實驗，讓研究者比較確定所研究的機制的確可以擴論到各種情境、人、實驗對待、結果及時間。這一類大型計畫對於本書主要關注的社會實驗而言，比較不可行，因為社會實驗花費高、耗時，而且所需要的

人力物力也複雜。但還是有這樣的大型研究存在。歐治及同僚（Kitzman et al., 1997; Korfmacher, O'Brien, Hiatt, & Olds, 1999; Olds et al., 1997; Olds et al., 1998; Olds, Henderson, Kitzman, & Cole, 1995）研究護士到家拜訪懷孕的婦女及幼童的父母的效果。在那項計畫裡，他們探討該效果在：(1)低社經地位的市區黑人婦女，相較於鄉間低社經地位的白人婦女；(2)護士相較於護工；(3)立即的結果相較於十五年後的追蹤結果；對於(4)各種結果測量的影響，像是對兒童的虐待及疏忽、懷孕的生命過程、兒童營養不足、童年期的傷害、再次懷孕、懷孕結果，及兒童後來的犯罪及反社會行為等，這些地方的可擴論性。這裡我們看到，不論是人、情境、實驗對待、結果及時間都有多樣性，而主要的重點則是在尋找調節變項（包括不相干的及具區辨力的變項），以釐清效果的範圍；重點還包括實驗對待的施行，以理解中介機制，及時間上的插代與外推。

　　同樣的，李契鄧斯坦、葛拉斯苟及阿伯藍斯（Lichtenstein, Glasgow, & Abrams, 1986）也作了五個停止吸菸的實驗，這些實驗都操弄一個中介變項。初步的研究及觀察讓他們作了一個假設：停止吸菸的介入措施之效果，其間的中介變項是參加者所得到的社會支持。因此，在這五個實驗裡，研究者比較了兩個以認知行為治療來停止吸菸的組，兩組的差異是，其中一組加入了一個社會支持的因子。雖然五個實驗中，四個都有發現社會支持跟結果是有相關的證據；但不論是否有支持，操弄本身在兩組卻沒有差異。李契鄧斯坦等人為這種結果提供了幾個可能的原因，例如，操弄所引發的支持程度不足以影響結果；並猜測，若將結果分別按照性別或需要社會支持的程度來分析，也許能得到顯著的效果。

敘述式的回顧現有的研究

　　由於執行大型計畫來探討可擴論性所必須花費的時間與代價不貲，一項比較常見的作法是作文獻整理，找出作因果擴論的線索。這種文獻整理的優點與缺點恰是大型研究計畫的相反：前者所花費的時間與金錢少很多，

但研究者被限定在文獻中已經研究過的問題及變項裡。本節先介紹敘述式
的文獻回顧，下面一節再介紹量化的文獻回顧。

敘述式的回顧實驗

　　這種回顧是以敘述的方式來描述現有的文獻，而沒有以量化的方法綜
合研究結果，後者是我們很快就會討論的後設分析之特色。例如，戈爾曼
與尼斯肯（Gurman & Kniskern, 1978）回顧了兩百多篇有關婚姻與家庭的
心理治療效果，利用許多表格及文字，來描述這些研究的特色及結果的大
致方向。他們所回顧的研究是由不同的研究者所作的，這些研究者使用了
各種不同的方法及結果評估方式、各種不同的個案、在各種不同的情境，
運用婚姻或家庭治療法的各種版本，而且治療的時間也有長有短。戈爾曼
與尼斯肯的結論是，這些治療大致都有效，因為那些接受家庭或婚姻治療
的人，顯著比那些控制組的人表現好。例如，他們發現，在十八個研究裡，
婚姻家庭治療組表現得比沒有任何實驗對待的控制組好，在十一個研究裡
實驗對待組的表現跟控制組一樣，而在兩個研究裡比控制組還差。同樣的，
在十一個行為婚姻治療的研究裡，有七個實驗對待組表現得比控制組好，
而所有五個以行為學派作的家庭治療裡，實驗對待組都比控制組表現佳。
這種算有幾個贏、幾個平手及幾個輸，作為整理評審效益的方法，通常被
稱為*票房得分*（*box score*）或*算得票數*（*vote counting*）法（Hedges & Oklin,
1985，出版中）。文獻回顧者根據統計顯著的程度，對於介入措施的效益
作結論，如果接受某項治療的組顯著比對照組表現得好，則將它視為同意
該介入措施有效一票；如果實驗對待組顯著比對照組表現得還差，則視為
反對該介入措施有效一票；如果兩組沒有顯著差異則是平手。文獻回顧者
再根據這些票數，評論該實驗對待是否在各個研究都有效益。
　　這樣的回顧方式也能檢驗介入措施效益的可擴論性是否有潛藏的調節
變項。例如，戈爾曼與尼斯肯發現，短期的治療似乎跟長期治療有一樣的
效果，而且，個案不論是跟著比較沒有經驗或比較有經驗的治療師，效果
都一樣——因此，治療的效果可擴論到不同的劑量及治療師的不同經驗層
級。如果不能擴論也可能會讓人有興趣。例如，當夫妻雙方人都接受婚姻
治療，跟只有一個人接受治療相比，前者的效果較佳。而如果是急性或慢

性的住院病患，只有以系統理論（systems theory）作為基礎的介入措施有效果──其他都無效。

423 ## 結合實驗與非實驗研究的敘述式回顧

敘述式的回顧包括的可能不只田野實驗，還可能蒐集調查、動物實驗及實驗室基礎研究所獲得的證據，將這些研究所獲得的證據建立成一個一致且能解釋效果的模式，並釐清其可擴論性。例如，碓爾與伏雷西詹尼斯（Dwyer & Flesch-Janys, 1995）整理文獻，為越戰時所噴灑的橘殺蟲劑（Agent Orange）及之後那些暴露於殺蟲劑中的人所發生的癌症作了一個因果連結。一些研究顯示，噴灑區的人比住在沒有噴灑區的人，組織及血液裡的毒素濃度高出六倍，但其他毒素則沒有這種差異。他們也顯示，在噴灑密度高的地區，除了橘殺蟲劑之外，沒有其他的毒素來源。接著，他們利用動物實驗及人類的流行病學研究顯示，這種毒素跟癌症增加率有關──即使是通常對於突然的毒素影響有抵抗力的動物，及美國及德國暴露在毒素濃度特別高的人亦如此（用德國的資料是因為橘殺蟲劑是在德國製造）。在各種不同的癌症及地點都有這樣相同的發現。兩位作者也找出橘殺蟲劑會在人類及動物都引發癌症的因果機制，並提出一致性的證據。因此，碓爾與伏雷西詹尼斯所提出的橘殺蟲劑與越南的癌症之間的關連，其間的解釋及其可擴論性都值得相信。

當直接對人類施以實驗操弄是不合倫理（例如，橘殺蟲劑），或不可能（例如，性別、過去的事件）的時候，這種回顧文獻的方式特別有用。在這些情況下，用於動物的實驗操弄、基礎的實驗室研究，及現有的理論知識，三者都可與類實驗結果及自然發生狀況的觀察資料等相結合，以澄清其效果及可擴論性。然而，這些回顧的結果可能有爭議，別的評論者可能會說研究方法不合適。抽菸與癌症之間的因果關係就是這樣一個例子；由於倫理之故，這項主題的研究多是相關研究及類實驗研究。雖然其間的關連看似為大眾所接受，一些知名的學者如雷諾·費雪（Sir Ronald Fisher）及漢斯·艾森克（Hans Eysenck）卻斥為不可信（Grossarth-Maticek & Eysenck, 1989; Pearl, 2000）。現今二手菸與癌症之間的關連同樣有爭議，大部分也是因為方法上的不確定所致（Gross, 1993; Rockette, 1993）。

敘述式回顧的問題

敘述式回顧有的優點，不是我們接著要介紹的量化方法所能及的，這些優點包括：可用以形成假設、對文獻作豐富的描述，及可用以發展理論，建立質化的類別與變項間的關係。但要評估因果擴論，敘述式的回顧有一些缺點[1]。

424

首先，研究報告的數量愈多，要將結果與所有可能重要的調節變項之間的所關係整理好，就愈困難。這時候的情況跟第一手的研究差不多；在第一手研究裡，如果只用文字敘述的方式來整理所有研究對象的資料，是很困難的。正因為這個原因，我們才利用數字來代表觀察結果。數字幫我們掌握資料，比較有效率地整理資料，也比較容易隨時分析資料間的關係。當然，將敘述式的資料轉換成數字時，免不了都會失去一些訊息，使得很多研究者在第一手研究中會同時使用量化和質化兩種方法（Reichardt & Rallis, 1994）。但以數字來代表資料的優點還是非常多。

第二，敘述式的回顧傳統上都靠著計算有顯著效果的研究個數來作評斷，但這項訊息非常有限。顯著效果表示的是：在沒有介入措施的母群裡，所觀察的組間差異不可能因為偶然機會而發生。但這幾乎沒有告訴我們組間差異的大小。研究如果有很大的樣本，非常小的組間差異也可能達到統計的顯著水準，但這麼小的差異在實務上可能完全沒有重要性。或者，樣本數小的研究裡，非常大的組間差異也可能不顯著，但這在實務上可能很重要（Kazdin & Bass, 1989; Mosteller et al., 1980）。因此整理介入措施效果的文獻，非常重視效量的資訊。

第三，敘述式回顧對於研究結果的描述不很精確。假定某人回顧文獻時，利用票房得分的方法，發現十項研究裡，五項沒有達到顯著。這樣大略描述可能的實際情形有兩種模式。其一，這五個統計顯著的結果，第一類型錯誤率（Type I error rate）達到 $p<.001$，而另五個不顯著的結果，第一類型錯誤率是 $p=.10$；所有的研究都使用小樣本。第二種模式裡，假定那

1　Wortman Symth、Langenbrunner 及 Yeaton（1998）將後設分析的結果與科學共識討論（scientific consensus panels）的結果加以比較。但我們在此不討論這方面的主題。

五個統計顯著的結果是 $p = .04$，而另五個不顯著的結果，第一類型錯誤率在 $p < .50$ 與 .99 之間，而且所有的檢定都是使用大樣本。使用票房得分的方法，兩者所獲得的結果都一樣，五個「是」，五個「平手」的票選結果。但我們從這些結果所得到的比較精確的結論應該是，第一種模式時有很大的效益，而第二種模式時的效益頗小。

第四，如果研究者使用敘述式回顧，但想要探討結果與可能的調節變項間的關係時，事情變得更為複雜。這時，回顧者必須面對調節變項的不精確，要照顧到變項間更多的相關，看組間差異是否因不同的結果變項及不同層級的調節變項而改變。若以敘述式回顧整理介入措施的文獻，卻必須面對這些問題時，研究者可能會覺得要關照的事項太多了而無法負擔。

425　　因此，結合質化與量化的方法來回顧文獻，已經逐漸取代敘述式的回顧法，並不讓人覺得訝異的（C. Mann, 1994）。結合質化與量化的回顧方法，利用數字來描述第一手研究的結果，其方法及理由就跟第一手研究描述研究對象的方法及原因相同。但使用數字並不表示就排拒敘述或質化分析。就像第一手研究因為一併使用量化與質化的方法而作得更好（Reichardt & Rallis, 1994），回顧文獻時合併使用兩種方法也可將回顧作得更好。事實上，也很難想像只用數字而沒有文字敘述輔助的回顧。

量化回顧現有的研究

使用量化的方法來為科學研究作整理，有一段很長的歷史。在十八世紀初，英國數學家科次（Roger Cotes）為不同的天文學家所作的測量，作加權平均。皮爾森爵士（Sir Karl Pearson, 1904）以量化方法，將六項研究的結果作平均，這六項研究都是在測試一項新的傷寒預防接種的功效（Shadish & Haddock, 1994；想知道其他歷史上的例子，請見 Cooper & Hedges, 1994b; Dickerson, Higgins, & Meinert, 1990；及 Hunter & Schmidt, 1990）。然而，直到葛拉司（Glass, 1976）以後設分析（*meta-analysis*）這個詞來指那些用來綜合各研究的效量的量化方法時，這種方法才廣泛被使用。雖然

葛拉司之前就有學者利用量化的方法來回顧文獻，但葛拉司卻是第一次詳細說明如何從任何文獻累積研究的效量。

　　他主要的創新在於利用效量作為研究間的共同量尺。需要共同量尺，是因為不同的研究很少會用完全相同的結果測量；即便這些研究是探討類似的問題，引用類似的結果建構，也不可能都用完全相同的結果測量。因此，憂鬱症心理治療的研究可能利用「貝克憂鬱量表」（Beck Depression Inventory），另一個研究利用「MMPI 憂鬱量表」（MMPI Depression scale）。這些測量有不同的量尺，不同的平均值與標準差。因此，如果沒有將各研究的結果先轉換到共同的量尺，就直接將得分平均，會得到不合理的結果。後設分析將每個研究的結果轉換成效量的同一個量尺，因此不同研究結果會有相同的平均值與標準差，而能將各研究的結果加以平均[2]。

　　後設分析最先是用來探討心理治療的效益（M. Smith & Glass, 1977），及班級大小對學生成就的影響（Glass & Smith, 1979）[3]。今日，在很多領域，像是醫學（Stroup et al., 2000）、勞動經濟學（Hedges, 1997a）及昆蟲學（Koricheva, Larsson, & Haukioja, 1998）都有介入措施效益的後設分析。然而，量化文獻回顧法的一般原則並不限於介入措施結果的摘要。後設分

426

2　另一個作法是結合各研究的機率程度（probability levels）。介入措施的研究常檢定一項介入措施與控制組之間的差異顯著程度，並伴隨一個機率程度以估計其第一類型錯誤率（錯誤地拒絕實際為真的虛無假設的機會）。有各種方法能累積機率程度（B. Becker, 1994; R. Fisher, 1932），而最後的結果是虛無假設的合併顯著檢定（combined significance test），這時的虛無假設則是：介入措施在這些研究所代表的母群，沒有任何一個有任何效益。替代假設（alternative hypothesis）則是：這些回顧的文獻中，介入措施至少在一個樣本的母群有發生效益。大多數的研究者比較想知道效量，而非只是知道至少有一項研究的效量不為零。然而，當無法獲得足夠的訊息來計算效量，但有顯著程度的資料時，這些合併顯著程度（combined significance level）的方法還是有用處。Wang 和 Bushman（1999）提供一個方法可結合效量及機率程度。

3　本章主要討論多組實驗（multigroup experiment）的後設分析。然而，關於沒有控制組的實驗及單一研究對象設計（例如，D. Allison & Gorman, 1993; Becker, 1988; Faith, Allison, & Gorman, 1997; Gibbons, Hedeker, & Davis, 1993; Kollins, Newland, & Critchfield, 1999; Kromrey & Foster-Johnson, 1996; Li & Begg, 1994; Looney, Feltz, & Van Vleet, 1994; Smoot, 1989; Swanson, & Sachselee, 2000; Viswesvaran & Schmidt, 1992; White, Rusch, Kazdin, & Hartmann, 1989）、個案控制設計（Stroup et al., 2000; Thompson, Rivara, & Thompson, 2000），及打斷的時間序列（interrupted time series）（Grilli, Freemantle, Minozzi, Domenighetti, & Finer, 2000），這些方面的後設分析文獻也在逐漸增加中。

析也已經被應用到沒有任何介入措施的問題，像是男孩與女孩在科學成就上是否有差異（B. J. Becker, 1992）、用於人員選取的考試是否具有效度（F. Schmidt & Hunter, 1977），及跟人際間的預期（interpersonal expectancy）相關的變項（Rosenthal & Rubin, 1978）；而且，後設分析也可用於純屬描述性質的問題，像是曾患過精神病的人，從精神病院出院後犯下暴力罪行者的百分比。在後面這些例子裡，雖然也使用「效量」這個詞，但必須瞭解，這只是強度的一種量化指標。

後設分析的基礎

　　我們在這裡整理一下後設分析的基本步驟及其用語，讓讀者瞭解後設分析在因果擴論上的用處。想真正作後設分析的讀者常需要更詳細的指導（Boissel, Blanchard, Panak, Peyrieux, & Sacks, 1989; Cook et al., 1992; Cooper, 1998; Cooper & Hedges, 1994a; Durlak & Lipsey, 1991; Fink, 1998; Hedges & Olkin, 1985，出版中；Hunter & Schmidt, 1990; Lipsey & Wilson, 2000）。量化回顧與質化回顧兩者都要經歷一些階段，這些階段包括問題的形成、資料的蒐集、資料評估、分析與詮釋，及將結果公開展示，但並不只限定於這些（Cooper & Hedges, 1994b）。就像任何其他研究一樣，研究者常必須在這些階段中反覆來回，並且每個階段彼此是密切相關的，並非一次就可以完全結束一個步驟，也不能一味僵硬地依序執行各步驟。在下一節，我們就這些常見的研究事項，提出一些後設分析才有的觀點。

找出問題，作文獻回顧

　　所有的回顧都必須仔細推敲要研究的問題。要研究的問題可能範圍很廣，像是評估心理治療的整體效果（Smith, Glass, & Miller, 1980），或非常狹窄，像是評估心理治療時使用似是而非的介入法（paradoxical interventions）是否改善結果測量（Shoham-Salomon & Rosenthal, 1987）。研究問題可能是關於某項介入措施跟控制組或跟其他介入措施相比的主要效果，或可能是關於效果的調節變項，像是心理治療的效果是否在後測及後續追蹤時都能維持（Nicholson & Berman, 1983; Shadish & Sweeney, 1991）。或研究問題可能是要為所觀察到的結果找出可能的中介變項（Cook et al.,

427

1992）。後設分析的問題形成過程，跟第一手研究或敘述式回顧中的問題形成過程幾乎沒有差異；目標都是要發展出一個清楚的研究問題，再根據這個問題，發展出一個暫時試驗性質的標準架構，以挑選出文獻裡有的研究，作為後設分析的資料。

　　作後設分析的研究者需要作文獻搜尋，以找到相關的研究。研究者可由多種管道得到許多的研究報告，例如，搜尋電腦的資料庫、由先前的回顧論文裡的參考資料清單中檢視、翻閱最近期刊的目次表、找出過去或目前正在進行的實驗的名冊，及聯絡對於研究問題有特殊興趣與豐富知識的同事（Dickerson, 1994; Dickerson et al.,1990; Reed & Baxter, 1994; White, 1994）。但有些研究會很難找到，常被稱為*逃亡文獻*（*fugitive literature*）（M C. Rosenthal, 1994）。這些可能是沒有出版的博士及碩士論文、計畫或合約的結案報告、會議論文、技術報告，及那些有**檔案抽屜問題**（**file drawer problem**）的研究──也就是投稿被拒，無法出版，最後被放進檔案抽屜的論文（Rosenthal, 1979）。這種逃亡文獻的量多大，沒人清楚，但在某些領域，它的量很可能很大，而且所發現的效益可能比同樣主題但已經發表於期刊的效益小（例如，Shadish, Doherty, & Montgomery, 1989; Simes, 1987; M. Smith, 1980; B. Sommer, 1987）。果真如此，那麼，找出這些亡佚文獻就是很重要的一件事（假定它們在其他方面有符合納入後設分析資料的標準），以免因為沒有它們而使得後設分析得出的效益估計值有偏誤。羅森梭（M. C. Rosenthal, 1994）列出如何找到這些亡佚文獻的方法，但是沒有人有把握自己找到了所有的亡佚文獻。

　　納入回顧的文獻，其內容必須符合一些實質的標準。這些文獻必須是探討所回顧的主題，且跟回顧者所設計的研究問題中所列的實驗對待、單位、情境、測量及時間有關。可能也有一些方法上的標準，有些可能有爭議，例如，要納入研究，是否該研究必須至少達到某個樣本數或檢力程度（例如，Kraemer, Gardner, Brooks, & Yesavage, 1998; Wortman, 1992）、是否只要出版過的研究，及如果回顧是關於某個因果議題，則是否只考慮隨機化研究（Boissel et al., 1989）等。這些問題的答案大多依據該後設分析的狀況而定。例如，由於倫理的問題，新生兒照顧的隨機化實驗非常少見，因此後設分析常必須限於類實驗（例如，Ozminkowski, Wortman, & Roloff, 1989）。其他時候，隨機化實驗的數量非常大，以至於僅只是過錄就耗盡

了所有可用的資源（例如，Shadish et al., 1993）。當不確定這些選擇是否正確時，我們自己的偏見是：對於研究的篇數寧願多不願少，再將各研究的方法依據它是否達到某一標準而過錄，以便之後的分析能探討，是否方法上的問題使得結果不同。

428　　需要蒐集多少個探討同一問題的研究，才能作一個後設分析？這是檢力上的問題。後設分析裡的檢力計算跟單一研究所使用的方法不同。適於後設分析的檢力分析方法，必須將組間變異數、後設分析特有的一些檢定〔例如，同質性檢定（homogeneity test）〕的檢力，及固定效果模式（fixed effects model）的檢力相較於隨機效果模式（random effects model）的檢力，都納入考量。黑吉斯與歐金（Hedges & Olkin，出版中，第 7 章）為這些情況提供所需要的公式（亦見 Harwell, 1997; Overton, 1998）。

研究的過錄

後設分析利用一個共同的過錄原則，將研究特質及結果予以量化（Lipsey & Wilson, 2000; Stock, 1994）。首先，也是最重要的是，個別的碼必須要反映研究者的假設。例如，為兒童與青少年過胖而設計的介入措施研究中，研究者可能想瞭解該介入措施是否包括行為的、教育的、運動或飲食上的特徵，想瞭解兒童的年齡，想瞭解父母是否也參與該介入措施，及想知道結果的測量是計算身體質量（body mass）或體脂肪（例如，Haddock, Shadish, Klesges & Stein, 1994）。這些都要分別有一定的代碼來代表。代碼通常包括研究報告的特質（像是出版的年月、出版形式）、研究對象的特質（像是出現的問題、性別比例）、介入措施（例如，介入措施的種類及劑量、誰執行介入措施、在哪裡）、介入措施的過程（例如，是否使用手冊以增加研究對象切實遵守措施步驟的程度、實際遵守的程度），及研究方法（例如，樣本數、分派到各組的方法、樣本流失率，及測量工具的種類）。

這樣的過錄比看起來的更難。一個原因是，第一手研究報告常含糊不清或略而不提（Orwin & Cordray, 1985; Pigott, 1994）。這些問題有時可藉由聯繫原作者獲得補救；但如果是比較古老的研究，要找到原作者會是個問題，而且作者常幾乎沒有留什麼紀錄，而且即使是最近才作的事，也常會記錯。有些代碼則因別的代碼而有不同的意義；例如，也許兩位過錄者

為一個依變項所算出的效量是一樣的，但如果兩者將該變項歸到不同的類別〔例如，一位歸為反應式的（reactive），另一位則歸為非反應式的（non-reactive）〕，比較反應式與非反應式時，整體的效量信度就可能降低（Wortman, 1992; Yeaton & Wortman, 1993）。再者，有些過錄需要經過詳細的指導及依據經驗判斷，就像是為某項測量的反應程度（reactivity）打分數時，或為一項心理治療所依據的理論作歸類時，就是如此。因此，原先的過錄方案要有明確的過錄原則、必須檢驗過它的評分者間信度（inter-rater reliability），也必須反覆修訂直到得到夠高的信度為止。定期的檢查信度及重新訓練是聰明的作法，可用以確定過錄的執行沒有隨著時間而逐漸改變（Orwin, 1994）。

最後，策劃過錄流程時，必須考慮未來會如何輸入資料作後續的分析（Woodworth, 1994），及考慮是否直接將初步的過錄結果輸入電腦檔案。資料輸入的問題會比大部分第一手研究時的資料輸入問題還複雜，因為後設分析裡，有數層的巢居狀況（nesting）發生，例如，在同一研究裡，同樣的比較介入措施分析裡，有在不同時間使用相同測量所獲得的效量。這通常造成複雜的檔案結構，而在設計過錄及資料輸入的流程時，都必須將這種結構納入考量。立西與威爾森（Lipsey & Wilson, 2000）對於這種結構有不錯的意見。

429

計算效量

探討同一個主題的所有、甚至大多數研究都用同樣的結果測量，是很少見的情況。以後設分析研究手術前的心理教育（psychoeducational）介入措施對於改善手術後的結果時，所包括的研究可能使用幾種不同的術後疼痛測量，包括所要求的止痛藥顆數、向護理站抱怨的次數，及在量表上自述的疼痛程度。這類研究也可能測量各種不同的建構，而不只是疼痛，可能還有術後住院的長度、消費者滿意度或焦慮。在所有這些情況下，測量工具都是不同的量尺，有不同的原始分數平均值及標準差，因此，必須將不同的研究結果轉換到一個共同的量尺，比較各研究的結果才是有意義的。這是效量測量的功用。

有許多種可能的效量測量（Fleiss, 1994; R. Rosenthal, 1994）。此處我們提出兩個最適於用在實驗的後設分析的效量[4]：

- 標準化的均差統計值（*d*）（standardized mean difference statistics）
- 勝算比（*o*）（odds ratio）

標準化的均差統計值（standardized mean difference statistic）定義為：

$$d_i = \frac{\overline{X}_i^t - \overline{X}_i^c}{s_i}$$

其中，$\overline{X}_i^t$ 是研究 i 之實驗對待組的平均值，$\overline{X}_i^c$ 是研究 i 之比較組的平均值，s_i 是兩組的合併標準差（pooled standard deviation）。有了樣本數及所比較的兩組之標準差，就容易計算 s_i（Shadish & Haddock, 1994, p. 273）。若有將小樣本的研究納入後設分析，則分析時應該都要使用公式來修正小樣本的偏誤（Hedges & Olkin, 1985, p. 81）。比較組可能是控制組或接受另一種介入措施的組。例如，假定一項為失和夫妻所作的婚姻治療，在某項婚姻滿意度量表的後測平均值是 103.97，控制組的後測平均值是 97.13。若合併的標準差是 22.06，則 $d = .31$。這表示，在後測的表現上，介入措施組大約比控制組高約三分之一個標準差（亦見 Shadish et al., 1993, p. 994，有其他方式可詮釋 d）。然而，當第一手研究沒有提供所需要的平均值、標準差及樣本數時，還是能利用研究所提供的其他統計值來計算 d，或 d 的近似值（例如，Smith, Glass, & Miller, 1980，附錄 7；Shadish, Robinson, & Lu, 1999）。但還沒有很多人探討這些近似值的性質。許多近似值還不錯，但有些可能近似度不佳（Shadish et al., 1999）。

標準化的均差統計值假定研究結果是連續變項。但有時候，研究結果

430

---

4 相關係數是另一個常見的效量測量。當後設分析的目的是要整理某些變項間的相關時，相關係數是最明顯適合的測量（例如，Ones, Viswesvaran, & Schmidt, 1993; Rosenthal & Rubin, 1978）。大多數撰寫後設分析方法的作者都建議，在合併這些相關係數前，先利用費雪（R. A. Fisher, 1925）的「使變異數穩定的 *z* 轉換」（variance stabilizing *z* transformation）（R. Rosenthal, 1994；但見 Hunter and Schmidt, 1990 的相反意見）。在治療結果的研究裡，二分法的治療狀況變項（例如，治療組＝1，控制組＝0）跟一個連續的結果變項（例如，憂鬱程度、留在醫院的天數）之間的相關係數，可以是效量的一種測量方式〔但若結果也是二分的變項，應該選擇勝算比（odds ratio）作為估計值〕；但在治療結果的研究裡，通常很少見這種治療與結果之間的相關係數。

▶ 表 13.1　四重表格的符號

		結果	
		否	是
因	是	A	B
	否	C	D

是以二分（dichotomous）變項作測量。例如，在婚姻治療裡，每位個案是以成功或失敗評量，或者接受一項新的癌症治療法的病人，是以存活與否作分類。這類研究可以利用一個四分的（fourfold）（即 2×2）表格來表示，其中是否接受介入措施（或控制組）為一個因素，而有兩個層級的二分結果是另一個因素（表 13.1）。在這些情況下，標準化的均差統計值及相關係數可能得出有問題的效量估計值（Fleiss, 1994; Haddock, Rindskopf, & Sha-dish, 1998）。因此，這時通常是勝算比才是合適的效量指標，勝算比定義如下：

$$o_i = \frac{AD}{BC}$$

其中，A、B、C 及 D 是表 13.1 格內的次數。若有一格的次數為零，則必須將該樣本所有格內的次數都加上 .5。勝算比也可以用其他的訊息算出，例如每一組成功的研究對象占多少百分比的資料（Fleiss, 1994; Shadish et al., 1999）。例如，假設實驗對待組是接受了一個實驗性質的疾病疫苗，控制組則沒有。結果變項是每一組有或沒有得到該疾病的人數。假定 A ＝ 265 位接受了疫苗且沒有感染該疾病的人；B ＝ 32 位接受了疫苗但感染了該疾病的人；C ＝ 204 位沒有接受疫苗也沒有感染該疾病的人；D ＝ 75 位沒有接受疫苗且感染了該疾病的人。接種了疫苗且真的免疫的勝算是 A/B ＝ 165/32 ＝ 8.28；因此接種疫苗者，免疫的可能性是感染可能性的八倍。控制組裡，同樣的勝算是 C/D ＝ 204/75 ＝ 2.72。這兩個勝算的比是 o_i ＝ 3.04；也就是，接種疫苗者對該疾病免疫的勝算，大約是沒有接受疫苗者免疫的三倍大。

在一些很少見的情況下，所有研究都會使用相同的結果測量。例如，

431

減重研究在報告結果時可能都以磅或公斤為單位（Haddock et al., 1994）；憂鬱症治療的研究可能都利用「貝克憂鬱量表」評估結果（L. Robinson, Berman, & Neimeyer, 1990），或者手術前的心理建設研究，可能都以術後留院的天數作為結果（Mumford, Schlesinger, Glass, Patrick, & Cuerdon, 1984）。在這些情形下，利用原始分數的平均值之間的差異作為共同的結果量尺，是頗為合理的（Shadish & Haddock, 1994）。畢竟，這些資料都已經是在一個共同的量尺上了，且原始的變項若以磅、天，或元作單位，比起其他的效量測量，在詮釋上容易讓人理解多了。

分析後設分析的資料 [5]

在概念上，要分析以效量為單位的後設分析資料，方法就像分析任何其他的社會或行為資料一樣，利用描述及推論統計法、單一變項及多變項的分析技巧（Cooper & Hedges, 1994a; Hedges & Olkin, 1985，出版中）。後設分析只是將個別層級的資料，利用「以研究為基準的」（study-based）資料取代（但後設分析在統計上還是有一些獨特性，我們稍後會說明）。的確，在後設分析的早期，研究者只直接借用分析第一手資料時所使用的統計方法，例如，計算所有相關研究的平均效量及其變異數。像是史密斯與其同僚（Smith et al., 1980）從 475 個實驗者控制的心理治療研究中，獲取 1,766 個標準化後的均差統計值，加以平均後，得到 d 的平均值 .85，標準誤 .03。信賴區間也是利用一般的方法，將標準差乘上某個臨界值（常是 1.96，也就是 $\alpha = .05$ 的 z 分數雙尾檢定），將平均值加上所得的乘積值，及減去該乘積值，就得到了信賴區間。目前的例子裡，這個 95% 的信賴區間範圍是 .79 到 .91；由於區間內不含零，史密斯等人的結論是：平均效量顯著不等於零。同樣的，也常見研究者為一些需要分得比較細的類別的研

432

---

5 特別為後設分析統計所寫的電腦程式愈來愈普遍（Borenstein & Rothstein, 1999; Johnson, 1989, 1993; Mullin, 1993; Rosenberg, Adams, & Gurevitch, 1997; Shadish, Robinson, & Lu, 1999），但許多後設分析的研究者將一般的統計套裝軟體或類似 Excel 的軟體稍作修改也可作分析（例如，Hedges, 1994; Lipsey & Wilson, 2000; Shadish & Haddock, 1994; Wang & Bushman, 1999; Woodworth, 1994）。多變項模型，像是 Raudenbush、Becker 和 Kalaian 等人（1988）所需要的多變項模型，則需要能在一般統計套裝軟體運算的矩陣代數；但這些套裝軟體幾乎無法作階層分析（hierarchical analysis），因此要作階層模型，可用單獨的 PC 程式（Bryk, Raudenbush, & Congdon, 1996）。

究計算平均值。例如，史密斯等人（Smith et al., 1980）發現，心理動態治療法（psychodynamic therapy）的平均效量是 $d = .78$，行為學派治療法的平均效量 $d = .91$，認知學派 $d = 1.31$，人本學派 $d = .63$，發展學派 $d = .42$，認知行為學派 $d = 1.24$。更廣泛而言，在後設分析裡，各種不同的介入措施之間有差異的假設、研究對象間有差異的假設，或方法間有差異的假設，都可以檢定；效量也可跟連續性質的研究或介入措施的特質作相關；也可作多變項檢定來找出是否有不相干的性質，及為研究間已被測量的不相干變項作調整；也可用分層（stratification）來評估某個可能的調節變項的影響大小及方向。

　　然而，後設變項統計法有一些特殊的性質：

● 最好能利用第一手研究的樣本數的某種函數來為效量加權
● 使用效量的同質性檢定
● 後設分析資料的階層性質
● 同一個第一手研究內的效量之間的相依
● 出版偏誤的存在

　　首先，在平均以前，常先為個別的研究加權，而且加權結果可能會產生跟沒有加權〔一般的最小平方（ordinary least squares）〕時所得到的分析結果差異很大（Shadish, 1992a）。最常用的方法是以樣本數或樣本數的某種函數為效量加權，這是假定樣本數愈大的研究，所得到的母群參數估計值愈正確（Sanchez-Meca & Marin-Martinez, 1998）。這樣的加權降低了平均效量的變異數，連帶使得推論檢定更具檢力。其他可能的方法包括根據研究的結果變項測量之信度與效度作加權（Hunter & Schmidt, 1994）、根據研究品質作加權（Amato & Keith, 1991; Begg et al., 1996; Franklin, Grant, Corcoran, Miller, & Bultman, 1997; Jadad et al., 1996; Moher et al., 1995; Moher & Olkin, 1995; Wampler & Serovich, 1996; Wortman, 1994）。然而，一般而言，只有以樣本數及心理計量作加權的方法，這兩種在統計上和邏輯上都確定合理。檢驗研究品質的這類變項，可能在之後的資料分析時作比較好，而不要以加權來呈現（Shadish & Haddock, 1994）。

　　後設分析資料的第二個特色，大家也許不熟悉，那就是同質性檢定。這項檢定在檢驗所觀察到的效量之間的差異，是否只是抽樣誤差（所謂抽

樣誤差是：母群效量及樣本估計得到的效量，這兩者的差異，是因為我們在整個母群只觀察到了一個樣本）。果真如此，則所觀察到的效量可說是具有同質性，且樣本之間的變異數被認為是隨機發生而不可預測的。如果同質性的虛無假設被拒絕，則效量的分布所含的變異數，比所使用的個別研究之樣本數可能隨機產生的變異數還大（也就是不止於隨機誤差而已）；而這額外的變異數也許可以利用其他實質有意義的變項或方法的變項預測。例如，力普西（Lipsey, 1992）檢驗 397 個青少年偏差行為介入措施研究的效果，發現加權後的效量$d = .103$。然而，這些效量具有同質性的虛無假設被拒絕了，因為它們的變異數比因隨機發生而可能產生的變異數大了三倍多。因此，力普西以各種迴歸模型檢視哪些變項可以解釋這個變異數。當然，在單一變項的情況下，會拒絕同質性的虛無假設，並不讓人驚訝，因為這種情況下，有同質性是表示只有一個變項（接受某種少年偏差行為介入措施），就解釋了介入措施結果的*所有有系統的*（systematic）變異數。我們很少會碰到這種情況。相反的，社會科學都預期必須用好幾個解釋變項才能解釋所研究的現象，而這在後設分析裡也是有效的方法（例如，Shadish, 1992a）。

433

有時，即使所有可用的共變項都納入考量了，同質性虛無假設還是被拒絕（例如，Lipsey, 1992）。這留下兩種可能性。其一是可以再找出更多的共變項，也許最後能獲得同質性。另一個是效量所來自的母群本身，就有一個效量分布〔*隨機效益*模型（*random effects* model）〕，而非只有*單一種效量*〔*固定效益*模型（*fixed effects* model）〕。果真如此，則只是再加上更多個共變項也無法達到同質性，因此可利用隨機效益估計法及分析法，將這種可能性納入考量（Hedges & Vevea, 1998; Louis & Zelterman, 1994; Raudenbush, 1994; Shadish & Haddock, 1994）。的確，使用貝式（Bayesian）統計概念的研究者，倡導將隨機效益模型作為原則，不論同質性檢定的結果如何，都用以較真確反映所有資料（包括後設分析資料）推論都具有的不確定性（Raudenbush, 1994）。隨機效益模型通常會使標準誤和信賴區間增大，以反映推論到母群時比較大的不確定性。

後設分析的資料跟第一手研究資料的第三點不同是，研究對象一定都是巢居於研究中。我們已經討論過巢居資料，像是隨機化實驗裡的學生巢居在教室裡。因此產生了所謂分析單位的問題，後設分析都會產生這種分

析單位的問題。能將這種巢居的結構納入考量，最好的分析方法也是多層模型（例如，Bryk & Raudenbush, 1992; Kalaian & Raudenbush, 1996）。這些模型是隨機效益模型，因此，使用它們也能幫忙解決前一段所討論的問題。當有些研究是報告摘要統計值，但其他研究有提供個人層級的資料時，鈞斯坦、楊、歐馬、坦拿及湯普森（Goldstein, Yang, Omar, Turner, & Thompson, 2000）建立的一個多層模型，可用以將研究層級的資料與個人層級的資料結合使用。

　　後設分析研究的第四個不同的特色是，當一項研究有多個效量時，這些效量是隨機（stochastically）相依的。當一項研究有測量多種結果變項時、當第一手資料報告了多個時間點的結果時，或當第一手研究是比較數種介入措施及一個控制組，對單一個測量結果的影響時，都會產生效量隨機相依的情況。這種相依違反了效量是獨立的統計假定。因此，常會見到研究者先將同一研究裡的所有效量平均之後，才將之與其他研究合併；這樣做基本上是假定該第一手研究內的所有效量間是完美相關。如果知道測量間的相關係數，就能利用某些多變項方法（Gleser & Olkin, 1994; Hedges & Olkin，出版中；Kalaian & Raudenbush, 1996; Raudenbush, Becker, & Kalaian, 1988）獲得更有效率（efficient）（變異量較小）的效量平均值。當結果測量間的相關係數值很高時，效率（efficiency）不會增加多少；當相關係數趨近於零，效率增加率可達 10% 與 15% 之間。但當相關這麼低時，究竟這些不同的依變項是否該合併分析或分別分析，就不是很清楚（例如，Harris & Rosenthal, 1985）。

　　第五項不尋常的特徵是*出版偏誤*的存在。會有這個問題是因為許多期刊論文審查人對於沒有顯著發現的論文有偏見，不願推薦刊登這樣的論文（Greenwald, 1975），因此這類研究常沒有出版，因而很難蒐集，無法放入後設分析裡。因為顯著性與效量有相關，有出版的研究較可能高估研究母群的效量。解決這項問題的一個常見作法是，算出會使平均效量變得統計上不顯著的不顯著研究的個數（Orwin, 1983; Rosenthal, 1979; Iyengar & Greenhouse, 1988，及 Schonemann, 1991 有評論這項方法）。還有其他更精緻成熟的方法可處理出版偏誤的問題（Begg, 1994; Duval & Tweedie, 2000; Greenhouse & Iyengar, 1994; Hedges, 1992; Hedges & Olkin，出版中；Hedges & Vevea, 1996; Silliman, 1997）。

434

詮釋結果及呈現結果

　　大致而言，詮釋及呈現後設分析的結果時，很少會碰到問題，但還是有專門討論這方面問題的文獻存在（Halvorsen, 1994; Light, Singer, & Willett, 1994; Wang & Bushman, 1998）。詮釋時免不了會延伸到資料之外，試圖為資料的意義作歸因，而這樣的歸因通常容易出現謬誤，而且常含有詮釋者對理論的偏見。但當詮釋後測分析結果時，尤其是為了因果推論方面的目的時，要特別將一項議題謹記在心。除了幾個例外以外，後設分析資料都是相關性的資料（Louis, Fineberg, & Mosteller, 1985; Shadish, 1992a）。我們不是隨機將研究分派到所分析的各種不同的人、情境、時間、因及果的類別。事實上，也很難想像能這樣分派。同樣的，我們也很少將類實驗設計用來排除其效度的威脅的特徵應用在後設分析裡，但薛狄戍及史維尼（Shadish & Sweeney, 1991）引述了幾個這類的例子。幾乎在所有的情況下，從事後設分析的研究者是以觀察的方式記錄資料，非常像是一項調查；因此，推論各類別對於效量的影響時，所受到的威脅跟相關性資料的效度會產生的威脅相同。後設分析想瞭解的因果推論項目，通常跟許多其他項目混淆不清，這些項目在後設分析裡，跟在第一手的相關性研究或類實驗研究裡一樣，都是未知也沒有測量的。

435

　　當回顧的研究都是隨機化實驗，且有相同的介入措施時，就產生了唯一重要的例外。在這種情形下，後設分析以所有研究裡的介入措施效益所作的因果推論之強弱，就跟個別的研究本身一樣。例如，以七十一個隨機化實驗作後設分析，這些實驗是探討婚姻與家庭的心理治療，與隨機化的控制組相比較，後測的 $d = .51$（Shadish et al., 1993）。我們可結論說，這些心理治療產生了這個效量，我們的結論至少可跟這些研究裡的結論一樣強。事實上，如果不是反而奇怪，因為那樣變得總和許多研究的結果，反而比個別的研究更弱。然而，這個保證只能適用於所有研究都使用相同的介入措施的情況下；有關其他類別的推論，像是在不同的研究探討不同治療方法的效力，或像是博士論文所使用的結果變項是否與出版論文相同等，方法上的細節，則還是相關性的而已。

後設分析與因果推論的擴論之五項原則

從一開始，後設分析對於擴論就有幾個明顯的意涵。畢竟，將多個研究的效量平均，是勾勒這些研究的大致（中央）趨勢的方法之一。一些早期對後設分析的批評，有對這種擴論的適當性提出質疑（例如，Eysenck, 1978; Presby, 1978），因為效量是第一手分析者與後設分析者作了各種判斷之後的產物。這些判斷包括是否要作研究、如何設計、是否把研究寫出來、寫出來的東西要包括什麼、是否將研究納入檔案，及根據研究的主題及方法的品質判斷，是否將研究列入回顧之列。最好的情況下，將所有這些判斷加以平均似乎會失去一些訊息；但最糟的情況下，這樣的作法可能會隱藏了研究間一些重要的變異。有些評論更加深入，認為所分析的效量，可能不是從該研究主題所有可能的效量母群中隨機抽取出來的。因此，後設分析者強調要找出所有曾經做過該議題的研究（但見 Rubin, 1990, 1992b）。但即使能找到所有亡佚的研究，這也只是代表普查了所有作過的研究，並不代表所有可能的研究之相關母群。

再者，即使找到了所有發表及沒發表的研究，如果每個研究都有相同持續的偏誤，回顧的用處就比較小。這可能有發生，例如，後設分析是在看學校解除種族隔離如何影響黑人學生的學業成就時，雖然學生待在學校的時間有十年或更多年，但現有的研究只涵蓋了種族隔離解除後的頭兩年（Cook, 1985），可能導致低估了種族隔離後解除的整個影響。事實是，後設分析者的資料是立意而異質性高的研究，這些研究的母群很少是清楚明顯的，也不一定就沒有固定的偏誤。

但這些研究還是對因果擴論極端有用。這一章剩餘的部分將利用先前大致勾勒出的因果擴論五項原則，來說明它們為什麼有用。

表面相似

這項原則強調的是，評估研究操作（operations）與擴論目標的原型特色之間的符合程度。若回顧複研究，則可從兩方面來協助檢驗這項原則。第一，複研究所代表的建構常比一項研究能代表的建構多許多，因此增加了可作的建構推論之數目。由於人力與物力方面的因素，大多數研究病人

436

輔導計畫的單一研究，常局限於一種病人（例如，接受膽囊手術的病人），或最多幾種病人。但有了複研究，可以檢驗多種不同的病人（例如，腹部的、胸腔科的、骨科、婦科及泌尿科）。同樣的，幾乎所有的單一研究都是在單一情境下作的實驗，像是一個大城市的大型營利醫院，但回顧複研究可對於情境的大小、營利或非營利、市區或郊區，甚至住院相對於門診病人的影響，作討論（Devine, 1992）。

　　第二，這類的回顧比較容易找到一些特別的研究，因為這些研究所用的操作能反映政策或研究所關心的建構。當建構很少見時，這樣的研究特別重要。例如，某些心理治療的學校倡導一種比較少見的技巧，稱為矛盾的介入（paradoxical interventions），因為這時治療師給病人的建議看似與常識不符，而且看似不會有什麼效果。修漢沙羅曼與羅森梭（Shoham-Sal-omon & Rosenthal, 1987）回顧數百篇的心理治療研究時，找到了十篇這種治療法的建構。同樣的，雖然對於心理治療法的原型特色是什麼，還有許多爭議，但這些原型特色大概包括了利用有經驗的治療師在診所的情境治療正常管道轉介過來的病人。雖然有這樣的人、實驗對待及情境的特別組合的心理治療實驗很稀少，但回顧複研究的後設分析也找到了幾個這種研究，並將它們的結果作了摘要（例如，Shadish et al., 1997; Shadish et al., 2000; Weisz et al., 1992）。

　　然而，有時候會找不到任何研究來檢驗某種擴論目標。在這種情況下，回顧的主要好處是：它們凸顯了一項建構的重要性，但文獻一直都忽略這類建構，因此未來的研究可以往這方面發展。例如，即使是那些對於在有臨床代表性的情境裡的心理治療效益持不同意見的人，都還是同意：設計良好而且具有這類治療的*所有原型特質*的研究，即使存在也很少見（Shadish et al., 1997; Shadish et al., 2000; Weisz et al., 1992）。美國聯邦掌管資金分配的機構，像是國家心理健康研究所，部分也是為了回應這項觀察而設立了特別的補助專案，希望藉以創造更多具有臨床代表性的研究。

　　研究者不必一定要知道後設分析裡的研究所使用的建構之原型屬性；畢竟，後設分析可以從複研究的操作中及自己已有的知識基礎上，歸納推論出研究的建構。但對於擴論目標的瞭解，則可輔證或挑戰後設分析結論的建構效度。有時可以找到關於擴論目標的資料，因此可將樣本操作與之比較。例如，薛狄戍等人（Shadish et al., 1997）回顧具有臨床代表性的心

理治療，而其中有關心理治療標準作法（modal psychotherapy practice）的討論，就是援用先前所蒐集到的，描述這種作法的實證資料。其他時候，則可從常識或傳說中獲得這種知識。例如，梅爾與馬克（Meyer & Mark, 1995）發現，他們所回顧的四十五份癌症成年病人的社會心理介入措施研究裡，幾乎所有的研究都是以美國的白人女人作為樣本，認為這很明顯只是所有成年的癌症病人中的一小部分而已。

被認為是原型的特質，最後都是反映那些核准、資助及執行社會學研究的相關語言社群在這方面的共同瞭解。該社群認為是原型的元素常出現在較多的操作例子裡，而該社群認為比較不是核心的元素則常較少出現在操作例子裡。例如，相關研究社群所理解的憂鬱建構，包括了生理的、認知的及情意的特色（Tanaka & Huba, 1984）。由於「貝克憂鬱量表」（BDI）評估這些特質，許多研究使用 BDI 而回顧這些文獻時所得到的結論，比較能反映大家對憂鬱這項建構的共識。

當然，未來的研究者可能會認為現代對於原型特質的理解是錯的或有偏誤。這類的偏誤之所以發生，是因為當研究界瞭解得愈多時，對於原型特質的認知會隨之改變；因為目前為了方便而被廣為採用的研究方法，後來被證明有問題；及因為研究者跟其他人一樣，不再能輕易逃過未來更大的社會力量，社會科學家將被更嚴格地檢視，是否對於性別、種族、年齡及非第一世界的人有偏見。回顧複研究比個別的研究好，在於它們有潛力可將原型屬性代表得較好。但潛力並不是成就，即使是回顧複研究，研究者還是必須不斷尋找，查出隱藏在抽樣過程中，因為建構的代表性產生變化而造成的偏誤來源。

排除不相干點

438

表面相似的原則無法獨自排除這類的偏誤。即使同樣是偏離了建構，我們需要從那些不會影響因果結論的偏離中，區隔出那些會影響結論的偏離。不會影響結論的偏離是不相干的，在結論裡可以將這些偏離加以平均，且不會失去任何的一般性。排除不相干性的原則就是要我們思考，哪些從原型的偏離可能不會造成任何差異。這個原則的作法，一部分是經由持續跟研究社群成員對話，討論因果關係中哪些是調節變項；另一部分的作法則是強調探索性研究的重要性，以找出會造成差異的偏離。兩種方法都不

是完美的；而且有些持續的偏誤，需要由相關的研究社群之外的人士所作的評論才能看出，或相關的研究社群之內經過很久一段時間之後才能察覺。然而，認真找尋因果連結中的調節變項，可幫忙指認出哪些異質性是不相干，哪些異質性卻是會引起結果差異的，因為認真找尋調節變項，即是找出因果擴論的確切限制。

我們以先前的病人輔導例子作說明（Devine, 1992）。一般人的瞭解是，這樣的輔導不論是在哪一所醫院作研究，效果應該大致相同（容許抽樣誤差的狀況下）。如果研究者瞭解這點，而且因為審查者不強調醫院類型的重要性，就隨便選醫院來作研究，則回顧文獻時，所被代表的醫院應該是在全國各區域，而且代表了各種不同類型的擁有者、財政健全程度、規模等等。排除不相干點的原則，教導作後設分析的研究者，要提供能夠顯示某項因果關係在所有這些不相干的特徵裡都繼續維持的證據。因為回顧裡的這些不相干點，常會比在個別研究裡的不相干點更具異質性，因此，後設分析比單一研究更有潛力作更具信心的因果擴論。

當情境變項的數量及範圍非常大時，可以將所有類型的醫院之效量作平均，得到一個平均效量，以評估某一因果連結是否在這麼多的變異之下，仍然繼續維持。這樣的分析使得一項因果連結不是完全跟某特殊類型的醫院相混淆的機會增加，因此顯示，即使文獻回顧裡醫院類型的變異很大，還是可以找到這個連結。但，與其將所有異質性高的醫院混成一堆，還不如為醫院創造類別；並且，如果樣本數夠大，可將這些類別納入資料分析。研究者可以試探，是否每一種類型的醫院、地區、病人，或者以不同的概念來看「因」時，都可以找到這個因果關係。的確，第凡（Devine, 1992）就是這樣做。他發現，不論是什麼類型的病人、什麼類型的醫院、不論時間長短，及不論病人輔導與術後復原的概念如何不同，病人輔導都改善了病人手術後的復原狀況。回顧超過一百五十個研究而且發現這樣強固的效益，強化了「病人輔導可能有非常廣泛的效果」這個結論。然而，如果每一個層級／種類的樣本數太小時，我們必須很小心，因為低檢力可能會使後設分析者誤以為某項特質是不相干的，但事實上只是該後設分析的樣本數太少，無法作具足夠檢力的檢定。

不相干點的數量和範圍大時，也能幫忙細心的後設分析研究者提升有關目標因果建構的推論。具有相同標籤的「因」，在這項回顧中以各種的

方法被操弄，而具有相同標籤的「果」，也以各種方式被測量；這些不同的測量方式反映了第一手研究的研究者本身，對於「果」及不相干點的理解。一般後設分析也常見到各種的測量方法、且操弄跟結果測量之間相隔的時間長短也差距很大、而資料蒐集者也有各種不同的人等等。在這些高異質性的不相干點中能找到的因果關係，都比第一手研究結果所建立的因果關係更加令人信服；尤其如果後設分析者能將第一手研究結果之間的不相干點作為分層變項，而且即使有這些不相干點，因果關連都還是存在，則又更令人相信的確有因果關係的存在。

　　有時候，某個建構裡被認為不相干的點，在實證研究中卻沒有關於這點的變異，這時就不能分析這些不相干點是否真的不相干。例如，第凡與庫克（Devine & Cook, 1983, 1986）的研究顯示，幾乎所有能找到的有關病人輔導的研究，都是由研究者本身去作這項輔導，而不是由醫院裡的護士作。但醫院護士可能沒像研究者那樣受過這方面的密切訓練，而且前者在醫院可能還有很多其他的工作等著要作。這些護士是否可能實施足夠的輔導，發揮它的用處？第凡與庫克兩人作後設分析時，所回顧的一百零二份第一手研究報告裡，只有四份是由醫院的護士作的輔導，而且這四份研究裡的效量，都比那些由研究者作輔導的效量稍小。然而，這四份研究裡的輔導不像那些比較完善的病人輔導課程那樣完整；而且，後來有一份研究是由醫院的專責護士作病人輔導，課程也應該比較完善，這份研究的效量也跟先前的回顧分析所發現的效量相同（Devine et al., 1990）。即便如此，由於在這一百零二份研究裡，提供病人輔導的人的職務類別，跟輔導的密集度有相關，這件事實意味著：所回顧的研究有多少篇比較不重要，重要的是這些研究是否跟概念上的議題相關。狄瑞克特（Director, 1979）在作職業訓練的後設分析時，也指出了這一點，他認為職業訓練一向都是提供給那些教育程度比較低、工作史比較不亮麗的人，這變成了一個固定的偏誤來源，不論作多少類似的研究，都無法控制這個偏誤來源。

　　當然，有一些後設分析的目的是要降低，而不是增加不相干點的異質性。湯馬士・查美斯及其同僚（Thomas Chalmers et al., 1988）定期為某些藥物或手術程序的隨機化臨床試驗作後設分析；伊恩查美斯及同僚（例如，Chalmers, Enkin, & Keirse, 1989）也是定期為懷孕與生產的隨機化臨床試驗作後設分析[6]。他們的後設分析，就是特意找一些在自變項、結果測量、實

驗設計、診斷、醫師專長及方法合適水準上都類似的研究結果,將它們納入後設分析。這樣的研究模型接近一個完全重複的理想(exact replication ideal),這種完全重複的理想,是企圖盡可能瞭解某個經過嚴密控管且高度標準化的條件下所獲得的介入措施之因果效能;如此,當介入措施真的有效果時,才能使它的效果被發現的機會加到最大。

有些主題的後設分析,是要評估介入措施在真實世界施行時的效果,因此,這時這些後設分析對於異質性來源的態度,自然就跟上一段裡的後設分析不同。在病人輔導的例子裡,後設分析所研究的診斷比較多樣〔從攝護腺的經尿道切除術(transurethral resections)到截肢都有〕;結果的測量也理所當然的在每個研究有所不同(包括住院時間的長短、止痛藥劑的服用量,及住院時的滿意度);而介入措施也因第一手研究者對於病人輔導的理解,及他所擁有的時間與資源而有所不同。在這些主題的後設分析裡,不強調完全重複,不強調重複的「純」試驗。的確,如果研究間的異質性是類似介入措施在實際應用時會面對的社會情境,那麼異質性沒有不好。而且,若介入措施的效果在人、情境、實驗對待及測量方法都有異質性的情況下,還是強固明顯,那麼,我們對於它在其他尚未被研究的情況下所可能產生的效果,就更具信心。如果後設分析所使用的第一手研究,都是高度標準化,反而無法獲得這種肯定的結果。

作區辨

作區辨的策略是要顯現出,一項推論只適用於某個建構,而不適用於其他不同的建構或重新定義的建構。有時,這些區辨所能達到的目的跟測量理論中的區辨是一樣的,也就是區辨不同版本的建構,以釐清理論與政策的對話。例如,薛狄戍等人(Shadish et al., 1997)研究「具有臨床代表性的心理治療」這個建構,部分是得自魏司等人(Weisz et al., 1992)研究「臨床治療」所激發的靈感。但後續的對話顯示,這兩個看似相似的建構,實際上並不相同;魏司等人所謂的「臨床治療」,是指在實驗開始之前,

---

6 後面這項研究是一個稱為 Cochrane Collaboration(www.cochrane.org)的團隊研究,Cochrane Collaboration 是一個專門為健康方面的介入措施之效果作有系統的審查、準備、維持、更新及宣導的公司。另一個類似的機構 Campbell Collaboration,最近也在美國成立,但它作的是社會、行為及教育介入措施方面的研究效果。

臨床上就已經有的治療方法（但這點在魏司等人的研究中並沒有明白指
出）；但魏司等人的定義完全不包括在薛狄戌等人對於「具有臨床代表性
的心理治療」之定義。檢視薛狄戌等人（Shadish et al., 1997）的資料庫也
發現，只有少數幾個第一手研究可以反映魏司等人的建構。因此，後設分
析工作的一個功能，就是釐清文獻中關於這類重要建構的對話，後續的人
才較能分辨哪些建構已經被研究過，哪些還沒有。

　　然而，同樣重要甚或更重要的是，這樣的區辨在釐清因果關係的範圍
與界線上所扮演的角色。例如，在心理治療研究裡，目標中的治療建構也
許是治療師所傳遞的訊息裡，切實的語文內容，或治療師為了要讓個案監 441
督或改變自己的行為所指派給個案的家庭作業。但有些研究者可能會認為，
治療實際上只是一般的安慰劑；或認為，治療與康復的因果關係，是因為
個案付了錢給一個被稱為治療師的人，因為那個人有顯眼的學歷與執照證
明，他有聰明才智可以幫助別人。這使得心理治療的研究者想知道，心理
治療的效果是否可以明顯從安慰劑的效果區隔開來（Critelli & Neumann,
1984）。安慰劑的威力在醫學界非常知名，因此習慣使用**雙盲研究**（doub-
le-blind studies）來排除安慰劑的詮釋。但在擴論心理治療的效果時，安
慰劑並不是唯一的威脅。有時挑戰是來自於主要治療成分（active treatment
ingredients）的重新定義。例如，假設心理治療的功效不是因為治療師的談
話內容，也不是治療後所指派的活動，而是病人預期自己會感覺舒服，該
怎樣檢測呢？一位有創造力的研究者，將心理的功效與去佛羅里達的吉斯
島（Keys）度假的效果相比較，以探討這項可能性（McCardel, 1972）。

　　區辨的目的是要找出研究目標的人群、情境、測量及時間的變項裡，
因果關係不成立的那部分的人群、情境、測量及時間。例如，為 SAT 而設
計的訓練課程，對於那些老師沒有指派家庭作業的學生而言，效果會很小；
降低了班級人數，但如果新的小班級必須在臨時的教室上課，像是車廂，
則降低班級人數的效果會消失；治療攝護腺癌的新療法會降低流到腫瘤的
血流量，但不會減少腫瘤的個數；降低了班級人數，但新的小班級是由沒
有經驗的教師上課，則降低班級人數的效果也會減少或消失；或者心理治
療的效果，在治療完畢六個月內會很強，但治療完畢五年後效果就會消失。
之所以有這類的挑戰，根源在於每一個建構都可被想像為有很多個部分。
而策略就是，將每一個建構分解成對於產生效果而言的重要及不重要兩部

分。第凡與庫克（Devine & Cook, 1986）發現，有一部分的研究容許研究者區辨後設分析的目標結果（從手術復原）與一些類似的結果。例如，一些研究測量的是，病人出院後還要花多少時間，才能回到職場或在家回復正常的活動；而這些測量顯示，病人輔導減少了回復正常生活所需要的時間。這類研究降低了「復原的測量是跟醫院需要減少花費有關，而非測量真正的復原」這種批評的可信性。後設分析所蒐集的第一手研究愈多，就愈可能找到一些能幫忙釐清結果詮釋的變項。

當然，有時候研究社群認為重要的一些變異，後來會發現其實是不相干的。例如，心理治療的研究社群常會假定治療師的經驗跟治療結果有關，經驗愈多，個案的治療結果愈佳。但目前為止，探討這項關係的後設分析發現，經驗跟個案的治療結果無關（J. Berman & Norton, 1985; M. Smith et al., 1980; Shadish et al., 1993）。這些結果使得研究者重新思考這類的變異源所扮演的角色。例如，雖然治療師的經驗不構成一個主要的效應，但它是否跟其他的變項產生交互作用，像是個案問題的嚴重程度（Shadish, 1992b）？大家對於相干與不相干的共識及實證研究在這方面的發現，兩者都會在一段時間後被拿出來重新檢驗修訂。

442

插代與外推

如果能明確指出在哪一個範圍內的人、情境、實驗對待、結果及時間，因果關係多少會成立，或完全不成立，那麼我們對推論就最有把握。要能明確指出範圍卻需要實證的探索；探索目前現有的實例範圍，才能發現效量跟範圍內的方位兩者之間的關係。醫學研究裡，範圍的例子包括：醫藥的劑量從零到安全範圍內的最大劑量、一百床的醫院到五千床的醫院的情境範圍、癌症病人的年齡範圍從二十五到七十五歲，及出院後的追蹤時間範圍從立即的後續治療到五年以後。這些例子裡，我們都可以為建構的各種例子作排序。在這方面，後設分析比任何單一的研究都有更大的希望。作後設分析時，範圍兩端點之間的距離可能更大，而中間的變化更多；相對的，任何一項單一研究所能代表的層級比較可能是落在這些研究所能成就的兩端點之間。

豪爾、科普塔、克羅斯與歐林司基（Howard, Kopta, Krause, & Orlinsky, 1986）提供了一個醫藥劑量方面的例子。他們研究的是心理治療的療程數

與病人受益程度之間的關係。十五個第一手研究顯示病人的改善程度，是不同長短的療程的函數。豪爾等人為每一項研究利用波比分析（probit analysis），推測每星期一次的心理治療，在零、一、二、四、八、十三、二十六、五十二及一百零四個療程時，有多少百分比的病人會有改善。當然，沒有一個單一研究真的報告這九個時間點下病人改善的百分比。而且，這些研究也沒有報告在零個療程時的改善百分比，而且有八個研究在超過了一百個療程後，就不再追蹤結果。因此，必須從這些研究去推測改善程度估計值。

　　跟時間有關的例子則是關於心理治療研究的追蹤長短。一些後設分析的證據顯示，心理治療在後測時所顯示的效果，跟追蹤時的效果沒有顯著差異（Nicholson & Berman, 1983）。但這項結論一部分是由最長的追蹤，外推到「如果追蹤時間更長時可能觀察到的結果」而得到的。例如，在婚姻與家庭的心理治療裡，平均的追蹤長度是五個月，而任何研究裡，最長的追蹤長度也有九個月（Shadish et al., 1993）。即使這種長度的追蹤所得到的效量跟後測類似，但還是有一些證據顯示，一年或更長的追蹤，可能看到效量有比較明顯的減弱（Jacobson, Schmaling, & Holtzworth-Munroe, 1987; Snyder, Wills, & Grady-Fletcher, 1991）。因此，外推到這麼長的追蹤是有風險的。

　　常有研究者將效量與其他有興趣的變項作相關，以研究插代與外推。例如，貝克（Becker, 1992）發現，學生能力與科學成就間的相關是正的，男生的相關是.33，女生是.32。大致上，這樣的研究引導我們假設，連續線愈往右，正相關愈強。但這裡所整合（aggregated）的相關都是線性的，而如果我們能看到相關所繪成的圖及非線性的相關，用以檢視該關係是否有反切點（deflection），就能作更好的插代與外推。貝克無法做到這樣，因為她的研究是整合第一手研究者所報告的相關係數，這些相關係數都是線性的。但有時後設分析者會利用非線性的方法轉換效量，建構出自己的量化指數。例如，薛狄戌等人（Shadish et al., 2000）研究的是，心理治療研究結果的效量如何隨著治療情境的臨床代表性程度而改變。每個研究的臨床代表性是依據十個題項的結果過錄而成（例如，是否使用有經驗的專業治療師，個案是否依照一般的轉介方式而來），這十個題項的答案總和就是臨床代表性的數值，範圍從 1 到 10。將效量與這個數值作一個散布圖顯

443

示，大致上是線性的趨勢，而且在統計模型裡加上非線性項也沒有顯著改善結果的預測。

薛狄戌等人（Shadish et al., 2000）的研究也說明了一種對於插代及外推特別有用的統計方法，也就是反應表面模擬（response surface modeling）（Rubin, 1990），雖然他們的研究也許只算是初步的應用。我們在前一章有說明如何將這個方法應用到單一研究，但單一研究裡的變項範圍常太窄，無法好好應用這個方法，或無法應用到許多預測變項。例如，薛狄戌等人的後設分析裡，絕大部分的第一手實驗都只使用一個層級的臨床代表性。然而，在後設分析裡，該範圍就會增大許多；因此，薛狄戌等人使用了九十個研究，其範圍從非常低的代表性到非常高都有。在隨機效果的迴歸（random effects regression）裡，他們先以臨床代表性的程度來預測效量，再以很多可能的共變項與混淆變項，像是研究設計、治療劑量、測量特質及研究報告的出版情形等，來作預測。這些調整特別重要，因為臨床代表性比較高的研究，常跟臨床代表性較低的研究有明顯不同；例如，前者比較不會使用隨機分派，而後者比較常用隨機分派。接著作者們利用所得到的迴歸係數，將結果外推到文獻裡如果有理想的臨床代表性的研究——也就是文獻裡那些利用最佳的設計且在臨床代表性得到最高分的研究——時所可能會得到的結果。沒有任何一項研究真的都具有這些特性，但反應表面模型利用所能找到的資料，來投射出一項理想的研究所可能獲得的結果。這些結果顯示，不論是在有臨床代表性的狀況下或在比較像是研究性質的條件下，心理治療都大致一樣有效。

因果解釋

後設分析探索因果解釋有三種方式。第一，作後設分析時，研究者比較容易將人、情境、實驗對待及結果，拆解成各個部分，以便於找出跟因果有關的部分。例如，第凡與庫克（Devine & Cook, 1986）將病人輔導拆解成三部分：提供訊息、訓練技巧及給予社會支持。但任何一個單一研究不可能包含所有三部分。評估這些部分所形成的各種不同組合所產生的效果時發現，每一部分單獨成立時，效果都非常小，但將各部分組合時，有加成的（additive）效果。利用後設分析來找出跟因果有關的介入措施各部分時，所碰到的最大限制不是理論上的問題，而是實務的限制。實務的限

制包括：(1)許多期刊及書本非常缺乏介入措施各部分的細節（這方面去查博士論文，常會有意外的收穫）；(2)出版的研究報告裡，對於介入措施的描述常是根據研究者想要怎樣作，而非實際到底作到了什麼；及(3)如果要對個別的因果部分作分析，則需要非常多的研究。然而，還是有許多出版的後設分析有企圖找出因與果的建構之關鍵部分（Lipsey, 1992）。

　　第二，後設分析者可利用複迴歸找出那些影響研究結果的變項中重複而多餘的部分，縮小解釋的可能範圍，因而較能評估不同預測變項的影響程度。例如，利普西（Lipsey, 1992）分析了數百個少年犯治療（juvenile delinquency treatment）效果的研究結果，並過錄了一百多個可能影響結果的預測變項。迴歸分析顯示，團體間的前測差異大，後測的差異也大，而且由研究者所提供的治療效果，比公家機構（像觀護所）的效果大。一些其他的預測變項在這些迴歸分析裡不顯著，包括絕大部分的青少年個人特質，及一些廣為人知的治療方法，像是「嚇乖了」（Scared Straight）計畫，該計畫是讓青少年在監獄親身聆聽被囚禁在監獄裡的犯人所給的嚇人的訓誡，讓他們不敢再犯罪。

　　第三，完整的解釋需要靠分析微觀的因果中介過程（micromediating causal process），這個過程是在因已經開始有差異之後開始，而在果產生之前結束。羅森梭（Rosenthal, 1973a, 1973b）的預期（expectancy）效果是一個例子。羅森梭為影響教師預期效果的中介變數，提出一個包含四項因素的理論。這四項因素是：(1)*氣氛*：高期望使得教室內的社會情感（socioemotional）氣氛比較溫暖；(2)*回饋*：高期望使得教師對於學生回答的是否正確性有比較明顯不同的回饋；(3)*輸入*：教師為那些被寄以高期望的學生所教授的內容，會比較多也比較艱深；及(4)*輸出*：教師會給那些被寄以高期望的學生有比較多的機會回答問題。1985 年時，哈理斯與羅森梭（M. Harris & Rosenthal, 1985）找出了一百三十五篇研究報告，這些報告不是研究期望與這些中介變項間的關係，就是研究中介變項與結果之間的關係。他們將所有的效量都轉化為相關係數，使它們在同一量尺上，再分別依據這四項因素來整合這些研究。結果顯示，這四項因素都會中介期望的影響效果。有了這項知識，我們比較能知道在不同的狀況下如何產生或減少期望的效果，進而產生因果擴論。薛狄戌（Shadish, 1996）有討論一些利用後設分析來探索因果中介過程的其他例子。

445

然而，在後設分析裡檢驗這些因果中介過程，可能會非常困難（Shadish, 1996）。一個主要的問題是，有檢視中介變項的第一手研究可說是少之又少；而且即使有作，它們很少使用那些比較複雜完備的因果模型或工具變項的方法（instrumental variable methods），這些方法在本書前一章有大致說明。而不使用這些方法所造成的結果是，我們缺乏作得好而且分析得好的中介研究可用（Becker, 1992）。為了盡可能不受這項問題的影響，有些後設分析者（例如，Shadish & Heinsman, 1997; Shadish & Ragsdale, 1996）要求過錄者在過錄第一手研究的過程中，為可能的中介變項作評分。但這種間接而且是事後的評分，比起第一手資料本身如果就有作這些工作，前者也許比較不可信也比較沒有效度；而且有些中介變項也不能以這種方法評分。最後，那些在第一手研究中用來模擬中介過程的統計模型，我們在前一章也介紹過，雖然很有用，但是還沒有被修改應用在後設分析。例如，這些統計模型裡的適合度統計值（fit statistics）常無法將隨機效果納入考量，而且常只能使用固定效果模式（fixed effects model）。然而，這些方面的研究還在發展中（Becker, 1992; Becker & Schram, 1994; McDonald, 1994; Muthen, 1994），而且當這本書正在送印時，能作隨機效果（多層）中介模型的統計軟體也出現了。

儘管中介模型有以上所談的問題，但是後設分析者可以做很多事來增進後設分析在因果解釋方面的用處；他們可以利用這幾節所勾勒的前兩種方法，或利用比較簡單的中介方法，像是哈利斯與羅森梭（Harris & Rosenthal, 1985）所作的；而最重要的，不論是作第一手研究或後設分析，都要開始思考中介模型。畢竟，第一手分析的結果是後設分析的資料。

後設分析的討論

後設分析剛開始被提出的前幾年裡，出現了許多對它的批評（例如，Eysenck, 1978; Presby, 1978）。雖然其中有些只能算是謾罵〔例如，Eysenck的「豪傻」（mega-silliness）〕，但有些人針對它的價值所提出的問題還是頗有見地。實際上，作後設分析的研究者本身，一直是對自己的志業最深入最堅持的批評者，他們找出重要的問題，並且設法解決這些問題（例如，Hedges & Vevea, 1996; Ray & Shadish, 1996）。因此，我們對於這種方

法學除了具有高度興趣之外，也要瞭解它的限制。秉持著這樣的態度，本
章的附錄列了對後設分析所得到的推論之效度的威脅。

　　儘管後設分析有它的缺點，敘述式的文獻回顧所產生的問題，常更嚴
重。因此，在讀對後設分析的批評時，必須也思考，「這個問題是後設分
析才有，還是任何方式的文獻回顧都會有」，及「這個問題是否非常嚴重，
以至於還不如回到敘述式的文獻回顧法，去面對後者所產生的問題反而比
較簡單？」例如，克拉碼等人（Kraemer et al., 1998）建議將檢力不足的研
究自後設分析中排除，因為如此一來，由於沒有顯著結果而致沒有出版所
產生的偏誤，及由於第一手研究者只說沒顯著但沒有提供數據所產生的偏
誤，兩者都可降低。然而，在某些領域的文獻裡，很難找到一般認為具有
足夠檢力的研究（例如，檢力是.80）。但在這些領域裡，還是會有人作敘
述式的文獻回顧；而這些敘述式的回顧會產生許多後設分析所希望補救的
缺失。即使在這種回顧裡，不論是否有檢力的問題，加入量化的方法來作
研究整合（research synthesis）應該還是值得的。其他的選擇（例如，達
不到這項標準的研究領域，就禁止作任何文獻回顧；或者只作敘述式的回
顧）不只不實際，而且，所產生的問題會比原本作後設分析的問題更多。

　　新的批評會繼續出現，這是一定的。雖然這些批評有時獲得許多人的
注意，但並不是所有的批評都能經得起詳細的效度檢驗。例如，樂羅利爾、
格利局瓦、班哈達得、拉皮耶與德戴里安（LeLorier, Gregoire, Benhaddad,
Lapierre, & Derderian, 1997）的報告發現，蒐集小型實驗所作的後設分析，
其結果與單一的大型隨機化實驗之間，出入很大。然而，後來卻被發現，
他們所宣稱的問題，在很多方面並不具有很強的說服力。例如，因為他們
使用的是固定效果模式，而非隨機效果模式，這可能導致第一類型錯誤率
（Type I error rate）的膨脹；後設分析的結果所獲得的信賴區間，幾乎都跟
單一大型隨機化實驗的結果的信賴區間互相重疊，而非如他們所宣稱的兩
者結果不符；他們對於自己所使用的方法，在一些非常重要的方面沒有講
清楚（例如，他們的後設分析是否包括非隨機化的實驗？）；而且有一些
跡象顯示，被這篇論文詮釋為不相符的發現，事實上，非常接近那些估算
相同母群參數的研究應該（根據檢力的理論）會得到的結果〔作者個人在
1997 年 11 月 7 日向黑吉斯（Larry V. Hedges）詢問〕。事實上，另一項克
服了部分這些困難的研究（Cappelleri et al., 1996）所得到的結論，與樂羅

利爾等人的結論相反：也就是，他們發現，大型研究的結果，和利用後設分析綜合多個小型研究的結果大致相同。

最後，我們給讀者的忠告是：對於後設分析，你可以像對任何其他科學方法一樣，抱著同樣程度的批評態度，但不必更嚴厲。由於後設分析還是很新的研究方法，新的批評還會不斷出現；之後還會出現對這些批評的批評，又再出現解決方法，解決那些能解決的問題。科學界任何新方法的發展情形都是這樣。但這不該讓我們忽略一項事實，那就是：在回顧文獻的方法上新添增的量化方法，仍然是二十世紀後半葉最重要的社會科學發展之一。

Appendix
附錄 13.1：對後設分析效度的威脅

有各種原因可能讓後設分析所作的擴論是錯的。我們在此簡單摘要利用後設分析作因果擴論時，其效度會受哪些因素威脅。梅特與庫克（Matt & Cook, 1994）是第一個提出這些威脅的人。我們將他們列出的威脅稍作修改並加上幾個新的。首先，我們討論的是，只想描述兩變項間的相關強度的後設分析會面臨的威脅。第二，我們討論對於「兩變項間的關係是因果關係」這個推論的威脅。第三，我們要談的是，擴論到某個目標建構時，效度所面臨的威脅。第四，我們說明「效量是如何受到人、情境、時間、結果及實驗對待的影響」這個推論所面臨的威脅。所有列出的這些威脅都不是完全確定的，它們都是實證的產物；因此當方法的理論改善了，及當研究整合的深度討論逐漸累積以後，所有的威脅也應該會跟著變。因此，我們預期列在這裡的威脅也會變。

我們主要的焦點是研究整合所特有的威脅。這些威脅通常在一般研究設計及統計的原則裡都有相對類似的概念。因此，跟回顧有關而被稱為「出版偏誤」的威脅，可被視為只是選擇偏誤的一個特殊的例子。然而，出版偏誤是作研究整合的人會碰到選擇偏誤的一個非常具體的情形，而我們也將個別的威脅描述得盡可能貼近研究整合者在實作時會碰到的問題。

447

推論實驗對待和結果之間的關係是否存在時，所面臨的威脅

這些威脅可能讓研究整合者誤以為兩變項間沒有關係，但實際卻有關係（第二類型的錯誤）；或讓他們誤以為有關係，但實際卻沒有關係（第一類型的錯誤）。這些錯誤會發生，可能是因為第一手研究本身的不足，或因為後設分析過程的缺失。第一手研究的不足會累積到後設分析，並且，如果多項研究都有相同方向的偏誤時，這些不足的影響尤其嚴重。

第一手研究的缺乏信度

執行或測量變項時的信度不足，會減弱第一手研究的效量。在後設分析時作修正減弱（attenuation correction）的動作，可以修正所獲得的估計值（Hunter & Schmidt, 1990, 1994; R. Rosenthal, 1994; Wolf, 1990）。然而，作這種修正所需要的資料（實驗對待執行過程的文件，及結果測量工具的信度）卻常不見於第一手研究報告中，但有時這些資料可以估算出來，例如，利用測驗手冊所報告的信度估計值。

第一手研究的範圍限制

第一手研究裡，結果變項的範圍受到限制，可能會減弱效量，而這些被減弱的效量也直接進入後設分析，影響其結果。在這樣的情況下，如果有母群的範圍之估計值或變異數，就能在後設分析裡作調整修正（Hunter & Schmidt, 1994; R. Rosenthal, 1994）。第一手研究中其他任何變項的範圍如果受到限制，則可能會使效量減弱，也可能不會；例如，在研究中相比較的兩種實驗對待之間，只有些微的差異時，則會減低效量，但如果使用的樣本同質性高，則可能提高效量。因此，必須分別為每一項研究檢視範圍限制的影響，依據每項研究的效量測量方法及範圍受限制的變項探討。

第一手研究的效量隱而不見

當第一手研究的研究者(1)沒有詳細報告那些不顯著的結果；或者(2)提到有使用一個結果測量，但沒有討論其結果時，就產生了隱而不見的效量。如果不顯著的結果都沒有報告，前者就會增加平均的研究效量，但我們對後者的影響卻幾乎不知。後設分析者可以跟原作者聯絡，取得沒有報

448

告的資料（例如，Premack & Hunter, 1988），可以為這些隱而不見的資料作不同的假定，再為這些假定作敏感度分析（sensitivity analysis）（例如，Shadish, 1992a; Shadish, Hu, Glaser, Kownacki, & Wong, 1998），或者也可以插補（impute）這些遺漏的效量（Pigott, 1994; Statistical Solutions, 1998）。

後設分析的過錄缺乏信度

後設分析作過錄時所用的變項可能缺乏信度，而致減弱後設分析所發現的各種關係，尤其一個建構只過錄一個變項作為代表的常見作法，更容易使信度不足。減少信度不足的方法包括預試過錄的程序、給予過錄者完整的訓練、使用那些在即將過錄的領域有專長的過錄者、使用多題項的過錄碼（multi-item codes）、聯絡第一手研究的作者以澄清過錄碼的意義，及利用信賴評分（confidence rating）來分別分析過錄碼。

後設分析利用純粹偶然的機會

後設分析會作很多的檢定，以探測效量跟各種預測變項之間的關係。為了降低只是純粹偶然的機會而找到顯著效果，研究者可以利用邦佛羅尼修正法（Bonferroni correction），或利用多變項分析法，如迴歸分析，來調整錯誤率。後設分析所使用的研究個數不多時，這類的方法也許不實際，這時只要探索幾個事先設定好的假設即可。

效量取樣的偏誤

當後設分析研究者只過錄一項研究裡某些可能是重要的效量，而沒有過錄的效量卻跟有過錄的效量平均而言是不一樣時，就會產生偏誤。例如，梅特（Matt, 1989）的後設分析想遵循史審斯等人（M. Smith et al., 1980）的方法過錄，但他所過錄的效量數卻幾乎是後者的三倍，且平均的效量大約是.50，而史審斯等人的效量卻是.90。有清楚明確的選取規則是非常關鍵的，訓練過錄者如何實踐這些規則，及探索過錄者間的結果差異，也很關鍵。

出版偏誤

有出版的研究，可能是所有曾做過的研究裡一個有偏誤的樣本，也有

449

可能會高估效果（D. Atkinson, Furlong, & Wampold, 1982; Greenwald, 1975; Rosenthal, 1979; Shadish et al., 1989）。若要將偏誤減到最小，就需要：(1)非常努力地找出沒有出版的研究；(2)分別為出版的研究及沒出版的研究檢定效量估計值；及(3)利用目前可用的方法之一，評估這項偏誤可能帶來的影響（Begg, 1994; Dickerson, 1994; Hedges, 1984; Hedges & Olkin，出版中；Reed & Baxter, 1994; M. C. Rosenthal, 1994; White, 1994）。

計算效量所產生的偏誤

第一手研究常沒提供計算效量所需的資料，因此這些效量的趨近值（approximation）之精確度可能有差異。當必須計算這種趨近值時，後設分析者必須實證檢驗這些估計值是否因計算方法而有差異。而且，有些後設分析者使用的某種效量估計方法可能不適於他所分析的資料（Haddock et al., 1998）。

效量間缺乏統計的獨立

效量估計值可能缺乏統計上的獨立性，原因有：(1)有一些效量估計值是利用相同的研究對象但不同的測量而得到的；(2)有一些效量是將不同的介入措施與同一個比較組相對照所得的結果；(3)效量是依據同一研究中不同的樣本而得到的；及(4)同一研究團隊在一段時間內作不同的幾個研究。通常的解決方法是，每個研究只分析一個效量（例如，通常是將估計值加以平均，但有時會隨機選取一個相關的估計值或理論上相關的估計值）。使用一些可將效量間的相依納入模型的多變項統計方法更佳（Gleser & Olkin, 1994; Hedges & Olkin, 1985，出版中；Raudenbush, Becker, & Kalaian, 1988; Rosenthal & Rubin, 1986），但這些統計方法需要有同一研究內各個效量間的共變數估計值，而且改善的程度有可能不大。

沒有將研究層級的效量依據其精確度予以加權

樣本數較大的研究應該獲得比較高的權數，才能增加所有研究的平均值的精確度（precision）。以效量的抽樣誤差（抽樣誤差是樣本數的一種函數）之倒數作為權數，可將加權後的平均效量之變異數降到最小（Hedges & Olkin, 1985，出版中）。以樣本數作為權數（Hunter & Schmidt, 1990）

450

則無法有前項好處，但比起完全沒加權而言，仍能大幅改善精確度。

同質性檢定不準確

同質性檢定（homogeneity tests）（Hedges & Olkin, 1985，出版中）影響到後設分析中所需要作的幾個決定，像是要選擇隨機效果模式還是固定效果模式，或者是否要繼續尋找效量的調節變項。當第一手研究的樣本數都很小時，同質性檢定的檢力比較小（Harwell, 1997; Overton, 1998），因此，後設分析者在使用統計規則時，也要加入對這種情形的判斷；例如，即使因為後設分析所蒐集的都是小樣本，致使同質性不能被拒絕時，也要繼續搜尋可能的調節變項。

使用固定效果模式的原因不甚合理

固定效果模式常被使用，但在後設分析裡，使用這種模式的原因不甚合理。原因是，後設分析裡，效量的同質性假設常被拒絕，這時後設分析者應該要考慮是否使用隨機效果模型。然而，有時即使同質性假設被拒絕，使用固定效果模式也是合理的，例如，如果在迴歸方程式中加入預測變項可以解釋剩餘的異質性時〔例如，Shadish et al., 1993；但即便如此，這時也應該將單變項的（univariate）結果視為隨機效果〕；或者，如果研究者想知道抽樣誤差是否不致大幅影響所觀察到的這些研究（Hedges & Vevea, 1998）時。通常後者是合理的，但這時也應該合併使用隨機與固定效果模式，而不是只使用固定效果模式而已（例如，Shadish et al., 2000）。

缺乏統計檢力

當所有其他條件都相同時，後設分析的統計檢力比第一手研究的檢力高。但如果將後設分析的資料切割成很細的幾個類別時，檢力還是可能很低，尤其一個類別只有少數幾個研究，而且每個研究的樣本數都很小時，更是如此。檢力檢定（power test）（Hedges & Olkin，出版中）能幫忙釐清這方面的問題。

推論實驗對待與結果間是否有因果關係時，所面臨的威脅

在後設分析裡，當兩變項間的共變被事先認定是因果關係時，就有新

的威脅產生。

沒有將第一手研究的實驗對待作隨機分派

　　許多後設分析探討有關實驗對待效應的問題。如果第一手研究裡，研究對象是被隨機分派到不同組，而且各組的流失率都低且無差異，則後設分析者就會對因果推論有信心，並且跟第一手研究本身有相同的信心。然而，如果第一手研究沒有作隨機分派，後設分析所得到的因果推論也跟著有問題。一個解決方法是，對於同樣的問題，將有作隨機分派與沒有隨機分派的結果相比較對照；並且，若結果因研究設計而異時，將前者（有作隨機分派的研究結果）視為最重要的（例如，Shadish et al., 2000）。如果太少研究有作隨機分派，就必須小心挖掘可能的偏誤，有時依據實驗對待之前在效量上的差異來作調整，也是有用的（例如，Shadish et al., 2000; Shadish & Ragsdale, 1996; Wortman, 1994）。

第一手研究的樣本流失

　　樣本流失是經常發生的事，且各領域的流失程度不同。利普西（Lipsey, 1992）為青少年犯罪的介入措施所作的後設分析裡，從實驗對待組流失較多的是比較容易教的青少年，而從對照組流失較多的，則是偏差行為比較嚴重的青少年。在史丹頓與薛狄戍（Stanton & Shadish, 1997）的後設分析裡，家庭治療比其他類的治療更能留住較多的濫用藥物者，尤其是那些比較容易失敗的人；如果不考慮樣本流失的問題，留住較多的樣本使得家庭治療的效果看似沒那麼有效。當結果是二分變項時，利用敏感度分析（sensitivity analysis）就能很容易探索樣本流失對於後設分析的影響；如果是連續變項時，可以將研究依據不同的流失程度分別分析，再將它們一起分析，比較結果，也許能有較深入的瞭解。

調節變項的混淆

　　即使研究對象是被隨機分派到各組去，而且各組所比較的也是後設分析的主要研究焦點（例如，家庭治療的效果比控制組的情況好嗎？），但即使如此，研究對象和第一手研究並沒有被隨機分派到該焦點的調節變項去，像是出版偏誤、測量方法，或研究的情境等即是。雖然後設分析者常

對於這類調節變項作一些關於因果的論述，但這些因果歸因常是錯誤的，因為這些調節變項幾乎一定都跟其他變項混淆在一起。有些混淆變項可以藉由分析研究內的實驗對待之比較（within-study comparisons of the treatment）而排除（Shadish et al., 1993）。以這種方式排除的混淆變項，是在正被比較的兩個實驗對待都一定會相同的任何變項，像是一些研究層級的變項，例如出版偏誤，及一些測量的特質，例如因測量而有的反應（reactivity）。但其他會跟調節變項的層級產生共變的混淆變項，則還是無法排除，繼續與調節變項混淆在一起。利用多變項的方法為這類中介變項作調整，能有一些幫助，但不是絕對能解決問題，因為所謂混淆變項，在定義上就是那些使各種相關性資料產生極大困擾，卻未知的選擇偏誤。

452

推論後設分析所代表的建構時，所面臨的威脅

本章的重點是要說明後設分析如何幫我們作因果擴論。但即使後設分析對於因果擴論非常有價值，這類的擴論一直都必須面對效度的威脅。在此，我們提出對後設分析的推論所含的建構之效度威脅。這些威脅大都跟後設分析裡建構推論的主要資料來源有關，也就是過錄程序手冊（coding protocol）。

原型屬性的代表性不足

目標建構的所有原型特質通常不會都含括在研究裡。例如，「打破學校隔離」（school desegregation）這項建構，許多年來都是包括讓各種族背景的兒童一起受教育。如果有一項後設分析所包含的第一手研究中，沒有一所學校是實施這種打破隔離的政策超過三年的，則這項後設分析就不甚符合這個原型（Cook, 1984）。在這些情況下，後設分析者在描述實際研究到的建構時，必須要反映出這些研究操作；後設分析提醒研究界，某原型還遺漏一些待檢定的特質。

單一操作的偏誤

這項威脅及下一項威脅讓人們注意到，後設分析的過錄方式大都有測量品質不佳的問題。一般在後設分析裡，一個建構都只由一個題項來測量。單一個題項的信度不佳，是大家都知道的，而且很少有後設分析會報

告評分者間信度（interrater reliability）。單一個題項也不能完整代表一項建構，而且常會測量到其他不相干的建構。這類偏誤有些可以利用一般發展量表的方法來降低，像是本章先前所描述的，發展一個具有臨床代表性的十個題項的量表（Shadish et al., 2000），但後設分析幾乎都沒有這樣做。

單一方法的偏誤

同樣的，後設分析裡絕大部分的建構測量也都仰賴單一個方法，也就是仰賴一個過錄者，而這位過錄者在評估一項研究的各種性質時，大都只是發揮個人獨立的判斷。有時還是可以利用其他的方式作測量。例如，羅彬森等人（L. Robinson et al., 1990）評量第一手研究的研究者對於治療法的忠誠度，將它作為效量的預測變項；但他們也使用另一種忠誠度的測量方式，也就是，他們找出該研究者之前的任何出版品，看他們是否也使用同樣的治療方法，並且該治療法是否也被發現是有效的。同樣的，後設分析者偶爾也提到跟原作者聯絡，取得計算效量的資料（例如，Kirsch, 1996）；這個方法也可能繼續延伸，變成請原作者作額外的過錄。

453

評分者的漂流（rater drift）

這項威脅類似於表 3.1 裡的「受實驗對待影響而改變的因素結構」，指的是評分者在一段時間內連續評分所產生的變化。變化（漂流）（drift）的原因包括練習效應、疲累效應，及因為發現第一手報告內的資料不甚符合現有的過錄碼，而致改變了自己的認知架構等。監督是否有這種變化可以幫助控制這項威脅，而當某個過錄碼的意義出現了新的解釋時，明確公開地修改過錄手冊裡的步驟也有幫助。

因研究而產生的反應所造成的效應

這個威脅跟表 3.1 的幾項因研究而產生的反應（reactivity）及預期（expectancy）效應相類似，指的是後設分析過錄程序手冊裡一些外在的（extraneous）力量。例如，後設分析裡，很少會對過錄者隱瞞研究的假設，因此，他們可能被一些有關研究者期望的明示或暗示所影響，這些期望可能是由研究主持人透過一些管道所傳達的，例如，在召開發展研究假設的會議時、參與過錄手冊的發展時，及召開監控研究進度的會議時等。如果

能做到，最好不要讓過錄者受到這類影響。例如，有些後設分析者將效量的過錄跟重要變項的過錄分開，這樣一來，過錄後者時就不會因為知道研究的結果而受到影響（Shadish et al., 2000）。

將建構與建構的層級混淆

就像在第一手研究裡，後設分析者也可能在使用建構名稱時，沒有清楚說明該建構在實際研究時的層級是有限的，而非包括所有的層級。例如，關於實驗對待的建構方面，衛司等人（Weisz et al., 1992）質疑許多後設分析的實驗對待建構，他們認為，先前作的數以百計的後設分析裡，實驗對待合適的名稱應該是研究治療法，而非臨床治療法；也就是，治療的提供，跟許多理論上屬於外在的（extraneous）臨床特質、治療師特質、實驗對待特質及病人特質混淆在一起。

將建構與其他的研究特質混淆

在後設分析裡，研究的某一方面的建構（例如，實驗對待的建構），常與研究的其他方面的建構（例如，情境、時間、結果、人）混淆在一起。例如，薛狄戍與史維尼（Shadish & Sweeney, 1991）發現，使用行為的心理治療法（behavioral psychotherapy）的研究，絕大部分都使用行為結果測量（例如，夫妻爭執的次數），而後者所得到的效量，比非行為測量（例如，自述的婚姻滿意度）所得到的效量高。此處，「行為治療法」這項名稱，如果換成「以行為結果評估的行為治療」會比較正確。由於這類的混淆本身就是後設分析資料的原型特質，後設分析裡的建構名稱，問題尤其多。

因果中介關係的認定錯誤

很少有後設分析是研究中介的過程，而研究中介過程的那些少數的後設分析，則是用各種不同的方法。這類的後設分析常被批評，認為它們是利用相關性的資料作因果模型、有嚴重的資料漏失問題，及使用不當的統計方法（Shadish, 1996）。這些模型是尋找中介假設的好來源，但其效度必須存疑，除非這些問題有部分獲得解決，或者被證實在任何研究都對結果沒什麼影響。

推論後設分析的外部效度時，所面臨的威脅

我們在此提出對後設分析有關「一項因果關係是否在不同的人、情境、實驗對待變項及測量變項時，仍然成立」的推論，所面臨的威脅。

後設分析裡，跟人、情境、實驗對待、結果及時間相關的抽樣偏誤

第一手研究所報告的人、情境、實驗對待、結果及時間，很少是隨機抽樣而來的。這種非隨機的情況，在後設分析裡更惡化，因為能進入後設分析的研究本身也不是從研究母群隨機抽樣而來的。這些抽樣偏誤裡，有些會跟擴論無干。然而，有些還是會有影響，因此後設分析的擴論似乎常過於誇大（overstated）（認為是不受抽樣偏誤影響的）。但是，除非有一天評論者發現，有抽樣偏誤而且發現這項偏誤對於結果造成影響，否則我們也無法確知擴論是否受抽樣誤差的影響。

後設分析在母群、實驗對待、結果、情境及時間類別上的異質性受限

即使從某個類別的抽樣是隨機的，但如果這些類別本身不具異質性，則對於某項關係的強固性之推論還是有可能是錯的。例如，一些研究認為，後設分析者只分析有那些可作模範的、標準化的實驗對待、結果、情境、母群及時間（Chalmers et al., 1988; Slavin, 1986）。如果研究的領域本身頗為標準化，而且頗能代表一個大家都有共識的建構，則這種方法就有用。但如果將這種方法實行到極致，就可能使後設分析研究者不能檢定因果關係是否在各種的研究設計、實驗對待的執行、結果的測量、招募的方式，及研究對象的特色等都情況下依然強固。

455

沒有檢定效量的異質性

沒有通過同質性的檢定，表示還需要進一步解釋效量的變異數，而進一步的分析則可能改變結果，例如，找到了一個調節變項，使結果改變了。由於這樣的調節限制了擴論，因此，不作同質性檢定可能導致太早定論某項效果是可以擴論出去的。當然，檢定後設分析的可擴論性，不能只

依賴同質性檢定，效果的影響方向之一致性也是很重要的。但沒有作同質性檢定幾乎一定會導致擴論的過於誇大（overstated）。

分別研究各類次團體時缺乏統計檢力

為了要探討可擴論性，後設分析者常將實驗對待、結果、人、時間或情境，再分成不同的次團體，以觀察不同次團體間的因果關係是否有顯著的不同。但這種次團體的分析，所能用的第一手研究資料個數較少，統計檢力因而較低，進而可能使得後設分析者發現結果不顯著，而誤以為因果關係可以擴論到各次團體。黑吉斯與歐金（Hedges & Olkin，出版中）舉了一些例子，其中，某個次團體有十個第一手研究的資料，且每一個研究都有一百位研究對象，但其平均數的隨機效果檢定之檢力，仍無法達到一般標準的.80（固定效果檢定的檢力較高，但固定效果檢定常較不適宜）。當研究者把蒐集來的資料再分成數個次團體來分別作後設分析，而這些次團體的第一手研究資料的數目與研究對象人數較少時，可能對於擴論的討論必須小心。

不相干點的異質性受限

如果後設分析不能顯示「即使有一些事先認定的不相干點存在，某項因果關係仍然成立的結果」，就產生了威脅。例如，如果私立學校的經費來源不是稅收，而是其他私人來源，則不論該學校是天主教學校、猶太教學校、回教學校或清教徒學校，還是軍事學校或明星學校，都不重要。要將結果擴論到私立學校，必須要能顯示該因果關係並不限定在其中一種或幾種學校裡。這個邏輯也同樣適用於方法上的不相干。的確，一項發現若能在愈廣愈多的不相干點之間還能繼續存在，就愈能讓人相信，它能擴論到其他類似但還沒研究過的不相干點之中。

14

審慎評估我們的假定

456

Assumption　名詞：*1.* 攬到自己身上的舉動：承擔一項義務（*assumption of an obligation*）。*2.* 接管的舉動：接管指揮權（*assumption of command*）。*3.* 視為理所當然的舉動：將一項錯誤的理論視為理所當然（*assumption of a false theory*）。*4.* 被視為理所當然或接受為真而無須證據的某項事物；一項假定：一項合理或正確的假定（*a valid assumption*）。*5.* 預設；傲慢。*6.* 邏輯。小前提。

本書以十三個章節討論了五項主要的主題。第一個主題（第 1 章）是有關我們對於描述性質的因果論述與實驗的大致理解。第二個主題（第 2 章與第 3 章）是討論不同類型的效度，及跟這些效度相關的各種威脅。第三個主題（第 4 章到第 7 章）討論的是各種類實驗設計，並說明如何將各項設計特色合併使用，以增強因果推論。第四個主題（第 8 章到第 10 章）的焦點是隨機化實驗，並特別說明哪些因素可增進，或會阻礙，隨機化實驗的執行。第五個（第 11 章到第 13 章）處理的是因果擴論，除了討論理論之外，也討論個別的單一研究與大型研究計畫的因果擴論。最後這一章的目的，則是審慎評估我們討論前面五個主題時所使用的假定，尤其是其他的評論者不贊同，或我們認為他們會反對的那些假定。我們循著先前的五個主題討論這些假定，再簡短說明為什麼我們沒有更詳細討論那些也是用以評估因果關係的非實驗方法。

我們自知不能為自己的假定作最好的剖析，評論者會作得比我們好，但我們還是希望盡可能作得周全明確。這樣作一部分的原因是，我們完全相信挑錯（falsification）作為社會科學的任何**知識論（epistemology）**之主

要項目的優點;而追究出一個人的假定,面對它們,則是挑錯的一部分。但這樣作也是因為我們想要激起研究界在這些假設的深刻辯論,如此才能從那些向我們的思考挑戰的人那裡學到東西。如果未來會出一本書,承傳坎伯爾與史坦利的概念,經由庫克與坎伯爾的合著,再到我們現在這一本書所承傳的傳統,而且如果這本未來的書能融入那些跟我們意見不同者的合理批評,不論這些批評是有關細節部分,或是關於我們所採取的描述性質的因果論與擴論的分析方法,那麼這本書可能會寫得更好。我們希望這一章不但能為研究者示範審慎檢視假設的努力,畢竟這樣的努力是所有學者不可避免一定都要作的;也希望藉以鼓勵其他人思考這些假設,及思考未來的實證研究或理論工作該如何探討這些假設。

457

因果論與實驗

因果箭頭與迴圈

描述性質的「因」之中,實驗只檢定其中一項或最多只是一部分。如果實驗有牽涉到統計上的交互作用,這些交互作用常是非常少數的幾個實驗對待之間的交互作用,或是單一實驗對待及有限的幾個調節變項之間的交互作用。許多研究者相信,從這種典型的實驗架構裡所獲得的因果知識,無法完整描繪出那許多同時以各種複雜、非線性的方式在影響結果的力量(例如,Cronbach et al., 1980; Magnusson, 2000)。這些批評者強調,實驗以連結 A 與 B 的箭頭為優先考量,但事實上,實驗應該想辦法描述一個解釋性質的迴圈,或者一套互相交錯的解釋迴圈。他們也相信,多數的因果關係,會因為單位、情境及時間的不同而有差異,因此,他們懷疑有任何穩定的雙變項因果關係(bivariate causal relationships)的存在(例如,Cronbach & Snow, 1977)。那些從資料看來的確穩定可靠的因果關係,可能只是調節變項或中介變項的統計檢力不足,而無法看出底下複雜的因果關係。

效量的真正變異也可能因為各種原因而無法顯現；例如，因為相關的理論條件設定不夠明確或不足，或因為結果測量效度不足，或因為實驗對待之間的對照不夠強，又或者因為因果相關的變項之數值範圍，在抽樣時被截短了（McClelland & Judd, 1993）。

儘管這些反對意見有他們的道理，卻不能抹滅實驗的用處。實驗的目的，不是要完全解釋某種現象；而是要確定，除了其他影響變項之外，是否某個變項或少數某些變項對於該結果有影響力。再者，像前述對於**事物本質**（ontological）的疑惑，並沒使那些相信比較複雜的因果理論的人，因而不相信因果關係具有穩定可靠的主要效益，或具有簡單、穩定而有用的非線性關係。說到這裡，我們來看看美國教育的幾個例子，美國教育界對實驗的反彈也許是最普遍、也最懷有敵意的。但似乎很少有教育研究者會反對以下幾個以「A 會造成 B」的形式呈現的結論：小學校比大學校好；有花時間動手作（time-on-task）會提升成就；暑假繼續上課會提高測驗分數；打破學校隔離幾乎不影響學生的學習成就，但的確增加了白人搬離該區的情形；分派且批改家庭作業，會增進成就。批評者似乎也不反對其他非常簡單的因果附帶條件（contingencies）：降低班級人數會增進成就，但只有當改變「很大」，並且人數降到二十以下時，才會增進成就；又如天主教學校優於公立學校，但只有在市中心的學校才這樣，郊區的學校沒有這樣的情形，而且影響最明顯的是畢業率，而不是成就測驗的分數。

這些極度簡化的因果關係之所以能成立，及之所以使用實驗來測試它們，主要是因為，縱使結果的調節變項能稍微改善解釋力，但它們對於政策與理論的意義不大。最重要的因果附帶條件通常是那些會影響因果關係正負號的伴隨狀況，而非影響因果強度的狀況。正負號的改變表示一項實驗對待在某些情形下是有利的，在另一些情況下卻可能是有害的。這跟找出哪些情況會讓正面影響的大小變動是不一樣的。政策制訂者通常都願意提倡全面的改變，即使他們懷疑同一政策對不同的群體之正面影響有大有小，但只要幾乎沒有負面效果即可。但如果有些群體會受到正面影響，而有些群體受到負面影響時，從政者卻不願意對不同的群體施予不同的對待方式，因為這可能產生群體之間的競爭與妒忌。理論學家大概也比較注意正負號不同的因果關係，因為這樣的結果意味著，研究者可以找到促使這種截然不同的結果模式出現的邊際條件（boundary conditions）。

458

　　當然，我們並不是在呼籲大家忽略所有的因果附帶條件。例如，醫師一定都是從數個可能的處方中開一個給被診斷為某種疾病的人，而要選擇哪一個處方，還要視診斷、檢查結果、病人喜好、保險條件，及病人就診地所能供給的醫療資源而定。然而，這種伴隨系統的耗費很高。一部分也是為了限制相關的附帶狀況的數量，醫師都有專攻某一科，而在專攻領域之內他們接受長期的訓練，使他們能在多方考量之後下一個最後的處方。即使如此，一位醫師還是必須作很多其他的判斷，因為很多時候這些因果附帶條件模糊不確定或有爭議。很多其他的政策面也是如此，即使有了所需要的知識，還需要一套真正能配合的系統來迎接某項新政策，得花鉅資去執行經濟、管理及文化上的改變。例如，將這種配套措施的方式推到邏輯上的極致，在教育上的例子，是讓每個人每天都接受個別教導，而且學生和教師必須小心配對，讓他們在教學技巧和學習技巧上能重疊，並且在所需要的課程支援上也有重疊。

　　在有限的範圍之內，可以利用實驗的方式研究某些調節變項：也許測量該調節變項，分析時再檢定它的影響；或者，如果是大型的研究計畫，459　可以在下一個研究時，故意讓該調節變項不同於前次的研究。執行這類實驗時，就不再是以往的黑箱實驗，而是較認真看待因果的附帶條件，也比較有條理地研究這些條件，例如，將實驗對待分解成幾個跟「果」有關的部分，加以檢視；或將結果分解成幾個跟「因」有關的部分，加以檢視；或者分析人口與心理的調節變項，探索因果的路徑是經由哪一個（部分的）實驗對待而影響哪一個（部分的）的結果。在單一實驗裡要作好所有這些是不可能的，但還是可以，而且也最好能作一部分。

從知識論的觀點評論實驗

　　我們在強調統計結論效度及在選擇例子時，常將因果描述與量化方法及假設檢定這後兩者連結。許多評論者會（錯誤地）將這視為具有一種已經不被採信的實證主義理論（a theory of positivism）。實證主義在十九世紀初期以一種科學的哲學之形式初次被提出，它拒絕形而上學的臆測（metaphysical speculations），尤其拒絕那些無法觀察到的事物，並將知識等同於所經歷的景象之描述。二十世紀初一派比較狹隘的邏輯實證主義出現了，

它也拒絕現實主義（realism），強調以述語邏輯的形式（predicate logic form）來連結資料與理論，並重預測而不重解釋。這兩種相關的知識論在很久以前就不再被採信，尤其若以它們來解釋科學如何運作，更不被贊同。因此，很少有評論者是很認真的以這項基礎來批評實驗。然而，許多評論者使用「*實證主義*」這個詞來攻擊量化社會科學的方法時，並不是完全遵循這個詞在歷史上的意義（例如，Lincoln & Guba, 1985）。由於這些批評者拒絕邏輯的實證主義，他們也拒絕將量化及形式邏輯應用於觀察、測量及假設檢定。因為這後面幾個特徵都是實驗的一部分，所以，拒絕這項鬆散的實證主義概念，也就是拒絕實驗。然而，這種批評有數不盡的錯誤。例如，要拒絕實證主義的某項特定的特色（像是「量化及述語邏輯是資料與理論之間唯一可用的連結」這種觀念），並不一定就表示要拒絕所有相關及更廣泛的論述（像是「某些種類的量化與假設檢定有利於知識的成長」這樣的概念）。我們與其他的研究者在別的論文裡有列出更多像這樣的錯誤（Phillips, 1990; Shadish, 1995a）。

　　其他從知識論出發的批評引用像庫恩（Kuhn, 1962）這類的科學歷史學家，像拉圖爾與吳爾家（Latour & Woolgar, 1979）這類的科學社會學家，及像哈磊（Harré, 1981）這類的科學哲學家等的作品。這些批評者常針對三件事。其一是理論的無法超越，也就是理論永遠無法訂得完美周延，因此永遠都可以重新詮釋。其結果是，當資料不符合理論預測，理論似乎應該被拒絕時，卻還可以再修改理論的假定，讓理論與觀察結果之間能一致。常常只要增加新的條件，或進一步限制理論為真的條件，即可讓理論與結果一致。第二是在批評「實驗觀察值可用以檢測事實」的這項假定。我們希望觀察結果是客觀的評估，可以對同一現象的不同理論解釋之間作一個公正的裁決。但事實上，觀察結果常並不是中立於理論之外；觀察結果常會有多種的詮釋，包括研究者的希望、夢想及偏愛等不相干的情感在內。這使得所觀察到的結果，很少是對假設最終確定的檢定。最後一個批評是因為許多科學家的實際作法，和科學規範認為科學家應該作的，兩者之間在行為與認知上的不一致而起。從對科學家在實驗室的行為描述可發現，科學家選擇作某些實驗，是因為對於某項關係有直覺，或者只是好奇到底怎麼回事，甚或只是發現有項新設備放著，想去玩一玩。因此，他們的動力並不是細心由理論推演，想接著以細心觀察來檢定的假設。

460

雖然這些批評有一些可信之處，但卻過於概括。很少有實驗者認為自己的研究可獲得最後確定的結果，即使該研究有經過專業的審查。再者，雖然這些由哲學、歷史學及社會的角度所作的批評，使得所謂「事實」的意義對於*任何的*科學方法而言，都變得非常複雜；但許多的因果關係，即使它們所屬的主題之理論、方法，及當初找出這些關係的研究者偏誤改變了，這些關係仍然持續出現。觀察得到的結果也許永遠無法達到「事實」的地位，但其中許多還是持續被其他研究者重複發現，因此可以將它們當作是事實。對於實驗者而言，其中的訣竅就是不要讓觀察結果只符合一個理論，而要作到這個的方法是，讓觀察結果符合多項理論，並重視由其他研究者獨立重複作的研究，尤其是那些批判者所作的重複研究──我們在別處將此稱為**審慎的多重主義**（critical multiplism）（Cook, 1985; Shadish, 1989, 1994）。

雖然因果關係的宣告永遠無法作確切的檢驗與證實，個別的研究還是能探究這些關係的真假。例如，若一項研究產生了負向的結果，計畫發展者及其他支持者就會提出方法上及與主題相關的因果附帶條件，認為這些可能改變了研究結果。例如，他們會說，如果用另一種結果測量方法或另一個母群，就會得到不同的結論。後續的研究就會去探討這些說法，而如果還是得到負向的結果，又會再去探討新衍生的解釋說法之真假。一段時間之後，這樣的探討不再熱絡，有待繼續探究的附帶條件實在太細節了。這時似乎浮現了共識：「這項因果關係在很多情況下不成立。還有待檢驗的這些條件非常嚴苛，因此即使某介入措施在這些條件下真能發揮效用，也沒多少價值。」我們同意，這樣的過程不但是社會的過程也是邏輯的過程，甚至前者更甚。但彈性理論（elastic theory）使用於真實世界時，並不代表有關因果假設的決定純粹是由於社會的過程，而完全沒有實證結果及邏輯上的內容。

461　　以上我們所討論的批評，特別能看出單一研究相較於大型的文獻回顧下，所顯現的有限價值。這種回顧比較好是因為，研究特質的多樣性比較高，因此，任何研究都不免會有的理論偏誤，比較不會在所回顧的所有研究裡重複出現。然而，提出論點、回應並提出相反論點的辯證過程，即使是回顧也是需要的；這又再次顯示，沒有一項回顧研究可以直接將任何一項因果關係蓋棺論定。例如，史密斯與葛拉司（Smith & Glass, 1977）作的

後設分析認為心理治療有效，而愛森克（Eysenck, 1977）與皮利司比（Presby, 1977）則指出，該後設分析在方法與心理治療本身的附帶條件，動搖了原本的研究結果。他們認為，如果史密斯與葛拉司沒有將隨機化與非隨機化的實驗相結合，或者如果他們使用的治療法類別定義比較狹窄，就會得到不同的結果。後續的研究裡，有些探討了這些對史密斯與葛拉司的挑戰，有些則提出新的挑戰（例如，Weisz et al., 1992）。這種以不同於原作者的整理方法，挑戰原作者的因果結論的過程，在心理治療的回顧上已經慢下來了，因為可能限制治療效果的許多重要的附帶條件都已經被探討過了。經過了回顧許多在各種情境下作的實驗之後，目前的共識是，心理治療有其效用；它不只是迴歸過程（regression process）（自發的減輕病症）的產物而已（所謂迴歸過程是指，那些暫時需要心理治療的人尋求了專業治療，並且病況也轉好，但這些人即使沒有作治療，病況也會減輕）。

被忽略的附帶問題

我們將焦點放在實驗架構之內的因果問題，就忽略了許多其他也跟因果論述有關的問題。這些問題包括：如何決定任何一項因果問題的重要性或影響力。要回答這項問題，可能需要去探討該因果問題為什麼會被提出，因為這時通常不是該項議題的發展早期。或者，也可能需要探討什麼類型的因果問題比較重要：是能夠填補某一類文獻發現的漏洞嗎？還是要找出限制某種因果關連的邊界條件的問題？或者，是要探討一個領域裡所有的理論學家及研究者都抱持的一項核心假定之真實度的問題？還是因為先前的不確定性很高，而想要降低一項相關的重要決定之不確定性的問題？我們的方式也忽略了一項重要的事實，那就是：形成一項描述性質的因果問題，通常最重要的是必須符合某些掌握社會研究資源的人的興趣。因此，要問一項國家型計畫的效益，就是看它是否滿足了國會人員、媒體及政策想瞭解該項計畫是否有用的需求。但計畫也可能無法滿足實際從業者的需求，因為他們通常想知道計畫裡的各項小元素的效益，才能以這些訊息來改進每日的工作。在較為理論的研究裡，如果是問某項介入措施如何影響個人的自我效能，就可能會強調個人的自主需求；而如果問的是某項說服他人改變的技巧之效益，則是在迎合那些要限制或操弄這種自主的人的需

求。我們這種探討因果的方法也忽略了一些關於如何利用及誤用這種知識的議題。我們的方法幾乎沒有討論哪些因果問題可以利用實驗來回答，也沒討論哪些因果問題不能。例如，有關墮胎、離婚、長期穩定的同居及婚外生子所產生的影響，及其他可能有害卻在道德上不能用實驗來操弄的事件，該如何研究呢？而階級、種族及性別這種無法以實驗操弄的議題呢？還有只能以時間序列來研究的歷史事件，對任何變項（不論檔案裡是否有相關資料）所產生的影響，該如何研究？您可能會問，如果一個方法不能處理我們幾代以來的社會所面臨的最重要的現象，像是種族、階級與性別，這樣的方法有什麼用處？

許多統計學家現在把那些跟無法操弄的事物有關的問題，都看成是超出因果分析的範圍，他們將操弄與因果論緊緊相連。對他們而言，「因」即使不是像在觀察研究裡被實際操弄，必須至少有被操弄的可能。因此，他們不會把種族當作因，但在一些研究裡，他們還是會說是種族的因果分析。這些研究例如：有研究是將黑人夫妻和白人夫妻隨機分派去看招租的房子，以觀察拒絕出租的比例是否有變異？或者有研究以化學藥劑改變膚色的方法，觀察同樣的人是否因膚色不同而受到不同的待遇？還有研究則是將學校或教室裡學生的黑白比例作有系統的變化，觀察教師的反應及學生的表現。許多批評者不喜歡將操弄與因果緊緊拉在一起。例如，那些作地位取得（status attainment）的研究者認為，種族很明顯影響了教師對待少數族群學生的態度，因此也影響了這些學生在學校的表現，並且也因此影響了他們所找到的工作，及之後他們子女的前景。因此，這種將因與操弄拉在一起的方式，是以實驗法探討因果關係時的一項真實限制。雖然我們為了要定義實驗，而喜歡這種將因果論與操弄結合在一起的方式，但並不認為所有「因」，都必須把它跟操弄拉在一起，才是有用的形式。

效度

對內部效度的反對意見

有研究者對於坎伯爾所提出的效度種類（Campbell, 1957）及後來再延伸出來的幾種效度提出了幾項批評（Gadenne, 1976; Kruglanski & Kroy, 1976; Hultsch & Hickey, 1978; Cronbach, 1982; Cronbach et al., 1980）。我們先從克倫巴（Cronbach, 1982）對內部效度提出的兩項批評談起，再稍微談克魯格蘭斯基與克洛伊（Kruglanski & Kroy, 1976）的批評：(1)不是從理論定義的內部效度（A 導致 B），如果沒有使用到建構，是瑣碎不重要的；及(2)在單一的例子裡，包括單一的實驗裡，是不能討論因果關係的。

內部效度是瑣碎不重要的

463

克倫巴（Cronbach, 1982）寫道：

> 我認為，在還有很多其他狀況都沒有明確定義的狀況下，在兩、三種條件下操弄某個也沒有完全說明清楚的變項之後，獲得了某項觀察結果，就說某事物是「因」；這種說法是沒有意義的。這時說「導致」這個字似乎沒有意義。坎伯爾的論述使得內部效度顯得瑣碎不重要、只是過去的事情，而且只是跟某項單一研究有關而已。（p. 137）

因此，「因果語言是多餘不重要的」（p. 140）。克倫巴所認定的效度種類裡，完全沒有為因果推論保留一個明確的角色。克魯格蘭斯基與克洛伊（Kruglanski & Kroy, 1976）對內部效度也有類似的批評，他們說：

一項特定的研究裡，構成所謂「實驗對待」的那些具體事件，只有在我們把它們看作是屬於某類概念時，才有意義。……因此，根本不可能從一項實驗裡得到非常確定的結論：我們的概念都是很籠統的，而且每一項概念都預設了一個沒有明說且籠統的理論，也就是有關不同的具體事例之間是否相像的理論。（p. 167）

這些作者都在將內部效度與建構效度混為一談，只是方式不相同。

當然，我們同意，研究者的確用概念的字眼介紹實驗對待和結果後，再從概念的層次討論這些實驗對待與結果。就像我們在第 3 章所說，建構是語言與思想非常根本的基礎，因此，不可能不用建構就可以把科學研究予以概念化。的確，從很多很重要的方面而言，我們所用的建構限制了我們的經驗；這一點是很多理論學家，從奎因（Quine, 1951, 1969）到許多後現代主義者（Conner, 1989; Tester, 1993）都同意的。因此，當我們說內部效度是討論一項研究所得到的無理論的摩爾式因果推論時，並不表示研究者應該將實驗概念化，也不表示套用克倫巴（Cronbach, 1982, p. 130）誇張的描述，該將一項因果關係報告為「某事物造成了差異」。

區分內部效度和建構效度還是合理而且有用的。要找出建構，所需要作的工作非常吃重，因此必須跟找出「因」的任務分開。畢竟，操作本身是附帶了很多概念上的意義，也很少有研究者能完全掌握這些概念。事實上，研究者幾乎都無法完全掌握所有這些概念，因為主要的基本概念都隱含在其他概念裡而沒有被點明，以至於這些概念及其假定經過好幾年都完全沒被研究者們發現。事實上，科學的歷史上就充滿了這種例子：作了一系列的實驗，而且早就發現有因果關係，但好幾年以後大家才一致同意「因」（或「果」）是什麼。例如，在心理學及語言學裡，很多因果關係最先是起源於行為主義的架構，但後來則重新以認知學架構的名稱命名；在先前的霍桑（Hawthorne）研究裡，「光照效應」（illumination effects）後來改為「突兀觀察者的效應」（effects of obtrusive observers），而一些認知不調和效應（cognitive dissonance effects）後來也被重新詮釋為「歸因效應」（attribution effects）。在任何一個領域的歷史裡，即使「因」與「果」的建構名稱錯誤，它們之間如果確有因果關係，還是很重要的。這

樣的例子會存在是因為，用來得出因果推論的思考（例如，需要證據顯示實驗對待發生在結果之前），有別於用來擴論的思考（例如，將操作的特質與建構的原型特色互相比對）。如果不瞭解描述性質的因果論之意涵，當別人說已經建立了因果關係時，我們就無法分辨這句話是否合理。

克倫巴（Cronbach, 1982）的文章明白顯示，他瞭解因果邏輯的重要性；但是，即使他偶爾顯現出對邏輯技術的瞭解，但卻沒有將這些整合成一項完整合理的理論，來判斷描述性質的因果推論之效度。他將內部效度等同於（在重複作同樣實驗時）「可再獲得相同的結果」性質的一部分，是忽略了很重要的一點，那就是：即使是錯誤的因果結論還是可以重複得到同樣的結果。他對於這類問題所提供的解決方法，只是「每一項問題的力量可利用合適的控制方式予以降低」（1982, p. 233）。這種解決方法不夠完整，因為，要將描述性質的因果推論所含的問題作完整的分析，我們必須有一些能用來找出合適控制的概念。如果某個控制能降低歷史或成熟威脅的合理性，就是一個合適的控制〔如克倫巴（Cronbach, 1982, p. 233）所言〕，這就跟我們所定義的內部效度幾無差別。如果我們需要足夠的概念才能使用這些概念，那麼，這些概念就應該包括在探求因果的方法所使用的效度種類之內。

為求論述的完整，我們再補充一些評論：在建構效度與外部效度之間，及在建構效度與統計結論效度之間，也有類似的邊界問題會發生。在前者的情況，所有科學家在架構外部效度的問題時，都是以建構的語言為之。而後者的情況，研究者絕不會完全只用統計數字來將結果作概念上的討論。建構在作研究的過程中是無所不在的，因為它們是用來將操作予以概念化及在報告研究結果時的最基本元素。但對於這項反對意見，我們的答案還是一樣。用來為一項建構作推論的策略，跟用來探討某項因果關係是否在不同的人、情境、實驗對待及結果會有不同（外部效度）時所使用的策略，或跟作有效的統計結論（統計結論效度）所使用的策略，都是不同的。建構效度的建立需要有理論的論述及評估樣本與建構之間的相應性（correspondence）。外部效度需要分析因果關係是否在不同的人、情境、實驗對待及結果，都持續存在。統計結論效度必須仔細檢視所使用的統計方法及假定。而且，即使所使用的建構名稱是錯誤的，但關於外部效度或統計結論效度的認定還是可能正確。

對於單一實驗所獲得的因果論之反對意見

對於內部效度的第二項批評，則否定了從單一實驗推論因果關係的可能性。克倫巴（Cronbach, 1982）說，因果關係的重要特徵是在一項大型研究計畫裡的多項實驗中，「漸進地找出『因』之所在」（Mackie, 1974, p. 73）；在這項大型計畫的這些實驗裡，「因」的基本特色之不確定性被持續降低，研究者可以很明確地指出「因」是什麼，不是什麼。的確，許多探討因果論的哲學強調，我們只能經由觀察某項因果關係的很多例子，才能找出「因」；但哲學家們對於認知的機制是經由邏輯定律還是因為實證發現的規律一致，則有不同的意見（Beauchamp, 1974; P. White, 1990）。

然而，也有一些哲學家認為，「因」可由單一例子推論而得（例如，Davidson, 1967; Ducasse, 1951; Madden & Humber, 1971）。一個好例子是法律裡的因果概念（例如，Hart & Honore, 1985），我們根據這個因果概念來判斷一個人是否造成另一個人的死亡，即使被告先前從未因為任何罪行受審。要判定有罪，案情必須非常合理可信，（除了其他例證外，還包括）被告的行為在被害者死亡之前發生，這些行為跟被害者的死亡有關，其他可能致死的原因都不合理，及如果被告沒有做那些行為，被害應該不會死；這些正是我們在第 1 章所列出的因果關係與違反事實的邏輯。事實上，在審判時，要判斷被告是否有罪，先前的犯罪紀錄會被明確地排除在外。我們從這個例子所學到的道理很清楚：雖然我們對因果關係的瞭解，從多項研究得到的會比從單一實驗所得到的多，但我們還是*可能*從單一研究推論「因」。事實上，不論我們是否告訴實驗者不要這樣作，他們還是會這樣作。而當他們在作因果推論時，我們為他們提供概念上的幫助，是一項美德，而非罪惡；沒有這樣作反而是探討因果的方法在理論上的一大缺失。

當然，個別實驗一定都是使用其他實驗所使用的概念。然而，這些先前所形成的概念，完全都跟「內部效度是討論單一實驗裡的因果宣告」這項說法一致。如果不是關於（或至少有部分是關於）單一實驗，作實驗就沒有意義，因為先前形成的概念就能正確預測出會觀察到的事物。由於資料有可能不會支持先前所形成的概念，因此內部效度是非常基礎而重要的。再者，先前所形成的概念在邏輯上並不是必要的；實驗還是會發現到先前概念架構無法預測到的效果：「物理學家達爾文說過，一個人偶爾要作一

個非常瘋狂的實驗，像是每天早上對著鬱金香吹奏小喇叭吹一個月。也許什麼事都不會發生，但如果真的有事發生，就會是一項驚人的發現。」（Hacking, 1983, p. 154）但我們還是需要內部效度來引導我們判斷小喇叭音樂是否產生了效果。

對於描述性質的因果論之反對意見

　　一些研究者反對描述性質的因果論這個觀念。然而，這些反對意見最典型的是反對描述性因果論裡被誇大的性質——例如，像是撞球模式（billiard ball model）一般，完全相信因果關係是宿命不可改變（deterministic），或者排除事物間互為因果的可能性——但哲學和科學界已經許多年都不再使用這類觀念了。相反的，現在討論實驗的人中，很多都信奉機率因果（probabilistic causation）的理論，這個理論謙卑地承認了要找出穩定可信的因果關係所面臨的許多困難。甚至更重要的是，這些批評者自己也不可避免地使用了一些聽起來帶有因果意味的語言，例如，他們將「因」以「互相同時塑造」（mutual simultaneous shaping）取代（Lincoln & Guba, 1985, p. 151）。他們這樣的取代方法，在我們看來，似乎是要避免使用「因」這個字眼，但事實上還是使用了同樣的概念。就像我們在第 1 章的最後所言，如果將歷史或科學的紀錄完全清除，重新建構我們對世界的瞭解，我們相信，人類還是會重新再創造出描述性的因果論這種概念，因為有關「因」的知識幫助我們在世界上生存，貢獻非常大。

466

反對區分建構效度與外部效度的意見

　　雖然我們在第 2 章時，有稍微追溯目前的效度類別的歷史，讀者們也許還想從歷史角度來瞭解我們在這本書為什麼要在建構效度和外部效度上作這些改變。坎伯爾（Campbell, 1957）及坎伯爾與史坦利（Campbell & Stanley, 1963）都只用外部效度這個詞，他們將外部效度定義為：某項效應被擴論時，可被推論到怎樣的母群、情境、實驗對待變項及測量變項。他們一點都沒談到建構效度。然而。從坎伯爾後來的作品（Campbell, 1986）來看，他很明顯將建構效度看作是外部效度的一部分。因此，在坎伯爾與史坦利的書裡，外部效度包含了兩種擴論，一種是將研究所使用的人、情

境、因及果的這些操作，予以擴論，藉以用比較抽象的字眼來為這些操作命名；另一種則是藉由找出因果關係裡，由於人、情境、因及果等因素所造成的變異來源來作擴論。所有後來的概念之形成，也都是根據所抽樣到的人、情境、因與果，利用相同的方法，再來評估它們與推論目標之間的相應狀況。

在坎伯爾與史坦利的定義裡，雖然人、情境、因與果這些類別，在表面上不同，但卻有兩項基本的類似處──那就是，所有這些都有明顯可見的性質及所代表的建構。人或情境的母群是由那些明顯單一的個體所組成。這種能指出個別的人及情境的能力，尤其當這些人與情境是屬於某個參照類別時，使得他們能隨時被正式列出並抽選，並為研究所用；這是抽樣統計學家所喜歡的。相對的，雖然個別的測量工具（例如，貝克憂鬱量表）及實驗對待（例如，裝了某個疫苗的注射器）也明顯可見，但很少有人將所有現存的測量方法、或操弄這類測量法或將實驗對待的方式一一列出（例如，Bloom, 1956; Ciarlo et al., 1986; Steiner & Gingrich, 2000）。原因是，研究者希望用研究議題相關的理論來決定實驗對待或結果測量應該包括哪些屬性；他們也知道，對於較抽象的事項相關的屬性究竟為何，學者之間意見不一，對於怎樣才是最能代表這些抽象概念的操作，也是意見不一。但這些都不會否定一項事實，那就是，人或情境的母群，就像實驗對待和結果一般，一部分也是依照那些用來指稱他們的理論建構來定義的；人或情境的母群屬性也有許多可以論辯。例如，何謂美國人口？雖然法律上的定義當然存在，但卻不是不能變動的。德國的國籍認定，容許德國人的曾孫獲得德國籍，即使這些後代的父母與祖父母沒有德國籍亦然。但美國人就不能這樣。而且為什麼一定要獨厚法律定義？依據文化上的定義，那些已經在美國住了幾十年的非法移民，應該被認定為美國人，但那些有美國護照但從沒住過美國的人應該不算美國人。由於人、情境、實驗對待及結果都有建構及明顯可見的性質，因此，坎伯爾與史坦利沒有區分建構效度與外部效度，並不令人意外。

然而，庫克與坎伯爾的確有區辨兩者。雖然沒有明白交代理由，但他們這樣做的原因主要是基於實用考量──用以幫忙讀者記憶那一長串的威脅；這些威脅再加上他們自己找出的威脅，都必須能嵌入坎伯爾與史坦利外部效度的概念範圍之內。庫克與坎伯爾在作理論的討論時，將建構效度

跟因與果的擴論相連結，而將外部效度與人、情境及時間的擴論相連結。
他們使用這些詞時，明白表示他們是參用克倫巴與密爾（Cronbach & Meehl,
1955）的概念；克倫巴與密爾的文章以建構與建構效度來說明：測量理論
中關於「從研究的操作推論到較高層級的建構」（Cook & Campbell, 1979,
p. 38）的這項推論是合理的。同樣的，庫克與坎伯爾也將*母群*與*外部效度*
這兩個詞，與抽樣理論及研究者用來選擇人與情境的例子時所使用的各種
正式抽樣及立意抽樣的方法相連結。但庫克與坎伯爾又把問題弄得更複雜，
他們簡短地承認：「研究時，需要以更廣義的方式為每一方面的樣本命名，
包括人與情境的樣本，及測量或操弄的樣本。」（p. 59）當他們將外部效
度的威脅看成是實驗對待與母群的統計交互作用時，其實比較是將外部效
度視為到不同母群的擴論，而比較不是將外部效度看成到同一母群的擴論。
還有，他們列出建構效度威脅的方法，是強調擴論到因與果的建構。而擴
論到不同的因與果，則被列為外部效度，因為這時不必為某項測量或操弄
說明它所蘊涵的意義。仔細讀庫克與坎伯爾的威脅，他們的外部效度是關
於擴論到人與情境的各種不同母群，及擴論到各種不同的因與果的建構；
而建構效度是關於擴論到因與果。那麼，從人或情境的樣本，擴論到他們
所指涉的母群時，是屬於哪一種效度？他們的文章裡將這視為外部效度，
但從他們的效度威脅表，看不出這樣的分類法。因此我們需要改善庫克與
坎伯爾的分類，因為他們有點將想要擴論的物體（因與果相對於人與情境）
跟擴論的功能（從研究的操作擴論到較高層級的建構，相對於使用不同的
建構與母群時，能得到相同結果的程度之推論）相混淆。

468

　　本書是從擴論的功能的角度來區隔建構效度與外部效度。我們將建構
效度等同於為研究的操作命名，而將外部效度等同於因果關係裡的變異來
源。這種新的分類法容納了所有的舊概念。因此，我們這個新分類法保留
了庫克與坎伯爾對於建構效度的定義，也就是將之視為從操弄與測量，擴
論到因與果的建構。他們將外部效度視為擴論到不同的人、情境與時間的
樣本，這個概念也在本書被保留了。而擴論到不同的因或果的建構，在本
書則更明確地被視為外部效度的一部分。本書也強調，必須將人與情境的
樣本賦予具抽象概念的名稱，就像測量與操弄需要以抽象的概念名之一樣。
既然建構效度是以命名來定義其功能，因此命名似乎是建構效度要處理的
問題。然而，將人的樣本命名卻可能被庫克與坎伯爾視為跟外部效度有關，

因為他們所指涉的都是人的樣本，而他們在規畫效度類別時，多是以所指涉之人、物為依據，而非以功能為依據。因此，雖然本書對於各類效度的定義，絕對比前輩們所定義得更有系統，但我們不確定這樣的系統化，最後會使研究者的用詞更加清楚還是更混亂。為了要盡量減低後者發生的可能性，以下我們的討論，反映了本書的前兩位作者對於建構效度與外部效度兩者間之區隔的思考，或我們在課堂上以這本書付印前的版本上課時，所浮現出的有關兩種效度之區隔的議題。

建構效度是外部效度的先決條件嗎？

本書視外部效度等同於因果關係中的變異，而將建構效度等同於實驗操作的命名。有些讀者可能以為這表示：「一項因果關係的成功擴論，必須能正確地為研究對象的每個擴論目標母群及每一種情境的擴論目標母群命名」，但我們永遠沒辦法確定這些名稱裡的任何一個是否完全無誤。我們能作的是在情況允許之內作最正確的評估；方法上而言，我們可以為那些已知是互相混淆因此名稱不妥的個體檢定它們的擴論——例如，把因果資料以性別分類時，發現樣本裡的女性平均而言比男性聰明，因此，前者在各項跟智商有關的方面都得分較高。這個例子說明了，要決定一個樣本是對應到母群的哪一類時，只依靠所測量到的表面相似（也就是性別差異）是很危險的。如果我們可從同一母群取得男性的隨機樣本與女性的隨機樣本，就比較能正確地將該項差異當作性別的差異。但隨機樣本在實驗裡很少有，而且即使有也不夠完美；因為，眾所周知，即使在母群裡，性別也會跟其他的屬性相混淆（例如，收入、工作上的地位），而這些屬性很可能跟正在作的推論裡的變項名稱有關。因此，我們通常必須仰賴一項假定，那就是，因為兩性的樣本是來自同一環境，兩者在所有跟結果可能相關的背景特色上，應該是相近的。由於這項假定無法被徹底檢定，而且也常是不成立的——就像上述的假想例子——這意味著，我們可以，也應該要，測量理論範圍限定之內的所有可能的混淆變項，而且也應該將這些測量用於分析，以降低混淆的可能性。

即使有混淆，我們還是可以根據樣本所發現的效量差異，而確定認為某項因果關係隨著某項跟性別有關的事物而共變。這樣的結論可以防止過早作擴論。如果不論其中是否有混淆變項在擾亂，都將樣本分得更細，研

究者甚至可以觀察各組的百分比，對於因果關係在哪些組成立及在哪些組不成立，有一個大致的概念。但如果沒有作更進一步研究，就無法完全確認因果關係是在哪些母群有變異。當不能確定某些效量是否顯著不為零時，若能由進一步的研究獲得確定的答案，是有明顯價值的。雖然這樣明顯找出了一項非全面為真的因果關係，但僅止指出該因果關係在哪些邊界條件不成立，卻無法使理論或實務更進一步。而且如果擴論時，沒有明顯對照不同的效量，則所獲得的新知也不多。因此，把不同的母群混在一起，用於作一項假設檢定時，研究者就可以得知，在分析裡還有許多變異來源沒有被解釋的情況下，某項因果關係的強弱為何；但研究者卻無法正確找出哪些建構會共同決定關係的大小，哪些不會。建構效度使得外部效度所關心的事，有比較明確的細節，但它並不是外部效度的必要條件。我們還是可以推論到一些已知是有互相混淆的不同個體；儘管這樣作所得到的資訊，會比能推論到有正確命名的主體用處較小。

上述這最後一點，跟我們先前用來反駁葛得尼（Gadenne, 1976）和克魯格蘭斯基與克洛伊（Kruglanski & Kroy, 1976）的意見所用的道理類似；他們認為，內部效度要求的是因與果都要有高建構效度；他們強調，所有的科學都是在探討建構，因此，結論如果是「某事物造成了某項別的事物」（也就是作了一個非常好的隨機化實驗，也有很高的內部效度，但是因和果都沒有作好標示命名），是沒有價值的。然而，因果關係是非常複雜的；如果發現「某事物確定造成了某項別的事物」，也許能引發更深入的研究，利用已有的線索，將因與果的建構作更清楚的定義。建構效度與外部效度的關係，也可用類似的論述來說明。變項名稱具有高的建構效度，並不是外部效度或內部效度的必要條件，但具有高建構效度的變項名稱的確對兩者都很有用。

研究者一定都會用到建構的語言（包括人的母群與情境的母群的建構）來架構研究問題，並且也選擇樣本與測量的方法來代表建構。如果他們有把研究設計好，而且運氣也不錯，所使用的建構會從開始到結束都始終一致，但是，當然評論者還是可能質疑他們所作的任何宣稱。然而，樣本和建構可能無法契合得很好，這時研究者就必須檢視這些樣本，想想這些樣本還可能有什麼其他的意涵。就像葛得尼、克魯格蘭斯基與克洛伊這些評論者所說，如此的依賴操作層級，似乎是讓操作可以獨立於建構之外，有

470

自己的獨立生命。然而，實際並非如此，因為操作是根據各研究階段的詮釋所決定的。不論詮釋多常變動，也不論這變動是因為研究規畫不佳，還是因為操作的性質實際上常比研究者最初的理論還複雜，每一種操作都會適合某一些詮釋。

代表同一個因或果的不同操作之間的變異，跟建構與外部效度有怎樣的關係？

在第 3 章我們強調過，使用多個操作例子（operational instances），有助於因或果的正確命名，也強調，可以分析這些不同的例子，探討因果關係如何因為所使用的定義不同而產生變化。如果每個操作例子的確都同屬於一個相同的建構，那麼不論因或果在操作上如何定義，都應該會得到相同的因果關係。然而，分析資料有時會發現，因果關係會因操作例子而異。這表示這些操作例子事實上是不相等同的，因此它們所代表的是不同的建構，呈現的也是不同的因果關係；如果不是同一個「因」的建構與兩個不同的「果」之建構間的關係不同，就是同一個「果」的建構跟兩個或多個「因」的建構之間的關係不同。因此，研究開始時若利用多重操作來增進因與果之建構效度，就能加強因與果的外部效度之結論；也就是，探討因與果的外部效度時，資料分析就會發現需要討論的因果關係不只一種。

幸好，當我們發現某項因果關係由於不同的因或不同的果而有變異時，研究及研究情境常會有一些線索可暗示我們，該如何為每一項關係的因的部分與果的部分重新命名。例如，研究者通常都會仔細檢視操弄在每個細節的差異處，也會推敲現存文獻如何為這些差異點賦予意義。雖然這些意義是為了適應意外的研究發現，才在研究事後加上的，因而也許比較沒有那麼成功；但在某些情況下，這些意義還是能達到尚可接受的正確度，並一定會刺激更多後續的研究來解釋這些發現。這時候，我們已經走了完整的一圈──我們開始時是以多個操作來代表同樣一個因或果，以之檢定一項因果關係；接著，資料發現迫使我們必須承認不止有一種因果關係；最後，結果的模式及結果跟現存文獻之間的關係，又能協助我們更加正確地為所獲得的關係命名。我們在探討建構效度時，產生了有關外部效度的結論，而這又帶動了重新為建構命名的需求。如果能顯示研究所涵蓋的建構與因果關係比原先設想得還多，也就顯現了那些被認為是代表同一因或果

的建構之各種操作所獲得的效量不一，這就增進了外部效度。而在這個情況下，如果能預防因或果的測量工具有任何的錯誤命名，及能提供因果關係裡的細節，作為每一項因果關係裡各項元素的命名線索，最後就能改善建構效度。我們在這裡看到，分析的工作在建構效度的議題與外部效度的議題之間平順流暢地移動著，彼此關連。

從單一個樣本裡的人或情境作擴論，應該被認為是外部效度或建構效度？

　　如果一項研究只有以一群人作為樣本，或只使用一個情境，這個樣本必須是代表某一個母群。要如何為這個樣本命名，則是一個問題。由於建構效度是命名的問題，為樣本命名是建構效度的議題嗎？畢竟，外部效度看來幾乎無關，由於只有一個樣本，不是很清楚該跟因果關係裡的哪一項變異作比較。因此，從一個樣本裡的人或情境作擴論，如果被視為跟從實驗對待與結果的操弄作擴論一樣，都被看作是建構效度的問題，就會產生兩個問題。第一，這凸顯了一般社會科學領域的用法上可能的衝突，因為社會科學領域裡有些人認為，從一個樣本裡的人擴論到母群，是外部效度的問題，但另外一些人則認為是建構效度的問題。第二，這不符合庫克與坎伯爾的討論，庫克與坎伯爾認為，從個別樣本裡的人或情境擴論是屬於外部效度的議題，但他們所列出外部效度的威脅並沒有明白討論這方面的威脅，只提到實驗對待與情境或與人的屬性之間的交互作用。

　　如果樣本是隨機從母群抽樣而來，這個問題最嚴重。想想抽樣統計學家為什麼如此大力提倡隨機抽樣的樣本，讓樣本代表一個明確規範的母群？因為這樣的抽樣使得樣本和母群，在所有被測量的及沒測量的變項分布上，一定完全一樣，只容許有限的抽樣誤差。注意到，這包括母群的名稱（不論是否完全正確），隨機抽樣也保證讓樣本與母群有相同的名稱。隨機抽樣是否有用的關鍵在於：母群是有明確範圍的，可以從中抽樣；這在抽樣理論是必需的條件，在抽樣實務上也常很明顯。由於許多有明顯範圍的母群也有合適的名稱，因此，隨機抽樣也保證母群的名稱也同樣適用於樣本。例如，芝加哥市的電話號碼號頭的母群是已知的，也很明顯有正確的命名。因此，從芝加哥市的電話號頭中，利用後數碼隨機抽取的方式所得到的樣本，不太可能將它們誤以為是代表底特律或芝加哥愛亟瓦特區（Edge-

water）的電話號碼使用者。有了清楚定義的母群與隨機抽樣，樣本的名稱
就是母群的名稱；這是為什麼抽樣統計學家認為，要正確為樣本命名，而
且已經知道母群的名稱時，沒有一個方法比隨機抽樣更好。

472　　　但如果是使用立意抽樣，不管母群的名稱是否已知，都不能使用這樣
的論述。因此，如果研究對象是毫無章法地從芝加哥所有的購物商場中挑
選的，其中許多人還很可能是芝加哥的居民（研究的母群），但有許多卻
不是，因為有些芝加哥的居民不會在調查訪問所發生的時間之內去這些商
場，而且商場裡還有許多人不是芝加哥的居民。由於缺乏隨機抽樣，我們
甚至無法有把握這個樣本可稱為「在芝加哥的商場內行走的人」，因為其
他的建構，像是「自願被訪問」，可能會跟是否成為樣本的一部分有關，
而與之兩相混淆。因此，是樣本的一份子，並不表示能代表母群，而以先
前的邏輯推理，作為樣本的一份子，也不能保證樣本的名稱是對的。以上
這些使我們得到兩個值得繼續說明清楚的結論：(1)隨機抽樣有時可增進建
構效度；及(2)要探討「從某個樣本得到的某項因果關係，是否能在某個母
群沿用」時，就要考慮外部效度，不論該樣本是否隨機樣本。

　　　就第一點而言，隨機抽樣若要能增進單一樣本的建構效度，其條件很
簡單明瞭。只要有界線明確的母群，抽樣統計學家已經明確告訴我們，隨
機抽樣明顯能使樣本完全代表母群的所有屬性。這一定也包括了母群的名
稱，因此使用了隨機抽樣，所得的樣本名稱跟母群的名稱相同。當然，隨
機抽樣不會告訴我們母群本身的名稱是否正確；母群在命名上所犯的任何
錯誤，隨機抽樣都會使樣本有相同的錯誤。然而，由於過去的理論和研究
已經使許多母群都有合理正確的名稱，而且有經驗的研究者憑直覺就可以
掌握這些情形，因此可以相信，隨機抽樣在這些情況下會提升建構效度。
然而，如果沒有作隨機選擇，或者母群的名稱本身就讓人有疑問時，本書
已經說明了其他可用來為研究的操弄命名（包括為樣本的人與情境命名）
的原則與方法。

　　　就第二點而言，因為問題是關於從單一研究所得到的因果關係擴論到
母群時的效度，讀者也許不瞭解外部效度在這裡到底扮演什麼角色。畢竟，
我們先前將外部效度視為有關「因果關係是否在不同的人、情境、實驗對
待變項及測量變項下是否仍成立」的問題。如果從某個母群只抽了一個隨
機樣本，哪來的變異可以檢視因果關係？答案很簡單：變異是指樣本及母

群裡，那些沒有被抽到的人之間的不同。就像我們在第 2 章所說（也像我們所承傳自的那兩本書所言），外部效度的問題是有關一項因果關係是否成立，而且可以是問：(1)實驗之內不同的人、情境、實驗對待及結果中，這項因果關係是否成立；及(2)對於不在實驗裡的那些人、情境、實驗對待及結果而言，這項因果關係是否成立。那些母群裡沒有被隨機抽入樣本的人，就屬於後面這一類。不論是本書或其先驅，都沒有要求外部效度裡所討論到的各種變異或不同，必須在研究裡觀察到；事實上，這也不可能作到；而我們在第 2 章也說明了將外部效度的問題限定在研究所觀察到的變異之內，為什麼是不明智的作法的幾項原因。當然，在大部分的情況下，擴論到沒有研究過的事物時，外部效度的問題是很難的，而必須仰賴我們從第 11 到 13 章裡，以科學為基礎的因果擴論的理論所提供的概念與方法。但隨機抽樣最美的地方就是，它能保證，不論是否有被抽入樣本，這樣的擴論都會成立。因此，「在單一個隨機樣本裡所觀察到的一項因果關係，在那些屬於同一母群但沒有被抽到的人身上，究竟是否依然成立」的問題，的確是外部效度的問題。

473

　　最後，不論是否作了隨機抽樣，本書將單一樣本裡的人或情境之命名視為建構效度的問題；並且，將單一樣本的因果關係擴論到沒有被觀察的其他單位的問題，視為外部效度的問題，同樣也不管是否作了隨機抽樣。隨機抽樣（在本書是跟外部效度有關）有時能幫忙命名樣本的建構，但這必須已經知道母群的名稱才可能作到。雖然很多母群的名稱都已經確切清楚了，但有很多還是有爭議，就像我們在第 3 章所給的例子所反映的，究竟是該將人視為精神分裂，或將環境視為懷敵意的工作環境。在後面這些情況下，隨機抽樣對於是否使用這些名稱的爭議，不會有任何貢獻。反而是我們在第 11 到 13 章所列出的原則與方法，可以用來解決這方面的問題。而如果沒有使用隨機抽樣，也必須使用這些原則和方法，來探討從單一研究得到的因果關係，擴論到沒有觀察到的情況時的外部效度問題。

對於效度類別的完整性的反對意見

　　這類的反對意見，第一個是，我們所列的威脅不夠完整。例如，布雷特與葛雷司（Bracht & Glass, 1968）為坎伯爾與史坦利（Campbell & Stanley,

1963）一書，加上了新的外部效度威脅，認為他們忽略了這些威脅。而最近艾肯與魏司特（Aiken & West, 1991）也指出新的反應（reactivity）威脅。這些挑戰是很重要的，因為根據我們的效度理論，要能獲得最具信心的因果結論，關鍵在於能建立具有說服力的論述，讓人相信研究者已經找出了每一種合理可能的威脅及已經指出的威脅，並且都已排除。然而，我們永遠無法保證所有相關的效度威脅都有被找出來。我們所列的威脅表並不是天命決定的；從坎伯爾（Campbell, 1957）到坎伯爾與史坦利（Campbell & Stanley, 1963），到庫克與坎伯爾（Cook & Campbell, 1979），及到這本書，每次的威脅都有增減改變，就可以看出這一點。熟知研究狀況的人比較容易找出威脅，僅根據抽象遠距離的威脅一覽表，較不容易指認出威脅。

　　第二個反對意見是：我們可能遺漏了某一種效度類別，或者我們的分類不是最好的方法。也許撒啟特（Sackett, 1979）在個案控制研究裡對於偏誤的處理，最能說明這樣的憂慮是對的。個案控制研究一般不屬於實驗或類實驗設計的範圍，但它們還是屬於探討「因」的研究；而從這一點來說，它們至少還是對因果擴論有興趣。但撒啟特創造了另一種分類方法。他依據實驗可能產生偏誤的七個階段，將威脅一覽表劃分成：(1)閱讀該領域的文獻時；(2)在規畫抽樣細節及作抽樣時；(3)定義實驗對待時；(4)測量實驗對待及結果時；(5)分析資料時；(6)詮釋分析結果時；及(7)出版結果時。這七個階段裡，每個階段都可以產生一種效度類別，而有些會跟我們的效度類別高度重複。例如，他在「執行實驗操弄」時的偏誤概念（p. 62）跟我們的內部效度頗為相似，而他的退出實驗所產生的偏誤也對應到我們的樣本流失所產生的偏誤。然而，他所列出的表也暗示可以有新的效度類別，像是在閱讀文獻時的偏誤。而他在每一階段所列出的偏誤，有部分也跟我們所列出的完全不同。例如，閱讀時的偏誤包括修辭的偏誤，也就是「使用幾種方法來說服讀者，其中卻不包括訴諸於讀者理性」的偏誤（p. 60）。

　　最後，我們只是認為，目前的效度分類頗能反映我們對於因果擴論的性質之理解，也反映了我們對於田野實驗的推論常明顯見到的一些問題的理解。這樣的分類還是可以繼續改善，我們也希望別人能根據目前有的效度類別加入新的威脅，及能深思探索新的效度類別，讓這些新的效度種類切中我們所最關心的因果擴論的問題[1]。

有關效度性質的反對意見 [475]

　　我們已經將效度定義為推論的大致真實度，但其他人有不同的定義。以下是這些不同的定義，及我們不使用這些定義的原因。

新測驗理論傳統裡的效度

　　測驗理論學家早在坎伯爾（Campbell, 1957）創造效度類別之前，就已經在討論效度。我們只能稍微點到那個傳統裡有關效度的許多議題。在此我們列出幾個主要的點，藉以將我們自己的方法與該測驗理論的方法相區隔。測驗理論早期的重點是「一項測驗測量了什麼」的推論，這項重點發展到最後就得到了建構效度的概念。克倫巴（Cronbach, 1989）認為是庫克與坎伯爾在建構效度裡，給了「建構這個概念適當的寬度」（p. 152），因為他們認為建構效度並不只限於有關結果的推論，還認為它也是關於「因」的推論及實驗其他特色的推論。而且，早期的測驗理論都將效度與這類推論的真實程度綁在一起：「作驗證（validation）的文獻一直都專注在測驗詮釋的真實性。」（Cronbach, 1988, p. 5）

1　對於近年來許多學者使用這些效度名稱的各種不同方式，及它所可能造成的用詞上的混淆，我們事實上很清楚，也頗為遺憾，但我們對於其中許多的混用也有責任。畢竟，這本書對於效度的理解，不同於坎伯爾與史坦利（Campbell & Stanley, 1963）的概念，因為他們只區分了內部效度與外部效度。坎伯爾與史坦利的概念也跟庫克與坎伯爾（Cook & Campbell, 1979）不同，因為在庫克與坎伯爾的書裡，外部效度是關於不同的人與情境的母群的擴論，而所有從因與果的操作所作的擴論，則屬於建構效度的範圍。再者，坎伯爾（Campbell, 1986）自己重新將內部效度與外部效度分別命名為實驗本身的摩爾式因果效度（local molar causal validity），及近似原則（principle of proximal similarity）。克倫巴（Cronbach, 1982）跨出了坎伯爾的傳統，他雖然使用這些名稱，卻以其他的意義看待。他說，內部效度所討論的是從樣本擴論到研究問題的領域時的問題；這聽來跟我們的建構效度非常像，但是克倫巴卻明確表示建構效度跟外部效度兩者毫無差異，他用外部效度來表示擴論到沒有研究過的母群，也就是將結果外推到手邊資料以外的地域時的議題。我們對於外部效度的理解，也包括這樣的外推，但並不止於這樣，因為我們認為外部效度也包括利用現有的資料找出使效量大小不一的因素。最後，還有許多其他作者也將這些名稱用於完全不同的概念（Goetz & LeCompte, 1984; Kleinbaum, Kupper, & Morgenstern, 1982; Menard, 1991）。因此，看到這麼多不同的使用方法，我們建議研究者在使用這些名稱時，能說明清楚您所希望它們代表的意義。

　　然而，幾十年來，這種早期的理解已經有了改變。梅希克（Messick, 1989）在他對測驗理論的效度非常有影響力的一個定義裡說：「效度，是以實證的證據與理論的論述，來綜合評斷某項根據測驗得分或其他形式的評量，所得到的推論及採取的行動之適當程度及合理程度。」（p. 13）後來他說：「效度的廣泛定義正是評量性的摘要；也就是評量測驗得分的詮釋與使用所得到的實際（和可能的）後果，及評量這些後果的證據。」（1995, p. 742）而我們對於效度的理解是，*推論是驗證的主體*；因此，梅希克這樣的定義意味著，*行動*也必須付諸驗證，而驗證實際就是評量。這些延伸跟我們的理解相差很遠。

　　在此先交代一下這方面的歷史有助於讀者的瞭解。測驗是設計來供實務之用。出版測驗的公司希望賣測驗給那些使用測驗者而獲得利潤；雇主希望利用測驗挑選比較好的員工；而接受測驗者希望測驗能告訴他們一些有關自己的事情，而且這些事情對自己有用處。這些實務上的應用使得美國心理協會（American Psychological Association, APA）開始關心，想要找出能區別好的測驗與不好的測驗的特質。APA 任命了一個委員會，由克倫巴作主席，來探討這項問題。委員會作出了一系列的測驗標準中的第一份測驗標準（APA, 1954）；而這份任務也讓克倫巴與密爾（Cronbach & Meehl, 1955）寫出了建構效度的經典之作。測驗的標準經常修訂，最近一次的修訂是由其他的專業協會（American Educational Research Association, American Psychological Association, & National Council on Measurement in Education, 1985, 1999）共同辦理。要求必須遵守這些標準變成了專業道德的一部分；而這些標準在法律與規範的程序上也具有影響力，並曾被引用過，例如，它曾在美國最高法院有關「測驗結果的誤用」案件中被引用（例如，Albermarle Paper Co. v. Moody, 1975; Washington v. Davis, 1976），並且也影響過「相同就業機會委員會」（Equal Employment Opportunity Commission, EEOC）等人所定的選員工「單一指導原則」（1978）。不同的效度標準在這些不同的使用方法與場合中尤其明顯。

　　由於法律、專業與規範對於測驗的使用相當重視，跟測量效度相關的研究領域開始更廣泛使用效度這個字眼，例如，將它「作為使用這個測驗的一個理由」（Cronbach, 1989, p. 149）。因為使用了測驗的人，大都會採取後續的行動，像是雇用或解雇，或者將某人視為智障，因此這時驗證測

驗的使用與驗證後續的行動，兩者之間的距離很短。行動本身又產生後果，有些後果是正面的，像是雇用的效率，及使治療方式更符合個人需求的正確診斷；有些則是負面的，像是失去收入及被污名化。因此，梅希克（Messick, 1989, 1995）提議，作驗證也要評量這些後果，尤其是後果是否符合社會正義。因此，評量使用測驗的後果，成為測驗理論裡的效度一項很重要的特色。而所產生的結果是，「將效度作為真實度」（validity-as-truth）與「將效度作為評量」（validity-as-evaluation）兩者之間的界線模糊了，甚至克倫巴（Cronbach, 1988）說：「驗證一項測驗或測驗的使用，就是評量。」（p. 4）

我們非常同意，關於測驗及實驗的使用這些方面的問題，是非常重要的。雖然科學家因為誤以為有關價值的問題是無法以科學方法研究，或者誤以為科學無關價值，而常避免價值的問題；但我們即使想逃避價值的問題，也無法避免。實驗的執行，從研究問題的選擇，到結果的詮釋與報告，每一步都跟價值有關。實驗及其結果的用途，及這些使用所造成的後果的價值，這些都是很重要、值得關心的（例如，Shadish et al., 1991），就像我們在第 9 章討論實驗的倫理考量中所論述的一樣。

然而，如果要讓效度主要的是考量繼續跟知識宣示的真實度有關，那麼要驗證一項行動是根本不可能的，因為行動不是知識宣示。與其說驗證一項行動，不如說評量該項行動比較合適。假定一位雇主作了一項測驗，想用結果來作為雇用新人的依據。假定行動是某人被雇用了，該行動本身並不是一項知識宣示，因此無法說是真或假。假定該受雇者後來揍了他的一個屬下，這個後果也不是一項知識宣示，因此也沒有真假之爭。行動與後果只是有存在；它們是存在的事體，而不是知識的事體。也許梅希克（Messick, 1989）實際的意思是要問，關於行動與後果的*推論*是真還是假。果真如此，那麼將行動納入他（1989）的效度定義裡，完全是多餘的，因為「效度作為真實度」這個概念，已經是關於支持推論的證據了，包括那些關於行動或後果的推論[2]。

---

2 也許一部分原因就是因為認知到這一點，最近一版的測驗標準（American Educational Research Association, American Psychological Association, & National Council on Measurement in Education, 1999）將行動的驗證部分，自效度的定義中移除，幫忙解決了這裡所討論的一部分問題。它對效度的定義變成：「效度指的是，使用測驗時，證據與理論支持測驗分數的詮釋之程度。」（p. 9）

477 　　又或者，梅希克（Messick, 1989, 1995）可能是想用他的定義，來教導測驗驗證者*評估*行動或其後果，就像他在這裡所暗示的：「效度的廣泛定義，就是對於得分的詮釋與使用的相關證據，與其實際（及可能）的後果，作評量性的摘要。」（1995, p. 742）效度作為真實度當然在評量一項測驗與實驗時，扮演了某種角色。但我們必須弄清楚那是怎樣的角色，及不是怎樣的角色。哲學家（例如，Scriven, 1980; Rescher, 1969）告訴我們，要判斷某事物的價值，我們必須：(1)選擇嘉獎的標準，而被評量的事物必須在這些標準上有好表現；(2)設定表現的標準，明確指出該事物在每一個評分項目上應該有多好，才有好的評價；(3)蒐集該事物在每一項評分標準的表現；及(4)將這些結果綜合而成一個或多個評量結論。效度作為真實度，在評量裡，是一項（但也只是一項）嘉獎的標準；那就是，如果有關測驗的推論是真的，那麼就具有效度，就像是如果實驗所作的因果推論是真的，也就具有效度一樣。然而，驗證跟評量不是同義詞。首先，測驗（或實驗）的嘉獎標準並不只限於效度作為真實度的意義。例如，一項好的測驗還要符合其他的標準，像是有報告測驗常模的手冊、能適用於應用的情境，及適當保護個人隱私。第二，梅希克所提的效度的理論，對於完成評量四步驟裡的其他步驟並沒有幫助。要評量一項測驗，我們需要知道，推論的效度要多好才能算好；而且，我們也必須知道如何將效度及所有其他標準所得到的結果，整合成一個整體的評量。這些其他的步驟沒有在效度的理論裡討論，並不是理論的缺失，因為這些步驟是屬於評量理論的領域。後者告訴我們如何執行這些步驟（例如，Scriven, 1980, 1991），也告訴我們在評量時，必須將哪些其他的事務納入考量。驗證不是評量；真實度也不是價值。

　　當然，名詞的定義有部分是純粹個人喜好，沒有絕對的。因此有人也許會回答說：「如果我想要的話，我也應該可以將『效度作為真實度』與『效度作為評量』兩者合一。」然而：

　　　　由於實際的狀況是，名稱都有它本身既定的意義，因此個人用字遣詞就必須有極大的責任感。這個責任是兩層的：第一，要向既定的用法負責；第二，要向所選擇的定義對於使用者所造成的限制負責。（Goldschmidt, 1982, p. 642）

　　我們需要區別真實度與價值，因為真實的推論可以是關於不好的事物（抽菸致癌這件事，不會讓抽菸或癌症變好）；而錯誤不實的推論也可能導致好事的發生（星象學家對雙魚座的建議：「今天避免讓你的工作伙伴覺得自己被疏遠」，也許跟天體無關，但還是好建議）。將真實度與價值合併，有可能真的造成傷害。梅希克（Messick, 1995）說得很清楚，測驗對社會造成的後果，要從「偏見、公平性及分配正義」這些方面來評估（p. 745）。我們同意這段話，但這是測驗的評量，不是測驗的效度。梅希克強調，他不是要讓社會後果來裁判真實度（也就是，如果測驗的社會後果是好的，就是有效的測驗），但這個議題的模糊卻已經讓社會後果在裁判測驗的真實度了。例如，克爾卡特（Kirkhart, 1995）引述梅希克的話，認為以社會後果來判斷評量的效度，是對的：「後果的效度在這裡指的是，由於評量所帶來的系統改變之正確性，及這些改變合乎公平正義的程度。」（p. 4）這樣的概念是有風險的，因為對於社會後果是否健全合理及是否符合公平正義，最有力的裁判者，莫過於我們所生存的社會政治體系。所謂有效，我們發現，會因體系裡當權者的不同而有所不同；到底什麼是有效的，都是由那些在位者的政治偏好而決定。

質化傳統裡的效度

　　最近社會研究最重要的發展之一，是質化方法較廣為被人使用，像是人種誌學、人種學、參與者觀察、無架構的訪談，及個案研究方法學（例如，Denzin & Lincoln, 2000）。這些方法對於釐清意義、深度描述個案、發現新假設、描述實驗對待的介入措施是如何被施行的，和描述可能的因果解釋等，都有無可比擬的優點。即便是其他方法比較擅長某些目的（像是本書談論的描述性質的因果推論），質化方法還是常能貢獻一些有用的知識；而且在某些特殊少見的情況下，使用質化方法就足夠了（Campbell, 1975; Scriven, 1976）。只要資源足夠，田野實驗者能夠因為使用了質化方法而受益，受益的範圍不但包括這些方法所能產生的主要優點，而且也因為這些方法能對描述性質的因果推論提供一些佐證。例如，這些方法能揭露不同的實驗情境對效度的不同威脅，也可幫忙解釋實驗的結果及結果所呈現的一些令人不解的現象。

　　然而，質化方法的廣被使用常伴隨著理論與哲學的爭議，這些爭議通

常稱為質化與量化的辯論（qualitative-quantitative debates）。這些辯論所討論的不但是方法，還包括它們在科學、倫理（ethics）與道德（morality），及知識論與本體論（ontologies）中所扮演的角色，及研究所獲得的回報。效度的概念是其中的一部分，也受到了不少注意（例如，Eisenhart & Howe, 1992; Goetz & LeCompte, 1984; Kirk & Miller, 1986; Kvale, 1989; J. Maxwell, 1992; J. Maxwell & Lincoln, 1990; Mishler, 1990; Phillips, 1987; Wolcott, 1990）。跟我們的概念不一樣的效度，有時是從質化研究得來的，而有時質化研究則完全不講效度。然而，在討論這些差異之前，我們希望強調一下在這些辯論裡的每一方都有的共同點。

共同點 就我們所瞭解，質化理論學者間最主流的想法是：效度是（而且應該是）可應用於他們的研究的概念。我們先拿質化理論學者所作的關於效度的討論作為例子，來說明這些共同點，因為這些共同點比質化與量化的辯論裡所勾勒的更出乎意料地相同；也因為這些例子說明了，大家都同樣希望產生有效的知識，而我們也相信，大部分的社會科學家都有這樣的興趣。例如，麥斯威爾（Maxwell, 1990）說：「質化研究者跟量化研究者一樣擔心『弄錯了』，而效度的廣泛定義，只是指那些我們的論述可能出錯的原因，及如何能探討這些『效度的威脅』。」（p. 505）即使是那些說自己不相信*效度*這個詞的理論學者也會承認，他們「非常努力不讓自己弄錯」（Wolcott, 1990, p. 127）。克維爾（Kvale, 1989）直接將效度與真實度連結，他說：「效度的概念，植根於知識論對於真實知識的性質之較完整的假定。」（p. 11）後來又說效度「指的是一項敘述的真實與正確的程度」（p. 73）。柯爾克與米樂（Kirk & Miller, 1986）說：「『有效』（valid）這個詞在技術上的用法，是『真實的』（true）這個詞在有適當限制範圍時的弱同義詞。」（p. 19）麥斯威爾（Maxwell, 1992）說：「廣義上來說，效度是關於某項紀錄與該紀錄之外的某件事之間的那個關係。」（p. 283）所有這些看來都跟我們對於效度的理解頗能相容。

麥斯威爾（Maxwell, 1992）的話指出了其他的類似點。他認為效度一定都是相對於「敘述所能具體呈現的那類理解」（p. 284），及認為不同領域的研究者對不同類別的理解有興趣。他說，質化研究者對於五類的理解有興趣：(1)所看到的和所聽到的；(2)看到和聽到的所代表的意義；(3)將所看到和聽到的以較高層次的抽象概念標示之後得到的那些理論建構；(4)將

479

敘述擴論到其他沒有研究過的人、時間或情境；(5)評量研究的標的（Maxwell, 1992；他說最後這兩項在質化研究裡，比較少人會感興趣）。他接著提出質化研究者的五種效度類別，每一種對應到上述五類理解的一類。我們同意，效度是相對於理解，但通常我們是用推論，而非理解。我們也同意，不同領域的研究者常會對不同種類的理解有興趣，但他們之間還是有共同的興趣，就像是實驗者和質化研究者，對於如何能將所看到和聽到的事物賦予最恰當的意義，都明顯很關心（這屬於麥斯威爾的理論效度，也就是我們的建構效度）。我們對於內部效度的長篇討論，反映了實驗者非常想理解描述性質的「因」，而且，在比重上甚至超過那些也關心內部效度的質化研究者，雖然他們的報告裡一定有許多表示因果的語言。這不是在批判質化研究者，也不是在批評實驗者對於個別案例所作的描述沒有質化研究者豐厚。

另一方面，我們不該因為不同領域的研究法之間有差異，而忽略了一項事實，那就是，當大家都想理解某項事物時，不論用什麼研究法獲得了那項知識，都必須考量相關的效度。如果質化研究者認為內部效度跟質化方法無關，他就錯了。效度的種類無關於研究方法，效度的種類是跟推論與知識宣示的內容有關。如果一位質化研究者對於實驗本身的摩爾式因果推論（local molar causal inference）非常有興趣，雖然這也許很少見，但這時，這位研究者就應該仔細檢驗我們在討論內部效度時所提醒的事項。當然，並不是只有質化研究者才該如此；如果實驗者想知道實驗究竟對研究對象而言代表什麼，麥斯威爾在詮釋效度（interpretive validity）裡所提醒的事項，可以教他很多。

480

麥斯威爾（Maxwell, 1992）也指出，他的效度類別暗示了對效度的威脅，質化研究者可以尋找「能排除這些威脅的證據……使用那些相近於類實驗研究者（如庫克與坎伯爾）所使用的邏輯」（p. 296）。他自己並沒有列出這些威脅，但他的敘述可讓人猜出是哪些威脅。從麥斯威爾的文章來判斷，威脅描述性效度的有：任務的誤差（errors of commission）（描述沒發生過的事物）、遺漏的誤差（errors of omission）（沒有描述發生過的事物）、次數的誤差（errors of frequency）（將某事物發生的次數說錯了），及評分者間對於描述的不一致。知識宣示的威脅也由麥斯威爾以外的其他質化理論學者提出，例如，貝克（Becker, 1979）、丹欣（Denzin, 1989）及

構歐茲與樂戡特（Goetz & LeCompte, 1984）。我們對於麥斯威爾的威脅的討論，唯一明顯不同意的是，他說質化研究者比較不會使用「設計特色」（design features）（p. 296）來防範效度的威脅。例如，使用多個觀察者，是他比較喜歡用的，也是質化的設計特色，因為這個特色能幫忙降低遺漏、任務及次數的錯誤。質化研究者所能使用的設計特色，通常會跟其他傳統裡的研究者所使用的設計特色不同，但都是設計特色（方法）。

相異點　儘管有這些相同點，許多質化理論學者探討效度的方法跟我們的不同。這些差異點之中，有些實際是根據錯誤的理由（Heap, 1995; Shadish, 1995a）。但許多是經過審慎思考的，所應得到的重視也非我們這裡有限的篇幅所能仔細討論。以下是幾個差異點。

有些質化理論學者不是將真實的評量理論及社會理論相混在一起（Eisner, 1979, 1983），就是提議將社會的真實代替評量上真實。因此堅森（Jensen, 1989）才會說，效度指的是一項知識宣告是否對某一個研究的語言社群而言是「重要而有意義」（p. 107）；而固巴與林肯（Guba & Lincoln, 1982）說，真實可以被降低到變成只問某一件記事對讀者而言是否可信。雖然我們同意真實社會與評量理論彼此互補，而且兩者都對我們有幫助，但如果想以社會的真實替換評量的真實，那就錯了。社會的真實會讓具有非常嚴重殺傷力的反例存在（Phillips, 1987）：騙子編的故事非常合理但卻是假的；宗教崇拜讓信徒深信一些沒有基礎的信仰；而師生互動的紀錄可能是真實的，但也許師生都不覺得這是可信的紀錄。阪吉（Bunge, 1992）的研究告訴我們，不可以利用真實的社會理論來定義誤差的基本觀念。柯爾克與米樂（Kirk & Miller, 1986）察覺到，質化方法裡需要一個具有評量性質的理論來探討真實（evaluative theory of truth）（也就是真實的評量理論）：

481

因為有這麼多非質化的研究傳統傾向於利用這類隱藏在背後的實證主義式的假定，一些社會科學家常會過度反應，強調每一件事都可能有不同的詮釋，以至於沒想過要如何挑選出一個最佳詮釋。這種極端的相對主義忽略了客觀的另一面：也就是，還有一個外在的世界。這種極端的相對主義忽略了知識與意見之間的區別，使得每個人都有個別的體認，但每個人的體認卻無法跟其

他任何人的體認相融合。（p. 15）

　　第二個差異是將知識宣示的效度等同於對知識宣示的評估，就像我們先前所談到的測驗理論一般（例如，Eisenhart & Howe, 1992）。沙拏（Salner, 1989）在這方面的表現最明顯，她認為，質化方法裡的許多效度考量，都跟「可用於評量各種相斥的宣示」這個標準有關（p. 51）；她並鼓勵研究者將研究的道德觀與價值觀明白表露，很像梅希克（Messick, 1989）在談測驗理論時所說的。我們對這樣的看法，跟對測驗理論的態度一樣。我們贊成，必須廣泛評估知識宣示，包括它們所暗示的道德觀；但這和說「該宣示是真實的」是不一樣的。真實只是一項好的知識宣示的優點之一。

　　第三個不同點使得效度變成真實浮現過程的一個結果。例如，沙拏（Salner, 1989）在強調能引導出真實的辯證過程的重要性時說：「一同作決定及一起採取行動的人，在為彼此的差異溝通協商的情境中……從矛盾與差異中浮現了有效的知識宣示。」（p. 61）麥爾斯與幽伯曼（Miles & Huberman, 1984）認為，在質化方法裡效度的問題是「分析質化資料的步驟」之不足（p. 230）。固巴與林肯（Guba & Lincoln, 1989）認為，在跟其他同事及有利害關係的人溝通的過程中，信賴感逐漸浮現。所有這些觀點的問題是，他們都錯認為效度是方法的一個性質（property）。任何產生知識的方法都可能產生無效的知識，因此，到最後是知識本身必須被判斷是否有效。就像麥斯威爾（Maxwell, 1992）所說：「一項記事的效度，是來自於它跟它要記錄的事項之間的關係，而不是來自於用來產生它、驗證它的方法。」（p. 281）

　　第四個差異顯示，傳統探討效度的方法必須為質化方法而重新作有系統的陳述，因為效度「從它的歷史而言，是起於實驗研究的情境裡」（Eisenhart & Howe, 1992, p. 644）。其他的人以類似的理由反對效度，只是他們說效度是起源於測驗理論（例如，Wolcott, 1990）。兩者都不對，因為效度的考量最早可能是在哲學界，這比測驗理論與實驗科學早上幾百或幾千年。任何時機，只要是討論是否該相信某項知識，都會關係到效度；效度並不只限於某些特別的方法。

　　第五個差異點是跟有人所宣稱的「世界上沒有本體論的事實（ontological reality），因此也沒有所謂的事實與之對應」有關。這種觀點的問題很

大（Schmitt, 1995）。首先，即使這種觀念是對的，也只適用於真實的對應
理論（correspondence theories of truth）；一致性與實用主義的理論都不受
影響。第二，這樣的說法跟我們的經驗相牴觸。就像柯爾克與米樂（Kirk
& Miller, 1986）所說：

> 外在有一個實證的真實世界，我們怎樣看待或瞭解那個世界，
> 大都由我們自己決定，但那個世界對於不同的理解，並沒有相同
> 程度的容忍（因此，如果有人認為自己可以徒手停止一輛行進中
> 的火車，也採取了行動，那他很可能被那個世界處罰）。（p. 11）

第三，這樣的說法忽略了人對於事物的建構或理解會有錯誤的證據。
麥斯威爾說：「社會科學的一個基本體認就是，人對於事物的建構理解，
常是將事物的實際情形作有系統的扭曲。」（p. 506）最終，這項說法自我
矛盾，因為該說法也意味著自己這項說法也不可能為真。

第六個差異是認為，要說「真實」（truth）是沒有意義的，因為有許
多不同的事實（realities），每一項事實都有多個「真實」可以成立（Filstead,
1979; Guba & Lincoln, 1982; Lincoln & Guba, 1985）。例如，林肯（Lincoln,
1990）說：「一個現實主義的（realist）哲學立場會需要（實際上是要求）
一個單一的事實，因此也是一個單一的真實。」（p. 502）她將這個立場與
她「多項事實有多項真實」（multiple realities with multiple truths）的假定
並列對照。不論這種看法底下的本體論（ontological）論述有什麼優點，都
不能反對效度。本體論的現實主義（ontological realism）（它堅信「某事」
的確存在）並不要求單一的事實，只要求相信至少有一個事實。我們只舉
一個例子就好，物理學家一直猜想，可能在某些情況下，多個物理上的事
實可以並行存在，就像薛丁格的貓（Schrodinger's cat）的情形一樣（Davies,
1984; Davies & Brown, 1986）。這些情況絕不會構成反對為這些多項事實
找出特質的理由。也不會因為這樣，多個事實的存在就需要有多個真實；
物理學家用同樣的原則來解釋薛丁格的貓可能經歷的多項事實。知識論的
（epistemological）現實主義〔它相信我們的知識反映了本體論的事實（on-
tological reality）〕並沒有要求對於那個世界只能有一種觀察結果，它只要
求兩個記事不能一方面互相矛盾，另一方面又同時存在且都能真實反映同

樣的本體論指涉對象（ontological referent）[3]。究竟有多少事實，又究竟需要有多少種真實來解釋這些事實，這些不應該是由任何人發號施令來決定。

　　第七個差異是反對那種只相信唯一或絕對的真實（原文以大寫 T 強調）的想法。渥寇特（Wolcott, 1990）說：「我所追尋的是別的，比較是那種能找出關鍵元素，並能從這些元素中擠出合理詮釋的那種特質，也就是那種研究者在追尋的時候，不會變得一直只想找出對的或最後的答案、正確的版本、事實（大寫 T）的那種特質。」（p. 146）他說：「以量為導向的研究和以質為導向的研究，兩者的分歧點在於，即使前者的確定程度令人滿意，我們仍然無法『知道』。」（p. 147）密西樂（Mishler, 1990）反對，認為傳統的驗證方法被描述為「萬用而抽象的保證真實的工具」（as universal, abstract guarantors of truth）（p. 502）。然而，如果認為別人相信世界上有確定或絕對的真實，是因為有像這本書裡的研究效度的方法之故，就錯了。我們希望自己已經將「沒有什麼事物能保證推論是有效的」這點說清楚了。的確，大部分的實驗者如果有愈多的經驗，就愈能瞭解自己研究結果的模糊處。愛因斯坦曾說過：「實驗，是除了作實驗的那個人之外的每個人都相信的事物。」（Holton, 1986, p. 13）就像渥寇特（Wolcott）一樣，大部分的實驗者只想從他們的研究結果擠出合理的詮釋，相信「慎重小心是安穩地坐在懷疑與輕信之間」（Shapin, 1994, p. xxix）。我們不需要、不應該，也常不能決定某項說法是否絕對為真，其他說法是否完全錯誤。相反的，容忍多方的詮釋或認知，是事實上必須要的（Lakatos, 1978），因為證據常不足以讓我們分辨兩個都頗有依據的說法（光是微粒還是波？），而且有時長年以來都不被證據所支持的一些說法，最後竟然是真實的（是細菌引起潰瘍的嗎？）。

　　第八項差異認為，傳統對於效度的理解，在道德上有缺點。這樣的說法有很多，例如，效度「使政治、價值觀（社會的與科學的）及倫理的議題，都被淹沒」（Lincoln, 1990, p. 503），而且隱隱地授權予「社會科學的

483

3　不同的人可能對相同的指涉物（referent）有不同的想法，這項事實有時被引用為違反這項律例的證據，但這未必有違反該律例。例如，如果現在要驗證的知識宣告是「約翰認為這個計畫有效益，但瑪莉認為沒效益」，即使約翰和瑪莉的觀點相牴觸，但這項宣告還是可能為真。

『專家』……但這些人對階級的專注（主要是白人男性且是中產階級），使得某些人一定能獲得發聲的機會，但卻使得……女人、有色人種或小眾團體的聲音被邊緣化」（Lincoln, 1990, p. 502）。雖然這些說法也許有點過度，但卻包含了重要的警示。記得第 3 章的例子，醫學研究「即使是老鼠也是白男性」。毫無疑問的，這樣的偏見一部分是因為設計及執行醫學研究的人之中，白人男性占了絕大部分。本書所討論的方法中，沒有一項方法是要匡正這項問題的，也沒有能力這樣做。實驗設計的目的，比較是要闡明因果推論，而比較不是要闡明道德推論。比較沒有說清楚的是，對於這項問題，我們必須放棄效度或真實的想法。「傳統追求真實的方法，迫使政治與倫理的議題沉沒」這樣的說法根本錯了。如果道德是反映在所問的研究問題、所作的假定，及所檢視的結果，則實驗者可以用很多方式確保研究設計裡有涵蓋各相關方面的聲音。再者，道德社會科學（moral social science）要求要忠於真實；具有道德正確性而沒有分析真實度，是集權主義的東西。道德多樣性幫忙預防集權主義，但如果沒有追求真理的訓練，則多樣性也無能找出對於人類情況有益的選擇──而對人類有益的選擇才是道德的本質。為了要有一個道德社會科學，我們必須不但有能力闡明個人的理解想法，也必須有能力能洞察這些想法如何反映及扭曲事實（Maxwell, 1992）。我們擁戴林肯這一類學者追求道德的熱情，但讓這些熱情發聲的同時，我們並不需要放棄效度及真實這一類的思考。

484

類實驗

排除威脅的標準：模糊的合理性所占的中心角色

隨機化實驗裡，當各組除了接受所分派的實驗對待之外，其他方面所受到的待遇都完全相同時，就幾乎不需要對於偏誤的來源作任何的假定。而實際作的假定也很清楚而且易於檢驗，像是原始的分派過程是否嚴格遵

守隨機的原則，及事後的維持是否嚴謹，這些假定都容易檢驗。因此，統計學家喜歡的方法是假定少，透明而且能加以檢定，是沒什麼可驚訝的。然而，作類實驗的研究者，卻相當依賴研究者對於假定的判斷，尤其是依賴模糊卻不可少的「合理」（plausibility）這個概念。從許多對效度的威脅中，決定哪一些才是跟研究相關時，需要判斷其合理性；決定某項設計元素是否能排除某個威脅時，判斷偏誤能降低多少時，及要評估那些可能只經過了部分修正的多重威脅加總起來所構成的偏誤，是否比研究者應該能得到的效量更大等等，這些時候都需要判斷合理性。作類實驗研究時，相關的假定會數不清，其合理性也沒那麼明顯，而它們的個別影響及合併的影響也不那麼容易納入模型。我們承認，在企圖排除內部效度威脅時所使用的方法頗為模糊曖昧，也就是因為如此，我們也才因此比較喜歡用隨機化實驗（及迴歸不連續設計），而比較不喜歡用大多數的類實驗研究設計。

　　但類實驗設計之間，在假定的數目、透明度及可檢定程度方面的差異也很大。事實上，我們在編排類實驗研究的章節時，特意要讓這些章節的出現次序反映出愈來愈強的推論檢力。記得我們先從沒有前測或沒有對照組的設計講起，再講到兩者都有的設計，再講到那些以打斷的時間序列為基礎的類實驗，最後再從那裡講到迴歸不連續及隨機分派。在這些章節裡，我們也大都有說明，加入設計元素時（像是較多的前測觀察點、較佳的穩定配對、重複作實驗對待及有系統地移除實驗對待、多個控制組，及非同等的依變項），可以如何改進推論。從某個角度來說，講述類實驗研究的四個章節反映了兩個目的：其一是要說明，所作的假定的個數、透明度及可檢定程度，在不同的類實驗設計之間有很大的差別，因此，在最好的類實驗研究裡，內部效度並不比隨機化實驗裡的內部效度差多少。另一個是，提醒那些使用類實驗設計的研究者，小心使用這項過於籠統的名稱，因為「類實驗」這個名詞可能使所有的類實驗都被認定有相同的缺點。作為將「*類實驗*」這個詞的制度化（institutionalization）的推手，我們對自己的角色覺得非常矛盾。學者需要審慎考慮隨機化實驗以外的選擇，而因此產生了類實驗這個名稱的需要。但如果最好的類實驗研究的特性，並不密切符合這個大領域比較弱的類實驗特性，那麼，就不該把所有類實驗設計的例子都歸在類實驗這個過大的大傘下。

　　統計學家希望經由使用像一條條的公式一樣的正式模型，讓所有的假

485

定透明化。我們大部分的時候都反對這項作法，因為這會傷害到許多的讀者，使得他們無法理解這些公式想要說清楚的一些概念上的議題。相反的，我們以文字來作這些說明。但這樣作有一個代價，不但遭到自認有統計專長者的厭惡，尤其那些在自己研究裡強調使用統計模型的研究者更加不悅。主要的代價是，在類實驗設計相關的章節裡及這些章節之間，我們文字敘述的方式很難能像公式一樣，當我們從比較不好的類實驗設計，變成比較好的類實驗設計時，以條列的方法正式顯示出不同的研究設計之間，詮釋的方式變少了多少，證據明顯了多少，及假定可檢定的程度多了多少。我們很遺憾有這個缺點，但也因為我們盡量少用希臘符號及羅馬下標文字，使更多人更容易理解這些議題。幸好，這項缺點不是絕對的，因為我們及其他研究者已經發展了一些方法可以測量某些威脅的大小，這些方法裡，有些是在某些特別的研究裡（例如，Gastwirth et al., 1994; Shadish et al., 1998; Shadish, 2000），有些則是用於一系列的研究（例如，Kazdin & Bass, 1989; Miller, Turner, Tindale, Posavac, & Dugoni, 1991; Rosenthal & Rubin, 1978; Willson & Putnam, 1982）。並且，我們文字敘述的方式，相較於比較強調統計的方式而言，有一項明顯的優點；那就是，它容許我們討論比較多在質性上不同的效度威脅，也就那些還沒有統計方法可測量的威脅；如果太強調量化就容易忽視這些威脅。我們相信，與其因為許多重要的威脅都不能準確測量，就完全不注意它們，還不如對這些威脅保持有不很準確的注意。

模式的比對是一個問題重重的標準

本書比先前兩本書更明白鼓吹：在因果假設裡涵括多項可用資料檢定的意涵，檢定了這些意涵之後，能降低其他合理的因果解釋之可能性。從某一方面來說，我們希望以一種模式比對的方法，替代一般評估數個或兩個平均值是否有差異的方法。這樣作，並不是因為前者的複雜度在科學界算是一個優點；相反的，所問的問題及使用的方法若能達到簡明的地步，反而是科學界非常珍視的。以隨機化實驗獲得描述性質的因果推論時所展現的簡單明瞭，即說明了這點。然而，類實驗並不能擁有這種單純的情況。我們已經強調過，利用類實驗時，一項實驗對待的因果暗示愈獨特、愈多，

且愈有變化時，其因果推論愈佳。因此，在打斷的時間序列研究裡，實驗　　486
對待是否有效果，大多決定於所預期的效果是否在某個預定的時間點發生，
及實驗對待與結果顯現時間之間的間距是否較短而非較長。在只有單一個
實驗對待組而沒有控制組的研究裡，則大多決定於理論如何預測幾種不同
但在概念上相關的變項上的結果，及所觀察到的結果是否隨著實驗對待的
開始與結束而有變化。如果要稍微將常用的「非同等控制組及且有前測與
後測」的設計稍微變化，而且如果可將實驗對待在實驗後段的時間也施用
於控制組，則可以加上錯開時間的重複這一項設計元素（staggered replica-
tion component）（也就是在一段時間後，將實驗對待也施用於控制組）。
在所有這些情況裡，我們預期會有某種多變項相關的模式，而取得資料後，
就能檢視資料，觀察所獲得的結果是否符合所預測的模式。因此，在前面
一個情況裡，所預期的模式是，平均值或斜率在某一個時間序列的某個預
定的時間點會改變；在另一個情況裡，研究者預期的是，不同的結果變項
測量會產生大小不同的效益，且這些效益會因為是否有實驗對待而有共變；
在最後一個情況下，預期的模式是，剛開始時組間會有差異，但隨後差異
減少。

　　模式比對的邏輯，讓研究者能排除某特定的因果解釋，它的優點都是
在發揮排除威脅的作用。但模式比對不是萬靈丹，它不可能讓研究者像在
成功作完了隨機化實驗之後一樣，很確定自己的研究沒有偏誤。模式比對
的幾個主要難題是比較現實面的。其中一個跟用來作預測的理論之明確度
有關。在打斷的時間序列裡，如果某項效果發生的時間延遲了，而且先前
沒有任何理論可以指出會延遲多久時，會是什麼原因？在只有一個組的研
究設計裡，如果兩個非同等的依變項，至少在一段時間裡所表現的模式是
類似時，是什麼原因？而在一般的非同等控制組的設計裡，如果預期某現
象會重複發生卻沒有發生，或發生得不明顯時，會是什麼原因？相信某一
因果假設的人，在檢討這些原因時，一定都能找出一個理由來解釋研究結
果不如預期的原因。第二個難題則跟機率有關。由於大部分的社會科學領
域都有隨機過程（stochastic process）的特性，如果預期的結果模式愈複
雜，則不能得到預期結果的機會愈高，尤其如果預期的是所有資料都是同
樣的方向時，結果不能如預期的機會更高。如果是使用模式比對的邏輯，
就要有能夠檢定整體適合度的統計分析方法，而不只是檢定相鄰的平均值

之間的差異而已。但這類檢定方法並未發展完整，不像那些為數個平均值之間的差異作的檢定方法已經發展良好。

不作隨機化實驗的藉口

　　類實驗的一個主要問題是，它們可能減少了研究者作出更好的研究的可能。從我們的經驗看來，即使有其他更好的檢驗方法可用，類實驗還是常被用來當作適宜的因果檢驗方法。讀到一篇又一篇的研究都因為作了類實驗設計，就得意地宣稱自己是探索因果的良好研究，讓我們覺得很難過。沒有人意識到，類實驗設計之間也有很好與很差之別。我們甚至看過很糟，沒有前測也沒有控制組的設計所作出來的研究，還被宣揚為好的研究，儘管這些設計已經被庫克與坎伯爾（Cook & Campbell, 1979）宣布是「大致上是不佳的」。這好像是有些研究者以為：如果「書」裡有這種跟那種類實驗，就讓人能理直氣壯地使用這些設計。很顯然的，每種研究都需要最有力的設計，而不是最不能抗拒威脅的設計。

　　在很多情況下，作得到最堅強的設計可能是隨機化實驗，或是迴歸不連續研究，即使是某種最佳的類實驗設計也稱不上是最堅強的設計。但隨機化研究的成本可能很高；它可能要花很多的努力才能實現；可能需要作很多辛苦的協商才能獲得允准；可能使得研究對象更不方便；可能在分派實驗對待的過程，要更加的小心注意，才能減低樣本的流失；可能引發別的設計不會引起的倫理議題；也可能限制了因果論能擴論的範圍，包括人、情境、實驗對待及結果的擴論範圍。研究者一定要確信隨機化實驗所帶來的推論上的益處，強過所有其他的類實驗設計，才會去付出它所需的成本。隨機分派必須努力爭取才能得到（Gueron, 1999）；類實驗通常比較不需要努力爭取。

　　不同訓練領域的文化在這裡扮演關鍵的角色。醫藥科學中，出錢作研究的機構、出版商、研究所的課程，及臨床實驗的傳統，都支持作隨機分派。農業科學的文化也喜歡這樣的實驗，甚至學校也如此（St. Pierre, Cook, & Straw, 1981; Connell, Turner, & Mason, 1985），行銷學的文化及調查方面的研究也是（例如，Bradburn, 1983）。學前教育也浮現出邁向這種文化的腳步，像是：(1)國會命令要將參與的兒童隨機分派到「早期啟蒙計畫」

（Early Head Start）及「全面兒護計畫」（Comprehensive Child Care Program）；(2)在政治與學術界有高能見度的「裴利學前學校計畫」（Perry Preschool Program）（Schweinhart, Barnes, & Weikart, 1993）、「阿巴卡達利安計畫」（Abacadarian project）（Campbell & Ramey, 1995）及家庭訪視護士計畫（Olds et al., 1997）；及(3)重視實驗的領域（例如心理學、人類發展、醫學、及微觀經濟學等）受過作實驗的訓練的研究者也參與學前教育的實驗計畫。

其他領域的文化比較傾向於類實驗，或甚至質化的因果研究，很少聽到要超越類實驗的聲音。例如，教育研究與改進辦公室（Office of Educational Research and Improvement, OERI）的報告，希望找出有效的學校措施，但卻沒有作隨機分派（Vinovskis, 1998）。最近一項討論雙語教育的報告又重彈了不可能作隨機化研究的老調，並宣稱其他的類實驗設計一樣好。本書作者之一（庫克）最近參加了教與學基金會的會議，一位具改革雄心的州長發言人談到了一張已經被發到各學校去的表，上面推薦了最佳的學校措施。這位代表並不在乎推薦這些措施的研究技術的品質，也相信沒有一位州長會在意這個。他認為重點是，支持每項措施的教育研究者要有共識；且猜測這些最佳措施裡，沒有一個是以隨機化實驗決定出來的。一些全國知名的教育研究者也有出席，他們都同意產生這張表時，隨機分派可能沒扮演任何角色，而且不覺得這有什麼不好。只要一個領域的研究者都相信類實驗就足夠支持因果推論，目前醫藥學界、農業界或醫藥學院所支持的實驗就不可能在該領域獲得支持。然而，如果教育研究界有心要作隨機化實驗，學校裡還是有很多教育的情境可以作隨機化實驗（Cook et al., 1999; Cook et al.，出版中）。有時候，認真討論類實驗的一個不幸而且不小心產生的副作用，有時候可能是完全忽略隨機化實驗。非常可惜。

488

隨機化實驗

我們在這一節列出反對隨機化實驗的說法，並分析這些說法所提出的

各種議題，不論它們是否合理。

不可能成功地執行實驗

　　只要是稍微接觸過大規模的社會實驗就知道，實驗對待的執行常不適當或不完全，而且每一個地方的樣本流失程度常有不同。各種機構也有許多推行實驗的障礙，包括：不同的人對於隨機分派的重要性或優先考量次序有不同的想法，而有些介入措施在各級機構看來似乎都干擾了原本進行中的流程，而且需要實際執行這些實驗對待的人常會覺得實驗對待的要求，是他們原本就負荷過重的每日例行工作之外，又一項煩人的負擔。還有些時候，某一組的實驗對待方法會傳到別組去，像是控制組的人使用實驗對待的某些元素或將之改變後應用，或者實驗組的成員只接受到實驗對待的某些部分，而非全部。這些批評顯示，當我們比較隨機化實驗與類實驗時，並不是在比較執行完善的隨機化實驗和比較好的類實驗，而常是在比較執行得不甚完善的隨機化實驗和作得較佳的類實驗。的確，如果決定不作隨機化實驗就是因為怕實驗對待的品質降低，有時類實驗裡的實驗對待之執行品質的確比隨機化實驗裡的好。這種說法很難清楚討論，因為這還要看是怎樣的品質低落，及低落的程度，及用哪一種類實驗取代。但若將這種想法延伸到最極致，是在暗示田野的隨機化實驗並沒有任何特別的保證，因為*實務上*（而非理論上），並沒有證據顯示隨機化實驗比其他的設計佳。

489　　　但也許情況沒有這麼糟。為了防止實驗對待品質降低及處理這種問題的方法，最近進展得很快（見本書第 10 章；Boruch, 1997; Gueron, 1999; Orr, 1999）。更重要的是，隨機分派即使有上述的一些缺點，也還是能為其他的設計方法提供很好的反事實結果（counterfactual）。例如，薛狄戌與瑞格斯代（Shadish & Ragsdale, 1996）發現，跟沒有樣本流失的隨機化實驗相比，有樣本流失的隨機化實驗還是比非隨機化實驗得到較正確的效量估計值（以沒有樣本流失的隨機化實驗結果作為正確的效量）。當然，有時候如果隨機化的品質狀況非常糟，不如用另一種方法，像「打斷的時間序列且有控制組」的設計，就是最好的。但只是一直認為品質不佳的隨機化實驗不如不作，並不是好辦法；研究者需要小心研究與判斷後才作決定。再者，許多取代實驗的設計本身也有執行上的缺點，會威脅推論的效度。樣

本流失及實驗對待元素外流到別組，這兩者也都會在這些設計裡發生。我們也懷疑，執行的缺失在實驗裡很明顯，是因為實驗已經使用很久了，而且實驗者對於別人的實驗都很嚴苛。相對的，評估其他方法的執行與結果的品質之標準，是新近才建立的（例如，Datta, 1997），因此可能在概念上比較沒有發展得這麼完整，比較不會受到同儕的批評，也比較少從經驗學習而獲得改進。

實驗需要強而有力的理論及標準化的實驗對待執行流程

　　許多批評者認為，如果一項介入措施是根據強而有力的相關理論，如果實驗對待的執行細節忠於理論，如果研究情境獲得良好管理，及如果單位間在執行時的差異不很大，則實驗的收穫會比較豐富。但許多田野實驗都無法滿足這些條件。例如，學校都是很大而複雜的社會組織，裡面有多種部會、名聲不佳的政治及互相矛盾的目標。許多計畫在不同學區之間有不同的執行方法，在學校、教室及學生之間也都一樣，有執行方法不同的情形。我們不可能預先假定實驗都遵守標準的執行方法，或實驗都忠於計畫所根據的理論（Berman & McLaughlin, 1977）。

　　但事實上，這些批評放錯地方了。實驗並不要求有明確的理論、有好的計畫管理、有標準的執行方法，或要完全忠於理論的實驗對待。如果實驗只是探索某個「獲得真正執行的」介入措施，是否在考慮了所有其他背景的差異之後，仍然有改善，該實驗還是有貢獻。當然，前面的這些因素都會降低統計檢力，使因果推論比較不清楚。這意味著，如果實驗情境裡，這些情況大都發生時，實驗必須：(1)使用大樣本才能察覺出效益；(2)努力降低外在變異的影響，也許靠研究設計或靠測量及統計的操弄；(3)將執行品質作為一個本身就值得研究的變項，藉以確定哪些情境及哪些實驗對待提供者，能將介入措施執行得較好，也將執行品質作為一個中介變項，藉以瞭解執行如何影響實驗對待與結果之間的關係。

　　的確，執行缺乏標準化能幫忙研究者瞭解，若在正常情況下執行一項介入措施，該措施會有多大的效果。在人的世界裡，很少有實驗對待是以標準且完全忠於理論的方式在執行。為適應實驗地點的狀況而作調整，及只執行一部分實驗對待，這些都是常態。如果是這樣，那麼有一些實驗必

490

須要能反映這項變異,並進一步問:如果實驗對待是政策,而我們預期實驗對待的執行在組內會有這些變異,那麼,實驗對待的執行是否儘管有這些組內的變異卻仍然有效?發展大型計畫的人和社會理論學者可能希望執行的高層級有標準化,但如果這樣一來會使研究的情況和這些研究所希望擴論的實務情況不符,則政策分析者應該不會歡迎這樣的想法。當然,如果兩類問題都能獲得解答是最好了;也就是,在政策相關的上,當執行方式有差異時,實驗對待所獲得的實際效果有多少;而跟理論較密切相關的議題則是,介入措施在最佳的執行狀態時,產生多少效果。在這方面,你可能會想到,安格力司特最近不但以傳統分析隨機化實驗的方法,估計實驗對待的效果,並提議以隨機分派作為工具變項(instrumental variable)分析實際獲得的實驗對待,以估計實際的實驗對待效果(Angrist et al., 1996a)。

實驗所要付出的代價不值得

有些研究者認為,選擇作實驗所須付出的代價是不值得的(Cronbach, 1982)。實驗是以找出描述性因果問題的無偏答案作為第一考量。但由於資源有限,有些研究者寧願將他們的資源投注於提升建構效度與外部效度,而不是投注於改善內部效度。為了要特意在比較大範圍的母群或情境裡抽樣,或者如果某一特殊母群是研究的重心時,為了要得到一個具有正式代表性的樣本,這些研究者可能認為,讓因果關係的不確定性稍高也沒關係。他們甚至利用這些資源讓實驗對待獲得忠實的執行,或者以多個方法來測量一個非常重要的結果建構。他們認為,如果偏重建構效度及外部效度的後果是作類實驗研究或甚至非實驗,而不是作隨機化實驗,也無所謂。當提倡實驗的學者建議將研究限制由自願者參加,以提高該研究完全執行並維持隨機分派的機會,或建議要密切監控實驗對待,確保它有被忠實執行,因而使得實驗顯得比讓同樣的實驗對待在一項正在進行中的社會政策裡執行更突兀時,這些觀念讓同樣寧願選擇外部效度和建構效度的其他批評者側目不贊同(例如,Heckman, 1992)。用坎伯爾與史坦利(Campbell & Stanley, 1963)的話來說,這時實驗用外部效度的代價換得內部效度。用本書和庫克與坎伯爾(Cook & Campbell, 1979)的話來說,實驗用外部效度

和建構效度的代價換得內部效度，傷害了自己。

批評者也認為實驗過分強調科學嚴謹的保守標準。這些標準包括：(1)用保守的標準來避免錯以為實驗對待是有效的（$p<.05$），但這冒著無法察覺真實的實驗對待效益的風險；(2)推薦作「意圖對待的分析」（intent-to-treat analyses），這種分析將那些從未接受過任何實驗對待的人視為實驗對待的一部分；(3)如果沒有預先計畫要觀察實驗對待與單位、觀察值、情境，或時間點間的交互作用，事後卻發現有顯著效果時，這些標準認為這樣的結果不應加以重視；(4)即使在研究期間發現了其他有趣的問題，還是必須僵硬地探討事先計畫好的研究問題。大多數對實驗外行的人，都是用比較開放自由的風險計算來決定生活上的因果推論，像是當他們在考慮是否接受某一個可能挽救自己生命的治療方法時，即是如此。科學不該也要這樣，比較不保守嗎？至少有時候不是該在預防錯誤的推論和不能察覺到真正的效益之間，作不同的抉擇嗎？

批評者進一步反對，認為實驗不該將描述性質的因果關係，列為比解釋性質的因果關係更優先。這些批評者認為，關於介入措施是否真有效，他們可以忍受更多這方面的不確定性，以獲知更多有關解釋性質的過程，因為這些過程日後可能可以擴論到不同的單位、情境、觀察值及時間。再者，有些觀察者寧願利用那些類似歷史學家、記者及人種誌學者所使用的質化方法，來追尋這種解釋性質的知識，而不用像是結構方程模式這類的方法，因為後者看來比前者這些領域所用的敘述式報告模糊曖昧許多。

批評者也批評，認為實驗不該將提供答案給政策決定者視為優先要作的事，而將提供及時協助給當地的任務執行者的優先次序列於後；而且為前者提供的答案常已經過期了。這些當地的執行者很少對已經拖很久的成果報告有興趣；他們常比較希望持續得到一些跟自己工作相關的回饋，尤其是對於那些實務上的細節的回饋，這樣他們就可以立即改善。最近一封寫給《紐約時報》（*New York Times*）的信就是這樣的想法：

> 愛倫克魯格（Alan Krueger）……聲稱，為了避免作價值判斷，並希望從實證探討（關於教育改革的）議題。但他堅持要等到研究結果確定之後才改變教育政策的這種作法，本身就是一種價值判斷，而且是偏向維持現狀。對照一些公立學校目前的悲慘

狀況，他的判斷非常有問題。（Petersen, 1999）

我們同意這些批評的許多論點。在所有可能的研究問題之中，因果問題只是一部分而已。而所有能探討因果的研究方法中，實驗並不能解決所有類型的問題，也不適合所有的情況。只要看看第 9 章與第 10 章所列的那些選擇與附帶，就能瞭解，一味地宣揚實驗是尋求因果關係的「黃金標準」，認為它一定都會得到明顯可詮釋的效量，是多麼魯莽的事。然而，這些有關代價的批評裡，有許多是根據人為的二分法（artificial dichotomies）、可以改正的問題，或甚至只是過度的簡化。實驗可以，也應該檢視為什麼會出現不一的執行方式，而且也應該搜尋找出其中的中介過程。實驗不需要利用嚴苛的錯誤率，只有統計傳統才要求.05。雖然「意圖對待的分析」一定是要作的分析之一，也不需要將資料分析只限制在那些意圖對待的人的部分。只要是在理論與統計檢力所允許的範圍之內，實驗者也可以探索統計交互作用，避免太高的錯誤率，並謹慎地作結論。仍在進行中的實驗所得到的結果也可以出版；而且可以，也應該分析樣本代表性，及對人、情境、實驗對待及結果的評量之建構效度作分析；可以，也應該蒐集質化資料，用以找出是否有意想之外的結果及中介過程；而且，也應該利用本書所簡介的方法，盡可能找出跟因果推論相關的訊息。所有這些步驟都需要資源，但有時只要一點即可（例如，加上中介變項的測量工具）。實驗不需要像一些教科書所講的那樣僵硬，而只想著拼命改善內部效度也不好。

關於後者，一些批評者認為，大型研究計畫裡如果大多是類實驗，或甚至都是非實驗研究時，所獲得的有用資訊會比較多，強調較堅強的實驗方法的研究計畫，所獲得的有用資訊比較少（例如，Cronbach et al., 1980; Cronbach, 1982）。雖然我們大致同意這個觀點，但是如果超越了一些界線，就可能危及了主要推論的完整性。除非從邏輯或證據的基礎上，可清楚看出對內部效度的威脅是清楚不可能存在，否則完全不作好的實驗研究來探討介入措施的效果，有可能是在對一個不可靠的因果關係作廣泛的結論。這種事太常發生了。學校券（school voucher）的提議已經有三十年了，但它的效果如何，到現在都還沒有一個清楚的答案。亨利・拉文（Henry Levin）開創「加速學校」（accelerated schools）已經十五年了，也還沒有

實驗，也沒有答案。詹士・卡莫（James Comer）開始「學校發展計畫」
（School Development Program）也已經三十年了，但幾乎還是同樣的情
形。雖然不成熟的實驗是很危險的，但是，像這些幾十年的計畫卻都還沒
有清楚的答案，可能問題更多；尤其是對那些想以社會政策的效益作為評
量基礎的立法者及其工作人員而言，更是如此。找出一項介入措施的哪一
部分是有效的，是非常重要的工作，不能說實驗所要付出的代價是不值得
的。

　　相對的，我們對於大型的實驗研究計畫能將建構效度與外部效度的議
題探討得還算不錯的能力，深感佩服。當然，個別的實驗對這兩個議題的
探討有限，但我們在後設分析中就能很清楚看到，綜合多個實驗以後，探
討建構效度和外部效度議題的能力遠超過了以往的批評者所認為能作的。
當然，就像我們在第 2 章也清楚說過，我們不是在呼籲任何時候都要優先
考量內部效度而不顧建構或外部效度（每一種效度都必須有站在鎂光燈下
的時刻）。我們是在呼籲大家要注意，一些太不重視內部效度的大型研究，
推論的嚴重弱點已經漸漸浮現出來了，而一些非重視內部效度的大型研究
計畫所得到的推論，則廣泛得令人驚訝。

實驗假定一個無效的研究使用模型

493

　　對於某些批評者而言，實驗重新創造了一個天真的理性決策選擇模型
（rational choice model of decision making）。也就是說，研究者先把所有可
能的選擇（各種實驗對待）攤開；接著再決定要以哪些標準（結果）來選
擇；再為每一個實驗對待針對每一個標準蒐集資訊（資料蒐集）；最後再
決定哪一項是最好的選擇。不幸的是，社會科學資料方面的實證研究顯示，
要使用哪一個，並不是單純如理性選擇模型所言（C. Weiss & Bucuvalas,
1980; C. Weiss, 1988）。

　　第一，即使當因與果的問題是在決策的情境被提出，實驗結果還是會
跟其他形式的訊息一併使用，像是現有理論、個人的證詞、從調查結果外
推得出的論述、某一領域的共識、領域專家的說法，及最近流行的想法。
決策一部分會被意識型態、利益、政治、個人人格、機會窗口（windows
of opportunity）及價值觀所塑造；影響政策的團體（Cronbach et al., 1980）

及個人或委員會都可能作決策。再者,許多決策並不是真的全新作成的,而是多年累積而成的,並且受到先前決策的限制,使得後來的作決策者幾乎沒有什麼選擇(Weiss, 1980)。的確,等到實驗有了結果時,新的決策者及新的議題可能已經取代了舊的決策者與舊議題。

第二,實驗常會產生數種都頗為合理的說法,而非一致無異議的結論,因此對於決策的意涵並不明確。各種爭論都會發生,像是關於研究問題是否正確架構?結果是否有效?相關的結果是否有評估?及結果是否可以讓決策者作出一個特定的決定?例如,重新檢視密爾瓦基(Milwaukee)教育券(educational voucher)研究,讓人對於效益是否曾發生過及在哪裡發生,都有不同的結論(H. Fuller, 2000; Greene, Peterson, & Du, 1999; Witte, 1998, 1999, 2000)。同樣的,田納西班級人數的實驗研究也產生大小不同的效量(Finn & Achilles, 1990; Hanushek, 1999; Mosteller, Light, & Sachs, 1996)。有時候問題是在於學界間的爭議,但有時候,這些爭議則反映了不同利益者之間深刻的衝突。

第三,如果介入措施是將現有的方法作些微的調整,則比較可能只是將實驗資料作為短期的工具之用。例如,更換一個班級的教科書,或改變開給病人的藥丸,或將進入計畫的資格改變,都比將醫院移到醫療設備不足的地區,或在全州為那些接受社會福利救濟的人開設托育中心來得容易。因為比較可行的改變在規模上都不大,這些改變比較不可能戲劇性地影響它們所要解決的問題。因此批評者提醒,優先考慮短期的工具性改變常會保持大部分的現狀,不可能解決嚴重的社會問題。當然,有些實驗真的是作大幅徹底的改變,並且有大膽的提議。因此,將家庭從非常貧困的市中心區搬到郊區,使得移出和移入的社區在貧窮程度上改變了三個標準差;這比窮困家庭自行遷移所產生的改變大了許多。這種戲劇性的改變是否能用來當作將那些住在市中心區但想搬家的人移出的模型,還有討論的空間。許多人會認為這種政策是不可能的。真正大膽的實驗有很多重要的理由;但這些大膽的實驗,沒有一個是在實驗之後很快地就創造了新的政策。

494

第四,研究最常見的用途是為了釐清某些概念,而不是工具性的,這些研究改變了使用者的一些基本假定,改變他們對情境的瞭解,及改變他們組織想法或為想法命名的方式。有些為了釐清概念而採取的行動是特意作的,就像是有人為了一個眼前的問題而特意去讀一本書。例如,莫瑞

（Murray, 1984）那本討論社會政策的書，在 1980 年代的某些概念起了很大的影響，甚至因而產生了社會政策的新議程。但其他的概念方面的使用法發生得很短暫，像是某人讀了報紙裡一篇提到社會研究的文章。這類的使用可能會造成很大而長期的影響，因為整個系統都逐漸採用了這種新思維，但它們很少能改變任何短期的決定。

這些反對將實驗作為天真的理性決策模式之用的理由都很有道理，該模型被拒絕是對的。然而，這些反對意見大部分不僅對實驗來說是對的，對所有社會科學方法而言，都是正確的。想一想美國普查的正確性之爭議，完全都是描述性質的普查結果要進入分配資源的決策過程，而決策過程非常複雜，而且充滿政治意圖。沒有一個方法能在短期內提供資料作為工具使用。再者，這些反對意見也有誇大。在像美國國會這樣的情境裡，作決策的工具*有時*會被社會科學的資訊影響，使用其中的實驗對待（Chelimsky, 1998）；而且，因為在探討效益問題的文獻裡常會引用實驗，實驗常因此有貢獻。同樣的，政策的提議會被回收，就像是學校券的提議也被回收一樣，因此以前沒有用過的社會科學的資料，後來因為它們跟一項目前的議題有相關，而被使用了（Polsby, 1984; Quirk, 1986）。還有，關於有效性的資料，即使主事者不立即用這項訊息或直接施行這些方法，還是會影響他們的思考。的確，研究顯示，高品質的實驗能給立法者及作決定者額外的可信度（C. Weiss & Bucuvalas, 1980），就像是田納西班級人數的研究情形即是如此。我們也不應該忘記，實驗在概念上的用途還包括那些用來訓練某一方面專業的教科書，這些教科書裡就包括了許多成功的研究所獲得的結果（Leviton & Cook, 1983）。而利用社會科學資料產生的漸進改變，並不一定都是很瑣碎的。小小的改變有可能產生幾十億元的利益（Fienberg, Singer, & Tanur, 1985）。社會學家卡洛‧魏斯（Carol Weiss）提倡純為教化的緣故作研究，她說，三十年的實驗與她對於社會科學資料之使用的研究，使得她「讚嘆評量結果的發現對於激發新知及增進研究計畫有效性的用途。有朝一日，所累積的增長將不只是這麼不起眼而已」（Weiss, 1998, p. 319）。最後，實驗的用處也可利用本章先前所列舉的行動來增加，包括在基本的實驗設計之外，另外作一些附帶的研究，像是測量執行嚴謹度及測量中介變項，或使用質化方法──任何能幫忙釐清計畫的過程及執行問題的測量都是。綜合以上所述，實驗結果用處的無效模型，對我們來說，

495

跟其他任何社會科學之使用的無效模型一樣常見。我們在最近幾十年已經對研究的使用有很多的瞭解，而想要讓自己的實驗有用處的研究者可以從這些經驗獲得啟發（Shadish et al., 1991）。

實驗時的狀況跟政策執行時的狀況不同

實驗的規模會比在全州或全國執行的介入措施小得多，因此實驗不能模擬政策全面執行時的所有細節。因此，以政策執行某項介入措施可能會得到跟實驗不同的結果（Elmore, 1996）。例如，一部分是因為根據減少班級人數所得的效益之研究，田納西州和加州執行了全州的政策，讓每個班級的學生人數減少，班級數增加。這需要許多新老師和新教室。然而，由於全國教師短缺，有些新老師可能沒有像那些實驗裡的師資那麼好；而教室短缺使得貨櫃及殘破教室更常被使用，這些都可能進一步使降低班級人數的好處打折。

有時候，一項實驗裡的實驗對待是一種創新，使得參與者具有極高的執行熱情。當實驗是由一位具有領袖魅力且有創造力的人領導，他所具有的知識很可能超過那些未來在大規模執行時的實務執行者，而他領袖魅力也可能使實驗對待之執行品質特別高，這些因素可能產生使得實驗對待比在日常政策下所執行的介入措施獲得更成功的結果。

當實驗裡的實驗對待執行方式跟一般真實世界的方式不同或與之衝突時，放在政策裡執行也可能會產生不同的結果。例如，研究心理治療結果的實驗常以手冊將實驗對待標準化，實驗有時也會觀察治療師，當他們偏離治療手冊時就予以糾正（Shadish et al., 2000）；但這些作法在臨床很少見。如果治療方法有寫成手冊時比較有效（Chambless & Hollon, 1998; Kendall, 1998），將實驗結果移轉到實務時，結果可能沒那麼好。

隨機分派也可能改變大型研究計畫所想作的政策執行效益（Heckman, 1992）。例如，那些願意被隨機分派的人，跟實驗對待的最後目標是不同的；隨機分派可能改變人對實驗對待的心理或社會反應（social response），而自我選擇接受實驗對待者則比較不會有這種改變；隨機分派也可能擾亂行政與執行，因為它迫使研究計畫必須面對各種不同的個案。黑克曼認為，

「職業訓練伙伴條例」（Job Training Partnership Act, JTPA）評估所發生的

這類問題，「讓人懷疑 JTPA 系統效益的實驗估計值的效度」（Heckman, 1992, p. 221）。

從很多方面來說，我們同意這些批評，但我們覺得值得作幾個回應。首先，這些批評*假定*，從實驗到政策之間缺乏可擴論性，但這是一個*實證*的問題。一些資料顯示，即使從實驗室到田野（C. Anderson, Lindsay & Bushman, 1999），或從研究到實務（Shadish et al., 2000）有很多的差異，擴論還是可能很高。第二，如果不會使研究的一些優先考量的事項之品質降低，可以讓實驗對待執行的條件比較像實務執行時的情境，就能降低實務與實驗之間的差距。事先稍微想一想，就能增加單位、實驗對待、觀察值、情境或時間，與政策最後目標之間的表面類似度。第三，這些批評裡，有一些是*任何*研究方法在一個有限的情境下（像在一個小地域內執行的個案研究或類實驗）都會有的問題，因為在一個小地域內執行計畫所面臨的議題，跟大規模執行的議題是有差別的。第四，實驗操弄的介入措施很可能會擾亂原有的步調，是許多在小地域內以實驗操弄的創新辦法都會產生的，*即便它們不是以任何的研究方法來作*，還是可能擾亂原有的作息。創新就自然會打亂，而文獻上，也有很多創新的辦法在成為政策執行時遭遇困境的例子（Shadish, 1984）。

然而，基本的問題仍然是：大規模的政策執行是一項特殊的事件，除非真的有完整執行，否則不可能完全瞭解其效果。單一個實驗，或甚至一小串類似的實驗，都不能為「如果該介入措施被採用成為政策，會有怎樣的結果」這個問題提供答案。然而，黑克曼的批評值得我們以另一種架構重新提出他的觀點。他沒有區分效度的類別（統計結論效度、內部效度、建構效度、外部效度），這使讀者很清楚，黑克曼所說「讓人懷疑 JTPA 系統效益的實驗估計值效度」的批評（Heckman, 1992, p. 221），實際是指外部效度及建構效度，而非統計結論效度或內部效度。除了他從狹隘的經濟計量學傳統所引述的幾篇論文之外（Haavelmo, 1944; Marschak, 1953; Tinbergen, 1956），很少有社會實驗曾經宣稱過實驗可以描述「整個系統」——甚至費雪（Fisher, 1935）也承認必須在這些效度之間作取捨。再者，黑克曼從經濟計量學的方法所提供的答案，也不能避免而必須在內部效度與外部效度之間作選擇。例如，調查與某些類實驗可以藉由觀察那些已經在大力執行的介入措施來避免一些問題，但它們為大型研究計畫所作算好的效

益估計值，效度令人懷疑；而且如果這些計畫作得更大，像政策一般地推廣時，估計值本身又會改變。

回答這些批評需要多方的證據——效能與有效性的隨機化實驗、觀察現有的介入措施之非隨機化實驗、用非實驗式的調查算出代表性估計值、在不同的假定下估算效益大致範圍的統計分析、以質性觀察來發掘介入措施及可能的執行情境之間潛在的不相容點、從歷史上研究那些以政策執行的類似介入措施的命運，由具有介入措施方面專長的專家作政策分析，及本書中探討因果擴論的方法。以政策執行一項措施時的情形，會跟任何以計畫研究該措施之執行時的條件不同，因此預測擴論到政策執行時的結果，常是最困難的問題之一。

強制要求執行介入措施，跟鼓勵在地自己找出解決之道相較之下，根本上是有缺失的

實驗強將實驗對待加在實驗接受者上。然而，二十世紀末時一些想法認為，由上級給的答案可能不如由問題當事人自己找出的答案好。這種觀點，一部分是以 1960 年代美國「美好社會」（Great Society）的大型社會計畫幾乎沒有效益的結果為前提，該觀點相信，失敗的一部分原因是因為該計畫是由聯邦政府強制要求執行。這個觀點部分也反映出自由經濟及保守的政治意識型態在二十世紀末的成功，及中央控制經濟及比較自由的政治信仰之挫敗。但是在某些地區，以實驗強制執行的一些實驗對待卻跟這樣的思維不符合。

諷刺的是，第一個反對看法是根據實驗的結果——如果強制執行的大型計畫真的是沒有用，那麼實驗提供了證據。再者，這些沒有發現效益，一部分很可能是因為執行時方法上的失誤。這些實驗之後，一部分也是因為這些實驗失敗的緣故，解決實驗的實務問題的方法有很大的進步。如果是這樣，現在就認定這些實驗絕對不會有任何效益，還言之過早，尤其統計上能找出很小的效益的能力已經增加了許多（D. Greenberg & Shroder, 1997; Lipsey, 1992; Lipsey & Wilson, 1993）。

我們必須區別政治經濟流行的思考語言與介入措施的效益兩者間的不同。我們沒聽過有人曾將問題當事者自己想出的解決辦法，與上級政府命令要執行的解決辦法相比較。事實上，要作這樣的比較所面臨的方法上的

問題很嚇人，尤其是將介入措施正確地分成兩類，及將類別跟方法之間的差異兩者拆開，因為類別跟差異之間是有相關的。想不出方法解決非隨機設計裡那些難以操弄控制的因果問題，而要回答當事者自己想出來的解決方法有多少效益的問題，很可能需要的正是飽受批評的高品質的實驗。雖然問題當事者自己想出的解決方法可能的確有顯著的優勢，但這些方法中，有些可能必須以實驗的方式評量。

因果擴論：太複雜的理論嗎？

498

最能增進內部效度的方法是隨機分派，這個機制讓我們作因果推論時，不必擔心很多假定是否成立。相對的，作類實驗時，我們就需要講明白很多的假定，這些假定就是對內部效度的威脅，而且必須將這些假定以權威人士的指示、設計或測量來排除。類實驗是比較複雜而且充滿假定的過程，明顯不如隨機分派。因果擴論也有類似的狀況，隨機選擇是最儉省、也是經過理論認可的方法，作因果擴論時只需要最少的假定。但由於很少能作到隨機選擇，因此，我們必須為經由立意抽樣所作的擴論建構一個可以接受的理論，這是一個困難許多的過程。先前的因果擴論五原則就是我們所作的理論，我們相信這些是隱藏在隨機抽樣之後的因果擴論的關鍵。如果我們想作較好的推論，即使不是最好的推論，就必須找出這些關鍵、將它們說明清楚，並且加以估量。但執行這些原則比執行隨機抽樣更複雜。

讓我們以「美國成年女性」這個類別來簡短說明這點。我們可以從經過仔細審驗過、所有住在美國且年紀至少二十一歲的女性註冊名單裡，作隨機選擇，來代表這個類別。在抽樣誤差容許的範圍之內，我們可以將所有從這個樣本測量出的特質，正式擴論到註冊名單上的母群。當然，我們不能用這個方法，因為沒有這樣的註冊名單存在，但通常都用機會樣本來實驗。然而，觀察之後發現，這些女性都是在十九與三十歲之間，成就和能力都高於平均水準，且正在求學；也就是說，我們用了一群大學女生。表面相似度顯示，樣本裡每一個人都屬於「*女性*」這個類別。但很明顯的，

美國女性裡，最多的不是大學生。這些學生不論在教育能力、成就、社經
地位、職業，及所有可觀察到及不可觀察到的相關變項，包括健康狀況、
目前就業狀況，及教育與職業想望與預期上，都是一個同質性過高的樣本。
為修正這樣的偏誤，我們可以用較複雜的立意樣本設計，選擇在這些特性
上具有異質性的女性。但立意抽取異質性的例子絕不可能像隨機抽樣作得
一樣好，而且立意抽樣當然也比較難以構想及執行。還有許多例子可以說
明其他的原則可以怎樣幫忙作好擴論，但重點是，任何從立意樣本作擴論
的理論，一定會比隨機抽取的單純複雜。

　　因為在實驗的架構下測試一項因果關係時，很少能真正作到隨機抽取，
我們需要這些立意抽樣法作為替代。但大部分的實驗研究可能仍然仰賴一

499　些最弱的一種立意抽樣法。我們希望設法改善這些不夠嚴謹的作法。然而，
不幸的是，即使是立意選取，作比較小心的選取時，不論是選取單位、實
驗對待、結果或情境，選取的自由常受限制。要有資源才能就許多不相干
的變項作抽樣，使樣本在很多屬性上具有異質性；有資源才能測量數個相
關但在概念上可互相區分的建構；有資源才能測量各種可能用以解釋結果
的過程。這些一部分說明了我們為什麼會預期，經由文獻回顧（而非由單
一的實驗），可以讓因果擴論有更多的進步。因此，如果某位研究者能以
大學女生作研究，另一個以女性教師作研究，再另一個又以女性退休人員
作研究，就讓人有機會觀察這些不相干的異質性是否影響因果擴論，或者
因果關係在所有這些不同類別的女性下是否都繼續存在。

　　說到最極致，因果擴論一定都會比評估一項關係是不是比因果關係更
為複雜。因果擴論的理論比較分散而冗長，比較晚近才形成，而且比較沒
有經過很多的研究經驗測試。有些領域則不屑討論這方面的議題，因為這
些領域的信仰與作法是，一旦重複印證了一項關係一次，該關係就應該被
認為是普遍的事實，除非有些證據發現並非如此，更別提這些領域相信，
如果所設計的下一個實驗只跟以往的研究有一點微不足道的小差異，對於
知識的進步與名望的提升沒有什麼幫助。假裝以為因果擴論像其他社會科
學的方法一樣，是由領域所建立的程序所獲得，這種態度是沒有意義的。
我們在這本書裡努力要以一種有條理的方式來設定一個理論議程，但我們
不認為可以作最後的定案或判斷。因果擴論的道理，還不能跟內部效度的
威脅或類實驗設計相比，因為內部效度的威脅是由實證研究所得到的，而

類實驗設計為了要排除這些威脅，已經演進了超過四十年。我們設了因果擴論理論的議程，但還不完整。

非實驗的方法

　　雖然這本書討論的是關於為了回答因果假設的問題所作的實驗方法，如果你因此相信只有實驗方法才能回答因果假設的問題，那就錯了。以下我們簡短考慮幾個其他的方法，並指出我們為什麼沒有詳細說明這些方法的主要原因。基本上，這個原因是，我們相信，不論它們對某些研究目的而言有什麼優點，它們所得到的結論都比隨機化實驗，甚至比那些最好的類實驗（像是迴歸不連續或打斷的時間序列設計之類）得到的結論不清楚。

　　我們所檢視的非實驗方法，是各種學門主要使用的。在教育學及一部分的人類學與社會學裡，所使用的方法是作密集的質化個案研究。同樣這些領域及發展心理學，對於利用因果模型探討以理論為基礎的因果研究也逐漸產生興趣。所有社會科學的各學門，除了經濟學和統計學以外，*類實驗*這個詞即使在結構上還非常不成熟，因果擴論也常有很多的問題，但卻習慣被用來作為因果推論成立的理由。這種倡導低品質的類實驗，且將之視為可代替我們在這本書所呼籲的高品質研究的作法，我們必須加以挑戰。最後，在一些統計學及流行病學，在絕大部分的計量經濟學，及在那些使用計量經濟學方法的社會學和政治學裡，比較強調以統計操弄作為控制，而非強調以實驗設計控制。當描述性質的因果推論是研究者首要考量時，所有這些非實驗的方法通常都不如實驗。

500

密集的質化個案研究

　　希望從密集的質化個案研究中產生因果結論的呼籲，有幾種不同的來源。一個是教育界的量化研究者，他們自己領域所使用的工具已經不再對他們具有吸引力，轉而喜歡嘗試歷史學及記者，尤其是人種誌學者，所使

用的質化方法（例如，Guba, 1981, 1990; Cronbach, 1986 也嘗試過）。另一個是那些原先是受人類學（例如，Fetterman, 1994）或社會學（Patton, 1980）等主要領域訓練的學者。

之所以對於個案研究方法產生熱情，有幾個原因。一個是，質化方法常能將因果關係的不確定降低不少，符合決策者的需求。許多個案研究方法的倡導者指出，記者、歷史學者、人種圖誌者及一般外行人，都慣用一種質化的過程作有效的因果推論；該過程結合了推論、觀察及挑錯，來排除對內部效度的威脅——雖然他們不是明確地使用這種語言（例如，Becker, 1958; Cronbach, 1982）。一小部分質化理論學者甚至更進一步認為，個案研究可以取代實驗，用以探究他們所能想像得到的任何像是因果關係的問題（例如，Lincoln and Guba, 1985）。另一個原因是，他們相信這類方法也能對因果關係有更寬廣的視野，這樣的視野能看到世界及人心裡的許多力量，因為是這些力量綜合起來以一種複雜的方式在影響行為，而且方式的複雜程度遠比任何實驗所能發現的更高。第三個原因是，他們相信個案研究所獲得的訊息種類比實驗所獲得的更寬廣。例如，個案研究方法可以讓讀者知道各種有用的事物，像是決策者如何看待相關的問題、介入措施的理論是什麼、介入措施所包括的內容是否執行得當、對研究參與者的生活產生什麼近期與遠期的影響、產生了哪些料想不到的副作用、哪些程序可以解釋所得到的結果模式。相信密集的個案研究方法的人，認為這種方法可以讓研究者探測 A 到 B 的連結、探測影響該連結的各項因素，及探測各種跟介入措施相關的問題，而且這些相關問題的範圍比實驗所容許的範圍還寬廣。

501 　　雖然我們同意，質化的證據可以降低「因」的一些不確定性——有時大為降低不確定性，但通常很少有這樣的情況發生（Campbell, 1975）。尤其，質化方法通常對於那最重要的反事實的問題，無法提供清楚的知識；這項反事實的問題就是：接受實驗對待的人，如果沒有接受實驗對待，會變成怎樣。將個案研究加上設計特色，像是比較組及實驗對待前的觀察，明顯可以改善因果推論；但這是將個案研究的資料蒐集方法與實驗設計融合。雖然我們認為，這是思考個案研究的一種很有價值的方法，但許多提倡個案研究的人可能因而不認為這算是個案研究的方法。我們的觀點是，當因果關係最多只是一個不很重要的議題時，個案研究非常有用；但在其

他大部分的情況下，如果需要大幅降低因果關係的不確定性時，我們認為在實驗裡加上質化的方法是非常有價值的，而不認為質化方法和實驗兩者必須二擇一；兩者合併使用的方式，跟我們在第 12 章所勾勒的方式類似。

以理論為基礎的評量

以理論為基礎的評量（theory-based evaluations），這種方式算是新近才整理出來的，在一些書或期刊的特刊中有介紹（Chen & Rossi, 1992; Connell, Kubisch, Schorr, & Weiss, 1995; Rogers, Hacsi, Petrosino, & Huebner, 2000）。它的根源是歷史較久的路徑分析和因果模型的傳統。雖然這種方法的提倡者之間有一些意見上的不同，基本上，他們都同意這個方法在以下這些方面有用處：(1)闡明實驗對待的理論，因為它詳細說明輸入、中介過程，及短期與長期的結果之間的預期關係；(2)測量正接受檢定的理論所暗示的所有建構；(3)分析資料以評估所預期的關係實際發生的程度。如果時間比較短，資料也許只能提供研究因果連鎖效應的前段；但如果時間較長，就能研究完整的模型。因此，使用這項方法必須優先有高度明確的理論、高品質的測量，及當資料逐漸累積時，能有效分析多變項的解釋過程（multivariate explanatory processes）（Chen & Rossi, 1987, 1992）。

這種對理論的探索是很重要的。它能澄清特定類型的實驗對待常見的議題、提議明確的研究問題、描述介入措施是如何發揮作用、找出中介過程、執行失敗時找到補救的機會，及在報告結果時提供鮮活的軼事（Weiss, 1998）。所有這些都能增加知識的收穫，甚至如果是在實驗的架構下作這種理論的分析亦同。研究者沒有必要在實驗與這個方法之間擇一，它們可以並用。這個方法明顯是實驗很重要的附帶研究，我們非常贊成它扮演這項角色（Cook, 2000）。

然而，有些作者（例如，Chen & Rossi, 1987, 1992; Connell et al., 1995）提倡將這個方法（以理論為基礎的評量）作為實驗的替代選擇，用以檢定因果假設。這個方法的吸引力有幾方面。第一，它只需要一個實驗對待組，不需要比較組，而且研究對象可能不願意進入比較組，且比較組又多增加研究費用。第二，只要顯示理論與資料之間有吻合，就說明了因果理論的效度，而毋須進入「是否有其他解釋原因」的冗長考慮過程。第三，要測

量一個假定的因果連鎖效應的最後一個效應點，常是不實際的，因此，如果能確定找到了理論所認定的近似終點，就能在研究進行中，將目前實驗對待的效益告知研究計畫的所有人員；如果這些陸續的報告顯示，研究計畫的確循著理論的預測在發展，就可以爭取更多的研究資源；可據以宣布，計畫未來可能在遙遠而還未評估的標準上有效益；及反駁那些在產生效益的過程還沒真正發生時，就說實驗對待無效的過早論斷。

然而，要以這個方法作高品質的因果推論，有一些嚴重的問題（Cook, 2000）。首先，以我們跟理論發展者（Anson et al., 1991）一起為計畫撰寫理論的經驗發現，理論並不一定都是很清楚明白的，常無法以各種不同的方式來講清楚。第二，許多理論的流程是直線的，省略了那些可能影響整個流程的交互回饋及外在的條件。第三，很少理論有明確指出，一項過程要花多少時間才會影響某個指標；因此當沒有結果出現時，別人會不清楚，這是表示介入措施和結果之間沒有相關，還是影響過程的下一個點還沒出現。第四，結果與模型不合，部分原因可能是測量無效，而非理論無效。第五，許多不同的模型都可適合一套資料（Glymour et al., 1987; Stelzl, 1986），因此容易讓人對任何一個模型都沒什麼信心。這些問題對於這種依賴理論來作很強的因果擴論的方法而言，常是致命的。雖然這些問題有部分也在實驗裡出現（例如，不能將互為因果的可能納入考量、測量方法不佳等），但在實驗裡這些問題的重要性低很多，因為實驗不需要很明確的理論來建構因果知識。實驗所得到的因果知識，野心沒有以理論為基礎的知識那麼大，但比較有限的野心卻可以實現。

比較弱的類實驗

因為實務上的原因或倫理上的考量，隨機分派對某些研究者而言是不好的，因此他們比較想作類實驗。很明顯的，我們支持研究者以經過充分思考所設計的類實驗來探討描述性質的因果關係。打斷的時間序列和迴歸不連續設計兩者都常得到非常好的效益估計值。比較弱的類實驗也能得到還可以辯護得過去的估計值，尤其如果這些類實驗有控制組，及小心地以穩定的前測特性加以配對，再加上其他精心選擇的設計特色來探討情境可能對效度造成的威脅時，類實驗也可以得到不錯的估計值。然而，當研究

者能選擇時，隨機化設計通常都優於非隨機化設計。

　　那些幾乎沒有花心思在下列事項的非隨機化設計，更是不如隨機化設計：設立控制組時考量配對的品質、作多個而非一個假設、在實驗對待前的多個而非一個時間點蒐集資料，或設立多個比較組來作為實驗對待在不同的執行條件下的控制組。的確，一般的類實驗所獲得的結果，跟隨機化實驗在相同議題上所獲得的結果比較之下，有幾點發現。類實驗常錯估效益（Heinsman & Shadish, 1996; Shadish & Ragsdale, 1996）。這些偏誤常很大，而且很可能是因為選擇偏誤之故，就像比較頹喪的個案會自我選擇進入心理治療的實驗對待組（Shadish et al., 2000），或預期結果比較不樂觀的病人會自我選擇進入醫療實驗的控制組（Kunz & Oxman, 1998）一樣。在那些使用了品質不佳的控制組，及研究對象流失率較高的類實驗裡，這些偏誤尤其普遍（Heinsman & Shadish, 1996; Shadish & Ragsdale, 1996）。因此，如果隨機化實驗所得到的結果，從理論來看，比類實驗所得到的結果較為可信，而且在實證上也比較精確；那麼，只要某一項描述性質的因果關係需要大幅降低不確定性時，採用隨機化實驗的理由就又更加充足。

　　因為類實驗在降低因果不確定性上的能力不一，我們希望再請各位注意到多種社會科學常見卻不幸的作法——說是為了說明所得到的推論是有效的，而作了類實驗。接著，所描述的類實驗設計卻非常缺乏我們之前所說的那些能提升推論的架構特色，甚至根本不值得作這項類實驗。的確，這些年來我們重複發現到，*類實驗*這個詞被用來合理化一些研究設計，但這些設計被坎伯爾與史坦利（Campbell & Stanley, 1963）稱為無法詮釋，庫克與坎伯爾（Cook & Campbell）也稱為大致無法詮釋。這些是第 4 和 5 章所討論的設計裡最簡單的幾種。能作到隨機化實驗時，不能以類實驗取代；而且，如果能作到比較好的類實驗設計時，也絕不能拿不良的類實驗設計作代替品。就像歌朗（Gueron, 1999）提醒我們，隨機化實驗必須靠努力爭取而來，好的類實驗也必須靠努力爭取才能得來。兩者很少能像放在銀盤上的寶物，直接端出來由研究者取用。

統計上的控制

　　我們在本書已經呼籲，利用了最多的設計控制*以後*，再以統計的方式

503

調整組間的不同等,藉以將不同等降到最低。因此,我們並不是反對像第
5 章附錄裡,統計學家及經濟計量學家所提倡的那些統計方法,我們只是
想將它們作為最後的一招。我們不喜歡的態度是:假定統計控制已經發展
完備,認定可用它們從不佳的類實驗和非隨機化設計裡獲得穩定可信的結
果。就像我們在第 5 章所見,過去二十年的研究並不很支持以下這個論點:
「即使實驗組的成員是來自一個比較特殊特定的情境,還是可以利用國家
或州的某些登記資料來為實驗組產生配對,建立控制組。」同樣的,過去
二十年的研究也不很支持下面這種用法:在縱貫性的全國調查裡使用統計
調整來比對不同經驗的各組,藉以估算不同經驗所產生的效應。在這些研
究裡發現,配對所用的變項過少(undermatching)是一個長久而嚴重的問
題,而選擇變項的信度不足造成的結果也一樣嚴重,更別提因為對於選擇
過程的瞭解不夠所產生的詳述誤差(specification errors)。更明確的說,
內生性(endogeneity)實在是非常令人憂慮的問題。我們很高興最近有關
統計調整的研究,似乎正朝向我們所認同的立場前進,比較強調內部控制、
比較強調在這些內部控制的範圍內作穩定的配對、強調利用手足來作世代
控制組(cohort controls)的好處、強調蒐集前測的測量工具必須和後測的
測量工具相同、強調這類的前測測量必須在數個時段蒐集的用處,及強調
研究那些對原本就在運作的一些組織而言,明顯是外來衝擊的介入措施等,
能帶來的好處。我們也很高興統計學界的進步,因為這些進展包括設計的
考量及分析本身的精進(例如,Rosenbaum, 1999a)。雖然傾向分數(pro-
pensity score)和工具變項(instrumental variable)現在是統計調整方法的
主流,但我們現在還不知道這些方法的優點。時間將會告訴我們,它們相
對於隨機化實驗,孰者為優;我們還沒聽到這方面有任何最後的結論。

結論

　　我們無法指出有哪一個新發展在近幾十年來革新了田野實驗,但我們
看到非常多的累進改善。整體而言,這些進步讓我們所作的田野實驗比四

十年前坎伯爾與史坦利寫作時好很多。從這個角度來看，我們對未來非常樂觀。我們相信關於如何作更好的田野實驗的知識，會繼續有穩定而累加的成長。然而，這個成長的代價是，作田野實驗已經變成了一個比較專門的主題，而且，不但是知識發展變成了比較專門的主題，將這方面的知識實際用於執行田野實驗的機會也變成是專門的主題。其結果是，想作田野實驗，尤其是作大型的實驗、或者執行難度高的實驗、或執行時一不小心會大幅降低結果可信度的實驗，但沒有這方面專才的人，如果能諮詢有這方面專長的人，將會受惠很多。當然，許多其他方法也是如此。例如，個案研究方法可說是已經高度發展了，大部分的研究者若沒有經過特別訓練或沒有別人監督的情況下，作出的東西就不夠專業。像這樣讓方法學分裂成更細更精密的類別（Balkanization）也許是不可避免的，但也不免令人遺憾。然而，專業化的結果可能讓田野實驗的問題較快獲得解決，想到這個，我們的惋惜也許就比較沒那麼沉重。

GLOSSARY
詞彙表

505　**Alternative Hypothesis 替代假設**：任何不同於虛無假設的假設〔亦見*虛無假設*（*Null Hypothesis*）、*虛無假設顯著檢定*（*Null Hypothesis Significance Testing*）〕。

Analogue Experiment 類因實驗：操弄一項因的實驗，且這個因跟研究者實際想瞭解的因類似，研究者為了要瞭解後者而作類因實驗。

Assignment Variable 分派變項：用來將研究對象分派到各組的一個變項或多個變項。

Attrition 樣本流失：失去研究對象；在隨機化實驗裡指的是隨機分派之後才失去研究對象〔亦稱為*損耗*（*Mortality*）〕。

Autocorrelation 自動相關：不同時間點下的連續觀察值之間的相關。

Balanced Sample 平衡樣本：一種立意樣本，其某個特質的平均值跟它在母群的平均值相符合。

Bandwidth 波帶寬：一項方法可為各種不同的問題提供資料的能力，但所付出的代價常是答案的精確度較低。

Batch Randomization 分批隨機化：有許多的研究對象，或所有的研究對象都齊了，可以一次被分派到各組去。

Between-Participants Design 研究對象間的設計：不同的研究對象在不同條件（不同組）下被研究〔亦見*研究對象內的設計*（*Within-Participants Design*）〕。

Bias 偏誤：估計值或推論裡有系統性的誤差。

Blocking 比對成群：將研究對象分成數群的過程，使每一群在比對變項（blocking variable）的得分都類似，而每一群的人數則和實驗組與對照組的組數總和相同〔亦見*配對*（*Matching*）、*分層*（*Stratifying*）〕。

Carryover Effects 轉帶效應：一個實驗對待的影響並沒有在施行下一個實驗對待之前停止，因此所觀察到的第二個實驗對待的效果，包含了第一個實驗對待的殘餘影響。

Case-Control Study 個案控制研究：這種設計是將有某種結果的單位與沒有那種結果的單位相比對，以在事後找出結果的預測變項或因〔又稱*個案參照研究（Case-Referent Stduy）*〕。

Case-Referent Study 個案參照研究：見*個案控制研究（Case-Control Study）*。

Causal Description 因果描述：指認 A 和 B 之間有因果關係。

Causal Explanation 因果解釋：解釋 A 如何造成 B。

Causal Generalization 因果擴論：說明一項因果關係延伸到不同的研究條件，或沒有實際測試過的研究條件下時，該因果關係是否能繼續維持的推論。

Causal Model 因果模型：因果關係的一個模型，通常有中介變項；有時指的是在非實驗的研究裡，要找出因跟果時所作的努力。

Cause 因：產生某項效果或結果的變項。

Ceiling Effect 天花板效應：對某個變項的反應，都非常接近該變項所能容許的最大值，以至於難以有更高的值〔亦見*地板效應（Floor Effect）*〕。 506

Coherence Theory of Truth 真實的連貫理論：知識論的一種理論，認為一項宣告如果是屬於一套連貫的宣告，那麼這項宣告就是真實的。

Comparison Group 比較組：在一項實驗裡，跟實驗對待組相比較的那一組，但這一組可能是獲得不同的介入措施，或沒有接受任何的介入措施〔亦見*控制組（Control Group）*、*安慰劑（Placebo）*、*實驗對待組（Treatment Group）*〕。

Compound Path 複合路徑：由兩個或更多的直接路徑相連而成的路徑。

Confirmation 確認：用來顯示一項假設是對的或獲得證據支持的一個策略。

Confound 混淆變項：跟所關注的變項有共變的外來變項（extraneous variable）。

Construct 建構：一個概念、模型，或概略的想法。

Construct Validity 建構效度：從一項研究所使用的人、情境、因與果的操作的樣本，能夠推論到這些樣本所代表的建構的程度。

Control Group 控制組：在一項實驗裡，這個詞常是指沒有接受實驗對待，但可能被分派到一個沒有實驗對待的比較組、或被分派到等待實驗對待、或被分派到安慰劑介入組的比較組〔亦見*比較組（Comparison*

Group）、安慰劑（*Placebo*）、實驗對待組（*Treatment Group*）〕。

Convergent Validity 聚斂效度：認為測同樣一件事物的兩種不同的測量方法應該彼此相關的這種想法〔亦見*區辨效度*（*Discriminant Validity*）〕。

Correlation 相關：評斷兩變項間關係強弱的一種測量方法。

Correlational Study 相關性研究：觀察兩變項間關係的研究〔亦見*非實驗研究*（*Nonexperimental Study*）、*觀察研究*（*Observational Study*）、*類實驗*（*Quasi-Experiment*）〕。

Correspondence Theory of Truth 真實的相應理論：知識論的一種理論，認為知識宣告如果跟實際的世界相呼應，就是真實的。

Counterbalancing 平衡對抗的：在研究對象內的設計裡，讓研究對象接受各種條件的先後次序有所變動，使得有些研究對象先接受甲實驗對待，但有些則先接受乙實驗對待。

Counterfactual 反事實的：如果沒有某個因，應該會發生的事物或狀態。

Critical Multiplism 審慎的多重主義：認為沒有任何一個單獨的方法是沒有偏誤的，因此應該使用的策略是，利用多種方法，每一種有不同的偏誤。

Cross-Lagged Panel Design 跨期同樣本設計：這種設計裡，因與果在第一和第二個時間點都有測量，而研究者就觀察：第一個時間點的因跟第二個時間點的果之間的關係，是否比第一個時間點的果與第二個時間點的因之間的關係強。

Crossed Designs 交錯的設計：這種設計裡，所有的單位都曾經處在各種情況下。

Debriefing 簡報：研究結束後向研究對象報告有關該研究事項的過程。

Deflationism 緊縮理論：認識論的一個理論，認為真實是一種微不足道的語言學的小伎倆；當某項主張用文句來表述嫌太多、太長，或太累贅時，就以真實來表示同意該主張。

507　**Dependent Variable 依變項**：常跟效益或結果是同義詞，這個變項的值會因為自變項的值而有所不同。

Design Element 設計元素：一項實驗裡，實驗者可以操弄或控制的事物，用以協助探討某項效度的威脅。

Direct Path 直接路徑：直接連接兩個變項的因果路徑。

Discriminant Validity 區辨效度：當 A 跟 B 不同時，A 的測量可以跟 B 的測量有所區隔的這種想法；區辨效度相關必須比聚歛效度相關低。

Dismantling Study 拆解研究：將一項實驗對待拆解成幾部分的研究，用以檢定各部分的效果。

Double-Blind Study 雙盲研究：這種研究裡，提供實驗對待者跟接受實驗對待者都不知道所施予的是實驗對待組或控制組的待遇；主要用於醫學臨床試驗。

Effect Size 效量：一種測量關係強度的方式，例子包括標準化的均差統計值（standardized mean difference statistic）、勝算比（odds ratio）、相關係數、比率差（rate difference）及比率比（rate ratio）。

Effectiveness 效力：一項介入措施在實際應用時的效果強弱〔亦見效能（*Efficacy*）〕。

Efficacy 效能：一項介入措施在理想狀況時的效果強弱〔亦見效力（*Effectiveness*）〕。

Endogenous Variable 內生變項：被模型裡的其他變項影響的變項。

Epistemology 知識論：探討知識宣告的理由的哲學。

Ethnography 人種誌：沒有特殊架構，屬於探索性質的研究，通常研究的對象人數很少，研究的是人類行為的意義與功用，而通常是以敘述的方式作報導。

Exogenous Variable 外生變項：不受模型裡任何其他變項影響的變項。

Expectation 期望值：某項統計值在重複抽樣之後所得到的平均值〔亦見抽樣誤差（*Sampling Error*）〕。

Experiment 實驗：操弄一個變項，藉以探索其效果。

External Validity 外部效度：因果關係在各種不同的人、情境、實驗對待變項及測量變項中是否都成立的推論之效度。

Falsification 抓錯：用以顯示資料跟理論或假設不符。

Fatigue Effects 疲倦效應：研究對象經過一段時間後變得疲倦，因而在後來的條件下或後來的評估裡表現變差〔亦見練習效應（*Practice Effects*）、測驗效應（*Testing Effects*）〕。

Fidelity 保真度：一項方法能夠為一個狹窄的問題提供精確答案的能力，通常代價是很高的波帶寬。

File Drawer Problem 檔案抽屜問題：這個假設是說，因為期刊編輯對於沒有顯著發現的研究報告有偏見，因此這類的研究報告被退稿，永遠沒有出版，連帶使得後來的人作文獻回顧時也找不到這類報告，最後的結果則是回顧的結果有系統性的偏誤〔亦見*出版偏誤（Publication Bias）*〕。

508　**Floor Effect 地板效應**：對於某變項的反應，趨近於可能的最低值，而難以再獲得更低的值〔亦見*天花板效應（Ceiling Effect）*〕。

Functional Form 函數形式：變項間真正的關係的性質，可用圖來代表這個關係的形狀（例如，是曲線嗎？）；而以統計來代表時，則是一個可以包含非線性項（例如，多少次方或交互作用），或其他轉換方式的模型。

Heterogeneity of Irrelevancies 不相干性質的異質性：找出跟推論的重點不相干的事物，再讓這些事物具有異質性。這使得推論不會跟同樣的不相干性質相混淆；或即使性質不同但偏誤影響方向相同的不相干事物，也不會跟推論相混淆。

Hidden Bias 隱藏的偏誤：可能在效益估計值造成偏誤，卻沒有觀察到的變項〔亦見*被省略的變項（Omitted Variables）*〕。

Implementation 執行：實驗對待組裡，那些想讓它發生與不想讓它發生，實際發生及實際沒有發生的活動〔亦見*流程模型（Process Model）*〕。

Independent Variable 自變項：常跟*因*或*實驗對待*同義；一項被認為是獨立於其他的影響力之外的變項。有些作者倡導要有限制的使用這個名稱，認為必須有方法能將該變項從其他的影響力孤立出來，才能稱為自變項〔亦見*依變項（Dependent Variable）*〕。

Indirect Path 間接路徑：兩個變項之間，需要經過第三個變項才能連結的路徑。

Informed Consent 告知後同意：提供訊息給研究對象，讓他們在對於參與研究的風險與好處有足夠的資訊後才作選擇的過程。

Instrumental Variable 工具變項：這一個或一組變項（或者更廣泛而言，是一種估算的技巧）跟結果有相關，是由它們對於其他變項的影響所致。

Intent-to-Treat Analysis 意圖對待分析：對隨機化實驗的一種分析方式，這種方式，不論研究對象實際是否接受了實驗對待，都只按照他所被分

派去的組別作分析。

Interaction 交互作用：在實驗裡，當實驗對待的效應因為另一個變項的層級而有所變化時，就產生了實驗對待和另一個變項的交互作用〔亦見*調節變項（Moderator）*〕。

Internal Validity 內部效度：有關兩變項之間是否有因果關係的推論的效度。

Interrupted Time-Series Design 打斷的時間序列設計：在這種設計裡，一連串的連續觀察，因為加入一項實驗對待而被打斷，用以觀察該序列的截距或斜率是否因為這項介入而改變。

Inus Condition Inus 條件：源自馬齊（J. L. Mackie, 1984），認為所謂產生一項果的原因，是一個非必要但充分的條件裡，非充分但非多餘的部分。

Latent Variable 潛在變項：不能直接觀察，但能從其他觀察到的變項推論或估算出來的變項〔亦見*觀察到的變項（Observed Variable）*〕。

Local Molar Causal Validity 研究本身摩爾式的因果效度：坎伯爾（Campbell, 1986）提議的，內部效度的另一種名稱，認為這更能清楚地指出內部效度的性質。

Logic of Causal Relationships 因果關係的邏輯：要推論一項因果關係，必須有下列條件：因必須在果之前發生，因與果有共變，可以排除其他替代解釋，並且有訊息可以知道，如果沒有因的介入，原本應該會發生怎樣的狀況〔亦見*反事實的（Counterfactual）*〕。

Lowess Smoother 局部線性迴歸法：一種局部加權的散布圖滑順技巧（smoother），其結果是，為在橫軸選定的區域範圍內所有的觀察值，作一個迴歸分析，並以該迴歸分析計算出一個值；以這種方法為許多範圍內的觀察值估算。　509

Matching 配對：有時跟比對成群（blocking）同義，有時則更明確地指同一群（block）裡，在某個配對變項上的值完全相等（而不只是大約相似）〔亦見*比對成群（Blocking）*、*分層（Stratifying）*〕。

Measurement Attrition 測量時的樣本流失：無法得到單位的測量結果（無論是否接受了實驗對待）。

Mediator 中介變項：在因與果之間的第三個變項，將來自因的影響傳遞給果〔亦見*分子式的因果論（Molecular Causation）*〕。

Meta-Analysis 後設分析：整合同一主題的許多研究報告的一套量化方法〔亦稱為*研究整合*（*Research Synthesis*）〕。

Moderator 調節變項：在實驗裡影響實驗對待效益的變項〔亦見*交互作用*（*Interaction*）〕。

Modus Operandi （M.O.）慣用手法：推論是什麼因使一項觀察到的果發生的方法，它的方法是將所觀察到的果的模式，跟已知的因通常會產生的果的模式相比對（類似於偵探在探究犯罪現場留下的跡象，是否跟某個已知的罪犯的手法相符）。

Molar Causation 摩爾式的因果論：討論的是一套實驗對待跟它所產生的結果之間的整體關係，其間實驗對待與結果都可能是由多個部分所組成。

Molecular Causation 分子式的因果論：研究者想知道的是，一套實驗對待的哪一部分，是經由哪一種中介過程，而產生結果的哪一部分〔亦見*中介變項*（*Mediator*）〕。

Mortality 損耗：見*樣本流失*（*Attrition*）。

Multiple Operationalism 複操作主義：這個觀念認為，所有用來指涉某個建構的操作都跟該建構有密切關係，但如果有多種操作，就能產生多種在概念上不相干的性質（亦即這些概念上不相干的性質具有異質性）。

Natural Experiment 自然實驗：探討某項自然發生的事件所產生的效應，有時限於那些無法操弄的事件，像是地震，有時則用得比較寬鬆。

Nested Designs 巢居設計：這種設計裡，單位只經驗某些條件，而沒有經驗所有的狀況〔亦見*巢居*（*Nesting*）、*分析單位的問題*（*Unit of Analysis Problem*）〕。

Nesting 巢居：當某些單位（例如學生）被組合成一個集合體（例如教室）時，我們說單位巢居在集合體裡〔亦見*巢居設計*（*Nested Designs*）、*分析單位的問題*（*Unit of Analysis Problem*）〕。

Nonequivalent Dependent Variable 非同等的依變項：這些變項被認為不會因實驗對待而改變，但預期它們對某些內部效度的威脅會起反應，且反應方式跟目標中的結果變項方式相同。

510　Nonexperimental Study 非實驗研究：任何不是實驗的研究〔亦見*相關性研究*（*Correlational Study*）、*觀察研究*（*Observational Study*）〕。

Nonrecursive Model 互為因果的模型：在結構方程模型的文獻裡，這種模

型容許互為因果關係（reciprocal causation），但有些文獻使用這個詞的方式不同〔亦見*互為因果關係*（*Reciprocal Causation*）、*非互為因果的模型*（*Recursive Model*）〕。

Null Hypothesis 虛無假設：被檢定的假設，傳統上這個假設是變項間沒有關係〔亦見*替代假設*（*Alternative Hypothesis*）、*虛無假設顯著檢定*（*Null Hypothesis Significance Testing*）〕。

Null Hypothesis Significance Testing 虛無假設顯著檢定：在錯誤率（α）＝.05 的程度檢定「沒有效益」這項假設，接著如果發現 $p < .05$ 則宣布「效益的確存在」的作法〔亦見*替代假設*（*Alternative Hypothesis*）、*虛無假設*（*Null Hypothesis*）〕。

Observational Study 觀察研究：這種研究裡，只觀察變項，而不加以操弄；有些文獻也用來包括類實驗〔亦見*相關性研究*（*Correlational Study*）、*非實驗研究*（*Nonexperimental Study*）、*類實驗*（*Quasi-Experiment*）〕。

Observed Variable 觀察到的變項：研究裡被直接測量的變項。

Odds Ratio 勝算比：效量的一種測量，用於顯示兩組間在一個二分的結果變項上的差異。

Omitted Variable 被忽略的變項：沒有出現在模型或分析裡，但會影響因與果兩者的變項，因此會造成偏誤〔亦見*隱藏的偏誤*（*Hidden Bias*）〕。

Ontology 本體論：研究事實的性質的哲學。

Operationalization 操作化：通常跟操作（operations）同義，但有時使用的意義較為狹窄，只表示用來代表某個建構的那些方法〔亦見*操作*（*Operations*）〕。

Operations 操作：一項研究裡，常用來代表單位、實驗對待、觀察結果、情境及時間所採取的實際行動〔亦見*操作化*（*Operationalization*）〕。

Order Effects 次序效應：一項研究的結果，因實驗對待提供的次序不同而受到影響。

Participant Observation 參與式觀察：一種形式的觀察方法，使用這種方法時，研究者在他自己所研究的情境裡是固定的參與者（研究對象）。

Path Coefficient 路徑係數：由一個直接路徑所連接的兩變項間的關係強弱測量的方式。

Pattern-Matching 模式比對：將證據的模式與理論或過去研究所預測的模式相比對的一般概念。

Placebo 安慰劑：一種介入措施，但其中不包括實驗對待裡被認為是有功效的成分〔亦見*控制組（Control Group）*、*實驗對待組（Treatment Group）*〕。

Power 檢力：正確地拒絕一項錯誤的虛無假設的機率；如果是一項實驗，通常被詮釋為：如果效益真的存在，則檢力是發現有效益的機率〔亦見*第二類型錯誤（Type II error）*〕。

Practice Effects 練習效應：研究對象愈常作某件事，他們在那一件事的表現就愈來愈好；這是參與者內設計（within-participants designs）的一個潛在問題，因為在這種設計裡，同樣的研究對象重複作相同的測驗〔亦見*疲倦效應（Fatigue Effect）*、*測驗效應（Testing Effects）*〕。

Pragmatic Theory of Truth 真實的實用主義理論：知識論的一種理論，認為如果相信一項宣告是有用處的，則該宣告就是真實的。

511　**Process Model 流程模型**：描繪一項介入措施裡事件出現次序的模型〔亦見*執行（Implementation）*〕。

Propensity Score 傾向分數：根據所觀察到的預測變項而預測出某研究對象屬於某一個團體的機率，通常是利用邏輯迴歸獲得。

Publication Bias 出版偏誤：手稿審查者對於那些無法拒絕虛無假設的研究的偏見〔亦見*檔案抽屜問題（File Drawer Problem）*〕。

Purposive Sample 立意抽樣：這種樣本裡，選取單位進入樣本的方式是經過特意的方法，並不是隨機的〔亦見*平衡的樣本（Balanced Sample）*〕。

Purposive Sampling of Heterogeneous Instances 異質例子的立意抽樣：選擇樣本的特徵（單位、實驗對待、觀察結果、情境、時間）時，讓它們在一些可能對推論有影響的特質上具有異質性。

Purposive Sampling of Typical Instances 典型例子的立意抽樣：選擇樣本的特徵（單位、實驗對待、觀察結果、情境、時間）時，讓它們跟研究者感興趣的母群的典型單位類似，其中「*典型*」可能被定義為母群體的平均數、中數或眾數；「典型」不是由研究者大致的印象決定，就是根據母群的資料決定。

Quasi-Experiment 類實驗：這種實驗裡，單位沒有被隨機分派到各組〔亦見*相關性研究*（*Correlational Study*）、*非實驗研究*（*Nonexperimental Study*）、*觀察研究*（*Observational Study*）〕。

Random Assignment 隨機分派：一項實驗裡，基於碰巧而將單位分派到各組的任何步驟，其中每個單位被分派到各組的機率都不為零〔亦見*隨機化實驗*（*Randomized Experiment*）〕。

Random Measurement error 隨機測量誤差：會影響到所觀察到的得分機會因素，它使得這些得分並非測量真正感興趣的變項（chance factors）。

Random Sampling 隨機抽樣：從一個比較大的群體，基於碰巧而選出一些單位作為樣本的任何步驟，常用於調查研究，用以讓研究者能從樣本擴論到母群體。

Random Selection 隨機選擇：是比較概略的詞，有時跟隨機抽樣或隨機分派同義，因所使用的情境而定。

Randomized Experiment 隨機化實驗：這種實驗裡，單位被隨機分派到各組〔亦見*隨機分派*（*Random Assignment*）〕。

Reciprocal Causation 互為因果關係：當兩個變項互相導致彼此發生時〔亦見*互為因果的模型*（*Nonrecursive Model*）、*非互為因果的模型*（*Recursive Model*）〕。

Recursive Model 非互為因果的模型：在結構方程模型的文獻裡，這種模型不容許互為因果的關係，但在一些文獻裡的用法不同〔亦見*互為因果的模型*（*Nonrecursive Model*）、*互為因果關係*（*Reciprocal Causation*）〕。

Regression Discontinuity 迴歸不連續：實驗對待組的迴歸線，跟控制組的迴歸線沒有連續。

Regression Discontinuity Design 迴歸不連續設計：這種實驗裡，是根據研究對象在某個分派變項的得分是否超過一個選取標準，而決定把他們分派到哪一組。

Reliability 信度：一致性。

Research Synthesis 研究整合：見*後設分析*（*Meta-Analysis*）。

Response Burden 回答負擔：在實驗裡加入額外的測量時，在回答者的時 512

間、精力及善意上所付出的成本。

Risk Analysis 風險分析：一項研究所可能有的風險與好處的分析，包括風險的大小、風險的可能性，及誰會因風險而遭殃。

Sampling Error 抽樣誤差：母群參數與樣本估計值之間的差異裡，因為該母群只觀察了一個樣本所造成的那部分差異〔亦見*期望值*（*Expectation*）〕。

Secondary Analysis 二手分析：研究完成以後，重新分析第一手資料，通常是由原作者以外的其他人所為。

Selection 選擇：(1)單位被分配到各組的過程；(2)內部效度的一種威脅，這是因為各組間研究對象特質有系統性的差異，可能導致所觀察到的結果之發生。

Selection Bias 選擇偏誤：選擇使得各組間的研究對象特質有差異，而這種差異可能跟結果的差異有關。

Selection Bias Model 選擇偏誤模型：企圖要調整效益估計值裡的選擇偏誤的模型。

Self-Selection 自我選擇：單位自己決定他們要進入哪一組。

Simple Random Assignment 簡單隨機分派：分派進每一組的機率都相同的隨機分派，並且沒有使用配對或分層等輔助的方式。

Single-Case Designs 單一個案設計：通常是在臨床研究裡，只觀察一人的時間序列。

Specification Error 詳述誤差：建立的模型以為是能代表資料發生的起因，但其實模型裡的細節有錯誤（可能少了重要的變項，或函數形式不對）。

Stakeholder 有切身關係的人：某個人或團體，某項實驗對待或作該實驗對待的研究攸關他們的利益。

Standardized Mean Difference Statistic 標準化的均差統計值：連續變項的一種效量測量，計算的方式是：將兩個平均值的差異，除以該差異的標準差。

Statistical Conclusion Validity 統計結論效度：有關兩變項間共變的推論之效度。

Stratifying 分層：創造同質性高的各組的過程，其中每一組的單位比實驗的

情境數還多〔亦見*比對成群*（*Blocking*）、*配對*（*Matching*）〕。

Step Function 階梯函數：兩變項間的一種函數關係，其中一個變項的值突然而完全地從一個層級移動到另一個層級。

Testing Effects 測驗效應：由於重複對研究對象施測而造成的效應〔亦見*疲倦效應*（*Fatigue Effects*）、*練習效應*（*Practice Effects*）〕。

Threats to Validity 對效度的威脅：一項推論可能不正確的原因。

Treatment Adherence 實驗對待的固守：研究對象是否依照指示使用實驗對待。

Treatment Attrition 實驗對待時的樣本流失：單位沒有接受實驗對待（不論是否有測量）。

Treatment Delivery 實驗對待的傳達：實驗對待是否由實驗者提供給研究對象。 513

Treatment Group 實驗對待組：一項實驗裡，接受所要研究的介入措施的那一組〔亦見*比較組*（*Comparison Group*）、*控制組*（*Control Group*）、*安慰劑*（*Placebo*）〕。

Treatment Receipt 實驗對待的接收：是否研究對象實際接受了所提供的實驗對待。

Trickle Process Assignment 緩慢流入過程的分派：可被分派的單位，是慢慢地，逐漸進入實驗。

Type I Error 第一類型錯誤：錯誤地拒絕了一項實際是正確的虛無假設；在實驗裡，這通常表示研究者的結論是實驗對待有效應，但實際上卻沒有效應。

Type II Error 第二類型錯誤：無法拒絕一項錯誤的虛無假設；在實驗裡，這通常表示研究者的結論是實驗對待沒有效應，但實際上卻有效應〔亦見*檢力*（*Power*）〕。

Unit 單位：施用或不施用實驗對待的一個機會。

Unit of Analysis Problem 分析單位的問題：單位巢居於集合之中，因而違反了許多統計方法的獨立假定〔亦見*巢居設計*（*Nested Designs*）、*巢居*（*Nesting*）〕。

Unreliability 信度不足：見*信度*（*Reliability*）。

utos：縮寫，用來表示研究實際使用的操作，其中 u 代表單位（units），t

代表實驗對待（treatment），o 代表觀察結果（observations），s 代表情境（setting）〔源自克倫巴（Cronbach, 1982）〕。

UTOS（唸成「大寫的 UTOS」）：縮寫，指擴論到問題所問的領域〔源自克倫巴（Cronbach, 1982, p. 79）〕。

*UTOS（唸成「星星UTOS」）：縮寫，指擴論到沒有直接觀察到的單位、實驗對待、變項及情境〔源自克倫巴（Cronbach, 1982, p. 83）〕。

Validity 效度：一項推論的真實性、正確性或獲支持的程度。

Within-Participants Designs 研究對象內的設計：在不同的條件（不同組）研究相同的單位〔亦見*研究對象間的設計（Between-Participants Design）*〕。

SUBJECT INDEX
內容索引

（正文旁數碼係原文書頁碼，供索引檢索之用）

N

R

U

國家圖書館出版品預行編目資料

實驗與類實驗設計──因果擴論／ W. R. Shadish,
T. D. Cook, D. T. Campbell 作；楊孟麗譯.--初版. --
臺北市：心理，2007（民 96）
面； 公分. --（社會科學研究系列；81203）
譯自：Experimental and quasi-experimental designs for
generalized causal inference
ISBN 978-986-191-027-7（平裝）

1. 因果

169.2   96010105

社會科學研究系列 81203

實驗與類實驗設計──因果擴論

作　　者：W. R. Shadish、T. D. Cook、D. T. Campbell
譯　　者：楊孟麗
執行編輯：李　晶
總　編　輯：林敬堯
發　行　人：洪有義
出　版　者：心理出版社股份有限公司
地　　址：台北市大安區和平東路一段 180 號 7 樓
電　　話：(02) 23671490
傳　　真：(02) 23671457
郵撥帳號：19293172　心理出版社股份有限公司
網　　址：http://www.psy.com.tw
電子信箱：psychoco@ms15.hinet.net
駐美代表：Lisa Wu（Tel：973 546-5845）
排　版　者：臻圓打字印刷有限公司
印　刷　者：東緝彩色印刷有限公司
初版一刷：2007 年 7 月
初版二刷：2013 年 10 月
ISBN：978-986-191-027-7
定　　價：新台幣 750 元